顧頡剛全集

顧頡剛日記

卷 四

中 華 書 局

目　　録

一九三八年

（民國廿七年）

［剪報］中華民國二十七年一月一日《甘肅民國日報・元旦特刊》
邊疆教育和邊疆文化　　　　顧頡剛

（下略，見《全集・寶樹園文存》）

一九三八年一月

一月一號星期六

寫履安信。看《史記》列傳十餘篇。王居仁來。周志拯來。韓立民來。商務書館涂少文來。

權少文來。王志梁，李武信來。魏炳章來。寫羅廳長，李化方信。

到西北飯莊赴宴，又到山子石福音堂赴宴。

今晚同席：萬幼璞　以瑩　永和　樹民　銳才　予（以上客）　彭啓周夫婦（主）

今晚又同席：利查遜　歸耕　銳才　予（以上客）　司天鐸夫婦（主）

一月二號星期日

　　李化方來。經委會王張二君來。馬述堯，趙清正來。與一非同到民政廳，謁羅廳長及化方。化方來，留飯。

　　到立民處，晤之。到志拯處，未晤。到子峰處，并晤少文。到鴻汀處，左農處，俱未晤。到田雲青處，亦未晤。到志梁處，并晤種因，少陵，武信，董君夫婦等。到王凌霄處，晤之。

　　拱辰自長沙來，左農來。理物。

　　昨夜又夢回蘇州，到甫橋，望西街，坍屋纍纍。大前夜夢回蘇州，進懸橋巷，家家懸孝堂。予何思鄉之甚也？昨見司牧師，謂安慶亦已為日人所占，此未見中國報者。

　　今日歸耕與利查遜赴天水，轉西安。

一月三號星期一

　　寫武信等信。發尚一電，告行期。志拯來。田雲青來。子峰，少文來。和保莘來。王居仁來。整理行裝。

　　楊毅之來。谷苞，羅偉來。寫李潤章信。王景槐來。寫朱銘心信。到新隴池洗澡。到中華書局買書。

　　池澤匯來。在家宴客。與一非，以瑩到省府謁朱主席，并訪貢華，澤匯。

　　今晚同席：張萬鎮　李承蔭　周克明　張紹庸（以上客）
銳才　予（主）

一月四號星期二

　　寫杭立武信，寄購物單。八時偕諸同人上站，十時開車。初頗順利。過七道子嶺，將近中堡時，車陷入冰河中，無法駛出，時十二時廿分也。

　　到中堡吃飯，喝茶。待至四時，車猶不出，與志拯同到下中堡區長處，請其派人拉曳。至六時許，車出。

與諸同人分宿上中堡諸店，分四處居住，八時即眠。

同行者：周志拯　金素蘭　尹以瑩　回永和　王志梁　姜種因　楊向奎　王居仁　劉維邦

我方雖退出濟南，青島，而將各工廠及日人產業全部破壞。日軍入濟南城，僅得值五萬元之財產耳。東京廣播謂“中國人真豈有此理”。日人在山東之根據地，經此一戰全失矣。

一月五號星期三

早點後，九時上車，經數河幸無大難。十二時三刻到臨洮，即到教育局晤尚一，謹載，世楨等。竹安來。林漫來。

在教育局吃飯，已三時矣。即偕同人到縣立中學看屋，各定臥室。返，至教育局吃飯。偕志梁到專員公署訪李沛銘，吊其母喪。并晤銘鼎等。

回中學整理臥室。到志拯處談話，袁印安來。

今晚同席：同人十人（去劉維邦，增洪謹載）（客）劉尚一（主）

昨晚八時眠，今日七時起，睡了十一小時，兩夜并作一夜睡，精神恢復矣。

一月六號星期四

寫銳才信，到車站送沛銘未遇。王尚仁，何守道等來。閻永祿，張齡遐等來。與諸同人參觀男師，女師，附小等校。晤蔣光第及邢劉二君。到民眾教育館參觀。到教育局吃飯。洮惠渠王郝兩工程師來。黃中天來。景周來。

到教育局開會，商功課。四時許出，遇景周，偕諸同人游西門外洮河橋。進城，景周邀至天華園吃飯。

李林漫來。尚一來。

今午同席：同人十人（客）　劉尚一（主）

今晚同席：同人十人（客）　楊景周（主）

聞中國飛機往炸大阪，損壞其重工業區。去三十架，歸廿二架。又聞國機三十餘架至江陰，與日機戰，我雖全没，而日機損壞至七十架，殊可喜也。

一月七號星期五

寫鋭才信，即到汽車站送李沛銘，未遇，到專員公署訪之。出，到民衆教育館。到教育局，與謹載同到北斗街吃點。回中學，到郝工程師處，蔣邢劉三君來，與同出，遇瑞五，銘鼎。到教育局赴宴。

與同人到景周處，與之同到東山，游超然臺，椒山祠，洮惠渠等處。回城，到景周家吃飯。七時許歸。

居仁來。與志梁，種因等談話。看《內蒙之今昔》。

今午同席：同人十人（客）　劉尚一　馮文昭　王尚仁　袁印安　潘榕石　何守道　劉天德　閻永禄　張齡遐　王竹安　劉培德（以上主）

今午同席：同人十人（客）　楊景周（主）

昨夜風狂寒甚，早起藍墨水亦凍，放在火上一烘，瓶又裂了。

一月八號星期六

記日記五天。小學教員講習會行開學禮。十時開，十二時半畢。

與謹載到福音堂，晤莫子謀牧師。回校，約同人同去，看其禮堂，擬將講習會遷入。後以尚一反對，未成。與以瑩永和到師範學校借儀器。

寫履安，健常，青鏗信。

今日來賓：陳副司令　姜縣長　楊瑞五　楊景周　黄中天　張鵬雲　章星五　王宇之　袁印安　潘榕石等約三十人　學員約

一百四十人

一月九號星期日

看《帝國主義侵略中國小史》，畢。略看《中國喪地史》等書。

寫銳才信。與志拯到黃中天家，未晤，晤其姪可莊。又至楊瑞五處，遇之。

參加社會教育討論會。寫自珍，履安信。

屋中生炭爐，烟甚濃，同人多害頭痛，予亦然，因服藥。洋爐價雖貴，不得不裝矣，否則簡直不能作事。又井水多鹼，令人腹瀉，只得雇人到洮河挑水。

一月十號星期一

寫立武信。到郵局寄信。看《中國近代邊疆沿革考》。寫子臧，一非信。蕭劍琴，劉承舜來。

王力仁來。到縣黨部訪謝國基，未遇。與世珍同回。黃中天來。與陳銘鼎，郝豐庵談話。與尚一談。

參加農村經濟及合作討論會。

一月十一號星期二

看《中國邊疆問題談話》三章，繪東三省鐵道圖。寫銳才信。與志梁拱辰談。

到天華館吃飯。到法院，訪張章二君。魏廉卿，裴蔚生來。張鵬雲，章星五，郝豐庵來。

參加社會科學討論會。志拯來談。到志梁種因處談。十時眠。

一月十二號星期三

記日記四天。與志拯，素蘭談。看《中國邊疆問題講話》及

《國恥史》等。

到志梁種因處談話。

寫素英信。參加邊疆問題討論會。

　　未曉，夢王若蘭女士來甘，助予辦民衆教育，已而覺其人非若蘭，乃履安，遂擁之登榻，有人來，亦不避。噫，予離家半年，頗覺性的饑渴矣，履安果有來甘之日耶？而若蘭居濟寧，其地已成戰場，不知其能脫險否也。

一月十三號星期四

看《邊疆問題講話》。

與志拯同到黃家吃飯。飯後偕宇之同到叔仁家談話。到謹載處談話。子峰，少文，樹民，保萃自蘭州來。

到縣公署赴宴。飯畢同訪張專員。歸，與子峰等談。參加社會教育討論會。

　　今午同席：唐毅如　王宇之　劉尚一　王叔仁　李受天（中隊長）　韓寶三　翟琴舫　志拯　予（以上客）　黃文中（主）

　　今晚同席：予等九人（客）　姜縣長（主）

　　得肖甫函，孟心史先生於此日在平逝世，以胃癌疾，年七十。廿七，二，廿七，記。

一月十四號星期五

寫武信，銳才信。到車站送種因回省。看思慕《中國邊疆問題講話》畢。到子峰處談話。黃文中，趙仲育來。

少文來談。飯後與少文樹民游洮河岸，并訪哥舒碑。與尚一到張專員處，未晤，晤陳德新。又至景周處，未晤。至王力仁處，晤之。

參加農村經濟及合作討論會。到以瑩處談話。

一月十五號星期六

文中來。草《英帝國主義與中國邊疆》入講義,得二千餘言,未畢。與志拯,子峰,少文同到趙仲育處,并晤文中。

飯後導諸同人觀哥舒碑。到西北防疫處參觀。到景周處吃飯。

參加健康教育討論會。到拱辰處談話。

今晚同席:子峰 少文 保萃 尚一 樹民 林漫 馬世楨等 予(以上客) 楊景周(主)

一月十六號星期日

向學員作精神講話,講應注意事件。續草昨文,得二千餘言。

在天華館飯畢,與景範同游各書肆,遇明堂。蕭劍琴來,出其所著詩文囑批評。蔣賡煒,劉承舜來。學員三人來。

參加同樂會。到謹載處談話。

今夜大雪。

一月十七號星期一

與以瑩,樹民,永和,素蘭同到東山看雪景,至椒山祠,天齊廟,武侯廟等處。草《英帝國主義與中國邊疆》一文畢,凡五千餘言,修改一過,即付鈔印。

寫履安,祚苴,張嘉民信。到街寄信未成。

參加邊疆問題討論會。以病,早眠。

日來予又傷風矣,咳嗽多痰,今日又增頭痛,苦甚。予之抵抗力何若是其小也?腳上凍瘡,在蘭時已痊好矣,今又重生。蓋臨洮實冷,而火爐太小,聽差復懶,以至常滅,故處處感寒也。

自今日起,以天華館年底須停,另覓厨役,仍在校吃飯。

一月十八號星期二

到金女士處取咳嗽藥。記日記七天。草《俄帝國主義與我國邊疆》一千六百言。

到郵局寄信，遇丁慕陶。與同人到教堂吃飯。

參加社會教育討論會。

　　今晚同席：我等十三人　蕭劍琴　楊雲水局長　戴電報局長劉君　何守道（以上客）　莫大猷牧師夫婦（主）

一月十九號星期三

續草《俄帝國主義與我國邊疆》，仍未畢。景周來。

參加農村經濟及合作討論會。看《石遺室詩話》。

一月二十號星期四

續草前文，略畢。寫劉克讓，銳才信。

到王宇之家吃飯。

參加社會科學討論會。到樹民，拱辰處談。

　　今下午同席：志拯　謹載　以瑩　少文　子峰　尚一　予（以上客）　宇之（主）

　　十七日踏雪游山，圍巾毛粗，頸間流汗又多，爲所磨擦，致皮膚傷破，今日發炎。予之病何其多也。因頸上發炎，左頷亦腫。

一月廿一號星期五

寫慕陶信。將《俄帝國主義》一文修改完竣，即付印，凡五千餘言。

爲學員寫屏，聯，中堂等數十件。防疫處陳王兩君來，爲予敷藥。到專員公署，赴慕陶宴。

參加邊疆問題討論會。陳德新來。

晚得蘭州中上教員寒假訓練團朱（主席）葛（教廳長）兩

團長來電，囑即返蘭，謂有事待商，想係教課事，予於此實不能爲力，蓋在臨洮訓練小學教員，猶敢講邊疆問題，若對中上教員亦復言此，則予尚未有此自信力也。

今晚同席：子峰　柏森　志梁　德新　予等（以上客）　丁慕陶（主）

一月廿二號星期六

發朱主席電，寫朱，葛信，又寫李少陵信。作《講習會同學錄》序，凡四百言，即書上石。草《法帝國主義與我國邊疆》六百言，未畢。黃可莊來。

爲學員寫屏，聯，中堂等數十件。到教育局吃飯。

以頭痛，作噁，未參加開會。早眠。

今晚同席：柏森　子峰　志拯　中天　宇之　印安　謝楚琴　謹載　德新　志梁　郝豐庵　以瑩　居仁　素蘭　拱辰　永和　少文　樹民　保萃　景周　林漫　予（以上客）　尚一（主）

得吳春晗君信，悉雲南大學已決聘予，并不强任事務，現該校已與英庚款會接洽增加講座經費矣。又得履安信，謂父大人不願去滇，謂道路太遠。

一月廿三號星期日

寫朱主席，羅廳長信，交志拯，保萃帶去。到汽車站，送志拯，少文，子峰，保萃回蘭。金女士來，爲予敷藥。寫履安信，未成。張柏森，丁慕陶來。

上邊疆問題一堂，講帝國主義國家覬覦我邊疆的事實與方法。

參加同樂會，聽唱西涼調及秦腔。

一月廿四號星期一

作賀德新喜聯，即書寫。與尚一，世珍到陳德新家賀其新婚。出，游吳氏松花庵遺址，及觀張萬紀家廬州石。途遇居仁等，同到獸疫防治所，寫賀德新喜聯。

上邊疆問題一堂，講種族與民族的分別。

豫備功課，遂致失眠，起服藥。

賀陳德新聯：

蓋世風流，鳳臺初照。　雄姿英發，哥舒前徽。

又代朱建功作：

錫巷於今巢蜜侶　戟門從此度春風

一月廿五號星期二

上邊疆問題一堂，講調協邊民之方策。豫備下午功課。

上邊疆問題一堂，講滿洲蒙古之國際關係。與以瑩，永和，樹民，拱辰，居仁同散步，到糧食市安積寺。又到陳德新家，未遇。

素蘭來談。以昨夜失眠，早睡。

韓復榘於昨日槍斃於武漢，人心大快。現在軍事要點在徐州，魯皖兩省府俱在，日人欲以三萬人攻下徐州，連日正派飛機往炸。

一月廿六號星期三

上精神講話一堂，講予研究史學經過。豫備下午功課。

上邊疆問題一堂，講新疆，西藏之國際關係。與謹載到黃烟廠參觀，又到陳德新家，專員公署。

爲學員寫屏聯十餘件。看電影。

一月廿七號星期四

上精神講話一堂，講北平文化材料。素蘭爲包頸。爲學員寫屏聯十餘件。陪來賓，行閉會典禮，十二時許畢。

爲學員寫屏聯中堂挽幛數十事。到以瑩室談話。

到永和室談話。何守道等五人來。

左頷下已不腫，而腫移於兩太陽穴，尤以左太陽穴爲甚，血管緊張，皮膚發硬，由金女士爲塗藥包扎。

一月廿八號星期五

記日記九天。發庚款會電。

爲人寫屏聯近百事。馬廷標，孫尚德來談邊疆研究會事。與袁校長談話。

倦甚，小眠。

一月廿九號星期六

上街買藥及什物。遇明堂。寫履安信，至下午畢，即到郵局寄。爲人寫屏聯數十事。文中，仲育來。高橋小學曹校長偕劉培德來。

與同人散步，到養正學校參觀。又到北街小學。

寫士升夫婦，僑思信。到拱辰樹民處談話，至十一時。

爲人寫屏聯數百件矣，施者倦而求者無饜，林漫等因於今日爲定潤格以作限制。予臂雖不酸，胸間背上却痛，以寫字時傴俯也。臨洮市上宣紙，縱不爲予塗盡，亦必耗費大半矣。不意予竟在此間留得爾許紀念。

一月三十號星期日

發一非電。寫魯弟，銳才，一非，國俊，達之，志梁，志拯信。馬新民來。

到尚一家吃飯。到小教場看地。到職業學校。到莫牧師處談話。到郵局寄信未成。

　　寫吳辰伯信。上街看過年風俗。早眠。

　　今午同席：予　謹載　素蘭　樹民　以瑩　永和　拱辰　居仁　景周（以上客）　劉尚一（主）

　　今日除夕，不料竟在甘肅臨洮度之。婦女心頭有冤苦者，多在門前沿街痛哭，且燒紙與亡者。予苦不能哭，而精神亦蕭瑟甚，不及八時即就眠矣。

一月卅一號星期一　（元旦）

　　寫筱蘇，元胎信。到中天處賀年。到城隍廟游覽。到尚一處賀年。上街游覽新年風景。爲謹載及孫武寫字。

　　到景周家吃飯。到專員縣長處賀年，未遇。到張法院長處，遇之。到王力仁，郝西廥兩工程師處，并晤其夫人。何守道及林漫兄弟來。

　　看《楹聯叢話》，至十一時許睡。看林漫所編劇《買畫》。

　　今午同席：予　謹載　樹民　拱辰　永和　居仁　蔣隊長（以上客）　楊景周（主）

　　此間新年亦無甚大景致，惟在招牌上籠絡以紅綠紙，車馬上披以紅綢，又有兩架西洋鏡在大街演唱耳。

[剪報]　　**臨洮小教寒假講習會日前已正式開學**
顧頡剛爲該會正會長

　　臨洮快訊：管理中英庚款西北教育委員會與臨洮教育局籌備合辦小學教員寒假講習會，業經多日，茲悉已籌備就緒於本月八日假臨洮初級中學舉行開學典禮，計來賓講師學員百餘人，由洪謹載主席，行禮如儀後，教育局長劉尚一報告籌備經過，次由專署副司令陳銘鼎、縣長姜洽、正會長顧頡剛、來賓黃中天、講師周志拯等講話，攝影而散，聞該會延聘專員張振武縣長姜洽爲名譽會長，洪謹載爲教務主任兼講師擔任合作論及農村經濟，周志拯擔任國防教育及戰時地方自治，尹以瑩擔任物理，金素蘭擔任健康教育，陳銘鼎擔任保甲制度，季雲擔任農業常識，姜種因擔任教育通論，王志梁擔任國防地理，郝西賡擔任農田水利，王居仁擔任防疫常識，楊向奎擔任日本現狀，回永和擔任化學，權少文擔任社會教育，王樹民擔任史地，和保萃擔任甘肅合作事業，并聘黃中天等爲特約講演，王竹安等爲討論會指導員，聽講學員報到者一百五十餘人，已於九日正式開講云。

[原件]

課程表

　　（見下頁）

中英庚款西北教育委員會　臨洮縣教育局　合辦小學教員寒假講習會課程表

周別	第　一　星　期						
日　別	日	月	火	水	木	金	土
5:00	起　　　　床						
5:30—6:00	晨　　　　操						
6:00—6:30	張 精神講話	姜 精神講話	謝 精神講話	劉 實行中心 小學制	王 精神講話	袁 精神講話	黃 精神講話
6:30—7:30	自　　　　修						
7:30—8:20	姜 教育通論	姜 教育通論	姜 教育通論	姜 教育通論	姜 教育通論	姜 教育通論	姜 教育通論
8:25—9:15	尹 物理常識 及教學法	回 化學常識 及教學法	尹 物理常識 及教學法	回 化學常識 及教學法	尹 物理常識 及教學法	回 化學常識 及教學法	尹 物理常識 及教學法
9:15—10:30	早　　　　飯						
10:30—11:20	王 國防地理	周 國防教育	王 國防地理	周 國防教育	王 國防地理	周 國防教育	王 國防地理
11:35—12:15	金 健康教育	金 健康教育	洪 合作論	金 健康教育	洪 合作論	金 健康教育	洪 合作論
12:15—1:00	休　　　　息						
1:10—2:00	仁 防疫常識	仁 防疫常識	金 健康教育	仁 防疫常識	金 健康教育	仁 防疫常識	金 健康教育
2:05—2:55	郝 農田水利	郝 農田水利	郝 農田水利	郝 農田水利	郝 農田水利	郝 農田水利	民 史地及教 學法
3:00—3:50	陳 保甲制度	陳 保甲制度	洪 農村經濟	陳 保甲制度	洪 農村經濟	陳 保甲制度	洪 農村經濟
4:00—5:00	晚　　　　飯						
5:00—6:20	休　　　　息						
6:30—7:30	社會教育 討論會 自然科學 討論會	農村經濟 及合作討 論會 學校教育 討論會	社會科學 討論會 健康教育 討論會	時事座 談會 邊疆問題 討論會	社會教育 討論會 自然科學 討論會	農村經濟 及合作討 論會 學校教育 討論會	社會科學 討論會 健康教育 討論會
7:30—9:00	自　　　　修						

周別	第　二　星　期						
日　　別	日	月	火	水	木	金	土
5:00	起　　床						
5:30—6:00	晨　　操						
6:00—6:30	陳 軍事常識	權 國際情勢	陳 軍事常識	權 國際情勢	陳 軍事常識	周 戰時地方自治	陳 軍事常識
6:30—7:30	自　　修						
7:30—8:20	姜 教育通論	姜 教育通論	姜 教育通論	姜 教育通論	姜 教育通論	姜 教育通論	姜 教育通論
8:25—9:15	權 社會教育	權 社會教育	權 社會教育	權 社會教育	權 社會教育	權 社會教育	金 健康教育
9:15—10:30	早　　飯						
10:30—11:20	王 國防地理	周 國防教育	王 國防地理	周 國防教育	王 國防地理	周 國防教育	王 國防地理
11:35—12:15	民 史地及教學法	和 甘肅合作事業	和 甘肅合作事業	和 甘肅合作事業	和 甘肅合作事業	和 甘肅合作事業	和 甘肅合作事業
12:15—1:00	休　　息						
1:10—2:00	金 健康教育	金 健康教育	權 中國資源與抗戰前途	金 健康教育	權 中國資源與抗戰前途	民 史地及教學法	權 中國資源與抗戰前途
2:05—2:55	季 農業常識	季 農業常識	季 農業常識	季 農業常識	季 農業常識	季 農業常識	季 農業常識
3:00—3:50	仁 防疫常識	陳 保甲制度	季 農業常識	陳 保甲制度	季 農業常識	仁 防疫常識	季 農業常識
4:00—5:00	晚　　飯						
5:00—6:20	休　　息						
6:30—7:30	同樂會	時事座談會 邊疆問題討論會	社會教育討論會 自然科學討論會	農村經濟及合作討論會 學校教育討論會	社會科學討論會 健康教育討論會	時事座談會 邊疆問題討論會	社會教育討論會 自然科學討論會
7:30—9:00	自　　修						

周別	第　三　星　期						
日　　別	日	月	火	水	木	金	土
5:00	起　　　　　　床						
5:30—6:00	晨　　　　　　操						
6:00—6:30	楊 日本現狀	陳 軍事常識	楊 日本現狀	陳 軍事常識	周 額濟納之 一幕	楊 日本現狀	周 農村勞作 教育
6:30—7:30	自　　　　　　修						
7:30—8:20	回 化學常識 及教學法	尹 物理常識 及教學法	回 化學常識 及教學法	尹 物理常識 及教學法	尹 物理常識 及教學法	尹 物理常識 及教學法	尹 物理常識 及教學法
8:25—9:15	金 健康教育	洪 農村經濟	洪 農村經濟	洪 農村經濟	洪 農村經濟	洪 農村經濟	洪 農村經濟
9:15—10:30	早　　　　　　飯						
10:30—11:20	周 國防教育	回 化學常識 及教學法	周 國防教育	回 化學常識 及教學法	周 國防教育	回 化學常識 及教學法	回 化學常識 及教學法
11:35—12:15	洪 合作論	洪 合作論	洪 合作論	洪 合作論	洪 合作論	洪 合作論	周 國防教育
12:15—1:00	休　　　　　　息						
1:10—2:00	民 史地及教 學法	民 史地及教 學法	仁 防疫常識	民 史地及教 學法	民 史地及教 學法	民 史地及教 學法	仁 防疫常識
2:05—2:55	顧 邊疆問題	顧 邊疆問題	顧 邊疆問題	顧 邊疆問題	顧 邊疆問題	顧 邊疆問題	顧 邊疆問題
3:00—3:50	仁 防疫常識	金 健康教育	金 健康教育	金 健康教育	金 健康教育	金 健康教育	金 健康教育
4:00—5:00	晚　　　　　　飯						
5:00—6:20	休　　　　　　息						
6:30—7:30	同樂會	農村經濟 及合作討 論會 學校教育 討論會	社會科學 討論會 健康教育 討論會	時　事 談會 邊疆問題 討論會	座 社會教育 討論會 自然科學 討論會	農村經濟 及合作討 論會 學校教育 討論會	同樂會
7:30—9:00	自　　　　　　修						

講習會小組討論會指導者

社會教育討論會	顧頡剛（召集人）	權少文	姜種因	金素蘭
		周志拯	王竹安	
自然科學討論會	尹以瑩（召集人）	回永和	蔣光第	劉維邦
		邢雲書	劉錫驥	
農村經濟及合作討論會	洪謹載（召集人）	周志拯	和保萃	季雲
學校教育討論會	劉尚一（召集人）	姜種因	王尚仁	袁印安
		潘秀璗	馬常	
社會科學討論會	王志梁（召集人）	周志拯	楊向奎	王樹民
健康教育討論會	金素蘭（召集人）	王居仁	回永和	王永明
邊疆問題討論會	周志拯（召集人）	顧頡剛	楊向奎	
時事座談會	李林漫（召集人）	權少文	陳銘鼎	王志梁
		洪謹載		

附注：聽講學員須報名參加四種討論會

[剪報]　　廿七，三，六，漢口《大公報·星期論文》

抗戰期中農村工作的途徑　　　　　吳世昌

過去抗戰半年的慘痛經驗，除了軍事部分我們是門外漢，不配談也不應談以外，有許多是屬於農村工作的未臻健全，民衆組織的未及成功。農村工作在抗戰勝利中的重要是盡人皆知的，不但游擊戰術的成功與失敗完全要靠農村民衆的合作，即平時治安的維持，漢奸的肅清，政治的訓練，壯丁的徵調，抗戰意識的加強，防空防疫的設備，無一不要靠廣大鄉村民衆的協助。但是中國鄉村民衆一般知識水準之低，誰也無法否認，而尋常的宣傳工作，因爲宣傳者大都過慣都市生活，對於各地鄉村特殊的民情，風俗，心理乃至語言，都有隔閡，影響到宣傳技術，使鄉民往往不易體會；至多一知半解，以爲新奇有趣。文字既非鄉民所能了解，講演中的許多名詞術語他們聽了也大都茫然。在這種情形之下，許多下鄉宣傳的人，有的所講鄉民未懂，而宣傳者看了他們聚集圍聽的情形，以爲已經成功。有的宣傳者自己也知道鄉民大概未必懂得，而因爲自己更沒有別的適宜的工作可做，只好這樣工作下去，聊以自慰。這種情形非常普遍，可是凡擔任此項工作者大都覺得已經盡了自己的能力，鄉民還是未能透徹了解，也只好付之無可奈何了。中山先生所謂"喚起民衆"的工作，的確是不大好做的。

這種失敗的事實，從事於鄉村宣傳工作及倡導此工作的社會領袖人士，必須虛心坦白地承認。既然承認之後，必須重新考慮今後補救改革的方針。在考慮改革之前，我們要認清這失敗的緣故，是否屬於宣傳者本身，抑另有客觀的原因？如果屬於宣傳者本身，則改革當在技術方面。如另有客觀的原因，則此種工作本身有改途易轍的必要。

我以爲這種失敗，并非屬於宣傳者本身，而是中國受都市教育的青年與鄉村農民知識上，思想上，生活方式上，根本相差太遠；而我們所逢到的國難，又是一個現代化的革命抗戰，因之這次宣傳的材料内容，不論在政治，經濟，徵丁，防奸各方面，都有灌輸農民以現代政治知識的必要。這種知識和他們平常的生活方式和思想相差太遠，宣傳者自然不易成功。試想現在的宣傳者本身所有的知識，自小學至中學或大學，已經是受了多少年的現代教育？現在要在短期内把這些知識輸與鄉農，困難自不待言。在這點上，我們又必須承認我們的鄉村民衆和現代教育相去尚遠，和受過現代教育的宣傳者根本在思想上，乃至語言上聯不起來，可是在這時代，雖然明知有這些客觀的困難，我們又不能不作鄉村的宣傳和訓練工作。考慮如何打破這難關是倡導鄉村工作者當前迫切的任務。

和這問題有連帶關係而同樣嚴重的，是戰區中大學生，中學教員學生，和其他文化界人的普遍失業，無事可作，整天煩悶，流浪，有力無效處，甚至爲生活發愁。這些文化界人，當初培植教養比那一界人物都費力氣，現在却比那一界人物都無出路。這種悲慘的現象，不僅是國家的損失，浸假將成爲嚴重的社會問題。在他們自己，以爲抗戰意識最清楚，最有熱忱報國，所以極願擔任“喚起民衆”的工作。社會人士，也這樣期望他們。但如果真令他們去做農村工作，除少數有特殊經驗或訓練者外，大多數將冷酷地遇到上述的失敗。所以現在整個有關抗戰的農村問題很清楚：

一方面是農民須要政治的教育和訓練，須要實踐“喚起民衆”的工作，來支持和協助抗戰，可是現在的宣傳者在知識上，心理上，言語文字上和他們聯不起來，使工作非常困難而常遭失敗。

一方面有許多抗戰意識堅強清楚，報國情緒熱烈的文化界人無事流浪，在理論上他們最宜做“喚起民衆”的工作，而事實遭逢客觀條件的失敗。

這兩個問題，如有辦法則一起解決，不但各得其所，而且將發生偉大的力量，否則國家將蒙雙重的損失。

我以爲要解決這兩個問題，我們須在文化界人（受現代教育，過都市生活的宣傳者）和鄉村民衆之間找一種中間人。這種中間人在知識上要能接受現代政治訓練，懂得抗戰意識的宣傳，了解一切現代的名詞術語，有國家觀念；在生活上心理上要能和鄉村民衆打成一片，和他們互相了解，得他們的信仰；而同時又須能有熱忱喚起民衆。我們現在有沒有這種中間人呢？我以爲有的；便是責任重大而社會對他們待遇素來菲薄的鄉村小學教師。

小學教師散布在鄉村裏面，他們的國家觀念比一般民衆堅强是無疑的，惟於各種現代知識則較差，戰時的政治訓練也缺少。但因爲有上述種種與民衆接近的優點，他們最能勝任喚起農村民衆的工作。關於他們缺欠之處，我們必須加以補救，可以由現在受過政治訓練的文化界人或社會上有學問有聲望者授以各種戰時的政治知識，加以指導，使他們除了教育小學生之外，同時訓練和組織農村民衆。現在的文化界宣傳者，已有經驗及政治訓練者應即刻到鄉間去（政府當加以指導并略給生活費）訓練小學教師，和他們開講習班，授以與抗戰有關的各種知識，共同討論農村的各種實際問題，必要時把這些問題呈報政府——中央應指定某機關專負此責——或擇其能公開者在報上發表，徵求研討。這種訓練小學教師的工作，以不妨害他們原來教課爲原則，最好於假期中行之，在平時則宜開夜班或星期班。小學教師受此訓練以後，要使他們經常的向農村民衆宣傳訓練。平常宣傳隊最大的缺點，便是流動性質，在鄉村巡游一番，鄉民只以好奇心理，把他們當作賽會玩把戲一樣看待；所講的內容，鄉民既不能懂，即懂了亦是零碎片斷，全無系統，并且宣傳隊今天來了，明天他去，來則熱鬧，去便忘却，這種一暴十寒的辦法，於實際亦少功效。若由小學教師負此"喚起民衆"責任，應當像外國人做禮拜似的，至少每星期一次，使全村男女老少都來聽講（幹這事業本來該有宗教熱忱），講時亦須有系統次序。其內容并須就各地方需要，教以農田，水利，衛生，合作各種常識，以爲復興農村的基礎。至其講詞之須通俗易解，舉例之須採自農村實事，自不待言。在吸引鄉民聽講的技術方面，也要注意。各地的教育局和聯保甲長，應當從旁贊助。在去年暑假後，管理中英庚款董事會聘了幾位教育界的領袖調查西北教育，他們組織了一個庚款西北教育委員會。現在該會的委員顧頡剛尚在甘肅，他在寒假中和臨洮縣教育局合辦一個小學教員寒假講習會，主講者除庚款會所聘專員以外，有許多平津流亡的大學生也去參加。他們所講的題材，如軍事常識，國際情勢，日本現狀，國防地理，合作事業，農田水利，保甲制度，中國資源與抗戰前途等等，都是切合目前抗戰意識和復興農村的實際學科。我們認爲目前中國農村民衆之需要教育訓練，不止甘肅一省，因此希望各省各縣，都聞風興起，積極動員。現在流亡的大學生和文化界失業者這樣多，只要有計劃有決心，不怕沒有人材。這次廣西省壯丁在抗戰中表現極大成績，便是因爲過去該省農村工作做得好。如能大家一起像過去廣西那樣苦幹，則中國的抗戰勝利和復興農村一定有把握！

二十七年二月十二日，西安。

一九三八年二月

二月一號星期二

寫子峰少文，劉師儀，王輯五信，即到郵局發出。王友德來。姜縣長來。與謹載到林漫處，出，同至袁校長家，何純吾家，留飯。道遇王靜宇，同行。

與林漫，純吾，謹載，靜宇同至張率天處。與林漫純吾同到閻永祿家，晚餐。

永祿等送至中校。至以瑩處，與向奎，樹民談，至十一時。

今午同席：景周　尚一　予　謹載　静宇　林漫（以上客）
何純吾（主）

夜夢健常又有遠行，來平住石兆原家，予遣一女僕前往服
役。女僕歸告予曰：譚小姐一切皆儉，惟穿衣不儉。

二月二號星期三

章檢察官來。楊瑞五來。林漫來，同訪馬世珍，趙仲育，裴
質，裴文，趙丕發處，均未遇。訪段推事，王思舜家，遇之。

看《石遺室詩話》。寫王振鐸，李子魁，章雪舟，聖陶信。尚
一來，同布置宴客場。

宴客。至以瑩處談話，至十一時半眠。

今晚同席：張專員　姜縣長　張法院長　段推事　王總工程
師夫婦　郝工程師夫婦　莫牧師夫婦　黃文中　楊景周　劉尚一
　楊瑞五　趙仲育　章檢察官　閻心田　趙丕發　劉天德　陳副
司令　馮文昭　袁印安　王竹安　王永明　韓明章　李林漫　黃
國瑾　袁玉蓉　李玉蘭　李華春　丁慕陶　何純吾　洮志渠　趙
仲康　曹秉權　何興唐（以上客）　予等八人（主）

二月三號星期四

寫葛廳長信。林漫純吾來。與諸同人到純吾處吃早餐。到郵局
寄信。遇張專員丁科長。

與諸同人到豐庵家吃飯。記日記三天。寫自珍信。姜景曾，趙
明德來。

與謹載同到專員署，同到法院，赴張院長之宴。

今早同席：景周　尚一　以瑩　永和　謹載　素蘭　樹民
拱辰　予　林漫（以上客）　　何純吾（主）

今午同席：客同上(惟無林漫)　張鵬雲(以上客)　郝豐庵(主)

今晚同席：張專員　姜縣長　丁、張二科長　陳副司令　謹載　章檢察官　段推事　予（以上客）　張法院長（主）

二月四號星期五

到林漫家赴宴，且送以瑩，素蘭，景周赴蘭州。楊明堂來，到袁校長處談話。曹效毅來。

到李玉蘭家赴宴，并參觀其家烟廠。遇王思舜。到章檢察官處赴宴，與張專員等同到天華園。

胡振家來。赴王壽山宴。以腹脹，繞道歸。

今早同席：以瑩　素蘭　景周　謹載　永和　樹民　拱辰　尚一　中天　予（以上客）　林漫（主）

今午後同席：謹載　永和　樹民　拱辰　純吾　袁玉蓉　賀玫村　予（以上客）　李玉蘭　華春（主）

今下午同席：張專員　姜縣長　張法院長　段推事　孟檢察官　丁科長　予等（以上客）　章檢察官（主）

今晚同席：以上諸客　中天　楊瑞五　西賡等（以上客）王總工程師（主）

二月五號星期六

到中天處，吃點，遇蘇志厚。到馬世珍處，赴宴。張世武來。

到王思舜家赴宴。爲人寫屏聯十餘事。到張專員處赴宴。

到八千春看新舊劇，遇永明等。九時半歸，失眠，服藥。

今早同席：予等五人　尚一（以上客）　世珍（主）

今午同席：予等五人　尚一　純吾（以上客）　王思舜（主）

今晚同席：予等五人　陳副司令　張法院長　章檢察官　王總工程師　張科長（以上客）　張專員（主）

二月六號星期日

與謹載到楊瑞五家赴宴。遇林漫，純吾，到林漫家。

爲人書屏聯十餘事。到叔仁家，赴其子婚筵。遇劉錫驥。

到樹民處談話。看《石遺詩話》。

今早同席：王總工程師　李工程師　謹載　師君　李隊長　予（以上客）　　楊瑞五（主）

今晚同席：中天　姜縣長　何教育會長　馬督學　韓督學　趙仲育　謝楚青　尚一等（凡六桌）　　王叔仁（主）

一星期來，吃的苦極了，口也膩了，胃也脹了，只得先吃了消化藥片再去赴宴。噫，在這個年頭還過太平生活乎！

二月七號星期一

理書桌。郝西賡來。到林漫處工作，改拱辰所草報告書，略訖。與謹載同歸。記日記四天。

得蘭州轉來諸信，即答德坤，自珍，德輝，志拯信。與静宇到防疫處，爲人寫屏聯十餘事。與静宇及永明到高子静西醫室，并晤趙仲育。

上街看社火。看《石遺詩話》。

羨煞衡陽雁，春來又北飛。烟花還舊景，人事已全非。冥想歧千境，招魂望四圍。死生誰識得，莫問我何歸。

看《石遺詩話》，忽發吟興，成此。

此間四大街均有社火，四岔路口，三龍會集，煞是熱鬧。民衆興趣，民衆藝術皆在於斯，應發揚光大之。

二月八號星期二

發文通電。到韓明章家吃飯，并寫屏聯數事。韋廷祥，魏繩伯來。渭源楊曹二君來，留飯。

寫銳才，朱銘心，蔣孝淑，兩湖書院院長，西山，以亨，文通，履安信。

袁校長來，同觀社火。晤法院長。與樹民等到中天處。并晤閻心田。

得德坤書，知文通有意在成都復刊《禹貢》，而須得予一電以與川省府接洽。此事若成，不枉攦我三年餘之心血矣。

今日上午同席：袁校長　王力仁　樹民　静宇　林漫　謹載予（以上客）　韓文伯（主）

二月九號星期三

寫父親信。寫貽澤信。到南大街洗澡。浴畢，與樹民同由東南角城墙行，回文廟。

飯後到西北防疫處，寫立武信一通，英款會信二通。又寫季子峰信。作黃可莊《集聯三百首》序，六百言。剃頭。

看社火。到中天家，將序文寫付石印，又書中堂二紙。中天，心田送歸。

父大人來信，決不赴滇，而欲還蘇。何其執拗？父大人行事向無計劃，與予大異。只得再寫一書，作最後之勸告。云："男以時勢所迫，不得不作范滂張儉一流人，誠恐鈎索瓜蔓，竟累堂上。又蕭慎情形，恒質其父母，誘其子爲間諜，若吾家有此事，則男將爲尚乎，抑將爲員乎？和孫年已成丁，若被徵發，又如之何？"

二月十號星期四

四時半起身，整理行裝。到洮惠渠工務處話別。九時半出發，游南門外真武宮。經唐泉，未息。一時許到高橋，受招待。

游高橋小學及娘娘廟。四時上車，七時許到官堡，受迎到渭源第二區署，卸裝。

　　飯後看社火三起。作簡短之演説。十一時眠。

　　　今早來送者：閻心田　袁印安　王壽山　郝豐庵　劉尚一
馬世楨　趙仲康

　　　渭源縣來接者：曹燕翼　楊小霞　楊土司代表李君（爲驅車）

　　　官堡歡迎者：趙天一（保安隊長）　趙皋天（第三區長）　趙
鶴天（渭立小學校長）　陳伯言（保安隊副隊長）　胡民三（臨立小
學校長）　史魚風（義務小學校長）　王子亨（渭小教員）　王崇址
（臨商會主席）　劉焕若（渭商會主席）　陳仁山　田勃如　常顯卿
楊亞雄　侯魯伯　喬春山　楊新圃（以上均教員）　姬明軒　侯國
生　周樹北　張堯清　慶北槐（以上均紳士）　趙玉山（巡官）

二月十一號星期五

　　趙土司等來，同到渭源立完全小學，義務小學，臨洮立完全小
學參觀。到王子亨家。到堡上吃飯。

　　到趙土司家，又吃點。謝迺勋，孫葳天來。到崇儒書店。回至
區署，爲人寫屏聯數十事，直至夜飯後始畢。張嘉民等來。

　　與諸同人談話。

　　　昨日高橋歡迎者：祁毓杰（高橋小學校長）　郭彦忠　羅生榮
（上校教員）　郭映瑞（劉家鋪小學教員）　漆雁雲（麻家廟小學校
長）　祁得安（祁家川互助社長）　曹繼先（曹家堡互助社長）　郭
映漢　高庭堂　祁生貴　高作柱（以上均高橋民衆代表）

　　　渭源縣來接者：張嘉民（教育局長）　徐伯農（督學）
曹克寬（縣長代表）　王者香（保安隊中隊長）

二月十二號星期六

　　到王子亨家吃飯。又爲人書屏聯十餘事。十時起程。

一時許抵温家川，到李家吃飯。五時抵渭源，各界在南門外歡迎，即到教育局卸裝。

李廷業來。戴永諒來。到縣政府看社火，李縣長舞獅。與張局長等談。

　　今早同席：予等七人　王者香（以上客）　王子亨（主）

　　今晚同席：予等七人（以上客）　嘉民　伯農（主）

　　周文炳(炘若,清拔貢,女校校長)　周文基(健軒,黨部指導員)　馮筱軒(前商會會長)　周冰臣(鈞,師長周祥初之父)　章海域(商會會長之父)　戴爵伯(農會會長,教局會計)　李統一(苗圃主任)　楊旨杰(縣黨部干事)　楊巨川(泛舟,圖書館長)　曹燕翼(詒孫,北關小學校長)　龐煦莊(名焕昀,清廩生)　徐貫三(名士俊,伯農之父)　楊小霞(名鴻烈,教育委員)　王賓(孟侯,渭川小學校長)　劉詩亭(教育委員,住官堡)　楊彬(問山,小霞子)　張維(叔綸,嘉民弟)　馬廷標(晋生,北關小學教員)

二月十三號星期日

到苗圃及公共體育場參觀。徐伯農，馮筱軒，楊旨杰，周冰臣，周文基來。到縣長處吃飯。

到娛柳村徐家。到楊家。到章家，吃點。

在教育局看社火八起。作簡短演説。十一時許始眠。

　　今午同席：予等七人　章海域　楊小霞　張嘉民（以上客）李怡星（主）

二月十四號星期一

看《渭源縣志》。到楊家吃飯。到北關娘娘廟戲臺演講。

到馮家吃飯。飯後游張兆鉀家祠堂（北關小學）。進城，游關帝廟（山陝會館）。到林漫室談話。章海域之子來。

到北關外看演劇。到靜宇室談話。

今日爲元宵,家家點燈放爆,而喜樂聲中亦時雜有婦女哭聲。憶去年今夜,正與健常,履安,自珍同到東安市場購物也。"不見去年人,淚濕青衫袖",有同感矣。

今早同席:予等七人　曹燕翼　縣長(以上客)　楊小霞父子(主)

今午同席:同上九人　李植齋(以上客)　馮筱軒(主)

二月十五號星期二

九時出發,到南郊三十里外之營盤山,看各社火祀神。由聯保主任招待。

到五竹山,游五竹寺。到溫家川李家吃飯。四時半,返轅。六時半,到城。

到章家吃飯。回,與張局長等談此間教育計劃。

今日同游:李縣長　章海域　張嘉民　我等七人

溫家川李家:李郁芳(文軒,朝大豫科畢業)　李郁萼(果仙,蘭州師範畢業)

今晚同席:李縣長　樹民　拱辰　謹載　嘉民　靜宇　予(以上客)　章海域父子(主)

五竹山松樹近十萬株,在風雪中看,更饒翁暈之趣。

二月十六號星期三

爲人書屏聯十餘事。與張局長李縣長同到周冰臣處,未遇。到文廟及城隍廟。到渭川小學參觀。發劉尚一電。

爲人書屏聯數十事。開渭源教育設計會,四時散。到縣政府吃飯。

爲縣府諸人寫屏聯數十事。與向奎諸人談話。

今晚同席：周冰臣　張嘉民　静宇　謹載　樹民　拱辰　予（以上客）　李怡星夫婦（主）

今日同會：縣長　章海域　小霞　伯農　爵伯　統一　文基等二十餘人　予與謹載，永和，向奎參加

二月十七號星期四

記日記八天。到李統一家吃飯。

與同人及當地官紳到東郊，到書院莊，鍬家堡小憩。在張局長家吃飯。上山游秦皇長城，跨騾行。下山到某小學休息。七時歸。

到徐家吃飯，看劇。跨馬歸。已十一時矣。

秦皇長城，始於岷縣，東折至渭源，又北東至臨洮，又北至蘭州，順黃河至寧夏而東。今日所至爲渭源北山，山路絕峻，騎騾而上，不敢復騎騾而下矣。

今晨同席：我等七人　縣長　嘉民（客）　李統一（主）

今晚同席：我等七人　李縣長（以上客）　徐貫三父子（主）

今日同游：同人七人　縣長　嘉民　王楨　李忠　王杰　羅發祥　雍又南　王萬楨　白進賢

二月十八號星期五

曹燕翼來，與同到筱軒家，晤克讓，看各處來信。到黨部赴宴。

與同人及當地官紳同游鳥鼠山，至渭水源。予跨驢，他人乘騾馬。到導渭村劉家小憩。在水源及禹王廟照相。

燕翼與楊文山來。看各處來信，至十一時許。失眠。

五竹寺聯

萬松成大觀　孤竹與交輝

渭水源聯

疑問鼠山名，試爲答案歧千古。

長流渭川水，溯到源頭只一盂。

今日同游：同人七人（加克讓，靜宇以病未往）　李縣長　筱軒　小霞　周文基　嘉民　聯保主任等

今早同席：我等八人　小霞　炘若　楊旨杰（以上客）　周文基（主）

二月十九號星期六

寫履安信。父大人不欲至雲南，立武欲我在西北，西北教育界又這樣歡迎我，我就留在西北，邀履安一塊來了罷？

爲人書屏聯中堂等百餘事。

宴客。飯後與縣長，徐貫三，馮筱軒打牌，至十二時散。失眠。

今晚同席：李縣長夫婦　李科長　嘉民　徐貫三　伯農　馮筱軒　曹燕翼　楊小霞　楊泛舟　李統一　周炘若　周冰臣　周文基　龐老先生　劉詩亭　戴爵伯　楊旨杰　馬廷標　曹燕翼　王孟侯等（凡三桌）（以上客）　予等八人（主）

予久不打牌，今晚李縣長拉打牌，姑試爲之，乃輸三十元，我生未有之大輸也。

二月二十號星期日

爲人書屏聯中堂匾額等約七八十事。

與炘若談話。受全城官紳之宴。六時飯畢。

與拱辰克讓等談話。看打牌，至十二時眠。

今日下午同席：予等八人（客）　昨日之客，又于俊侯（郵局長）（主）

前日得健常信，知其父母妹已到重慶，彼曾到浙，亦隨至重慶。心爲一慰。

夷齊廟聯

食薇叩馬當年節　　立懦廉頑百世師
關岳廟聯
浩氣丹心昭萬古　　愛錢惜死愧千官

二月廿一號星期一

寫健常，立武，白孟愚，臨時大學信。發立武電。縣長來。

與官紳十餘人同游老君山，至老子廟，清聖祠，關岳廟等處。下山，寫銳才，亮儕，一非信。記日記五天。

開會討論教育合作事宜。到縣政府吃全羊席。打牌一圈。

昨夜夢至內政部訪健常，部新遷，頗有亭臺池沼之勝。健常出，相對唏噓。晨起因即作函。

今日同游：龐煦莊　小霞　周炘若　爵伯　嘉民　伯農等十餘人

今晚同席：同人八人　李科長（以上客）　李怡星夫婦（主）

打牌一圈，又輸五元，我的手氣不好至此。

二月廿二號星期二

豫備下午講課。看思慕《邊疆問題講話》。

講邊疆問題一小時。爲人書屏聯十餘事。

李縣長來，談至十時而別。趙天乙爲點驗保安隊事，派人持函來，即覆函，并致志拯電話。

代李縣長作老君廟聯
神龍見首不見尾，渭水源頭，恰好祠學派始祖。
青犢度關當度隴，鳥鼠山下，可曾演大道無名？
題渭源教育局
天降大任，先苦其心，玉成於汝，憂患之侵。
黽勉奮發，樹人如林，果能此道，薄海咸欽。

二月廿三號星期三

怡星來，同訪周炘若，周冰臣。又與嘉民同訪龐老先生。爲李縣長題急就章。爲人書屏聯中堂等約百餘事，終日未休息。

田淳然（澤鑫）偕曹燕翼來。

到楊家吃飯。飯後爲人寫屏聯中堂二十餘事。

今晚同席：同人八人　李縣長（以上客）　楊小霞（主）

龐老先生年已七十八，猶向圖書館借《萬有文庫》讀，昨日來聽講，欲讀化學書，此人惜老在西北一僻邑！

今日晚餐時牙奇痛，主人備全羊席甚豐美，苦不能食也。此或以寫字太累之故耶？伯農告我，囑我寫字者，登記人數至二百餘，每人不止一幅，少則二三，多則十餘，其數甚可觀矣。

二月廿四號星期四

四時半起，結束行裝。作《徐氏家譜》序四百餘言，膳入譜中。寫趙天乙等信。寫周炘若信。到縣政府吃飯。十時啟程，縣長等送至鳥鼠山，攝影而別。徐伯農護送至臨洮。康子玉同行。保安隊丁二十四名護送至堯典村。

一時許，至卡子，吃飯。二時許，至慶坪鎮，未停。五時許，至窯店，受迎入堯典小學。參觀，歇宿。

夜飯後與同人步行市街。到伯農所住店。

今早同席：同人八人　章海域　李科長（以上客）　李怡星夫婦（主）

今晚同席：同人八人　徐伯農（以上客）　堯典學校同人（主）

離渭源時，紳士學生傾城相送。其送至鳥鼠山者爲怡星，嘉民，小霞，筱軒等。

夢身忽死，御風往尋健常而告之。

二月廿五號星期五

爲人寫屛聯中堂數十事。在校吃飯。十時啓程，行三十里至二十里鋪，游瑞潭寺小學。

至十里堡吃飯。三時半抵臨洮城，到教育局。到百獅巷九號張世五家落宿。到縣政府及專員公署，皆未晤。到中天家，亦未晤。回寓，劉尚一來。

到尚一家吃飯。志拯，中天，慕陶來。尚一，世五來談。以多談話，失眠。

今早同席：同人八人　伯農（以上客）　　孫輔之　黎君直　劉亦恕　何念伯（主）

今晚同席：同人八人　伯農　盧君（以上客）　　尚一（主）

日來牙仍痛，惟較前日爲差愈耳。

甘肅學院易長風潮鬧得甚大，警察已包圍學院數日不解，新校長武力接收，我如回蘭，必受包圍，不如遲遲其行之爲善也。

二月廿六號星期六

袁印安來。志拯來。王竹安來。伯農來，飯後返渭源。郝西賡，中天來。尚一來。牛宏及楊君來。何通經來。張齡遐，閻心田，黃國瑞來。劉天錫來。何守道，孫尚德來。

到縣政府吃飯。訪張專員。與專員，丁科長，周縣長同訪張鴻汀。專員，縣長，丁科長等來訪。記日記五天，幷補記若干。寫履安，僑思信。

尚一來。張清若來。曹燕翼，心田，劉培德來。守道，孫尚德來。

今早同席：同人八人　志拯　尚一　伯農（以上客）　　張世五（主）

今午同席：同人六人（除回，樹民）　　丁慕陶（以上客）

志拯（主）

鴻汀告我，渠在蘭州晤李印泉，李於十一月十四日離蘇州，謂日人在蘇擲炸彈，三個月中凡四千二百七十餘枚，擲彈時飛甚低，排比而下，故在其目標下之建築物皆無能免者。

二月廿七號星期日

守道來，同到陸笠天處。寫種因，素蘭，銳才，一非，以瑩，毅之信。到養正小學赴宴。上街買鞋帽等物。

與永和到中天處。與中天同到縣署，受宴。

劉天德來。曹詒孫來。陸笠天，陳健丞來。

今午同席:同人七人（除林漫）　周縣長　黄中天（以上客）劉培德　閻心田　張齡遐（以上主）

今晚同席:同人七人（除林漫）　張專員　丁科長　陳副司令　楊參議　劉尚一　張科長　黄中天　章檢察官（以上客）　周縣長（主）

二月廿八號星期一

爲人書屏聯十餘事。丁科長偕張法院長，孟檢察官來。尚一來。周縣長來。孫輔之來。何純吾來。與謹載到張鴻汀處。十時上車，赴康樂，到二十里鋪休息。學校來迎。

二時許抵康樂，諸官紳來接。到黨部落宿。四時許進飯。到劉設治局長及馬保安隊長處。

早眠。

今晚同席：予等五人（除永和）　劉局長武丞　馬隊長新民（以上客）　曹遠峰　陳健丞　陸笠天　張清若　雍仁川　何維貴等（以上主）

今日伴行者：陳健丞　陸笠天　張清若　保安隊若干人

康樂人物：

（甲）設治局：

劉武丞（局長，平涼人）

李榮枝（勃園，第一科長）

張國臣（治安，秦安人，會計主任）

（乙）教育會：

陳炎炳（健丞，康樂人，教育委員）

曹遠峰（康樂人，教育委員）

（丙）黨部：

張漣（清若，康樂人，籌備員）

雍應慈（仁川，幹事，兼女校校長）

（丁）學校：

李凌霞（國蓮，馬雲波妻，臨洮人，女校教員）

王鐵舫（新治小學校長）

陸鴻翔（笠天，新治小學訓育主任）

馬雲波（如龍，臨洮人，新治小學教員）

何維貴（子顯，高家集小學校長）

馮映川（蘭泉，八松小學校長）

線□□（囊古坡小學校長）

趙永清（曉泉，馬家集小學校長）

朱克勤（勛三，蘇家集小學校長）

馬德魁（八丹小學校長）

張廷勛（嘎路小學校長）

胥應魁（靈峰，八松小學創辦人）

高鳳燾（曉舟，康樂人，甘肅學院文史系畢業，已故高團長之
　　長子）

（戊）保安隊（省府直屬第二大隊）：

馬新民（臨洮人，大隊長）

高龍舟（康樂人，大隊副兼第一中隊隊長）

楊繼棟（柱丞，臨洮人，第二中隊隊長）

雍星垣（康樂人，副官長）

余戀修（振德，康樂人，副官）

馬雲丞（春林，康樂人，第一中隊分隊長，駐蘇家集，教門）

呂邦彥（第一中隊分隊長，駐八松）

水正東（海如，榆中人，第二中隊分隊長）

馬仲昌（世五，康樂人，第二中隊分隊長）

趙明義（勇三，康樂人，第二中隊特務長）

（己）地方官吏：

王均（致一，臨洮人，第一區區長，駐新集）

田玉龍（第一區區員，教門）

趙錕（劍秋，臨夏人，第三區區長）

馬如海（福庵，第三區區員，教門，馬教主門宦之婿）

劉循環（達武，湘鄉人，兵役股專任股員）

（庚）教門：

馬延壽（子齡，攢扶提）

馬益壽（子謙，子齡之弟）

張德勝（教主，住斝臺村）

（辛）縉紳：

石砥如（名作柱，居景古城）

楊瑞五（居臨洮）

張維（鴻汀，居臨洮）

一九三八年三月

三月一號星期二

寫自明自珍，士升侃燮，臨洮郵局，立武信。到新集小學，演講中英庚款之西北教育。并聽諸同人演講。

飯後與謹載，林漫，樹民循胭脂川行，入林中，就溪邊席地坐，休息一小時。到設治局，晤李科長。到陳健丞家。到新治小學。

回黨部，受設治局長宴。爲人書屏聯十餘事。失眠。

今午同席：教育界宴同人。

今晚同席：劉設治局長宴同人。

康樂多流泉，樹木不種自生，春烟蕩漾，酷似江南。而民十八年兵燹，村落丘墟，田畝荒蕪，設治局一帶在曠野中建幾間屋，又甚像蒙古。

三月二號星期三

到設治局，爲人書屏聯十餘事。早飯後乘車赴蘇家集，行二十餘里，十一時許到，入第二區公所休息。出游市街。

張教主德勝來。到蘇家集小學，講回漢問題。并聽諸同人講演。回區公所，爲人書屏聯二三十事。

與諸同人談話。

今早同席：予等五人（除永和）　　曹遠峰　陳健丞　馬新民　李榮枝（以上客）　　劉武丞（主）

今午同席：予等六人　曹遠峰（以上客）　馬如海　趙錕（主）

蘇家集回六成，漢四成，故只有羊肉，所進羹皆羊也。燒得不爛，予又牙痛，竟不能大嚼，可惜。又食羊油所炒之飯，加糖，亦是異味。

三月三號星期四

為人書屏聯廿餘事。到高曉舟家。為人書屏聯等十餘事。九時許，乘車到八松，十一時到，至胥靈峰家休息，到八松小學參觀。

在胥宅飯後辭出。車過曩古坡，又受小學招待，為人書屏聯十餘事。到線校長家吃飯。六時許回蘇家集。

與諸同人談話。失眠，看《清真指南》。

今午同席：予等六人　曹遠峰（以上客）　胥靈峰　高曉舟（以上主）

今晚同席：予等四人（除永和，克讓）　曹遠峰（以上客）線校長（主）

贈胥靈峰聯云："先生自合稱五柳，嘉績長留在八松。"

寓處案頭有《聊齋》，心卜得《嬌娜》篇，予其長與伊人為友耶？然結果能同住，固所願也。

三月四號星期五

早飯畢即上車，八時行，至十一時半抵馬家集，約行五十里。到高級小學休息，出游市集，為人書中堂約十幀。

在校飯後，即辭歸。五時半回新集黨部。陳、雍諸先生來。高曉舟偕陸君來。

馬新民來。與諸同人到女教員李凌霞君處談。

今午同席：予等五人（除劉克讓）　曹遠峰　馬分隊長（以上客）　馬家集教育界（主）

三月五號星期六

記日記五天。書屏聯約廿事於黨部。到保安隊吃飯。飯後為人書屏聯中堂廿餘事。

康樂開教育設計委員會，予等亦列席。到攮扶提家吃飯。三時往，五時半冒雪歸。

飯後爲人寫屛聯中堂數十事。

今早同席：予等五人（除永和）　劉武丞　李榮枝　曹遠峰
陳健丞（以上客）　馬新民（主）

今晚同席：予等六人　趙營長　曹遠峰（以上客）　馬子齡
馬子謙（以上主）

贈子齡教主聯云："百萬回民資訓迪，六千經卷賴宣揚。"

三月六號星期日

清若，遠峰等來。朝宴。爲人書屛聯中堂數十事。

十二時動身，四時到臨洮，仍宿張世五家。看蘭州轉來信件。

尚一，守道，培德，心田，世五等來。

今早同席：予等五人（除永和）　劉武丞　馬新民　張清若
（以上客）　康樂教育界（主）

昨日下雪，今日連下，氣候寒甚，又回到一個月前之氣候
矣。車中以皮大衣蓋足，稍好。

贈馬新民升大隊長聯云："撫輯漢回，同仇敵愾。統率貔虎，
永作長城。"

三月七號星期一

補記日記。志拯來。尚一來。寫履安信。發一非電，告訓練團
功課由克讓代十天。

到天華館吃飯。訪王郝兩工程師，未遇，晤趙君等。到正德學
校。到教育局開會，討論補助臨洮教育事宜。訪景周，未遇。道遇
林漫。到張清若家，并見其夫人。遇高曉舟。

到天華館吃飯。早眠。

昨得履安及自明航空信，悉父大人近日氣喘，脚腫，眼紅，

痰黑，履安因此不能南行。此自實情，我亦無法，只得終止滇行，安心作甘肅人矣。父大人衰態如此，恐已不久，我父子未知尚能會面否。

　　今日同會：劉尚一　周志拯　謹載　永和　克讓　何通經心田　天德　謝楚青　袁印安　張齡遐等約二十人今日頭痛，服藥而眠。

三月八號星期二

　　到防疫處，看拱辰所作報告，訖，略爲改竄。看克讓所作西陲文化研究所計畫書，亦略改之。寫賢侯街諸友信，托克讓帶去。

　　到縣政府吃飯。到專員室，到丁科長室，談新村及納妾事。到防疫處，寫樹基，希聖，肖甫，辰伯信。訪中天，未晤。到天華館吃飯。

　　到周縣長處談。克讓來談。

　　履安既不能出，我又不能去，而我之睡眠爲我之致命傷，僕僕征途，尚且屢發，況平居作事時乎！父大人與履安自明皆勸我納妾，納妾固非時代所許，然兩害相權取其輕，我實只有這一條路可走，因與丁科長道之，彼允竭力爲我設法。唉，我作此事，如何對得起履安與健常，只爲保全生命計，不得不如是耳。

　　予在寓所，客人太多，什麼事都不能做，因借西北防疫處空屋做工作，謹載亦同來，而到寓相訪之客則由永和樹民代見。樹民做了一天，就頭痛了，第二天即避至張宅上房工作。入世之難如此。

三月九號星期三

　　到汽車站，送尚一及克讓。到防疫處，整理信札。寫父大人，子臧，樂夫信。陳謹哉來。到縣政府吃飯。

到法院，晤張院長，段推事等。并晤郝工程師。到防疫處，寫履安，龍弟，玉年，佩韋，壽堂信。寫自明信。與謹載到楊瑞五處。

到志拯處，未晤。到慕陶處，晤之，與同到石家店，訪劉武丞，并晤鴻汀，志拯，瑞五。志拯來談。

魯弟致父大人信，謂托人到蘇探訪，知我家房屋及物件損失不多，家人全避鄉間，家中托一張姓者看守。冬侄則避至香山難民區。

三月十號星期四

與樹民同訪馬新民，不遇，見其父。到防疫處，寫雨亭，周定宣，一非，鍾健，繩武，西堂，孟和，向奎，貽澤信。朱建功來。

丁慕陶偕張法院長及縣府科長張重心來。

與謹載，樹民等談話。

三月十一號星期五

到張鴻汀處送行，并晤宇之等。到天華館宴客，八時到，十二時始出。

到防疫處，寫魯弟，承彬，唐柯三，仁之，起潛叔，馮世五信。朱建功來。與謹載到陳副司令處吃飯。與張法院長等到烟酒局陳局長處小坐。

與謹載，永和，樹民等談話。

今早同席：劉武丞　馬新民　高龍舟　張清若　曹遠峰　丁慕陶（以上客）　周志拯（張重心代）　予　謹載　樹民（以上主）

今晚同席：王壽山　張法院長　章檢查官　段推事　陳烟酒局長　予　謹載（以上客）　陳德新（主）

三月十二號星期六

到防疫處，寫伯祥，八爱，吳秋白，剛主，安華，通俗社，日蔚，建時，素蘭，齊璧亭，其田信。

丁科長，張法院長，秦子元營長來。到防疫處，寫孫媛貞，彦堂，中舒，厚宣，銳才，以瑩，一非，克讓信。

與建功，永明同歸。丁慕陶來。宴客。以牙痛失眠。

今晚同席：朱建功　王永明　丁慕陶　張實五（以上客）
予等四人（主）

今日猶下雪，予在甘肅見雪六個月矣。

杭先生來信，囑工作緩辦，先事設計。心中一急，牙痛又作，晚間更作劇痛。

慕陶來，爲我納妾事，告我段子嶽已去函涼州，周太太又欲在蘭州女學生中代找。

三月十三號星期日

到防疫處，寫道源，念海，雪舟，文珊，元胎，自明，自珍，樹德信。

到防疫處，寫夢家，傅成鏞，賓四，和保萃，紹虞，林同濟，以亨信。寫銳才信。林漫來。

與謹載等到郝豐庵家。道遇林漫世五，又至師範附小，并晤趙望林。

晨間夢中得一聯云："眼底名山皆屬我，江南詞客已無家。"上句何其豪邁，下句何其淒婉。實在我近日思想頗有此矛盾狀態，故發之於夢耳。

自回臨洮來，七天中寫信六十五封，信債始得一清。

夜間步月，遂爾思家，即以"天中皓月好分君"對今晨夢中句，嗚乎，予與履安只能同時望月矣。

三月十四號星期一

到防疫處作《梅仙詩遺》序四百言。寫杭立武信三千餘言，略陳設計大概。寫英庚會信，説明萬元用度。

慕陶來。陳德新來。寫拱辰信未畢。

與謹載到周縣長處，并晤其夫人及慕陶，重心。與謹載志拯到養正學校，訪自發，逸仙。

牙痛腫了出來，痛頗減矣。

三月十五號星期二

到景周處，并晤馮商會長。到防疫處，寫拱辰信畢。清算去年到甘旅費及到青旅費。

宴客。石作楨來。寫侃嬺夫婦及僑思函。

到周縣長處吃飯。與謹載等到大寺門散步望月。

今午同席：李自發　王逸仙　楊景周　周志拯（以上客）予等四人（主）

今晚同席：李自發　王逸仙　姜服疇　楊景周　予等四人（以上客）　周志拯（主）

三月十六號星期三

到教育局，與世楨談。作《侯氏家譜》序三百言。重寫《我的研究學問的經歷》三千餘言。

重寫精神講話講稿約三千言。馬團長，秦營長來。與同人到北門外散步。

歸，城門已閉，交涉而開。志拯來長談。

晨夢履安已至甘肅，適健常亦以調查來甘，遂同往照相館合攝一影。嘻，其真有此一日耶？春夢無憑，姑以之自欺可已。

贈周志拯縣長聯曰："一輪曉日椒山廟，百里清風王子莊。"

言其臨洮與金塔兩處之政績也。

三月十七號星期四

到教育局，將昨日二文修改一過，鈔設計報告二千餘言。林漫來。

看地圖。到天華館赴宴。到秦子元營長處談。到高子祥處，未遇。

與世五等同到蔣紹伯處。與謹載樹民談話。子祥送藥來。

前夜半夜即醒，昨宵乃十二時半即醒，直至今晨四時許始得朦朧。我的神經究竟沒有強健，負擔不起過重的工作，我只得慢慢兒做了。

今日下午同席：朱建功　王永明　防疫處李君　蔣紹伯　張世五　謹載　予（以上客）　高子祥（主）

三月十八號星期五

鈔設計報告七千餘言。

王宇之來。重鈔《侯氏家譜》序。袁雪亭來。對屋張黄氏來，説向秦營長説項。

與謹載到縣署，未見人。到民教館聽播音。

今日出外，見街頭國旗飄揚，始憶今日爲紀念三一八慘案也，屈指十二年矣，予與健常相識十四年矣。當三一八事起時，渠正在我書室讀《古史辨》自序，聞玉山言，急起去，其事猶如昨日也。

昨日服藥，幸得佳眠。

得魯弟函，知蘇州家人避居吳山，年初已回城，家中什物約損十之三，被搶也。冬侄隨嚴氏避難香山，近亦返滬。蘇州秩序尚未全復。總算淪陷四個月後得此消息。

三月十九號星期六

爲人寫屏聯，以磨墨不濃斥責僕人。到教育局，世楨來。寫秦營長，履安信。修改所草報告書付鈔。

爲人寫屏聯中堂約二十餘事，寫稍慢，竟半日。看各處來信。

李自發與林漫來，留飯。張重心來。周志拯，丁慕陶來。

前夜服子祥藥靈，昨夜已不靈，夜九時半寢，今早二時即醒，耿耿達曉。索性連還爾童也停幾天，今日服琢如所傳之中藥方。

父大人來信，謂望全家團聚，不望我作遠游，并謂生活費用由父大人擔任，讓我閉戶讀書。這是我十餘年來的心願，我當然願意，惟父大人要住在蘇滬，則甚不妥，我如果可到蘇滬，則何不可到北平乎？因請移住香港或九龍，未知見許否？

吳志順君於今日在平逝世（氣鼓）。廿七，五，十七，補記。

三月二十號星期日

與樹民到朱建功處，晤之，到丁慕陶處，未遇。到教育局，寫父親，履安信。發魯弟電。剃頭。劉炳文來。趙仲康偕何君來。

與謹載到王力仁處。到教育局，寫士升，地山，魯弟信。蔣邵伯，高子祥來。

與謹載到縣政府，晤慕陶，志拯等，談至九時半歸。

昨服中藥，幸得眠七小時。

若蘭未死，濟寧陷前已到漢口，現在西安丁玲處，喜甚。

三月廿一號星期一

爲人書屏聯約二十件。冒雨到教育局，寫王若蘭，蔣冰之，李植人，吳子臧信。遇聶自新。爲樹民書聯及條幅。

寫種因，少陵，崇武，雲彬，姚啓民，在宥，夢家，楊鍾哲信。

黃可莊，張世五來。與樹民等談話，看《松花庵集》。

　　昨夜始下雨，半年未見矣。

　　得履安信，老孫（予之汽車夫）死矣。自予離平，即告失業，因窮而病，乃染烟癖，既病又瘋，遂致不起，可憐也！吳志順亦襤褸若丐，其妻日至粥府領施粥。

　　樹民囑予贈一楹帖，以其思想頗流入個人主義，因箴之曰："成我所以成大我，無爲而後無不爲。"

三月廿二號星期二

　　到教局，寫肖甫，兆原，秦子元，毅之，一非，銳才，以瑩，克讓，拱辰信。到寓取稿。寫貽寶信。遇子祥，邵伯。

　　鈔設計報告二千餘言。趙仲康來。樹民永和來局，四人同到東門外營盤，訪馬載文團長，途遇之，同到團部，談。到師校訪蔣光第。

　　到縣政府，未見人。到師校，訪王宇之校長。

　　近日服天王補心丹，睡頗佳。此間百物騰貴，蓋以運費太貴之故。補心丹在北平買，每兩八分耳，此則漲至三角二分。北平一得閣之漿糊，在北平買五分耳，此則漲至五六角。講義夾子，北平買一角餘，此間亦漲至六角。所以交通不便，文化事業是提倡不起的，本地人那有閑錢買此外來物品。

三月廿三號星期三

　　到教局，鈔設計報告二千餘言。寫自明自珍信。仲康來。

　　到教局，鈔豫算表，訖。看張晉《戒庵詩草》。邀趙仲康，何興喬同飯。

　　周姜兩縣長及張重心來。訪何守道，值其已睡，稍坐即別。

　　夢一家團聚，而祖母健旺，猶過於父。予若干年來，每夢家則必夢見祖母，甚哉其印象之深。

三月廿四號星期四

到教局，修改報告文付鈔。草實驗區理由書入報告。馬世楨來，為陳廳長將以教局為行轅。十一時返寓。點讀《甘肅沿革表》序。

到防疫處，增寫上午所作報告，寫侃嬓，泉澄夫婦，姚歸耕，聖陶信。林漫來。

心田，好生，率天，培德來。看《啓蒙運動史》。

建設廳長陳體誠來視察公路，假寓教育局，予等因重至防疫處工作。

本在西北安心工作，而父大人來書囑歸，閉門讀書。此是我理想境界，惟恐失了，又恐父大人不肯到港，無由實現，以是此心頗亂。

三月廿五號星期五

到防疫處，草西北教育委員會之設置理由約千言。到南街淵福池洗浴。

在寓所為人寫屏聯中堂約五十事。

到教育局赴宴。八時歸，與樹民永和等談話，又睡得不好。

今晚同席：陳體誠廳長　顧技正　劉科長　高爾平　馬團長予（以上客）　劉乾　王宇之　志拯　謝楚青　馬常　黃可莊馮又昭　張法院長　王壽山　楊瑞五等（以上主）

今日大雨，兼雪，道路泥濘，不堪言狀，歸寓時在百獅巷滑跌一交，滿身污泥矣。

三月廿六號星期六

鈔改設計報告四千餘言。寫君珊信，報告西北教育情況。

訪周縣長未遇。訪章星五，亦未遇。寫銳才信。馬世楨到防疫處見訪。寫履安信。遇姜服疇，李植齋。

　　與謹載往訪李植齋，遇之於途，同到我等寓所談話。

　　今晨樹民，永和兩人到洮沙縣視察教育，因彼方來請，而我與謹載爲報告未畢，不能去也。

三月廿七號星期日

　　到教育局，修改昨鈔報告。途遇雍仁川。林漫來。與景周等同到縣政府，開教育設計會。到毛家巷吃飯。

　　到段子嶽處。到教育局，看林漫所編講習會概況，畢。仲康來。

　　楊瑞五來長談。十時去。

　　今日同會：謝楚青　楊景周　王竹庵　袁印安　李自發　劉天德　張齡遐　閻心田　洪謹載　馬常　予　周志拯（主席）

　　今午同席：林漫　王世英　章檢察官　段推事　蔣書記官　馮文昭　謹載　予（以上客）　包雲亭（主）

三月廿八號星期一

　　到林漫處送行。到教局，校書記蕭君所鈔報告。并續鈔甘肅實驗區計畫。楊復來。

　　女師潘校長來。仲康來。與謹載到洮惠渠，晤郝豐庵。看林漫所作《精神底傷害》畢。

　　在寓宴客。

　　今晚同席:楊復　馬世珍　仲康（以上客）　謹載　予（主）

　　近日津浦路打得甚好，日軍殲滅極多，送日軍到前綫之火車不敢開走，爲作逃遁之用。青島方面，日軍又來兩師團應援。聞蔣委員長有端午節回南京辦公之豪語。

　　貽澤在趙城，筱蘇在平陸，其地皆已成戰區，不審其避居何所，念甚。

三月廿九號星期二

到教局，草甘寧青教育補助部計畫書，約五千言。

與謹載訪王壽山，未遇，遇諸塗。

到汽車站兩次接一非，未來。仲康來。

今日得一非來電，云到臨洮，因往汽車站接之，車竟未來，交通不便，可嘆也。未接外間來信已十日，正待其帶來，乃又失望，心癢甚。

三月三十號星期三

到教局，修改昨作計畫。續鈔改教育實驗區組織大綱等。

爲臨洮女師寫校訓。看老舍選集。看張其昀《中國民族志》。

周縣長來長談，自七時半至十時半。十一時眠。

志拯來談縣署職員貪污事，謂省政府介紹到縣之九人，已扣押其五。如此雷厲風行，臨洮政治自然清明。余寓聽差翟永福買物賺錢，因決計開除之。

三月卅一號星期四

郝豐庵，張雲樵來，并偕馬世珍同往小教場看地，到盧善擇家。鈔改西寧中學豫算，并作西寧中學説明書，未畢。到民教館看報。在教育局午餐。

看郭沫若選集。寫鋭才以瑩信。仲康來。

樹民永和自洮沙歸，談考察情形。自發，逸仙來談。

今午同席：謹載　予　洮惠渠劉天錫（嘏公）　韓明章　馬世珍　教育局股長趙作祥（瑞南）　教育局會計主任趙生銘（子新）

天氣晴好，十足春色。到盧家，探春花已開。欲到郊外一走，而苦無此暇，悵之。

近日服天王補心丹，甚有效。中藥確有其穩固之立場。

周炘若築樂書堂於渭濱囑贈以聯：
築室臨渭川灣，宛委藏書斯繼作。
研經窮諸聖理，敦煌寫卷與同心。

一九三八年四月

四月一號星期五

到教育局，補記日記四天。重作西寧中學說明，訖。劉天德來。

鈔改設計報告三千餘言。洮河縣長派安永裕來。

在寓宴客。

得銳才來電，知一非於今日乘馬車行，可知商辦汽車已歸統制，改作軍用矣。一非待車三天，結果仍坐了馬車，但慮其中途遇劫耳。

今晚同席：王壽山　郝豐庵　安永裕　李自發　王逸民（以上客）　予等四人（主）

四月二號星期六

修改昨鈔報告。續鈔三千言，實驗區畢。寫蒲縣長信。

仲康來。寫林漫信。

初中學生王邦杰，魏繩祖來。看《中國民族志》。失眠。多服補心丹亦無效。

徐州方面，日來打得更好，日軍每日被殲數千人至萬人，不支而潰退矣。東三省日軍調至前綫者已有十分之七，故彼地義勇軍又活躍。

四月三號星期日

修改昨鈔報告。記筆記二則。

一非偕趙瑞生自蘭州來，談會務及社事。看各處來信。仲康，興喬來。

昨夜竟夜未得眠，從十點聽起，聽到六點而起身，此多年未有之現象（前徵蘭病時，予在北京曾有之，此後無論如何失眠，必可得睡二三小時），想係近來文字工作太多之故。

健常有信來，告仍入內政部，其父母則住北碚，離重慶九十哩。履安來信，云或將父親安頓蘇滬後再至雲南。立武無來信，而接辰伯信，謂其允我赴滇，且不必待至暑假，則我自當早日離西北矣。

四月四號星期一

到教育局，寫履安，思泊，銳才，國俊，克讓，健常信。修改前日所鈔報告訖。

周縣長及一非等來，同到楊宅赴宴。

與瑞生等到縣公署談。一非來談。

今晚同席：志拯　一非　瑞生　樹民　永和　謹載　予（以上客）　自發　逸仙　景周（以上主）

四月五號星期二

續寫健常信，又寫潔瓊，子魁，拱辰信。詒孫，心田，培德來。到郵局寄信。到民教館看報。到教局續寫改報告。赴教局宴。張法院長來。李自發，王逸仙來。一非來談。

今晚同席：志拯　王壽山　郝豐庵　景周　張雲樵　劉嘏公　謹載　予（以上客）　馬世珍　韓雲章（以上代表主）

兩日中寫健常信約四千言，詳談此後計劃。予甚欲杜門却埽，專力編輯通俗的中國通史，國民讀本，又以所作以上二書之零篇先登入《民眾周報》，俟到相當程度再渤爲專書。倘可如是，予對社會之貢獻必更切實，予如能以版稅自立，此身亦得回復自由矣。

四月六號星期三

寫以瑩，銳才信。瑞生來談。到教局，寫繩武及日蔚，卓茲，辰伯，王振鐸，劉紹閔，銳才，克強，朱啓賢，直心，仁之，郭敬堂，張西山，希聖信。周縣長來，同送一非，瑞生行。到養正訪詒孫。

張世五來。曹詒孫來。

一非今日去矣，彼爲通俗讀物社請款，書賢侯街所址，因此使立武起疑，以爲我所請萬元移作通俗社之用，遂來書詢問款項用途，并囑專事計畫，停止進行，至是一非遂不得不走，即予亦不能強留於此矣。一非辦事鹵莽如此，奈何！趙瑞生君似頗穩健，予囑其到漢後盡力使通俗社商業化，俾經濟得以獨立。

四月七號星期四

訪曹詒孫。王竹庵來。記日記三天。寫查勉仲信。鈔改設計報告第三章畢。寫立武信。

到民教館看報。與樹民永和出外散步，到王季笙處。

志拯，慕陶，自發來，談臨洮縣立職業學校事。

今日右臂忽然酸痛，諒是寫字太多之故。

前日是清明，城隍廟中演了三天戲，觀者數千，民衆確應有此享樂。

今夜始聞雷，又雨。此間春雨頗多。近日樹有青芽，一城中頓露生意矣。杏花亦開。

四月八號星期五

看《中國民族志》一章。校書記蕭君所鈔報告，未畢。永明來。
鈔報告書目録。李自發來。校報告，畢。

興喬，仲康來。

　看張其昀所著《中國民族志》，此君平日頗能留心搜集材料，惟不能融化，又不能自己提出新問題，發見新事實，故其著作直是編講義而已。天下自有一等人只有常識而無學問，而此等人亦自有其需要，惟估量價值不能甚高而已。張君與陳叔諒君對我頗致嫉妒，待數百年後人評定之可耳。

四月九號星期六

　看《中國民族志》一章。到教局，鈔報告書豫算表。豐庵持小教場地圖來，與世珍等同觀。

　到縣政府開教育設計委員會。予爲主席。

　寫以瑩信。宴客。與謹載等三人談至十一時眠。

　　今晚同席：何興喬　趙仲康（以上客）　予等四人（主）（何君明日赴蘭）

　　今日同會：周志拯　楊景周　謝楚卿　閻心田　張齡遐　袁印安　謹載　永和　樹民

四月十號星期日

　世武來，邀至東門外散步。遇景周，同至東山麓觀回教墓，洮惠渠東峪川渡槽。進城，到南槐巷訪陳敬齋，又訪宋鷺于，并參觀兩家花園。

　到萬和園，客未至。訪永明，不遇。到教局，寫魯弟，履安，自明珍信。再到萬和園，待至四點半，客始齊。飯畢已六時半矣。

　與謹載，永和，樹民步月，至黑閘門，小教場等處。失眠。

　此間無梅花，而桃杏花開皆無葉，正可當作梅花觀也。過十日，梨花即開。此間杏花有極大之本，若松楸然。牡丹皆木本，聞以臨夏爲最勝。

　　今日下午同席：馬載文　　秦子元　　陳銘鼎　　周志拯　　喬南川　朱局長　　宋振聲　　楊瑞五　　鄭瑞青　　楊景周　　黃可莊　　王季笙　袁印安　　李受天　　謝楚卿（以上客）　　王尚仁（主）

四月十一號星期一

到教局，記日記三天。看《中國民族志》，畢。鈔寫豫算表，畢。

寫其田信。寫友君姑信。與樹民，永和到電局發電與戴先生樂仁。

與樹民謹載等談話。早眠。

　　昨夜又失眠，十時眠，十二時即醒。服"索白拿"後，至三時餘始稍朦朧，至五時餘而又醒。予身體如此，深爲悲感。

四月十二號星期二

到教育局，作第四章（豫算書）畢。校豫算表。

寫銳才，以瑩，徐耀亭，國俊，延增夫婦，履安，自明姊妹，元胎信。與樹民謹載出西門，到洮河邊，轉至東門進城。劉培德來。仲康來。

志拯偕黃俊三縣長來，談臨潭事。

　　郊外到處嫩綠，園圃中又有不少桃杏，甚可愛。而南山積雪未化，遠望仍皚然一片，知蓮花山尚不易度也。

　　今日決定赴臨潭，而臨潭縣長適來，何其巧也！

四月十三號星期三

作報告結論千餘言，訖。即修改付鈔。爲南鄉人寫贈馬新民匭。看各處來信。

黃俊三，溫香圃兩縣長來。到縣政府。到法院。到教局，校豫算表。寫種因，辰伯，在宥信。

仲康來。與謹載到黃溫兩縣長處，俱未晤。

今日爲予與健常相識之十四周年。

接履安信，尚是二月十八日發出者，走了五十四天。函中謂父大人經西醫檢驗，知兩氣管及肺均壞，惟以年老尚無大妨礙。現在走一院子亦覺氣喘，故今年新春亦未到廠甸游玩。中山公園放花盒，亦不能去。別來九月，而衰頹已如此，真可驚也。

四月十四號星期四

李天一來。到天華館宴客。到教局，校報告書畢。

寫日蔚，恒秋，一非，誠安，履安，蒲縣長，銳才，克讓信。到王壽山處吃飯，七時散出。

張世五，劉天德來。

今晨同席：黃俊三　溫香圃　李天一　段主任　馬世珍　楊景周（以上客）　志拯　張鵬雲　予　謹載　樹民（以上主）

今日下午同席：馬載文　秦子元　郝豐庵　高爾平　周志拯　張鵬雲　予（以上客）　王壽山（主）

四月十五號星期五

到教局，將報告書覆看。蒲幾道偕蔣君來。

發銳才，立武電。到永福館吃飯。回寓取物。到教局，將報告書看畢。寫林漫，壽彝信。

到縣政府吃飯。與蒲幾道同到寓中，又與同到鼎新客棧彼寓談。

今午同席：志拯　幾道　予　張重心　謹載　張香亭　樹民（以上客）　景周　世珍　王竹庵　何守道　心田　培德　趙瑞

南　韓明章（以上主）

今晚同席：蒲幾道　李善夫　洪秉仁　洪謹載　王宇之　黃可莊　楊景周　予（以上客）　周志拯（主）

今晨夢我父壽辰，健常來賀，穿綠色長袍，予先與之至一點心鋪，繼同至家，彼高談雄辯，一座盡傾。

四月十六號星期六

看呂思勉《中國民族史》一章。八時，乘騾車到楊家，與景周及孫輔之同上車，到白塔小憩，遇可莊通經等。到楊家臺，參觀正宗小學，訪楊明堂先生。

十二時許，到唐泉農業學校，晤自發等。備飯相餉，師範王校長來。予與謹載略向學生致辭。看洮惠渠渠口及四家堡渠道已成之一段。

七時半回城。洪秉仁，張君，劉培德來。

今午同席：孫輔之　王宇之　謹載　予（以上客）　景周　自發　王逸仙　岳維泰（以上主）

今日天氣晴和，沿路皆紅桃碧柳，西北之春正與江南同其艷麗。

設計報告於今日發出矣，肩上為之一輕。

四月十七號星期日

看《中國民族史》漢族章。張院長來。到街看壁報。王叔仁，何通經，黃可莊來。

宴客。為人書屏聯數事。喬南坡，馬載文來。與謹載等三人訪王永明，游其宅後花園。

今午同席：馬載文　秦子元　蒲幾道　萬幼璞　張鵬雲　孫輔之　洪秉仁　張觀芹（以上客）　予等四人（主）

代張鵬雲挽高虎臣：

以實力衛漢回，久而益勁，物阜民咸和，砥柱中流德澤溥。

有丹心昭日月，公爾忘私，家貧身亦瘁，洮河兩岸哭聲煩。

四月十八號星期一

南鄉小學教員某君等三人來。看《中國民族史》匈奴章及鮮卑章。到永福園赴宴。到電局訪幼璞，并晤水蘭亭局長。

寫王立軒信。到法院赴宴。與志拯同到鼎新旅社訪宋海田及金作謀。

志拯夫婦來。爲人書屏聯數事。失眠，服藥。

今日上午同席：蒲幾道　蔣君　謹載　予（以上客）　宇之　楚卿　印安　何通經　可莊　王叔仁（以上主）

今日下午同席：志拯　載文　可莊　宇之　謹載　永和　重心　予（以上客）　張鵬雲（主）

四月十九號星期二

五時起，往送萬幼璞。到蒲校長處，談鄉師房屋事。到正德職業學校訪劉校長。歸，爲人寫屏聯數事，作高虎臣挽聯兩付。看《中國民族史》鮮卑章。記筆記一則。

到民教館看報，與王竹庵談。與謹載先赴張觀芹宴。及半，又赴馬團長宴。食畢，同到宋鷺宇家看梨花。徐耀亭，趙國俊，李銳才自省中來，談話。

與謹載到喬南坡處，又到李善夫處。

今日下午同席：志拯　幾道　印安　李善夫　洪秉仁　謹載　予　又二人（以上客）　張觀芹（主）

又同席：李善夫　秦子元　宋鷺宇　楊景周　王宇之　張鵬雲　謹載　予（以上客）　馬載文　喬南坡（以上主）

到民教館看報，在三月初漢口出版之《新華日報》上見有北平僞組織之名，黎世蘅（似係北大講師）作教育次長，日人辦新民學院以造就奴才，其中教日語者爲清華教授錢稻孫，教史地者爲燕京教授鄧之誠及哈燕社畢業生班書閣，傷哉！

四月二十號星期三

蒲校長，蔣子繁來。章檢察官偕其女德清來。渭源師資訓練班派代表四人來。爲人書屏，聯，中堂，扇等數十事。寫高虎臣挽聯。張鵬雲來。

與銳才談話。師範王校長，黃可莊來。寫金素蘭，克讓，以瑩，楊毅之，農民銀行信。

到師範訪王校長未晤，晤蔣光第。周縣長來。

高虎臣（康樂保安大隊長）挽聯

西隴已跋涉多時，早經胭脂川邊，懷德畏威知共戴。

旻天不憖遺一老，忽到超然臺下，罷春巷哭看同悲。

四月廿一號星期四

到女師赴宴。爲人書屏，聯，中堂約二十事。爲孫性庵題其畫蘭冊。王校長，閻心田，劉培德，楊景周，馬新民等來。與謹載到縣府。

孫輔之來。張重心來。馬世珍來。到萬和園，受秦營長邀，吃點。三時天復霽，即與志拯同到百獅巷，上車，七時半到堯典鎮。入小學歇宿。在車與趙國俊談話。

與堯典小學韋麟呈校長長談。九時許眠。

今早同席：蒲幾道　王竹安　謹載　馬世珍　予（以上客）潘校長及女師教員三人（主）

今午同席：志拯　馬載文　王壽山（予與謹載未入席即行）

與國俊同車，聞其談一非事，乃知一非在蘭實有假借我名義以作宣傳之事，亦知此次英庚會對我不滿實由葛武榮之報告，一非真匪人也！予用人不當，分當自責，思之悲憤。

四月廿二號星期五

爲校書牌二方。八時，別韋校長等上車。十一時許抵上慶坪，喂馬，入茶肆休息。天忽下霰，寒甚，上關山，霰變爲雪，愈下愈大，青山倏忽成銀嶺矣。下車步行，路極泥濘，仍上車。與徐耀亭談。

三時半，大雪中抵渭源，李縣長，拱宸，李科長等來接。迎入縣署，與李縣長夫婦等談話。章老太爺來。

在縣署晚餐。伯農，統一，爵伯，貽孫等來。

拱宸見予，謂別來兩月似老了五年。李縣長夫婦均謂予面色憔悴，與上回來時大異。憂能傷人，一非之對我酷矣！趁此機會，決跳出社會運動之範圍，以求獨善矣！予客串了六七年，此種生活實已厭倦矣！我有自己的田園，有此生做不完的工作，何必勉強做不能做的事，以致爲人傀儡而不自知乎！

四月廿三號星期六

在縣署早餐。周炘若來。爲人寫字。與李縣長等同到教育局，又騎馬照相，到一小園看碧桃。到教育局赴宴。到章老太爺家，值其病臥。

回縣署，爲人書屏聯約十事。鈔楊霞舫詩文選目送去。龐老先生來。到北關小學，補行鄉村師資訓練班開學禮，予作簡短演說。到馮筱軒家，看《民意》等雜志。在北關小學吃飯。

到教育局，商課程及他事。爲人寫字。回縣署，與李縣長，王區長，曹君打牌一圈，後由永和續打。失眠，服藥無效。

今午同席：予　謹載　永和　樹民　章德清　徐耀亭　趙國俊　拱宸（以上客）　　徐伯農　戴爵伯（以上主）

今晚同席：李縣長夫婦及其二子德寧，德明　章女士及其子女　耀亭　國俊　謹載　永和　樹民　李科長　吳科長等（以上客）　馮筱軒　曹詒孫及師資班教員（主）

四月廿四號星期日

曹詒孫，馮筱軒，楊文山來。章女士來。龐老先生來。到縣府吃飯畢，出南門，上灞陵橋，經水磨，辭送別諸人上車，已九時矣。十二時許，行李車之馬病，在董家堡吃飯休息。

二時半，復上路，經首陽鎮未停，有幾段車在渭水中行。六時半到隴西縣，進西門，入新街興中店。

到福盛館吃飯。九時就眠，仍失眠，服藥得睡。

自渭源至隴西九十里，均平路易行，惟在渭水中行，有時水流湯湯，必須車馬耳。首陽鎮頗大，尚在新添鋪之上。沿途所經多鹼地，故多不耕植而放牧。

送行者：城中各校全體　李縣長夫婦　章會長士乾　李科長　吳科長　李統一　曹君　曹詒孫　徐伯農　馮筱軒　龐老先生　楊文山　章德清　拱宸　國俊　徐耀亭等

四月廿五號星期一

與樹民同到縣府，訪孫醒華縣長。在市街散步。回店，與同人到福盛館吃飯。移行李入縣府。同游市街。到文廟縣立中學。出南門，上仁壽山，游關帝廟（本是金元時代之關侯廟，有碑）。胡科長，耿致和及宋君來談。

重上仁壽山，游大殿及諸廟。經魯大昌所立太白故里碑。進北關，吃麵，游西天竺寺及四天閣。進北門，到新生飯店吃飯。游市街，入城隍廟（民教館）。回縣府，休息。耿致和，李秉璋來談。

到福盛園吃飯。孫縣長來談。十時眠，得睡。

臨洮似小康之家，雖不富裕而精神抖擻；渭源似小人家，僅有粗衣淡飯；隴西則似敗落大家，城墻及鼓樓等形狀高偉，頗有省會氣魄，而民間情形不能與之相稱，抽大烟，裹小足，非常普遍，小學校僅有十餘處。大抵渭源康樂以離臨洮近，有所取法，而隴西人則未受此激刺也。聞同治回亂時，隴西所受損失不下臨洮，城中舊屋全歸一炬。

四月廿六號星期二

記日記七天。孫縣長來。看其所作訓練下級干部人才呈文。作蕭劍琴《新詩集》序，即寫劍琴信。寫父大人，魯弟信。到李科長室。

到東街寄信，買書物。尋剃頭鋪未得，歸，自剃之。孫縣長來談。

到孫縣長處吃飯，并談話。看《隴西縣志》。

今晚同席：予等四人（客）　孫縣長　胡科長　李科長（以上主）

孫縣長振邦，長磁縣時，予與旭生往游，識之。其人沉着刻苦，縣政百廢俱舉，來此兩月，已植樹十萬株，近又督修公路，禁止纏足，整頓保甲，清除積弊。

四月廿七號星期三

趙督學等來，同到師範學校參觀，并赴歡迎會講演。到胡科長室。到新生飯館吃飯。

到天主堂診失眠疾，并參觀。歸，小眠。爲人書屏聯等十餘事。與縣長趙校長同到中學參觀。

到新街吃飯。

昨夜又失眠，自十二時後即未得睡，今日因至公教醫院取藥。

今午同席：予等四人　孫縣長　胡科長（以上客）　柴校長　趙校長　趙督學　何建基（隴西民報編輯）（以上主）

四月廿八號星期四

與謹載永和同到電話局，接向奎電話。到縣黨部，見馬偉委員及何編輯。訪商會會長及趙督學，均未晤。到鼓樓及汪家洞。爲人書屏聯等十餘事。到新街吃飯。

與孫縣長及同人看縣署後園，上城牆，繞至城隅下。在縣署及鼓樓照相。柴校長等來，同到汪家巷汪宅，看其家譜。歸，翻看《汪氏家譜》。

孫縣長招宴，飯畢與縣長及胡李二科長談。

接拱宸電話，知蘭州轉來電報，父大人已肯至香港暫住，此心頓覺安定，從此下半年身子有安頓處矣。

汪家爲隴西大族，唐有汪達，元有汪世顯，據有一方，猶杭州錢氏也。汪家洞在西城下，傳有珍寶埋藏，吉鴻昌，魯大昌俱曾開挖，掘至鐵門而止，未敢深入。汪家墳墓，在漳縣城東南五里。

四月廿九號星期五

克讓自渭源來。看所帶來各信。到李科長處。寫立武，化方，銳才信。爲人寫屏聯約二十事。

到福盛館吃飯。到郵局寄信。爲師範學生等寫屏聯百餘事，直至夜十二時始畢。一時方眠。劉百祿來。

到福盛館吃飯。

師範學生每人要我一幅字，甚至一人要數幅字，遂至寫到半夜，此以前所未有也。"民衆動員"固有力量，但非逼死人不可。

克讓告我，謂王月波見訪，謂白健生將軍有意邀我任阿訇訓練班事，我自揣無此能力，不敢應也。

四月三十號星期六

五時起，理行裝。題《汪氏家譜》。爲人書小幅三。柴趙兩校長及馬杰三等來。到縣長室吃飯。九時啓程，至西關外，與諸送行者別，城內各校學生均排隊送。十時，抵沙家莊。十一時半，至二十里鋪。

十二時半，至菜籽河，至第二區署，晤保安分隊長伍昌鄰，進食。一時五十分啓行，三時至俞家崖。四時到四店兒。四時三刻又行，七時許到三岔鎮。

入西成小學住宿，與校長教員等談。

今日送行者：師範，師範附小，縣立中學，妙華女學，各小學校全體學生，孫縣長　柴春普　趙心柏　馬杰三　王利仁　趙鶴天　胡哲卿　李秉璋　汪進階　石女校校長等

今日予第一次坐滑竿，抬轎者雖爲烟鬼，但行得比車馬快，惟好走小路，下山頗覺危險耳。上山時轎夫喘甚，予心頗爲不忍。自四店兒以南即走山路，騾車極難走。

三岔鎮東通武山，甘谷，北通隴西，南通岷縣，故曰三岔，在漳縣爲大鎮，十八年之亂，此鎮竟爲回民所屠，死者三千餘人。

贈臨洮農業學校聯

當求征服自然，莫説靠天吃飯。

寧捨現成家業，必須努力開山。

一九三八年五月

五月一號星期日

看張文郁《拉卜楞視察記》，未畢。翻看《回教大衆》半月刊。翻看《漳縣志》。裴校長及董常兩君來談。理皮包及信札。

記日記三天。寫魯弟，履安，壽彝，鋭才，拱宸，于冠生（舒存）信。

看長江《中國的西北角》。

今日上午又大雪，道路難行，只得多留一天。裴校長云：今春雪多，田圃將壞，前數年不至是也。

此間除饃外，毫無食物可買，幸得我們在隴西買了三脚（柴趙兩校長又送了兩脚），鷄卵，醬油精，而于冠生又托克讓帶來醬菜，香腸等，故吃得甚不苦，在三岔鎮上仍是頭等闊人。

五月二號星期一

乘滑竿至漳縣，七時半出發，十時到，凡三十里。到縣政府訪楊伯源縣長，與之同到文廟，訪社訓副隊長徐强。又到東街小學參觀，晤校長朱俊。同到民衆教育館及女子小學參觀。到漳縣城外散步，并至西關小學參觀。

在楊縣長處午飯。由褚君伴游鹽井鎮，觀井，至鹽務局辦公處，上鹽神廟，文昌廟，碉堡。下，晤楊縣長及前縣長陳之昌，略談。到汪家莊，晤韓世英（相五），至其家。

七時回校。爲西成小學師生寫屛條十餘幅。

昨大雪，今日太陽甚好，山野間水蒸氣團作白雲，橫遮山嶺，而麥隴之上，輕烟冉冉而飛，更爲奇觀。漳水流域，溝洫縱橫，樹木茂密，土地肥腴，誰説漳縣貧且苦哉！只要開闢幾條大路，推廣鹽的銷路，開發煤礦，勸導畜牧，則自可立成富庶也。

此間宣紙貴甚，一張價至七角。

此間校長薪十二元，教員薪十元，不够一人吃飯。校工每月亦有八元。

鹽井二口，竈户百餘家，每日發四十八牌，每牌挑水三桶，一桶三百餘斤，三桶水熬鹽得八十至一百斤，一日出鹽四五千斤。鹽井貿易繁盛，遠勝縣城，頗有磁縣彭城鎮氣象。

五月三號星期二

寫孫醒華信，爲索車。整理行裝。八時半，別西成校教師上路。十時半到石門關，游覽照相。十一時半行。以車行上山困難，步行。

三時二十分到大草灘，進食。五時五十分到酒店子，歇宿，寓一馬姓家。看《拉卜楞視察記》。

與諸同人散步河邊，聽水聲。樹民指説天象。失眠，服藥無效，達曉。

石門關一帶，風景佳絶，危石急流，大似居庸。自隴西四店兒以下，即無平地可見，道路所經，非登山則涉水，水上架危橋，老樹一干，卧於溪上，行之惴惴。然纏足婦女反履若坦途，殊自慚也。

一路上往南行者有背火鹽之人，往北行者，有駄藥材，木材，表芯紙之騾馬，因知潭岷産物比隴漳爲多，而藥材尤盛，聞一年有一百萬元之交易，藥中以當歸，黨參，黃芪爲多，騾馬過處，藥香盈路。

五月四號星期三

與樹民同到黑泉龍王廟。七時半食畢出發。九時半抵木寨嶺，以山陡轎行不易，起而步行。下山後又乘轎。十時三刻抵白楊坡，飲茶。

　　十二時三刻抵梅川鎮，遇謹載，買饃和茶食之。一時三刻行。三時抵茶埠峪，飲茶。三時三刻又行。五時半到達岷縣，進南門，遇郝克家，同到聚華客棧。看《拉卜楞視察記》畢。

　　出南門待同人等久不至，到縣政府訪馬縣長不遇，留地址而出。回棧則諸同人已到，同至復壽元飯莊吃飯。回寓即睡。

　　昨日失眠竟夕，太無道理，從前失眠，一夜總能睡二三小時，現在進步了，竟全夜矣。據樹民猜測，謂係疲勞過度所致，愈疲勞即愈興奮也。予昨日步行山谷間約三十餘里，難道竟如此不濟事！

　　岷縣爲魯師司令部所在，市廛頗盛，有飯館，戲園，浴堂，成衣鋪諸肆，予等卸裝之聚英客棧，其華貴程度雖遠遜東南，然已爲臨洮隴西諸大邑所未有，房金每人兩毛一天，亦不貴也。

五月五號星期四

　　與樹民到大雅理髮館剃頭。到一小館吃點。到縣政府晤馬縣長。出，到民教館晤車館長。縣中校長教員來。與車君同到縣立中學參觀。趙科長來，同到教育局訪包代局長，未遇。到一六五師部訪梁旅長，晤之。到黨部訪馬委員，未遇。

　　出大南門，到清真館吃飯。趙科長偕王參謀來。進城，到照相館。回寓，寫臨潭黃縣長信。車館長趙科長來，同到中和火柴公司參觀，見毛經理叔侄。到女子小學參觀，見孟校長。到梁旅長處吃飯。

　　包子儒來。與馬縣長同到民教館，移寓館中。吳興，王瑞來談。九時眠。

　　　今日下午同席：予　謹載　樹民　永和　克讓　馬又君縣長
田農齋校長（縣中）　馬文青委員（黨部）（以上客）　梁星五旅長（主）

岷縣縣城廣九里，南門外民房市房舊極繁盛，前年紅軍來時大半燒毀，殷實人家都遷入城，故城內房屋租金之貴逾於蘭州。南門外現漸建新屋，市場仍盛，頗有北平天橋之觀。清真館子亦惟此有一家。

五月六號星期五

記日記三天。毛君伍偕商會長胡培齋來。臨潭歡迎代表馬中魁，丁占甲，丁正榮，蘇效武來。劉杰三來。看康熙《岷州志》。赴中學歡迎會，作講演。散會，入席。

與馬文青同還，爲人書屏聯等十餘事。小眠。張覺僧，孫鐵峰兩營長來。南關下寺回民馬瑞麟馬占青來。上寺回民馬福圖，丁相丞，李有倫來。安干青來。

翻看《岷州志》略畢。到第三營張營長處洗澡，并寫屏聯等十餘事。

今午同席：予 謹載 永和 梁星五 馬又君 馬文青 劉杰三 包子儒 車曉嵐 趙燉悟（以上客） 田農齋（主）

五月七號星期六

記筆記五則。到縣府見馬縣長。與謹載永和到南關下寺及上寺與回民談話，略作演講。參觀岷生公司（煤）。李識音，賈岱生自臨潭來迎。

到中學，受各界歡迎，作演講，宴會至五時始畢。以飲酒多，歸臥。高竟成來。梁旅長與康院長來，同到旅部，寫屏聯等約三四十件。包督學，劉杰三，李映枌來。與康院長同到法院談話。

今日下午同席：予 謹載 永和 梁旅長 康丕承（法院長）（以上客） 縣政府 縣黨部 教育局 教育館 教育會 中學校 女學校 商會 農會 火柴工會 第一區署 測候所

上鄉聯保　本城聯保　警佐室　檢定所　短期小學　董子才　王
寶三　李貴悟（以上主）

五月八號星期日

赴寶團長之宴於其旅部。即席爲人書屏聯等廿餘事。與文青同
到火柴公司，赴毛君伍之宴。飯畢，爲人書屏聯約廿餘事。

與趙焞悟，包子儒，謹載，樹民等同渡洮水，上岷山。下，進
城，赴朱副旅長之宴。

在秦隴酒家，爲人書聯屏等數十事，至十時方歸。

今晨同席：梁旅長　王葦舟　康丕承　王軍械處長　予等
（以上客）　寶團長（主）

今午同席：予　謹載　樹民　克讓　馬文青　胡培齋（以上
客）　毛君伍及其侄子玉（主）

今晚同席：予　謹載　樹民　克讓　包振五　胡瑾吾　趙行
之（以上客）　朱耀庭（主）

五月九號星期一

與謹載及車君同到公共體育場，參加擴大紀念周，作簡短演
説。會散，與梁旅長，焞悟，謹載同游二郎山，二時下山。

到地方法院，爲人寫屏聯十餘事。吃飯。飯後到縣府，爲人寫
字，直至夜十時許方畢。在縣府吃飯。

臨潭陡文選，税毓蘭來接。

今午同席：予　謹載　梁旅長　高特税局長　馬文青　趙焞
悟（以上客）　康丕承（主）

今晚同席：予　謹載　趙焞悟　王階平　吳石公　劉世英
車曉嵐（以上客）　馬又君縣長（主）

縣署後圃有亭，予題之曰"拱碧"，爲之聯曰："深鎖白雲，

岷爲廣郭；微聞急湍，洮作長溝。"

五月十號星期二

到縣府，爲劉世英等寫字。與謹載同到高局長處吃飯，并晤其夫人（豫親王女），觀其詩集。九時半，到教育館，即啓行，各機關及各校均至西門外送行。十一時，別他們上路。十二時四十分，至廟溝。憩於一楊姓家，進食。

二時廿分行，四時到野狐橋，四時四十分到西大寨，歇宿於村長黎元庶家，到小學參觀。飯後到山上散步。

看謹載訪問農村經濟。九時半就睡，以炕熱，又失眠。

一路梨花次第看，此春應不惜花殘。新來學得延年術，直上西傾挽歲寒。

此詩爲樹民促成者，聞此間梨樹有花無實，地氣太寒故也。

今早同席：予　謹載　胡廣智（稅局稽查長）（以上客）
高籟（蔚蒼，主）

五月十一號星期三

飯後到小學照相。九時行，十時四十分到三岔鎮，附近四校來接，作簡短演說。到學校參觀，進食。十二時一刻又行。

到黑松嶺，黃縣長來接。經店子，三時一刻到戚旗。一路各機關各學校見接者不絕。五時許進城，先至臨潭縣府吃飯。看蘭州轉來各信。

到成德小學住宿，與其校長教員談話。夜又失眠，服藥無效。

接履安信，謂香港匯兌太吃虧，手頭之錢不足一年用，父親決擬住滬，彼則到港與我同居，生活可極清苦，并易於到滬視省。

段繩武寄陳辭修聘書來，聘予爲軍委會政治部設計委員，設計固予所願，惟規則上說每天要辦半天公，則直要我做官，我所不耐，擬去函商量，任予作邊地調查。

五月十二號星期四

薛前縣長來。黃縣長來，各校校長教員來。到縣府吃飯。飯後同出參觀東街小學，教育局，南關小學。訪馬壽山。看番民造屋工作，爲丁儀三寫屏聯等。入城，參觀女子小學。訪薛前縣長。

到圖書館。訪宋堪布於東街店中。游鼓樓。到縣黨部。訪趙明軒於天成隆寺。小眠。與縣長等游中山林。

到防疫處晚飯。飯後縣長，建功同至校中，彥青等十餘人來談話。魏區長來。

接銳才信，知履安有電來，謂"父等留平，我到滇，較甘便"，則下年我殆將與履安同去滇矣。家中人意見不齊，刻刻變卦，爲之慨然。

五月十三號星期五

記日記五天。郵局長薛扶邦來。到防疫處，赴朱建功宴。寫銳才信。回寓，理物。到縣府，赴黃縣長宴。

一時許行，至哈家灘，入小學憩。三時抵李岐山村，遇雨，歇於村民王姓家。四時許又行，五時許又以雨歇於馬家河鄧姓家，又移住杜生周家。

馮霞波，宋克家來談。以炕太熱，竟夜無眠。

今早同席：予等四人（除永和）　黃縣長　常彥青　馬志青等（以上客）　朱建功（主）

今午同席：予等四人　朱建功　常彥青　馬志青　張謐　閻季飛　盧子英（以上客）　黃俊三縣長（主）

五月十四號星期六

飯畢，趕行，八時許到閤家寺。吃奶茶及飯。到各處參觀。看晾佛典禮。

飯後，看跳神典禮，自二時迄五時始畢。去山上散步，入楊家小憩。

與永和同至殿前散步看月。就眠後初未入睡，後得佳眠。

閤家寺同游者：予等五人　黃縣長　常彥青　馮霞波　宋克家　朱建功

閤家寺建於清初，今頗頹唐，爲宋堪布之母寺。跳神典禮，較雍和宮黃寺等處爲煩重，有些地方竟似啞劇（護法神斬年羹堯，老佛監斬，二童相戲）。

番女穿蒙裝，富有健康美。到一番民楊姓家，其家有一祖母，一母，一子，一女，子作喇嘛，遂延其師於家供養之。其家頗有資產，實不欲其子作喇嘛，以致絕後，困於環境，只得服從。

五月十五號星期日

九時許，吃飯後行。至哈家溝，小學校長宋可清招待入客店小憩，吃飯。

下午二時，到成德小學。看各處來信。成德校長邀宴。飯後爲人寫屏聯等約三十件。

將各處來信復看一過。

今晚同席：予等四人　縣長　閤季飛　常彥青（以上客）馬志青（主）

在閤家寺中喝牛奶太多，以致便秘，且肛門出血。喇嘛倒茶，永不停止，而予又豪飲，遂致此。

得父大人信，其中有云"我不欲住香港，原爲汝經濟打算"，可知他還是要我賺錢養家，前所云望我專心讀書著作者僞也。又云蘇州家中被搶，因又曾避鄉之故，"還是人謀不臧"，責人如此，真使我皺眉。

五月十六號星期一

到南關小學，赴回教同人之宴。終日爲人寫屏聯近百事。楊葆蕚（偉卿）來。宋堪布等來。

出席臨潭各界歡迎會，作短演說。會散入席。

宋克家來談青海事。看其帶來材料。

今早同席：予等五人　黃縣長　常彥青　張謐（克寧）（以上客）　丁儀三　馬德良　馬仲銘　馬子貞　丁振武　丁振邦　馬國璋（以上主）

今日午後同席：予等四人　黃縣長　宋堪布　薛縣長尚之（以上客）　李柱臣（東校長）　李廷棟（商會主席）　馬鋭（成德校長）　陳考三（女校校長）　寇憲民（保安隊長）　常俊（黨部委員）　張謐（司法庭長）　劉隆（代教局長）（以上主）

五月十七號星期二

看龔子英鬭河曲爲特別區議。到趙明軒家赴宴，并見其尊人聘卿先生。到縣府看李達遺像。爲人寫屏聯十餘事。

到馬志青藥肆中工作，記日記五天。寫履安，國俊，耀亭，拱宸，鋭才，渭珍，丁明德信。爲人寫屏聯十餘事。到成德學校照相。到馬志青家吃飯。

到黃縣長處吃飯。歸，看《洮州廳志》，翻畢。

今午同席：予　黃縣長　宋堪布　謹載　樹民　克讓　陳考三　閻季飛　盧子英　薛縣長　李柱臣　常俊　馬志青等（以上客）　趙明軒父子（主）

今晚同席：予等四人　黃縣長（以上客）　馬志青（主）

今晚又同席：予等四人　宋堪布　王慨儒　閻季飛（以上

客）　　黃縣長（主）

五月十八號星期三

理物。訪郵局長，未遇。到黃縣長處吃飯。十時出發，十一時半，到侯家寺，參觀。十二時半行，到紅堡小學小憩。一時行，到上卓小學小憩。

三時，到卓尼，幼璞等來接。入禪定寺。飯後下山入城，訪吳景敖局長及金作鼎參謀，萬幼璞。到洮河濱散步。參觀柳林小學。

與宋堪布閑談。楊一隽來，同飯。寺中諸管家來。

侯家寺，原名圓城寺。寺已毀，今新建，有露天講臺一所，植樹甚多，頗有杏壇之風。其僧正侯世麒，字宛臣，亦穿喇嘛衣，而娶妻，生子世襲其位。

卓尼風景佳絕，洮水清而山松黑，柳林萬樹，深密之甚，此行所見爲第一。

五月十九號星期四

寫健常信。由堪布等引導，參看禪定寺各處，訪楊子餘夫人，安頭目，及小呼圖克圖。夏畲田來。景敖，幼璞來。

訪孫牧師。訪魏營副國鈞。訪吳局長，并見其夫人。到設治局吃飯。與堪布縣長同到洮河邊散步，由西路回寺。孫子承來。葉茂松來。孫牧師來。

寫公量，張清漣信。與慨儒談話。徹夜失眠。

今日下午同席：予等三人　黃縣長　朱建功　王慨儒　宋堪布　楊生華　金參謀　萬幼璞　孫子承等(以上客)　吳景敖局長(主)

夜中寫信，又致失眠，可悲也。

禪定寺獨據一城，臨於卓尼城之上，圍城皆松楊，行其中殊靜謐。寺毀於回亂，今漸修復，有內寺九，外寺十八，小寺七十餘，所轄喇嘛殆五千人，勢力不可輕也。

五月二十號星期五

看克讓所作西陲文化研究所計畫。劉耀東來。與宋令如同到郵局寄信。

十二時，向喇嘛演講。一時，到小學，向教導隊及小學生演講。三時，赴楊司令之宴。飯畢，倦甚，小眠。

爲局楊爭執事，到宋堪布處談。又失眠，服藥得睡。

今日下午同席：予　樹民　克讓　朱建功　黃縣長　王慨儒　萬幼璞　宋堪布　楊生華等（以上客）　楊一隽（楊司令代表，主）

設治局與楊土司各不相讓，因設治局之政治壓迫，漸漸引起番民之團結抵抗，而吳局長猶獨行其是，前途荊棘，非國家之利。

五月廿一號星期六

與堪布等同進城，予與俊三，慨儒同到吳局長處勸説。到柳林小學吃飯。爲人寫屏聯約三十事。十一時啓行，十二時半到潑魚對岸。

一時半到滋堡，谷，楊二土司迎入署中。訪李德五。在谷土司署中吃飯，四時半離滋堡。五時半到琵琶村。五時五十分到新堡。寓楊翰卿宅。朱文鄉來。

到楊家吃飯。出外散步，訪朱文鄉。

今早同席：予等四人　黃縣長　吳局長　宋堪布　楊一隽　萬幼璞　宋令如　馮霞波等(以上客)　楊生華　馬全仁等(以上主)

今午後同席：予等三人（除克讓）　黃縣長　李識因　楊生華　馮霞波　漢仁甫　安雲札什　楊峻　王銘等（以上客）　谷天元　谷振華　楊廷選（以上主）

今晚主人：楊樹庭，其榮父子

五月廿二號星期日

未六時，黃縣長來道別。到漢區長處吃飯。參觀義務小學。訪他中瑜。朱文鄉來。寫羅貢華，杭立武，段繩武三長信。到楊宅吃飯。

馮霞波來。楊其榮，楊濟川等來。

到姜宅吃飯。又到丁宅吃飯。歸，略看《中國民族史》。幾失眠。

今早同席：予　樹民　李識因　劉隆　馮霞波　他中瑜　丁秉德（以上客）　漢世榮（仁甫，主）

今晚同席：予　樹民　漢仁甫　劉隆（以上客）　姜佐文（主）

今晚又同席：予　樹民　劉隆　馮霞波（以上客）　丁際春（會亭，主）

以設治局事告羅廳長，希望改正吳局長之孤行。寫繩武信，商軍委會政治部事。

五月廿三號星期一

到小學校。到楊家吃飯。九時啓行。到朱旗，入朱昌小學憩息。十一時半，回新城，入縣署吃飯。

與謹載同訪張庭長，朱主任，馬校長，均未遇。到成校，記日記六天。馬志青來。為人寫字約五十事。

開會討論畜牧公司事。宿縣府閻科長室。

今早同席：予　樹民　高翔　馮霞波　李識因　劉隆（以上客）　常聯奎　楊濟川　楊其榮（以上主）

今晚同會：黃縣長　閻季飛　羅子英　予與謹載，永和　馮霞波　宋令如　李識音　馬志青　朱建功

以有土匪李和義之變，故黃縣長要我住入縣府，藉便保護。

五月廿四號星期二

到閻家吃飯。看楊家駱所編《文學百科全書》及《民國名人圖鑑》等。終日爲人寫屏聯等約一百五十事。開會討論補助教育費事。

到東街小學赴宴。

於戒嚴中冒雨回縣府。

今早同席：予　謹載　黃縣長　張謐　薛尚之　趙明軒　馬志青　朱建功（以上客）　閻季飛（主）

今日同會：黃縣長　予　謹載　永和　馬翰臣　陳考三　宋令如　李識音　馮霞波　常聯奎　楊濟川　楊其榮　賈懷璋　趙明軒　馬志青

今日下午同席：予　謹載　建功　張謐　薛尚之（以上客）劉耀婁　李柱臣（以上主）

五月廿五號星期三

爲人寫字約五十事。在縣府吃飯。舊城蘇士元，彭尚義，李起文來。在成德小學照相。

建功來。困乏，休息。到縣府赴宴。與謹載同到朱建功處談，令如，季飛來。寫銳才信。

與黃縣長談李和義（仲芳）事。看《詩法浸浪談》。

今早同席：彭楚城及其隨員三人　曾社訓隊長　予　兩科長（以上客）　黃縣長（主）

今晚同席：予　李星齋　陳考三　馬志青　謹載　馮霞波閻季飛　羅子英　建功（以上客）　黃縣長（主）

連日勞頓，今日困頓甚，頭微痛且暈，胸中泛噁，因到防疫處取藥。

五月廿六號星期四

看《中外格言彙編》。到成德小學，爲《宋氏家譜》、《陡氏家譜》題詞。宋令如，馬翰臣來。記日記三天。

開會，討論補助教款分配事。看下雹。寫素蘭，靜宇信。寫士升信未畢。

與黃縣長談。看《詩法浸浪談》。

今日同會：謹載（主席）　縣長　永和　馬翰臣　宋令如　馮霞波　李識因　馬志青　趙明軒（紀録）　建功

今日下午一時半，黑雲遽集，黃沙上騰，雹子猛落，大且圓如樟腦丸，擊屋瓦拍拍作響，瓦楞及庭院俱滿，縣府中一叢牡丹，打得落花片片。約半時而息。是爲予第一次見下雹。聞甘肅省內亦只洮岷漳三縣有之。近日麥尚未長，有諺云："雹打青苗十成年。"若豆子則已長，必被擊壞矣。

五月廿七號星期五

到成校，爲馬翰臣書聯及中堂。高翔，霞波來。寫士升信訖。又寫承彬，去尋，貞一，旭生，維華，辰伯，伯祥，魯弟，元胎，王振鐸，關斌信。

寫筱蘇，侃如信。到中山林散步。到建功處。

在縣府，聽槍聲。看汪劍餘《中國文學史》。

徐州於十九日失矣！

五月廿八號星期六

寫孫媛貞，賓四，丁明德，樹民及克讓，宋堪布，吳景敖，蘇士元等信。識音來。縣長來。

寫父大人，履安，德輝，文藻，樂夫，子臧，聖陶信。到東街初小赴宴，爲人寫屏軸二十餘事。丁世珍來。

與謹載永和談話。九時回縣府。

今日下午同席：予與謹載　黃縣長　薛前縣長　張諡　寇憲民　常俊　馬志青（以上客）　李星齋　王鳳書　劉隆　寇卓三　陳考三　賈鍾武　李次方（以上主）

五月廿九號星期日（陰曆五月初一）

寫繩武及日蔚，史覺民，姚啓民，章星五，拱宸，在宥，劉縱一，馬松亭，文珊，洪晶姊妹，白孟愚，銳才，渭珍，于舒存信。與謹載同看市集。楊廷選來。

高鳳西父子來。

在縣府剃頭。看黃縣長所作詩。與閻季飛談。

將一非胡爲告日蔚繩武，并辭通俗社社長職，胸頭悶氣一泄。予甚欲多作社會事業，而一非必把予牽入思想問題之漩渦，弄得我一步也走不通了。

此間物價貴甚，傭人每天須吃五角，縣政府公費月九十元，而洋燭須點五十元。普通信紙每百八毛，信封一毛四個。蓋本身太無工業，任何物件仰給外來，而交通不便，運輸價貴，且多稅也。

五月三十號星期一

舊城蘇士元，蘇繽武，王志剛，韓瑞林，王一德，范秀山來迎。作謹載之父禹川先生六十壽序，約八百言。志青，李星齋，陳考三來。

作《五鳳苑漢藏字典》序，約九百言。黃縣長來。與永和訪高鳳西，未遇。途遇識音，常彥青。楊葆萼來。

聽校中唱曲。與黃縣長談話。失眠。

今日又雨，甚寒，農民望雨已久，得此，明日賽會必更高興也。

　　前三天寫了二百張信紙，約四萬字的信而不失眠，今日作了兩篇短文而即失眠，蓋一則隨筆揮灑，一則聚精會神也。

五月卅一號星期二

　　爲黃縣長題其詩集。爲趙明軒題其祖《繼園詩鈔》。寫庚款會信二通，介紹壽彝文珊。寫趙仲康，蔣光第，志拯，吳憲，許輯五，敬文，壽彝信。高鳳西來。

　　記筆記二則。爲謹載書其父壽序，凡屏八幅，寫訖。到女子小學吃飯。與明軒，霞波等同上城樓，看龍神會，又至隍廟，看神像。

　　今日下午同席：予與謹載　黃縣長　薛縣長　趙明軒　朱建功　賈老先生（以上客）　陳考三及女子小學校董二人（以上主）

　　臨潭十八鄉有十八龍神，其首座曰常爺，即常遇春，其他亦皆明初將領，但有未至洮河者，蓋由其士卒之擁戴，而此間漢人皆明初戍客之後裔也。龍神至東門會齊後，即搶先到隍廟安駕，跑得極速，猶存端陽競渡之遺意。明日游街，後日上山散歸。

　　廳志云：“十八位龍神上朵山，禳雹，回至西關外賽會。”

一九三八年六月

六月一號星期三（五月初四）

　　將《漢藏字典》序寫入書中。冒大雪到成校。鈔各處送來材料入筆記中，約五千餘言。

　　爲謹載重寫壽屏三條，以字體大小不一律故。寫畢即照相。

　　爲李星齋寫屏聯等。又寫聯語贈人。由老季郝克家扶回縣府睡。

　　題李星齋母像：

　　人倫造極惟斯命，大義從容最可師。

題李達家祠：

一代開疆功德永，千秋奉祀子孫賢。

題陡子明像：

不墜斯文賴一老，長留遺愛到千秋。

連日下雪下雨，道路難行，到縣府吃飯睡覺，其事太苦，明日當遷回成達小學居住。

六月二號星期四 （五月初五　端午）

與黃縣長談話。看季飛案頭歷代書札及歷代名人傳等書。飯後與謹載冒雨歸，幸有一工人相扶，否則走不前矣。爲謹載重寫壽屏一條。

寫健常信，告以近日聞見，及予所以必離甘肅之原因，并此後工作之計畫，書三十紙，得七千六百字。天雨如注，無客見訪，仍得罄懷一吐，其快事也。

今晨醒時，窗上甚亮，謂天晴矣，起就窗縫中窺之，則雪又積四五寸矣。噫，南方今日已當揮扇，安知我等尚在此間賞雪乎！今日竟日下雨，路更不能行，不知何日始可起程也。

聽前院二胡聲，其調則南方所習聞者也。當此令節，又聞此聲，不免思鄉之感。

六月三號星期五 （五月初六）

續寫健常信，告以番民及喇嘛方面之聞見，加七紙，凡二千四百字。爲人寫字十餘件。

高旭晨來。馮霞波，高旭晨，馬志青來。寫馬又君信。鈔《青海調查紀略》入筆記。

與謹載，永和談至十時半。

今晨醒來，檐水如瀉，雨勢更猛，且夾雪。何日可行乎？近午天始漸霽。

　　予對健常，永懷不忘，真到見羹見牆之地步，自亦不解其何故。此兩日間寫得萬言書，胸懷頓暢，臨洮旅居時之愁悶不復存矣。人生需安慰，不必彼來慰我，只要我能向彼一抒積鬱，亦可得大安慰也。

六月四號星期六（五月初七）

　　摘録詩句可作對聯用者，以備到舊城後書寫。馬志青，陸劍平，李識音，陸飛青來。黃縣長，常彥青來。爲人寫聯二付。宋堪布佳婿劉君來。理物。

　　到學校前院看新劇《遼東痛史》，《上前綫去》等。理物訖。看《回教大眾》。

　　與謹載到縣府取款。冒大雨歸。宋克家來談。

　　今日天晴矣，再待一天可行矣，快甚。夜中又大雨，衣褲俱濕，不免掃興。

　　爲謹載父作壽聯：

　　萊衣繩武萱堂壽，鴻案嘗新瑤圃香。

　　爲臨潭圖書館（設鼓樓）作聯：

　　博觀古今，有石渠舊典。　不捨晝夜，看洮水前橫。

六月五號星期日（五月初八）

　　爲縣府寫聯。寫鋭才，志拯信。到趙明軒處及縣府辭行。十一時，啓行。在南門外山上與諸送行者道別。

　　二時，到上卓，入一鋪中休息，吃點。三時，步行觀山。四時，到卓尼，入柳林小學下榻。到楊校長家吃飯。訪吳局長未遇。到禪定寺，晤宋堪布及楊參謀長，留飯。

　　到吳局長家談話。與謹載，永和到洮濱望月聽水聲。

今晚同席：予　謹載　永和　馬志青　常彥青　宋克家（以上客）　楊參謀長　宋堪布（以上主）

除送行者外，送至卓尼及舊城者：馬志青　常彥青　馮霞波　宋克家　高旭晨

逕赴舊城者：黃縣長　胡警佐希三　王科員銘，字新民

六月六號星期一（五月初九）

五時，與樹民同出，至上卓尼，登伏虎山，由高岩上直下，至禪定寺後下山。約行三十里。九時，到楊校長處吃飯。到孫牧師處。回至校中，爲人寫字十餘件。到郝子和家吃點。又到馬全仁家。

到楊頭目家。到宋堪布處。在寺爲人寫字十餘件。夜飯後歸。

到吳局長家，聞雷回校。生華等來談。

今晚同席：予　謹載　樹民　志青　彥青　克家　宋堪布（以上客）　楊復興司令（主）

予在卓尼城內置屋一所，價四百元，擬留樹民住此，作番地之長期調查。

爲了證實“朱圉”問題，今天一明即起，與樹民跑卅里路。此山自南望之，屹然一峰，雖不高，而若獸在圈中，以此名之，未嘗不可。惟此名甚文，而彼時漢族勢力尚未達到此間，此名爲何人所命，殊爲難索之謎耳。

六月七號星期二（五月初十）

與樹民永和散步洮濱。與樹民到禪定寺，吃早飯，辭行。楊復興司令來送行。回柳林小學，吳局長來談。十一時，動身，到鎖藏，與馬志青等同行。

克讓，士珍等來接。二時，到羊昇，入小學吃飯，上羊昇山，入馬教主帳，又進點。下雹，待晴而行，跨騾行數里。五時半，到

舊城，下榻福音堂。

諸紳士來談。到西道堂吃飯。參觀西道堂。與敏萬峰談。

今晚同席：予　黃縣長　樹民　敏萬峰　謹載　永和　克讓　彥青　胡警佐　王銘(以上客)　馬明仁　敏學成　丁士珍(以上主)

榴紅照眼憶鄉關，已染胡塵不欲還。五月尋芳飛亂蝶，馬蘭紫遍卓尼山。

不能上莊之回民紛來哭訴馬前。

六月八號星期三（五月十一）

寫吳景敖信，丁明德電。與縣長同到西道堂，與馬教主談調和回番感情事。赴馬敏二教主宴。馬仁山來。到第三區署，赴舊城政學農商諸界歡迎會。到鎖藏佛寓所，與之同到福音堂。

參觀天興隆商號。到第三區署赴宴。到第一小學參觀。到城上轉一圈。

纘武，東海等來。克讓偕丁士珍君來。到來東海處。

今早同席：予　縣長　謹載　樹民　永和　志青　彥青　克家　楊頭目　李文治　王露庭　敏萬峰　胡警佐　李永澂等（以上客）　馬明仁　敏學成　丁士珍（以上主）

今晚同席：予　縣長　謹載　樹民　永和　志青　馮霞波　宋克家　彥青　楊頭目　朱滌新　王露庭　李文治　馬明仁　丁士珍　蘇纘武　敏萬峰　夏畚田等（以上客）　馬壽山　季諾　蘇士元　李永澂（以上主）

六月九號星期四（五月十二）

剃頭。克讓來談。到三區署吃飯。寫自明信。爲人書屏聯約七八十事。季諾來。

記日記五天。到稅局訪季仲布。到第二小學參觀。并爲回教同人寫屏聯等約六十事。

　　冒雨涉水回寓所。宋令如來談。一夜大雨。

　　今早同席：黃鵬昌（振南，省政府視察員）　予　縣長　謹載　樹民　彥青　胡警佐　王銘（以上客）　李永澂（主）

　　臨潭舊城方二里，甚方整，南西北三關房屋俱多，而遭逢兵燹，更酷於新城，頹垣斷壁，如在墟墓。本居二三萬人，今多逃亡，留者不及什一，而地又被番民索去，可憐也！

六月十號星期五（五月十三）

　　李華卿等來，為寫字五件。到西道堂，吃飯。九時半，上車南行，過嘛呢寺，受馬僧綱招待。過李晟碑，下觀。到拉柴河口，受馬教主招待。渡河至羊巴福音園，受周鳳鄰弟兄招待。

　　到彔巴寺，訪福音堂教士斐文光（斗南）。到彔巴灣蘇宅，吃飯。飯後縣長等別歸。予等留宿，上山藉草坐談話。見少卿夫人馮佩華。

　　為人寫屏聯等約五十事。與少卿之兄談話。

　　臨潭回與漢，回與番，回中新教與舊教，感情均甚劣。黃縣長拉我來此，原要我做調和工作，來此後知其事甚難。回民中惟丁立夫久於外方，思想開通，知十八年事只楊子餘一人之過，不涉漢民，其他則此疆彼界，分別極嚴。馬教主之兄壽山，亦以出外經商，閱歷較富，頗欲有所獻替，而勢力薄弱，未能有為也。

　　今日下午同席：予　謹載　樹民　永和　黃縣長　周德庵彥青　霞波　旭晨　胡警佐（以上客）　蘇循卿，少卿（以上主）

六月十一號星期六（五月十四）

　　常彥青等來道別。寫銳才，德坤信。與少卿，德庵，循卿等同上山，在林間小坐。九時，還蘇宅吃飯。十時許辭出，登車。在河口待謹載約一小時，看番漢會商碑。一時，達舊城寓所。

馬壽山來。到第二小學，又到禮拜寺，赴回教促進會及二小之歡迎，演說。四時，赴宴。六時歸，看《洮州廳志》。

與樹民到周德庵處，并晤少卿等。八時許歸。黃縣長來談。

今日下午同席：予　謹載　樹民　永和　黃縣長　李區長　胡警佐　王新民　敏萬峰（以上客）　丁子希　馬壽山　敏志道　馬仁山等（以上主）

六月十二號星期日（五月十五）

少卿東海來，爲寫字二件。又爲人寫字約五十件。

馬壽山來，邀至西道堂吃飯，旋跨馬赴廟河草地，在布幕中寫字七八十件。五時，吃飯，聽留聲片。六時，冒大雨跨騾回。（所寫字中以鈔《天方性理序》八條爲巨。）

看馬順天被殺案卷及各處稟帖（爲上莊事）。季局長來。

爲馬啓西（慈祥）教主殉道二十四年紀念作聯：

立教化民，爲天下法。　以身殉道，作百世師。

又爲謹載永和等四人作：

立德垂文，隻手創開新世界。

春風化雨，同人幸識舊門庭。

今日下午同席：予　永和　克讓　丁子希　敏鍾山（以上客）　馬明仁　敏志道　馬壽山（以上主）　馬教主爲我寫字，在草地搭布棚四個，掘地作竈，別饒風味。

六月十三號星期一（五月十六）

在福音堂爲人寫字約卅件。到西道堂，爲人寫字。到季局長處吃飯。

歸寓作聯。又到西道堂爲人寫字約百件。（內清真五更勸善歌十條。）在道堂吃飯。到少卿鋪中，爲人寫字約四十件。

與諸同人商量行程，決明日行。嗣以作馬君碑文，又延遲三日。敏教主，壽山來。

爲舊城清真寺作聯：

大岳屹然終古，歸依一主，立信彌堅，西望嶺臺何嶽嶽；

長川逝者如斯，修習五功，勤行不懈，南瞻洮水永洋洋。

又：

說法遍士農工賈，無一夫不盡己誠，物與民胞奠基礎。

立教在修齊治平，求萬事皆當其用，鄉和國睦著功能。

今日同席：朱滁新　俊三　予（以上客）　季仲布（主）

六月十四號星期二（五月十七）

循卿等邀在福音堂內照相，不佳。到區署吃飯。到天興隆小坐。與壽山同到西道堂，爲作馬順天紀念碑，而事略久不至，因寫肖甫信。

二時，事略送至，即草碑文，得一千言。寫謹載等贈聯。在道堂吃飯後，即到第一小學照相，在該校爲人寫字約四五十件。

東海來談。到黃縣長處談話。

舊城之宣紙，從每張三角漲至一元，又漲至一元三角，今亦賣完，故日來求書者多用連史紙等代。今日有人自岷縣購紙回，本錢三角而賣一元，一轉手間便賺數十元矣。想不到予此來竟便宜了商人。

舊城每有一風波，必牽涉回漢問題。本年一月中，楊德亮師張吉生連副槍殺第三區員馬德昌，此中央軍也，而西道堂方面堅執爲蘇循卿等所謀殺，告至甘肅省府，又告至青海省府。黃縣長此來，調解此事，結果，漢人方面出五百元，回人方面出三百元，爲馬德昌立碑，予爲作碑文，表面上算是和解了。

看報，悉開封失矣！

六月十五號星期三 （五月十八）

五時起，蘇循卿，少卿，來東海，丁立夫來，即與樹民偕之游城北五里之八龍池。下山，到立夫家吃飯，訪古城。又上東山，游龍骨頭泉。還城，到蘇循卿家小坐。在立夫家爲人寫字數件，在循卿家爲人寫字約卅件。

到西道堂吃飯，爲人寫字十餘件。在道堂剃頭。回福音堂，爲人寫字約十件。循卿偕周德庵來，爲題昨日照相。

縣長區長來。克讓永和來。重鈔改碑文。

游山率詠二絕

八龍山上八龍池，蕩漾雲光上藻絲。顧視群巒齊俯首，敢留峭頂照湖湄。

雪壓南山是疊州，石門金鎖望中收。白雲鎖住石門裏，添得雪山幾個丘。

六月十六號星期四 （五月十九）

記日記四天。壽山來。循卿來。到西道堂，吃飯後即入內室，爲馬德昌碑文打一草稿，并寫篆額。

在馬啓西教主二十四周年紀念會中作演說。又入內室，寫正碑文，自三時起，至八時半止。夏河雍巡官來，看帶來各信。

在道堂飯。回寓，與黃縣長談話。聽大雨，甚爲明朝上路發愁。

今早忽然腹瀉，遺矢於褲。

馬順天殉職碑，正文共一千言，連題目，人名，年月，共二十四行，每行五十字，是爲予第一次寫碑文，亦是值得紀念的事。

馬前教主紀念會，參加者五六千人，遠至青海，臨夏，皆有人來，回教徒信仰之誠，甚可愛好。蘇校長及第一小學學生，以黃縣長與予言，亦來參加，稍存漢回合作面子。

夏河轉來魯弟電，謂二十日履安有伴南行，問可否。此電尚係本月五日發出，而至今晚始覽及，此間又無電局，時間又促，真無辦法，只得托景敫發電與鋭才，更轉魯弟矣。

六月十七號星期五（五月二十）

發鋭才電，致景敫書。爲人寫字約二十件。到西道堂吃飯，又寫字。到區署，寫字。回福音堂，與諸送行人談話。十一時半，啓行。

一時半，至鴨子灘，稍息。二時三刻，至干布塔，入一番民家吃飯，旋過闇門，入生番地。以興夫病，改乘馬。

八時至上完科，入一番民家止宿。飯畢已十時，眠甚酣。

今日云行四十里，實有七十里，番民計里甚不正確，隨便定數而已。

出闇門，即是出了從前之中國界，故其地所居番民均不能説漢語。邊墻比人家墻高大，比城墻則低，延於谷間，至山頂而止，長城之雛形也。

送行者：馬教主　敏教主　敏子章　馬壽山　丁子希　蘇循卿　蘇少卿　來東海　丁立夫　周德庵　蘇子章　季仲布　李鏡涵　敏鍾山　兩校學生　王志剛等。永和與臨夏赴會人同行，脱離旅行團體，亦送數里。

六月十八號星期六（五月廿一）

五時半起，收拾停當，八時半起身。行約十里，興夫病不能興，又上馬，度嶺，十二時，至一平曠處野餐。

二時半，到陌務。地方人士及小學師生見迎，入村中，宿銅匠王文清家。與招待者侯廷祥，辛全成，吳尚廉，田逢祥談話。與樹民同到陌務寺中游覽，至寺前川畔席地而坐，入暮方歸。

與楊頭目田校長及辛君談。以睡熱炕，眠又不佳。

今日行程云四十里，實有五十餘里，所經只一村，餘俱青草山也，畜牧之利，尚有未盡。陌務人家，有番子，有臨夏臨潭遷來之避亂漢回，故其地尚繁盛。

解得浮生十日忙，溪山坐對兩相忘。買吾寺下西流水，無盡流連向夕陽。　買吾，陌務之異譯。今日所度爲分水嶺，自此水皆西流入夏河。

六月十九號星期日（五月廿二）

記日記三天。抬滑竿范姚二人別去。楊占蒼來。黃副官長來。與楊頭目劉學孔連長等道別。九時許啓行，十二時到德里，入楊土官家。

在楊土官家吃手抓羊肉，談至三時辭出，四時半到黑錯，受當地民眾及鎖藏佛招待，入帳飲茶。至孫姓民家歇宿。與謹載等到寺訪鎖藏佛，歸受寺中禮物。又出，參觀小學及福音堂。歸受當地人贈物。

鎖藏佛之兄來。辛全成偕馬家小兒來。九時，晚飯畢，即睡。

楊占蒼爲陌務五旗土官，家宅宏偉，人亦年少有爲，惜不能作漢語，未能多談也。渠欲隨我至漢口謁蔣委員長，當與黃司令商之。

到處有山便有花，藍紅黃紫遍天涯。東方故舊如相問，馬上行人不憶家。　在德里至黑錯間馬連灘上作。

六月二十號星期一（五月廿三）

辛全成君來道別。黃副官長來，同出，至中興腸廠，晤其經理李岫峰。出，與樹民上山，下至禮拜寺。又至馬六十三家訪問當地情形。

鎖藏佛之兄來，同飯，飯後同入黑錯寺拈香，并游各殿。歸，剃面。記日記。看呂思勉《中國民族史》。

與同人談話。

鎖藏佛之兄轉述佛語，謂渠能相人，見吾相，云具有佛性與菩薩慈悲心腸，心中無一點惡意，大有緣法。

黑錯寺屬青海同仁縣某寺，僧人握有地方行政實權。其寺之壯尚在禪定寺之上，有僧四百，幼者爲多。

番人有地，不讓漢回人開發，故不得上莊之回人，昨又叩馬號呼。

六月廿一號星期二（五月廿四）

黃副官長來，同到王憲鋪中，爲黃，王，雍寫字十餘件。參觀九層樓。還寓，到鎖藏佛帳中喝茶談話。

在帳中照相寫字，直至四時始吃飯。遇大雨。七時始歸。

看長江《中國的西北角》。

今日下午同席：予　謹載　樹民　克讓　黃立中　雍服之　華頓（鎖藏佛之師）（以上客）　鎖藏佛及其兄弟（主）　今日鎖藏佛爲我們宰一頭豬，實則我們喜食羊也。

華頓能印度文，故鎖藏佛亦能之。宋堪布通藏文，亦通蒙文，可見喇嘛以藏文爲主要，亦旁通蒙印文字，獨至漢文，則皆不諳，此漢人之責也。

六月廿二號星期三（五月廿五）

爲鎖藏佛寫謝信七件。王子嘉來贈物。黃副官長及雍巡官來送別。鎖藏佛弟兄邀至帳內喝茶送別。十時就途，十一時許至卡加，入歡迎帳內吃飯。遇黑錯大喇嘛之總管。到卡加小學，與校長趙清談話。十二時又就途。

五時到隆窪，寓陳家。王成立偕盧君來贈物。與同人到水濱小坐聽泉。

晚飯後到隆窪寺訪僧官王成立，并參觀經堂，九時由盧君送歸。

卡加小學師生甚受喇嘛壓迫。今日予等過其地，到校參觀，實爲喇嘛所不喜。

自卡加以北，番民皆務農稼，青麥與大小豆遍於谷中。過隆窪口後，在叢叢灌木下踏泉而行，野花滿路，天然之公園也。

夜出隆窪寺

月黑流泉聲更悲，寺前棧道夜行危。忽然風捲香盈鼻，猜是閑花開滿崖。

六月廿三號星期四（五月廿六）

盧君來談。七時半飯畢起身，翻大買山歷一小時許，十時至山下休息。又啓行，十二時，到大買店吃飯。遇李育棟君談話。

遇雨，待至二時半啓程，行二十里，劉警佐來接，又行十餘里，至夏河，與諸接迎者相見，五時，抵前商會長張潤身家（德盛店）卸裝。

看蘭州轉來信件，直至十一時半，遂失眠，又徹夜。

予不嫻騎術，自隴西雇滑竿，正以番地之不易行也，故在臨潭一月餘，日給轎夫飯食。不意此次從舊城啓行，范姓轎夫忽病，逼得騎馬，由紀光照與郝克家二人分牽之。今日上午，令其勿牽，居然直至大買山頂，是爲予想不到之成功，惟下坡仍不敢獨騎耳。將來到滇，當買一馬，每日下午騎一小時，藉作練習，果能騎好，則游歷邊疆不難矣。

六月廿四號星期五（五月廿七）

喚匠剃面。黃正清司令與黃正本香錯來。張商會長來。丁縣長來。到拉卜楞寺，在嘉木樣室中吃藏式飯，出看跳神。

　　二時許，在賬房中吃中式飯。飯畢跨騾歸。到防疫處，大夏街小學，縣政府，縣黨部，司法處，警佐室，神召會各處拜訪。到舊街散步。

　　晚飯後看轉來信件。杜主任，張會長來。

　　今日上下午同席：予等四人　位格納牧師　杜主任　姜局長劉局長　陳收稅員　丁縣長　路委員　趙克強　劉警佐　張靈山等共三桌（以上客）　黃正本（主）

　　晚接履安六月三日來書，以接予三月中書，謂將納妾而大怒。按此事本係履安提議，康媛來信述父大人語亦及此，故予在失眠困頓之際有此擬議，後知父大人能出來，即復作罷。而履安以此信遲到，以爲近事，遽致怨懟，何其不諒人也。

六月廿五號星期六（五月廿八）

　　寫自明信，銳才電。丁縣長來。劉警佐來。寫筱蘇，拱宸信。與某副官到張會長處。到司令部，與黃子才司令作長談。易番裝照相。

　　歸飯。到藏民小學參觀。到鹽稅局陳局長處。訪姜局長，張會長，俱未遇。到防疫處吃飯。

　　與杜主任等到一番女家訪問，九時歸。

　　今日下午同席：予　謹載　克讓　樹民（以上客）　杜主任王助理員（占元）（以上主）

　　此間漢人小學有藏人，藏人小學亦有漢人，可見兩族之融和，不似臨潭舊城之動分彼此也。

　　今日所至之番女家，以前曾爲妓女，其家甚整潔，架上器皿日加拂拭，光色照人，壁上裱糊花紙，亦復輝煌。一室之內，物皆有定所，地上無雜物。可見番人文化實有勝於漢人者。

六月廿六號星期日（五月廿九）

丁縣長，杜主任來。寫魯弟，履安，媛貞信。理髮。牛鍾麟，郭輝祖來。張會長來。李育棟來。

到姜局長處，與同人及姜陳劉諸局長，丁縣長同到司令部吃飯。四時許出，到河南親王府訪問，晤其管家智化。出，由拉卜楞寺後牆行，參觀數經堂。歸，寫熊迪之，李潤章信。

訪丁縣長於其寓所，未晤。到杜主任處，與之同到一番妓（同仁人）家訪問。九時半，冒雨歸。

今日下午同席：予　克讓　謹載　樹民　姜益三　劉子揚　陳干青　丁明德　路和青（以上客）　黃子才子實兄弟（以上主）

寫媛貞信，爲樹民撮合，不知渠肯應否。

河南親王爲蒙人，而其家屋則爲藏式，聞其人亦説藏語，可見此間蒙古人已皆番化。渠現任青海同仁同德兩縣之保安司令。

要剪髮一月矣，在此間方找到。

六月廿七號星期一（五月三十）

寫在宥信。路得貴來。記日記五天。寫張鑄荊信。復看家信。

十二時，到藏民文化促進會，受各界歡迎，作演講。二時半，到縣政府吃飯。歸寓，寫父大人，履安，自明珍信。與謹載樹民到白瑜家訪問。

劉警佐來談，至十時去。

今日下午同席：予　克讓　謹載　樹民　姜益三　黃司令　黃襄佐　劉子揚　路和青　陳干青（以上客）　丁明德（主）

肖甫來書，謂李延增，瞿兌之，張壽林俱入北平日人所辦之外國語學校任教，吾黨不乏漢奸，可嘆。

六月廿八號星期二（六月初一）

寫子臧，筱蘇信。丁縣長來談。寫以瑩，國傚，耀亭，素蘭信。寫銳才信。

與同人到寺院參觀，由楊喇嘛真如（佛心）引導，後香錯亦來，走了全寺十分之二。到楊喇嘛家及香錯辦公處喝茶，并觀大鍋，六時半歸。

劉警佐來談。看信，看報。失眠，服藥有效。

日來睡眠甚酣，早上竟有睡不醒的樣子，方自欣喜，乃今晨兩次大便，所下皆糞而拭抹則殷然之血，其痔瘡耶？抑便血耶？此從來未有之病也！

拉卜楞大經堂，寬廣均十五間，即有二百廿五間，足坐三千餘人。其大鍋可煮四牛。

六月廿九號星期三（六月初二）

寫張抱芝，德坤，李夢瑛信。寫杭立武信，告以一月來視察所得，寫四千五百字，即交樹民，克讓鈔之，校訖。

寫自珍信。

與樹民同出，到劉郵局長家談，又到大夏河邊散步。歸飯，已八時半矣。飯後與同人談話。

今日幸未再便血，深望不成痔瘡。

自珍出生後，其母患瘰，家人又以惜費不肯出乳母，遂至其體甚弱，近來鼻不能呼吸，以口爲之，往協和割治亦無效。渠來信欲與履安同出，予亦以彼能在予身旁，精神較有安慰，屢函促之，今日告以大學聯合招生日期，不知父大人等能放她出來否。

六月三十號星期四（六月初三）

杜主任偕種畜場曹君來。寫馬眉山信。理物。丁縣長等來。到防疫所。九時，乘騾出發，由水副官爲導。十二時，在山野餐，臥花叢看白雲。

四時半，到中央農事試驗所西北種畜場，晤粟前場長顯倬等。飯後偕至水濱散步，看捕魚之灘。

與場中諸同人談話。

今晚同席：予等四人　水天杰（以上客）　粟顯倬　郭景儒　曹輿可（以上主）

今日下坡亦不叫人牽馬，自是進步，然心固懍懍也。在馬上顛碎了屁股。

前場長粟顯倬，湖南長沙人，頗能吃苦，足勝開發邊疆之責，惟以其不善交際，不得不走，言時牢騷，頗使予生同感。

一九三八年七月

七月一號星期五（六月初四）

寫承彬，孫祖鑫信。八時許，與粟場長等出游甘坪寺，至僧房小坐，參觀經堂，與寺僧同到仁愛族賬房中訪問，歷三處，食酥油炒麵。

三時，還至種畜場。看《西北近十年史料》。晚飯後，與粟場長等上山散步，掘蘑菇，看牛羊馬回場。

與場中同人談話。

甘坪寺，名義上爲黃教，而實則雜糅以紅教，故喇嘛皆有妻，經堂外僧舍，皆家屬所居也。

番民帳房，織牛毛爲之，頗有空隙，故透風漏雨。予等入帳訪問，其主婦用牛糞擦碗以進，真是食不下咽。

七月二號星期六（六月初五）

飯畢，七時半，別粟場長等出。十時半，到大力加山下之白石崖寺，入大喇嘛室。克讓以面上痛先歸夏河。予等參觀經堂及女佛爺之囊謙，并入山洞，以太滑，未窮其勝。

三時半，向八角城進發，四時許到，住楊尕全店中。到城上散步。回店飯後，又上城，到頭目家小坐，爲青海師部失馬事，找彼方派來兵士説話。

與通事楊君談本地情形。

白石崖壁立千仞，使處中原，必成一嶽。有洞，云長數十里，以洞中太滑，且有動物，極少窮之者。喇嘛導入時，先在洞口叫唤，又擊地作聲，以驅蛇獸。

白石崖寺爲女佛爺所管，其第一世由西藏來，其後轉世即在附近。第三世前年去世，尚未得継承人，入其室，則輝煌華麗，有若皇宮。聞其裝束完全與男喇嘛無異。

途中遇舊城址二處，或係漢白石縣城。

七月三號星期日（六月初六）

飯畢，八時出，游祖亥寺，并訪問民家。十時啓行，走草地。十二時，野餐。休息半小時，又行，見土匪。

二時，在野地煮茶，吃炒麵。休息一小時，又行，五時半，抵拉卜楞。劉警佐等來。至河邊看兒童游戲。到一教門館吃飯。

剃面。張潤生來。失眠，服藥。

祖亥寺不属於拉卜楞系統，其轉古拉係自左而右，轉經堂亦然。喇嘛不衣僧服而穿便裝，惟剃髮耳。

在草地遇匪七人，以我們有八人，四支槍，不敢下手，劫一商人之牛隊而去。番地洵難行也。

今日累甚矣，而失眠，可見過分勞動亦足使精神興奮也。

七月四號星期一（六月初七）

記日記四天。致戴先生電。致陳槃，誠安電。丁縣長水副官
來。寫張抱芝，設計委員會（兩通），繆鎮藩，趙瑞生，賓四，元
胎，徐素貞，臨時大學信。

寫臨夏馬專員，張縣長信，交謹載帶去。寫宓賢璋，郝豐庵，
何樂夫，吳晗，明仲琪，楊克強，趙肖甫信。李參謀（魁）來。劉
警佐來。

劉警佐宴於河干。到防治所，歸看信。失眠，服藥無效。

戴樂仁先生已於前日到蘭，有電來告，因囑謹載先歸，與之
同到臨夏相見。因此，我輩在夏河日子須稍多，乘此機會便把視
察報告寫出亦好。

今晚同席：予等四人　杜世杰　陳干青（以上客）　劉俠卿（主）

夜得履安來書，謂梅李等人尚未行，已對於我有不利之言，
囑我速離甘，免得將來被排擠。我對梅李，只有好沒有壞，他們
何以要攻擊我，爲之大惑不解。精神一緊張，就睡不着了。

"我生自有千秋業，人事枉拋七載功。"此聯到滇後當寫懸，
以拒絕外界拉攏。我本無世情，自九一八以來，爲了愛國，益陷
益深，今有此自拔之機，還是理我舊業爲佳。"求人不如求己，
立己方可立人。"此亦可以書懸。"隨時尋野趣，努力作閑人。"
"惟静可以制動，知白而復守玄。"

七月五號星期二（六月初八）

送謹載行。看寺前市集。與樹民克讓到司令部訪黃司令，并至
邵參謀長處談。由白瑜導至尕廟溝看天葬場及火葬場。

小眠。張會長來。寫英庚會，龍弟，許輯五，傅成鏞信。寫敬
文，子魁，友君表姑，泉澄夫婦，祚茝信。到大夏河邊散步，到縣
政府，圖書館。

到防疫處，取失眠藥服之，得酣睡。

昨夜失眠甚劇，直至今晨三時方得朦朧，而六時已醒。精神疲憊，如在雲霧中。

七月六號星期三 （六月初九）

七時始醒。爲人寫屏聯等廿餘事。爲夏河各界七七抗戰建國紀念會作祭文。麻延齡來，取祭文稿。

寫秋白表弟，段繩武及旭生，吳鑄人，王以中信。杜世杰來。與樹民到山邊水際散步。

看各處來信及寄來報紙。

到臨潭舊城，只覺得處處是疆界，你們和我們分得太清楚，那一個是漢民小學，那一個是回民小學，如涇渭之殊別。到拉卜楞，則漢回番便覺是一體，雖服裝飲食言語有殊，而無損於情感之融洽，此黃司令之功也。

七月七號星期四 （六月初十）

看《西北論衡》。到拉卜楞皇后翠郎錯小姐家，看克讓爲照相。牛鍾麟來。麻延齡，水天傑來。到拉卜楞小學，參加七七抗戰建國紀念會，并至郊外行立碑奠基禮。發致王渭珍電。

到黃司令處談話，并吃午飯。三時半出，買綢作單衣。寫劉雪松，陳志澄，孟真，立武，關斌，教部社會教育司，士升，侃嬑信。（此爲我寫侃嬑之末信！廿七，十，廿三記。）杜世杰，劉子揚，郭景儒來。

到防治所談話。洗浴。

今午同席：予　克讓　樹民　黃子寶　黃團長　張軍需處長　某僧官　某書記（以上客）　黃司令（主）

渭珍有快函來，謂有要事待商，因去電囑其亦至臨夏。

青海保安婦女，或梳一辮，或披髮肩背，夏河之梳無數小辮，當即披髮之演進。

日來喇嘛設帳於山巔水涯，恣情娛樂，過數日還寺，各村鄉人即起而代之，番民甚能享受自然之美。

七月八號星期五（六月十一）

寫白孟愚，周達夫，劉縱一，白壽彝，王月波信。爲人寫字十餘件。

到楊喇嘛處，同游小金瓦寺（觀音殿），晤萬縣王喇嘛。又至各囊謙。上山，望拉寺全景。寫自明信。

與克讓到河邊散步，遇位牧師。歸看各處來信。

今早便略秘，肛門又有血，當是近日吃牛奶及手抓羊肉過多，犯了腸熱之故，深望其不成痔瘡也。

今日同游：予等三人　杜世杰　劉子揚　楊鳳鳴（以上客）楊喇嘛佛心（名真如）（寺院代表）

七月九號星期六（六月十二）

寫工作報告。寫張抱芝信。寫艾沙，陳夢家信。爲人書屏聯約三十件。魯宗保女士來。牛炳章來。剃頭。

到郵局小坐，看照片。劉子揚來，同到楊喇嘛處，出游各囊謙及金塔，與寧達克藏佛及香錯堪布佛同攝影。六時歸。

飯後到防治所談話。郭輝祖來談至十時。

今晨大便又有血，但不若昨多，因囑郝克家多豫備素菜。

今夜翠郎錯竟派人來招克讓，薦枕席矣。番女如此自由簡捷，我輩漢人所想不出。

數日來參觀拉寺，其輝煌璀燦，實可方駕皇宮，而其區域更較皇宮爲大，金銀珠寶之飾亦較皇宮爲多，蒙番民之血汗所得盡流潴於此矣。

七月十號星期日 （六月十三）

郭輝祖來。王占元來。爲人書屏聯約二十事。寫日記。小眠。旋起爲人書字。路和青來。丁縣長來。張東陽，□子政，牛炳章來。

陳干青，魯宗保等來，爲人書字約三十件。由楊佛心引導，至九層樓看大佛。出，到清真寺參觀，由蕭秀山導至敏萬峰家。

與樹民談話。看來信。

今日同游：潤身　干青　輝祖　樹民　予　楊喇嘛

今日身體頗不舒服，而此數日中須乘馬至臨夏，實不能病，深願其不病也。四日來天氣太熱，而夜眠又不甚好，所以致此。近日飯量亦大減，一頓一個饅頭，還覺勉强。

今日始由楊喇嘛指導，識得紅教徒，其人號爲“嗣嗣子”，穿衣與黄教徒一樣，惟留髮，以牛毛爲冠，套於頭上，牛毛色黑，與髮相混，儼然一大髻。彼輩另有其寺院，惜未能一觀也。

七月十一號星期一 （六月十四）

路和青，郭輝祖來。爲人寫字約卅件，内張潤身大屏八幅。到敏萬峰家吃飯。三校長來，邀至拉卜楞小學爲三校學生訓話。

在體育場看番女歌舞。邊圖來，到寓談話。黄司令來。到萬峰家寫字約五十件，夜飯後歸。

郭輝祖，劉俠卿，杜世杰，水天杰來，十時半眠。

今早同席：予　樹民　克讓　張潤身　馬如蛟　馬□□（以上客）　敏萬峰（主）

今晚同席：予　郭輝祖（以上客）　萬峰（主）

番女盛裝，顏色鮮艷，面上亦薄施脂粉，其年輕者亦甚可愛。

市上紙少，遂有買綢來求書者，寫出來頗好看，然三角餘一尺，太貴矣。

七月十二號星期二（六月十五）

爲人寫字十件。黃司令派李參謀來贈物。張潤身囑書廟匾。理書物畢。麻延齡君來，爲寫學校諸匾。校《拉卜楞設治記》，未畢。趙光華來。羅圖南，哇麻道幾來。

朝拉薩番女來，與共吃手抓羊肉，訪問道中情形。邊督學偕趙校長來。與輝祖同到章嘉囊謙訪成覺禪師，又到香錯堪布處看藏經，又到香錯處辭行，到大經堂重覽一過。

輝祖來，同飯畢，到圖書館訪邊仙橋督學。

本今日行，以雨甚，且克讓樹民事未畢，故緩行，未知明日能晴否也。到夏河二十日矣，何其速也？

晚得立武來信，又是一氣。"豎子不足與謀"，我以誠意去而彼以敷衍來，可嘆！

七月十三號星期三（六月十六）

郭輝祖等來。魯女士來，贈物。到縣政府向丁，路，張諸君辭行。歸寓，爲人寫字十餘件。到參謀長邵成熙處及位牧師處辭行。十時，啓行，步約一里，辭送行人，上轎子行。十二時，到大買灘，吃飯。

一時行，至六時，到三束麻（新地），入一撒拉家歇宿。與樹民及頭人王君到沙溝寺，參觀囊謙。

還店吃飯後即眠，以坐架窩顛簸倦甚。

今日行六十里，實有七十餘里。自拉卜楞至大買灘，前由黑錯來時曾經行者。甘肅交通工具，若騾車，滑竿，架窩，騎牲口，都試驗過了，只木筏未曾試過。

今日送行者：各校師生　丁縣長　邵成熙　張靈山　陝秀林　張潤身　路和青　邊仙橋　成覺　姜益三　劉子揚　陳干青　杜世杰（送十里）　張東陽　牛炳章

七月十四號星期四（六月十七）

五時許起，七時許動身，過數寺皆未停。十二時到橋溝，入店吃飯。與三喇嘛及朱相明君談地方情形。一時，又行。

下午四時到清水，宿店。在溪邊徘徊久久。水副官導游曬經灘寺，并游風洞，七時許還店。

丁維才來。坐炕上聽水聲。剃面。

今日行六十里。一路風景更好，山之峭，水之湍，林之茂，都是第一等，尤以清水爲佳，更勝於卓尼。

流泉咽作不平鳴，況復中宵兼雨聽。客子懷愁愁欲絕，樓頭傳澈一聲聲。

七月十五號星期五（六月十八）

早飯後，八時半啓行，冒小雨，十時半，至土門關。下午一時，到雙城鎮，入店吃飯小憩。

二時又行，六時許進臨夏西門，至教育館卸裝。張鑄荆縣長，陳教育局長等來。

與縣長等談話。看各處來信。失眠，服藥無效。

今日行八十里，自清水至雙城四十里，自雙城至臨夏城四十里，實則前四十里有五十里大。自入土門關後，綠野平疇，列樹長溝，頗有北平鄉間景象，不似甘肅矣。

拂曉夢見健常，告我，伊近住南京"精神電臺"某某號。此四字大奇。

得以瑩書，知立武不肯給銳才全薪，銳才憤而辭職，則又來電允給，然而銳才已就貿易委員會職矣。如此用人，抑何可笑！

七月十六號星期六（六月十九）

水副官來道別。丁維才來道別。于衡達，王守義，高秉良，張廷璧來。蕭景何，何恕安來。黃陶庵，史文俊來。馬效融，李鼎鴻來。田生芳，馬精武來。與陳代局長到縣署及專員公署，又到東門外散步。

寫日記五天。寫工作報告及抱芝信。到黨部。由陳瑞峰引導，到女子小學，鳳林小學參觀，回女校吃飯。到初級中學參觀。到瑞峰家，出游城隍廟，又回瑞峰家吃飯。

看各處來信。謹載自蘭州來，克讓自夏河來，各談近數日事。至十一時許眠。閻汝明來。

接健常信，尚係六月十一日重慶發出之航空信，未知何故遲滯至此。函中謂俟兄嫂來川，雙親侍奉有人時，願至戰區工作，以後方雖亦重要，總不如前方之急待搶救。可佩也！

謹載述戴樂仁先生對我工作極了解，以爲甚有價值，將於此次飛漢時向朱杭道之，使實驗區確能實現。又謂葛武榮對朱杭説了我不少壞話，甚至打電蔣委員長作攻訐，但蘭州許多人均爲我不平。

七月十七號星期日（六月二十）

由瑞峰引導，到回教促進會立之南關小學參觀，又到枹罕小學參觀，游清真王寺。到河邊飯館吃飯。游南關，至大寺。進城，購物，還寓所。

寫媛貞，邵成熙，張世五信，志拯電。到北城觀，赴各界公宴。飯畢訪何土司及焦推事，郵局丁局長。

聽彈唱十七年亂事曲。馬團長，張縣長來。失眠，服藥無效，至上午三時方得朦朧。

今日同席：予等四人　于衡達（以上客）　張鑄荆（縣長）李鼎鴻（禹九，專員秘書）　丁雲錦（郵局長）　程泮林（法院長）黃陶庵（女校校長）　何鳳鳴（詠梧，首席檢察官）　馬秉良（眉白，初中校長）　魯效孔（時雨,民教館長）　何全忠（恕安,鳳林小學校長）　鄭義炯（鹽局長）　魯效智（建國小學校長）　王化明（枹罕小學校長,未到）　田生芳（南關小學校長,未到）　汪洋（電局長）　汪百川（商會）　張廷璧（玉堂,教育會干事）　陳琮（瑞峰,代教局長）　王鏞（收稅局長）（以上主）

七月十八號星期一 （六月廿一）

七時許起，精神甚壞。爲人寫字約二十件。十時，到山陝會館赴歡迎會。十二時，出至團部，與馬子瑾，張樂山等談。

與張縣長等同到喇秀珊先生家。出，喇先生導至城角寺。由保長馬成元導游大拱拜，臺子拱拜，大拱拜私立小學，花寺，畢家場寺等處。六時，到北大街飯館吃飯。

看《河州志》。爲人書屏聯約五十件，十一時眠。

今日歡迎會，爲此行集會中最無秩序者，小學生直在臺下打架，談話聲又高，不知臨夏教育界何以如此缺乏訓練。

游各清真寺及拱拜，確見回民信仰之誠與勢力之厚。果能領導有人，實復興民族之生力軍也。

臨夏沿路有樹，各家有花，溝渠井泉又多，水果菜蔬生產甚富，使善爲之，實樂園也。

七月十九號星期二 （六月廿二）

記日記三天。張縣長，程院長來。飯後同到南關小學，參加畢業典禮，作演講。

喇秀珊先生派人來邀宴。與縣長及程泮林同回寓，理物，吃飯。三時啓行，跨騾行五十里。行五里，參觀馬福成所辦之德永小學。在尕新集喝茶休息。到雙城雲亭小學參觀。見買弭二君。道遇丁壽亭。

八時到韓家集，見馬校長等。九時半吃飯。十時許眠。

由縣督學蕭景何先生之引導，得一觀臨夏鄉村及多年想像之積石關。蕭先生年已五十五，而壯甚，可稱老英雄。

到韓家集路極易行，蓋通循化之汽車道也。

雲亭校中多成達師範畢業生，甚望此校將來能在西北發生大影響。

七月二十號星期三（六月廿三）

早飯後，參觀雲亭小學，馬子揚來，引導參觀。到陽窰馬雲亭所建之清真寺，家祠，及其家屋游覽。下山返校，看《歷代平民詩集》及《小先生》。

與馬校長同上山，轉至韓家集，游市鎮。三時又出，至陰窰，參觀第二小學，至馬子揚之家，見其祖父福保（年八十餘），吃飯。

看馬雲亭《訓子孫書》。校中教員數人來談。（白玉璞，李恩華，白雲惠）

今日上午同席：予等四人（客）　馬子揚　馬尊三（主）

今日下午同席：予等四人　蕭景何　馬尊三　丁壽亭（以上客）　馬福保　馬子揚（主）

馬福祥（雲亭）以武秀才努力自修，漢文漢字造詣頗深，文武才能集於一身，回民中所鮮有，一生愛才篤學，到處開學校，故回民思想為之轉變，不似青海派之專好以力服人也。予因建議，編印《雲亭全集》，期推廣其教化於全體回民。

七月廿一號星期四（六月廿四）

早起寫健常信，即上街發出。看《蒙藏狀況》。丁壽亭，馬子揚來送行。在校飯後，九時出發。上山，經三大灣，十二時至乩藏，入馬麟花園游覽。出，到茶館喝茶吃飯。

一時行，三時一刻到居家集，喝茶吃飯。四時行，六時半到吹麻灘，入敬盛店卸裝。到區署訪問。區長李薦勤等來。

以跳虱咬，又以睡熱炕，竟夜未得闔眼。

予等生活在一般士大夫間雖説平民化，但真入民間即嫌貴族氣，今夜在小店中一夜不得眠，即其證也。

馬安良家在西鄉漠泥溝，馬福祥家在其北陽窪，馬麒家又在其北亂藏，此最有力量之三個家庭乃在三四十里之間。

馬麟所築鳳林園，布置呆板，匾額不通（如“開言作花”），可見其毫無頭腦。

七月廿二號星期五（六月廿五）

到吹麻灘小學參觀。八時啓行，十一時一刻到劉家集，入德勝店，小眠。吃飯。到樹下憩息。第一小學校長孟際天來。

二時一刻啓行，四時一刻到積石關，步行下山，涉大洞川，至關門外，看峽中黃河。五時半與郝克家先回，七時半到。

樊宗義來，同到大西鄉第一公立小學參觀。飯後與同人談話。十時眠。

近日天熱甚，騎行數里即口渴難堪，見瓜想吃，見茶想喝，行旅困頓之狀，今始親嘗之。

劉家集附近居土人甚多，其婦女增假髮梳大髻，與岷縣婦女頗似，惟不作高髻耳。穿紅裙，裹小腳，又見元明間儀式，聞河北官亭一帶更多，其人操方言與臨夏大束鄉略同，土人之爲蒙古種甚有可能。傳説爲後唐之裔，當考。

自劉家集至積石關，凡二十里，未至五里即望見黃河。既上大洞城，乃見黃河出於峽中，河身甚不寬。下山經大洞川至河邊，水流湍急，積石山巍峨岩岳，氣象雄偉，惜限於時間，不能深入爲憾。大洞城居保安人，關門住撒拉。

七月廿三號星期六（六月廿六）

六時半即行，七時至蕭紅坪，劉家集小學及義務小學師生來送。八時半至矛集，吃飯。九時半行，十時四十分到關丫口，小息。上長坂行。

一時半到安家關，在大樹下憩息，吃飯。三時半行，下山路甚陡，望黃河。六時至唵歌集，參觀安鄉小學。飲茶。

六時四十分行，八時到永靖縣。卸裝後到縣府，與謝縣長及李遠帆談話。九時半吃飯，十時半歸。

今日行約百里，羊腸小徑，難於轉折。山無名，上有高廟，予戲名之爲長坂坡。下山之陡，此行第一。

七月廿四號星期日（六月廿七）

與同人游覽街市，出北門，到夏河入黃河口散步。進南門，欲參觀第一小學而未得。到前教局長魏子蕃處談話。劉志鍾來。李遠帆來。魏子蕃來。

在永靖縣政府吃飯。三時半歸。理物。四時一刻啓行，趕行五十里，在康郭家喝茶休息，八時半到臨夏城，還舊寓。

縣長，教育局長及靜宇等來談。十時吃飯，十一時許眠。

今午同席：予等四人　李遠帆　魏子蕃　何潤身（以上客）謝潤甫縣長（主）

今日予懂得用繮繩，故騾子跑得甚快。蕭先生謂我進步甚快，又姿勢甚好。

得上海電，悉吾家全體南行，父親回蘇，履安到滇，自珍行止未言，或亦到滇。蘇州不免再度受兵災，父親既執意如此，我也顧不得了。

七月廿五號星期一（六月廿八）

　　發張抱芝，拱宸電。記日記六天。魯效智來。陳執卿邀往飯館吃飯。爲人寫字約三十件。到建國小學參加畢業典禮，并作演講。

　　到靜宇寓所。到法院與程院長談，并至其家。到電報局，待靜宇打電話。到學後街陳宅，爲謹載等宴客。鈔陳瑞峰君筆記。

　　與臨夏教育界人士開座談會。看"回亂"唱本。

　　拂曉夢與健常同到卓尼，而其父母亦願同往，心中頗以老年不憚跋涉爲訝。

　　今日下午同席：張鑄荊夫婦　程香泉夫婦　予　靜宇　樹民（以上客）　謹載（爲父祝壽）　克讓（爲得新偶）（以上主）

　　今晚同會：予等三人　張縣長　陳局長　魯館長　各校校長

七月廿六號星期二（六月廿九）

　　爲人寫字十餘件。到縣府晤縣長，同到宗盛園吃飯。出，訪張質生。回寓，爲人寫字約四十件。蕭漢卿來。張樂山來。李禹九來。

　　到馬副司令家吃飯。到大拱拜吃飯。到團部辭行。到李禹九家吃飯。

　　爲人寫字約十件。張鑄禹來。失眠，起理物，并爲張縣長題古籍。

　　今早同席：予等四人　靜宇　李禹九（以上客）　鑄荊（主）

　　今午同席：予等三人　靜宇　李禹九（以上客）　馬子量（主）

　　今日下午同席：予等三人（樹民出游）　靜宇　張鑄荊　張樂山　喇承基（偉卿）　蔣德泉等（以上客）　大拱拜住持王永貞，楊永孝　會首喇世俊（以上主）

　　今晚同席：予等三人　靜宇　鑄荊　甘谷魏君（以上客）李鼎鴻（主）

　　樹民往游野狐峽，馬跳，跌壞左臉。

七月廿七號星期三（七月初一）

爲大拱拜寫字。馬精武來。張縣長等來送行。八時半出發，予與克讓同乘縣長車。十一時，到三十里鋪，入店喝茶休息。十二時又行。

三時半到和政縣城，入一客店小憩。到西門外回教館中吃飯。縣府王科長等來。到縣府，與諸人談話。張國健來。

在縣府吃飯。靳玄生君導游滴珠山。看民十九年《和政縣志》。

今日送行者：張縣長　馬瑜代表　丁雲錦　程香泉　何鳳鳴　張鑄禹　各校校長　教局長等

今晚同席：予等四人　静宇　靳克儉　安振海　魏玉潤（以上客）　王綸如（主）

熱甚，至華氏九十餘度，行旅甚苦。

得邵成熙信，克讓與翠郎錯之婚事突變，想係黃司令如夫人（翠之姊）作梗。

七月廿八號星期四（七月初二）

上森林公園參觀，下至城隍廟，至馬委員處談話，并參觀女子小學。回和政縣府吃飯。九時半行，與静宇同車。十一時半，至買家巷，寧定江縣長來接，在一客店中吃飯。

一時半行，三時半至寧定西關，受各界人士歡迎。進城，至縣府吃飯。到縣黨部訪馬委員。參觀民衆教育館，商人學校，太子寺小學。出南門游覽，由北門回。

在縣署吃飯。與静宇談話。半夜，以跳蚤咬，竟不成睡。

和政城隍神爲明武順王鄧愈，平西有功者也。寧定境內大路兩旁均栽柳，云是左宗棠所植，稱爲“左公柳”，熱氣減少不少，今日殊較昨日舒服。

今晚同席：予等四人　静宇　馬建榮　裴鴻緒（以上客）

江樹春縣長（荷天）（主）

今日來歡迎者：馬國禮廳長（復初）　　馬建榮委員（岱雲）
米延齡督學（壽寧）　戚原澤校長（潤生）　李永富警佐（紹康）　　海鳴稅局長（嘯天）等

七月廿九號星期五（七月初三）

記日記四天。記筆記千餘言。寫何子星信。張國琛來。與縣長等同到弘門拱拜，由馬復初招待，吃飯。出至馬復初家小坐。又到農事試驗場及清真大寺。

小眠。寫告樹民到臨洮後應作事。與樹民等談本旅行團結束事。寫兩周來工作報告。與靜宇及張國健君談話。

謹載草照隅旅行團計畫，四人討論。

馬復初爲弘門教主，陸洪濤主甘時曾任建設廳長，年已六十二，思想頗開通，亦提倡教育，因此使我們感覺老教比新教好。

爲繼續努力邊疆工作，決由我等四人發起一“照隅旅行團”，自己積錢，爲下次共同旅行之準備。

七月三十號星期六（七月初四）

與樹民，靜宇別。在縣府吃飯後，七時半動身，行四十里，至三甲集，由馬紀儒，趙賢選，吳其昌招待，參觀下集小學，吃飯。十二時，又行。

在洮河渡口略待，行三十里，至洮沙，中途在辛店略停。下午四時，到洮沙縣府，見蒲縣長及張月汀科長等。

住入縣黨部，與張維西委員談話，爲人寫字十餘件。與謹載克讓上街散步。

今日樹民偕靜宇赴臨洮，予與謹載克讓赴洮沙轉省。

一路沿廣通河行，是即原來之大夏河也。洮河兩岸，西面多樹，東面則無。

三甲集爲寧定第一大鎮，分上集，下集，居家三百户，店鋪數十，三日一集，地每坰貴至五百元，集上則三千元。

馬紀儒亦老教徒而極力提倡教育。

七月卅一號星期日（七月初五）

向受訓之保長及學生作講演。爲人寫字四十餘件。在黨部開會，討論教育辦法。寫又曾信。蒲縣長來。

臨洮周縣長打電話來，謂將乘汽車趕至，待至四時不到，乃行。又爲人寫字三十餘件。四時，辭別當地人士上車行，六時至白土坡，上山後以車不易行，步行，經亂山灣，爲大東鄉人殺人越貨之地。

復上車，八時許到中堡，住張家客店。飯畢就寢，已十一時矣。

昨夜以跳虱咬，下半夜又未得眠。

聞蘇州已通郵，因作又曾信，盖不通信者已二百六十日矣。

今日同會：張恒甲（月汀，縣府科長）　張維西（黨部委員）　于崇明（太石校長）　覃仁吉（太石教員）　鄭克勛（同上）　宋兆鳳（辛鎮校長）　税毓文（辛鎮教員）　南登瀛（中學校長）　張昌禄（靈石校長）　予等三人

一九三八年八月

八月一號星期一（七月初六）

六時起身，謹載已行。七時出發，十時半至七道子梁，飲茶休息。保安隊辭歸。十一時許又行（上下山均徒步），遇王力仁總工程師包車，小談。

一時至西果園，吃飯。三時半至小西湖，住入蒙綏防疫處，與楊毅之談話。吃西瓜。與謹載克讓進城，到西城巷，晤王啓承，張

抱芝，戈定邦，以瑩等，談話，看各處來信。

到筱蘇處。到一條龍吃飯，到院門前剃頭。冒雨回賢侯街，十時回小西湖。蛟蟲甚多，幾不得眠。

以賢侯街寓所已住滿，且爲避人計，住小西湖蒙綏防疫處。

得履安信，由上海菊妹處發出，謂將領通行證返蘇州，一視失物狀況，再到滬與王振鐸君同赴滇。

八月二號星期二（七月初七　七夕）

與克讓同游小西湖，訪秦長城。與毅之同訪西北防疫處李代處長。與謹載克讓同進城，遇以瑩，定邦，永和，拱宸，念海等來，又折回防疫處，又至小西湖及黃河沙洲。回，張抱芝來，小談。同出，到賢侯街。到長沙飯館吃飯。

到新隴池洗浴。王逸民來。李藻棠來。出到店鋪買物。乘車携物至小西湖。回經雷壇，看燒香。

五時，到賢侯街，毅之來談。到西城巷，與定邦等同出。到中山林散步，遇楊敬之。又乘車到新關慶春園吃飯，看雙星。步歸，到藥房買藥。住甘院拱宸處。

今晚同席：予　謹載　克讓　永和　毅之　拱宸　筱蘇（以上客）　定邦　以瑩（主）

慶春園小有花木，且當風車與河堤之旁，水聲響甚，蘭州最勝處也。

西北防疫處李代處長以與毅之不合，下逐客令，予遂遷入甘院。毅之爲此事氣得滴泪，予則以受橫逆已多，一笑置之。

白健生將軍欲予辦阿訇訓練班，王月波爲克讓言之，楊敬之又爲克讓言之，乃今日道遇敬之，竟謂此是道路傳聞之誤。"回回的話不可聽"，得此而證實，好在予本無能力辦此事也。

八月三號星期三（七月初八）

晤牟鼎同等，移住院長室。以瑩，謹載來。與拱宸及筱蘇夫婦到甘院飯堂吃飯。張雪賓來。整理衣服，書籍。

理信札。郭敬堂來。永和來。到賢侯街，與謹載等同到國強軍衣莊製西服。雇騾車到小西湖，雇皮筏至新關慶春園，應楊毅之之宴。遇周克明，到賢侯街談。

到化方處，未晤，見其夫人。歸，以腹瀉，失眠，服藥。

今晚同席：王啓承　予　謹載　克讓　以瑩　永和　定邦

筱蘇　拱宸（以上客）　毅之夫婦（主）

今日第一次乘皮筏，在洪濤洶涌中亦覺驚心駭目。

那裏想得到，今晚十時，侃嬑在香港死了！

廿七，十，廿三記。

八月四號星期四

與拱宸克讓同到小館吃麵。歸，記日記四天。拱宸與筱蘇夫婦同來爲打郵包，予繼續理信。

到化方處談話。遇王清蘭於途。與拱宸及筱蘇夫婦同到北塔山，游閻羅殿，三教道統祠，關帝殿等處，出入由城竇。

謹載與克明來。以瑩來。看各處來信。

兵家有一字長蛇陣，蘭州亦可稱一字長蛇城也。

八月五號星期五

向甘院領薪二百五十元付筱蘇夫婦。志拯來。

拱宸及筱蘇夫婦爲打書包衣包付寄。寫健常信二十頁，約六千言，告臨潭至夏河途中事。即到郵局付寄，道遇友農。

與克讓同購衣物。到國強軍衣莊試衣。到快活林赴宴。歸，林漫，佑生來。於冠生來。李化方來。

書籍付寄，每包僅二毛餘，衣服付寄，每包需七元，且須兩月方到滇，今日寄費用去四十餘元。

今晚同席：予　克讓　拱宸　鄧春膏（以上客）　甘院教務主任牟鼎同　事務主任楊干如　訓育主任劉養鋒　庶務彭君　秘書高君（以上主）

八月六號星期六

張宣澤來長談。爲人寫字約五十件。鄧春膏來。到劉養鋒處。閃鴻鈞來。續寫健常信一千餘言。

永和來，與同出，到述堯處，未晤。到啓周處，晤其夫人。到清蘭處，未晤。到少陵武信處，亦未晤。到省府，訪梁廳長，周克明，池澤匯，并見池際尚。

永和宴於慶馨樓。又至啓周家談。歸，遇志梁以瑩。

今日《民國日報》將予返蘭新聞登出，故索性拜客。好在葛武榮已赴西安，我可以自由些了。葛氏將我告至蔣委員長處，又將西北教委會告至行政院及教育部，真如瘋狗亂咬，此世希見之人也。我此來見他既於心不願，不見又於事不可，正在躊躇，而彼離蘭，爲之一慰。

八月七號星期日

馬述堯來。黃中天，趙仲育來。啓周夫婦及女來。王志梁來。孫友農，羅子爲來。任承統（建三）來。艾伯都拉阿吉，哈的爾來。

蘇琨（志厚）來。梁和鈞來。張鴻汀來。權少文來。小眠。續寫健常信約二千餘言。到賢侯街看新來諸人。赴化方等宴。

赴朱主席宴。到賢侯街與貽寶等談話。

今晚同席：予　董仲笆　翁奇雲　李學謨　姜穎初　姜□□　克讓　陳科長（以上客）　李化方　池澤匯（以上主）

今晚又同席：予　謹載　克讓（以上客）　朱一民主席（主）

八月八號星期一

郭普（曉天）來。與克讓同到海善言處，又至張建中及黃正基（阿汪堅錯）處。到賢侯街。到科學館，與貽寶談。回校吃飯。

記日記四天。張雪賓，于仲艇來。永和來，并與拱宸談。李金聲來。續寫健常信，仍未畢。爲人寫字十餘件。

到造幣廠，赴梁廳長宴。

今日大雨，街道泥濘之甚。

今晚同席：予　謹載　克讓　顧祖德　孫友農　權少文　楊科長（以上客）　梁廳長和鈞（主）

八月九號星期二

李武信來。訪志拯，未遇。訪中天，遇之，即在其寓中寫字三件。到會，與戴梅兩先生同商會中進行事件。

在南關吃飯。到師範，訪李行之，與同至鄉村師範原址，訪第八戰區政治部曾擴情，張宣澤。至顏家溝，訪燕大同學。到貢元巷，訪孫友農。

到造幣廠，赴燕大同學之宴。九時，冒雨歸。

今晚同席：戴樂仁　梅貽寶　予　方覘予　李金聲　龔瑜　賈維茵　熊德元（以上客）　韋立人　周克明　張雪賓　洪謹載　王繼澤　劉克讓　於仲艇　于舒存　王述之　王德厚　李承蔭　吳長濤（以上主）

八月十號星期三

爲人寫字約十件。翻看貴德循化兩志。郭敬堂來。李自發來。在校吃飯。到會中繼續商榷。與張抱芝談。

到華美照燕大同學會相。到會計人員訓練班，演講一小時，爲其師生寫字卅件。訪張鴻汀，未遇。西北日報社記者寇君來。到西園小學訪林漫及袁校長，游西園，遇周之淑及會計班胡玉貞等，談話。

到李家吃飯。十時，與拱宸同歸。

今晚同席：予　謹載　種因　拱宸　志梁　葉孝善　王輝明（以上客）　李少陵　武信兄弟（以上主）

八月十一號星期四

爲人寫字約三十件。黃中天偕韓君來。彭啓周夫人來。携衣物還會中。本開會續商，以周榮條及沙君來而止。與謹載商贈書事。

郭子藩，劉養鋒來。爲人寫字約六十件。寫辰伯信。金聲，睨予來。李行之來，同游安定門各圃，在中山林茶館吃飯。

林漫偕袁校長來。周克明來談至十一時半。服藥而眠。

蘭州自西門外至南門外，一路園圃甚多，種瓜果花樹，夏日賣茶，供人博弈，頗有清涼意境，中山林亦即就舊有園圃爲之，樹木蔚然，足息塵勞也。

八月十二號星期五

在院，爲人寫字三十件。到會，晤柴若愚館長。開會，商量豫算。到西北飯莊赴彭君宴。

還院，爲人寫字五六十件。王清蘭來。閃鴻鈞來。張建中來，并爲予相面。

到陶樂春赴清華同學會宴。與定邦同回甘院。晤以瑩。

今午同席：予　池師周　克讓　王冲天　岳躋山　以瑩　永和（以上客）　彭啓周夫婦（主）

今晚同席：予　貽寶　戈定邦　安立綏（以上客）　張昌華

王香毓　高士銘　蘇景泉　陳新民　閻之翰　杜宗正　權少文
陳明紹　陳靄民　谷苞　竇振威　池際尚　周榮條　崔鍾秀　牟
鼎同（以上主）

張建中相術頗有名，爲予相，謂予有煞而無權，故不適宜於
政界，惟根器甚厚，故亦不怕人家攻擊。

八月十三號星期六

郭普來。爲人寫字十餘件。寫牛津大學信，保薦修中誠續任。
開會，續商科學館豫算。爲科學館及同人寫字。

到新疆同鄉會赴宴，并寫字，攝影。與清蘭等同到甘院。爲人
寫字約四十件。李承蔭等來。與永和同訪楊師長，未遇。

到西北飯莊，赴孫友農宴。到賢侯街與謹載談。

今午同席：予　謹載　永和　王清蘭　克讓　徐德惠（以上
客）　哈的爾　阿海麥提　艾伯都拉阿吉　買和信（清齋）等
（以上主）　今日第一次吃新疆手抓飯。

今晚同席：戴樂仁　貽寶　予　梁和鈞　孫靜工　龍慶風
水楚琴　謹載　方覎予　熊德元　龔瑜　楊子厚　李金聲　賈維
茵等（以上客）　孫友農（主）

八月十四號星期日

張清若來。寫張鑄荆，丁明德信。李瑞徵，劉景曦來。王立軒
院長來。張抱芝夫婦來。楊德亮師長來。劉恩，許輯五來。

到五泉圖書館，赴張先生宴。到魯氏照相館，與郭普等同攝
影。到賢侯街，晤蒲幾道，陳瑞峰。回學院，劉恩，許輯五又來。

到快活林，小坐，與謹載同出，到省府花園應陳廳長之宴。

今午同席：予　王季良　許少白　謹載　高抱識　張清若
筱蘇　拱宸（以上客）　張鴻汀（主）

今晚同席：黃正基　張建中（以上客）　謹載　克讓　予（以上主）

今晚又同席：戴樂仁　梅貽寶　予　謹載　方覒予　梁和鈞　王繼澤　戈定邦（以上客）　陳體誠（主）

今日同攝影：老百姓社同人程月亭，谷苞，郭普，李瑞徵，劉景曦。

八月十五號星期一

爲克讓寫黃子才司令信。徐德惠來。范慶祥（子雲）來。維茵，金聲來。送克讓行。到科學館看公事。到省府後花園見胡軍長，談話，留飯。

爲人寫字約六十件。克明來。林漫來。靜宇來。寫陳瑞峰信，五省會館信。

楊徐兩位來，同乘汽車到快活林辭宴，到省府吃飯，與胡軍長談至九時歸。

今日上下午同席：予（客）　胡宗南軍團長　楊爾瑛（榆林人）　徐雍（紹康，慈溪人）　孫靜工（甘省府秘書）（以上主）　胡軍長兩次招宴，實爲詢問葛廳長事，予就所知者實告之。

今日克讓與徐德惠君同至拉卜楞矣，祝其婚事成功，在那邊做出一番事業來！此人甚有冒險性，能任邊地工作，而梅君不能用，予遂借與二百數十元，任其自爲之。

八月十六號星期二

化方，趙積義來。王清蘭來。記日記三天。寫魯弟信。張潤身之子來，爲寫李行之信。林漫來。周克明偕徐韻潮來。終日理信札，紙條，衣服，什物，訖。

永和來。田長和夫婦來。王立軒來。高文遠，陳奭來。

與筱蘇同出，遇謹載，與同至賢侯街，晤睨予，維茵，談至九時半歸。

本於今日赴西寧，商湟川中學事，而昨日下雨，夜雨大甚，今日又大雨，恐明日亦不得行也。十時後放晴，下午太陽很旺。

許多東西已寄走，存在此地的零碎物件一理就是一天，可見作事之難。

八月十七號星期三

寫啓周，林漫信。發媛貞電。以瑩，筱蘇夫婦，拱宸來送行。七時半上站。八時一刻開車，行至駱駝嘴附近，車陷入泥中，停兩小時。予等步行約六七里。

四時抵永登。卸裝招待所，主任李審周來。與貽寶等進城，入春雲小學及弘善寺。在城外清真館子吃飯。

招待所李某來鬧，憤甚，斥之，遂不成眠，起服藥。

今日同車：戴樂仁　梅貽寶　沙鳳苞　回永和　王錫旌

八月十八號星期四

四時許起，到館子吃飯。六時許上車，過莊浪河，車陷入河中，以六十人之力救起，凡停四小時，至十時半方上車。停車時間，予與貽寶在河邊拾石子。

在馬連灘吃飯。一時半又上車，至享堂，趙盛如上車，略談。六時半，至高廟子，停車。

到堡中橋邊飯館吃飯，自扇風箱。夜眠甚酣。

開車夫太鹵莽，遂致時陷泥淖，眼看別車一輛輛開過去，而我們的車正呼集若干人推挽，殊不耐也。（此車於廿一日開回時，在享堂出事，傷八人。）

八月十九號星期五

五時許起。游高廟子，望女子小學。六時半上車。十時半到西寧，渭珍及劉曾兩君來接，同到郭家花園湟川中學籌備處休息。旋赴衛生實驗處卸裝。道遇潔誠。

到郭家花園吃飯。與湟中諸同人談話。到實驗處開會，商量湟中事。袁希吾來。

到郭家花園吃飯。歸，整理行裝，并洗身。

湟川中學同人：王文俊（校長）　劉鴻賓（益都，數理教員）　曾賢（黃岡，會計）　杜玉芳（黃岡，事務員）　殷象震（黃岡，體育教員）　王舜卿（湖北，圖書儀器員）　龐春第（天津，藝術勞作教員）　張寶臣（西寧，幫辦事務員）

此次游歷歸來，蘭州及西寧友人見我，均謂"紅光滿面"，予其真有喜事臨頭耶？抑噯被日光曬得臉紅耶？諸友又謂我較去年爲胖。

八月二十號星期六

到郭家花園吃飯後，到省府晤馬潔誠，譚克敏，馬紹強等，又至縣府訪馬霄石。訪楊子高，以病未晤。到西門外，看湟川中學地址。到因利鄉小學參觀。進城，定照片。

飯後回實驗處，記日記四天。張逢旭來。開會，商西北教育費全部豫算。譚克敏來。謝剛杰來。姚錫三來。寫健常，厚宣等四人信，發陳體誠電。潔誠來。

訪謝剛杰及張逢旭，談話。

與戴樂仁先生同住一室，渠開窗門而睡，予頗不耐，但能有此習慣亦佳，惜一回家後又將關閉惟恐不密耳。前兩夜戴先生均露宿，六十外人能如此，可佩。

青海全省教育經費，每年原定十八萬，打雙七折，僅八萬八千二百元，獨回教中學經費每年九萬，聞有增至卅萬之可能，覺得太不平均了。

八月廿一號星期日

牛滇，李得賢來。穆成功來。劉拓來。鄒國柱，黃協中來。到郭家花園吃飯，照相。到省府訪陳顯榮，張元彬，唐曉舟，周服之，李瀚泉。與貽寶談此間女子教育。

談明義，祁秀清，戴芝瑞來。祁寶賢來。石殿峰，馬師孔來。與渭珍，永和到回中，晤邵鴻恩。爲李得賢寫聯。回實驗處，馬潔誠送物來。與渭珍同訪陳秉淵及姚衡甫。

到謝院長家吃飯。到姚錫三家談話，并晤其夫人。

今晚同席：戴樂仁　貽寶　渭珍　姚錫三　紹興潘君　予（以上客）　謝剛杰（主）

游北門外森林公園，頗有泉石之勝。

在謝家登磅，戴與渭珍皆一百四十六磅，貽寶一百四十磅，予一百三十九磅，在四人中爲最輕，然亦相差不遠。予記前年在燕京爲百四十磅，今猶保持原重量，總算不退步。

八月廿二號星期一

陳秉淵來。劉補英來。爲人寫字四件。與渭珍談話。馬遇乾來。楊子文校長來。與渭珍同到謝院長處。發潤章電，告行期。

陳秘書長偕馬德庵廳長來。到省立圖書館參觀，晤師道明。到陳家吃飯，談至六時歸（冒雨）。

爲人寫字二件。看《藏漢小字典》序文。

本於今日返蘭，而昨日無車至，今日又雨，恐明日亦不得行。

今日下午同席：貽寶　渭珍　予（以上客）　陳秉淵，其妹英彥，其妻汪友蘭（以上主）

予向來每晚就眠後，睡魔一去，便越睡越醒，終至吃藥。今夜室內燭盡，而戴先生猶在室外工作，予先就睡，朦朧之際，戴先生入室，驅予睡魔，疑又不得眠矣，而終究睡着，此破例也。

八月廿三號星期二

冒雨到郭家花園吃早餐。寫父大人，嚴良才信。覆看舊信，整理應覆各件。記筆記一則。永和來。

《皋蘭讀書記》一冊記畢，翻看一過。到內地會，訪海牧師。到省政府赴宴。到一百師政訓處，與哈處長談。

到西寧縣署訪霄石。歸，渭珍來，出示董事會電，為之生氣，幾失眠。

今晨又大雨，恐今晚仍無車來。

積年忙亂，筆記幾乎輟筆，此一年中固亦甚忙，畢竟寫得一冊，足見較北平生活已見優閑也。

今日下午同席：戴樂仁　貽寶　予　渭珍　鳳苞　哈世昌　鄧毓鼎　趙景南（以上客）　馬步芳　譚克敏　謝剛杰　郭學體　馬驥　馬紹武　馬禄　陳顯榮　馬繼援　馬步勳　馬德　馬師融　劉承德　李晗　張昌榮（以上主，內僅到八人）

八月廿四號星期三

到大旅社沙鳳苞處，受哈世昌之宴，為哈寫聯。到東關清真寺參觀。由穆成功伴往北關清真寺。參觀阿文中學。又至阿文女子小學，及葉氏阿文私塾。到郭家花園，擬致庚董會電兩通。

寫履安信。開談話會商豫算。魏國楨，吳巴來，為寫字四件。與渭珍到史久清處，并晤方秋民及董大夫。訪馬潔誠，基生蘭，遇之。訪馬師融，未遇。晤蒲涵文。

在郭家花園寫字三件。飯後陳秉淵夫婦來贈物，同至實驗處。

今早同席：沙鳳苞　予　徐銓（凝吾）　　朱耀（以上客）
哈世昌（主）

西寧阿文學校甚多，男女生并衆，惟只念經，不讀書，與現
代生活太無關係。

八月廿五號星期四

到郭家花園，爲人寫字四件。到省黨部，又爲人寫字三件。穆
成功君伴至蒙藏師範參觀，又至南關大寺，看男女小學。到製服皮
革廠參觀。

到昆侖大旅社赴宴。到郭家花園，爲人寫字約十五件。與貽寶
到省府，晤潔誠，陳顯榮，汪友蘭。携物送陳秉淵夫婦。

赴渭珍之宴。爲人寫字四件。到姚錫三處談。

今午同席：予　沙鳳苞　諸光照　朱炳成　史久清　沈學賢
李錦源　王國鼎　陰景元（以上客）　　徐凝吾　方秋民（以上
主）　皆江蘇同鄉。

今晚同席：譚克敏　沙鳳苞　戴樂仁　貽寶　予　回永和
劉鴻賓（雁浦）（以上客）　　王渭珍（主）

以待汽車無期，欲改乘騾車，適值壯丁訓練，竟無車夫。騎
牲口又懼遇雨。

八月廿六號星期五

談明義，祁秀清來。盧澄來。陰景元來。到史久清處談話。到
省府，晤潔誠，基香齋。到謝剛杰處，未遇。到姚錫三處。到沈學
賢處，爲寫字四件。

周服之，李瀚泉來。李得賢，魏國楨，祁邦彥來。陳顯榮，馬
繼援來。到蒙藏會，晤陳尊泉等。到楊廳長，馬法院長，石殿章
家，均未晤。途遇永和同歸。陳樞，俞善富來。

飯後爲人寫字二件，與渭珍等談。歸，理物。

八月廿七號星期六

六時半，辭送行者，上車。八時十分，抵飛機場。十時廿分，到小峽，吃點。十一時，又行。

一時卅分，抵白馬寺。二時卅分，抵張家鎮，均未停。三時，抵沙灘堡，吃飯。五時半，抵大峽。趕路，不停。

八時卅分抵樂都。住車上。

自西寧至享堂，一百〇五公里，即二百十里。自過小峽至張家鎮爲互助縣地，沙灘堡以下爲樂都縣地。

大雨之後，向日大道多裂爲斷崖，不但汽車不能行，即大車亦難走。近正徵集民夫修路。曩日湟水中沙洲，皆以波濤汹涌，水行其上，析爲數脈，可悟古代"九河"之理。

今晨送行者：謝院長　陳秉淵夫婦　徐凝吾　袁希吾　渭珍
劉雁浦　龐春第

八月廿八號星期日

五時起，五時半啓行。八時卅分行至高廟子，吃飯。予鼻衄忽作。九時三刻又行。十二時，至老鴉峽。

三時至姚家店子，喝茶。六時，至享堂鎮，入旅部，住宿。與旅長馬繼融，秘書長魏先泰，回教促進會視察員馬興文談。

在旅部進飯及西瓜。九時就眠。

日來忽便秘，今日又流鼻血，可見内熱之甚。然見者每謂予精神甚好也。

自樂都至高廟，地極肥沃，樹林遍於湟水兩岸，婦女在道旁賣瓜果者極多。

大車(雙套)自西寧至享堂，每輛十八元，予等三人凡二車。

八月廿九號星期一

四時起身，與李參謀承勘談話。五時卅分登車，六時半至河口。以皮筏未扎好，在河口待之，至八時上筏行。十一時半至黑嘴子（正名爲"河嘴飛石崖"），上岸吃飯。

一時，上筏。四時，至湟水入黃河處，以暴雨，避入村民家休息。五時半，天霽，又上筏。六時，至青石關。六時五十分至新城。

宿新城，飯畢即就眠，以店主言，幾失眠。

自享堂至西寧，二百十里。自享堂至蘭州，由水道亦二百二十里。自享堂至永登，一百九十里。自享堂至樂都，一百二十里。自享堂至民和縣，五里。自享堂東南行至河州，二百里。自享堂下湟水，至黑嘴子七十里，至入黃河，凡九十里。自青入甘，湟水有三峽，小峽長七里，大峽長五里，老鴉峽長五十里；大通河有一峽，享堂峽長二十里。

青石關前滯客行，長空惟有陣雲橫。黃河夜瀉千峰雨，迸出金風鐵馬聲。

八月三十號星期二

五時起，五時半上筏子，八時半至崔家崖，九時半至水北門，上岸。到科學館，季子峰來。與貽寶樂仁到河北飯莊吃飯。

訪向奎於甘院，未遇。到曹家廳訪筱蘇夫婦，并晤媛貞，向奎，同到五泉山門，又至中山林茶叙。向奎入城，代予辭謹載，并邀樹民同來吃飯。

同回筱蘇家，談至十時歸科學館眠。

今晚同席：媛貞　筱蘇夫婦　向奎　樹民（以上客）　予（主）

皮筏小者才五羊皮，四隅各一，中亦一。予等所乘者一筏廿四枚，一筏廿三枚，合爲一筏，尚寬裕，價共三十餘元。昨日行七小時半，約百五十里，今日行四時，約七十里。平均一小時行二十里，近日水大，故較速也。

八月卅一號星期三

記日記四天。徐德惠（濟民）來。張雪賓來。樹民來。王立軒，向奎來。阿海麥提，陳奭來。周克明來。陳懋祥來。到省府赴宴。

晤楊德亮，李少陵，胡抱一，李鈞。訪張鴻汀，未遇。游湟廟。到池師周處，小談。王清蘭，艾伯都拉阿吉來。陳國棟來，爲寫樹幟信。李廷弼，陳奭來。牟鼎同來。向奎，樹民來。董涵榮（旭民）來。馬從乾，牟松年來。

到皖江會館季宅吃飯。與胡軍長同車至中央軍校第七分校向官長班演講。十一時歸。

今午同席：戴樂仁　貽寶　予　朱主席　徐雍　楊爾瑛（以上客）　胡宗南（主）

今晚同席：予　吳浩然（財廳秘書）　張肖凡（財廳科長）　鄭長庚（輕炸航軍隊長）　顧祖德（爾繩，農行經理）　張文郁（西北日報社社長）　權少文　洪謹載　戈定邦（以上客）　季子峰夫婦（主）

一九三八年九月

九月一號星期四

媛貞來。到季子峰處，爲謹載提親，并遇冀君及少文。爲人寫字十餘件。歸，與媛貞遇，同至啓周家，同至林盛居吃飯。

與貽寶同乘車，訪馬志超，楊德亮，均不遇。訪孔謹齋，遇之。訪安立綏，周榮條，皆不遇。訪水楚琴，遇之。訪龔子瑛，遇之。訪曾擴情，并晤嚴監察使。到內地會金城中學舊址，晤樊景瀾。

到勵志社賀定邦訂婚，吃飯。與維茵，克明同到顏家溝金德庵家。

今午同席：媛貞　予（以上客）　　彭啓周夫婦（主）

今晚同席：李鐵錚　李抱一　壽天章　樊景瀾　孫静工　貽寶　戴樂仁　楊德亮等四十餘人（以上客）　戈定邦　俞小棠（以上主）

九月二號星期五

安立綏(靖侯)來。嚴莊(立三)來。媛貞來。趙積義來。權少文來。與貽寶同乘車訪孫友農，遇之。訪張鴻汀，未遇。訪慕少堂，遇之。到華美照相館攝留別影。到農民銀行訪顧爾繩。到賢侯街吃飯。

與謹載同到西北日報訪張文郁，不遇。到李少陵，武信處，遇之。還館，寫克讓，黃子才，張鑄荆信，徐德惠來，交與帶去。到子峰家。遇雪賓。謹載偕季氏母女來，同至周克明處，又同至梁陳二廳長處。到徐韻潮處。

到河北飯莊吃飯。與化方同到其家，談至九時半歸。

今晚同席：予　梁和鈞　慕少堂　張鴻汀　陳子博　水楚琴　馬志超　安立綏　郭子藩　楊毅之　池師周　李化方　龔子瑛　任建三　孫友農　曾擴情　王立軒　鄧澤民　楊德亮　戴樂仁（以上客）　梅貽寶（主）

九月三號星期六

改科學館徵文啓事。與貽寶，戴樂仁同到工業學校，助産學校，女師三處視察補助之成績，在女師作講演。

到牟鑄九家赴宴。與貽寶等同至鄧澤民家，又至西北種畜場辦事處，晤周榮條。回館，講考察見聞一小時許。朱重民，任建三來談。

到西北飯莊赴宴。到轅門前剃頭。

今午同席：予　貽寶　安立綏　王立軒　水枬　張作謀　王爾蕭　王維墉　鄧澤民（以上客）　牟鑄九（主）

今晚同席：戴樂仁　予　貽寶　畢乃謇（中央社會部視察）邱瑞荃（省黨執委，兼教廳秘書）（以上客）　張雪賓　張萬鎮　周克明（以上主）

九月四號星期日

到甘院，爲人寫字約三十件，演講邊疆問題一小時許。在甘院晤方鎮五，楊作華，鄧澤民，牟鑄九，彭啓周夫婦等。到南門正陽樓赴宴。還館換衣。

赴造幣廠，應梁廳長宴。旋爲謹載訂婚之介紹人及家長代表，茶叙後散，至新疆同鄉會新會所。

爲人寫字十餘件。到季宅赴宴，以新娘勸酒，飲較多。十時歸。

今午同席：予　媛貞　筱蘇夫婦（以上客）　以瑩　樹民　向奎（以上主）

今午又同席：予　戴樂仁　貽寶　顧爾繩　孫友農　水楚琴　陳子博（以上客）　梁和鈞（主）

今晚同席：梁廳長　陳廳長　戴樂仁　貽寶　予　賈維茵　方覥予　熊德元　李金聲　季雲夫婦（以上客）　洪謹載　季飛霞（以上主）

九月五號星期一

姚佑生來。拱宸，方鎮五來。爲人寫字約四十餘件。媛貞，筱蘇夫婦來，助我寫字。郭子藩來。安靜侯來。吳憲來。作紀念周，予作一年來工作報告。到郭子藩家。

訪于冠生，并晤其弟冠儒。與媛貞同到歐亞站買飛機票。到張雪賓處，未遇。

與貽寶同赴楊德亮宴。又到徐韻潮家赴宴。到賢侯街開會，討論隆興實業公司事。

今晚同席：予　貽寶　王□□　以瑩　少陵　種因　立軒（以上客）　楊德亮師長（主）

今晚又同席：予　周棣園　梁廳長　陳廳長　蔡景忱　祝仁安　周克明（以上客）　徐韻潮（主）

九月六號星期二

雪賓來。中天來。拱宸偕王立軒，方鎮五來。同到福華軒吃高三肉。游大佛寺藏經樓及鐘樓。見悟明法師。與中天同送戴先生行，又到蘭州中學，與貽寶會，同參觀。爲人寫字五件。牟月秋來。

到郭子藩家吃飯。與貽寶同訪嚴立三，张文郁，袁和璧，俱未遇。訪民國日報吳社長，亦未遇。訪顧爾繩，遇之。到女子職業學校參觀。到南開外文學校。楊毅之來。周棣園來。

到慶春園赴宴。到賢侯街繼續開會。十一時歸。爲姚佑生，於冠儒致函渭珍。

今早同席：予　中天(客)　王立軒　方鎮五　楊拱宸(以上主)

今午同席：予　貽寶　鄧澤民　安静侯　周紹奎　王佐（夫之）　潘元朗（以上客）　郭子藩（主）

今晚同席：予（客）　以瑩　謹載夫婦　定邦夫婦（主）

九月七號星期三

拱宸來。與同至甘院，理物發寄。訪王院長辭行。携物回館。訪姚啓生，未晤，留條。與謹載到省府訪丁秘書長，晤之。到筱蘇處，同到正陽樓吃飯。又還其家，爲人寫字廿餘件。

到井兒巷忠信園，赴宴。還館，爲人寫字十餘件。

到河北飯莊赴宴。到壽天章家，題其所藏書帖。至十一時半歸。朱主席贈賀蘭石硯及哈密瓜。理物至上午一時半始畢。

今午同席：予　拱宸　媛貞（以上客）　筱蘇夫婦（主）

今日下午同席：予　水楚琴　駱力學　中天　水枬　王立軒（以上客）　張香冰（主）

今晚同席：（下缺）

九月八號星期四

五時許起，趕收什物。六時至站，到豆乳鋪吃點。待至七時許，以陰雨無機，退出。與拱宸及媛貞，筱蘇夫婦同至福華軒吃高三肉，上鐘樓。到筱蘇家，將徐韻潮聽松軒詩看畢。即到徐寓歸還。小眠。季雲來。

回館，爲人寫字十餘件。與拱宸同到軍官學校第七分校，晤種因，以瑩，同到雁灘，參觀農事試驗場，乘皮筏往來。與種因以瑩同進城，至生活書店購書。到隍廟李宅。到楊毅之，毛士蓮處辭行。謹載來。

到李武信家吃飯。到張抱芝處。到賈維茵處。回館，爲人寫字約廿件。王樹民來。

近日赴宴過多，肚子又吃壞了，早晨大瀉了一次。

今晚同席：予　拱宸　以瑩　種因　志梁（以上客）　李少陵　武信（主）

九月九號星期五

五時起。六時至站。六時半乘汽車至機場。七時二十分開航，十時二十分到西安。偕呂陸同到中央銀行歇息。李宴亭來。草致熊校長，譚惕吾電。

在中行飯後，出至電局發報，未成。到教廳，晤白子瑜。訪張扶萬，雷寶華，均未遇。到銘賢學校，晤關斌，黃廷鏞。到東門內白雲章吃飯。

步歸，補記日記四天。子瑜，熹唐，安華來。周伯敏廳長來。

今日到站送行者：貽寶　周克明　彭啓周（以上至機場）　媛貞　筱蘇夫婦　拱辰　樹民　黃中天　張抱芝　以瑩（以上至站）

今午同席：予　呂君三　陸維屏　楊霽青　喬晋枚　賈麟炳（以上客）　范椿年（主）

九月十號星期六

七時起，早飯後即到機場。在機場與劉定五，王德溥遇。滬鐘十時五十五分機到，十一時五分開，下午一時五十分到成都。即乘中行車到沙里文飯店落宿。與牛正道談。

飯後步行到中央銀行，又到康公廟張姑丈家，與午姑母等談話。到蔭堂中學訪黎勁修夫人伍敏如。到華西大學訪鄭德坤夫人黃文宗。王泊生來。

到張姑丈家吃飯。歸寓，到陸維屏處談。

今早送行者：關偉生　范經理　賈校長等

今晚同席：張姑丈　午姑母　紅表妹　柔表妹　閏表妹　張蓉初女士　姚開琪女士　姚戟楣　豫表弟等

九月十一號星期日

敏如來。子豐，戟楣來，同到少城公園，參觀博物館。同還其家，談話吃飯。爲子豐，戟楣，學閏，姚開琪，張蓉初寫字。

與張姑丈等游武侯祠，又至望江樓，品茗。進新南門。

到榮樂園赴宴。歸寓，到陸維屏處談。看《盛世才與新新疆》一書。

今日同游：張姑丈　子豐表弟　姚戟楣表妹丈　張學潤表妹　張蓉初女士

　　今晚同席：呂君三　陸維屏　予　羅玉東　范六一　鄭啓明
牛正道（以上客）　張子豐（主）

九月十二號星期一

　　衣萍與高樂直來。錫永來。到四川大學，訪壽椿。到吳又陵
家，與同至許昂若家。到泊生處。訪王元輝不遇。上館吃飯。

　　寫健常信。寫履安，辰伯信。到嚴谷聲家看書及其目録。

　　李嵩高來。衣萍邀至悦來園看《濟公活佛》。九時戲散，至長
美軒吃飯。

　　今晚同游及同席：予　高樂直　錫永（以上客）　章衣萍(主)

　　渭源嚴氏久居成都，今主人谷聲好刻書，家藏書五十萬卷，
畫帖亦甚富，此間最大之收藏家也。

九月十三號星期二

　　王元輝來。衣萍來，與同到鄧錫侯綏靖主任處。錫永來。與同
到華西大學參觀博物館，晤葛維漢，林名均。與錫永到不醉無歸小
酒家吃飯。

　　與錫永同到斠玄處。又至李小緣處，不遇。至傅韻笙處，亦不
遇。與錫永同游書肆，買書數種。到昂若家吃飯，并看其所藏明人
尺牘。

　　傅韻笙來。

　　今午同席：予（客）　錫永（主）

　　今晚同席：予　離明（以上客）　昂若（主）

九月十四號星期三

　　賀次君來。寫履安信訖。寫思明，家驤信。冒雨至斠玄處。到
錫永家，看其新購古物。候衣萍借車，久不至，待至十二時許吃飯。

衣萍來，飯後同乘汽車赴新都縣，游桂湖公園，買書，出城游寶光寺，歸途游昭覺寺，到衣萍家憩。

與衣萍同赴鄧軍長宴，出，游新新新聞社。歸寓，與傅述堯，徐世勛，傅韻笙談。十一時就寢。失眠，服藥。

今午同席及下午同游：錫永夫婦　予　衣萍

今晚同席：予　李鐵樵　張真如　葉石蓀　董時進　劉伯量朱光潛　王茂甫　樊德芬　陳治勛　曾還九　朱顯禎　顧葆常衣萍等（以上客）　鄧晉康（主）

九月十五號星期四

思明，家驥來。賀昌群來。石蓀來。敏如來。到衣萍處，與同到楊市長，王主席處，皆不遇。遇次君等，同訪何建設廳長，訪四穆，亦不遇。錫永來。陽子隽來。

到黃離明家吃飯，又到古女菜館吃飯。三時半歸，記日記五天。孫怒潮來。張維城來。傅述堯來。李小緣來。李景清來。

到嘉麗西餐館赴宴。看《西藏通覽》。

今午同席：予　昂若（以上客）　離明及其父（主）

今午又同席：予　李光宇　王文元　商錫永（以上客）　陳斠玄（主）

今晚同席：予　馬長壽　次君（以上客）　傅韻笙　徐世勛傅述堯（以上主）

九月十六號星期五

劉啓明來，爲寫字數紙。又爲次君書。又爲《新新新聞》題字。張凌高，方叔軒來。韓笑鵬來，詳談甘青事。孫吉士來。鄧穆卿來。李延芳，趙夢若來。石蓀來，與同至其家，又至治德號吃蒸牛肉，到吳抄手吃餛飩。遇周建侯，曾濟寬。

到大川飯店，爲傅述堯證婚。與賀次君同到省政府訪王主席，并與李景清，劉伯量談。到張姑丈家。到商務書館買禮券，到述堯處送禮。王主席來。

爲林祖華，張學珍夫婦寫字。孫吉士來，與同至宴樂春吃飯。同步歸。寫健常信。

今午同席：予　周游（寶韓）　韻笙　次君　世劭　馬長壽廖世雄等（以上客）　傅述堯，李繼常新夫婦（主）

今晚同席：予（客）　孫吉士及其子祖鑫　祖蔭　祖武（以上主）

九月十七號星期六

吳又陵來。劉啓明來，爲寫字數紙。李聲揚來。趙夢若夫婦來。孫祖蔭來。傅韻笙偕劉廉克來。到不醉無歸吃點。又到孫吉士家吃點。到王元輝家吃飯。

到青年會，向燕大同學講西北情形。回寓，趙夢若來。寫唐理信。發安宅電。到孫怒潮家赴宴。

寫衣萍信。寫吳辰伯信。孫祖鑫來。到古女菜館赴宴。與衣萍同到新新新聞社。冒雨歸。

今早同席：吳又陵　予　衣萍（以上客）　陳斯孝　劉啓明（以上主）

今早又同席：予（客）　孫吉士及其三子（主）

今午同席：予　謝宗玉　陳虞　任得鰲　宋大魯　戴蕃璠韓英等（以上客）　王元輝　伍敏如（以上主）

今晚同席：予　劉剛甫　程濟波　張屏翰（以上客）　孫怒潮夫婦（主）

今晚又同席：予　劉伯量　曾慕僑　章衣萍等（以上客）楊全宇市長（主）

九月十八號星期日

齊樹平來。蕭顯特來。傅韻笙來。李聲揚來。謝海澄來。賀次君，王白與來。到衣萍處，與劉啓明同游文殊院，晤住持法光，上藏經樓。訪張真如，吳毓江，張怡蓀，俱未晤。劉剛甫來。

到萬福橋邊陳麻婆家吃飯。到世外村品茗。進城，到王白與家題畫寫字。到尹昌衡家談墾殖事。到華西大學，向教職作演講，歷一小時。訪馬叔平，未遇。訪劉廉克，遇之。到張姑丈家。

吳毓江來。孫吉士來。記日記五天。孫燕翼來。

今午同席：予　劉啓明　章柏雨（以上客）　衣萍夫婦（主）

九月十九號星期一

韻笙來。蕭竹船來，陳斛玄來，同到少城公園靜寧飯莊吃飯。出，到開明書店買書，晤經理馮月樵。訪顧蘭亭，竹淇父子。

到南門外枕江樓赴宴，畢，與壽椿同到川大，由唐仲侯伴至博物館閱覽。訪周謙沖，朱孟實俱不遇。晤葉石蓀，與同到女生軍訓處，晤唐理。到劉家赴宴。到蔭唐中學，講演一小時。

到孫燕翼處，并晤金君。到張姑丈家談話，吃夜飯。回寓，張怡蓀來。王泊生，趙榮琛，鄭際生，鮑東生來。

今晨同席：予　斛玄（以上客）　蕭竹船（主）

今午同席：予　壽椿　陳明輝　張錦蘭　刁士衡　陸琪臣等（以上客）　熊佛西（主）

今日下午同席：予　何慶延　陳國廉　邱潤深　劉昌言（客）　劉剛甫（主）

今晚同席：子豐中央銀行之同事潘君等五人　予（以上客）子豐（主）

九月二十號星期二

六時起。陳守禮，段青來。劉啓明來，與同到西門汽車站。七時五分，車開，九時到灌縣。遇來迎者，同到離堆公園吃飯，游老王（李冰）廟。到縣立初級中學講演半小時許。

到玉壘關，二郎廟，安瀾索橋等處，一時許，到縣署吃飯。飯畢寫字五紙。即與縣長等同到車站。三時車開，五時到成都。回館，陳段二君又來，爲寫張真如信。爲敏如等寫字四紙。寫馮月樵信。孫祖鑫來，爲寫楊市長信。

赴王主席宴於沙利文食堂。訪劉士林，并晤周建侯，曾濟寬。張鼎丞來。樹幟，士林，勉仲來。客談至十一時半始去。終夜失眠。

今日同游及今晨同席：予　劉啓明（以上客）　黃朝棟　董萬福　仰其祥　王仲輝女士（以上主）

今午同席：上列諸人（客）　胡恭叔縣長（主）

今晚同席：鄒魯夫婦　薩鼎銘　予　嚴嘯虎　陳築山夫婦　胡次威　邱潤深　陳國廉　楊全宇等（以上客）　王纘緒（主）

九月廿一號星期三

傅韻孫來。趙夢若夫婦來。陳守禮，段青來。衣萍來，燕翼來，與同乘汽車赴鄧晉康，陳築山處，又至西北公學參觀。到公路局詢問。與衣萍在寓同飯。

濟之，勉仲，樹幟來。訪張維城。到西陲文化院，晤李炯支。到昌群處，晤其夫婦。到西北公學，演講一小時。與周太玄，申止固談。

到嘉麗赴宴。與樹幟同到叔平先生處。冒雨歸。得眠。

今晚同席：馬叔平　辛樹幟　予　楊廉　孟壽椿　劉奇（子行）　傅雙無　章衣萍（以上客）　傅韻笙（主）

九月廿二號星期四

韻笙偕其堂兄雙無來，昌群來，劉素懷來，爲書字四件。燕翼來。士林來。到楊鵬升處，晤其夫婦，爲寫字四件。羅文謨來，爲寫字一件。在鵬升家飯。

到嘉麗赴宴。到昌群處，與同至川大農學院，訪曹珮聲女士，并晤曾景賢。出，訪劉伯量等，未遇。訪陳久敬女士。到樹幟處談。

朱孟實，劉伯量，曾濟寬，臧致芳來。到榮樂園赴宴。到衣萍處，未遇。到燕翼處，并晤馬子翔。安宅夫婦來。理物。上午一時眠。

今午同席：予　羅文謨（以上客）　楊鵬升夫婦（主）

今午又同席：李鐵樵　予　曾慕僑　傅況鱗　周建侯　劉伯量　朱顯楨　陳林　傅雙無（以上客）　傅韻笙（主）

今晚同席：予　張真如　婁學熙　門啓昌　高宗禹　杜岑　黃元貴　韻笙　離明　陳中凡　石蓀　徐世勛　孟壽椿　孔慶咸　胡宇光　佘維一　張爲騏　賈元亮等（凡五桌）（北大同學會公宴）

九月廿三號星期五

五時起。六時三刻離旅館。到川大農學院曹女士處吃早飯。七時三刻行。十時至簡陽。入大興飯店吃麵。十一時廿分到資陽。

一時廿分到資中。二時半至内江，住中川旅館。與勉仲等同出游市街，到綠槐莊吃飯。游裱畫店數家。買帽。

獨游市街，至東南西門。歸與曾君等談。看梅致杭報告。

今日送行：伍敏如　孔慶咸　李延青夫婦

今早同席：勉仲　予　曾景賢　陳久敬　景賢弟妹（以上客）　曹珮聲（主）

今晚同席：樹幟　士林　曾慕僑　周建侯　予（以上客）　陳讓卿（主）

九月廿四號星期六

五時半起。六時廿分上車。七時至沱江口，開車上船。七時半至南岸。八時廿分到隆昌縣。在天佑旅館吃飯。九時一刻上車，十時車壞，修理至十時三刻上車。十一時半，至永川縣。

二時，到璧山縣來鳳驛，吃飯。參觀圖書館。四時半到山洞站，略憩。五時許到重慶，到教育部。

六時到山東省立劇院，取下行裝。泊生夫人及一非伴至小洞天吃飯。

今午同席：周建侯　曾慕僑　士林　樹幟　勉仲　曾景賢陳久敬　司機陳君（以上客）　予（主）

今晚同席：予　泊生夫人（以上客）　一非（主）

九月廿五號星期日

到內政部訪健常，尋其家，亦未得。到開明書店訪聖陶，亦不在。歸寓，西山來。到小洞天赴宴。張孜來。

游中央公園。回寓。文珊來。與文珊，一非，張孜同到兩江交流處，遇李孟雄。到軍警署，與張孜談。出至國泰戲院看《夏伯陽》電影。

至新來鴻吃飯。到青年會訪丁山。

今午同席：查勉仲　李一非　趙紀彬　王澤民　楊芒莆　強旅　秦林舒　李笑庵　王欣若（之祺）　汪嶽雲　徐瀾生　予（通俗讀物社聚餐）

今晚同席：予　文珊（以上客）　一非（主）

重慶潮濕而悶熱，遠不如成都好。早晨霧重，景象愁慘，數丈以外，不辨人物。

九月廿六號星期一

發履安電。到內政部訪健常，又不遇。到英庚會，晤立武。到編譯館，晤陳可忠，趙吉雲，李孟雄，鄭鶴聲。回至英庚會，作紀念周報告，約四十分鐘。晤蘇福應，池際英女士。

到教部，訪顧一樵，顧蔭亭，郭有守等。與同到國泰飯店吃飯，談至二時許回寓。訪健常，遇之，談一小時。到聖陶處，并見其夫人等。與聖陶同至朂存處。

與朂存聖陶等同到大上海吃飯。談至十時歸。失眠服藥。

今午同席：予　樹幟　周建侯　慕僑　郭有守　顧謙吉　張丕介　梁席（叔五）　吳俊升等（以上客）　顧一樵　張道藩（以上主）

今晚同席：予　聖陶　郭子澄　孫伯才（以上客）　周朂存（主）

九月廿七號星期二

通俗讀物社開會商此後進行事宜。王泊生夫人來。

到觀音岩，遇健常，與同至其家赴宴。到志希處晤其夫人。到陸棣威處，談一小時許。

到編譯館赴宴。出遇慰堂，乘其輿歸。到泊生夫人處，并晤趙榮璇姊妹。仰之，孟雄來。

今午同席：予　黃一中　程勵天　張女士（以上客）　譚賓逵夫婦　健常　湘凰　楊衛晉　健常之嫂（以上主）　賓逵先生今年七十九，明年陰曆正月，八十大慶。

今晚同席：胡元倓（子靖）　予　蔣延黻　何廉　樹幟　戴家齊　錢端升　賴璉□（以上客）　陳可忠（主）

自今日起試服孫吉士所開藥方，以予邇來屢屢失眠，至苦痛也。

九月廿八號星期三

勉仲來。黃席群來。維華來。王寅生來。到英庚會，與立武談，開會商考察團助理員事。

到都城飯店赴宴。到時哲處談。到編譯館，晤子魁，毅卿，吉雲。還寓，記日記六天。

到浣花飯莊赴宴。飯畢，與謙吉，一樵同到謙吉家，看西北西南之照片。夜失眠。

今日同會：辛樹幟　孫時哲　胡煥庸　陳之邁　吳俊升　杭立武

今日同席：時哲　張清漣　俊升　之邁　之邁夫人（劭西之女）　袁翰青　勉仲　予（以上客）　立武（主）

今晚同席：格桑澤仁　劉曼卿　予　郝敏昌　謝正寬　周自安　鄧達先　顧一樵（以上客）　顧謙吉夫婦（主）

九月廿九號星期四

翻看謙吉所撰西北西南調查報告中之種族部分。李子魁來。席群來。郭本道來。寫湘凰，銜晉結婚賀聯。游江岸元通寺一帶。

到浣花赴宴。飯畢，與西山同到郭本道家，遇葉宗高。與西山同游經世社，晤余協中等。出，剃頭。

到上海食品社吃飯。歸寓，張郁廉來，趙吉雲來。

今午同席：予　郭本道　西山　劉景源　楊繼珊　陳雲閣　賀禮游等（以上客）　黃席群（主）

今晚同席：予　祝世康　張維華（以上客）　余協中（主）

昨夜爲老鼠鬧醒，遂不成眠，精神今日甚憊。四川老鼠真可怕！

賀楊譚結婚聯：

湘君愛作鴛湖主，簫史長留巫峽青。

九月三十號星期五

方欣安來。到英庚會，與立武及蘇徐二君談甘青補助事。道遇一山及陸維屏。到留春幄，賀楊譚婚，予與志希爲證婚人。

飯後回寓，與樹幟，士林，可忠談。一非來談。到青年會，訪丁山，剛伯，盧季忱夫婦，遇之。訪曾昭燏，舒舍予，未遇。

到生生食堂吃飯。與剛伯丁山同回寓談。張子文來。趙榮璇來。

今午同席：志希　予　錢崇澍　曾勉之　陳方濟　程勵天　黃一中　周士禮　張維楨（志希夫人）等凡五桌（以上客）楊銜晋　譚湘凰　譚賓逵　健常等（以上主）

今晚同席：予　丁山（以上客）　沈剛伯（主）

一九三八年十月

十月一號星期六

訪欣安，未遇。訪敬伯，遇之。訪張清漣，不遇。訪黃席群，遇之。到泊生夫人處，爲趙女士寫介紹信與道藩。歸寓，寫履安，良才，辰伯，在宥信。元善來。楊銜晋夫婦來。到泊生夫人處吃飯。遇傅岩。

聖陶來，郭本道來，談二小時許。到郵局寄信。到國大選舉事務所，訪仰之，遇之。訪健常，不遇。到教部訪陳禮江，遇之。遇勉仲，回至教部，見鄭通和。

到都城飯店赴宴。飯後與樹幟等同訪于右任，不遇。訪慰堂，亦不遇。到編譯館，與可忠商《水經注》事。乘公共汽車到都郵街，步歸。

今午同席：予　趙榮璇女士　趙榮鄉女士（以上客）　泊生夫人（主）

今晚同席：雷警寰（震）　勉仲　樹幟　可忠　立武　錢端升　予（以上客）　蔣慰堂（主）

十月二號星期日

到元善處。還寓，寫魯弟信。徐文珊，文承來。劉縱一，段天育來。元善來，與同至巴蜀小學，與聖陶夫人談。與晸成同步行至牛角坨生生花園。

在生生花園食堂吃飯，品茗，談至五時始出。予與元善乘汽車入城，到浣花赴宴。

到國泰飯店吃飯。歸，樊漱圃來。九時半即眠，頗酣。

昨夜本可酣睡，不意今早三時，隔壁夫婦方歸，大聲説話，又將我吵醒。

今午同席：元善　予　聖陶（以上客）　晸成（主）　此四人爲高小同學，分離已三十二年，竟遇於此，大足紀念。晸成年48，元善年47，予年46，聖陶年45，皆二毛矣。

今晚同席：甘乃光　蕭吉珊　梁寒操　樹幟　予　劉振東　陳可忠　黃錫雄　鄧初民等（以上客）　中大同學戴家齊等（主）

今晚又同席：曹樹銘　但蔭蓀　伍蠡甫　舒舍予　顏實甫　王平陵　段天育　姚蓬子　徐輔德　陳泮藻等（以上客）　郭有守（主）

十月三號星期一

鄭西谷來，同至青年會吃點，談甘肅教育。十時歸。寫父大人信。段天煜來。

伍蠡甫來，同到金鈺興吃飯。到外交部訪頌皋，不遇。到中央公園品茗。到白象街訪頌皋，遇之。到顧謙吉處。到黎明書局，晤蠡甫。到商務書館買書。

到國泰飯店赴宴。歸，子魁來，西山來。

今晚同席：予　蕭一山　楊一飛　王希和　王華堂　余協中　祝世康　黃席群　舒舍予（以上客）　張西山（主）

十月四號星期二（八月十一）

清晨，寫張道藩信。到志希處，待久，志希始出。汪少倫來。與志希夫婦同乘汽車到中央大學，適會警報，避至山腰洞內，看志希所編之《新民族》。至校長室，看僞組織之新民會文件。一時許，出。

在沙坪壩金剛飯店吃飯。適會警報（訛傳），多坐一刻。到南渝中學，訪君珊，未見。訪縱一，遇之，并晤張友松等。蔡文侯來，同至凌濟東處，同出，到校園散步。

赴縱一等之宴。宿於南渝招待所。睡頗酣。

今晚同席：予　凌濟東　蔡文侯　高少白　張鏡軒（以上客）　孟志孫　許國樑　魏榮爵　劉縱一（以上主）

昨夜隔壁房間打牌通宵，予睡至半夜，又爲鬧醒。

十月五號星期三（八月十二）

寫君珊，叔信函。到劉縱一處。到韓家吃早飯。君珊來談。八時出，上車，八時半，與馬郁文，馬寅福同行。九時一刻到寓。還寓，與一非談。子魁來。

與子魁同到上清寺。予至都城飯店赴宴，適警報，避至樓下。到孟真處。到慰堂家。到考試院，訪陳百年，沈士遠二先生。到中央圖書館參觀。與慰堂談。到教部，訪張道藩，談通俗讀物事。

到成渝飯店訪西谷，未遇。還寓，樊漱圃來。張孑文來。

今早同席：予　凌濟東　蔡文侯　馬郁文（以上客）　韓叔信夫人（主）

今午同席：陸榮光　錢祖齡　葉崇勛　彭蜀麟　李華宗　朱星如　鄭西谷　孟真　錢端升　予（以上客）　杭立武（主）

今夜夢見健常絜兩佺來視予，以室中人多，就屋外談，彼對予有極摯之表示，予遂擁之於懷，喜極而醒，時上午二時半也。檐漏正喧，悽惻無已，此來健常對予又頗落寞，豈有意自藏其情耶？噫，我二人如捉迷藏然，遠則相迎，近又颺去，可悲哉！

　　健常究竟待我不錯，予對彼還是神經過敏。雙十節補記。

十月六號星期四（八月十三）

　　記日記四天。到孫繩武處，同到鄭西谷處。與西谷同至青年會吃點。還寓，聽梁漱溟先生講保甲制度。

　　與張子文談。與泊生夫人談。漱圃來，同到其寓，又到金鈺興吃飯。爲漱圃寫蔣慰堂信。

　　與漱圃到又新大舞臺看蜀劇（劉麗華萬寶瓶等），九時歸。

十月七號星期五（八月十四）

　　在寓鈔摘顧謙吉調查西北民情報告，約四千言。

　　郭本道偕沈鎄若來。子魁來。到巴蜀中學，向學生講演經歷番地情形，約一小時。晚餐後歸。寫元善信。

　　林松年來。到泊生夫人處吃月餅核桃，至十二時就眠。

　　今晚同席：章伯寅先生　孫其敏　江東山　熊燾高　賈佛如衛楚材　孫伯才　聖陶　予（以上客）　　昜成（主）

　　今晚茶點：勉仲　予　一非　松年（以上客）　泊生夫人（主）

　　今日健常來視余，而門房不知，以爲予出去，遂未得晤。健常轉來自珍信，知父大人在蘇，常爲地痞敲竹槓，不能安居，而又愛惜房屋，不忍棄去。奈何！

十月八號星期六（八月十五　中秋）

　　四時來警報，避至公園門口洞中，敵機竟未至。到英庚款會，與立武，蘇福應同商科學館豫算，自九時至十二時。鄭西谷來。發履安電。到健常家吃飯。

　　到巴蜀中學，鈔西北民族情形報告約三千餘言。六時出。漱圃來。

文珊來。到泊生夫人處吃飯。晤張清源。與一非到公園散步。與一非談通俗社事。

今午同席：予　銜晉夫婦（以上客）　譚賓逵夫婦　健常及其侄（主）

今晚同席：予　林松年（以上客）　泊生夫人及其子女（主）

今日中秋而重慶天熱猶如伏中，不動也流汗，一動更不得了。厠所臭氣熏蒸，幾使我中署。

十月九號星期日（八月十六）

看通俗社公事。晤張學儒。郭本道來。與一非，紀彬同到青年會訪劉百閔，又至盧逮曾處。歸，曲繼皋來。到蕭一山處，未晤。到健常處。到巴蜀校，工作。途遇邦華。

鈔西北民族情形報告約五千餘言。五時回城，訪郭本道，并遇西山，同到青年會食堂吃飯。

李子魁來。丁山，吉雲，可忠來。張孑文來。王靜齋來。回雲岫來。

近日睡中盜汗甚多，頸間如浸水中，倘所飲之藥有不適宜處耶？

十月十號星期一（八月十七）

訪方壯猷，則已行。寫陸棟威，蔡文侯，李清悚信。到元善處，遇之。到巴蜀中學，續鈔西北民族報告約九千字。晤江問漁，鄒樹文等。在孫伯才處吃飯。

聖陶來，寫通伯信。

到元善處，與同到留春幄吃飯。

今晚同席：陸棟威　朂成　聖陶　予（以上客）　元善（主）

今日本予與元善合宴章伯寅先生，乃伯寅先生晨間出外，至晚未歸，而予之東道又爲元善包攬去，遂仍作客矣。

十月十一號星期二（八月十八）

理物。九時乘轎赴千廝門民生公司碼頭。上民視輪，與蔣逸群，歐陽翥（鐵翹），王書林等遇。吃燴飯。十時，開船。

以水漲，上水不易，直至晚七時四十分始到北碚。伴譚氏二老在碼頭候轎，八時半，上滑竿至馮家院譚宅。

在譚宅夜飯後，與衡晉同到惠宇中國科學社宿舍，即宿衡晉榻上，已十時許矣。

嘉陵江近北碚處有三峽，風景甚秀。近日漲沙水，小船時有漂沒，輪船行亦遲，本行六小時到，今日行至九時半，有一小輪，行至土沱即停住矣。

今晚同席：予　衡晉夫婦（以上客）　譚氏二老及其大孫女，五孫，六孫女（主）

十月十二號星期三（八月十九）

衡晉伴至街吃點，湘鳳來。同雇船未成，予與衡晉同乘滑竿到北溫泉公園，步至飛來閣。下，浴於溫泉。

到公園食堂吃飯。四時許，坐滑竿還北碚。即到柏廬赴衡晉夫婦新婚之宴。

與孫功炎同還惠宇，談話。與衡晉談。

今晚同席：錢崇澍夫婦　邵靜容（盧于道夫人）　張真衡夫婦　倪達書夫婦　顧榮華　王之才　孫功炎　蔣逸群　朱曾賞　沈尚賢等（以上客）　楊衡晉夫婦（主）

北溫泉在兩山間，山石如屏，森林如翠。乳花洞幽邃多轉折。將來再往，當留宿數天以窮其勝。由北碚坐滑竿至溫泉，道路險絕。此行限於時間，未能一游縉雲寺，可惜。

十月十三號星期四（八月廿）

衡晋伴至街上吃點。到新村看健常所購地。到碼頭訊問船期，又上街問汽車，遇周柏年。在惠宇續鈔西北民族報告，約八千言。

與衡晋同到譚宅吃飯，之後請譚老先生爲家父卜卦。

與衡晋上街，到圖書館看報，又至柏廬吃飯。歸惠宇，八時許即眠。

昨夜下雨，今日未停，天氣頓寒，一洗近日悶熱之苦。

日來與衡晋談，乃知健常家事亦甚複雜，渠爲父母兄妹侄等犧牲，至可敬也。

此次游北碚，健常本同行，乃以招待何登夫人及曹孟君接管第一保育院事，遂未得往，此二事皆今日覽報所知。

今午同席：如前夜，少家嶧一人。

今晚同席：予（客）　衡晋夫婦（主）

十月十四號星期五（八月廿一）

六時三刻上輪，七時開，遇郭春濤，潘連茹，鄭勵儉等，談話。十時許至重慶，以水漲，不能停泊嘉陵江碼頭，開至長江太平碼頭上岸。與湘凰同到小什字吃點吃飯。寫健常便條。

勉仲，文侯等來。郭本道來，長談。發魯弟電。記日記五天。寫魯弟，履安，壽彝信。

到浣花，赴宴。到泊生夫人處，并晤張淑洵女士。

譚賓逵丈昨爲吾父卜卦，謂卦象飛來生伏，白虎銜刀，廿六日（十月十九）尤欠利，須速苦勸其捨財衛身爲要。因即發一電，請魯弟催父速至滬。然日已迫促，此言而信，恐無及矣，奈何！

今晚同席：胡小石　宗白華　崔唯吾　陳可忠　予　胡琪三（中軍校考試委員長）（以上客）　郭本道（主）

十月十五號星期六（八月廿二）

鄭勵儉來。寫張又曾，吳辰伯信。王靜齋來，同到奇芳吃早飯，并晤穆華軒，談中阿文化協會事。還寓，即冒大雨到陶磁學校，晤清悚等。

晤曲繼皋。爲教部中小學教科書編纂組同人講演西北經歷及其他。到編譯館，由陳可忠導觀各處工作。訪健常，未遇。

到留春幄，赴宴。到聚興誠銀行，赴燕大同人宴，則已散。

　今晚同席：汪旭初　汪辟疆　舒舍予　王向辰　崔唯吾　張廷休　蔣碧微（徐悲鴻夫人）　盧前　何容　張恨水　王平陵　吳俊升　郭有守　予等（以上客）　葉楚傖（主）

十月十六號星期日（八月廿三）

李清悚，楊家駱來，同到青年會吃點，談。歸，西山來，崔唯吾來。修改王澤民代作之《我們怎樣寫作通俗讀物》一文，未畢。寫健常信。到柴家巷遠東大飯店赴宴。

飯後訪健常，叙父，慰堂，孟真，毅侯，君武，立武，俱未遇。道遇貫英，聖陶，友松。訪一山，遇之，并遇張静愚。

到青年會吃飯。到丁山處談，并晤羅剛。歸寓，知潤章先生已來，即往訪之。十時歸，友松來談。

　今日下午往訪健常，適彼來訪我，交臂相失。門房持予片入，予尾隨之，知健常住地下室，光綫暗，空氣濁，而又四人一間，如住輪船中之下房艙，其生活之苦真使予滴泪。噫，義務則盡其至多，權利則取其至少，當世有幾人哉！

　今午同席：張道藩　張默生　吳延環　周明棟　周蔣鑑（明棟夫人）　董連枝　富少舫　李一非等（以上客）　王向辰夫婦　何容　舒舍予　蕭從方夫婦（以上主）

十月十七號星期一（八月廿四）

寫君珊信。張友松來。樊漱圃來。改《通俗讀物》文訖。寫元善信。與之礼到儲蓄門碼頭，晤劉百閔，渡江，無車，在茶館吃飯。晤王乃賡，壽勉成，謝正寬等。

十二時許車來，一時至南溫泉，至中政校見周枚蓀，羅霞天，張清源等。四時，由徐秋醒伴赴界石場蒙藏學校，六時半到。見劉副主任。

蕭印唐來。蘭生智來。在蒙藏校吃飯。略作演講豫備。九時即眠。

今晚同席：予（客）　劉□□　鄭鵬（雪樵）　章柳泉（以上主）

十月十八號星期二（八月廿五）

八時到禮堂演講。九時許畢，即坐滑竿至南溫泉，晤陳果夫教育長。與徐秋醒同游小溫泉，坐船回溫堂。寫蘭生智，吳鑄人信。在青年會吃飯。遇陳之邁。

二時，冒大雨坐滑竿下山，道遇趙榮璇。四時，到老場，至最樂茶社休息。四時半又行，六時許抵海棠溪江岸，目睹輪渡最後一次之開去，雇划子渡江。

在社夜飯。樊漱圃來。回雲岫來。到逯曾夫婦處談。

今日還城本可乘汽車，以車所見不多，故雇滑竿行，及至江岸，汽船已停駛矣，遂包一小船渡江。及抵寓所而得健常信，知其明日即赴北碚。不如意事什八九，信然。

十月十九號星期三（八月廿六）

道遇健常。與至誠到葉家，晤聖陶母妻等。到巴蜀中學，鈔寫西北民族報告約萬餘言，畢，并影寫其地圖。與孫伯才同飯。昂成來。

聖陶來。五時出，到王靜齋阿衡處談。

回寓，至青年會訪丁山不值。在食堂吃飯。訪郭本道，并晤沈鏝若。歸，何纂父，叙父兄弟來。

今晨在武庫街道遇健常，正赴碼頭上北碚船也。此亦不巧中之巧事。

十月二十號星期四（八月廿七）

理物。崔敬伯來。到巴蜀校，寫陳立夫部長信，陳回番教育事，約二千言。即送教育部。到叙父家吃飯。

歸寓，道遇裘子元。郭本道來，同商文化消息具體辦法。赴通俗讀物茶點會，自三時半至六時，盧逮曾夫婦來。

到留春幄赴宴。談至十時，與聞天同道歸。與一非，紀彬談。十一時眠，失眠，服藥。

今午同席：予（客）　　叙父坤立夫婦　纂父丁氏夫婦（主）

今晚同席：章伯寅先生　聖陶夫婦　朌成　聞天　予　單基乾（屺瞻）（以上客）　元善（主）

今日下午同會：老舍　老向　查勉仲　王平陵　李清悚　袁孟超　吳漱予　姚蓬子　陳之宜　高慶豐　何容　孫銘勳　戴白桃　葛一虹　趙銘彝　吳瑞燕　閔剛侯　姜公緯　侯外廬　閻哲吾　及本社同人十人

十月廿一號星期五（八月廿八）

理物。勉仲來。記日記四天。紀彬來。張西山來。樊漱圃來。爲王阿衡寫戴季陶信。爲漱圃題《樊紹述集》兩種。

到青年會，看丁山工作，同到大上海吃飯。遇曾仰賢。歸寓，寫健常信。到謙吉處，見其夫人范映霞。到王泊生夫人處。到健常處，未遇。到立武處，遇之。歸，道遇棣威父女及健常。到馬亮處。歸寓，寫吳鑄人，段天煜，李聖五信。

到本道處，同到時事新報館。赴盧季忱宴。到內政部，與健常談一小時。又到時事新報館，與崔郭談。吳鑄人來。

　　今午同席：予　黃艮庸（以上客）　丁山（主）

　　今晚同席：孟真　舍予　希聖　何庸　徐輔德　予（以上客）　盧逮曾（主）

　　今日健常自北碚還重慶，囑予留待，待至十一時四十五分，意不至矣，遂赴丁山之約。那知予一出門，彼即到寓，盖今早霧重，汽船至九時始開也。幸今晚得晤談一次，否則此來對談太少矣。

十月廿二號星期六（八月廿九）

　　六時，整理行裝訖。寫縱一，熊觀民信。王阿衡來，爲寫一樵信。八時出，到航空公司。健常，鑄人來。九時上汽車至珊瑚壩，上飛機場。潄圃來。十時廿分，起飛。

　　一時二十分到昆明，熊校長等來接。同乘汽車至辰伯家，又至飯館吃飯。飯後到辰伯家，到蔭麟處。同出，到雲南大學，晤在宥，朝陽。拆視諸信，得侃嬠死耗！

　　回辰伯家吃飯，以飯酒覺醉，早眠。

　　侃嬠死於八月三日，士升給予信爲九月九日，楊纘給予信爲十月十一日，而予至今日始見，侃嬠已没八十日矣！

　　健常侃嬠，并爲予知心之友，健常認識在前，我愛既鍾，不容他移，侃嬠豪放過於健常，無話不談，在友誼上亦造頂點。何意今日得士升楊纘信，侃嬠竟死，傷哉！爲之泪下不止。

　　今日送行者：一非及社中工作人員八人　勉仲　瑞燕　本道　子魁　西山　席群　静齋　健常　鑄人　潄圃　丁山　剛伯　林剛白

　　今午同席：吳辰伯　朱熙人　張正平　予(以上客)　熊迪之(主)

　　今晚同席：予　蔭麟（客）　辰伯兄弟　劉朝陽（主）

十月廿三號星期日

整理向奎代寄書物。十時,熊校長來,同乘汽車到安寧縣溫泉村,入華清溫泉旅社(碧玉泉)洗澡。

游各石洞,在小館吃飯。到安寧縣城,見林宗郭縣長,出北門,上山游松華閣。四時半還城,訪元善夫人。路遇莘田等。歸,記日記。

周映昌來。與辰伯同到巴黎理髮店剃頭。買物。

今日上午一時即醒,想侃嬺事,重展楊繽來書,痛哭一場,從此流泪到天明。在汽車中,想及侃嬺,又流泪不止。噫,我心碎矣! 今晚剃頭時,靜坐默思,又流涕不止。理髮匠一面和我剃,一面爲我拭泪,我真不知道他對我想些什麼。

今日同游及同席:熊迪之　吳辰伯　楊克嶸(季岩)　陳鴻仁(光華)

十月廿四號星期一

丁則良,徐高阮來。爲希聖作參政會提案(西北回番教育)訖,凡一千言,即鈔清,寫希聖信發出。

赴宴。與文藻同到其家。訪夢家芝生,不遇。到北平研究院,晤錢臨照。

與辰伯到莘田處,并晤建功,佛泉,子水,夢家亦來。

今午同席:予　文藻　熊校長　龔自知廳長　莘田　佩弦林同濟　陳雪屏　余冠英　張蔭麟(以上客)　聞在宥　吳辰伯(以上主)

十月廿五號星期二

寫謙吉,衣萍,士升,楊季珍,惕吾,貽寶,周克明信。

與辰伯到佩弦處,晤之。到雲大訪熊校長及在宥,俱未晤。訪龔廳長,亦未晤。游圓通公園。赴林同濟茶點會,談西北事,六時三刻出。

與辰伯同到在宥處，又未晤，遇熊校長。上街買物。

今晨寫士升與季珍信時，又大慟不止。不是侃嬓死，我真不自知對她有這樣的深情。噫，自祖母逝後十六年矣，我未曾哭過別人，想不到這眼泪是貯藏了哭侃嬓的。

今日下午同會：予　辰伯　沈從文　王化成　丁佶　王戇予等（以上客）　林同濟（主）

十月廿六號星期三

四時起身，進點後即與在宥，辰伯，蔭麟同到車站，遇趙紫宸之子。七時四十分開車，十時廿分到宜良，五十分到縣府，見王炎培縣長，在署留飯。

一時半啓行，坐滑竿。三時十五分到伏虎鎮，吃茶稍憩。從此上山，路極難行。五時半抵陡坡寺，轎夫欲住，予等不可，强行之。

八時五十分到路南縣城，至飯館吃飯。李幼舟來，同至啓明鎮李氏鹿阜山莊。十時，眠。

今日火車行百廿里，滑竿行七十里。山陡路滑，夜色又深，予轎夫老，力已竭，又不辨道路，跌了三交。前二次滑竿撲地，人幸未墜，後一次則側翻，予亦跌出，擦傷右膝蓋之皮。

今日歇宿之處，主人李映乙，號蓮舟，曾任尋甸，大關，騰衝等縣長，其子埏，號幼舟，師大史系生，轉學雲大，又轉西南聯大。

十月廿七號星期四

六時半起。十時在李宅吃早飯。主人蓮舟先生來談。雲大附中主任楊春洲及教導主任楊一波來談。馬備妥，已十二時矣。

十二時十分出東門，一時許抵昌樂鎮，遇大雨，與在宥立樹下避之。二時許霽，在宥辭歸，予與辰伯，蔭麟，幼舟同行。四時到

石林，至劍峰及亭上游眺，路滑石峻，幸未跌。五時十分下山，又
遇雨，衣服盡濕。恐回城晚，未躲。

六時半到城。七時赴宴。參觀民教館。九時半歸。

今晚同席：楊省三（名立身，一波之兄）　宋光燾（小軒，縣
長）　金之琦（玉心，民教館長）　徐謙（受益，附中訓育主任）　在
宥　蔭麟　辰伯　予　幼舟（以上客）　楊春洲　楊一波（以上
主）吃飯地點爲城外武廟民衆教育館。

夷民黃貴心，年六十八，住黑泥村，離維則廿餘里，能作爨
文，觀其書寫。渠身披羊皮背心，儼然西北所見番子也。

十月廿八號星期五

晨在李宅吃飯後，與幼舟侄女上街買物。九時坐滑竿出南門。
十時十五分到宏圖村（本名小屯），小息。十一時三刻，到小叠水。
由輿夫之導，步行而上。昨日雨後，路滑難行。

一時，到大叠水，游憩其下，吃點當飯。二時半，步回。予跌
二交，擦傷右腕。四時半，又至宏圖鄉休息。五時三刻，回城。

在李家晚飯，同席有高蔭槐（問華）。與在宥，蔭麟，辰伯，
同到文廟雲大附中參觀，晤二楊，并晤馬彭驥（伯煌，北大畢業）。

昨日騎馬行四十里，今日乘滑竿行九十里。石林與大叠水，
均我生平所未見之奇景也。

在宥此次來係調查羅羅語文，昨日則折歸，今日則不去，何
專心也？

十月廿九號星期六

送辰伯，蔭麟行。予與在宥同到李氏老宅，謁蓮舟先生，即在
其家吃飯。在宥往民教館，予在寓所寫宓賢璋，一非，通俗社諸
君，驪先，誠安，拱辰信，并看《路南縣志》。

一時，二楊來，同到雲大附中演講西北游歷聞見，約一小時。出，到附中教員寓所，會齊後同出城，上獅子山，至雷神廟休憩，攀岩至絶巘。五時半下山，步至南門外楊氏果子園吃飯。

飯后爲游戲博笑劇。十時歸。

今日步行十餘里。

雲大附中以北平師大同學任事爲多，頗富朝氣。本在昆明，以疏散至路南。

今晚同席：藍思德（Lankester，英人）　李田意　張福華　馬彭驥　沙鷗　尚學仁　楊桂宮　張應漢　楊春洲　楊一波（以上男教職員）　隋靈璧　魯鴻瑾（生物）　栗獨華（李田意夫人）　惠伍貞　王少芳　丁素秋（楊春洲夫人）（以上女教職員）

十月三十號星期日

早起，整理行裝。在李宅吃早點。九時，上滑竿赴維則。途中所見奇峰怪石，皆石林也。

一時至維則，即入圭山小學，晤張校長等。與之同到夷民李鳳林家。與在宥上街吃飯。還校，布置臥室訖，旋至教堂晤吕君，參觀教堂及鄧明德墓。四時，在校晚餐。

夜，李楊畢諸君來談。九時許就眠。失眠，服藥。

今日乘滑竿行四十里。

維則爲夷地中之文化區，有鄧明德神父來此傳教，設有教堂。近雲南省府又在此設省立圭山小學，故夷民教育已普及。我們所説之話他們亦能懂，惟衣服等俗尚未全變耳。天主堂中代辦郵政。

圭山小學教職員：張世文（建中，校長）　王致文（事務員）　崔體綱　丁鍾藩　李鳳林　李桂珍　曹蘭英（以上教員）

天主堂：袁士達（司鐸，法人，回國）　曾廷貴（神父，夷人，方由法歸）　吕文輝

十月卅一號星期一

作圭山小學學生統計。在校吃早飯後，偕全校師生旅行。九時出發，十時到戈衣黑。休息半小時，上文筆山。十一時三刻到，看學生競賽。

十二時半下山，一時半到戈衣黑小學。三時，吃飯。四時下山。四時三刻還校。宜政村夷人王自明來。續作學生統計。與在宥到天主教堂寄信。

摹寫爨文。以晚飯係三時所進，夜中餓甚，吃砂糖兩包。

今日步行約卅里。

路南楊氏近數代圖

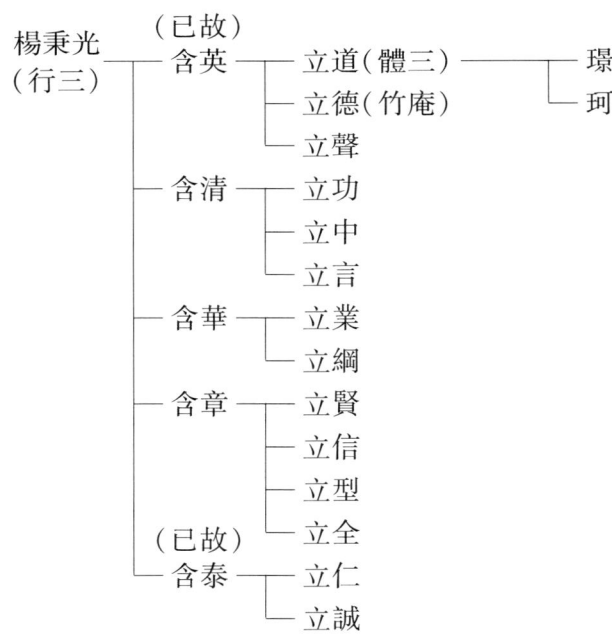

一九三八年十一月

十一月一號星期二

作學生統計畢。鈔寫《路南縣志》，備作游記之用。十時，在校吃飯。飯後與在宥同訪李楊二君皆不遇。至教堂訪曾神父，遇之，談夷人風俗。十二時歸。

王君邀至獨石山觀新築校舍。又步至長塘子。二時許還。繼續鈔寫縣志，未畢。忽患腹瀉。

昂文仲，文英兄弟來，觀其畫附近村莊圖。至王君處談。

楊春和（天主教徒，曾任昆明上智中學高小部教員）　畢汝安（能讀經，年五十五歲）　畢中亮（汝安之子）　畢文林（皆維則夷人）

曾廷貴（糯黑人，至昆明白龍潭讀書，留法五年半，本年歸國）　李華（維則人，曾至南洋檳榔嶼。本可作神父，以娶妻放棄）　李鳳林（維則人，西南昆華農業初級中學畢業，現任圭山小學教員）　楊春和（見上，學於昆明白龍潭學校，今閑居）

畢映斗（維則人，隨鄧明德到香港，鑄夷文鉛字，今年五十六）

（以上五人皆天主教徒）

十一月二號星期三

記日記七天。到曾神父處訪問風俗。鈔《路南志》，訖。

畢汝安，楊春和等來。

與在宥同訪李鳳林。歸，與在宥臧否當世人物。

腹瀉未愈，下午頗倦。

十一月三號星期四

草北平研究院歷史組重辦計畫，并謄清。十時，飯後，與在宥同訪楊春和，畢映斗等。回，爲圭山小學生演講一小時。

寫沈友君表姑，趙肖甫，聖陶，伯祥信。四時，飯後，與在宥同訪曾神父，并晤李華。

楊春和，畢映斗來。寫自明，仁之，士嘉，誠孫，八爰信。

今日飯菜竭矣，而市集猶未屆，只得煮些蛋湯，炒藕等敷衍幾天。

十一月四號星期五

寫元胎，銜晋信。寫字十二幅，贈人。草甘青謝信稿。修改甘院《邊疆問題》演講稿，寫蔡心鑑信。

寫李潤章信，寄計畫書去。到教堂寄信。草科學教育館成立經過，未畢。曾神父，吕文輝，楊春和來。

昂文仲文英兄弟來。李鳳林楊春和來。

十一月五號星期六

到圭山小學新校舍照相。偕李鳳林參觀密枝神社。到鳳林家吃飯。到教堂辭行。歸校，寫字贈人。學生陳天榮等來。十一時，滑竿來，即結束行裝。辭別諸人，到楊春和家，十二時動身。

下午四時到城，仍住李家。

楊一波來。看呈貢蒙化兩縣志。

今晚同席：在宥與予　李夢懷（映庚）　　黃仲侖（以上客）李蓮舟父子（主）

十一月六號星期日

看《騰越廳志》。與在宥訪一波，不遇。訪宋縣長，亦不遇。到民衆教育館。遇丁素秋，栗獨華兩女士。

與在宥，幼舟同到大麥地莊調查沙人，至劉品升家。四時歸，續看廳志。爲幼舟寫字若干幅。

楊一波來。同到其家，晤其伯，父，叔，兄弟，子侄等。李田意來。看《楊氏家譜》。歸，爲圭山小學同人寫字多幅。

沙人住大麥地莊者已不能講沙語，僅劉品升能之。劉今年已七十餘歲，曾作武官，識漢文。予等去時，渠正倚稻草看小説也。

接辰伯信，知履安自珍已於十一月四日晚抵昆明。

十一月七號星期一

爲幼舟寫字一幅。一波來。續看各地方志，鈔録材料。

一波來。同至其家吃飯。爲其家人寫字約五十幅。沙人劉品升來。四時還寓，蘭思德，王少芳來。劉品升又來。

五時，又至楊家吃飯。七時歸，續鈔《蒙化縣志》。

今日上下午同席：楊含華（適軒）　含章（蘊齋）　立聲（醒蒼）　立業　立綱　立賢（一波）　立型　璟

楊氏於元代爲蒙古人，元亡遂落籍滇中。

十一月八號星期二

三時醒，即起，坐待天明，結束行裝。一波來送行。蓮舟先生來送行。七時半啓行，幼舟送至城外。九時至黃梨樹坡脚（十五里），稍息。十時半至化所鎮（卅里），又息。十一時半至狗街子（四十里），以劉文飯館非市集不開張，即渡大赤江至南狗街吃飯。

十二時廿分上車站。一時四十分開車。五時至昆明。雇車回寓，見履安，自珍，辰伯等。

與履安直談至翌日上午二時，遂不成眠，服丸藥而睡。

狗街烤鴨僅四角錢一隻，可謂奇廉，然不肥，一隻僅可供一人之一餐也。

予與履安自珍不見面已十五個月多矣，可謂久別，一見面時，真不知話從何處説起也。

十一月九號星期三

醒已八時。上午，與自珍同出，訪在宥，蟄存於雲大。到青雲街訪漢文夫婦，并晤佩弦，又望見施劍翹。到圓通公園，門未啓，還寓。

訪芝生。又訪夢家夫婦，并晤紫宸。到北平研究院，晤錢臨照，朝陽，楊克强，顧君等。歸，看芝生《新理學》。

又失眠。服藥粉，得睡。

十一月十號星期四

與自珍同到文藻處，并晤陳意女士及程雪屏，王武科，費孝通等。與自珍同到金碧公園，看北平研究院所定房屋。

與履安自珍同到芝生處，又同到夢家處，看屋。出，到圓通公園，小坐。到翠湖公園，小坐，吃松子。五時還寓。

文藻來。夢家來。得眠。

十一月十一號星期五

與自珍同到巡津街郵局取衣包二。歸，道遇徐舟生。歸看《古史辨》第六册。爲自珍就學事，與之同訪樊逵予三次，均未遇。

元胎與容琬來。與履安出，到白小松家看屋。到平研院，晤朝陽。到益興巷，晤爲中夫婦。歸，逵予來談。

又失眠。

十一月十二號星期六

到雲大訪在宥，并晤朝陽。到徐舟生處，談約一小時。到平研院晤錢臨照。以雨，借傘而歸。

到江小鶼處，并晤汪星伯等。到文藻處，參加燕大同人茶點會，略述西北觀感。紫宸述此次赴印緣由。五時，與履安自珍同歸。

到爲申處晚餐。談至九時許歸。飲牛乳，米花，得眠。

今晚同席：予夫婦　自珍　辰伯　范正（以上客）　爲申夫婦（主）

十一月十三號星期日

在寓看《古史辨》第六册。

與履安自珍及辰伯全家及蔭麟同到大衆電影院看《尼港戰役》電影（寫廿年前蘇俄游擊隊抗日故事）。到商務書館購書。還寓，雲大學生王蕚華，陶景淵，郭相卿來。

在宥來，同出，到雲大，赴熊校長宴。九時半歸。看賓四《諸子考辨》及以中《地理學史》。十時許眠，又失眠，直至翌日上午三時始以服藥得眠。

今晚同席：孫洪芬　袁守和　周自新　蕭叔玉　南□□　在宥（以上客）　熊迪之（主）

十一月十四號星期一

九時，訪彥堂，遇汪典存。到中研院辦事處，晤彥堂，濟之，思永，金鼎及顧君。與彥堂濟之同到龍頭村，十時啓行，十二時到。到濟之家小坐，晤莘田，參觀響應寺中之中研院。晤岑仲勉，槃庵，高去尋，厚宣，述之，貞一，崇武，亞農，蕭君等。

回濟之家吃飯。與納君同乘車返城。道中腹痛甚，就樹下大便。四時半到城，即赴文藻家問行期。與李有義君同到南強街看屋，晤孟昭峻夫人。歸，又與履安自珍同去，晤孟氏夫婦。

飯後到汪典存家，晤其夫婦。以連日失眠，服中藥而睡。

今午同席：予　莘田　彥堂夫婦（以上客）　濟之父子及其夫人（主）

今日乘人力車往返四十里。

十一月十五號星期二

未明即起，爲雲大寒衣募捐游藝會寫小引一篇，約千言，草畢即謄清。寫在宥信。與辰伯談。張爲申來。九時，孝通來，即整裝赴南郊軍政部立光學器材工廠，待車。以車夫病，返文藻家，又返寓。

飯後至文藻家，與孝通有義到光學廠待車。文藻來，周自新處長來，待至三時五十分車始開。

八時五十分到禄豐站。住車上。眠甚酣。

今日同車：謝爲杰　張君（永利鐵廠職員）　羅建本（一平浪製鹽廠）　聯大學生三人（至安寧下車）　費孝通　李有義（雲大）

今晚到禄豐，適下大雨，不得進城，而站上客店人亦滿，乃住車上。然大雨中蘆席亦漏，幾不得眠，而予甚倦，眠乃獨酣。可見予之當常動也。

十一月十六號星期三

天明始醒。在站洗臉吃飯。九時進城，道路至泥濘，至中華內地布道會，晤楊季威女士及侯性靈牧師夫婦，即住入。整理行裝後，與侯牧師同出吃飯，訪李景泰縣長（墨陶）及艾教育局長。

與趙克敦督學同到大北村，參觀土主廟，趙宅，王宅，王氏家祠，鄉公所，諸天寺等處。五時歸。侯牧師來談。六時，赴牧師宴。

七時半，回屋休息，與孝通有義談至九時眠。甚酣。

今晚同席：予與有義，孝通　楊季威女士（孝通之姨母）（以上客）　侯牧師夫婦（主）

十一月十七號星期四

補記日記十天。卞美年來。侯牧師來，作長談。十時半，早飯。寫履安，汪典存信。艾局長，趙督學來，同到卞美年處，看恐龍化石。

由侯牧師導引，出南門，看水磨及南雄小學。到西門外大橋（星宿橋），進西門，參觀金山小學，金山寺，金山公園。到民教館，晤楊館長，借明李元陽修《雲南通志》，回寓略翻一過，即將沿革大事記鈔寫，未畢。五時，吃晚飯。與周姓泥水匠談。

七時，到禮拜堂隨同禮拜，八時許畢。楊女士來談。九時眠，甚酣。

本日昆明有空襲警報，聞日機至廣西百色炸後退還。昆明航機多飛禄豐機場暫避。

十一月十八號星期五

續鈔《通志》中沿革大事記。侯牧師來，出示滇西照片，并述風俗。

十二時，與侯牧師等到縣立初中，向城區各校教職員及學生演講二時半，畢。與侯牧師及孝通有義同到妙法庵，晤朱本恕及呂潤之兩君。上東門城，至北門下。歸，續鈔《通志》。

夜飯後到楊女士室，聽其所得上帝默示，并勸予等信道。談至十時始出，回室後又與孝通有義談神鬼。以睡遲，又不成眠，至上午二時服藥而睡。

十一月十九號星期六

進點後，九時到趙宅，見克敦之父。出南門，到東谷村吃飯。十一時，由村出發，十二時半，到密馬龍，入一茶社喝茶，到土主廟，并游山上夷人村落。

到公路人員辦事處，晤李何兩君。到夷人張王兩家。仍回茶社。趲街担來，買得《顏氏家訓》一冊。三時步回，看公路徵工。入城，吃湯麵。準備明日調查街子，同擬一調查表。

到侯宅吃飯後，侯牧師來談。早睡，眠甚酣。

今日步行往返，凡四十里。

十一月二十號星期日

鈔趲街子問題五紙。聽侯牧師與黎振農醫士吵架。邀侯牧師到室中坐談。與孝通，有義同到街上購物。飯後同到中學，聽孝通與中學生談。調查趲街事。

與有義巡行街市，先至北辰街，轉至縣府街，出西門看豬市，轉至南門進城，至南門街，西平街，文瑞街，文明坊等處。還寓，看《顏氏家訓》。侯牧師，楊女士來談。與楊女士及孝通，有義上街買瓷器水果。

晚飯後與孝通有義談。眠不甚酣。

十一月廿一號星期一

寫自珍信，即付寄。黎振農來。鈔《雲南通志》大事考，訖，續鈔沿革總論。午飯，與王克明同席。飯後與孝通有義坐廊下曬太陽雜談。

記日記四天。寫健常信，即付寄。歸，仍鈔《通志》。五時，到黎振農處吃飯。

侯牧師夫婦來談親歷之上帝默示。九時眠，尚好。

今晚同席：予與孝通，有義　楊季威（以上客）　黎振農夫婦（主）

早大霧。

十一月廿二號星期二

　　鈔《雲南通志》中之羈縻志。整理行裝。

　　三時許，與侯牧師及有義同上東谷村，將行李安頓李站長處。到清香園喝茶。四時半，侯牧師返城。與大理馬君談。

　　五時，與有義在清香園吃飯。飯後徘徊大道上。六時半還屋，看《顏氏家訓》。九時眠，上午一時許即醒，至四時許又朦朧。

十一月廿三號星期三

　　早結束行裝。中學沈君送其兒媳來。黎振農來送行。汽鍋已壞，九時開車。十一時至羊老哨，凡加水七次，且易滇緬路車始到。在羊老哨吃飯。

　　十二時半開車，二時四十分至安寧。三時五分又開，三時五十分到碧雞關。四時十分啟行，四時半到西站檢查處。五時許到小南門車站，即雇車歸寓。看各處來信。

　　到青年會洗澡。眠又不佳，不及四小時。

　　　連晨大霧，予疑是所謂瘴氣。沈君告予曰：非也，瘴氣不可見。

十一月廿四號星期四

　　患腹瀉，疲甚。翻覽《飲冰室合集》。

　　小眠。三時，與履安自珍同到甘美醫院訪李有義夫婦，進茶點。出訪章元善夫人，未晤，見其子女。

　　文藻來。

　　　今日患腹瀉，一日至六七次，大約昨在羊老哨吃飯不潔所致，以有義亦同病也。下午訪客，途中內急，只得就草間溺，未及數步，又急矣。

　　　　有義能相人，今日見履安，私語予曰：“尊夫人非福相。”予詢以尚有幾年，答曰：“此兩三年中當無事。”越四年半，果去世，異哉！　卅三，九，廿五補記。

十一月廿五號星期五

到平研院，與錢臨照同出，到登華街看屋。又同到翠湖公園通志館內看屋，晤楊克強等。歸飯。

與履安同出，遇典存夫人。游翠湖公園，遇袁守和。到圖書館購書。出，到文雅堂購書。暮歸，看《雲南備徵志》。

以睡眠不佳，又服中藥（孫吉士所開方）。

今日泄瀉告痊。

十一月廿六號星期六

到新生公寓訪宓賢璋，并晤其夫人黃炳誠。出，到郵局取重慶所寄書及蘭州所寄衣包。歸，在寓理書。

李寶泉來。宓賢璋來。嚴濟慈來。姚從吾，湯錫予，毛子水，江澤涵來。吳雨生來。

看《景逐堂題跋》。蔭麟邀至南昌食堂吃西餐。到商務書館，晤鄭逢源及楚圖南。游夜市。

今晚同席：吳雨生　辰伯　予（以上客）　蔭麟（主）

十一月廿七號星期日

進點後即赴黃公東街，途遇汪典存夫婦。九時，與嚴濟慈父子及臨照同乘馬車赴黑龍潭，十時三刻到。晤蔡希陶等，游上下觀及薛祠。在黑龍潭遇梅月涵一家人。

在農林植物研究所吃飯。飯後同到浪口村看屋，晤蔡夫人（向仲女士）。三時許上車歸，經白龍潭，往觀，并至約瑟神學院。五時三刻還城。

與履安自珍到共和春宴客。九時半歸。

今午同席：嚴濟慈父子　錢臨照　予　段女士（以上客）
蔡希陶　唐英如　秦仁易等（主）

黑龍潭上觀爲漢黑水祠，下觀爲黑龍宮，薛祠：薛爾望。

今晚同席：在宥　施蟄存　吳辰伯及其母，弟春曦，弟婦葉
美英，妹浦月，浦星，侄阿宣　張爲申夫人（以上客）　予夫婦
及自珍（主）

十一月廿八號星期一

寫良才，父大人，九妹信。寫雲大游藝會信。寫熊校長信爲雲
大借薪事。到黃公東街，晤旭生，西山，濟慈等，修改致市府函。
到慈群療養院訪建廳長張邦翰，長談。視徐森玉疾，并晤莘田，寅
恪。歸飯。

與西山到雲大，訪熊校長。到學生宿舍。三時，參加文藻等發
起之雲南民族學研究會。出，送西山至靛華巷。與文藻同步歸，到
世界書局買《十三經注疏》等書。容琬來。

看《定盦集》。西山來談，與同至辰伯處，晤梁嘉彬及蔭麟。

昨接父大人信，悉龍弟逝世已證實。

今日同會：李濟之　梁思永　羅莘田　聞在宥　汪典存　潘
光旦　熊迪之　林同濟　張西山　伍振武　吳文藻等。

十一月廿九號星期二

寫壽彝信。到登華街，訪旭生及西山，談史學研究所將來計
畫。建功來，莘田毅生來，并遇之。

與履安同訪子水及澤涵夫人。三時半到校，參觀圖書館。四
時，赴校務會議。六時半歸。

出外剃頭，竟無空位，因到各書肆看書。訪以亨未遇。歸，看
《滇小記》中之滇雲夷種，點畢。

十一月三十號星期三

訪盧芷芬。歸，元胎來，留飯。改蒙藏學校講稿，未畢。

方國瑜來。送自珍到農校參加大學入學考試。遇李埏，晤劉壽民，容琬，孫永慶等。獨歸，途遇夢家。歸，與辰伯同出，并晤嘉彬，同到美光照相館，曬西北照片。訪元胎不遇。

到卡惠克處看病，七時歸。與履安上街買物，遇孟氏夫婦。歸，看郭沫若《銅器研究》。

一九三八年十二月

十二月一號星期四

到賢璋處約行。到文藻處。歸，賢璋夫婦來。元胎來。與元胎，賢璋，履安同乘人力車至黑龍潭，至雲起閣吃飯。

飯後至浪口村，晤蔡夫人，同看新屋。到龍頭村，先至董李二家，继至中研院，晤諸人。四時半，還城。元胎邀至東月樓吃飯。

劉壽民來。看道光《昆明縣志》，翻一過。

昨服卡惠克醫生（Dr. Vihlor Karfunkel）藥，居然甚靈，今日醒來已七時矣，從來無此酣眠也。

到浪口村看屋，履安與賢璋俱表滿意，從此予遂得鄉居矣。如果在此環境中再不能把身體和學問弄好，予此生即不復有希望矣。

十二月二號星期五

鈔《滇小記》中夷名。李寶泉來。宓賢璋來。元胎來。寫蔡希陶信。與賢璋寶璋同到金碧路購物。到賢璋夫婦處小坐。與履安到孟剛叔處。

與履安到萬鍾街購舊木器。二時許，歸飯。續鈔滇雲夷名訖。元胎來。記日記十天。

顧良，徐芳來。元胎來。

得魯弟信，悉龍弟到泰和後不久即病，至九月廿四轉劇，於九月廿七日午後五時逝世，以音信阻隔，直至十一月十四日方得確訊，已將終七矣，傷哉！

十二月三號星期六

元胎來，同到環城東路天主堂，訪于斌主教及牛神父，談國事及副刊事。與元胎同到迤西會館訪守和及戴中孚。同歸，留元胎飯。

崇武來，與俱到登華街，訪旭生及西山，談將來工作計畫。與旭生同到雲大，訪熊校長，遇之。訪在宥，不遇。

回寓，與槃庵等同到新雅吃飯。晤施蟄存及徐女士。與履安同到元胎處，出，購物，入一宵夜館吃棗羹。

今晚同席：西山　予與履安（以上客）　槃庵　崇武（以上主）

十二月四號星期日

元胎來。予至北平研究院訪旭生，西山等，未晤。出小西門，則諸人已在船埠，即乘院中船到西山蘇家村，入動物研究所，晤張爾玉等，吃飯。

飯後上山，到華定寺，晤嚴慕光一家，與之同游泰華寺。出，又至三清閣，遇任叔永及梅貽琦夫人。由三清閣直下，五時上船，七時到城。

到勸業場西域館吃飯。歸已近十時矣。

今日同游：徐旭生　張西山　容元胎　錢臨照　嚴慕光及其三子　予與履安，自珍　（晚餐嚴慕光作主人）

十二月五號星期一

看張文郁《拉卜塄視察記》，未畢。

幼舟來。到登華街，晤旭生，邀嚴家二子及西山同到逸樂電影院看《未來世界》，并與李幼舟偕。還家，梁嘉彬來看照片。

宴諸人於昆明大旅社。續看《視察記》畢。

今晚同席：吳辰伯　張蔭麟　張西山　梁嘉彬　李幼舟（以上客）　予與履安自珍（以上主）

十二月六號星期二

上下午均到校，草《拉卜塄一瞥》讲稿，爲中法友誼會作。寫鄭逢源信。

與自珍到雲大注册課報名。

到昆明大旅社理髮。看齊思和《封建制度與儒家思想》，未畢。

十二月七號星期三

逢源來。看齊思和文畢。賢璋來。鈔改《拉卜塄一瞥》講稿，畢，即寫熊校長信囑自珍送去。李寶泉來。元胎來。

蔡希陶夫婦來。與履安，辰伯同到卡惠克處看病，道遇文藻。與辰伯同到王交涉員處。

子水來。看《古史辨》第五册。

十二月八號星期四

到校，豫備下午"經學史"課。與自珍同歸飯。到美光取西北照片。

上課，因移動鐘點，學生至者少，未上。到圖書館，開教授會議，晤文藻等。薛誠之來。

元胎來，同到商務買書，并到洪思齊處談。

本日當選校務會議代表七人：李季偉（理化系）　徐夢麟（文史系）　王士魁（算學系）　張和笙（法律系）　予（文史系）　蔣導

江（礦冶系）　崔之蘭（生物系）

十二月九號星期五

在家看昨買各書。盧芷芬來。牛若望及方豪兩神父來，爲辦《邊疆週刊》事。

到校上課兩小時（上古史）。到會計課領薪。出，到正中，中華兩局購書。遇徐芳及蔡維藩。

到北平研究院赴宴。飯畢與旭生同到西山處談。

今日同席：王大可（外交部特派員）　齊雲青（農工銀行經理）　吳肖因（金城銀行經理）　沈□□（叙昆路工程師）田渠（雲大理化系副教授）　褚聖麟（北平研究院物理研究員）張漢良　經利彬　徐旭生　予（以上客）　嚴慕光（主）

選課學生：唐京軒（法律系四年級）　馬明銘（文史系四年級）　李瑞華（同上，女生）　施子愉（政經系四年級）趙師淑（文史系四年級，女生）　李爲衡（文史系三年級）左逢吉（同上）　蘇湖（文史系二年級）　李俊昌（同上）

旁聽：盧芷芬　鄭逢源

十二月十號星期六

記日記七天。方國瑜來。

到佩弦處，取還《古史辨》。到沈從文處，請寫《邊疆》眉，遇端升。王永興來。元胎來，邀同至東月樓吃飯。遇盧芷芬，由彼付賬。出，買物。

思齊來，元胎來。辰伯，蔭麟來，談《史學週刊》事，予爲書眉。

十二月十一號星期日

　　楚圖南來。佩弦夫婦及其二子來，出視照片。西山來。同到昆明大旅社，予赴西山宴。

　　道遇莘田。與佩弦夫婦等同到金碧公園，看新生戲院《妻黨同惡報》等劇。四時半，劇散。

　　賓四，元胎來。齊雲青來，詳談西北事。

　　莘田見告，自珍試聯大已錄取。

　　今午同席：齊大校長劉世傳（書銘）　　傅爲方（矩生，齊大注册課主任）　　吳辰伯　予（以上客）　　張西山（主）

十二月十二號星期一

　　八時，到黃公東街，與旭生，劉朝陽同乘馬車到黑龍潭，游覽一過，到農林植物研究所訪蔡希陶，與同歸，吃飯。

　　飯後觀新屋，與房東楊富立契約。出，到中研院訪濟之，思永等。又到彥堂處視疾。五時，上車歸。七時抵城。

　　到勸業場西域樓吃飯。與旭生同訪齊雲青，不遇。

十二月十三號星期二

　　訪希聖於雲南服務社。到齊雲青處送克讓大衣，寫克讓信。在家竟日搜集撒拉回史料。

　　黃和繩來。李寶泉來。黃焕文來。

　　與自珍同讀唐詩宋詞。

十二月十四號星期三

　　到校，作《撒拉回》一文，畢，計三千言。修改訖，付履安鈔。

　　遇顧良，李爲衡，賓四及錫予。

　　與履安等同到新生公寓訪賢璋夫婦，宴之於昆明大旅社。遇小鵝。元胎，賓四，辰伯，蔭麟來。

十二月十五號星期四

遇石聲漢。作《邊疆週刊》發刊詞訖，計兩千字，修改訖，付履安鈔。與自珍同到才盛巷看聯大榜。

到校，豫備功課，上“經學史”一堂。道遇萬斯年。歸，賢璋夫婦來，邀至萬勝園吃飯。

修改發刊詞，以精神貫注，又至失眠。至上午二時服藥。

自珍考雲大補習班亦取第三，因已取聯大，只得放棄矣。

十二月十六號星期五

與自珍同到登華街，又到雲大。歸，編輯《邊疆週刊》第一期訖。元善夫人來。豫備下午課。

到登華街，繳《週刊》稿。到校，上課兩小時，講古代史料。還室，點皮錫瑞《經學史》一章。在宥來。歸，黃和繩來，爲寫牛神父信。

與辰伯同到才盛巷赴端升約，并晤金甫等。又獨赴小鶼約。十時歸，道遇孟和。

今晚同席：黃良士　汪星伯　麗薰琴　雷圭元　許太谷　張善子　高樂宜　郎靜山　張正宇　予（以上客）　江小鶼（主）

十二月十七號星期六

又遇聲漢。與履安因用錢齟齬。到徐芳處，不遇。訪顧良，亦不遇。到校，點《經學歷史》一章。徐芳偕張女士來。到中華書局買書。

二時，赴北大四十週年紀念會，與旭生同坐談。四時許，會散，與查勉仲、鄭逢源等談。

冀朝鼎來。與履安等同到大衆電影院看《都會的窮巷》，出，游夜市，到仁和園吃過橋米綫。

十二月十八號星期日

到益世報館訪牛若望神父。到小鵝處，出照片與張正宇，李寶泉等共選。與寶泉同出。晤王公弢。

飯後復看講稿，選出照片。查勉仲來。到雲大，道遇介泉。到熊校長處，見馬漢宗，共談。四時半，出席中法友誼會，予講"拉卜楞"，由馬漢宗譯。

雲南通訊社李尚彬來。寫請客片。看《古史辨》。

十二月十九號星期一

補記日記九天。賢璋夫婦來。看田中義一奏章，搜集星期論文材料。

雲南日報社沙君來。與履安到建功夫婦處，及程雪屏處。還寓，顧獻樑，沈有鼎來。朝陽來。看《三民主義‧民族主義篇》。

看《民族主義篇》六章訖。

十二月二十號星期二

到校，作《中國本部名詞應亟廢棄》訖，計三千六百字，即鈔清，未訖。張克誠偕徐秘書來。

買筆墨，到西山處，道遇舟生及孫毓棠夫婦。

到海堂春宴客。

今晚同席：徐旭生　劉朝陽　陸侃如夫婦　魏建功夫婦　賓四　元胎　查勉仲（以上客）　予夫婦（主）

十二月廿一號星期三

賢璋來。賓四來，長談，留飯。辰伯，蔭麟，嘉彬同來談。

顧良偕錢鍾書來。小鵝，張正宇，許博明，許真如來。爲小鵝弟楚揆作保。續鈔昨日論文，未畢。嚴文郁來。陳夢家來。周詠先，江應樑來。

　　朝陽來，同出，到新雅吃飯。歸，續鈔論文畢。

　　　今晚同席：旭生　予夫婦（以上客）　　朝陽（主）

十二月廿二號星期四

　　早起整理物件待遷。而車來甚緩，直至十時，始行。到校，點讀《經學歷史》一章。

　　到校，上"經學史"一小時。鄭逢源來談《左傳》恢復爲《國語》事。萬斯年來。馮沅君來。到玉龍堆訪吳瓘庵夫婦，并晤王德錫及錫予鄭昕。

　　修改星期論文，未畢。

　　今日宓家先搬至浪口村，予家亦載木器一車同往。

十二月廿三號星期五

　　將星期論文改畢，即寫牛神父信。得魯弟信，知父大人又病，即寫魯弟信。西山來，留飯。看《古史辨》第二册。

　　遇一波。到校，上課兩小時，講《上古史講義》標題。晤芷芬幼舟等。與在宥同到旭生處，并晤西山，建功夫婦。又與在宥同到許博明處，未遇，遇許真如。錢曾慰來，爲其妹曾瑞轉學，寫聯大信。

　　訪謙之，并晤元胎，與元胎同歸。公超來談，至十一時半始去。寶泉來。

　　得魯弟信，悉父大人痰喘頗劇，甚欲我回去處置家務。此何等時，而乃欲我還蘇州乎！父大人之不了解我，即此可知。我久以父大人病，恐有一朝之患，故請移居北平，俾便奉侍，不幸蘆變猝起，予不得不走，因請父大人到滇，以道遠不許；又請住港澳，又以惜費不許，而必欲還蘇，教我更有何法？來信如此，何必當初！總由父大人太無計畫，又不認識時代，真教我做盡難人也！因函魯弟，父大人如有長短，即由彼全權辦理，瑣事請又曾弟助理，内場請嬸母主持。

十二月廿四號星期六

訪聲漢，遇之。并晤倪君卓群。訪盧芷芬，不遇。到北平研究院會計室蓋印，到南門外農民銀行取向奎寄來款。遇經利彬。

作《青年應多旅行》一文，千餘言，未畢。自珍自校歸，與之及履安到正義路等處購物，遇勉仲。吴金鼎夫人王念忱來。李幼舟來。

元胎來談。看《西寧志》，搜集"土人"材料。

近日身上多痱子，癢甚，塗止癢散亦不見效，且延至滿身。憶祖母逝世之年予亦患瘡，此豈不幸之事之豫兆乎？

十二月廿五號星期日

在宥來。寶泉來。李芷谷，蔣雲峰來。理信札。與在宥，辰伯，蔭麟同到一波處，看其新購書報。十二時，與同出，到昆明大旅社吃飯，遇名舉，振譽，舟生，孫毓棠夫婦，任叔永等，與一波同歸。

方杰人神父偕徐雨人，王必富兩君來。石聲漢來。謙之來。與履安同訪元胎，未值，到華山西路購藤椅，道遇元胎，錫予，孟真，莘田。寫宴客片。

遇小鶼。與履安同到新滇戲院，看第三軍募集寒衣客串，至上午一時始歸。

今午同席：一波　辰伯　蔭麟（以上客）　在宥　予（主）
自昨晚起天忽寒，足更冷，可見冬至以後雲南亦有冬天也。

十二月廿六號星期一

九時三刻始起身。補記日記六天。看《邊疆周刊》第二期。

到校，寫郭本道信，讀皮著《經學史》一章。擬定“經學史”班學生每人題目。遇壽民。

先至新雅赴謙之宴。次至厚德福赴侃如宴。次至海棠春赴經利彬宴。

今晚同席：湯錫予　元胎　江應樑　莘田　毅生　蔭麟　辰伯　鄧君　予（以上客）　謙之（主）

今晚又同席：旭生　今甫　孟真　沈從文夫婦　佩弦（以上客）　侃如夫婦（主）

今晚又同席：崔之蘭（張景鉞夫人）　旭生　劉爲濤　蔡無忌　嚴慕光夫婦　江澤涵夫婦　張漢良夫婦　張爾玉　楊克强　顧功叙等　凡四桌（以上客）　經利彬（主）

十二月廿七號星期二

守和來。看筱蘇所作《漢代羌禍》一文。

到校，寫周杲，夏光南，楊拱宸，史念海，王玉哲，父大人信，讀皮著《經學史》一章。在宥來。寫獨健平樟信。

送滇越路綫圖至西山處，并與旭生談。

今晨接翁獨健君與鄺平樟女士信，悉彼倆已在瑞士結婚，近正游歷巴黎，聞之甚慰。

十二月廿八號星期三

爲元胎，仲琴及白君寫屏聯四事。與辰伯同到中華商務兩館購書。孟真來，并與辰伯蔭麟談。佩弦來，同到昆明大旅社吃飯。

訪旭生，丁仲良，鄭逢源，均未遇。訪許博明，亦未遇。與辰伯至海棠春定菜。晤以亨。與黃和繩同訪樊逵羽。遇楊蔭瀏。

與元胎同宴客於海棠春。顧獻樑來。

今午同席：雁冰夫婦子女　劉薰宇　辰伯　予（以上客）　佩弦（主）　雁冰自民國十二年別後即未再見,何期竟相晤於昆明。

今晚同席：任叔永　陶孟和　傅孟真夫婦　朱謙之夫婦　石聲漢（以上客）　元胎　予（主）

十二月廿九號星期四

看謙之所作《中國音樂文學史》。得肖甫寄來予近年所著書數種,略翻覽。

宴客。至三時,客未去,予先辭出。到校上"經學史"一課（《詩》）。鄭逢源來。王玉哲來。

到東月樓赴宴,未見主人,晤侃如夫婦,夢家夫婦等。歸,和繩來。雁冰來,仍邀赴東月樓吃飯。

今午同席：雁冰　旭生　辰伯　丁仲良　佩弦（以上客）　予夫婦（主）

今晚同席：佩弦　劉薰宇　李明生　予（以上客）雁冰夫婦（主）

近日下霰,氣候頗涼。

十二月三十號星期五

寶泉來。看《滇緬路綫問題專號》稿,即寫一引言,五百字。豫備下午功課。

到雲大,上課兩小時（古人想像中的世界）。晤徐秘書等。到會計處領薪。到西山處送稿。到佩弦處。到博明處。到北平圖書館開會。

到聯大,赴燕大校友會,演講約一小時。與李悅談話。九時半,歸。訪張西山。歸,履安等觀劇未歸,待至十二時。

今日同會：守和　孟真　從吾　壽民　予（討論搜集抗戰史料事）　顏澤霖（書記）

晚得父大人信，又自謂如風中之燭，甚望予歸。憶前年父大人在杭生病，予自北平往省，轉增惱怒，今言若此，恐不永矣，奈何奈何！

十二月卅一號星期六

理書，裝箱。從吾，賓四來。

與辰伯同到中華商務兩書館買書及木箱。遇寶泉及顧桂芬女士，商務經理楊竹樵。歸，李幼舟來，雁冰來。理書。李悅來，爲改其所記昨日講稿。爲黃和繩寫字二幅。張克誠來。寫陳玉科覆書。

到金碧西菜館吃飯。晤小鵜，博明，盛建人等。到柿花巷訪元胎不遇。晤張佛泉。買書夾。李寶泉來。

今晚同席：謙之　予（以上客）　蔭麟　辰伯（以上主）

今日治事甚忙，夜覺倦，居然不藥而睡。

至佛泉處看重慶《大公報》，有健常開會新聞，知其體健好，爲慰。夜中又於夢中見之。

譚家　廉子庫甲十三號　黑書箱廿五隻　書架大小四五個

抽屜櫃一個

汪孟舒　東斜街家　書廿四大木箱　又兩黑木書箱係大學叢書

每月出租費三元，半年一付，廿七年七月一日起　托起潛付，書目亦存彼處

天津中原公司　兩大木箱　由章元美經手存入　收據存中法工商銀行　每月六角，廿六年十月一日起，已付六個月

北平中法工商銀行　保管箱一隻（金器等）　柳條箱一隻　保管箱每年廿元，廿七年八月九日起　柳條箱每年四十元，廿七年七月一日起　托王姨母付，圖章（子虹）在彼家，鑰匙在此，收條在保管箱內

禹貢學會　存書一間，係雜書　在宿舍內　又木器，火爐等，約
　　五六十件
燕京大學　大小五十餘箱存司徒校務長地室　又木器存宿舍樓頂
又一箱，皆國學基本書籍，由丕繩存劉厚滋處。
四海保險單　在保管箱內　每年二百八十三元餘
　　　　存王姨母三百餘元，已支付二百八十餘元
　　　　存錢太太二千八百餘元

一九三九年

（民國廿八年）

　　"走長路不跑快馬，建大廈須築深基"，此去年在河州所作聯也。書此册之首以自警。

已到之省（16）

　　江蘇　浙江　福建　廣東　河北　河南　山東　山西　察哈爾綏遠　陝西　甘肅　湖北　四川　雲南　青海

未到之省（14）

　　遼寧　吉林　黑龍江　熱河　寧夏　新疆　西康　湖南　廣西江西　安徽　貴州　蒙古　西藏

自二十七年十二月至二十八年七月之成績：

　　（甲）編上古史講義：

　　1. 古人想像中的天和神
　　2. 商周時代的神權政治　｝費六天，一萬餘字
　　3. 德治的創立和德治學說的開展——費三天，約五千字
　　4. 周的崛起及其克商——費四天，約九千字
　　5. 商王國的始末——費四天，約六千五百字
　　6. 周室的封建及其屬邦——費七天，約一萬一千字
　　7. 漸漸衰亡的周王國——費五天，約一萬字

8. 齊桓公的霸業——費十天，約一萬五千字

9. 秦晉的崛起與晉文公的霸業——費七天，約一萬八千字

以上共約九萬餘言

（乙）編上古史講義之未成稿：

1. 商周的生産

2. 齊桓公年表，功業表，地圖

3. 晉霸年表

4. 楚莊王霸業

（丙）報紙發表文字：

1. 拉卜塄一瞥——費兩天，約三千六百字

2. 撒拉回——費兩天，約三千字

3. 邊疆周刊發刊詞——費半天，約二千字

4. 中國本部一名亟應廢棄——費兩天，約三千六百字

5. 通俗讀物的重要性——費半天，約三千字

6. 中華民族是一個——費兩天，約八千字

7. 甘青史迹叢談——費三天，約八千字

8. 續論中華民族是一個答費孝通先生——費五天，約八千餘字

9. 答孝通書第二通——費三天，約八千字

10. 答魯格夫爾——費一小時，約五百字

11. 農村衛生不可不嚴重注意——費三天，約一萬二千字

約六萬字

（丁）作而未成之文字：

1. 經學通論講義

2. 青年應多作旅行

3. 公亶父非太王考

4. 國語紀時考

（戊）筆記——約六萬言

總上列五項約廿五萬字

（己）所讀書：

（1）左傳　（2）國語　（3）史記　（4）公羊傳　（5）中研院集刊……

　　在此重重叠叠的病痛中（失眠，痱瘡，頭痛，血升，心悸，跌傷左足，傷風咳嗽，鼻血，便秘，濕疹，瘧疾，爛脚，腹瀉，目澀，喉頭炎），居然還有這些成績，大足自慰。然苟不住鄉間，便不得有此矣。　　八月三日　自記。

遺失圖章啓事

本宅於民國廿七年七月二十日在上海静安寺路交通銀行分行以顧子虬名義租得貳貳零號保險櫃一隻，現在圖章遺失，除另向交行請求更換圖章外，特此登報三天，聲明作廢。　　　　　　　　　　　　　　　　　顧宅啓

魯弟惠鑑：叠接手書，敬悉一是。家舅逝世，嫂等遠居昆明，不克奔喪，慘痛曷極。幸賴吾弟支持一切，得以成禮，無任感謝。頃接康侄女來信云及家舅遺物均逐漸裝箱，惟主要圖章及保險箱鑰匙一個（一個留存嫂處）遍找無着，深恐遺落人手，致有差失，不勝杞憂。思及此箱係由吾弟介紹交行同人，亦係吾弟熟識，務希接到此信，前去知照，勿給他人冒取，是爲至感，倘日後能得找出，自可憑章領取，否則只得登報挂失矣。如何辦法，乞酌奪示知是幸。嫂俟覓得友人同行當必東歸，至雙哥於暑假到申與否，要看屆時情形再定。日前曾由中行匯上百元，諒已收到，除付和兒學費及另用別項支付外，餘款匯寄康侄女可也。此間銀行一次至多匯兑百元，如有需用，當陸續寄奉也。敬請春安

　　　　　　　　　　　　　嫂　　履安謹上　　　三月十三日
　　妹妹前均此不另　　　　侄輩問好

一九三九年一月

一月一號星期日

　　早四時起，束裝。元胎，和繩來送別。自珍歸。十時，行李車上路。十一時，予與履安自珍上人力車。一時一刻，抵浪口村。道遇勉仲。在賢璋家飯。

　　訪希陶夫婦，不遇。三時，送自珍上車還城。四時許，行李車始來。喚人搬物。

　　開箱取書。八時半即眠，仍失眠，服藥。

　　久羨鄉居，今始實現。浪口係一小村，夜中寂甚，不獨無人聲，亦且不聞犬吠。如住此間尚不能將予神經衰弱治好，且不能寫出幾部書，則予今生無望矣。

　　今日予等在橋邊下車，予提鳳爐行里許，兩臂無力，手指亦軟，自嘆不濟事如此。

一月二號星期一

　　整日理書及雜紙，訖。賢璋生日，邀希陶夫婦來同飯。

　　挂地圖等。九時半眠，得眠。

　　予此次來滇，携書絕少，爲應課業，不得不購。兩個月來，在商務中華等處買得二百餘元之圖書，因此今日遂整理一天。

一月三號星期二

　　整理室內，挂照片。搬大桌上樓。整理書桌，訖。看伯希和《支那名義考》。希陶夫婦來。賢璋來談。

一時，到蔡家吃飯。未畢，寶泉偕顧桂芬姊弟來，歸家款客，并看照片，至四時半送之上車。出外散步，遇希陶等。

補記日記。看賢璋新作《清代治理邊族》一文。

今日同席：汪季綺夫婦　賢璋夫婦　予夫婦　汪發纘　陳封懷　沈貫甲（以上客）　蔡希陶夫婦（主）

寶泉來，出示今日曉報，始見汪兆銘主和艷電。此人真可謂不要臉，去年八一三戰役起時，廣播"焦土抗戰"講辭者即彼也！

一月四號星期三（十一月十四）

以失眠遲起。寫《爲什麼該編通俗讀物》一文，訖，計三千言。豫備明後日功課。

以西藥反成癮，今日改服中藥。近日半夜必醒，今晨二時醒後，直到天明始得朦朧，苦甚。

夢歸家，家中房屋還是未改造時樣子，父大人仍住西間，入其室，見牀帳半卸，出至工字，又見室內電燈作慘綠色，醒來覺非佳兆也。

一月五號星期四（十一月十五）

七時起。八時一刻步行入城，由石板路行，十時十分到，計行兩小時。至辰伯家，看信看報，即在其家吃飯。

訪雁冰，知已於今早四時上機飛行。訪李印泉，未遇。回校，張克誠來。上課一小時（《詩經》）。許博明來。修改昨作文付《雲南日報》。晤熊校長及文藻。振鐸來。到旭生西山處。遇芷芬。

到孝通家，出街買物，回孝通家吃飯。九時回校，西山來，李寶泉來。

今晚同席：予（客）　費仲南　陸忠義　費孝通　沈女士（以上主）　并晤趙鳳喈夫婦

步行進城，足尚不累，而手中提物，愈走愈重，到校操筆發抖，不知何日始慣此勞役也。

得父大人來書，悉服藥後氣喘稍平而仍泄瀉。函中欲我回家，聲色俱厲。此日何日，乃能以常理相繩耶！

一月六號星期五（十一月十六）

晨起散步，遇熊校長，同出北門，看雲大體育場，遇涂主任文。回校，出外買物，到仁和園吃飯。歸校，遇自珍。到西山處。到會計課。文藻來。到在宥處，晤徐孟鄰。到益世報館，晤牛方兩神父及和繩。到袁藚耕處，遇之。

回校，上課二小時（商周種族問題）。到校中金城銀行。三時一刻，乘人力車回浪口村，五時半到。

與履安談。看《楚辭》。

一月七號星期六（十一月十七）

與希陶談。看《今日評論》。與履安到龍頭村，見中研院諸同人，出至市上買肉，蛋。十一時許歸，補記日記四天。

看萬國鼎《中國田制史》及陳伯瀛《田制叢考》。寫父大人，文藻，在宥，許博明，丕繩，儒林信。

失眠，至上午三時始服藥。

父大人必欲我歸，今日寫一函，重申居港之請，如嫌路遠，亦須住申方可團聚。以作函時精神緊張，遂致失眠。唉，父大人行事漫無計劃，亦不諳時勢，既害了我，亦害了他自己。

中研院庭梅，有葉而花，此我所未見者。

一月八號星期日（十一月十八）

看《中國田制史》。王振鐸，槃庵，之屏來，與之同出，道遇費孝通兄弟。陸忠義，瞿同祖來，同歸，留飯。

胡厚宣夫婦及其子來，五時許去。

讀《國語》一卷。覺倦就眠，眠甚酣。

一月九號星期一（十一月十九）

寫自珍信。立"國語紀時"册，鈔材料。將《甲骨學商史編》上册匆匆瀏覽一過。佩弦辰伯來，留飯。

希陶夫婦來，三時許去。

又不酣眠，服藥。

一月十號星期二

翻集各書之古代宗教史料，豫備編講義。

與履安到龍頭村，晤厚宣夫婦，到中研院合作社買物。

得父大人噩耗，痛絕，即與履安商量善後辦法。

得魯弟電，父大人於八號上午六時逝世。上次進城，尚得其十二月二十號信，乃變故之來如此其速，痛哉！我既不能侍疾，又不能奔喪，父大人既抱憾九原，我亦負疚没世矣。因與魯弟一電，文云："痛不能歸，在此成服，諸煩主持。"

一月十一號星期三

寫魯弟，康媛，又曾弟，在宥，徐茂先信。擬致魯弟電。十一時半飯後，即步行進城。

二時半，到西山處，翻譯發魯弟電。經柿花巷，到元胎處小坐，到電局發電。到聯大，訪自珍，并晤陳意女士，即與自珍同出，遇孟和先生，上街買居喪諸物，遇爲申。與自珍到仁和園吃飯。

到雲大，晤在宥及趙繼曾君。

晤自珍，述父大人噩耗，爲之大慟，可見世間最親之人，無過

骨肉，我之於自珍，猶父大人之於我也。想彼臨終時，不知怎樣
怨我。

一月十二號星期四

寫自明信。到鄭逢源處。到西山處。到潤章先生處。在勸業場
吃點。到盧芷芬處。到文藻家。回西山處，晤旭生。到白果巷。到
郵局取書。雇車歸家，由龍頭村行。

釘筆記簿三十册，備鈔材料。

翻看胡馮二家《中國哲學史》。

一月十三號星期五

翻看《日知録》。譯《多士》篇爲白話，翻讀《詩經》一過，
鈔集應用材料。

槃庵，之屏，李嘉瑞來。

點讀《周語》一卷。

一月十四號星期六

作父大人訃告及行述。

作《古人想像中的天和神》畢，即鈔清，未畢。

以夜中作文，又失眠，服藥得眠。

今日爲父大人頭七。

終日下雨，氣候頗涼。

一月十五號星期日

鈔昨作文訖，計五千字。

續作《商周時代的神權政治》，未畢。

寫《史記》書根及目録。點《周語下》一卷。

自移鄉後，無有雜擾，失眠舊疾爲之減輕不少。昨以夜中作文又不能睡，今日起身即書一條，貼於牆上，曰："每日晚飯後只可讀書，鈔書，校書，絕對不可作文。"

一月十六號星期一

草《商周間的神權政治》畢，修改未畢。

翻看《挈經室集》。

看《列女傳》一卷。又失眠，服藥。

今晚頭痛甚，且前後均痛，蓋用思過度也。

一月十七號星期二

鈔寫并修改《商周間的神權政治》一篇畢，計五千餘字。翻看《衛藏通志》。

看馮著《哲學史》一章。與履安到田岸散步。

點《魯語上》一卷。

今日下午血上升，耳頰皆熱，因與履安出外散步。近日所寫兩篇，計一萬餘言，費時六天，已全神貫注，而一日平均不及二千字，甚矣作文之難。幸住鄉間，否則無論如何寫不成。

一月十八號星期三

看梅思平《春秋時代的政治》一文。爲下午進城，整理什物。

一時許步行進城，三時許到，看收到各信。豫備明日功課。六時，在宥邀在校內吃飯。到鄭逢源處，未遇。到盧芷芬處，亦未遇。

與辰伯同出印父大人訃聞，到徐森玉處訪子植未遇。

今日又覺心悸，此八年前作《五德終始説》時之舊疾也，不可使再發，亟應游散。

今日進城，得父大人十二月廿六日信，悉當時頗復健康，飯量亦好，寫字亦甚工整。想不到再過十二天就死了！又接自明廿三日信，則謂父大人肝火極旺，一來就生氣。

一月十九號星期四

到勸業場吃點。到旭生處商談史研所事，旋同到潤章先生處，商決史研所續辦具體計劃。出，遇西山，同到勸業場吃飯。

回校，趙繼曾來。鞠清遠來。鄭逢源來。上課一小時（《尚書》）。到聯大訪自珍。遇許駿齋，錢惠長，劉子植等。

到雲南服務社理髮。到平研院赴宴，十時歸。熊校長來談。

今晚同席：李吟秋　蔡無忌　王□□　陶孟和　旭生　胡海岳　葛敬中　常宗惠　潘承誥　予（以上客）　李潤章（主）

余居父喪，本不欲赴宴，而潤章先生邀竟不能不赴，奈何！

一月二十號星期五

在校吃點。豫備下午功課。文藻來。十一時出，遇西山，同到仁和園吃飯。

鄭逢源來。上課兩小時（春秋時代大勢）。鄭國英來。赴文史學研究會。到平研院，商史研所事。

到西域樓吃飯。到中華書局買書。送《宋史》到辰伯處。上街買物。歸校，在宥來談。

今日同會：聞在宥　吳辰伯　施蟄存　徐夢麟　楚圖南及學生十餘人。

連日商談結果，平研院史研所經費定爲每月八百元，考古歷史兩組經費不分列。新聘韓儒林一人，舊職員留何士驥，吳世昌，許道齡，蘇秉琦四人。至在滇參加工作者，爲張維華，白壽彝，宓賢璋等。真是竭蹶萬狀矣。

一月廿一號星期六

在校吃點。寫自明，文書課，李寶泉信。寫史研所職員單。到西山處。上街買物，晤蔭麟，到仁和園吃飯。到西山處，并晤旭生，潤章。

看陳履和手札。學生譚君來。應樑偕董家遵，陳嘯江來。與自珍同步行回家，四時許到，途中晤李寶泉。

與履安自珍談話。

一月廿二號星期日

寫民族學研究會，潤章，孝通兄弟，寶泉，侯碩之，萬斯年，薛文波信。自珍偕賢璋同進城。李鑑澄偕其幼女來。記日記四天。

子植，天木，石璋如來，同游黑龍潭，遇槃庵，之屏。又到中研院，子植先歸，予與天木，厚宣，璋如談西北事，歸已晚矣。

點讀《魯語下》一卷。

在中研院見朝報，悉玄同先生已於日前以腦充血逝世，以彼體力，早料有此，惟未盡其才，太覺可惜耳。

一月廿三號星期一

到蔡家，晤希陶夫人。寫辰伯，道齡，謹載，子臧，汪季綺，余貽澤之兄信。旭生，西山來，留飯。

送西山到中研院。歸與希陶旭生談，并看村中房屋。臥床，看《左傳》隱，桓二公，集材料。

翻看《困學紀聞》。

今日本欲作文，而又感心跳，只得作罷。予此生其已矣乎？頗擬擺脫校課，专心一事，未知能商量得通否？

今午同席：旭生　西山　希陶夫婦　賢璋夫人（以上客）
予夫婦（主）

一月廿四號星期二

寫拱宸，媛貞，昂文仲，張友松信。看西山所擬邊疆調查計劃，并送賢璋處覆閱。

與履安由堤上步行至白龍潭，又至黑龍潭，在茶館吃茶。到蒜村，落梭坡看屋。看《左傳》莊，閔，僖，集材。

希陶夫婦來談。

以不能在室內工作，只得游玩廢日，可嘆。別人有時間與體力而不用功，我則志欲用功而時間體力兩感不足。天下事多缺憾，大抵如斯。

一月廿五號星期三

爲江應樑寫一條幅。點讀《左傳》文公篇。

十一時半，步行進城，欲尋直赴北門之路而不得，仍折至小東門到校。自珍來。到文史系商課程標準。到大禮堂參加熊校長就職宣誓典禮。

與在宥到石屏會館訪楊春洲，未晤。同到武成路飯店吃飯。到五洲藥房買藥。到旭生，西山處。與在宥同到南門清真寺，晤沙阿衡竹軒，及其子德馨。

近日身子甚不舒服，心中尤覺空宕，因購散拿吐瑾服之，而是藥近來極貴，一瓶須十四元，可畏也。

一月廿六號星期四

寫崔唯吾信。到獻樑處，未遇。晤鍾書，談。到地質調查所訪楊克強，并晤卜美全。到西山處，看學生課卷數份。豫備下午功課。與西山同到會仙居吃飯。飯後同訪費孝通兄弟，并晤趙鳳喈。

上"經學史"一課（《尚書》本子）。周光宇來。看胡適之先生《說儒》畢。侯碩之來。

到孝通處吃飯。談至九時歸。到科學樓。

今晚同席：予　馮德新　沈志德女士　陸忠義（以上客）
費仲南兄弟（主）

胡先生《説儒》一文爲近年名作，顧前數年在平太忙，翻之
而已，并未從頭看下。今日乃得自始至終讀一下，覺其中説話一
半可贊成。

一月廿七號星期五

豫備下午功課。十一時，到西山處，與同至會仙樓吃飯。

上古代史二堂（孔子）。梁樹權來。顧獻樑來。李寶泉來。汪
發纘來。楊春洲來。在宥邀至校内吃飯。

到辰伯處，并晤蘇湖，繆鸞和等。到元胎處，并晤賓四。晤王
士魁，沙玉彦。失眠，服藥。

今日至辰伯處，接父大人本月四日信，説病已好得多。龍弟
百日，尚至嬭母處吊挽。哪知此時只有三日之壽命乎？傷哉！

此間一張信紙，貴至一分，信封貴至二分，猶是中下材料，
想不到竟有這等價錢！物價之漲，即法幣之跌也。

一月廿八號星期六

與在宥同進點後，整理室内什物，即至西山處，寫日蔚，伯棠
兩函。乘人力車回浪口，十二時許到。

到希陶處。記日記四天。爲黑龍潭房屋事，寫潤章旭生信。點
讀《左傳》宣公篇。與履安到田岸散步。

讀《齊語》，記筆記數則。

今日爲父大人三七。

一月廿九號星期日

點讀《左傳》宣公至成公。看仁之寄來之《基督教與人類的再造》。

與履安到黑龍潭稍憩，予獨至機器廠訪汪季綺，并晤劉惠之，汪相寶，遲習儒等。回至黑龍潭，晤旭生及建功夫婦。與履安步歸，走一小路，失足受傷，跛而歸。

傷足早眠。以足痛，幾一夜未闔眼。

今日欲走一條新路，與履安由蒜村行，走上堤的狹的一面，偶未視地，右足滑出堤外，全身重量集於左足，頓了一下，遂曲左足之筋，痛極而踣，由履安扶歸。

一月三十號星期一

在床看《左傳》成公至襄公。賢璋爲至中研院覓藥。寫在宥信，請假。寫潤章信。西山來。周嫂爲療足疾。

看各處來信。

得自明信，知父大人歿前一日尚鈔寫遺囑，訂成一册；八日晨四時，來庚尚聽得他開電燈，吃棗泥糕；向例六時半起身，及時不起，疑其隔日疲倦多睡，至七時半揭帳視之，則已全身冰冷矣。蓋未一日臥床，實爲有福，但旁人猝不及防，手足無措耳。父大人極從容，自己作好挽聯，又畫好喜神，僅衣衾棺槨來不及豫備耳。

一月卅一號星期二

在床看《左傳》襄公至昭公。旭生先生偕西山來，留飯。

吳亞農來。槃庵，之屏來。

日前杭立武君來昆明，潤章孟真并見邀約，予皆不得去。

近日每天吃雲南白藥，并由周嫂爲塗草藥，疼痛漸減。

昨夜看了自明來信，報告父大人逝世情形，又不成眠，起服德國藥而睡，時已上午一時許矣。

一九三九年二月

二月一號星期三

在床看《左傳》昭公至哀公，匆匆看畢。辰伯偕其妹，侄，及湯象龍君來，留其妹侄飯。

楚圖南，陳嘯江，胡體乾，郭一岑來。汪奠基來。寫汪奠基信。

看哈代所作《苔絲姑娘》小説。

中研院之社會科學研究所今日由湯君來看屋，已決定將落梭坡一屋租作所址，又將浪口村兩處租作職員宿舍。此間附近機關更多矣。

睡眠不佳，每夜都成問題，兼以心宕，頗興歸家之思，惜不能歸也。因與履安商長久之計。噫，予遷鄉間，本爲工作計也，乃遷來之後并不以静謐而得痊，恐以此間空氣稀薄，不適於我心臟，苟果如是則只得離開雲南矣。

二月二號星期四

將所看《左傳》有意見處寫在筆記册上，約得五千餘字。

看《苔絲姑娘》。

今日起床，勉强可走。

今晚吃菜粥，全身暖熱，睡眠得酣。

二月三號星期五

温《論語》，記筆記千餘言。西山來，留飯，改其所作邊疆調查計劃。

草講義《德治》一章，未畢。

槃庵偕之屏來。看《苔絲姑娘》。

今晚并無刺戟，而轉側不能成睡，喝酒無效，待至上午一時許，只得服僅存之一粒藥矣。

二月四號星期六

作《德治的創立和德治學説的開展》一文訖，未修改。

壽彝偕沙君來。陶孟和先生偕湯象龍，吳金聲來。與履安到田岸上小坐。

看《苔絲姑娘》十餘頁。周嫂來醫足。

以爲足已痊，與履安到門外散步，那知走平地尚可，走樓梯實難，走不多遠，已走傷了！

今日爲父大人四七，得魯弟信，知殯殮情形。

二月五號星期日

將昨作講義修改訖，約五千字。凌純聲，彥堂，芮逸夫，勞貞一來。

槃庵，厚宣，述之來。壽彝送藥來，寫覆信。汪季綺夫婦來。補記日記八天。

看《中研院集刊》。

昨夜就寢後雖得眠，然今晨二時許又醒。左足仍痛，反不及前二日。

二月六號星期一

以足痛，又睡床，看《中央研究院史研所集刊》數冊。

王天木偕蘇秉琦來。

今夜繼續服卡惠克藥，睡頗好，惟屢醒耳，昨夜睡至今晨一時許即醒，故不能不服。

二月七號星期二

作《中華民族是一個》，約四千字，未畢。

履安鈔講義稿訖，即修改送出。寫壽彝，西山，逢源，繼曾信。槃庵，之屏來。

看《苔絲姑娘》。

今日得青鋌來書，尚係去年九月二十日所發，由蘭州轉至此間，已歷一百卅餘日矣。渠奉母居重慶磁器口，埋頭著作，只要身體不壞，前途便無量矣。

昨得孟真來函，責備我在《益世報》辦《邊疆週刊》，登載文字多分析中華民族爲若干民族，足以啓分裂之禍，因寫此文以告國人，此爲久蓄於我心之問題，故寫起來并不難也。

二月八號星期三

寫在宥，西山，辰伯，青鋌，佩弦，彥堂信。寫魯弟，自明信。

整理書桌。槃庵來。翻看《史》《漢》等書，記筆記數則。點讀《晋語》一。修改昨作文。

點讀《晋語》二及三之上半。

昨夜服藥少許，居然從十時睡至今晨五時半，半夜未醒，此爲多日未有之佳眠。近日心亦不宕，或係服散拿吐瑾之效。

二月九號星期四

續作《中華民族是一個》文，三千二百字，訖。本篇共約八千字。

沙儒誠偕其侄來。王之屏來。修改上午所作文。點讀《晋語》三之下半及四。

看各處來信。

昨夜十時睡至今晨五點一刻。

二月十號星期五

將《民族》一文修改完畢。寫在宥，賓四信。西山來。賢璋來。賓四，元胎來，留飯。

看呂誠之《中國宗族制度史》，訖。

二月十一號星期六

作《周的崛起及其克商》千餘字。

寫自明，德輝，嬸母，又曾信。厚宣來送材料。

讀《晉語》五，六，記筆記千餘言。

今日爲父大人五七。

二月十二號星期日

搜集編講義材料。寫起潛叔信。

萬斯年，育伊，王振鐸來談。搬書架來，理書。續編講義。

點讀《晉語》七，八，記筆記數條。

到滇後所買之書，放在板鋪上，致自珍歸來不能睡。今日定做的兩書架送來，移置其上，兩架尚放不滿，較之北平之屋無空壁者相去何如！

二月十三號星期一

將參謀部地圖“長安”“南鄭”二幅着色，爲研究周代史的凭藉。

崇武來。王振鐸來。

賢璋來談。看蔭麟《周代的封建社會》。

近日睡眠不壞，每晨醒來已六時，藥的分量也愈用愈少，昨夜履安説，不吃了罷，哪知竟不能睡，十時睡後二時就醒了，服藥後直待至天明始合眼。可見予自然之睡眠衹有四小時，其餘四小時還要靠藥力，真沒辦法！爲了昨夜睡不好，今晚又升肝陽。脚稍好，惟仍無力。

二月十四號星期二

爲賢璋夫婦進城，早起寫沙儒誠及戴季陶，朱騮先，張道藩及顧一樵之介紹信。又寫壽彝，逢源，縱一，西山，旭生，在宥信。

重作《周的崛起》一章，三千餘言，未畢。

點讀《晋語》九。

宓太太今日進城，準備生產。

近日此間多雨多雷，與江南之必待驚蟄始聞雷者不同。

二月十五號星期三

續作《周的崛起及其克商》約三千言，正文畢，注未畢。

崇武來。

點讀《鄭語》，記筆記數條。

二月十六號星期四

作《周的崛起及其克商》注訖，將全文修改訖，共約九千字。旭生來，留飯。

翻看《路史》。

此文先後亦寫了六天，而其事皆素習者，足見天下無易事也。

二月十七號星期五

看《西南夷族調查記》，畢。旭生，慕光，希陶來，留飯。

倦怠，小眠。自珍來，談話。

看《苔絲姑娘》。

以久不行動，兩足邊緣皆起凍瘃小粒，早起至踏不下地，夜間則在被內暖熱，又致漲痛。

二月十八號星期六

看《嶺表記蠻》，未畢。至門外散步，與希陶談。振鐸，槃庵，之屏，苑峰來，留飯。壽彝遣人送藥來，寫覆信。

鈔集公亶父與太王史料，備作文。

看《孟子》。失眠，至二時，服藥而寢。

今日爲父大人六七。　今夕爲除夕，村中人家各放鞭炮，至深宵始止。

上下樓梯，雖猶勉強，已較前好。

今日本可得眠，以履安先睡，予就寢時彼已入夢，不經推拍，遂致輾側。予之睡眠之不自由如此。

二月十九號星期日 （陰曆元旦）

以昨夜失眠，精神不濟，續鈔公亶父與太王材料，約四千餘字。房東家數人來。

李幼舟來。振鐸偕潘君來。

與自珍到村外散步。

村中各家皆粘春聯，予初來時本擬就一副，曰：“天下方多事，山中可久留。”以居喪，遂置之。

得自明信，悉父大人已於五七出喪，移柩昌善局。

今日走路尚好，惟高下不平處則舉步猶難。

今夜食煮粥，夜眠甚佳。

二月二十號星期一

寫在宥信。修改筱蘇所作《東漢的西羌》，未畢。希陶夫婦及希陶之姊來。

到希陶家答拜其姊。

點讀《楚語上、下》。

希陶之姊名蔡葵，號慕暉，爲陳望道之夫人，近任重慶女青年會幹事。

昨夜夢被人誣告，自投法庭。此蓋由健常前事來也。

二月廿一號星期二

修改《東漢的西羌》訖。

點讀《後漢書·西羌傳》，未畢。

點讀《吳語》。

筱蘇之文，可作講義而不可作論文。只得重集材料另作。甚矣作文之不可倩代也。

二月廿二號星期三

根據前年所編講義，重草《商國的始終》，約四千字，訖，未改畢。

振鐸，述之導潤章先生來。邀希陶來，與潤章長談。與履安到村中散步。

點讀《越語上、下》。

二月廿三號星期四

記《吳、越語》筆記千餘言。作《商王國的始末》注文，二千言，訖。

李悦來，詢西南夷民教育意見，寫數百字與之，留飯。寫林鵬俠女士信。振鐸來，寫厚宣信。湯象龍，梁方仲來。

翻讀《淮南子》，記筆記數條。

報載日謀安南香港甚急，此路一斷，則予今年暑假必不能至上海。又上海以暗殺案多（偽維新政府外交部長陳以録，交通部長李國杰皆被刺），日軍欲擴張其勢力於英法租界。若然，今年暑假予亦不能到上海矣。

二月廿四號星期五

將《商王國的始末》修改完畢，共六千五百字。西山來，留飯。寫潤章，君樸信。

徐舟生女士偕褚鳳章，李澤彧，及徐國欒女士，王文漪女士來。振鐸來。

鈔《竹書紀年義證》太王材料。看拱宸筱蘇寄來之《西北史綱》稿。

失眠之藥，極願戒掉，無如上午二時即醒，長夜無聊，只得仍服。何法始得除茲痼疾，思之悶甚。　近日又患便秘，聞履安言，予口中有氣味。

二月廿五號星期六

將《周的崛起及其克商》一章作最後之修改，訖。

草《周王室的封建》一章，以材料不湊手，未寫成。

看《日知録》，夏曾佑《古代史》等，搜集材料。

今日爲父大人終七。

二月廿六號星期日

搜集各書中之周室封建材料，備編講義。

寫厚宣信。

讀《白香詞譜》及《歐陽文忠公集》等。

近日寫字太多，集材太速，弄得心宕血升，舊疾又發。藥物雖用，夜仍屢醒，今晚試讀文學書，移轉注意力，居然睡得較好，半夜雖醒而仍得合眼，大不易也。

二月廿七號星期一

鈔出《國語》中之封建材料。記筆記數則。

將《商王國的始末》一章作最後之修改，訖。槃庵，之屏，貞一來談。寫厚宣信。

看韓歐集。

今日爲金殿進香之期，履安及周嫂等俱去，予以足疾守家。

二月廿八號星期二

復看所編講義二篇。寫伯祥，汪達之，汪孟鄒，拱宸，筱蘇，羅雨亭，郝昺蘅，佩弦，子植，士升，陳可忠，蔡無忌，洪思齊，馮沅君信。

爲壽彝來信作一跋尾送《邊疆周刊》。厚宣來。

看方望溪，姚惜抱集。

昨夜睡得非常好，夜九時半眠，直至今晨六時始醒。果能夜夜如此，我便有登仙之樂矣。

在家養疴一月矣，此一月中之工作，有下列諸項：

1. 編講義三篇，約二萬二千字。
2. 作《中華民族是一個》論文一篇，約八千字。
3. 記筆記，約兩萬字。
4. 修改筱蘇代作文一篇。
5. 搜集"公亶父非太王考"及"周王室的封建"材料。
6. 將《左傳》，《國語》，《論語》，《孟子》及《中央研究院集刊》翻看一過。

謝謝我的跌交，這一月的成績確是不壞。但我安得永有這般的讀書寫作的機會呢？因此，頗擬將雲大職務辭去。如父大人遺產能給我取到，而且物價不至過高，則不就職務亦未始不可過日子。這樣的生活能過幾年，"中國通史"一定出得幾冊了。

一九三九年三月

三月一號星期三

　　寫自珍信。與履安步至龍頭村，在中研院晤凌純聲，彥堂，厚宣等。十時上車，十二時到登華街。與旭生等到天馨吃飯。遇穎孫，張子高。

　　到北平圖書館，改講義稿。并晤從吾，芝生。到雲南服務社剃頭。到西山處借錢。到平館與育伊等同出，吃飯，晤何衍濬，馮國治夫婦。

　　偕育伊，逢源到登華街，晤旭生等。由育伊等伴至雲大，與在宥談。

　　今午同席：鄭穎孫　蘇秉琦　旭生　西山（以上客）　予（主）

　　今夜同席：萬斯年　劉縱一　王育伊　鄭逢源（以上客）　予（主）

　　足病一個月矣，今日初出門，行甚緩。雲大太高，慮不能上，育伊逢源掖之而行。

　　聞穎孫言，北平淪陷後，日本學生來旅行者甚多，渠等來後，大買我的著作，并以爲我尚在北平，欲來訪我。敵乎友乎，可作此問也。　得丕繩來書，知《古史辨》在上海銷路甚好，開明書店囑其編第七冊，渠擬目見示，皆三皇五帝及夏代傳說之考訂文字，凡六十萬言，并謂今年內即可出版。此日此時，此種書居然能銷，大出意外。予因有自編古代地理考證文字爲一冊之意，其第一篇則爲《禹貢著作時代考》。

三月二號星期四

豫備下午功課。寫伯祥信。

上課一小時（三禮）。賢璋來。呂叔湘偕梁樹權來。晤舟生。

顧獻樑來談，與同到徐舟生處，并晤子水。八時許還校。

鄭允明君携其兄之眷來昆明，道經貴陽暫住，孰料竟於二月四日被日人炸死，傷哉傷哉！如此有爲青年，乃默默而死乎！昨聞北平圖書館顏君言，渠一月卅一日尚有信寄至也。渠遺稿如能寄到，當爲謀出版之地。

三月三號星期五

西山來。壽彝來。豫備下午功課。自珍來，與同到辰伯家，吃飯，并晤梁方仲夫人及王女士。

上課兩小時（商周神權，古人想像中的天）。到賓四處，并晤惠長，毅生。與賓四同到中華飯店吃飯。訪林雷日冲，知已於前日行。

道遇萬斯年王育伊，與同到正義路愛國書店買書。到西南旅社訪成志，穎孫，均不遇。到文藻處，晤其夫婦。到翠湖公園步月，遇賓四，同步。

芷芬到貴陽後回昆明，途中車翻受傷，病臥貴陽醫院，聞須兩個月後方可出院，亦是無妄之災。出門真不易！

三月四號星期六

辰伯來。蘇湖等來。看前記日記，鈔出人名，備發訃。成志來，與同出，到文廟東巷 12 號汪宅訪阿汪堅贊，意希博真，到天馨吃午飯。

與成志到旭生處。阿汪堅贊夫婦到旭生處，與之同出，到雲大參觀。續鈔人名單。看袁樹五文集。

唐京軒來談。

校中本於晚十一時熄燈，此次進城，乃熄燈延至十二時後，或竟通夜不熄。隔壁房間，人雖睡而燈不熄，使予無法入眠，每夜必服藥。真氣死人，因擬移至登華街住。

聞成志言，予在《益世報》發表之《中華民族是一個》一文，渠在重慶見到《中央日報》轉載，聞之甚喜德不孤也。

三月五號星期日

早餐畢，與在宥，玉彥同到北門街游唐繼堯家之花園。出北門，到蓮花池，游永歷帝灰骨處及蓮池俱樂部（陳圓圓梳妝臺），又到法越義地。還校，朱衡夫來談。

與在宥同到登華街，又到海棠春吃飯。飯畢，成志邀至民教館攝影。出，到阿汪堅贊家小坐，并晤意科長之母。出，與旭生在宥到民權街買舊書。到一洞天茶社飲茶談話。

到方家吃飯。到翠湖公園步月。回校，出"經學史"及"上古史"試題十六道，謄清，已十二時矣。

今午同席：阿汪堅贊夫婦　意希博真女士　楊成志張西山（以上客）　旭生，予（主）

今晚同席：旭生　寅恪　膺中　莘田　萬斯年　李希泌　方杰人　劉廷楨　費女士（仲深之女）　在宥　予等（以上客）方國瑜夫婦（主）　與膺中莘田等人同席，胸中頓起不快之感。如此佞人讒人，予真無法與之為伍也。然渠等要打倒我十幾年了，究竟把我打倒了沒有？思之亦頗自豪也。但望我身體好，能工作，便一切都不怕矣。

三月六號星期一

方國瑜來。携物到登華街，與旭生西山等談。雇人力車回鄉，十二時許到。

　讀《儀禮鄭注句讀·士冠禮》篇經注畢，但未能全懂。

　鈔《士冠禮》經文，未畢。

　　《儀禮》一書，久欲讀而苦無暇，今鄉居較閑，又買得木刻大本，擬於一個月內先粗讀一過。

三月七號星期二

　鈔《士冠禮》畢。記日記六天。

　草《周王室的封建》，未畢，約二千言。

　點讀《士昏禮》篇，畢。翻看《狄道州志》。

　　玄同先生於一月十七日逝世，噩耗傳來，至爲悲戚。今晨夢見其持手杖游廠市，態度陽陽如平時，予不能忍，抱而哭之，遂醒。

三月八號星期三

　旭生，西山來。續草《周的封建》千五百字。

　寫童丕繩，懋恒，肖甫信。發訃四十餘份。寫萬斯年信。與履安同到黑龍潭，與旭生西山同看房屋，出，遇蔡氏夫婦，同歸。

　點讀《士相見禮》，并鈔出。

　　黑龍潭屋舊，又宿住兵，臭蟲跳虱極多，旭生上樓一次，足上即集五六個跳虱，臭蟲則一望壁縫即見，予本欲往讀書，聞此意沮。

三月九號星期四

　西山來。將《春秋大事表》上各國名寫在地圖上，備編講義。

　重編講義千餘言。看梁任公《春秋載記》。讀秦少游詞。

　翻看《狄道州志》，集土司材料。

　　今晨二時許即醒，起身後頗疲倦，不敢多任工作。昨日到黑龍潭一回，本當得佳睡，想以夜中讀《禮經》致此，此工作只得暫停矣。

三月十號星期五

作《周室的封建及其屬邦》本文訖，共五千言。

續鈔甘肅通訊録。草上文注釋約二千言，未畢。振鐸崇武來，同出散步，由蒜村歸。

看各處來信。看《狄道州續志》。服藥，得眠。

近來每夜只睡四小時，今晨一時三刻即醒，服藥亦無效。憤甚，真使我悲觀，無生人之樂矣。擬於宓家歸後，住登華街，到醫院就醫。

在《西北論衡》中，見平津兩地之中原公司均燒毀之消息。履安前年將予稿件裝兩木箱，托章元美君存入天津中原公司地室，此訊如實，不知予稿尚存在否，爲之急死。苟竟燒去，則予未發表之稿件及十五六年之日記均不存在矣，豈不可痛！因囑履安即函起潛叔詢問。

三月十一號星期六

草上文注釋四千言，畢，尚未修改。

翻看《甘肅通志》四册。翻看《公羊傳》。

看《西寧府志》搜集材料。

三月十二號星期日

到黑龍潭，途中登山看桃花林。遇蔡氏夫婦。到研究所，取《明史·西域傳》到亭上讀之。十二時歸，欲由田疇中行，不得出，回到蒜村，至落梭坡，遇錢顧二君，同歸。

留鍾書，獻樏飯，談至二時半別去。點讀《鄉飲酒》篇。

修改《周室封建》一篇，未畢。

三月十三號星期一

修改《周代封建》注釋畢。寫《甘青史迹叢談》三千餘言，未畢。

壽彝，西山來。象龍，方仲來。

點讀《鄉射禮》，未畢。

三月十四號星期二

續草《甘青史迹叢談》三千餘言，略畢。寫上海靜安寺路交行保險櫃部信。

校履安所鈔《周封建》一篇。希陶來。

三月十五號星期三

點讀《西寧新志》，集材料。自珍歸，看各處來信。

重草《甘青叢談》千餘言，將全文統改一過，凡得七千餘言。

看任公集。點讀《鄉射禮》，畢。

三月十六號星期四

與自珍同到落梭坡山下看桃花，又到黑龍潭，與旭生等談。歸，修改《史迹叢談》。

旭生來，與同步行進城，以足疾，輒息，一時半行，四時半到。到黃公東街開會，商下二年計劃。

與旭生同到天馨樓吃飯，遇秉琦。到雲大，與在宥談。鈔《甘青史迹叢談》至十一時，未畢。

三月十七號星期五

　　趙繼曾來，爲寫字二幅。寫自珍，交行信。續鈔《史迹叢談》，訖。修改《周封建》文，畢。凌純聲來，長談。邀至新雅吃飯。道遇朱叙歐，顧謙吉。

　　與在宥同到北平圖書館參觀，遇從吾等。訪賢璋，道遇陳君璧。到元胎處，并晤錫予，毅生。到華山南路寄信。到辰伯處，見其母妹，及梁嘉彬君之弟。與李埏同到蒸肉館吃飯。

　　回校，閱《經學史》等。與在宥談。寫致雲大同人訃聞封套。

　　今午同席：凌純聲　在宥（以上客）　予（主）

　　聞北平及天津日租界之中原公司俱炸焚，而法租界者尚在，則予稿尚無恙，爲之一慰。

　　父大人在上海交行所租之保險櫃鑰匙印章，康女俱未找得，如落人手，則吾父一生辛苦積蓄其已矣，因草一遺失啓事，函魯弟登報。

三月十八號星期六

　　看學生試卷，評分畢。寫魯弟信。訪謙吉，不遇。訪圖南，遇之。到大興街寄信。寫顧謙吉信。繆鸞和來，看其所贈《宣威志》。在宥邀在校吃飯。

　　賢璋來。迪之來。萬斯年來長談。寫泉澄，衣萍，顧祝淇，樹民信。寄信，遇孟真夫婦及子水。

　　到熊校長處吃飯。十時客散。

　　今晚同席：汪緝齋　朱經農　姜立夫　李素偉　范秉哲　杜醫生　羅仲甫　徐茂先　聞在宥　予（以上客）　熊迪之（主）

　　顧祝同（墨三）之弟竹淇來書，謂其兄累電聘予往上饒軍部，階級爲中將，月薪在五百元上。予因答之，謂既無軍事智識，又乏辦事之才，但對於邊疆甚有興趣，如能容我結集一旅行團，調查邊疆，歸後編輯各區志，則固甚願也。

三月十九號星期日

五時半起，整理物件。寫訃聞封套五十四個。乘車到正義路，遇賢璋，改坐滑竿歸家，十時到。記日記三天。

打蒼蠅。榮庵，天木來。點讀《周禮·天官》，未畢。

予書室中蒼蠅最多，或以明亮之故。今日費了三小時拍之，打死當在五百頭左右。

三月二十號星期一

看《甲骨學商史編》，擬草《商周的生產》，約寫一千字，竟寫不下。

西山來。寫致中研院同人訃聞。寫厚宣信。到黑龍潭，晤旭生，并晤吳敬軒夫婦，梁方仲夫婦，黃達樞，王女士等。

點讀《天官》，訖。

德并捷克，又圖羅馬尼亞與匈牙利，歐局甚緊張，第二次大戰當不免。此戰役起，日本必先取上海，天津，漢口各英法租界及香港，安南。今年暑假，予未必能到上海也。

西山來，告予，聞方神父言，渠得重慶方面來信，知予將作政治活動。方神父意，不如用功學問爲佳。此真奇事，我如欲作政治活動，何必到昆明，又何以住在昆明的鄉下，我如此避囂，而重慶人仍爲我造謠，真不曉其意何在。蕭一山寄西山函，亦謂予甚有政治興趣，將來政治方面可以合作，此亦由一個根上發出來者。可發一笑！

三月廿一號星期二

鈔商周農工商材料。厚宣來。

看厚宣《殷代農業》文之前半。

點讀《周官·地官》白文，訖。失眠，服藥。

胡厚宣君非常努力，治甲骨學至專心，近年所作論文充實有見解，觀之自慚。

三月廿二號星期三

摘鈔厚宣《卜辭中所見之殷代農業》，未畢。

爲北平研究院史研所作向英庚款會請款書，一千言，訖。即到黑龍潭，晤旭生，并晤彦堂，天木。槃庵，貞一，述之，漢昇來。

看《益世報》所登《甘青史迹》。與履安自珍談話，未工作，得酣眠。

昨夜因趕讀《周官》，精神一緊張，直至今晨一時半始以兩次服藥而得睡。予夜中不能正式做工作如此，傷哉！

日前西山又告予，謂重慶方面謠傳，政府禁止談國内民族問題，即因予文而發。此真牛頭不對馬嘴，予是欲團結國内各族者，論文中彰明較著如此，造謠者何其不憚煩乎？

三月廿三號星期四

摘鈔厚宣文前三段畢。

摘鈔吳子馨《殷代農稼情況》畢。與自珍到厚宣家還書，又到中研院買物。記日記五天。

讀《周禮・春官》上半篇。失眠，服藥。

日日打蒼蠅，五天來當有二千頭上矣，而蠅至仍不減少，鄉下生活真非我輩都會中人能過。

三月廿四號星期五

與自珍同到白龍潭，游中正醫學院。出，上山，游虛凝庵。抵家已下午一時矣。即飯。

點讀《春官》下半篇，訖。之屏來。到黑龍潭訪旭生。

歸後，宓家回鄉，與同餐。飯畢已八時三刻矣。

昨夜又點書失眠，真氣死人！服藥兩次，至今晨二時方得朦朧，因此今日精神不好。趁自珍在家，便與同游。虛凝庵本身不過爾爾，但道上松樹却好。

三月廿五號星期六

草《漸漸衰亡的周王國》三千字，略畢，未修改。

到社會研究所訪方仲，象龍不遇。因信步到唐繼堯之母冢及祠。歸，邀履安自珍同往。

翻看雷學淇《竹書紀年義證》等書。

三月廿六號星期日

厚宣，振鐸，潘實君來，照相，游唐氏祠墓。到黑龍潭，遇育伊，圖南，旭生等。到社會研究所。回予家，吃飯。

厚宣等二時許去。寫訃聞封套一百六十餘個，寫王玉哲信。與自珍到唐氏祠散步。

翻看馬乘風《中國經濟史》等。

三月廿七號星期一

重草《漸漸衰亡的周王國》，約五千言。西山來。

與履安到田間散步。

翻看梁任公《中國歷史研究法補編》。

今晨九時，自珍進城，計歸來十二天。附近各處，如黑龍白龍兩潭，龍頭村，蒜村，落梭坡，虛凝庵，俱與游到，桃花，木香亦看了不少。

三月廿八號星期二

六時即起，修改本文付鈔，草注文二千字。

到黑龍潭，晤緝齋與潤章等，同吃飯，談英款補助諸人工作。續草注文，未訖。

賢璋來談。翻看《左傳》。

下午歸來，因趕作注文，胸頭又悶，我工作真不能求速。如何可以改掉我的性急？

三月廿九號星期三

草注及修改本文訖，本篇計一萬字。

到黑龍潭，補注文。與旭生談。

雜覽《史記》，《紀年》諸書。

四天寫一萬字，已算趕緊，作文洵非易事。

接自明來書，悉保險櫃之鑰匙圖章已找到，爲之一慰。　報載蘇州游擊隊活耀，日軍在城上開炮三百響，不知又把蘇州人嚇得怎樣。

三月三十號星期四

記日記三天。修改講義，未訖。十時，滑竿來。乘至登華街平研院宿舍。與西山同到西域樓吃飯。

到校，豫備功課。元胎來。田渠來。上課一小時。遇慰堂。在宥約至得意春訪游國恩。同到新雅吃飯。

與西山訪逢源，不遇。到登華街，丁則良，賓四來。元胎來。逢源來。十時還校。

本月成績不及上月多，則以進城八天故。進城，知南昌失矣！西南恐亦不免。噫，看爾橫行到幾時？

今晚同席：游國恩　包鷺賓　予（以上客）　聞在宥（主）

三月卅一號星期五

修改《衰亡的周王國》一文，訖，交趙繼曾君付印。滕若渠、慰堂來。舟生來。西山來，搬出鋪蓋。自珍來，同到登華街，又同出吃飯。遇介泉等。

到校，上課二小時（商王國始末）。逢源來。壽彝偕自珍來。吳瑞芳來。到辰伯處，與自珍同出購物，到衛生實驗處訪吳瑞芳。

與自珍同到鼎興吃飯。還登華街，又到海棠春赴宴。九時半出，道遇元胎，又到柿花巷，與元胎、從吾、賓四談。至十一時方歸登華街，遂失眠。

今晚同席：文藻夫婦　西山　育伊　在宥　孝通　李鑑澄夫婦　予等（凡二桌）（以上客）　宓賢璋（主）

學生分數：

經學史：李俊昌　86　趙繼曾　84　繆鸞和　82　謝雲仙　80
　　　　蘇　湖　78　左逢吉　78　馬昭銘　76　李爲衡　74
　　　　譚聲作　70　崔華林　68

上古史：方如蘭　86　趙繼曾　84　李俊昌　80　蘇　湖　78
　　　　左逢吉　76　馬昭銘　76　吳慶鵬　74　張秀昆　72
　　　　李爲衡　72　趙師淑　70　譚聲作　65　李瑞華　65
　　　　李廷蓮　60

一九三九年四月

四月一號星期六

到鍾書、獻樑處。到謙吉處。到雲大取物。到小鵝處，并晤寶泉。元胎等來，同到香賓吃飯。到近日樓買物。

還登華街，寫克讓，又曾信。到潤章處談。雇人力車歸，道遇漢昇夫婦及啓生。

　　看各處來信。疲倦，早眠，眠甚酣。

　　　今午同席：予　自珍　容琬（以上客）　元胎（主）

　　　得健常吊函，無一真摯語，爲之不快。

四月二號星期日

　　與履安共釘窗紗。到黑龍潭，與旭生談。若渠等來，同游，到予家吃飯。

　　飯後參觀中研院歷史社會兩所，晤槃庵，純聲等。還家，點讀《周官·夏官》白文。西山來。

　　翻看《方望溪集》。

　　　今午同席：滕若渠　蔣慰堂　徐旭生　董彥堂（以上客）　予（主）

　　　自裝窗紗後，蒼蠅大少，可安心工作矣。　　近日天氣甚熱，聞人言，此即雲南之夏，真到夏天反而涼快。

四月三號星期一

　　草《齊桓公的霸業》千餘言。草桓公年表。

　　寫士升，自珍信。記日記四天。翻任公《管子傳》等書。

　　翻看《左傳》及《公羊傳》。

　　近來天氣中午熱而早晚涼，極易使人傷風，予與履安并不免，痰涕俱多，精神疲乏，勉強寫作，困頓已甚，今晚九時即眠，午後亦眠一刻。

四月四號星期二

　　記筆記二則。重整理《齊桓公年表》，并鈔清，作注，訖，約三千餘字。

　　西山來。

看王船山《春秋世論》。

西山來，告予，汪敬熙評予爲“萬能”。按孟真亦嘗戲呼予爲“通天教主”，亦萬能之義也。北大老同學如此嫌忌我，真無法對付。

四月五號星期三

鈔鄭玄《三禮目録》，未訖。看《要籍解題》。

爲人寫字約十件。鈔《大戴記》目作附注訖。天木來談。

續鈔《三禮目録》，作《儀禮》各本次序表。上午一時半醒後，直至四時許始以服藥得眠。

前夜下雨後，此二日中陰雨連綿，愈來愈冷。今夜且下雪，是爲我到滇後初次所經之冷。

四月六號星期四

看《飲冰室集》中之《禮記》材料，略鈔撮，豫備下午功課。吃早飯後步行進城。

到登華街買物後，即赴雲大。徐舟生來談。上課一小時（《禮記》）。晤在宥，蟄存等。蔣慰堂偕其弟來。到清真寺訪壽彝，與同出吃飯。

到巴黎理髮室剃頭。到元胎處，并晤從吾。歸寓，到劉爲濤室。

今日進城，雨後路滑，又將右足折傷，惟不重耳。雲南的路真難走。到城，又下大雪。

上次進城，知米價升至廿五元一石，今日進城，悉又漲至卅二三元矣。貧民無飯吃，有跳河者。以一二人之操縱，害人如此，豈不可恨。

四月七號星期五

自珍來。寫伯祥，希白，萬章，敬軒，正中書局信。看《上古史講義》，略作豫備。自珍來，同出吃飯，并購物。

到校，上課二小時（周人的崛起及其克商）。林大琛等三人來。方矓仙，方國瑜來。周泳先來。

與壽彝同到潤章處，商移書事。又同到南昌街白宅吃飯。遇鄭穎孫。九時，與在宥同出，到兵學書局，訪元胎。歸，朝陽來談，又到其室。翻覽方矓仙先生見贈各書。十一時就眠，遂失眠，服藥亦無甚效。

今晚同席：在宥　馬元卿　傅漢升　崔書文　伍必榮　林仁通　壽彝　予（以上客）　白珍兄弟（主）

報載汪精衛投降日本，向日方索每月活動費三百萬元，日方給以二百萬元，已領兩月。周佛海，高宗武，梅思平，陶希聖，李聖五，陳公博等爲其奔走，準備組新國民政府，練國民軍，真氣死人！

四月八號星期六

寫在宥，聯大書社，薛坊長，雲五伯嘉信。到香林處，遇之。到慰堂處，亦遇之。到林大琛處，遇之，爲寫以亨介紹函。到佩弦處，未遇，見其夫人與物華。到圖書館訪方矓仙，未遇。回登華街，寫紹虞信。

到元胎處，晤從吾等。自珍等來，同出，到南門外再春園吃飯，未畢，警報至，即趨出，避於東寺街南口麥田中，歷三小時半，始解除。仍到再春園吃飯。與自珍同買物，歸寓。

元胎來。看報，休息。看香林所編高中本國史。

今午同席：羅香林　西山　賓四　元胎　容琬（以上客）予，自珍（主）

今日放晴，日機即至，聞炸飛機場，城中居民蜂擁而出，群匿麥隴中，此中趣味予尚爲初次嘗試也。嚼新麥，頗有甘蔗滋味。

四月九號星期日

五時許起，收拾畢，七時雇車回村，九時到。雲大學生六人來，留飯。

飯後與學生同游落梭坡唐母墓祠，到社會研究所晤象龍，爾綱，到史語所參觀考古組工作，聽彥堂等講述。五時歸。遇陳望道夫人。

與履安談話，未做事，且早眠，眠頗酣。

自今日起，服蘇俄製鹿茸精，以治予之神經衰弱，倘能有效，則大樂矣。

今午同席：繆鸞和　左逢吉　李俊昌　李爲衡　蘇湖　程國勛（以上客）　予（主）

四月十號星期一

記日記四天。草《齊桓公的霸業》未畢。

看《東壁遺書》。

前，昨，今三天，天天有警報，城中人不知嚇得怎樣。

四月十一號星期二

作《齊桓霸業》本文畢，約五千字。修改一過。賢璋來談。

翻看《公、穀傳》。

翻看《史記》，《東壁遺書》。失眠。

四月十二號星期三

作本篇注略畢，約三千字。旭生來長談。賢璋來。

到黑龍潭，以新篇交旭生覽之，檢地名辭典。

槃庵，之屏來。翻看《飲冰室合集》末數種。

昨晚又不成眠，服藥後直至天將明始略睡，朦朧中只見《左傳》文字一條條布列在眼前，自是日前精神太集中之故。

四月十三號星期四

記日記三天。鈔記各家評論《周官》之說，豫備明日功課。

三時半，滑竿來，乘之進城。半道遇警報，在筱莊及田中候一小時半，六時始到城。

訪潤章，未晤。到會仙居吃飯。訪在宥，晤之，并遇朝陽。出，又訪潤章，晤之。歸寓，看數日來《益世報》，進茶，遂終夜不成眠。

家中泡茶在早上，飲至夜中，茶味已去，故不妨礙睡眠。今日到平研院宿舍，僕人為泡茶，予以吃炒麵後渴甚，飲盡一甌，遂至終夜不能闔眼，後當痛戒。

今日下午四時，又來警報，五時三刻始解除。聞蒙自被炸甚慘，日機由安南領空來，故不受時間限制。

四月十四號星期五

寶泉來。元胎來。自珍來，同到在宥處。予獨至金城取款，中行存款。查勉仲來，同到經利彬處。略豫備功課。

到校，上古代史二小時（齊桓公霸業），經學史一小時（《周官》）。晤逢源，王玉哲等。與在宥談。回寓後出，晤以亨夫婦。到仁和園吃飯。到商務購書。

回寓後又出，到辰伯處，并晤方仲。上街買物。歸後早睡。臨睡時潤章來。

到辰伯處，知其太夫人為避炸，已移住予家。辰伯為其未婚妻袁女士來，已賃落梭坡唐家祠堂，修好後即與方仲移居於是。

元胎求凰之心甚切，欲得舟生，予決為去函介紹。

自下星期起，校中爲防空襲，移動上課時間，"上古史"改至四至六時，"經學史"改至七時。

四月十五號星期六

擬李寶泉赴西北護照稿。修改史學研究所向英庚會請款書。到潤章先生處。寫吳辛旨，丕繩，自明，舟生，謙吉，雲五信。到大興街寄信。到方神父處。

坐滑竿回鄉。與吳伯母及履安談話。記日記三天。整理物件。看彥堂《殷代曆法》文，未畢。

翻看《容齋隨筆》。

一星期中日機來四次，昆明城中人下鄉者極多，有許多店鋪竟終日不開門，想已全下鄉矣。昨聞以亨言，上星期六之炸，航空學校中計落三百餘彈，被炸甚慘。

前在《益世報》發表兩文，方神父告我，轉載者極多，如《中央日報》，《東南日報》，安徽屯溪某報，湖南衡陽某報，貴州某報，皆是。日前得李夢瑛書，悉《西京平報》亦轉載，想不到此二文乃如此引人注意。又得萬章信，悉廣東某報亦載。

四月十六號星期日

寫方杰人信。到羅爾綱家。到黑龍潭，與旭生西山談。看彥堂《殷代曆法》文畢，寫彥堂信。

草《齊桓時大勢圖》。天木，槃庵來。程國勛來，爲寫茅盾處介紹信。梁方仲夫人來。與阿宣出外散步，遇希陶。

翻看《吳越春秋》，未畢。

四月十七號星期一

草《齊桓公事業分類表》，重繪《齊桓時大勢圖》。開致薛坊長進城日期單，以備滑竿來接。

方仲來。

翻看《吳越春秋》，畢。

　今日爲父大人百日。

四月十八號星期二

修改《齊桓公的霸業》一文，未畢。

方仲，象龍來。賢璋來。

翻看《諸子繫年》。失眠，服藥。

　修改太用力，且急欲其成，心中一緊，登床遂無倦意。可見我的工作只能從容做去。

四月十九號星期三

修改《齊桓公的霸業》一文，粗畢。

西山來。賢璋來。與阿宣同到落梭坡，晤湯吳二君。

翻看《諸子繫年》。懼失眠，先服藥。

四月二十號星期四

修改《齊桓霸業》仍未畢。在宥來，伴之到中央研究院，與思永，彥堂等談。回家，辰伯偕陳太太來，同飯。

　一時，乘滑竿進城，三時到。看報。與旭生同到總辦事處，行國民公約宣誓禮。回登華街，元胎來，同到徐舟生處，到海棠春吃飯。遇費仲南夫婦。

　八時，飯畢，出遇辰伯，方仲等。元胎又來，談婚事。到雲大，晤在宥及李爲衡。

　元胎欲娶徐舟生，囑予介紹。予上星期致舟生函，請其考慮。今日詢之，乃詭云未接到。她在我面前説謊話，太不應當。

四月廿一號星期五

趙繼曾來送講義，即將《漸漸衰亡的周王室》一章重看一遍。張鳳岐，鳳儀兄弟帶應徵書記四人來，面試。寫自明信。元胎來。自珍來，與同到三牌樓吃飯，到金碧，正義諸路購物。

訪元胎賓四於才盛巷。回寓豫備功課。到校，與泳先等談。上課二小時（齊桓年表及周王國）。出，遇孟真。

壽彝來。到校上課一小時（《樂經，記》）。與在宥談。到津津咖啡店吃飯。訪華一鳴。

兩夜來均失眠，服藥後亦只睡得四五小時耳。

四月廿二號星期六

六時起，修改《齊桓霸業》一文，至九時許畢，即寫邱女士信，到周泳先處交稿。回寓，鈔《五帝德》，《帝繫》二篇，并略作校記，寄蘇湖付印。

十二時，乘人力車回鄉。二時到。改正半年來報紙上發表諸作，將以付鈔。

看《桃花扇》注。

《齊桓公的霸業》一章，自四月三日草起，歷二十天。實際工作約七十餘小時，如不停地工作亦須九天，結果寫成講義一萬五千字，年表，功業表，地圖等三種，仍是平均每天二千字。

四月廿三號星期日

記日記三天。賢璋來談。鈔孝通論民族問題文，凡五千字，訖。西山來。方仲偕浦星來。白果巷外院陳家（名嘉言）全體來。續看《桃花扇》。

近日天氣如夏，予感受內熱，左鼻流血，且便秘。暴熱真難耐也。吳伯母在予家亦病，似類瘧。

四月廿四號星期一

翻閱《明史》。草答孝通書約三千言，未畢。辰伯來，留飯。

草《晋霸年表》，未畢，以精神困倦，又看《桃花扇》。槃庵來。

方仲邀至其家吃飯。十時歸。

數日來看《桃花扇》，覺得阮大鋮之爲人絕似莘田，膺中，其吸引朋黨，排擠正士，蒙蔽權要，搶奪勢力，閉目思之，實出一型。阮氏亡了南朝，彼輩亦亡了北大！

四月廿五號星期二

續看《桃花扇》。擬答孝通書，將胸中所欲言者隨手寫出。

續草《晋霸年表》，仍未畢。

晚飯後與浦星阿宣到社會科學研究所看報，遇方仲，象龍等。看《桃花扇》。

近日下午疲倦已極，不知是何緣故。

四月廿六號星期三

鈔《周易》目録及朱子《筮儀》，作講義。校所鈔孝通來書。

與浦星阿宣到黑龍潭，晤旭生，西山，向仲。到咖啡館喝茶，看梁任公《春秋載記》。由蒜村歸，鈔鄭玄《三禮目録》。

晚飯後又與浦星等到尚家塋散步。看《桃花扇》。

四月廿七號星期四

鈔鄭玄《三禮目録》，畢。寫厚宣信。

看厚宣文，摘鈔二紙。整理帶城物件。以滑竿不至，步行進城，由女僕背包送至半途。到潤章處，并見齊雲青。

到勸業場吃飯，訪壽彝，不遇。到在宥處，未晤。到孟真處，遇之，并見寅恪。再到在宥處，遇之。九時許歸。

四月廿八號星期五

豫備功課。壽彝來。自珍來。到雲大上課，以遲到未上。到才盛巷，與元胎賓四同出，到香賓吃飯。

豫備功課。與自珍同到校。上課三小時（周的衰亡，德治説，《周易》）。遇徐夢麟，李宗□，王永泉等。

到以亨處吃飯。歸，遇育伊，周杲。賢璋來談。失眠，至上午一時許始得眠。

四月廿九號星期六

寫邱韻珊信，到周泳先處，并晤其弟百先。歸，編北平研究院史學研究所論文及報告目録。到北平圖書館寫講義。上人力車。

一時半到家。整理什物。西山來。以疲，小睡。將邱女士所鈔《齊桓公霸業》一篇加上標號。方仲來。

與阿宣到橋上聽水聲看月色。以疲倦，八時半即眠。

四月三十號星期日

校履安所鈔厚宣文。厚宣，天木來長談，留飯。

飯後同到厚宣家，又同游山上彌陀寺，遇李光濤。到研究所，晤孟真。彦堂送歸，并贈物。

與阿宣又到橋上聽水看月。看《史學集刊》第三期。

履安今日下午發熱，想係流行性感冒。

昨聞南昌收復，今日閲報，悉我軍又退出矣。

一九三九年五月

五月一號星期一

寫擬答孝通書材料竟日。

天木來。

看巴金《愛情的三部曲》。

今日履安熱度頗高，達一百〇三度。

五月二號星期二

記筆記三則。重作答孝通書，約五千字。賢璋偕顔伯諍來，診履安疾。賢璋留飯。

看孟真開來意見。方仲來。向仲來。與阿宣到蔡家。

看孟真開意見，想本文結構。

今日履安熱度較低，顔君謂一二日内有痊愈之望。

五月三號星期三

方仲來。作答孝通書三千餘字。

西山偕劉書銘來，談齊魯大學國學研究所事。到孟真處送稿。

與阿宣到社會所，見方仲。看近數日報紙。失眠。

今日以作文興奮，又以齊大欲聘我主國學研究所事，稍一籌劃，精神更奮，遂致失眠，服藥三次始得眠，已上午二時矣。

五月四號星期四

孟真派人送昨稿來，即寫覆信。整理進城用物。鈔《左氏五十凡》入講義，訖。

乘滑竿進城。遇西山，壽彝。到吳家，未見人。到陳嘉言家，見其夫人。到自珍處，見其臥疾。到雲大，訪蘇湖，囑其鈔答孝通書。

到同仁街厚德福赴宴。出，到愛國旅社，與劉書銘談。與西山同步歸。到美美公司買紙。

今晚同席：董楚生（慎昌洋行經理）　仲博仁　楊世華（中華滇分局經理）　李文顯（航委會委員）　侯寶璇（璣衡，中法中學教員）　西山　予（以上客）　劉書銘（主）

聞昨敵機炸重慶甚重，死者近三千人。不知健常安否。

自珍亦以感冒臥疾，與履安同。現服校醫藥。

五月五號星期五

豫備下午功課。編平研院史學會出版物目錄，訖。壽彝來。馬曼青來。趙繼曾來。到潤章處，未遇。到會仙樓吃飯。

欲至元胎處，途遇之，同到登華街。到校，上課三小時（周室封建，《易》學）。到在宥處。吳浦星來。

到鼎興吃飯。到辰伯家，飲酒。回登華街，方矍仙，國瑜來談。失眠，起改答孝通書，至上午四時方睡。

馬曼青來，藉稔健常近狀。渠近兼任戰地黨政委員會職務，想益忙也。

服鹿茸精已近一月，有時眠得甚好，而失眠尚不能止，何也？

昨晚重慶又被炸，較前日更重，繁盛處俱盡。

五月六號星期六

修改答孝通書畢。潤章先生來。到校取薪，晤在宥。到益世報館晤方神父及趙惜夢。

乘車還鄉。到社研所及梁宅。到黑龍潭，西山邀飯。歸，臥床看報。與阿宣到陳家小坐。

翻看亞東本《東壁遺書》。

亞東本《東壁遺書》，出版時適予極忙，竟未翻看，今日始得亞東送來，翻閱一過，如見自己兒女然，此真我生平一大工作，惟隨時發稿，尚嫌未統整耳。

五月七號星期日

翻看亞東本《東壁遺書》。記日記三天。看上月《申報》。吳伯母等赴新寓。

看拱宸所作《左氏傳之性質》。到落梭坡看吳家諸人。吳春曦來。

看《東壁遺書》。失眠甚劇，至上午二時方眠。

五月八號星期一

草《秦晋的崛起與晋文公的霸業》一章五千餘言，未畢。西山來。

辰伯來。

看《國語》，集作文材料。

五月九號星期二

續草昨文，畢，共約一萬餘言。

辰伯，方仲來。到希陶處。

記筆記數則。

五月十號星期三

修改昨作，大略畢，搜集作注材料，并改正履安鈔本。

看《呂氏春秋》。失眠，幸不劇。

五月十一號星期四

看《左傳》，豫備作本篇注。

旭生，西山來長談，留飯。賢璋來。乘滑竿進城。到雲南服務社剃頭。到登華街略看書。華一鳴來。

到服務社赴宴，九時出。訪壽彝不遇。熊校長來談。

今日同席：黃薊秋　張民權　隴體要　馮芝生　樊逵羽　戴修瓚　江澤涵　趙惜夢　牛若望　馮庸等廿餘人（以上客）　曼青（主）

五月十二號星期五

豫備下午課。自珍來，與同至津津咖啡館吃飯。

到中華書局購書。還登華街續豫備。寫潤章信。到雲大上課三小時（周封建，《春秋經》）。遇張敬女士。訪潤章，不遇。到會仙居吃飯。

訪潤章及劉雨樓，談院事。看各處來信。

得健常父督雍先生來書，謂健常忙至家信亦不能寫，為國宣勞至於如此，是可敬也。

五月十三號星期六

自珍來。寫健常，曼青，孝通信。修改《戰國秦漢間的辨偽與造偽》一文，蘇湖來，交鈔。作魯格夫爾來函跋約五百言。到辰伯處，被留飯。

與辰伯及駱君同道回鄉。歸，休息，看新出之《藏暉室劄記》。與履安及賢璋到落梭坡看屋，并到辰伯家。

略翻《穀梁傳》。

重慶昨晚七時又被炸，敵黔驢之技止此矣。聞重慶前兩次被炸共死傷六千人之譜，房屋焚毀三分之一，可謂浩劫。今晨寫健常信，甚望其有覆音也。

五月十四號星期日

大打蒼蠅。到黑龍潭，與旭生談院事。修改《晋的霸業》一文。陶孟和先生偕其内弟沈怡來，導游龍泉觀，乘其汽車歸。邀賢璋同飯。

天木偕蕭綸徽來。馬曼卿偕其友四人來，留飯，談至四時別。陳嘉言之姨妹來。記日記三天。

修改《造僞與辨僞》一文訖。

　　蒼蠅孳生大盛，今日所殺當在二千頭以上。若村中人都像我，不難絕滅之也。

　　今日天未明時大雨，上午十一時又大雨，下午三時又大雨，雲南已入雨季矣。

五月十五號星期一

重改《秦晋的崛起與晋文霸業》篇，未訖。略翻《俠隱記》。與賢璋談。

看皮錫瑞《春秋通論》。

　　此文，上星期四旭生先生來，予與覽，渠以爲平鋪直叙，無剪裁，故今日大修改一下，然予生性貪多，終未能多芟削也。

五月十六號星期二

將本文修改訖，作注約三千餘言。

壽彝來。

五月十七號星期三

將本文再修改一過，付履安鈔，作注約三千言。

寫旭生信。西山來。賢璋來。蔡玄彭來。

　　近日半夜二時必醒，醒後必隔二三小時方得眠，殊以爲苦，然夜中却能於工作後得眠，亦一方便事也。

　　身上小粒，半夜睡熱必癢，失眠之故，此亦其一。然倘能熟睡，則亦不覺其癢矣。

五月十八號星期四

　　作本篇注文訖。旭生來長談。記日記四天。

　　二時乘滑竿進城，四時許到，在登華街休憩，看《新動向半月刊》。訪馬曼青，與同至海棠春吃飯。遇顧謙吉。

　　逢源來。蘇秉琦自成都歸，來談。

　　費了七天功夫，將《秦晉崛起》一篇作畢矣。正文約一萬一千言，注文約七千餘言，雖説寫得快，平均一天還只有二千五百字。大約不能再速於此矣。

　　連日大雨，今日始陰晴，然亦有小雨。

　　今晚同席：馬曼青　吳越潮（以上客）　　予（主）

五月十九號星期五

　　君樸偕邱君來。豫備下午功課。修改《晉文公》篇，未畢。自珍來，與同至津津咖啡館吃飯。

　　校《齊桓公》篇。到校，上課三小時（齊桓公，《公羊傳》）。芷芬來談。與馮素陶談。訪君樸等未遇。

　　與君樸等同到小有天吃飯。到生活書店買書。歸，錢臨照來，到臨照室。

　　今晚同席：邵君樸　林弘照　邱寶鴻（以上客）　　予（主）

五月二十號星期六

　　六時起，修改《晉文公》篇畢，即到北平圖書館交逢源。并晤育伊。自珍來，同上街買物，遇佩弦。秉琦來。

十二時，上車，出東門後予步行，自珍乘車。予至龍頭村訪槃庵仲勉。與自珍到吳家，晤辰伯，方仲等。理物。

與自珍談。看《藏暉室劄記》。

五月廿一號星期日

寫自明信。李埏，浦月，陸和來。張爲申偕金君來。方瞿仙先生來。西山，育伊來。君樸等五人來，留飯。

點張希魯所作《袁樹五先生傳》，備入《史學副刊》。賢璋來。記日記。吳爲法來。

到黑龍潭。歸，看陶雲逵投來之論民族問題文。

今午同席：方瞿仙　岑仲勉　邵君樸　林弘照　邱寶鴻　陳槃庵（以上客）　　予（主）

五月廿二號星期一

續看陶雲逵文。鈔孟真寫給之材料，訖，預備作答孝通書。翻看《續俠隱記》。

賢璋來談兩次。辰伯來。與履安同挂帳子，避蚊也。

整理西北旅行時之稿件。

天氣奇熱，蒼蠅奇多，不堪其擾。

五月廿三號星期二

整日續作答孝通書第二節，訖，約七千字。吳女士偕其姨甥二人來。

賢璋來談。浦星來。

今日之文在夜間趕完，亦寫千餘字，而竟未失眠，可見鹿茸精已發生功用矣，大慰。

夜間起風，陡凉。

五月廿四號星期三

修改昨作訖。壽彝來。

辰伯偕其大姨及浦星來。到黑龍潭，以新作交旭生，西山看一過。歸，賢璋來談。

與履安到龍頭村訪孟真不遇。晤槃庵。

近日身上濕疹又發，一睡即癢，今夜幾乎失眠。此係四五年之舊疾。 今日又覺胸腹間不舒服。

五月廿五號星期四

爲人寫字約二十幅。略豫備明日課。記日記。

與賢璋同步行進城。三時許，予到雲大，訪在宥，看各處來信。壽彝來。回登華街，華一鳴來送書。作《史學消息》兩則。

北大諸同學宴予於新雅，談史學研究會事。

今晚同席：予（客） 王玉哲 孔憲杰 高亞偉 鄭逢源 楊志玖 劉熊祥 彭建屏（以上主）

五月廿六號星期五

元胎來。鏡池來。君樸來。豫備功課。方神父，林弘照，吳小岵來。黃蕢秋，馬曼青來。北大學生二人來。

到新雅吃飯。歸寓，豫備功課。到校上課三小時（齊桓公霸業，訖。戰國秦漢造僞與辨僞，《公羊傳》義例）。到新雅吃飯。

到省黨部，赴文藝界抗敵分會講通俗讀物社創辦經過。

今午同席：吳小岵 林弘照（以上客） 予父女（主）

今晚同席：李鏡池 盧芷芬（以上客） 予（主）

五月廿七號星期六

將答費孝通書修改一過。方矔仙來，邀至仁和園吃飯。

到益世報館送稿，晤方神父。到陳夢家處，到唐立厂處，到錢賓四處，到李鏡池處，到費孝通處，到楊鍾健處，均遇之。

復到立厂處，邀至新雅吃飯。與立厂步至雲大，訪在宥。夜失眠，看《胡適文存》。

今午同席：予（客）　　方矓仙（主）

今晚同席：唐立厂　王了一（以上客）　　予（主）

五月廿八號星期日

寫西山信。孫至京，劉可亭，姚圻來。憊甚，臥看《胡適文存》。元胎來。同編《史學副刊》一期。

到曼青處，與同到黃宅吃飯。飯畢同到周枚蓀家談話，并晤其夫人。歸寓，蘇湖偕楊君來，爲寫屛聯五件。

到了一處吃飯。與立厂同到五洲藥房配藥。到生活書店購書。

今午同席：周惺甫　周枚蓀　馬曼青　何光周　方國定　胡覺（簡如）　陳保泰　曾養甫　隴體要　予等（凡兩桌）（以上客）　黃蘅秋（主）

今晚同席：立厂　予（以上客）　　王了一（主）

昨夜幾徹夜失眠，無藥，只能燃燈看書，至天將曉始得朦朧睡去。甚矣予事之不能忙也。

五月廿九號星期一

豫備演稿。冒雨赴雲大，參加紀念周，講邊疆問題半小時。晤顏澤霖。歸，鏡池已至，同到新雅吃飯。

與鏡池同乘人力車到靈源別墅，訪方矓仙，國瑜，參觀通志局及海源寺，五時回城，到辰伯家，則履安等已來，遂同至曲園吃飯。

元胎送至登華街，代予送被鋪到辰伯處。

今晚同席：辰伯　鏡池　舟生　袁熙之　吳浦月　予夫婦

自珍　崔俊千之子　容琬（以上客）　元胎（主）

今日到校，適逢大雨，雇車則車夫不肯冒雨行，拼着身上衣服，走到校中，上下盡濕，囑蘇湖君代爲借人衣褲穿之，始得到至公堂講演。

五月三十號星期二

陳咨禹來。看《左傳》等。到雲大取錢，時間已過，與在宥談。遇楊成志。到白果巷吃飯。

到登華街，草《楚莊王霸業》初稿，未畢。鏡池來，爲介紹至地質調查所看恐龍。與鏡池同至白果巷。

到金碧路南豐西餐館吃飯。與履安到登華街，旋同回白果巷宿。

今晚同席：夏康農　李鏡池　袁熙之　予夫婦　元胎（以上客）　吳辰伯（主）

五月卅一號星期三

點《公羊傳》一册。到雲大取錢。與在宥談。在辰伯案頭翻看一山《清代通史》。十時半到登華街。草《楚莊王霸業》初稿，未畢。

履安等來，同乘車到大觀樓，茗於樓外樓。出散步，五時許又到樓外樓吃飯。

待月上始出園，雇舟回城，一抵白果巷即下大雨。與辰伯等談。

今晚同席：袁熙之女士　予夫婦（以上客）　元胎（主）

一九三九年六月

六月一號星期四

到滑竿行，囑其停接。以登華街門房無人開門，到雲南服務社定菜，又到陶雲逵處談。十時到登華街，草《楚莊王霸業》初稿訖。曲子倫來，寫西山信交之。

鈔馮伯平舊作，略加修改，成《中國邊疆學研究略史》，約四千言。爲僕人李鳳山寫屏聯各一。張漢良來談。到元胎處。

遇曼青，從文。到雲南服務社吃西菜。到大中華戲院看《蘇珊恨史》電影。十一時半歸。幾失眠。

今晚同席：元胎　辰伯　袁熙之女士（以上客）　予夫婦（主）

昨夜大雨後天陡涼，可穿棉衣。"一雨成冬"，真不騙人。

六月二號星期五

到登華街，豫備下午功課。張鳳儀來。李鳳山來述宜良伯街家居狀。到三牌坊吃飯。到中華書局購書。遇江應樑夫婦。

到校，上課三小時（戰國的造僞與辨僞，《公羊》義法）。施甫來。辰伯，元胎等來。遇陶雲逵夫婦。

到鼎興蒸肉館吃飯。八時，到綏靖路上某茶館聽唱書，聽畢《采桑》一齣滇戲。九時歸。

今晚同席：元胎　徐舟生　辰伯　袁熙之（以上客）　予夫婦（主）

六月三號星期六

到陳咨禹處。六時到登華街，將《邊疆學略史》一文修改訖，又將馬曼青《少數民族問題》校訖，即到益世報館送稿，晤牛神甫及羅隆基。到雲南服務社訪曼青還稿。

到白果巷，遇聲漢。理物，同出吃飯。一時半，與履安辰伯上車，以堤上關斷，改由汽車路行，經金殿，四時到家。與賢璋等談。西山來。

賢璋夫婦邀飯。記日記。算賬。

今午同席：辰伯　春曦　予夫婦（以上客）　　元胎（主）

在仁和園。

予此次進城住十天，履安住六天，共用百二十元，可駭！

歸來經金殿上山，風大，予穿單褲，不免受涼。

六月四號星期日

晨起進點後覺大不舒服，寒冷戰顫，裹被而睡，中午熱作，高至一百〇二度半。

振鐸來。振鐸邀顏伯諍來看病，之屏同來。

袁普女士偕浦星來。

此次致疾之因（1）天氣突變，（2）雨淋全身，（3）上飯館太多。　今日骨節筋肉俱痛，呻吟不止，蓋不病者已一年有半矣。

夜，服金鷄納霜及阿司匹靈。

六月五號星期一

昨夜熱退，今日溫度反比常人低降一度半，疲憊不思進食。方仲來。

槃庵來。看君樸所著《周代封建制度》。

昨服瀉鹽後，大小便均燙，有如沸水。熱雖退，醫囑仍服金鷄納霜。

六月六號星期二

仍臥床，看君樸所著《周代封建制度》畢，及芝生《新理學》等書。囑履安寫西山信。

振鐸來贈食物。吳老太太，浦星，阿宣來。

聞上海附近有我軍四十萬。履安還蘇州，大是問題。

前日病作時大冷，疑是瘧疾，今日不再病，則非瘧矣，一慰。

六月七號星期三

寫徐旭生，魯弟，又曾信。看《夏史三論》。

賢璋來。看近四期《燕京學報》。壽彝來。

雜翻舊作。

今日起床，惟飯量仍劣，精神不佳。

六月八號星期四

理稿件。記筆記數則。寫李伯嘉，丕繩，逢源，曼青，賓四，在宥，泳先，方杰人，樹民，永和，國俊信。

校履安鈔陶雲逵文。記日記九天。

節鈔王古魯《白鳥庫吉及其著作》入筆記。

物價愈來愈貴，肉至六角半一斤，雞蛋至六分一個。

六月九號星期五

西山來。寫筱蘇，肖甫，羨漁，文珊，聖陶，仁之，徐素真，葛啓揚，懋恒，士嘉，向奎信。

天木，槃庵來。

到滇以來，因趕編講義及人事牽纏，各處來信均經積壓，甚欲藉養疴餘閑，一加清理也。

六月十號星期六

寫鵬俠，杏春，佩韋，潔瓊，靜宇，蔡尚思，謝海澄，媛貞，傅韻笙，關斌，伯棠，伯祥信。浦星來，留飯。

西山來。

寫西山信。

下午雨大甚，屋瓦皆漏。

六月十一號星期日

寫安宅，克讓信。又寫謹載信未畢。

飯後病又作。辰伯偕袁普女士來。之屏來。

客去即就眠，熱發至百度許。

睡夢中得七言律一首，醒後只憶其腹聯云："竄流萬死終靡悔，寥廓長天此一哀。"甚悲凉也。

今晚七時許日機二十七架炸重慶，又二十七架炸成都，重慶無大損失，成都則傷損甚重，華西大學亦中三彈。

六月十二號星期一

在床看王漁洋《唐人萬首絕句選》，更爲選一過。賢璋來。

履安爲書辰伯，在宥信。槃庵來。

今日退凉，憊未能起，因以文詞自遣。

苦雨：

旦旦陣雲色，時時急雨聲。偶然檐漏歇，小鳥已鳴晴。

六月十三號星期二

看《史記》世家一八至三〇。

之屏來。

予與貢珍合點之《史記》，出版後曾未覆看。上月肖甫自平寄來，而缺其首冊，想郵失之。借此卧病機會，將中下看一遍，改正其錯誤，亦一應有事也。

六月十四號星期三

看《史記》列傳一至十。履安爲書向奎信。

浦星來。壽彝來。槃庵來。

今日起床。

久雨矣，今日方現晴光。以此間天氣潮濕，予足指窪間發爛，且癢且痛。

六月十五號星期四

看《史記》列傳一一至一四。看賓四《戰國諸子繫年》。

西山來，談齊魯事。

失眠。

六月十六號星期五

看《史記》世家一三。

午刻，又發冷，旋發熱，熱一百度餘。雖出汗，熱不退。壽彝來。

今日上午頭痛甚。　予之病可以證明爲瘧疾，然日子何以如此不規則，將無爲雲南特別之瘧乎？

六月十七號星期六

看一旬來報紙。看《史記》世家一四至一七。賢璋歸，帶到各處來信。

方仲來。

續看報紙。失眠。

今日熱退，惟更疲。

近日日人壓迫天津英租界甚劇，租界四圍皆圍鐵絲網，外人出入均檢查。聞英人有采用經濟報復說。

六月十八號星期日

看《史記》列傳一五至一九。賢璋來。元胎偕容琬來，留飯。天木，育伊來。守和，純聲，彥堂來。西山來。看于安瀾輯印之《歷代文學家傳》。

早睡。

今日腹瀉四次，更憊矣。

以成都之炸，昆明當局出示，勸市民及各機關儘本月內疏散，無力者并可由省府佽助，然昆明鄉間何來房屋？

六月十九號星期一

看《史記》列傳二〇至三一。天木偕顏伯諍來視疾。

記日記十一天。旭生來。

今日起床，惟顏大夫來，看舌苔，謂尚有熱，謂予腹瀉以服金鷄納故。

接自明書，悉上海國貨銀行以匯兌關係閉歇，吾父有三千五百元存儲，苟盡失去，太可惜！吾父一生積錢惟存銀行，即使不倒閉，將來亦有成廢紙之懼。

六月二十號星期二

看《史記》列傳三二至四四。天木送藥來。

聽醫言，小眠。

梁方仲夫婦來。

天木昨爲予進城購藥，歸途逢大雨，衣盡濕，及到研究院則已無飯。殷殷之情，至可感也。

夜間爲蚊蟲及跳蚤所苦，不能酣睡。今日始吃飯。

六月廿一號星期三

看《史記》列傳四五至五六。

小眠。浦星偕陳小姐來。辰伯來。

六月廿二號星期四

看《史記》列傳五十七至六十四。看《廿二史劄記》。

槃庵來。

六月廿三號星期五

看《史記》列傳六十五至七十。又將列傳全部翻一過。壽彝來。吳伯母偕浦星阿宣來。西山來。

日來有熱亦微，最高僅九十九度二分，低則九十八度耳，病當愈，惟飯量太劣，精神不佳，故午後皆臥。

六月廿四號星期六

看《史記》八書。又將八書及三十世家粗翻一過。

近日半夜必醒，醒則待天明始得復入眠，得毋因醫生之囑，下午二三時間就眠之故耶？跳蝨太多，醒後大爲苦事。

六月廿五號星期日

看《史記》本紀三篇。元胎偕自珍來，留飯。

翻看《廿五史補編》第一册。之屏來。袁普，熙之姊妹來。元胎自珍還城。看各處來信。記日記四天。槃庵來。

與履安談將來計畫，興奮失眠，服藥。

足上濕氣較愈，今日始下樓吃飯。近日胃納不佳，每頓僅進一碗，蓋 atelrin 丸藥太苦敗胃，因自今日起停服。

六月廿六號星期一

看《史記》本紀三篇。寫逢源，和官信。

以足痛（右足底又起一個瘭頭），仍臥，看《鮚埼亭集》，粗翻一過。方仲，辰伯來。天木來。

足疾漸痊，而背上濕痱又作，奇癢不堪，塗妙特靈，不知有效否？元胎謂予患"丁憂病"，蓋廣東有是説，謂人遇父母之喪，即爲其運氣變壞之一年，病遂乘之而入也。賢璋亦云：海寧人謂人之運氣常隨死者而消亡。其信然乎？

六月廿七號星期二

看本紀畢，表二篇。壽彝來。賢璋來。今日飯量已有起色，一頓可吃兩碗，精神一振。

劉朝陽來。寫盛健信。

失眠，服藥。

目澀甚，不解何故，甚願復原後能全愈，否則吾一生無希望矣。

六月廿八號星期三

看《史記》表三至表八。

擬此生編輯及著作計畫。

失眠，服藥。

近日予并不用心，而常失眠，或初得眠而半夜醒，炯炯待天明，或就枕後愈久愈醒，至半夜而猶無辦法，如此痼疾，非作根本解決不可。

六月廿九號星期四

看《史記》表九至表十，全部完畢。西山來。看十日來報紙。

翻看《日知録》。

借着臥疾的機會，把《史記》翻覽一過，凡十七天，甚高興。此種生活，十餘年來所未有也。

履安檢得去年所購中藥一包，服之居然得眠。

六月三十號星期五

將《漢書》粗翻一過，與《史記》比較。

鈔榮詳詩四首。擬《清學叢書目》。

又失眠，服藥得眠。

看《日知錄》，凡我在《史記》上所注意各點，大都他已經注意，而且已有適當的解決，佩甚，更自慚也。

近日在床無事，或中夜忽醒，每思年已如許，茍學不確立，便將終身無成矣。述作之事，預計如下：

（甲）撰著：

（1）古史論文集——此爲予精力之所集中，亦爲本行職業，當將已發表諸篇交人鈔寫，逐漸修改，使各單篇能成一個大系統。尤以前所擬作之“古史四考”（帝繫考，王制考，道統考，經學考）“古籍四考”（堯典考，禹貢考，王制考，月令考）爲其中心。

（2）古史材料集——此爲論文集之基礎，當依《考信錄》例，將古史材料逐條鈔出，分類編輯，而加以案語。

（3）中國通史——此爲時代的責任。分上世，中世，近世三編，上世史以中華民族與文化之形成爲其中心論題，中世史以中華民族之擴大爲其中心論題，近世史以中華文化之轉變及其與全世界之關繫爲其中心論題。此書以極通俗之筆出之，以期養成全國人民之新人生觀及其責任心。

（4）國民讀本——用意如上書，將自然科學及社會科學中國民應有之常識作極淺近之叙述。

（5）中國邊疆問題——此書主旨爲團結國內各部族，計分四編：一，邊疆地理及現狀，二，邊疆各族歷史，三，帝國主義國家之侵略我邊疆略史，四，當前邊疆應有之工作。

（6）雜著——古史以外之論文，傳記，筆記，日記，游記，書札，序跋，少作，合爲一編，作自傳之基礎材料。

（7）自傳——寫出我生數十年中之社會動態，使後人對於此一時期有甚深之印象。

以上（1）（2）爲我學問本業，（3）（4）（5）爲我對於時代之責任，（6）（7）爲留我一生之痕迹。

（乙）編輯：

（1）古史辨——繼續由我或請他人編纂，希望在我世中能出至二十册。

（2）辨僞叢刊——希望能將前人辨僞之言輯録完備，約一百種。再併合爲一編。

（3）古籍彙編——如標點《史記》例，將自古至隋之文籍全數整理，合爲一叢書，如《漢魏叢書》然，爲學者所不廢之參考書。

（4）樸學文鈔——輯録前人考訂文籍，鈎稽史事之單篇文字爲一編，作古籍彙編之姊妹書。

（5）中國文選

（6）中國詩選——以上兩種如中國通史，國民讀本然，爲國民所應有之常識，并激起其人生觀之改變。

（7）芬陀利室叢書——此爲紀念先父者，搜集零星著述爲一編，其内容偏於金石，書畫，目録，吳人著述。如《知不足齋》例，分集出版，以先父遺産爲基金。

以上（1）（2）（3）（4）爲古史論文集及材料集之基礎材料，（5）（6）爲時代責任，（7）爲家庭責任。

此十四種書如均能完成，則我易簣時當含笑而逝矣，否則死了口眼也不閉的。

作爲一表如下：

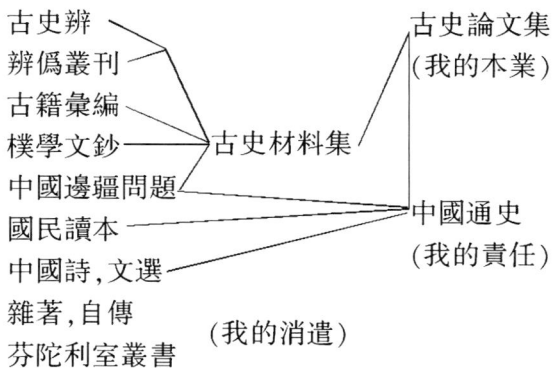

中國通史分兩種：

（1）大學用——名中國上世史，中國中世史，中國近世史，分三册，有詳注，使讀者得尋其原料。又可專載白文，或略加删削，名“中國通史略”，供中學生用。

（2）一般人用——名中國的歷史（或名“中國史談”），少載學術方面文字，多插故事畫，無注。

此書插圖分四種：（1）表，（2）地圖，（3）古物古迹照片，（4）故事畫。

文選，詩選，可名爲散文選，韻文選。韻文選中包括下列各類：

（1）《詩經》　（2）《楚辭》　（3）《樂府》　（4）賦　（5）各家詩（6）詞　（7）曲　（8）鼓詞　（9）民謡——共約三千首。

在選詩時，可乘便選一“史詩集”，作讀中國通史者之一助。

散文選分四編：（1）說理　（2）抒情　（3）記事　（4）寫景

在選文時，可乘便選一“史論集”，作讀中國通史者之參考。

通史與圖表同編，每出一册即附以圖表一册，内包：（1）年表（2）世系表　（3）地圖　（4）地理沿革表　及官制，幣制，地方制，人口等表。

在編史時，可乘便編"二十六史節要"一書，節各史中足以代表時代精神者，約一千篇，加標點，爲一集。如《史記》中可鈔戰國秦漢各記載（古史不善，不選，表應另作，亦不選）之有關係者五十篇。

上層：
　°古史論文集
　°古史材料集
　　古史辨
　　辨僞叢刊
　　樸學文鈔
　　芬陀利室叢書
　　清學叢書
中層：
　°中國通史
　°中國邊疆問題
　°雜著
　　古籍彙刊
　　二十六史節要
　°讀史圖表
　　史詩集
　　史論集
下層：
　°中國史談
　°國民讀本
　°自傳
　　中國散文選

中國韻文選

暑假中應作文：
　　（1）答費孝通書（邊疆周刊）
　　（2）《左氏春秋義例辨》序（中央研究院）
　　（3）旅行日記（中英庚款董事會）
　　（4）公亶父非太王考（北平研究院）
　　（5）《皋陶謨》與《論語》（北京大學）
　　（6）古代東夷語試探（雲南大學）
　　（7）《史記》中所記方士書（國史研究會季刊）
　　（8）西北史迹叢談（史學副刊）
　　（9）《戰時知識》一文
　　（10）《戰歌》一文
　　（11）《西北論衡》一文
　　（12）《今日評論》一文
　　（13）《中央日報・史學》一文
　　（14）《滇南碑傳集》序
　　（15）君樸《周代封建制度》序
　　（16）《古史辨》第七册序
　°（17）陳海樓墨迹題跋
　　（18）《新動向》一文
　　（19）《中學生》一文
　°（20）《雲南日報》一文
負債太重，精力有限，如何如何！

一九三九年七月

七月一號星期六

西山來。翻看《漢書》。

旭生偕鴻庵來。朝陽來。在宥來，宿予家。

失眠，服藥。

七月二號星期日

與在宥談話。看賓四《諸子繫年》序。

君樸來。西山來。辰伯來。天木來。劉金寶偕林恕及某君來。鴻庵絜眷來，住予處。

失眠，服藥。

賓四《諸子繫年》作得非常精煉，民國以來戰國史之第一部著作也，讀之羨甚，安得我亦有此一部書耶？

七月三號星期一

在宥返城。翻看賓四《戰國諸子繫年》，未畢。

出四年級試題，寫在宥信。

服藥而眠，得睡。

七月四號星期二

翻看《古史辨》各冊序文。與鴻庵及其子女到田間散步。

吳伯母，梁太太來。看賓四《國學概論》，至夜十一時許。希陶夫婦來。

失眠，服藥。

如此劇烈失眠，爲十餘年來所未有，此次進城，必作徹底解決方好。今日下午又發熱，雖僅九十度二分，而身猶疲倦矣。足爛仍未愈，走路困難。

七月五號星期三

整理書室，檢出應帶城之物。記日記四天。賢璋來。

十二時許，與履安同乘滑竿進城。遇劉爲濤。未到北倉，遇大雨，衣履及被俱濕。到村民家避雨。三時到登華街，即到新生公寓落棧。與履安同出購物，飯於香賓咖啡館。

與履安到巴黎理髮館理髮。訪賓四，不遇，歸，賓四，元胎，辰伯來。

今日道逢大雨，甚懼瘧疾及濕氣復作。到旅館後量熱度，果又升。夜飯，與履安飲酒二兩，以期發泄。決就醫徹底治療。

七月六號星期四

寫吳貽芳信，介紹金寶。寫仲琴信。賓四來，談下年計畫。自珍來。元胎邀至柏廬吃飯。冒雨還旅館。

寫丕繩信。劉金寶來。賢璋，育伊，西山，光宇來。同到金碧西菜館吃飯。

與履安冒雨歸。履安再出購物，待之。賓四來。與履安算賬。

今午同席：湯錫予　予夫婦　自珍　辰伯　袁熙之女士（以上客）　元胎（主）

今晚同席：予夫婦（以上客）　西山　育伊　賢璋　光宇（以上主）

七月七號星期五

六時起，與履安料理行裝畢，上車站，七時四十分車開。在站送行者有育伊，西山，賢璋，逢源，獻樑等。與顧獻樑同到新生公寓，算賬。至登華街，與西山賢璋談，同到勸業場吃飯。

　　寫齊魯劉書銘校長信，討論研究所事項。與西山談研究所具體計畫。到卡惠克處診治，由鄭秉璧翻譯。孝通，有義來談。待元胎不至，獨至冠生園吃飯，晤陳絜。

　　到辰伯處，取毛毯。歸，方杰人神父來長談。

　　履安此次歸家，大約兩月後再出。然風雲倏變，如世界大戰起，則將不能出上海，即出上海亦未必能至海防。又游擊隊常出入京滬綫上，蘇滬之交通亦未必無虞也。

　　履安與賓四，錫予，鍾書，物華等同行，頗有照應，惟一出滇境必感奇熱，不知其能忍受否耳。

七月八號星期六

　　與西山同到圓通街吃點，寄信。又同到先生坡訪陳絜（矩孫），長談。同到登華街寓所。遇羅霞天，楊春洲。

　　與矩孫西山同出小西門，在瓮城牛肉館吃飯。雇舟游大觀樓，看報，喝茶。傍晚，乘舟回城，到柏廬吃飯，遇以亨夫婦及岱孫。

　　到元胎處，晤鄭昕，與同出購藥。歸寓，方矔仙先生來。

　　今日上午下午同席：矩孫　西山（以上客）　　予（主）

　　今晚買藥，花去三十元，藥費如此，一般人怎能生病！

七月九號星期日

　　立庵來。建人來。到卡惠克處打針。到勸業場吃飯。

　　到各書鋪看書。遇張鳳儀。訪吳大年不遇。歸寓，方矔仙先生來兩次，同到翠海春吃飯。立庵來。

　　在寓休息，幸得安眠。

　　今夜晚間覺倦，未服藥而眠，蓋進失眠藥已半月矣。今日足底又作癢，步履惟艱。

七月十號星期一

記日記五天。朝陽來。自珍來，與之同到福照街及三牌坊吃飯。到正義路購菜及食物，書籍。

方杰人偕吳大年來，大雨，作長談。到卡惠克處打針。訪在宥，談下年事。遇嚴楚江，徐嘉瑞。

立庵來，同到會仙居吃飯。到柿花巷訪建功。遇濟之夫人及天木。失眠。

昨夜睡眠特佳，當係打針之故。精神爲之一振。右足底瘲拭去後，足不痛矣。

七月十一號星期二

八時始起。看呂思勉《婚姻制度史》。吳辰伯來。到黃公東街訪劉雨樓定飯，又到陳咨禹處，爲吳世昌寫收條。到正義路購鹿茸精。遇顧謙吉。

蘇湖來。陳矩孫來。看錢基博《文史通義》解題。到卡惠克處打針。到昆華中學訪查勉仲，未晤，見李田意。參觀南開經濟研究所。繆子齡等來，爲寫字四幅。

壽彝來。元胎來。

昨夜失眠特甚，服藥無效，至今晨三時許始得眠，竟日精神不爽快。推想失眠原因，當是昨晚與立庵建功談話太多之故。

予疑近日失眠特甚之故，係由停服鹿茸精，因又買服之，然較一月前已貴二元四角一瓶，買兩瓶須十九元二角。非不得已不敢服矣。

自今日起，向黃公東街包飯，月十八元。

七月十二號星期三

看《文史通義》解題及其讀法畢。登賬。寫履安，袁熙之，龔仲鈞信。寫自珍信。繆鸞和，崔華林來，爲寫字四幅。

寫衣萍信。元胎來，與同到正義路寄信，買物。到卡惠克處注射。張鳳儀來。記筆記一則。

元胎來。勉仲來。

昨夜未服藥而得眠，然至今日上午兩時又醒，至天黎明時又眠，雖比前夜爲好，但精神依然疲倦。

自履安行後，已用一百餘元矣！聞近日都市，蘭州物價最高，昆明次之，一雙皮鞋，蘭州買四十餘元，昆明買卅餘元，可嘆！

七月十三號星期四

整理書架及書桌。整理信札。壽彝來。周泳先來。爲吳大年寫商務館信。看畢業試卷。寫賢璋信，以亨信。

到吳宅送被。到白珍家談。到卡惠克處，適其外出診病，廢然而出。到校，問考試時間及考場，與在宥談。出，遇熊校長及張邦珍女士。歸，寫逢源信。壽彝又來。

到吳宅，與諸人同出，到柏廬吃飯。飯後辰伯邀至大衆電影院看《乞丐皇帝》，十二時歸。

昨日只做些輕簡的事，又打針，又服鹿茸精，臨眠又洗足，可謂毫無致失眠的原因，然而竟失眠了，又得服藥，悲哉！推想予年來失眠劇烈之故，當由於西北西南地勢太高，空氣稀薄，予心臟軟弱之故。因此成都之行決矣。

喉頭炎又發作了，我何多病如是？

七月十四號星期五

到校，考"上古史"。朱有圻來。爲方仲作介紹函，致雙無，定熙，熹亭寶瑾夢瑛，安華，筱蘇，季洪，謹載，友農，克明，渭珍信。遇方一之。到以亨處送書，未遇。到在宥處，到街吃飯。

　　一時，考"經學史"。在堂草《農村衛生》一文，約二千言。到在宥處談。梁方仲來。到張爲申家吃飯，與許先生同出。

　　西山病愈，來談。上街買物。夜得眠。

　　昨晚同席：梁方仲夫婦　辰伯　元胎　熙之　春曦夫婦　阿宣　李幼舟（以上客）　予（主）

　　今晚同席：許□□　予（以上客）　爲申夫婦（主）

　　傷風大劇，痰涕并多，頭騰腦痕，今日晚飯後又忽然失音。雲南氣候忽冷忽熱，實在受不了。雖被挽留，去志決矣。

七月十五號星期六

　　鄭逢吉來，爲寫旭生信。重草《農村衛生不可不嚴重注意》一文，寫成半篇，凡六千字，即修改訖。自珍來，同飯。

　　寫聯贈李蓮舟先生。周泳先來。方矅仙來。寫張鳳岐信。

　　到雲南日報社送稿。西山來談。失眠頗劇。

　　贈蓮舟聯：

　　適館授餐，幸識元龍豪氣。　作堂肯構，試聽雛鳳英聲。

　　失眠，聽雨作：

　　聽雨自開詩境界，看山好吸畫精神。

　　此可爲人寫作楹聯也。

　　卡惠克爲我打葡萄糖針，第一天很好，以後漸不靈，至今仍劇烈失眠，我不信他了！

七月十六號星期日

　　朝陽來。李田意來。吳辰伯來。訪趙吉雲及白珍，均未晤。到光周醫院看病打針。寫履安信。

　　自珍來，同到蓮花池及翠湖公園，熱甚，游客多，無地休息，歸。方一之來。白珍來。李幼舟來，同到美華樓吃飯。遇李爲衡，錢端升，張席禔。

與西山談。劉縱弍來。鄭逢源，余文豪來。

據何光周醫士説，我本患神經衰弱，瘧疾之後又患貧血，所以失眠，此説甚是。自今日起，每天打一次補血針，并服藥兩種。渠云兩星期可愈，那麼我就等待兩星期罷！

昨夜失眠，今日頭痛頗甚，加以傷風，更不痛快。

辰伯將結婚，作聯贈之：

志勵青松，十年不改；春迴芳草，萬里來歸。

他們的結婚確是可歌可泣的。

七月十七號星期一

看二，三，四年級試卷，定分數，畢。秉琦來。到開明書店，晤章錫山，盧芷芬，爲寫賢璋信。到光周醫院打針。訪潤章，未晤。

鈔壽彝代作之《中學歷史標準之意見》，略爲修改，寫顧蔭亭信。到牙科醫院鑲牙。到潤章先生處。冒大雨歸。

又失眠，至上午三時許而得睡。

昨夜十時眠後，居然得睡。今晨四時半醒，可滿足矣。醒後咳嗆痰涌，五時即起身。雖傷風依然劇烈，而精神已較昨大爽。惟一作事仍易疲倦爲可惱耳。

七月十八號星期二

粘貼《農村衛生》一文。到蘇湖處送錢。到雲大訪熊校長，不遇，訪在宥談。到校中金城銀行取上月薪。到何醫處打針。蘇湖來。鴻庵來。繆鸞和，李爲衡，李俊昌來。

下午忽倦，趨床一臥，竟睡半天，想係今日之針分量較重之故。粘貼報紙上關於民族各文。

看辰伯所編歷史教科。齊魯劉校長信來，即招西山談校事。

昨夜失眠後，今日精神又大不佳，何醫師爲予換服一藥，夜眠頗酣矣。

鴻庵一家住予村舍，除彼外全犯瘧疾，他只得自己煮飯。

七月十九號星期三

校雲南邊疆教育文字三篇，即將原書還馬曼青。到何醫處打針。訪育伊。蘇湖來。看燕大《文學年報》。

元胎來。壽彝來。李希泌來。李爲衡，謝雲仙來，爲寫字十餘幅。作《農村衛生不可不嚴重注意》下篇千餘字。寫吳越潮信。賢璋來談。

吉雲來。到雲大，與熊校長談予離滇事。并晤李季偉。到在宥處談。

兩脚上爛，痛不能行，作癢不少。

七月二十號星期四

四時半起，續作《農村衛生》下篇，略畢，凡六千字。亮丞，壽彝來。到何醫處打針。壽彝又來。自珍來。

趙吉雲偕丁君來。蘇湖偕趙君來，爲作字四幅。到黃公東街，向甄君借馬褂。到雲大，參加畢業典禮，予爲教職員代表，六時散。遇謝毓壽，顧良，趙鳳喈，方國瑜，從吾。趙繼曾等設宴於海棠春，又到元芳照相。

西山來。旭生先生來。

今晚同席：在宥　予　方如蘭　趙師淑　李廷蓮　李瑞華　馬昭銘（以上客）　趙繼曾　張秀昆　李爲衡　左逢吉　謝雲仙（以上主）

雲大行畢業禮時，孟真在座，見余詫曰："汝臉何其黃也！真似生了黃疸病的！"此可見予病容之憔悴。近日傷風仍劇，多痰多嗽。

七月廿一號星期五

五時半起，記日記三天。登賬七天。自珍送藥來。將昨作作最後改定。到何醫處打針。寫賓四信。元胎來。與旭生同到文明街，晤朧仙等，同到光美飯店吃飯。出，遇鄭庭椿。

十一時半開車，一時一刻到晋寧，由方紀青來接。朧仙導游文廟（昆華工校），教育局，民衆教育館，張滇淑祠。在西門天香樓吃點。

到城西北角方家營朧仙家中，見其兄弟子侄及孫女，晚餐。模範小學校長王漸逵來。到學圃小坐，聽雨。

今日午晚同席：旭生　國瑜　予（以上客）（晚加王漸逵）朧仙（晚加其子懷民）（以上主）　　（後三日同）

李嘉謨　湯源新（均工校教員）

段嘉年，號錫九（教局長）

王漸逵（模範小學校長）

方樹功，號紀青（朧仙弟）

方軒民，號繼農（朧仙侄）

七月廿二號星期六

八時進點後，看朧仙家藏書畫。十時吃飯后，雨略霽，即由朧仙導登盤龍山，歷各殿宇，至接引殿看壁畫及元塑像，到某殿聽雨。到玉皇閣小憩。

游萬松寺，遇大雨，在殿前聽雨約兩小時，雨稍小，即下山，看山溝怒水，景絕佳。四時許回方家村，進晚餐。

游方家祠堂。

今日爲我父七十生辰，家中應作陰壽，履安未必能趕到也。

七月廿三號星期日

晨起續看書畫。早飯後出，西行，至天女山，望滇池。下，至金砂山，上金山寺，游昆華師範，遇施梧岡及楊君，招待休息。

由昆師出，經金砂村，至黑麻村，上魁星閣，訪王子政未遇，見陶振鷺。易道歸，經四通橋。歸，看《徐霞客游記》。

楊伯鵬等來。

今日矓仙與紀青二人爲導。

七月廿四號星期一

晨起續看書畫。早飯後到忠烈祠看學秀像。到南門外訪滇池城遺址，得漢代磚瓦數事。

到西門吃點。予與國瑜到呂叔湘處談。看報。回方家續看書畫。晚飯後到學圃小坐。

爲方家書畫題字若干件。王漸逵，楊伯鵬來。

題龍池校書圖：

文物搜羅四十年，炯然雙眼照南天。安排生活渾無間，長住龍湖校逸編。

樓頭燈火漏絲絲，知是先生夜讀時。幾上新篇添幾許，邦人詩與旅人詩？

故鄉翰墨哀如林，尚復抓蘿攀壁尋。百軸明賢遺作在，即今好證歲寒心。

學山樓峙滇池東，萬卷他年儲此中。蕉竹已開詩境界，況從烟雨望盤龍！

贈方紀青先生：

君家四顧盡名山，蓑笠躬耕意自閑。吟詠直從農圃得，淵明雜興不容删。

七月廿五號星期二

六時起，整理行裝。八時進點。九時離方家，在北門外茶館休息，九時四十分上車。十一時半到昆明。在站遇爲申。十二時許到登華街宿舍。

與旭生同到勸業場進點。育伊，范九峰來。瞿仙先生來。與旭生同到國瑜家。訪潤章，不遇。遇自珍，許昌華。邀國瑜同出，飯於翠海春。又至海心亭品茗。冒雨歸，鴻庵來。

王寶炎來。壽彝來。到何光周處取藥。元胎來。

今晨送行者：方紀青　方軒民　紀青之子　王漸逵　吕叔湘

今晚同席：國瑜（客）　旭生　予（主）

七月廿六號星期三

西山邀予及旭生鴻庵到勸業場進點。遇朝陽，賢璋。記日記五天。李憲之來。壽彝偕沙寶誠來。到何醫處打針。

到亮誠家，與壽彝同出，到金碧吃飯，談至三時出。到蔣靜山處醫牙。陳矩孫來。

宴客於天然飲冰室。出，到福海茶室飲茶。訪在宥。

今午同席：鴻庵　壽彝　旭生　西山　予(以上客)　潤章(主)

今晚同席：白亮誠　沙寶誠　馬元卿　白珍　鴻庵　壽彝西山　潤章　旭生（以上客）　予（主）

七月廿七號星期四

王寶炎來借錢。邀旭生，鴻庵，西山到冠生園吃粥及粽。歸，振鐸來。壽彝來，爲亮誠送物。到何醫處打針，道遇天木，與同到小有天吃飯。

育伊，九峰來。方樹蘭，趙繼曾，李爲衡，左逢吉來，爲寫字若干件。自珍來。到牙醫蔣靜山處。與自珍，西山同飯於小有天。

出城訪庭椿，入城訪孝通夫婦，并晤陸忠義。歸，馮素陶，穆木天來，同至文藝抗敵會，開理事會，十一時冒雨歸。

今晚同會：馬子華　楊東明　楚圖南　穆木天　馮素陶　陳烟橋　汪方剛等

七月廿八號星期五

寫旭生，南菁校長張邦珍女士信。與西山到勸業場吃點，到海棠春定菜。遇元胎，同歸，談。立厂來，又談。與立厂同出，赴何醫處打針。遇李續祖。與西山同到振興樓吃飯，遇育伊，萬斯年君，同回。

到牙醫處醫牙。遇君樸，到中山大學昆明辦事處，遇邱林兩君。到趙吉雲處，晤其夫人。回寓，孝通偕張之毅來。到素陶處還傘。到紫宸夢家處。

陳絜等來，與同到海棠吃飯。九時半，與庭椿同步歸。

今晚同席：趙紫宸夫婦　陳夢家夫婦　鄭庭椿　陳矩孫　程應鏐　李宗瀛　費孝通　李有義（以上客）　予（主）

七月廿九號星期六

寫在宥，履安信。與西山同到雲大，訪在宥。到會計課。遇王烈。歸，到鳳喈處，晤其夫人及子，健卿之弟。寫鴻庵信，托賢璋帶歸。到何醫處打針。

到蔣靜山處醫牙。在宥來，交款。段繼周來，為寫字四件。到才盛巷，與立厂同到了一處。訪張爲申夫婦。芷芬來，算賬。到會仙樓吃飯。到文廟街買聯。寫龔廳長信。

到雲大附中訪謝毓壽，未遇。熊迪之來長談，十一時許始去。

今晚同席：朝陽　西山（以上客）　予（主）

七月三十號星期日

　　寫辰伯振之喜聯。寫鳳喈信。矐仙來。自珍與陸和來。與西山整理書箱。厚宣來談。到柏廬，宴蘇州同鄉。遇孟真。

　　續理書箱。厚宣再來談。元胎來，國瑜來，同到圖書館訪矐仙，同到大都會吃飯。遇寶昌，張蓮清，薛誠之，吳沿越。

　　元胎談婚事。到孟真處談，至九時半歸。

　　今午同席：張爲申夫婦　趙鳳喈夫婦　王了一夫婦　盛建人　盧芷芬（以上客）　予（主）

　　今晚同席：方矐仙先生　國瑜　元胎（以上客）　　予（主）

七月卅一號星期一

　　冒雨到車站送在宥，褚聖麟行。在站遇楊春洲，育伊，繼曾等。歸寓後，即到益世報館送西山行，未成。到何醫處注射。到冠生園吃飯。

　　訪潤章，晤之。道遇莘田，濟之。到牙醫處，未醫。到才盛巷，晤從吾，立厂，元胎。到白果巷，見春曦夫人及吳小姐。杰人，國瑜來，同到省教育會聽陳碧笙講滇藏交通，唐祖詠唱抗戰歌。杰人邀宴於新雅。遇袁守和。訪劉雨樓。

　　到曲園，與立厂同餞了一夫婦，出，到了一家。與立厂同到華山南路看書肆。辰伯來談。

　　今晚同席：西山　國瑜　予　萬斯年（以上客）　方杰人（主）

　　今晚又同席：王了一夫婦（客）　立厂　予（以上主）

　　今日下午同會：潤章　勉仲　黃薾秋　隴體要　胡叔晨　芝生　周枚孫　楚圖南　迪之　馮素陶　萬斯年　杰人　西山　國瑜　張鳳儀　劉大鈞等

　　零吃太貴，從明日起又包飯矣。

一九三九年八月

八月一號星期二

改正《秦晋崛起》一章講義中誤字。到益世報館，晤方杰人。到南開經濟研究所訪寶昌，未晤，見沿越。訪陳碧笙，談。到何醫處注射。道遇自珍等。遇泳先。

到牙醫處。朱寶昌，吳沿越來。吳小岵來。自珍，浦月，浦星來。趙繼曾來。訪楊春洲，不遇。道遇白亮丞。

赴錢孔吉席。九時許，冒大雨歸。與佩弦同行。

今晚同席：吳正之夫婦　芝生　錢臨照夫婦　佩弦　張爲申夫婦　戴振鐸　吳大猷　劉叔雅　容琬　共六桌（以上客）　錢偉長　孔祥瑛（以上主）

《秦晋崛起》一章尚是五月二十日付印者，至今七十天矣，方印就。雲南印刷之無辦法可見。

西山欲附益世報館送藥中條山車行，待至兩日，仍因人事關係，決然退出，作事之難如此。

八月二號星期三

白世英，楊子侯來，爲寫字十件。記日記四天。陳碧笙來。到何醫處看病，算賬。道遇介泉。

寫履安信。到牙醫處。到雲大，參加茶點會。會散，復參加遷校討論。道遇朱寶昌，楊克强，林同濟。

楊神父來談（將送藥至中條山）。

下午同會：雲南參議會李議長，趙副議長，楊秘書長（青田），參議員李吟秋等二十餘人　本校教職員趙雁來，徐茂先，伍繩武，李季偉，湯惠蓀等（以上客）　熊校長（主）

八月三號星期四

將去年十二月至今年七月之工作作一總計。楊春洲來。毛以亨來。爲元胎婚事寫辰伯信。整理書架，書桌，抽屜。自珍來。育伊來。

元胎來，與同訪蔭麟，不晤。訪育伊，亦不晤。歸，寫拱辰信。光宇，育伊來。到牙醫處醫牙。到上海銀行取款。到鴻文堂購書。壽彝來。寫劉汝剛信。

到亮誠家吃飯。九時許，與湯惠蓀等同歸。看《中國階級制度史》。

今晚同席：湯惠蓀　趙鍾奇　馬伯安（聰）　段□□　西山　鴻庵　壽彝　予（以上客）　白亮誠（主）

履安不但暈船，亦且暈車，到蘇時又不知瘦了幾許！要她一二月內出來，恐不可能。履安上月十七日在港所寄之信，直至本日始抵昆明，走了廿天，可怪！

八月四號星期五

李爲衡偕其弟侄來，爲寫字十餘幅。又爲國瑜，矔仙書。陶雲逵來。趙鳳喈來。薛誠之來。遲昌儒來。旭生來。寶昌來。育伊來。寫何文聲信。

到華山西餐館吃飯。與旭生同訪潤章，不晤。自珍來。張蔭麟來。陳絜來。賢璋來。寫孫永慶信。到蔣醫處醫牙。到郵局寄信。到亮誠處，與之同赴宴。

在花椒巷馬宅吃飯，九時半歸。與鴻庵談。

今午同席：朱寶昌（進之）　薛誠之　西山　育伊（以上客）予（主）

今晚同席：予　亮誠　壽彝　李士厚（如坤）　李芳伯　馬伯良……（以上客）　馬聰（伯安）　趙鍾奇（毓衡）（以上主）

八月五號星期六

鴻庵來談。算一月來賬目。育伊來。訪碧笙，不遇，見其弟。到何醫處，亦不遇。到鳳喈家吃飯。

到牙醫處以人多退出，凡兩回。草題《陳海樓書札册》文，約五百言，并鈔原有題跋入筆記。元胎，容琬，鏡池來。芷芬來。

到白宅宴客，九時許歸。

自履安行後，迄今不及一月，而在予手中已流出六百卅餘元矣，可畏哉！（其中借款一百十元，買書一百廿元，醫藥一百五十三元，交際一百五十五元，鈔書三十元，飯食另用六十餘元。）若履安在此，不知將如何怒我。

今午同席：鄭之藩（桐蓀） 陳省身夫婦（婦名鄭士寧，桐蓀之女） 趙以炳 王裕光 予（以上客） 趙鳳喈夫婦（主）

今晚同席：陳碧笙 楊克强 方國瑜 白亮誠 壽彝 鴻庵 西山 賢璋（以上客） 予（主）

八月六號星期日

賢璋來。臞仙來，邀至小西門興和園吃牛肉，食甚飽。歸，到何醫處，人不在。道遇林同濟。寫題《陳海樓帖册》。

楊神父來，邀出外吃飯，遂至新雅。飯剛畢，忽聽路人奔走聲，知是警報發，即偕出大東門，步至小壩，茗於茶肆，既而緊急警報發，茶肆亦閉門，遂步至金殿，游覽一周。遇袁鴻壽，談。遇楚方鵬。

七時到城，飯於小東門外飯館。歸，胡厚宣來，元胎來。

今午晚同席：楊學哲 西山 予（上午楊爲主，晚予爲主）

久欲游金殿，苦無機會，今日乃假空襲實現此願望。山上樹極茂盛，以銅爲屋，以大理石爲砌，誠壯麗也。

八月七號星期一

寫熊校長信。自珍來。到何醫處，門閉，未入。訪鏡池，不遇。寫履安信。

到蔣醫處治牙。與陳矩孫，西山到歐亞航空公司定票（在尚義街），晤劉廣秋。歸，君樸偕邱君來。施子愉來。孫永慶來。周亨庚，李仲源來。

元胎來。到五洲大藥房買失眠藥。九時許即眠，好。

昨夜本欲出外購藥，以大雨而罷，既無藥，遂終夕輾轉，直至今晨聽打四下鐘後始矇矓，至六時而醒。看了這麼回病，用了多少錢，還是非藥不行，傷哉！

八月八號星期二

送朝陽行。記日記三天。元胎來。寫聖陶，舟生，陳豪楚信。進之來。鏡池來，同至大都會吃飯。遇蔭麟等。

醫牙，畢。回寓，倦極，小眠。寫辰伯信。朱有圻來。訪縱一，鳳岐，袁鴻壽，均不遇。寫伯祥，曼青信。

陳絜來，爲寫叔信，介紹其弟縈入學。劉縱一來。徐舟生來，聽雨長談。劉爲濤來。至十二時，服藥而眠。

昨雖得眠，今晨仍疲極，蓋強眠猶失眠也。月來大便作青黑色，近日何醫補血藥吃完，大便又現黃色，當以藥中有鐵質之故。

今午同席：鏡池及其子念國（客）　予（主）

八月九號星期三

賢璋來。徐昭來。亮誠來。進之來。自珍來，爲寫退學信致樊逵羽。夢家來。子通偕其姪女來。陳叔陶來。到何醫處取藥。到育伊處，同到雲南服務社吃飯。

遇沈有鼎。劉縱一來。張鳳岐兄弟偕孟立人來。小眠。寫吳貽芳，劉書銘信。到郵局寄信，遇楊神父。

到玉龍堆舟生家吃飯，聽唱《琴挑》，十時許歸。

今午同席：育伊　予（客）　　天木（主）

今晚同席：若渠　沈有鼎　予　李天真女士　陳家珪女士
張敬女士　舟生之弟（以上客）　　舟生（主）

何醫給一藥，名色多波（Sedobrol），味極鮮，勝於最好之醬
油，有補腦，養神，滋陰，鎮驚之用，且可逐日減少。張女士謂
我面色憔悴，瘦得多，可見我尚未復原。

八月十號星期四

寫譚季龍，履安，德輝信。與經利彬談。整理信札。陳咨禹
來。楊神父來。

小眠。郝景盛來。徐昭來。鄭庭椿來。楊神父來。到華山南路
寄信。到開明書店付款。

到西南大旅社訪子通，留飯。與子通同訪壽彝，不遇。晤亮
誠。寫壽彝信。陳矩孫來。

今晚同席：予　矩孫　文廣益　張自源（以上客）　黃子通（主）

八月十一號星期五

送西山，學哲行。袁鴻壽來，長談。陳叔陶來。子通偕文君
來，同到雲大參觀，到會仙居吃飯。又到民衆教育館參觀。

眠甚久，幾半天。賢璋來談。元胎來。吳小岵來。

出外剃頭，找至城外皆不得座，進城到一小店內剃。

昨夜睡又不佳，當係與子通談話，稍興奮之故。近日午後必
倦，登床即熟睡，如反晝作夜，豈不大好，而惜乎其不可能也。

西山仍附益世報送藥車行，予書箱六隻亦帶去。

今午同席：子通　文廣益（以上客）　　予（主）

八月十二號星期六

王頌來見過。爲矓仙，紀青寫斗方八頁。到何醫處取藥。到商務買《僞書通考》，翻一過。自珍偕許昌華來。

小眠。孟真來。陳碧笙來。孫永慶偕甘肅秦丕模來。夏嗣堯來。

訪頌來，不遇。赴吉雲宴於新雅，冒大雨往。頌來偕王守則來。

昨夜無緣無故，忽然又失眠，奇甚，豈白天睡太久耶？今晨八時始起，是爲起得最晚的一天（昨夜直至今晨二時後始得眠）。

今晚同席：予　莘田　膺中　吳之翰　杜□□　唐□□　田培林　丁□□（以上客）　馮承植　趙吉雲（以上主）　每見膺中，胸中輒作三日噁！

八月十三號星期日

壽彝來。矓仙來，同到大都會吃點。訪嗣堯，未晤，見其弟。到朱進之處，并晤陳序經。到黃公東街，晤潤廬，以亨、臨照。與孟真同擬英庚款補助歷史人員報告。朱進之來。

小眠。記日記三天。寫黎劭西信，爲介紹拱辰。自珍來。李宗瀛來。訪趙宗復，不遇。到夏嗣堯處，與同至雲南服務社吃飯。

冒雨歸。

今早同席：予（客）　矓仙（主）

今晚同席：嗣堯（客）　予（主）

八月十四號星期一

宗復偕程應鏐來。芷芬來，寫壽彝片。芷芬又來，即與同行出城，路爛難行，賴其扶持。至下午一時始抵浪口。晤覺明，同回寓所談。

在鴻庵家吃飯。芷芬押送余箱籠到城。小眠。與鴻庵同訪覺明，不遇，見希陶夫婦及覺明全家人。

到宓家吃飯。

　　今午同席：芷芬　楊君　予（以上客）　　鴻庵（主）

　　今晚同席：予（客）　　宓氏夫婦（主）

八月十五號星期二

　　與韓家瞻朔兩兒同玩。與鴻庵同到落梭坡，晤象龍，辰伯母子，袁大二姐，商元胎三姐婚事。曲君來。

　　歸，在鴻庵家飯。槃庵來，同到龍頭村，到梅園飲牛乳，上山，至圖書館，參觀，晤之屏，苑峰，光濤，吳宗濟。下山，晤孟真，濟之，思永，彥堂，又至梅園飲可可。

　　還浪口，到宓家吃飯，談至九時歸室睡。

　　今午同席：徐旭生　曲君　予（以上客）　　鴻庵（主）

　　今晚同席：予（客）　　宓氏夫婦（主）

　　今日與袁氏溥之振之兩姊妹正式商量元胎與熙之婚事，得其面允，明日當將翡翠手鐲送去，予又正式作得一媒矣。

八月十六號星期三

　　整理在鄉什物。在韓家吃早飯。覺明來談。到辰伯處，送元胎聘物與袁大二姐。在吳宅吃飯。

　　鴻庵送滑竿來，即置書物其上，予與辰伯步行進城，一時出發，在小莊吃茶，道遇袁三姐，四時半到城。出外吃飯，道遇洪思齊，同到小有天。遇張印堂。

　　元胎來，長談。看各處來信。

　　今日上午二時即醒，從此即未睡着。今日進城，中途必須踏水而過，兩足濕透，足上爛肉更難結疤矣。

　　今午同席：予　袁溥之女士（以上客）　　辰伯母子（主）

　　今晚同席：思齊（客）　　予（主）

八月十七號星期四

自珍來。朱進之來。李名森來，爲寫條幅四。李爲衡來，算講義賬。看芝生所作《新事論》略訖。

育伊來。誠之來。吳小岾來。顧獻樑來，長談，到大都會餐廳吃飯。飯後到翠湖散步一周。

昨夜睡得極好，今晨直至上午七時半始醒。久所未有，只要能不吃藥而睡，即算全愈了。

今晚同席：獻樑（客）　予（主）

八月十八號星期五

丁則良與王君來。子通來，同訪芝生，未遇，晤其夫人。十一時許出，到小南門綠楊村吃飯。飯後到其旅館略談。

到元善處。到歐亞公司，訪劉廣秋。到郵局，取肖甫所寄書回寓。辰伯偕其兩妹及陸女士自珍來。育伊來。施子愉來。

誠之來，邀宴於卡爾登食堂。遇施甫。與進之同歸。方師鐸來。元胎來。君樸偕邱君來。

今午同席：子通（客）　予（主）

今晚同席：予　進之　育伊（以上客）　薛誠之（主）

往詢成都航期，據云成都無汽油，已停航兩星期，歐亞公司經理正到重慶與航空委員會商借，須五六天後方定。如此路難行，則只得改由重慶行。然“相見怎如不見”，將更增予之苦痛矣。

八月十九號星期六

自珍來。寫履安信。記日記六天。夏國南來。朱進之，趙宗復來，同出吃飯，又同回寓。

謝扶雅偕尹振雄女士來。方國瑜來。萬稼軒來。自珍又來。覺明，江清來。元胎來。

到南開經濟研究所小坐，再到金碧吃飯。與張君同行。配藥。辰伯來談。

近日睡得均好，只是不敢不服藥耳。

今午同席：進之　宗復（以上客）　予（主）　在小有天。

今晚同席：扶雅　振雄　矐仙　莘田　了一　黃錫凌等（以上客）　陳序經　元胎（以上主）

今晚又同席：張海秋　夏嗣堯　木濤軒　周善甫　予（以上客）　周光宇　方國瑜（以上主）

八月二十號星期日

亮誠，儒誠，壽彝來。洪思齊來。林之棠，徐夢麟來。槃庵，之屏來。君樸來。鄭庭椿來。方師鐸來。李有義來。

同到小有天吃飯，遇元胎等。與庭椿，師鐸歸，談。矐仙先生來。槃庵，之屏又來，送物。小眠。看近日報紙。

施子愉來。翻看《經義述聞》。失眠，服藥。

今午同席：元胎　辰伯　熙之　槃庵　之屏　庭椿　師鐸　君樸（以上客）　予（主）

身上又生蝨了！今日捉到兩個。

有義告我一預言，使我不快。難道此數年中真有此倒霉之事乎？

此預言即謂履安壽不永也。今竟驗矣！卅二，八，十一記。

八月廿一號星期一

寫賓四信。訪扶雅，振雄，未晤，晤夢家，紫宸。訪之棠，夢麟，未晤。道遇覺明，江清，蟄存，佩弦。到聯大訪自珍，并晤浦月等。遇趙惜夢。到地壇訪逢源。

寫向奎，西山信。張經謀，胡潤清來，爲寫樊際昌信。薛誠之，朱進之來。辰伯來。覺明來。張鳳岐，鳳儀來。扶雅，振雄來。經燧初來。李爲衡來。

到柏廬，爲元胎與熙之訂婚。九時出，元胎又邀至華山喝牛乳。

上午道遇膺中兩次，胸又作噁。所以然者，彼既奸佞而又傲慢。

今夕爲七夕，元胎訂婚矣。自五月廿九日初晤至今，凡歷八十五天。予爲設計者，得於未去滇時躬見其成，亦一快也。

今晚同席：扶雅　尹振雄　陳序經夫婦　辰伯及其兩妹　予與自珍　容琬　袁溥之（以上客）　元胎　熙之（主）

八月廿二號星期二

自珍來。舟生來。劉雲樵來。寫履安信。到益世報館晤牛方兩神父及趙惜夢。到雲大訪爲衡，不值。到進之處，并晤馮靳諸君。遇夢家。歸，與秉琦談。到北平圖書館，與稼軒同到柏廬。

與辰伯同到永安公司問車。到開明書店。到李泰華處，未遇。遇邵循正。光宇來。誠之來。辰伯來。方國定來。

進之等來，同到雲南服務社吃飯。到新滇戲院看《原野》劇。

昨宵在訂婚筵中，喝酒頗多，出又喝熱牛乳，歸寓後頗倦怠，即就眠，至今晨五時而醒，歷六時許矣。不藥而眠，此兩月來所未有也。即此看來，我身體尚有辦法。

今午同席：扶雅　序經　覺明　溥之　杰人　稼軒　振雄　元胎　辰伯（以上客）　予（主）

今晚同席：予　衣家瑛　靳文翰　誠之（以上客）　朱進之（主）

今晚同觀劇：覺明　江清　辰伯

八月廿三號星期三

張經謀來。孫永慶偕谷苞來。王頌來來。李泰華來。李爲衡來，爲寫字十餘件。

小眠。自珍來。翻看《尚書講義》。記賬。李南江來。獻樑來。到立厂處。

到威遠街沙宅吃飯。十時歸。失眠，服藥三次而眠。

以昨夜眠不佳，今日精神又憊甚。

今晚同席：熊迪之　楊士敏（文波）　馬鎮國（子静）壽彝　白亮誠　予（以上客）　沙儒誠，寶誠（主）

八月廿四號星期四

誠之來，爲題乾隆時英大使記事。到開明書店理書。

與自珍到樂群旅社訪頌來，同到昆明大旅社吃飯，以有警報（實誤傳），至小鵷處談甚久，并參觀其造像室。道遇元胎熙之，邀至新雅吃點。

谷苞等來，邀至新雅吃飯。訪香林於四川招待所，十時歸。

今午同席：頌來太姻叔（客）　予與自珍（主）

今日下午同席：予與自珍（客）　元胎　熙之（主）

今晚同席：谷苞　孫永慶（以上客）　予（主）

八月廿五號星期五

壽彝來。夢家偕紫宸來。方國定來，邀至再春園吃飯。

張文堂來。訪泰華，未遇，出小東門至太和街。

到元善家赴宴。未畢，出。遇小岵。遇溥之。赴六華春，應獻樑約。十時出，同到予寓，十一時散去。

今午同席：郭□□　朱文浦　予（以上客）　方一之（主）

今晚同席：錢老太太（琢如之伯母）　張太太（錢老太太之女）彭禄炳夫婦（張太太之小姑夫）　予等（以上客）　元善夫婦（主）

今晚又同席：若渠　黃君　張敬（清徽）　李天真　陳家珪李雲鳳　舟生之弟（以上客）　顧良（主）

八月廿六號星期六

朱有圻來。李泰華來，與同到中華書局訪楊世華，接洽車輛。自珍，昌華來。飯於六華春。

與自珍同到大衆電影院看《游龍戲鳳》（法王阿爾拂來特第七軼事）。金克木來。孫永慶來。王天木來。李爲衡來，爲寫字數件。與同到聯益運輸公司接洽，晤曾朗奎。

到南堂赴宴。九時歸，賢璋來談。

今午同席：許昌華小姐（客）　予，自珍（主）

今晚同席：若渠　伯蒼　夢家　予（以上客）　從吾　元胎　立厂（以上主）

爲衡爲介紹聯益運輸公司運予行李，而經理知予，欲選一好車，俾予乘之，不忍拂其意，定三十一日行矣。

八月廿七號星期日

亮誠來。矅仙來。自珍來。小岾來。寫曾朗奎，芷芬，永慶信。爲衡偕張雨秋來。宗甄甫及周君來。記日記四天。鴻庵來。白珍來。育伊，振鐸來，爲寫字數件，并寫元胎喜聯。同出吃飯。

芷芬來。夏圖南來。國瑜來。爲衡來，爲寫字兩件。元善絜其兩子來。遇靳文翰夫婦。

君樸，寶鴻等來，同到中華飯店吃飯。送自珍回校。到賢璋處談，并晤蘇君。訪矅仙不遇。訪京軒，亦不遇。訪進之，遇。

昨夜服綏靖路中藥鋪中失眠散，居然到今晨六時方醒，惜口中奇乾爲不快耳。

今午同席：予　自珍　振鐸（以上客）　育伊（主）

今晚同席：予　自珍　林弘照　君樸之妹（以上客）　君樸　寶鴻（主）

贈元胎喜聯：

讀書著史三生約（此係熙之勉元胎語），越海穿山一綫牽。

八月廿八號星期一

李爲衡來。理書籍什物。自珍偕昌華來。孝通來。鄭安侖來。孫永慶，谷苞來。陳碧笙來。泰華來。賢璋來。

冒雨到柏廬赴宴，并遇周自新及頌來。到聯益，訪曾君。到白果巷晤春曦夫婦。到開明書店，晤芷芬。歸寓，孫永慶來。到平研院，晤甄君。元胎偕溥之熙之來。張文堂來。

與自珍同到趙宅應宴。與聞一多夫婦同歸。香林來，談至十一時。失眠，服藥兩次。

今午同席：予（客）　　徐嘉瑞　林之棠（以上主）

八月廿九號星期二

爲衡邀至小西門吃牛肉，與同到亞東圖書館，晤一鳴，算賬。到平研院算賬。孝通偕陸忠義來。碧笙偕□伯康來。思齊來，同到新雅吃飯。真甫來。

唐京軒來，與同出照相。賢璋來。到以亨處，晤其夫人及子水。到順康號，與章元善，周百朋同到張濤卿家看古董，并談，在張家吃點及夜飯。晤包子振。

到光周醫院算賬。

今晨同席：黃樾橋　予　爲衡之侄（以上客）　　爲衡（主）
今午同席：予　思齊（以上客）　　陳碧笙（主）
今晚同席：予（客）　　張濤卿（主）

八月三十號星期三

爲衡來。到中法中學訪宗真甫，談二小時。歸，與爲衡同到大都會進點。又同到開明書店。同訪陳碧笙，不遇。同到聯益公司，晤曾朗奎。到南門外尋客棧，不得，皆客滿。遇汪季綺。

　　歸，與真甫子水等同到海棠春吃飯。歸，理物。育伊來。劉熊祥，逢源來。爲衡來。爲洪波，真甫寫字。朱有圻來。到平研院取護照。文豪來。芷芬來，算賬。育伊來。

　　到五華吃飯。真甫，子水，君樸來。元胎來，爲寫鴻庵信，伯蒼信。遇滕固，周自新等。育伊來。

　　今晨同席：爲衡（客）　　予（主）

　　今午同席：宗真甫　劉洪波（以上客）　　子水　予（主）

　　今晚同席：真甫　子水　予（以上客）　　洪波（主）

八月卅一號星期四

　　碧笙來。與自珍，昌華，湘波同到冠生園進點。歸，整理雜物。賢璋來。稼軒來。李爲衡來，爲寫字兩幅。

　　文豪來，同到五華吃飯。飯畢，同到翠湖攝三影。記日記三天。袁鴻壽，林文錚來。楚方鵬來。盧芷芬來。壽彝來。爲方鵬書橫披。孫永慶來。寫丁則良信。

　　白珍來贈物。到卡爾登赴宴。出，購物。到佩弦處辭行，并晤趙鳳喈。蔭麟與容琬來贈物，未晤。歸，林超來，張務源，張琳來，爲寫字數紙。至十二時方去。爲明日行，逼得服藥。

　　今晨同席：許昌華　戴湘波（以上客）　　予與自珍（主）

　　今午同席：予（客）　　余文豪　劉熊祥　王玉哲　鄭逢源高亞偉　喻存粹　楊志玖　彭建屛（以上主）

　　今晚同席：予　育伊　賢璋（以上客）　　稼軒（主）

　　昨夜服一新藥，本已熟眠，爲經燧初斥責僕人所驚醒，又不成眠，重服藥而睡，此豈非天命哉！

一九三九年九月

九月一號星期五

天明即起，與自珍，湘波，賢璋，京軒同到護國門聯益公司，待至八時許，始知包車者李西平有事，今日不能行。即將行李送至白宅，在白家吃早飯，與自珍湘波同出西門游大觀樓，適值警報，避至其處者極多。遇惠長。

與湘波自珍同到大觀樓琵琶島，大觀旅館等處休息，又雇舟耍海，盤旋草海一周，回至西門，在回教館吃牛肉，又至翠湖吃茶，日暮始離坐。遇介泉。

與湘波自珍到中華飯店吃飯。回至白宅，予到元胎處，并晤立廠，天挺。

今晨送行者：白亮誠　壽彝　沙儒誠　育伊　稼軒　賢璋湘波　京軒　爲衡

今日上午同席：予父女　湘波　壽彝　賢璋　育伊　稼軒唐女士　爲衡（以上客）　亮誠（主）

昆明至成都本只八百四十餘公里，現以川滇公路尚未通車，須繞道貴州而至重慶，此段已有一千一百八十公里，加以重慶至成都五百十公里，則爲一千六百九十公里，視原數增加一倍。交通之限制人如此。然借此機會，得一覽貴州，則亦一幸事也。

九月二號星期六

六時起，在白宅吃早飯。七時到站，乘"滇一〇二〇"號車，八時開，八時半由東門站開，十一時三刻到易隆吃飯。十二時半開車。

一時三刻到馬龍，二時半到曲靖，三時五分到霑益，三時半到平彝，住入城内彬雅旅社，遇李泰華，孫永慶等。到城街散步。

八時半睡，未即眠。服藥後眠甚酣。

今晨送行者：元胎　亮誠　壽彝　錢家驥　儒誠　育伊　稼軒　湘波　爲衡　孫雨農

司機二人：李造深（正）　陳新民（副）

聯益公司此次開出三車，大車二，載貨物及行李，予與自珍同坐一車。小車一，李培炎（參政員，字西平，龍雲妻兄）及焦濟華（駐蘇聯領事）乘之。

九月三號星期日

五時半起，六時廿分車開。九時五十分到盤縣國安旅社吃飯。十時三刻開車。一時到普安，在潘記茶館喝茶。

四時五分到安南，住中國旅行社，與自珍同出散步，歷市街一周。

七時半進飯，八時即眠，以較舒適，未服藥，甚酣，至翌晨四時方醒。

黔滇兩省交界處，滇省土紅，黔則發黑，疑黔多煤礦，故得黔名。司機者言，紅土種鴉片好，黑土則種不好。

久聞黔省之瘠，身經其地，瘠亦不甚，昨日經行滇東區域，多荒山，少鄉村，今日反是，山上多闢梯田，與四川無異，是則黔人固能盡地力，異於滇人之惰也。

自普安以前，予車與泰華永慶車相先後，自普安後忽然不見，疑有變故，然無從探聽也。

九月四號星期一

五時半起，六時五十分上車，七時三刻到盤江橋，八時廿分到新鋪，十時到關嶺場，十一時一刻到黃果樹看瀑布。一時到安順，道遇陶孟和夫人。入安利食堂吃飯（李西平所請）。

一時三刻開車。二時四十分到平壩，三時四十分到清鎮，四時五十分到貴陽，停三橋甚久，又到頭橋待。五時半，進貴陽城，下榻黔中旅社。

與自珍游中山公園，遇庭椿。游城市，到葉德光處，并見其夫人李懋。出，庭椿邀至松鶴樓吃飯，到生活書店購書。歸。失眠，飲藥三次。

貴陽被炸，約占全城三分之一。此城當交通要衝，來往客商極多（昆明，廣西，湖南……），故興復甚速。聞庭椿言，中元節夜，喪家哀哭於道上者極多，真可憫也。

自盤江橋至永寧，越一大山，予與自珍數之，凡轉折一百七十一次，開車之難可見。

到貴陽看報，始知歐戰已起，德既攻波，法又攻德，英亦助法，意守中立，懸盼之第二次大戰至矣。

九月五號星期二

六時起，六時半乘人力車到頭橋，吃點。以司機不爲自珍買票，渠改上小車。予車以油箱漏，修理，吃飯，待至十時三刻方開車，十二時半至札佐。

一時三刻到息烽。三時十分至烏江渡，待至四時十六分方上渡船，四時四十一分登岸。五時十分至刀靶水，六時半至遵義，入川黔旅社。

進城散步，到江浙餐廳吃飯。歸，八時半即眠。

予車載貨，前面可坐三人，司機之外，予與自珍二人列坐。今日司機欲副司機同座，乃不爲購貴陽至重慶票，令自珍坐入李西平包車中。而小車速，先渡烏江，止宿桐梓。而予等至遵義天已晚，到桐梓尚須越嶺，度不可行，只得與自珍分宿兩地矣。

　　烏江渡夫役有八百人，推挽甚苦，不知何以不建橋。當予車到時，前有七車，予車已渡，後又有十車。

　　汽油箱凡漏十七箱之多。

九月六號星期三

　　四時起，呼司機起，五時半上車。六時半到板橋，七時一刻到婁山關，俱未停。七時半到桐梓縣，遇自珍，到交通飯店吃飯。八時車行，自珍偕，座位更擠。九時至楚米鋪，九時五十分至釣絲岩，十時廿五分至新站，十一時五分至青杠梢（在山頂），奇熱，稍息。

　　十一時四十分至打寶場，五十分至松坎，十二時至川黔飯店吃飯。十二時四十分開車，一時半至酒店埡，二時十分至馬路口，入一小店飲水。二時四十分至觀音橋。三時四十分至趕水，四時至東溪，以油箱滲漏，少停。

　　七時到綦江，住入公路飯店。熱甚，竟未進食。八時半臥。

　　　自酒店埡以南均為桐梓縣境，此縣面積甚大，亦甚富，前主席周西成即此縣人。釣絲岩轉折處險甚，時出事，新近遵義陸軍大學學生廿餘人即死於是。

　　　自今日始，天氣奇熱，兩司機均昆明人，較我輩尤不堪耐。今日四時五十分下大雨，行李打濕甚多。

　　　川黔路在黔省者凡三百〇七公里，兩省以橋為界，過橋即為四川綦江縣境。

九月七號星期四

　　六時起，七時半開車。八時廿五分到杜市，九時半至百節，十時到土橋，俱未停。十時半到黃山路口，以待領卸貨證，待一小時許。到小店進茶及稀飯。

　　與自珍雇人力車入一小店，洗身後即到海棠溪找較好客店，得

"南安旅館"尚可,即到原來小店算賬遷往。剃頭。

　　與自珍到華北酒家吃飯,并到輪渡前散步。

　　汽車顛簸太甚,所帶液體油汁俱傾出,熱水瓶亦打破一個。一包照片失去半包(此最可惜),開出箱來,衣上滿是黃土。西道真不易行也。

　　予以前乘長途汽車,至久只兩天,此次乃延至七天,凡行一千一百八十公里,又值酷熱,那得不憊。

　　此行以四日之上半天,五日之下半天,六日之竟天爲難行。

九月八號星期五

　　與自珍到外吃點。歸寓待行李不至,步至昨日停車覓之,亦不得。歸途遇 1020 車,則已送至予寓矣,即賞其正副司機而歸。

　　與自珍渡江,進冷食當飯。到泊生家,見其夫人。訪徐盈,不遇。訪驪先,亦不遇。訪馬曼青,遇之,并見黃凌霜,何子星等。出,買鞋襪等物,又飲冰。在途遇戴樂仁,薛文波。

　　到曼青處,同到生生花園吃飯。九時許出,飲冰。十時許,燃火把至其家投宿。

　　今晚同席:許重遠　張淑洵女士　姚子和(中訓會科長)姚志崇(掃蕩報總經理)　許健(組織部科長)　劉玉田　潘成義(俱中訓會幹事)　予父女(以上客)　曼青夫婦(主)

　　經重慶被轟炸處,區域甚廣,此間故多高樓,獨柱矗立,尤爲駭目,然一面經日人破壞,一面正在努力建設,處處有新屋可見,此真可喜現象也。

九月九號星期六

　　在馬宅進點後,與自珍下山,雇車到儲奇門碼頭,渡江歸寓。疲甚,臥而看報。與自珍同出吃飯。

歸，又臥，得眠。寫西山信，即付寄。正欲出門，王子政，袁溥之忽到，即在南安開房間。到咖啡館吃冷食，又到華北酒家吃飯。送溥之渡江。

到郵局訪楊毓清，未晤。歸，到子政室談，子政又到予室談。

驕陽如火，使人動彈不得，即不動亦復汗如雨下。此兩年中之夏，俱於重慶度之，重慶洵可畏哉！

得泰華等電，知其在未至安南時車壞，須修理數日。

昨聞清漪言，健常奉戰地黨政會命，與三數男同志到第二戰區（山西）慰勞，行已三月，尚未歸來，想見其在中條太行諸山宣勞之狀，恨不能得其消息也。聞立法院某君曾向追求，事迄未成。

九月十號星期日

王子政來道別。到新綏汽車公司，晤顧博瀛。進點。歸寓。溥之偕萬叔寅來。看報。理物。

眠一小時許。記日記十天。理物。楊毓清來談。

與自珍到上海飯館吃飯。訪楊毓清，又談一小時許。

九月十一號星期一

結束行裝。到新綏公司訪顧博瀛，與韋長軒同出，由其照料，雇舟渡江，未靠岸，即聞警報，登岸後即避匿儲奇門下防空洞，約一小時半，至十一時半而解除，雇車赴兩路口。

在兩路口吃飯。雇人挑行李到曼青家。

在馬家洗浴，吃飯，談話，休息。

此來第一次進防空洞，而洞口向南，太陽曬進，不堪其熱，買冰棒嚼之，腹又作痛，疑中痧，取八卦丹，萬金油，六神丸等塗服，稍愈，如解除遲一二小時者，予將暈於洞中矣。聞在防空洞中確多窒息而死者。一到兩路口，即在飯館大喝茶及冰橘汁，始覺漸醒。

九月十二號星期二

與松芷，小龍參觀青年小學。途遇泊生，霄石。下山，到上海紫樂蘭理髮館剃頭，遇警報，即馳歸，至山頂而聞解除之報。又出，訪戴樂仁，未晤。上"小湖北"吃飯。

到回教救國協會，晤柯三，夢揚，宜栽，文波，澄波等。與霄石同出，到中國飯店，爲寫騮先，立夫信。出，訪許重遠，遇之，與同至青年會。

餞重遠於西泠西餐館。至兩路口，買火把而歸。洗浴。

馬家之人：曼青　清漪　紀清濂（清漪妹）　馬松芷（女）　馬紀龍（子，又名小龍）

附户：王星舟及其弟妹（鍾芳）

九月十三號星期三

張公量來。受真來，長談。到泊生處，同出，到燕市酒家吃飯。受真來。

買物，還寓，即乘原轎出。到曾家岩後勤部辦事處，晤王恩普，與受真同乘轎渡江，在陳家館上岸，即到龍頭寺訪繩武，并與後勤政治部第三科諸同人談。見繩武夫人。

今午同席：温夫人　劉女士　予（以上客）　泊生夫婦及其子女（主）

今晚同席：受真　予（以上客）　繩武（主）

通俗讀物社發始於予，近兩年中爲一非桀驁難制，予覺得不值得爲人受過，捨而不管。此次到渝，見繩武作此甚努力，已辦通俗印刷所，將再辦通俗書畫店，不禁爲之感動，如彼爲主而予輔之，亦所願也。

　　在繩武處任職者：師志真（三科科長）　范振興　邵恒秋
房公秩　何維志　王建鐸　邱希文　汪嶽雲　都曉峰　陳逸園
朱邁群（以上均編輯）　胡慰三　蕭迪忱　王玉川　羅靖華　孔
繁謹（以上均教育委員）　以上爲此次所見者，其他在一二科
者，以在江北齊家花園辦公，未晤。

　　予此來爲大公報館所聞，登入新聞，故公量自賴家鄉來視，
受真自北碚來視，馬子量等亦來訪。聞報上又載予至齊大任國學
研究所主任云云，何報館中人信息靈通如是！

九月十四號星期四

　　早餐後，在第三科作演講，并與科中同人談話，約一小時半。
九時出，到觀音寺參觀繩武新辦之印刷所，晤蕭迪忱等。在香果寺
碼頭渡江，至牛角沱上岸。與受真同在上清寺吃飯。遇林剛白。

　　到中央研究院總辦事處，訪王毅侯，遇之。到回教救國會，晤
柯三，霄石，問馬效融住址，即到大梁子江南旅社訪之，未遇，見其
副官聶建倫。到聚興村，遇季忱，即入其家，談。歸，遇楊伯源。

　　歸寓飯，與王星舟談。洗浴。

九月十五號星期五

　　出，道遇裴子元，何維凝，進豆漿館小談。到中央黨部訪盧季
忱，雜談，以待驤先。俟其至，即入談話，約一小時。到中英庚款
會，晤戴樂仁，杭立武及蘇君。

　　到青年會訪萬叔寅，晤之。訪叔儻，亦晤。遇蔭樓。遇陳錫
襄，入其室，并晤其夫人鍾素吾。

　　蔭樓邀至青年會食堂吃飯。遇子政。燃火把而歸。

　　今晚同席：予　溫偉南（以上客）　蔣蔭樓（主）

今日與驪先談，彼云："頡剛先生，你的手下人太雜了！"指通俗社也。彼切囑與生活書店脫離關係，否則我之爲共産黨將更難洗刷。

晚得西山航函，悉華西大學有一汽車，將於星期日開行，大喜。

日來熱甚，室中至一百〇三度，街上恐在百十度以上。今日天陰，驟見凉爽，一快。

九月十六號星期六

在寓，與清澌姊妹談甚久。到曼青處，遇子和文山等。遇焦沛澍。到王恩普處，與繩武通電話。歸寓，飯。

下山，遇繩武，同步行，談通俗社事。一非來，稍談即別。與繩武同到回教救國協會，與柯三，子强談。出，到巴蜀校訪晷成，未晤。步至健常前住處，又返回教會。

在回教會吃飯，談至九時許，回寓，燃火把而行。

今晚同席：達王（阿拉善旗）　予（以上主客）　達浦生
張劍白　黎勁修　馬霄石　王月波　孫燕翼　薛文波　謝澄波
李廷弼　艾宜栽　馬子强　唐柯三（以上均回教徒，未審其孰爲客，孰爲主也）

今日得教會信，知華西大學車已於昨日開行，只得托繩武代爲設法。渠囑副官邱文每早到車站設法，未知究於何日可上車也。

聞馬子强言，健常係派至湖南，今尚未歸。

九月十七號星期日

袁溥之女士來談。孫永慶來。李一非來，長談。寫驪先信，托繩武轉致。

與自珍下山，應溥之宴於生生花園。飯後乘公共汽車進城，到都郵街買物，訪永慶及泰華均未遇。道遇潤章。復步行上山。

與趙榮璇女士談。與曼青談。

今午同席：彭仲文　杜滄白　宋女士　萬仲寅　予父女（以上客）　袁溥之（主）

聞萬女士言，健常係奉派至浙江，以內政部催促，已歸渝，但只任部務，不兼黨委會矣。部去此既遠，予又日在待車，竟難一見！

日來予爲濕阻，飯量大減，每頓只能吃一碗許。

近日溫度不到七十度，較三四日前差至三四十度，重慶天氣之變化如此其劇烈！

九月十八號星期一

寫履安，西山，王恩普信。爲病足，就床息。與王君談游峨嵋。周晶成來，長談。

晶成邀下山，到郵局寄信，到鄧脫摩咖啡店吃點，孫伯才至，同到紫竹林吃素菜。訪永慶，潤章，遇之。訪李泰華，不遇。

歸，與清漪及田秉懿女士，曼青等談。

今日下雨甚大，晶成以其乘輿載我而己步行，予乃得下山，蓋予兩足均爛，視在滇時轉劇，而皮鞋又以在汽車中受汽鍋熏烤，致緊縮而穿不進也。

昨報載蘇日成立停戰協定，今日報載蘇聯出兵波蘭，帝國主義之態鮮明若是，爲之一嘆。前日聞英日天津交涉，英全屈伏，除交暗殺嫌疑犯外，并將中國現銀三千五百萬交與日方，若不自立更生更有何望。

九月十九號星期二

看曼青所作視察廣西報告訖。記日記九天。

摘鈔曼青報告。看戈公振《從東北到庶聯》一書。

邱副官來，告明日行。與曼卿談邊疆事。

近日每天下雨，山路難行，不便出外，在寓休息，殊爲悶損。幸邱副官（文，貫章）來告，明日即可行矣。

九月二十號星期三

三時即起，寫周晁成信。五時許辭出，坐轎到車站，曼青送至車站。邱副官爲買票。晤趙紀彬，李自發。八時廿分開車。八時四十五分至小龍坎，九時廿五分至山洞，十時半至青木關，停一小時。十一時五十五分至璧山分站，十二時半，至來鳳驛，吃飯。

一時〇五分，開車。二時十五分至永川縣城，以車壞停。四時五十分至榮昌，五時半又開，六時到安富鎮，七時到隆昌，宿於東門內積玉宿舍。

與自珍上街吃飯。歸寓後又獨出，在城內走一轉。十時許眠。

今日十時十分過陳家橋，得詩兩首：

幽人聞住陳家橋，翠竹青松伴寂寥。知否儂車今日裹，與君同此雨瀟瀟？

車走長途未許留，眼前村舍兩三浮。欲猜誰是伊人宅，仰望雲天已滿愁！

近日車輛少，乃以敞車代客車，西北風味，茲又嘗之。客人太多，使人坐立不是。惟道路殊較西北爲平，而屢屢下雨，衣服乾而復濕，亦西北所少遇也。

九月廿一號星期四

四時起，五時上車，待至七時半始開。八時半至椑木鎮，停兩小時以待汽油之至。十時半開，渡江，十一時半至內江，下車吃飯飲茶，車則赴廠修理。

二時，車來，即開。三時三十五分到資中，五時二十五分至球溪河。司機不肯再開，即宿悅來飯店。

與自珍下樓吃飯。上街散步。八時許即眠。

公路車本規定渝蓉間開兩天，惟油箱屢漏，而汽油必大站始有，往返取攜，耽擱時間太多，此行遂展至三天矣。

九月廿二號星期五

四時起，五時半到站，六時廿五分車開。七時廿五分到資陽（俗稱陽縣），為修車，下車喝茶。九時一刻開，九時廿五分到簡陽，為修油箱，下車吃點。

直待至一時半車始開，行十五分，車又壞，箱漏加劇，且陷泥中。三時折回，四時換車開。五時半到龍泉驛。六時到成都，即雇車赴西川公寓落宿。

與自珍到春熙路，商業場購物，吃飯。

九月廿三號星期六

七時許，與自珍同出，吃點。遇徐誦明，章友江。步行至華西大學，晤劉校長，傅矩生，張伯懷，西山等。即到廣益學舍，看各處來信。章友江來，談話。寫曼青夫婦信，發履安電。

西山邀至小天竺街吃飯。遇文通等。飯畢，到文通處，與其兄弟及林名鈞，李小緣談話。與自珍到張家，見順妹等。出，到少城公園。

在祠堂街吃飯。回旅館，西山來。

成都物價亦飛漲，迥非予去年來時情形。洋車夫索價全改洋碼（去年索幾百則銅元幾枚，索一吊則銅元五枚耳）。洋價之貴，比昆明加倍且不止。

今晚經行被炸區，在王城東南角上，區域頗廣，絕無恢復。

九月廿四號星期日

與自珍同出吃點。西山來，同雇車載行李，到齊大。李世俊來。傅矩生來，同送自珍到女生宿舍，又同至古女菜館吃飯。

乘舟到望江樓，其地已改市府辦事處，游覽一過，即到外面喝茶，并看挖銀處。歸，與自珍到城中買物，吃飯。

送自珍回宿舍，獨至廣益學舍眠。

今午同席：予父女　西山（以上客）　矩生（主）

九月廿五號星期一

思明來。關斌來。寫履安信。整理西山代運到之書籍。

赴劉校長宴於古女菜。出，與侯寶璋同到學校西南隅看郭女士所造新屋。

自珍來，同進城買物吃飯。到開明書店訪章錫舟。

今午同席：盧□□　侯寶璋　張匯泉　湯吉禾　薛慕回　鄭建國　趙化程　李樹秀　張西山（以上客）　劉書銘（主）

九月廿六號星期二

與西山同出吃點。劉校長來，商研究所事務。文通來。錫永來。寫育伊，賓四，逢源，厚宣信。

到女生宿舍視自珍病，乘車入城爲自珍買藥及食物。

獨上館吃飯。

女生宿舍，窗上既無玻璃，又未糊紙，近日夜中頗寒，自珍遂感寒致疾。

九月廿七號星期三（中秋）

與西山同到"江湖"吃點。到女生宿舍視自珍病。到校訪寶璋，與同到牙醫室看牙，又到寶璋處談。孫永慶自重慶來，與同訪西山，到粵女菜吃飯。

上課一小時。自珍病愈，與同到不醉無歸應文通宴。

打開昆明來書卅一包，至十一時方訖，遂不成眠。服藥，至上午二時許眠。

今午同席：永慶　西山（客）　予（主）

今晚同席：楊叔明（康省府秘書）　周守廉　傅韻笙　彭雲生　馮漢驥　林名鈞　余父女（以上客）　蒙文通　思明（主）

九月廿八號星期四

與西山同吃點。遇縱一。到牙醫院治牙。到寶璋處談。到辦公處，晤校長，徐薄冰（秘書）等。到中國銀行存款。與自珍同進城，飯於回回來。

小眠。思明來。杜叢林來，同至其寓所借衣。軍校宋君來。到醫學院，與寶璋同訪姚石青。五時半歸。

與自珍同吃飯。劉縱一來。與同至其寓所，見其兄碩甫。歸，早眠。

日來天頗寒，而行李箱尚未由公路局運來，逼得無法，只得向叢林縱一等人借衣穿了。

九月廿九號星期五

與自珍西山同出吃點。到金陵文化研究所，未遇人。歸，寫元胎信。豫備功課。永慶來。斠玄來。

孫蕙蘭來。上課一小時。雇車入城，訪窄巷子不得，到永慶處。獨飯於回回來。

到斠玄處談。欲早眠，適有空襲警報，眠而不安，遂服藥，上午二時始得眠。

九月三十號星期六

陳家驥來。同到麗石帚處談。西山來。赴衡如等宴於古女菜。

到張宅。與自珍同到韻笙家，見其夫人。出游文殊院。回至張宅，子豐歸談。出，與自珍游中山公園。

在城吃飯。乘車歸。西山來。眠後有警報，未起。

余兩足犯濕氣，尚是在滇時事。惟當時不甚劇，亦且聽之。到重慶後即甚，到成都後更甚，亦未就醫。今日走路較多，到公園後痛至不能舉步。

今午同席：梁思成　劉敦楨　馮漢驥　徐□□　張西山　蒙文通　蒙思明　林名鈞（以上客）　劉衡如　李小緣　商錫永（以上主）

一九三九年十月

十月一號星期日

以足疾，臥床一天，塗西山贈藥。西山來。傅韻笙偕李源澄來。

趙夢若來。看本田成之《中國經學史》等。

與自珍談話多，又失眠，屢服藥無效。十二時，警報發，就院中林下坐。三時就枕，得眠。

十月二號星期一

豫備功課。西山來。麗石帚來。思明偕孫琪華女士來。

趙夢若夫婦來贈物。上課一小時。遇張世文。丁廷洧來。西山，薄冰，扶九來。與自珍同到粵女菜吃飯。

買酒歸，飲之，酣眠。十二時又有警報，起視，仍眠。

昨夜敵機來蓉轟炸，聞炸某鎮，予室中窗櫺亦震動。

昨服諸種失眠藥無效，因自今日起復服鹿茸精，惟昆明帶來者只一瓶，此間西藥鋪中未必有耳。

十月三號星期二

杜叢林來。自珍偕水世芳來。縱一來。永慶來。一山來。守真偕其新夫人朱梅來。寫李金亭，連士升，拱宸，姚志崇，朱有圻，孟真，張鳳岐，壽彝信。

與自珍到鄉村食堂吃飯。二時，到牙醫院。歸，補記日記。西山來。永慶偕文藝堂林佐來，商書價。

守真夫婦又來，并邀西山，步至吴抄手店吃飯。與自珍到光明照相。又步歸，到斠玄處談。失眠。十二時又有警報，至上午四時許始眠。

今晚進出城皆步行，又把兩腿走壞，左足軒脡紅極。

今晚同席：守真　朱梅　西山（以上客）　　予父女（主）

十月四號星期三

西山來。韻笙來。十時，到牙醫院。豫備功課。

上課一小時。到注册組，遇郎健寰，矩生等。孫蕙蘭來，與同到西山處坐。

與自珍乘車到春熙路取照片。吃飯。到陝西街存化醫院，請郎健寰醫脚。遇張光炎。乘車歸。上午二時有警報，起至縱一兄弟處談話。至三時半歸卧，得眠。

今晚到郎醫生處敷藥，以左足軒脡上最痛，僅將左足敷好。

十月五號星期四

宋益清（漣波）來。寫芷芬，博瀛，爲衡信。西山來。

寫段繩武，邱貫章，賓四，伯祥信。趙扶九來。與自珍出外吃飯。

斠玄來。失眠，起看通俗讀物及《滇繹》等書。飲酒。

近日牙痛，每食必作，連吃飯也是件苦事。據醫云是壞牙上塗水門汀塗壞的。如此，該怪昆明醫牙多事了。

日前我軍在湖北大捷，殲滅敵軍至三萬以上，聞是白崇禧指揮。此爲抗戰以來最大之勝利。

十月六號星期五

與西山自珍同出吃點。張光炎來，與同到校醫室醫足，遇孫祖武。歸，豫備功課。訪文通，未遇。孫琪華來。

乘車至少城公園，到静寧飯店赴文通約。回校，上課一小時。到注冊組。與傅矩生，畢天民等談。到校長處商事。到會議室開教職員聯歡會。書估苟某來，選書數種。

永慶來。文通來。獨到江湖飯店吃飯。已八時矣。

今日至校醫處，兩足全敷，共有十處爛，渠將我兩足完全裹起，可不穿襪矣。

今午同席：蕭静軒　謝子厚　王瑞澄　譚創之　梁漱溟　馮漢驥　彭雲生　宋漣波　楊人梗（以上客）　蒙文通（主）

十月七號星期六

與自珍上粥店吃粥，遇趙扶九。到校醫室醫足。蘇子涵來。寫孫琪華，聖陶信。十時，到牙醫院。歸，寫履安信。

小眠。西山來，定書價。看《中國經學史》。自珍爲進城購物。與西山同赴劉縱一之宴。九時半歸。

今日爲蔣委員長就代理四川省主席職，從此四川確立中央勢力，亦抗戰中一收獲也。

曉夢健常在外國，然予一思及之彼即來。予邀其觀劇，彼云："如非大團圓劇我不願觀。"予久不夢健常矣，今日乃復一見！

今晚同席：斛玄　段天育　胡玉章　何樹芳　閔俠卿　韓榮森　西山　劉碩輔（以上客）　劉縱一（主）

十月八號星期日

看本田成之《中國經學史》"秦漢"及"三國六朝"兩章。永慶來，托其到車站取行李三件。

書估毛某來，定書價。與自珍西山同到江湖吃飯。

整理箱中物。開篋，看兩年中健常所寄信。

今晨上午二時醒，遂不成眠，僅天明時一合眼耳。失眠症間天一發，其事甚準，然前夜得眠八小時，昨夜亦眠四小時許，不服藥，是已愈四分之三矣。

十月九號星期一

寫健常信，元胎信。寫蔣慰堂，育伊，守和信。與自珍出外吃點，遇劉承釗。到校醫室敷藥。遇湯吉禾。看本田成之《中國經學史》，畢。

將致伯祥信寫畢。小眠。到庶務課送信。到西山處。歸，看《邊疆》及《天文臺》。思明偕張世文來。

湯吉禾，張國安來談。

昨夜覽兩年來健常來書，精神興奮，心跳又作。昨夜本是得眠之夜，登床後竟無倦意，不得已起而飲酒，幸仍得眠，惟至今晨四時而醒，因於五時開燈寫健常信，以減輕心頭之壓迫。此君真是我前世的冤孽！

今日腳已大好，醫生説，再塗兩次即可好。

十月十號星期二

補登日記十八天。永慶來。整理書桌。西山來。草研究生規程。

與西山，自珍到上海食堂吃飯。歸，小眠。寫中國邊疆文化促進會，許輯五，黎劭西，格桑澤仁信。寫陳碧笙，楊繽，章丹楓信。與自珍同到後壩看新屋，遇侯寶璋。

孫蕙蘭，劉福同來。失眠，起飲酒，看呂誠之《中國國體小史》訖，入睡已十二時。

昨夜九時眠，今晨五時醒，倘以發信故耶？

今日上午有警報，亦國慶日中應有之點綴，歷一小時而解除。

十月十一號星期三

到校醫室治足疾。遇杜叢林，范希純。孫琪華來。劉校長來。寫傅矩生信。寫肖甫信，未畢。書估來。李源澄，魏守謨來，金靜安來，邀之到江湖吃飯。

蕙蘭來。與靜安同到斠玄處。歸，寫肖甫信畢。德坤夫人偕其兩子來。視西山疾。

寫蕙蘭信。看《中國政體制度史》畢。失眠，飲酒無效，上午二時服藥。

今午同席：金靜安　李源澄（浚清）　魏守謨（以上客）　予（主）

夜中清靜，頗可讀書，而失眠疾毫不放鬆，奈何奈何！

十月十二號星期四

寫華大文學院信。到校醫室換藥。到註冊課，遇一山。歸舍，關斌來。劉校長來。到西山處問疾。劉校長偕張凌高校長及方叔軒來。關斌偕高星垣來，為我診脉開方。

與趙扶九及自珍同飯。重寫研究生規程，定研究所概算。即到劉校長處。寫履安信。到張宅，晤戟楣及學思，紅妹等。

到潘宅赴宴。九時歸，即眠，得眠。

今晚同席：章之汶　劉書銘　劉藜仙父女　章友江夫婦　潘

太太（以上客）　蕭一山　潘大逵（以上主）

高醫爲我診脉，謂我内臟無病，所以久失眠而能支持者以此。爲我開方，當茶喝：野百合六錢、桂枝四錢、肥知母四錢、桂皮四錢。囑十天後再醫，謂我一年内可治愈，若然，真使我大樂，若起死人而肉白骨也。

十月十三號星期五

與自珍同到後壩看屋。遇薛慕回，同返廣益。一山來。到牙科院拔牙，約歷一小時，即歸卧。西山，關斌來。

守真來。孫蕙蘭，劉福同來，寫關斌信。孟韜來，長談。

買牛奶及稀飯食之。早眠。

右下顎盤牙，自到西北去，即以羊肉嵌牙，愈剔而孔愈大，非有剔牙籤竟不能吃飯。且常作痛，醫言生癉，不得不拔去。然予吃飯，實賴此牙。在未鑲牙前，不易嚼物矣。今日拔時，上麻藥兩次，尚不痛，惟出血甚多。

十月十四號星期六

看吕誠之《階級制度史》。爲侃嬾寫墓碑。爲趙扶九寫單條。關斌來，孫蕙蘭來。張紹英來。斠玄偕張維城來。李寶泉，顧桂芬來。邀其同出吃飯。

段青來。孫永慶來。關斌來。孫蕙蘭來。吳先憂來。與自珍同出，到新南門内吃飯。

到祠堂街“健康”剃頭，洗澡。

昨夜八時即眠，然今日上午十二時半即醒，從此張眼到曉。

寫侃嬾墓碑，悵絕！（侃嬾生於 1906 年九月六日，卒於 1938 年八月三日。）

今日剪髮，見剪下白髮之多已在黑髮以上，尤其是頭頂，占四分之三矣。怪不得近來人們多稱我爲"老先生"！想不到老得如此快！

十月十五號星期日

理衣箱及床席。西山來。寶璋，慕回來，同到後壩看屋。趙夢若夫婦來。守真來。

到老鄉親吃飯。到張宅，遇子豐，柔妹。開木器賬。獨到中山公園吃茶，看報。五時許，步歸校。

西山來。自珍來。與同出吃飯。寫孫劉兩女士信，謝其送牛乳。飲酒，得眠。

在公園吃茶時，竟有老嫗打合我去打茶圍，想見成都私娼之多。

近數日手足流汗極多，固緣天熱，亦見身體之虛。

新屋太小，一間只是豆腐干大一方塊，真不痛快，而房租却貴，一間月須十元，又須百元壓租。

十月十六號星期一

吃點，遇縱一弟兄。寫致守和電，函，爲育伊事。寫槃庵，金靜安，文通信。到庶務課。記日記三天。寫孫吉士信。

關斌來。斠玄偕劉啓明來。留啓明飯於鄉村食堂。到牙科洗牙，遇張凌高及張光炎。到校長室商所事。歸，寫厚宣信。關斌來。

理信札。到西山處，遇周三朋。到徐薄冰處談。到斠玄處談。到縱一處還衣。

一旬來，我空軍兩次轟炸漢口敵機場，毀壞敵飛機，火藥庫，汽油庫，殺敵空軍甚多，一快事也。

醫謂予牙根常腫，故擦牙時易流血。

十月十七號星期二

　　寫賓四，逢源信。朱惠方來。受真來。寫育伊信。永慶來，道別。將《中國階級制度小史》看畢。與自珍到新南門吃飯，買藥，由一園涉橋歸。

　　寫元胎，逢源信。寫通俗讀物社同人長信，未畢。與自珍同訪朱惠方，到小天竺街西口飯館吃飯。

　　關斌與評古山房人送《四部備要》來。到湯吉禾處。歸，到永慶處。

　　今日接履安電，悉其已於十五日動身。最速當可於下月初到。

十月十八號星期三

　　寫通俗社信，畢。西山偕水世芳來。關斌引一老媽來。劉校長來。重編預算。付鈔。豫備功課。

　　上課一小時。朱國勛來。宋漣波來。孟軺來，長談。與之同訪孫吉士，不遇，留條而出。

　　到潘宅赴宴。十時歸。飲酒眠。

　　今晚同席：黃任之　梁漱溟　李伯申　常燕生　李幼椿　鄧初民等凡兩桌（客）　章友江　潘大逵　熊子駿　張秀塾（主）

十月十九號星期四

　　吃點遇劉碩甫等。到中國交通兩銀行，取履安所寄款存入。到文書課。李延青來。與自珍到上海食堂吃飯。

　　寫壽彝，高晉生信。斛玄來。錫永來。學思來，爲寫孟軺信。趙夢若偕歐陽君來。到西山處視疾。到後壩看新屋。遇侯太太。歸，陳翰伯來。到方叔軒處。

　　到金陵大學餐廳，赴全校重要教職員宴。飯畢開會，十時始散。

　　今晚同席：張凌高　陳裕光　吳貽芳　劉世傳　方叔軒　柯

象龍　　湯吉禾　　侯寶璋　　張匯泉　　傅矩生　　閔俠卿　　陳鍾凡　　李世俊　　畢天民　　余劉蘭華　　程□□　　戴謙冲

十月二十號星期五

到湯吉禾處取稿。到醫院訪一山。到沙利文訪樹幟，錫永韻笙來，同到沙城公園静寧飯店吃飯。

回校，上課一小時。打開《四部備要》包裹，略加整理。到費爾樸處，聽講四福音之分析。到醫院送一山皮包。

赴祠堂街努力餐廳應斠玄宴。九時歸。

今午同席：辛樹幟　楊亦周　商錫永　傅韻笙　王毓瑚　王玉增（以上客）　予（主）

今晚同席：林山萸　車耀先　劉縱一等（以上客）　陳斠玄（主）

十月廿一號星期六

到樹幟處，吃早點。韻笙來，同到運動會，晤戴季陶，楊令宇，看華西，空軍兩校賽球。午，到戴家吃飯。

出，又到運動場，吃茶，遇戴家齊夫婦。到舊書肆看書。到女子排球場看打球。五時歸。

整理《四部叢刊》。

今午同席：辛樹幟　楊亦周　傅韻笙（以上客）　戴季陶（主）

十月廿二號星期日

黄任之先生來。孟體廉來。到高星垣處就診，并晤其兄石齋（文）。訪劉啓明，不遇。到孟輖處，出，吃飯。訪祚苣，不得。歸取原函。

到祚苣處，并晤恢先。出，到蘇子涵家赴宴。六時出。

到青年會赴燕大同學宴。

今晚同席：陳廣虞（可大）　陳志潛　李文銘　徐叔嚴　唐俊良　羅潤滋（以上客）　蘇子涵（主）

今晚又同席：楊祖康　孟體廉　龔瑜　陳翰伯　洪盈　范希純　雷守廉

十月廿三號星期一

晨醒，左眼大疲，不能張，因僵臥一日。關偉生領女僕周嫂來。劉校長，侯大夫來。李源澄來。龔瑜來，代向新綏公司取物。

陳家芷來。孫吉士來，開方。龔瑜又來。

眼略可張，即遷入後壪新屋。到侯家談。

新綏公司爲我運六件行李（衣箱二，鋪蓋二，竹簣二），開價至一百七十餘元，僅自重慶至成都耳，可怕可怕！運價之貴如是，物價安得不貴！

十月廿四號星期二

到侯家吃早飯。整理新屋中什物。到廣益，將書籍裝箱打包，運至新屋。

整理校中《四部備要》。

到河邊取傢具。遇吳先憂。有警報，至十一時而猶未解除，倦甚，即就眠。

傢具本托子豐買，今日接來信，乃謂因價貴全未買。然而我已遷入新屋矣，物價又日上漲，豈以價貴遂可不買耶！因托關偉生君代購。

今日左眼雖可張，而左眼下甚腫且癢，不知是何疾，倘濕氣足上愈而上蔓至眼耶？我之疾病，花樣何其多耶？

十月廿五號星期三

豫備功課。寶泉夫婦來。因避警報，留飯。

到校，上課一小時。到校長處商事。到廣益，寫琪華信。陳家芷來。到杜叢林處。

到高中訪吳先憂，不遇。在高中外草棚吃飯。到寶璋處談。

近日所接信，多蓋"郵車被焚之殘餘郵件"圖章。予書尚有七十餘包未至，得無亦在被焚之數耶？別的不太可惜，單是近三年中日記二冊，是我生命史最寶貴之材料，願不在此劫數中也。

新寓今日買竈起火，多日上館吃飯之生活結束矣。

十月廿六號星期四

在寓理物。到廣益，責孫永慶。寫聖陶信，到徐薄冰處。

永慶送書架來，即理書上架。琪華來。到黃任之處，并晤張瀾。

到哥哥傳宴客。與劉校長同步歸。失眠，飲酒。

與聖陶書曰："此間國學研究所工作，擬集中精力於整理廿四史上，使散亂材料串上系統而成各種專史之材料集，爲將來正式作通史之基礎，再將範圍擴大至廿四史之外。此事甚大，我輩生命中未必能親睹其成。但欲引史學上軌道，固非此不可也。"

今晚同席：黃任之　蕭一山　劉藜仙　謝霖甫　傅葆璋　顧子仁　李雲亭　郭子杰　章友江　潘大逵（以上客）　書銘　予（主）

十月廿七號星期五

理書架。豫備功課。孫琪華來，留飯。

上課一小時（四極）。到廣益，孫吉士來。朱惠方來，與同到王孟甫家赴宴。

到劉藜仙家赴宴。八時半歸，與偉生共搬物。服藥而眠。

今晚同席：黃任之　李鐵樵　張真如　葉石蓀　潘大逵　劉衡如　謝樹英　周謙冲　朱惠方　李雲亭　熊子駿　劉開渠（以

上客） 鄧錫侯（主）

今晚又同席：蕭一山　曾聖言　潘大逵　潘□□　賀淵如
熊璧香　謝粹剛（以上客）　劉藜仙（主）

昨夜大雨，今日終日有小雨，道路泥濘，尤以後壩爲甚，非
車夫扶我，真行不得矣。

十月廿八號星期六

補記日記八天。曾憲楷來。寶泉夫婦來。蘇奎來。理抽屜。

到湯家，又到哥哥傳赴宴。到何公巷訪李源澄，并晤陳君。訪
楊鵬升，不遇。

歸，接請柬，又進城，至哥哥傳赴宴。到斛玄處談。九時半歸。

今午同席：饒孟侃　龍冠海　章友江　楊氏夫婦　張國安
劉校長夫人（以上客）　湯吉禾（主）

今晚同席：鄭獻徵（三臺縣長）　胡子昂（重慶自來水廠）
張宗成（四川烟葉示範場場長）　胡鐵生（川康銅業管理處業
務課長）　李雲亭（以上客）　郭有守　楊全宇（以上主）

十月廿九號星期日

與寶璋同上協中毛廁。與自珍步進城，買物送至祚茝處。至滿
江紅吃點。

到孟韜處賀其五十生辰，留飯。三時出。與自珍到老西門，擬
購馬桶不得。買書。到少城公園，遇中凡。

六時歸，爲偉生改致邊疆會信稿。

今午同席：李期軒弟兄　王幼□夫婦　顧□□夫人　趙善詒
予父女（以上客）　趙孟韜夫婦（主）

十月三十號星期一

八時，到牙科治牙。九時半歸。豫備功課。龔瑜來。

上課一小時（四裔）。到廣益，寫龍榆生，卜宗孟信。與自珍到鄭德坤夫人處。訪張世文，未遇。

翻看《磧砂藏經》零種。

晨三時，夢見健常由郵寄我兩皮球，其大小若網球然。

十月卅一號星期二

趙南溟來。豫備功課。魏守謨來。

上課一小時（代西山上"秦漢史"）。到廣益，擬應聘名譽研究員名單。

到哥哥傅赴書銘宴。八時，與同出，到宿舍，九時歸。

今晚同席：蕭一山夫婦　郎健寰夫婦　劉藜仙　張禁烟處長章友江夫婦（以上客）　劉書銘夫婦（主）

一九三九年十一月

十一月一號星期三

七時，赴月會，聽伯懷講導師制。晤張維思（心田）。豫備下午課。寶泉來。

到校，上課一小時（種族之傳說）。到邊疆服務部訪張伯懷。

訪書銘，心田，均未遇。到廣益，看《四部叢刊》二三集。永慶來，責其買鎖。

近日上床能眠，解決兩三年來痛苦不少。惟半夜必溺，一溺即不易復睡，仍是一苦事耳。

十一月二號星期四

到牙科，治牙根粘物。趙南溟來。到校長室。到廣益，南溟，張維思來。陳翰伯來，留飯，談設工廠事。

豫備功課。到校，上“秦漢史”一堂（自封建至郡縣）。與自珍同歸。

與自珍談話，剥脚皮。

接履安自明信，知已於上月廿八日抵昆明，自滬至滇凡十四日，尚不爲緩，現定本月六日飛蓉。

十一月三號星期五

寫元胎信。記日記三天。看黎著《錢玄同先生傳》。寫張伯懷信。豫備功課。到張凌高家赴宴。

上課一小時（種姓）。到國研所，仲良來。與同到寓所，又同出，到斠玄處，到悦來商場狀元酒家吃飯。

到沙利文仲良處談。訪一山，未遇。九時半歸。

今午同席：林思進　李培甫　戴謙和　羅成錦　方叔軒　杜叢林　龐石帚（以上客）　張凌高校長（主）

十一月四號星期六

傅雙無來。草《中國人應注意暹羅態度》一文，約三千言，即謄清，送《新中國日報》。於院中濠内避警報一小時。寶璋夫婦來，留飯。

到一小館吃飯，遇蕭椒石，高抱誠。同到春熙飯店，并晤水季梅，王文卿。到永慶處，國安處，西山處談。九時半歸。

今日上午十時起警報，至十二時始解除，被炸者爲飛機場，共來五十四架，爲我軍打下三架，我亦傷一架。

十一月五號星期日

到寶璋處談購藏經事。趙夢若來。到光華大學，赴建猷約，參觀圖書館，到陸尚之處。

　　出，源澄導游二仙觀後院。由新西門進城。歸。

　　西山來談，留飯。失眠，服藥及酒至三次，十二時後眠。

　　今午同席：李源澄　周輔成　予（以上客）　建猷夫婦（主）

　　今日接履安電，知改期十號來，蓋昨成都飛機場被炸，未能落機也。

　　昨夜以吃炸醬麵，甚乾，半夜未起溺，一瞑睡到天明，甚痛快。

十一月六號星期一

　　與寶璋同到校，參加紀念周，演說邊疆問題半小時，到伯懷矩生處。歸，豫備功課。黃仲良偕佺治農來，留飯。

　　到校，上課一小時（種姓）。到國研所。歸，逗薛家小孩玩。記日記四天。

　　進城，訪韻笙，并晤陳爲綱。九時半歸。

　　昨夜失眠有三故：一，西山談校事，頗使我興奮。二，夜中未出散步。三，已就床，猶待自珍歸寢。予夜中之難服事如此。

十一月七號星期二

　　豫備功課。湯茂如來談。

　　到廣益，上課兩小時（漢代的封建）。道遇李自發。傅韻笙來，與同至張伯懷處談。赴教職員同樂會。

　　到明湖春宴客。八時半散，步歸。

　　今晚同席：水季梅　蕭椒石　高抱誠　朱銘心夫婦　李自發　苟秉元　范柳樵（以上客）　予與孫永慶（主）

十一月八號星期三

豫備功課。寶泉來，出示漢石刻拓本。與侯慧中玩。

到廣益，遇姚子謙。傅矩生來談。上課一小時（後期感生説）。到邊疆服務部。張宗南來談調查事項。歸家，易衣。

到醉漚（慈惠堂街）赴宴。九時歸，與寶泉談小鵜事。

今日覽報，小鵜於昨晨七時逝世，不審何病，何其遽也，享年四十五，何不永也。八月二十四日一別，遂永訣矣，悵甚！（小鵜少年斫喪太甚，恐種因於此。）

今晚同席：傅韻笙　李玉仁　黃□□　王□□　張宗南　蕭興漢　張品三（以上客）　張伯懷（主）

十一月九號星期四

到廣益，晤叢林，西山，南溟。到牙科醫院，由王榮光醫師治牙。歸，鈔《漢書》中郡國開置年代表。南溟來。永慶導丁璽等來。寶泉來。讀《後漢書・西羌傳》，備付鈔。

理書桌。記日記三天。梁士純來。孟軺來，長談，留飯。與同到老南門。

到覺玄處。到縱一處。均借書歸。

十一月十號星期五

與自珍到歐亞航空公司，失望而退。到粵女菜吃點。訪李期軒於軍需經理處。歸，得履安航信，即作覆。赴牙醫院。

到校上課一小時（結束種族的想像）。叔軒來談。赴黃任之召集之職業教育會。

赴南打金街王氏之宴。與書銘等同步歸。

今晚同席：劉書銘　謝霖甫　李鐵樵　湯茂如　顧葆常　張真如　宋漣波等（客）　王孟甫（主）

與自珍到歐亞航空公司，以爲履安自明必至矣，孰知今日無機飛蓉。及歸家，接履安航信，知又改期十七日。

十一月十一號星期六

看《兩漢州制考》。鈔《王制》篇，未畢。寫立厂信。赴牙醫院。曾憲楷，嚴恩紋兩女士來。

為裝電燈，不能出門，也不能做事。到所，寫在宥信。到叔軒處談。到叢林處借書。

到哥哥傳，赴寶璋宴。

今晚同席：李寶泉　　湯吉禾　　張國安　　□學勤　　龍冠海（以上客）　　侯寶璋（主）

十一月十二號星期日

到郭鳳鳴家開會，討論房屋事。與自珍到金女大嚴女士處，與同到川大農學院，訪憲楷姊弟。憲樸陪同參觀川大農院，并觀菊花。

在曾家吃飯後出，與自珍同到張家，見諸表弟妹。訪張怡蓀，不晤。訪勁修，并晤元暉等。

與勁修同出，飯於宴樂園。步歸。

今午同席：予與自珍　　嚴女士　　雷時若（以上客）　　曾憲楷，憲樸（主）

十一月十三號星期一

豫備功課。看《今古學考》。馬鎮東來。

上課一小時（今古文）。王元暉來，與之同到悅來戲園，看蕭楷成《會稽山》劇。

元暉等設宴於新亞咖啡館。十時歸。寶泉來。

今晚同席：傅秉常　　傅秉勳　　徐天秩　　裴惕生　　劉礜潮　　李天民　　王雅清（天民夫人）　　予與自珍（以上客）　　王元暉

任覺五（以上主）

　　得元胎信，知履安住南昌街白宅。

十一月十四號星期二

　　趙夢若來。趙南溟來。買米。豫備功課。黃治農來。徐容光來。酈平樟來，長談。

　　上課兩小時（漢地方制度）。覺玄來。到研究所。訪書銘，未遇。與自珍同到悦來觀劇。

　　宴勁修等於宴樂園。十時，與孫怒潮夫婦等同步歸。十二時就枕，眠不酣。

　　今晚同席：勁修　王元暉　李天民夫婦　孫怒潮夫婦　王夫人　王小姐　劉礜潮（以上客）　予與自珍（主）

　　兩日來看川劇，詞句，表情，均有可取，惟調子簡單，非外間人所能欣賞耳。蕭楷成年六十二，而飾越王勾踐，精力飽滿，神態緊張，身入戲中，知名非幸致也。

十一月十五號星期三

　　到方叔軒處。到西山處。到平樟處，未晤。到金大文化研究所，訪錫永，未晤。歸，遇顧葆常。歸，陳北海來。記日記六天。寶泉來。仲良來，留飯。與之同出，遇小緣。

　　到校，豫備功課。上課一小時（今古文）。寫元胎信。思明來。孟韜來，長談。

　　與孟韜同到祠堂街吃毛肚子。仍步歸。九時即睡，眠甚酣。

　　得履安電，囑勿到航空公司候，恐行期又變矣。

　　平樟能由昆明乘飛機來，而履安不能，可見買票後尚有人事問題介於其中也。

十一月十六號星期四

寫平樟，憲楷，建猷信。詩婢家送裱件來。寶泉夫婦來。鍾道泉來。西山偕育伊來。與育伊同謁校長，并到國學研究所等處。到銀行取款。與育伊同回家，吃飯。訪梁士純，不得其門。

與育伊同到叢林處，同到華大圖書館參觀。又至博物館，由林名均導引參觀。到會議室，聽姜蘊剛演説邊疆問題。

邊疆服務部邀宴於粵女家厨。步歸。

今晚同席：姜蘊剛　育伊（以上客）　張宗南　張品三　蕭興漢　孫仲瑜（以上主）

十一月十七號星期五

寫博瀛信。補記日記。看書。與自珍同到歐亞公司接履安，待久不至，到燒麥店吃點。遇劉黎仙。

履安，自明來，即同歸家，道別來事，并理物。韻笙來。叢林來。

育伊，西山來，同到新宿舍，聽 Brown 女士及林名均，張伯懷講邊疆問題，九時半歸。

四月餘不見履安，黑而且瘦，額上皺皮重叠，不啻大了十年之紀，真使我一嚇！蓋彼爲有胃病，坐車，坐船，坐飛機，無一不吐，平時食量又減，宜其憔悴至於斯也！以後在此休養，不知尚能恢復數月前之樣子否？渠近又患痔，大便甚難。

今晚得健常來書，詳述前綫考察狀况。

十一月十八號星期六

到研究所，曾憲楷，嚴恩紋兩女士來，到西山，育伊處，同商編輯民族史材料集方案。陳北海來，商書價。

到哥哥傅宴客。遇方叔軒。二時許出，與育伊，家驥同到西玉龍街一帶看舊書及古物。到少城公園看擊下飛機。遇空襲預行警報，即歸。

到寶泉處赴宴，并看鍾道泉繪畫。

今午同席：鄺平樟　曾憲樸　曾憲楷　嚴恩紋　魏建猷夫婦及其子　育伊　西山　叢林　陳家驥（以上客）　予（主）

今晚同席：鍾道泉　譚□□　侯寶璋（以上客）　李寶泉（主）

晨與履安算賬，四個月中，渠與自明共用三千元，余與自珍共用二千元，合共半萬。如此情形，叫窮人如何出門！

十一月十九號星期日

與寶璋等略談。寫起潛叔信。寫魯弟，和官信。到建本小學，看房屋，晤浚清。

到清華同學會赴宴。到祚茞處。遇仲良。與履安及二女同到北門街看木器，游少城公園，看打下飛機，到春熙路買物吃飯，乘車歸。

今午同席：沈履（復齋）　張魯泉　潘大逵　宋漣波　吳先憂　張民權　蔡樂生（以上客）　傅葆琛（主）

十一月二十號星期一

豫備下午功課。到研究所借書。到中央技藝學校製革科，為其紀念周演講。平樟來談。

上課一小時（《左傳》問題）。到研究所辦公，劉校長來談。歸飯後又到研究所，到育伊處。

到寶泉夫婦處談話。

十一月廿一號星期二

與履安及自明到高星垣處看病，到陝西街買藥，伴至國貨商店，別去。到哥哥傳赴宴。遇章友江。遇許復知。

到陝西街取藥，步出老南門歸家。到校，寫呂誠之信。陳北海來。赴第二次校務會議，七時歸飯。

與永慶談。

今午同席：沈復齋　育伊　張魯泉　謝霖甫　蔡樂生（以上客）　劉書銘（主）

履安只剩皮包骨，耳鳴更甚，飯量亦減，今日就醫，謂須靜養。彼常問予曰："予殆將死乎？"可見其自己亦覺得有些危險也！

十一月廿二號星期三

豫備下午功課。寶泉來。

到校，上課一小時（《周禮》與《王制》）。寫劉衡如信。陳北海來。與履安及二女到子豐家。到春熙路購物吃飯。

八時，步歸。寶泉夫婦來談。

今晨周嫂辭去。渠以履安來後命其作事，覺有主婦之不便，日來一切任性，使好性子之履安亦容不下去。四川女僕之難雇傭如此。

十一月廿三號星期四

到文廟前街建本小學，鈔《王制》篇訖，翻《周禮》，摘出於《王制》異同文句，未訖。到祠堂街吃飯。剃頭，買鎖。

陳北海來。李浚清來。周守廉來。浚清邀至靜寧飯店吃飯。遇家驤。

到西山，育伊處。到校，赴禮堂，參加文學院聯歡會。九時歸。

今日忽傷風，喉頭炎又作了。

在華陽縣文廟東廡讀書，極清靜。甚望我能過如此生活二三年。

今晚同席：守廉及其子　學禮　予（以上客）　浚清（主）

十一月廿四號星期五

到建本校，看皮氏《經學通論》，并翻《周禮》訖。記日記五天。遇西山，育伊。

上課一小時（《王制》《周禮》異同）。到研究所。到騾馬市街訪吳瑞燕，不遇。到明湖春訪瑞燕，晤之。

到寶璋處。到王孟甫處赴宴。九時，與劉校長等同步歸。

今日亦腹瀉，下糞甚燙，可見有內熱。履安昨日未服藥，今晨一時許即醒，可見其血虧之甚。

今晚同席：湯騰漢　陳子元　謝霖甫　劉書銘　李鐵樵　顧竹淇　湯茂如　張真如等（凡兩桌）　鄧錫侯（主）

十一月廿五號星期六

早起提水入廚房。到研究所。到教育學院訪湯茂如，談"文藝教育"事。又到研究所，寫方叔軒信。曾嚴兩女士來。遇韻笙。

與履安到靜寧飯店赴宴。歸，懸掛聯軸。張豁然，趙文杰，蔡國政來。

在家宴客，至九時許散。

今午同席：予夫婦　平樟　憲楷　育伊　西山（以上客）叢林　家驥（以上主）

今晚同席：蔡樂生　劉衡如　張國安　湯吉禾　侯寶璋　李寶泉　張西山　龍冠海（以上客）　予（主）

茂如謂可聘仁之夫婦，聞之喜甚，特不知他倆能出北平否耳。

十一月廿六號星期日

　　與履安到劉校長家，晤其夫人。與自珍，孫蕙蘭到静寧飯店赴宴。十二時出。

　　與履安，自明同到國學巷，會同劉福同孫蕙蘭及自珍同游武侯祠，遇林占鰲。出，游劉湘墓。

　　顧桂芬來。與履安等到南門外買物。到經濟食堂吃飯。歸，遇西山，心田。孫怒潮來。

　　　今午同席：西山　心田　蕙蘭　王□□　自珍等凡兩桌（以上客）　孫子樂　孫子迪　孫琪華（以上主）

十一月廿七號星期一

　　豫備下午功課。到研究所。到金陵研究所，晤李小緣。

　　上課一小時（九族説）。嚴恩紋來。平樟來，同到研究所商事。占鰲來。

　　到西華飯店訪林占鰲，與同到春熙路大上海吃飯。到東大街及祠堂街購物。九時歸。

十一月廿八號星期二

　　到建本校，鈔《喪服》篇。記日記四天。

　　周曼如來，商論文事。泊生夫人來，予夫婦及自明伴之到華大博物館參觀。遇戴謙和，講此類材料之搜集經過一小時。觀畢，乘車赴不醉無歸吃飯。

　　與履安及二女到祠堂街買物，由老南門步歸。

　　　昨夜睡又不佳，今晨二時即醒，度以夜飯後飲茶之故。

　　　今晚同席：泊生夫人（客）　予家四人（主）

十一月廿九號星期三

　　豫備功課。寶璋來。看羅氏好一齋書目。

到校，上課一小時（九族，五宗）。到辦公室，商購書事。劉衡如來，邀至倪宅，爲金大文學院教授講西北情形，約一小時。

到斠玄處談，并晤袁慕樵。到劉縱一處談。

十一月三十號星期四

到建本校，翻《禮記》大半部，將宗法一問題細想一過。周守廉來。到陝西街吃飯。

到教廳，訪茂如及張豁然等。到校，赴文學院院務會議。與校長談。

到寶璋處。到關偉生處談，并到張民權處談。訪思明，不遇。

此次到齊大研究所任職，立志爲中國通史工作打好一個基礎：

一，編各種專史材料集，庶數十年後有正式之各種專史及通史出版。

二，編通史稿，分爲十期：

1. 秦以前，
2. 秦，漢，
3. 魏，晋，南北朝，
4. 隋，唐，
5. 五代，宋，遼，金，
6. 元，
7. 明，
8. 清初至中葉，
9. 鴉片之戰迄辛亥革命，
10. 民國。

每一期爲一册，每一册約自三十萬言至五十萬言，供一時的應用，且爲將來人作正式通史之底本，此事希望十年内能編成。

此次應允四川教育廳編輯《人文科學月刊》，立志藉此編成《國民讀本》一種，供全國人民之閱讀，因其公民一項中有民族，國家，社會，家庭，政治，經濟，法律，道德，農村，地方自治諸項，皆國民應具之常識也。

此二事皆我所久欲爲者，而昔日無此環境，無從着手，今則頗有眉目矣，千萬把此機會捉住。

至於我自己之研究工作，則有：

古史四考：

1. 帝繫考，
2. 王制考，
3. 道統考，
4. 經學考。

古書四考：

1. 堯典考，
2. 禹貢考，
3. 王制考，
4. 月令考。

誠能將此八種書寫出，則我死瞑目矣。

一九三九年十二月

十二月一號星期五

豫備功課。仲良來。王元暉來。趙夢若來。紅妹偕潤妹來，留飯。

到校上課一小時（宗法）。伴潤妹到校上工，招孫蕙蘭伴之赴女生宿舍。寫張蓉初，一山與靜安，李雲亭信。伴潤妹還舍，再送兩妹進城。

與自珍到宿舍膳堂，開史社系會，予演講，九時許歸。

張學潤表妹爲家事侘傺，因囑其到所作書記，未知能解其憂否。

日來大便非常乾結，想以傷風故。因多吃柿。

十二月二號星期六

作題畫詩四首，爲鍾道泉畫四幅作。章友江夫婦來。潤妹來。與履安及二女赴宴於哥哥傳。

三時飯畢，與履安等到郵局，已不及取款。到春熙路購物。

五時，獨至哥哥傳，赴教育科學館之宴。八時半，與斠玄步歸。以發熱，早睡。

今午同席：予夫婦及二女　叢林　陳家驥　育伊　西山　曾憲樸　平樟（以上客）　曾憲楷　嚴恩紋（以上主）

今晚同席：劉國鈞　柯象峰　張西山　張國安　湯吉禾　龍冠海　陳斠玄　姜蘊剛　徐益棠（以上客）　湯茂如（主）

今日下午忽發熱，勉強支持半天。歸後量之，約熱一度。

十二月三號星期日

將題畫詩寫上，送至寶泉處。關偉生來。張學思來。潤妹來。仲良來，同看屋。理信件。爲郎健寰寫其女墓碑訖。偉生又來，伴至哥哥傳赴宴。

飲酒多，頭暈，即歸。看定生所作《治學方法與材料》。姚石倩來。到寶璋家看字畫，與寶泉談。

與兩女讀唐詩，講作法。

今日下午仍有熱半度。

今午同席：黃杰　陳勉吾　史雙興　譚輔烈　劉祖舜　薛觀澄　姚升瀛　沈遵晦　石宗素　鄭炳庚（以上客）　李鴻音（主）

十二月四號星期一

豫備下午功課。爲嗣祖忌日，設祭。潤妹來談。

到校上課一小時（婚姻）。與琪華到辦公室。校長來談。廖世雄來。陳翰伯，陳籛熙來。思明來。

到研究所，與西山育伊談。到叔軒處，未遇。到參考室。又到西山育伊處談。

先父遺囑，諄囑家祭不可忘記，故承其志。

今日無熱。

得叔軒信，鴻庵，華西可聘。喜甚。然此事又必得罪旭生矣。

十二月五號星期二

到建本校，翻《禮記》畢。浚清來談。補記日記七天。與浚清同到邱佛子吃飯。

繪《喪服》圖，未畢。點《西羌傳》訖，付鈔。到校，途遇姚戟楣等。赴教職員同樂會，聽老舍及王君演講。

赴宴於明湖春，由老南門步歸。

昨夜談太多，西山又饗以茶，遂不成眠，服藥得睡。蓋停藥者已一月餘矣。此後夜中應切忌精神興奮，如已興奮，應遲眠以俟其平復。

今日大便較通，傷風其愈乎？已兩星期矣！

今晚同席：蕭軍　余憲成　王畹薌　程祥榮等（客凡兩桌）
章雪舟（主）

十二月六號星期三

豫備功課。趙夢若來。教廳派人來索短小教本，即至校中取付。遇偉生。

到哥哥傳公宴老舍。到校，上課一小時（喪服）。曾繁康來。

與李寶泉同到方叔軒處。爲某食品商店寫招牌。楊浪明來。

歸家，理稿件。寶泉來。到鐘凡處談，到研究所，與孫於三談。

今午同席：舒舍予（客）　書銘　伯懷　寶璋　西山　匯泉
健寰　矩生　世俊　羅天樂　張奎　予（以上主）

十二月七號星期四

關偉生偕張民權來。到建本，寫謝友蘭，李爲衡，張西堂，楊
拱宸，胡厚宣，陳槃庵，王伯祥，錢賓四，容元胎，唐理，林鵬
俠，孫次舟信。

到郵局寄信。到研究所，出席校務會議。

看《醫古微》，將此書送至寶璋處。

未曉夢與健常同游公園，欲合撮一影，以天晚而止。

十二月八號星期五

豫備功課。

到校，上課一小時（三年之喪說）。到研究所，看書肆送來書
籍。遇仲良，與同訪寶泉未遇，到我家談。

以身體不適，未作事。

今日傷風又覺稍重，以寒熱表量之，乃無有熱，然長此不
愈，亦討厭也。

十二月九號星期六

翻看《墨子》，豫備爲川教廳所辦月刊作文。與履安赴宴於哥
哥傳。

與履安到平樟處，出，到春熙路購物。與履安到張姑丈處，談
一小時。六時歸。永慶送郵局書來。

到寶璋處，赴寶泉宴，爲講近數十年中國學之進步。

今午同席：平樟　憲楷　恩紋　予夫婦　蒙思明　陳家驥
杜叢林　曾憲樸　關偉生（以上客）　　西山　育伊（主）

今晚同席：寶璋　張國安　湯吉禾　蔡樂生　龍冠海（以上
客）　李寶泉（主）

午姑母謂我氣色比去年好得多。

十二月十號星期日

陳家芷來。西山偕張維思來。陳覺玄來，與同到寶璋處。衣萍
偕顧竹淇來。見房東郭鳳鳴。

整理架上書紙，訖。看《禪讓說出於墨家考》，未畢。教自珍
作西漢皇室世系表。與兩女着跳棋。

育伊，永慶來。與履安同到研究所，予往訪徐薄冰。

今日下午幸喜無客來，得將六個書架整理清楚，眼前爲之
一爽。

十二月十一號星期一

豫備功課。看《禪讓說出於墨家考》，畢。

到校，上課一小時（革命說）。湯吉禾來。看各處來信。平樟
來。訪仲良。到研究所，看書肆所送書。六時歸。

到寶泉處。勘正自明爲我所鈔文。育伊來。

日來頗寒，而寒衣猶未到，此不能不責備在宥之太無同情
心，將我一箱寒衣留存安南。如履安自帶，則早至矣。

十二月十二號星期二

寶璋來。點皮鹿門《三禮通論》十餘篇。與履安同到南臺寺中
國銀行取款存款。

與寶泉到育伊處，同出，到方叔軒處，又同出，到事務樓看羅

氏好一齋藏書。到研究所，劉碩輔兄弟來。與叔軒同到戴謙和家開會，商華西研究所事。

李寶泉夫婦來談。到侯寶璋處談。

華西將創辦文化研究所，研究員不必兼教書，且該校重要職員明白研究方法，其設（下缺）

十二月十三號星期三

六時起。豫備功課。并選出旅行照片，備講演。九時半，與履安同到聚興誠銀行取款存款。到春熙路購物。到一條龍吃飯。一時歸。

到校，上課一小時（禪讓説）。歸，四時又出，赴金陵大學理學院座談會，講"開發西北與科學家之責任"。六時歸。薛慕回來。

到郭有守處，并晤熊佛西，陳行可，李有行。到研究所，與西山，育伊談。九時歸。

傷風近一月，尚未愈，昨日起服白松糖漿。足上生凍瘡，今日買得絨棉靴一雙穿之，極溫暖，當有消散希望。

得魯弟來書，滿幅牢騷，奈何！其新生子囑爲取名，擬名之曰德强，既望其自强，復祝我宗國之日强也。

十二月十四號星期四

到建本校，補記日記六天。寫健常信，得二千餘言。到文廟前街寄信，并覆起潛叔電。到金絲麵館吃飯。

到浚清室。寫滕若渠，童丕繩，洪謹載信。到研究所。到湯吉禾處。

與履安上街買柿。

與健常書，請其在内政部搜集重要史料，又請其編中國近代史，以外國爲主，而以中國史插入。蓋必如此始可使國民明瞭本國之地位及其自身之責任，亦必如此始可將近百年來中國大事之背景托出也。健常注意歐洲局勢，注意邊疆問題，又從政十餘年，文筆又流利，作此事最爲適宜，非我阿所好也。

十二月十五號星期五

點讀皮錫瑞《王制箋》九頁。到方家赴宴。

上課一小時（禪讓説）。到傅矩生處談。

與劉校長到王宅赴宴，八時即歸。

今午同席：吳□□　宋會鐸　張凌高　黃仲良　李寶泉　侯寶璋　倪□□（以上客）　方叔軒（主）

今晚同席：羅隆基　林虎　李幼椿　常燕生　朱□□　陳子元　顧竹淇　湯茂如　劉開渠　潘大逵　李鐵樵　魏時珍　楊叔明　劉伯量（凡三桌）　鄧晉康（主）

十二月十六號星期六

點讀《王制箋》八頁。

與履安到哥哥傅赴宴。與履安及姚女士步歸。到研究所，看各處信。讀《王制箋》，點履安所鈔者。到研究所看書。

到郭子杰家吃飯，討論《人文科學月刊》事。八時半歸。

今午同席：曾憲樸姊弟　恩紋　思明　育伊　杜叢林　陳家驥　姚女士　予夫婦（以上客）　平樟（主）

今晚同席：教廳主任秘書　兩科長（陳劍恒，□□□）　儲太太（以上客）　郭子杰夫婦（主）

十二月十七號星期日

點讀《王制箋》二頁。與履安乘車到老西門外，訪章友江夫婦，久而始得，至則未晤。與履安到趙夢若夫婦處。

到哥哥傅赴宴。與履安，平樟游打金街教堂。與履安到春熙路一帶購物，四時半歸。鍾道泉來，與同到寶璋家。

寶泉夫婦來長談，十時始去，遂又失眠。飲酒而睡。

今午同席：劉藜仙　平樟　范希純　浚清　張世文　育伊　西山　關偉生　予夫婦（以上客）　　思明（主）

十二月十八號星期一

點讀《王制箋》五頁。翻看《孟子》一遍。豫備功課。

到校上課一小時（禪讓說）。到研究所，李金聲，劉齡九來。與金聲同到萬德門，晤張世文，姜蘊剛，沈嗣莊。又與金聲到蒙思明處，并晤徐醫生。

到研究所翻看《四部叢刊》二三集，九時歸。

聞金聲言，西北公司已收歇，賈維茵君將另辦西北商行，聞之甚悵，不知又鬧什麼意見了。

以昨日失眠，今日頭又暈眩。寶泉夫婦要向我表示好意，而不知我失眠的苦處，真無辦法，夜中只得外出避之。

十二月十九號星期二

到建本校，看浚清所作文。記日記四天。寫林冠一，楊拱宸信。浚清來。十一時，空襲警報作，與浚清及賴高翔同至西南郊。

在龍爪堰吃飯，步至五道龍門劉家，晤周守廉，參觀建本分校。一時廿分警報解除，即返城。寫媛貞，次舟，守真信。到中大宿舍訪邵潭秋，未遇，訪吳順東，遇之。

寶泉夫婦來談，又使我失眠，憤極。服藥，眠仍不好。

今日第一次坐四川之鷄公車，經石板街嫌太顛。

近日我軍前綫打得極好，岳州南昌九江俱有收復可能，故日機又來後方搗亂了。

爲道泉畫楓題詩曰：“莫道絢華一洗空，未須躑躅怨霜濃。請君試聽楓林鳥，正踞高枝唱晚紅。”此爲吾不變之人生觀，即昔年和健常詩意也。

十二月二十號星期三

豫備功課。傅韻笙來。

上課一小時（古代階級制度）。金聲來，與同到金大理學院，聽孫明經講青海情形。

與金聲同到思明處，同到小天竺街吃飯。送金聲進城，至其所寓輔仁學舍，并晤劉君。仍步歸。

寶泉如此不識相，偏以夜來，談的話反來覆去總是這兩句，又久坐而不去，逼得我精神緊張，以致失眠，可厭之甚。昨晚之怒，至今日又未釋，此在吾爲絕少之事。

十二月廿一號星期四

點讀皮錫瑞《三禮通論》約四十頁，畢。

到所，鈔《三禮通論》一篇。寫伯祥信。到南虹藝術學校，訪道泉，不遇。訪陳家芷，遇之。寶泉來。

步入城，到仲良處談。遇偉生，到祠堂街購物。十時許歸。

今日寶泉來，見予服藥，問予何病，予因告以病由君作，此後或可少來打擾。

予自省平生功力，應以經學爲最長，因此擬在齊大研究所出些經學著作。皮氏《經學通論》爲入門之書，擬標點校注，并附錄諸重要材料，使此書更便於初學，作大學之課本。因手自鈔寫。

十二月廿二號星期五

擬《經學叢書書目》。豫備功課。寫趙夢若信。

上課一小時（無階級説與無世官説）。到所，鈔《三禮通論》一篇。金聲來。遇姚子謙夫婦。過節祀先，邀孫蕙蘭，劉福同及潤妹來飯。

赴華西同人宴，商歷社系事。

今晚同席：薛迪靖　朱紹雲　劉藜仙　姜和生　湯吉禾　羅天樂　張國安　張西山　蒙思明　胡自翔（以上客）　張凌高　方叔軒　羅成錦　沈嗣莊（以上主）

十二月廿三號星期六

點讀《王制箋》十二頁。王元輝來，商定赴青城山日期。

到研究所，鈔《三禮通論》三篇。金聲來。雷守廉來。送自珍赴齊大聯歡會。

進城，繞皇城步一周而歸。

昨夜未出步行，睡又不佳，坐起倚床而眠，半夜又醒，故今晚仍出。

爲我介紹鴻庵到華西，使旭生對我與鴻庵極不滿意，放口大罵。噫，若北平研究院能解決鴻庵之生活問題，我何必拉他至此！

得青鋌來書，知其於去年一月從事救護工作，過於疲勞，躓於石上，傷其膝骨，迄今未愈，出門便須扶杖。流離之際可覯斯難，慘已！

十二月廿四號星期日

看次舟寄來之文。到華西教育學院，與湯孟若，傅葆琛，周清緝談中學刊物事。

到公園，與履安及二女吃毛肚子，看張書旂國畫展覽。遇孫怒潮夫婦。與履安到孟輒夫婦處。出購物，五時步歸。育伊來。鈔《三禮通論》一篇，寫湯孟若信。

步至金聲處，授以介紹函。九時半歸。眠酣。

十二月廿五號星期一

到建本，記日記五天。張心田來。

與浚清同到老鄉親吃飯，遇仲良，樂生。寫賀昌群，拱宸，方國瑜，方矚仙，廖孔視，史筱蘇，吳大年，李鏡池，李爲衡，朱寶昌信。

與自明自珍踏月，到公園看游藝會。九時許歸。

十二月廿六號星期二

鈔《三禮通論》二篇。孫次舟來。廖孔視來。

到研究所，鈔《通論》一篇。寫華大張校長信，爲次舟住宿事。到注冊課，晤吉禾，矩生，談廖孔視入研究所事。

與履安到老南門散步買物，九時歸。

十二月廿七號星期三

豫備功課。吳順東來，留飯。

上課一小時（階級制度，畢）。到研究所，鈔《通論》一篇。

步至蓉康旅館訪孫次舟談。九時半歸。

十二月廿八號星期四

到研究所，定今晚宴客。與履安到聚興誠，金城，交通等銀行立券。在等候時間，將呂誠之《中國國體制度小史》閱畢。

與履安到大上海吃飯。到明星剃頭。到建本取稿。歸家，汪鎮偕賀士鎮來。與自珍同到校，聽仲良講寧夏，新疆考古。

到哥哥傳宴客，九時歸。

今晚同席：仲良　孫次舟　覺玄　寶泉　心田　育伊　西山

（研究所款）

今日爲先父之陰曆周年。

十二月廿九號星期五

豫備功課。收拾客堂什物，備油漆。

元暉夫婦來。上課一小時（封國説）。鈔《通論》一篇（411）。與金聲同歸。

到研究所，看《四部叢刊》二集經部。

日來喉頭炎又作，蓋有日即暖，未禦圍巾，歸時轉寒，便發舊疾也。

十二月三十號星期六

改教廳所編短期小學讀本第四册，未畢。鈔《通論》一篇（412）。到研究所，與心田并訪酈石帚。廖孔視來。

仲良來。三時，到戴謙和家，開會商討寶泉調查事項。五時歸。

育伊來。到西山育伊處，并晤矩生等。到研究所看書，至十時歸，遂失眠，至上午一時服藥。

教廳所編短小教本，錯誤太多，文筆亦太差，囑我改削，我本無此興趣，但一念及讀是書者之多，又不忍不改，原稿中給我塗抹甚多。

夜中在所看書較久，即又失眠，此後當規定九時半必睡。

今日同會：羅成錦　戴謙和　方叔軒　李寶泉

十二月卅一號星期日

改短小教本第四册畢。鈔《三禮通論》二篇（413—414）。張子聖挈兒女來談。

遇吳先憂，羅天樂。訪西山，叔軒，籛熙，仲良，俱未晤。到建本寫日記七天。出，到全民通信社，晤翰伯，燾譜，方樹民等。到研究所，寫汪籛熙信。道遇仲良，作別。

步進城，到祠堂街配電筒。又步歸。

昨晚自珍又病寒熱，夜百○二度，今晨亦百○一度多。

鴻庵來信，謂昆明方面，旭生，芝生，彥堂，從吾等俱反我，將組織“反顧派”。噫，唐僧取經，許多妖魔均欲嘗其肉，但他由西天回來時，這些妖魔到何處去了？嘗感我太無妒忌心，只希望人家好，又太多同情心，惟恐一夫不得其所。別人的態度太和我不同了！我現在不幹社會事業，不入政治生涯，看他們怎樣的倒我吧？

自益世報館運至登華街	六毛
自登華街運至南門汽車站	一元二角
自重慶天登街運至嘉利賓館	一元二角
自嘉利賓館運至社交會堂	九角
自社交會堂運至兩路口車站	一元二角
自成都運輸處運至學校	六毛
運費（以一百六十公斤計每公斤．55）	八十八元
	共九十三元七毛

一九四〇年

（民國廿九年）

一九四〇年一月

一月一號星期一

到寶泉處。孫次舟來。寶泉偕鍾道泉來。到研究所，看陳碧笙《滇邊散憶》稿，未畢。

黎勁修來。

九時即睡，竟失眠。服藥，至上午一時始得睡。

今日未服高醫之藥，晚上亦未走路，故雖早睡而依然失眠，憤甚。 就枕時似倦，但不久即覺血升頭部，兩耳得聞血行動之聲，遂愈睡愈醒矣。凡就寢後一小時不得眠，便非服藥不能得眠矣。

劉福同孫蕙蘭兩女士真用功，今日亦到研究所工作。

一月二號星期二

到研究所，將《滇邊散憶》看畢。鈔《通論》一篇（416）。劉懷敏，李金聲來。遇郭子杰。

與履安自珍到中央電影院看《孤雛深恨》片。四時半畢，到祠堂街吃點。到曹恢先處問祚莅病。出，到祠堂街吃飯。買物。遇孫琪華。

到少城公園看游藝會。九時歸。寶泉夫婦來寄物。

今日以昨夜未好睡，故到研究所看書時血又上升，不得已與妻女們游了半天，亦無可奈何之玩新年也。

祚苠之病顯見比前數次見面時爲重，出話毫無聲息，只見兩唇開闔而已。見我們去便流泪，不知再能見幾面也，恢先收入不多，故無就醫之力，只服些丸藥，可憐可憐！

一月三號星期三

六時起，送寶泉夫婦行。鈔《通論》半篇（417）。到元暉家，乘車到孫元良家，十時出發，十二時至灌縣東門外，即到元暉家。

游元暉家附近。在元暉家飯畢已近三時，即乘滑竿行。四時到玉堂場，喝茶。四時半行。到山脚天已黑，轎夫摸索而上。

七時到天師洞，進飯，宿于千里一堂。

同游者：孫元良夫婦(龍華藻)　方樹民　勁修　元暉　宋鑑衡

今午同席：除上列諸人外有：王夫人吳端容　王仲暉女士

今晚同席：除上列諸人外有：彭當家椿仙　徐知客

上山時已黑，而火把未至，右傍危厓，左臨深壑，一不小心，即將粉身碎骨。予欲下轎步行，而轎夫不肯，真有不知命在何時之感。

一月四號星期四

由彭當家領導，游試劍石，天師洞，朝陽洞，上清宮等處，直上第一峰。下，吃飯，游麻姑池及鴛鴦井。晤劉伯力。

游豹谷，聽羌人歌舞。下山，至天師洞，爲道觀及孫元良等寫扁額聯條，并作一詩。又游上天梯。

與勁修，樹民等談。七時，元暉至，吃飯。仰其祥來。九時就寝，以多談話失眠。服藥。

道人出紙囑書，爲書匾：

秀絶人寰

聯：

青蒼滴秀萬千樹　突兀争奇卅六峰

詩：

投宿名山證舊聞，參天松柏織斜曛。我登絶頂一長嘯，喚起千嶺萬壑雲。

天師洞爲彭當家經營三十年，其人甚有幹材，植樹至數十萬株，築亭數十，殿宇精整，非青城他觀所可及也。　青城山峰好樹好，襯以雲烟更好，獨惜水泉尚不足耳。

一月五號星期五

元暉導至大殿樓上看雕刻，晤道士易心瑩，談。九時許，下山，至雨亭小憩。到蔭堂中學，參觀，并作簡短之演講。在校進飯。

一時許離校，乘滑竿到大嶺窩，到玉堂場，進茶飯小憩。五時到伏龍觀，觀離堆。元暉邀宴于公園中精約小餐。

進城，下榻東街凌雲旅館。到中央銀行，覓人伴至林祖華家，晤午姑母及珍表妹。歸，待方君久不至，又失眠，服藥。

今午同席：除同游數人外，傅韻笙　寧澈澄　袁通　陳敏全

蔭堂中學施行軍事及勞作訓練，學生殊有朝氣，又買山地甚多，將來可以植林。

一月六號星期六

由勁修導引，游城内，至楊柳河邊，出東門，至順城街勁修家吃早飯。十時半出，由伏龍觀至索橋，在二王廟吃飯。龔當家伴游各處。由仰其祥導到縣立中學小坐。

二時，經玉壘關，進西門，看玉石器。還凌雲旅館，四時登車，至東門外接元暉，六時到城，七時到家。晤艾和薰。

晚飯後到研究所晤育伊永慶。在校園散步，九時半歸。

今早同席：元良夫婦　樹民　元暉夫婦　仲暉　馬耀明　仰瑞文　宋鑑衡（以上客）　黎光廷，光明（主）　光明有二兄，長光廷，次光宗，皆業販牛，常往返番地中。

予前年初至都江堰，覺其風景雄奇造極，此次重至，竟覺平常，可見一人時時需有新刺戟。　蜀中人語云："峨眉天下秀，劍閣天下雄，巫峽天下險，青城天下幽，離堆天下奇"。

一月七號星期日

倦甚，至八時始起。記日記四天。看《三禮通論》。章之汶來。點讀履安所鈔《王制箋》廿五頁。

西山來。到次舟處。

夜飯後覺倦，八時即眠。

以失眠疾又作，今日起復服鹿茸精。

一月八號星期一

豫備功課。張君勸來，邀至華大會議室談話。張伯懷同座。

金聲來。思明來。上課一小時（封國）。爲思明辦介紹函，并爲劉樊批其請求英庚款補助書。寫郭子杰信。覺玄來。指導廖孔視工作。

到研究室查趙昱事迹。到湯吉禾處問疾。

昨夜得眠極佳，幾眠九小時，今日精神一爽。

一月九號星期二

七時，即到覺玄處，與同訪郭子杰，談，并晤岳君。關偉生來。到建本校,訪浚清,未晤。到勁修處,亦未晤,留條。到元暉處,悉遭父喪回籍。到中央軍校本部應宴。

二時許出,復至建本,晤浚清。到研究所,辦事。到教育學院,晤茂如,陳裕光等。寫近年經、子、史方面人才名單,送君勱覽。

到研究所,看仲良寄存書及新購書。寶泉自新津歸。

今午同席:陳裕光　吳貽芳　劉書銘　張凌高　薛迪靖　劉衡如　張伯懷　戴壽南　王□□　趙連芳　章魯泉　戴謙和　羅成錦等(以上客)　陳繼承及黃杰等(主)

一月十號星期三

豫備功課。到校,君勱來,商聘人事,留飯,導觀研究室。

上課一小時(封國)。到研究所,爲人寫聯四副。盧淦來。與西山及王興和到悦來戲院看川劇。八時一刻散。

到大三元吃飯。十時,與郭鳳鳴同歸。

今午同席:君勱　伯懷　西山　育伊

今晚同席:姜和生　郭鳳鳴　王興和　張載熙　西山(以上客)　予(主)

今日所看戲:蕭楷成——刀筆誤　賈培之——陽和堂　瓊蓮芳——斷橋會　楊肇庵,白玉瓊——坐樓殺惜　任子輝,唐星垣——獻刀

一月十一號星期四

到教育科學館,晤茂如等,看《中等教育》月刊稿數篇。到五芳齋吃飯。到南洋浴室洗澡。

歸家,理雲南寄來書廿包。趙夢若來。到研究所,看書樣。赴文學院院務會議。

到東二道街孫宅赴宴。九時半,到研究所,十時歸。

今晚同席：任覺五夫婦　方樹民　勁修（以上客）　孫少桐，元良兄弟，及其母，元良夫人（主）

昆明寄出之書到今四月餘矣，而尚未到全，可見郵件運輸之無辦法。

一月十二號星期五

寫劉書銘信。爲偉生批請求英款補助計劃。杜奉符來。關偉生來。豫備功課。孫次舟來。

郭鳳鳴來，爲寫駱園兩大字。上課一小時。王仲鏞來。偉生來，與同至建本取件。留致浚清條。陳家芷來。到傅成鏞處，未晤，留條。到思明處，遇之。

遇張凌高。與西山育伊同到哥哥傅宴客，九時到研究所，十時歸。

今晚同席：君勱　浚清　韻笙　思明　伯懷　西山　育伊（以上客）　書銘　予（主）

孫次舟君才氣甚旺，亦肯用功，而負才兀傲，目空一切，徒成其爲狂生而已。英款補助，派至華大，而該校無屋可居，遂遷怒及於校長，寫信大駡，張校長將此信給我看，以我負有彼指導之責也。此等人叫我如何去指導！

一月十三號星期六

記日記五天。王沛（仲鏞）來。看《都江堰水利述要》。曾，嚴二女士來。平樟來。

到校，寫賓四，士升信，看書樣。爲編仲良存書目事，斥責孫永慶。補鈔《通論》417畢。

看育伊一文。看《三禮通論》。

一月十四號星期日

到研究所開會討論進行事宜，自九時半至十一時半。與西山到哥哥傳赴宴。

宴畢，開校友會，談校務，自一時至四時。與張子聖同出，游其家花園。五時半，與西山同出。

歸，理書（以寢室遷移故）。

今午同席：劉校長　張伯懷　張匯泉　劉蘭華　侯寶璋　郎國珍　傅矩生　李樹秀　湯吉禾　張子聖　張心田　張西山　畢天民　石蘊山　薛慕回　李纘文等（凡五桌）

一月十五號星期一

豫備功課。到校，參加紀念周，到研究所，余太太來。到劉校長處，交到滬應辦事單。

到校，上課一小時（封國畢）。寫賓四長信，寫誠之信。

看姜蘊剛論開發川康文，未畢。

一月十六號星期二

到建本校，校自明所鈔《滇邊散憶》，未畢。與浚清到親親親吃飯，浚清請。

到校，開校務會議。

到侯家赴宴，九時散。

今晚同席：劉書銘夫婦　章魯泉夫人　方叔軒夫婦　郭鳳鳴方太太　予夫婦（以上客）　寶璋夫婦及其長子（主）

一月十七號星期三

個別出題。次舟來。遇丁廷洧。

到校，考試"中國古代史"課，自二時至六時半始畢。到研究

所。岳良木來，未晤。寫雲五伯嘉信。校《滇邊散憶》畢。寫伯
祥信。

到研究所與育伊西山談。寫賓四信。

上我課者，齊魯六人，華西七人，金陵二人，尚有旁聽數人。
此次考試，以金陵爲優，齊大華大無一好者，何以會得如此？

聞滇越鐵路被日機炸斷兩橋，昆明遂成死地，此後寄信，封
封要航空矣。

一月十八號星期四

六時起，寫杭立武信，爲拱宸請補助。到中國航空公司，送劉
校長行，未見，晤王孟甫，與長談一小時。在航站看姜蘊剛文。到
教育科學館，晤金聲。到校，留矩生條。到劉校長家，仍未晤。回
家，與履安同到枕江樓，宴客。

二時許出，與諸人參觀醫學院及博物館。五時，歸家。孟輖夫
婦來，未晤。到次舟處。

劉校長來，侯大夫來。到研究所，聽育伊談氣話。到陳覺玄處。

今午同席：孫元良夫婦　任覺五夫婦　寶璋　方樹民　林名
均　韻笙　黎勁修（以上客）　予夫婦（主）

庶務李樹秀以本所買書較多，以爲有回扣，眼紅，對育伊説
話多諷刺，育伊怒甚，却絕買書之事。此等小人，太可厭了！

劉校長委自明爲本所書記，算是得一職業。

一月十九號星期五

到劉校長處，商育伊與樹秀不合事，遇羅天樂。歸，看學生試
卷，標出其錯誤。

到東魯飯莊赴宴。遇張世文。到校，上課一小時（評試卷）。
金聲來。寫王雲五信。四川省立圖書館孫心磐來。

到王孟甫處赴宴。八時，與劉校長同回。到研究所，寫劉校長信，爲李樹秀事。

今午同席：楊□□　寶璋　西山　育伊（以上客）　劉書銘（主）

今晚同席：湯孟若　劉衡如　劉書銘　潘大逵　李伯中　楊叔明　朱惠方　董時進　薛迪靖　王孟甫（凡三桌）

一月二十號星期六

記日記。到研究所，草報銷賬目條例，持以與校長商。還所，寫庶務課信。寫蘇雪林信，即付寄。曾繁康來。

曾嚴二女士來，留飯。鈔《白虎通》半篇。西山來。吉禾來。到研究所，發鈔作與南溟。寫伯棠信。到廣益樓，與永慶談。寄信。歸家。

到湯宅赴宴，聽西山講中西交通，與寶璋同歸。

今晚同席：寶璋　吉禾　西山　湯夫人朱琴珊及其二女一子冠海　樂生（以上客）　張國安（主）

爲了李樹秀事，鬧了三天，今日渠表示屈服，此是彼無理取鬧之結果。予草報銷條例，責其實行，亦一片面之條約也。

一月廿一號星期日

與履安及二女往中央電影院看《武則天》片，到親親親吃飯，公園喝茶，與自明到祠堂街買書，復回茶社，遇楊鵬升夫婦，李浚清。與履安步歸。

點《孔子改制考》一卷許。

一月廿二號星期一（十二月十四）

看《都江堰水利述要》，描繪其水道。爲元暉之父作一挽聯。寫方樹民信。到金大訪柯象峰，出，遇劉衡如，以《禪讓考》借與之。趙夢若來。

到校，爲易鐵夫補考，自二時至六時。在堂看梁任公《近三百年學術史》。擬研究所工作綱要。

續點《孔子改制考》。到所，翻看《六譯館叢書》一過，精神爲之緊張，又服藥而睡。

一月廿三號星期二（十二月十五）

到研究所，看《神異典》，搜集李冰故事材料。寫庶務處信。

到牙科醫院拔牙四枚。十二時，與侯大夫同歸。即臥床，不能進食，血出不止，四時，又到醫院敷藥。歸後，進粥，未臥。爲牙痛，寫程益貴醫師信。

早眠。

牙科中久欲予拔牙，予以上課不便，今課停即爲之，不知幾日始得裝好。頭白齒落，真是一老翁矣，予何老之速也？

一月廿四號星期三（十二月十六）

看《漢書・地志》及《史記・河渠書》等，鈔集材料，記筆記四頁。到牙醫院敷藥。曾嚴二女士來。羅雨亭自城固來，伴之訪西山。同至上海食堂吃飯。

翻看《神異典》。傅韻笙，徐世劻，廖世雄，周鳳樓，李惟樂來。姜蘊剛來。

孫怒潮偕王王孫，胡景襄來。

一月廿五號星期四（十二月十七）

翻看《神異典》。記筆記六頁。次舟來。到牙醫院敷藥。曾女士來，談工作方法。

到校，晤伯懷。與育伊同進城，到學道街等處購書。訪張抱芝及陳佑誠。又至春熙路購書。遇舒連景。

到大上海宴客，八時歸。

今晚同席：陳佑誠　張抱芝夫婦及其子　育伊（以上客）
予（主）

一月廿六號星期五（十二月十八）

翻看《神異典》。記筆記三頁。李延芳來。郭鳳鳴偕謝太太，常太太來，謝太太，胡德瑛之姑也。

爲竹妹過忌辰。鈔《神異典》中之李二郎材料。到所，中央日報社沈壯聲來。孟韜來，長談，留飯，同出。

到研究所，搜集方志中李二郎材料。孫㑌工來。

一月廿七號星期六（十二月十九）

挂客堂聯軸。翻看《神異典》，記筆記數事。孫媛貞自蘭州來。與媛貞及張姑丈全家游華大博物館。歸，同飯。

文通自峨眉歸，來談。寫楊康祖條。送張姑丈等到校，上車。到研究所，寫仲良信。

翻看《神異典》。

今午同席：張姑丈　午姑母　閏妹　柔妹及其子秋官　如意
五弟　孫媛貞（以上客）　予夫婦（主）

一月廿八號星期日（十二月二十）

思明偕劉樊來，同到研究所。陳家芷來。與思明到名均處。到研究所，鈔集李冰材料。遇丁廷洧。

沈壯聲來。與自珍同行到校。與西山到静寧飯莊宴客，六時許散。

與西山同到祠堂街買書，由同興街摸黑而歸。翻看《神異典》。

今晚同席：文通　　楊叔明　　思明　　林名均　　劉纓九　　心田
（以上客）　予與西山（主）

一月廿九號星期一（十二月廿一）

翻看《神異典》，畢。看《西游記演義》中二郎部分。金謹庵
來。閏妹伴張蓉初來。遺物，追上送去。

補記日記八天。與育伊到西玉龍街等處買書。到中央日報館訪
張琴南，不遇，遇陳佑誠。出新東門，進老東門。

到哥哥傳及不醉無歸兩處赴宴，與覺玄同步歸，到研究所，晤
薄冰等。

今晚同席：文通　　衡如　　象峰　　漣波　　常燕生　　薛迪靖　　沈
嗣莊（以上客）　姜和生（主）

今晚又同席：小緣　　覺玄　　田汝耕等東北人六人（以上客）
金靜庵（主）

履安以厨房木柴烟致右眼皮發炎，腫甚。

一月三十號星期二（十二月廿二）

伴履安至校醫室看眼病。到研究室，鈔二郎材料。到郭鳳鳴
家，赴宴。

陳翰伯來。沈壯聲來長談。題袁同興《救亡歌》。

責自明。育伊來，西山來。到小天竺街散步，十時歸。

今晨二時即醒，并例有之朦朧而亦無之，以達于旦，不知何
故，事太煩耶？抑昨夜未飲鹿茸精耶？我的神經總是壞了！精神
又漸衰，奈何奈何！

今午同席：湯老太太　　曾省之　　侯寶璋夫婦　　呂雲章　　章魯
泉太太　　劉書銘太太（以上客）　郭鳳鳴（主）

一月卅一號星期三（十二月廿三）

到所寫劉啓明，三民主義青年團，金聲，丁山信。從《灌縣志》中搜集二郎材料。順東來，留飯。

與二女同到校，定自明工作處。金聲來。谷杏春來。看《九州之戎》一文。

到關偉生處，并晤蒙思明之弟友仁及浚清。

二郎材料愈集愈多，問題亦愈想愈多，本意作一文，今則將作一書矣。倘能成《二郎神考》一冊以配《孟姜女考》，亦予生一事業也，但不知我身體容許我做成此事否。（近日予工作稍多，胸又悶痕，我的大病總是性急。）

爲育伊與庶務之不合，爲西山與庶務爲舊同學，不免袒護，遂使育伊西山之間發生甚大之惡感，對外問題竟演成對內問題，辦事之難可見！

自明爲人，有兩大缺點：（1）狐疑，（2）任性，因此做事非常不爽快。上次與趙廣順婚事如此，今次到校工作亦如此，此兒現在有我保護，待我去世後將如何？

一九四〇年二月

二月一號星期四

理書桌。王祖壽女士來，留飯。

到牙科，用電治牙齦。看王女士所記課堂筆記，夾入評語。到浚清處。五時，到研究所。

到陝西街赴郎大夫宴。八時許散，與湯吉禾，薛慕回，寶璋同步歸。

今晚同席：寶璋　伯懷　慕回　吉禾　時子久　黄□□　傅矩生　孫□□（以上客）　郎健寰（主）

二月二號星期五

寶璋來。范午來。作《古史辨》第七册序千餘言，未畢。

到所，看《彭縣志》，收集材料。李浚清來，贈書兩種。到所，翻《灌縣志》。

看《湘綺樓説詩》。

今日心宕滋甚，我真不能工作矣，奈何奈何！想不到我體遂一壞至此，得非廿年工作之總結算乎！

二月三號星期六

詩婢家送裱畫來。到所，寫伯祥信，談訂約事。王祖壽來道別。谷杏春，黄振鏞來，同到醫學院圖書館訪雷守廉女士，同到文廟後街吃"葉兒粑"，又到親親親吃飯。

飯後同訪支機石，步至棉花街銘賢辦事處。遇偉生。與育伊談校事。

到文廟後街胡宅赴宴。八時，與覺玄同步歸。到研究所。

今午同席：杏春　振鏞　育伊　守廉（以上客）　予（主）

今晚同席：簡樸　覺玄　王白與　王孟甫　王王孫（以上客）　孫佷工，怒潮　胡景襄（以上主）

二月四號星期日

趙南溟來。張西山來。黎勁修來。與勁修同到孫怒潮處，又到孫佷工處，晤佷工夫人王梅痕。寫魯弟，德輝，又曾信。

與履安及二女步至公園大光明戲院看卓別林《摩登時代》片，吃點，游王宫。到提督街及春熙路購物。遇陸元同，李鴻音。到五芳齋吃飯，冒雨歸。

與自珍同讀唐詩及宋詞。寶璋來。

二月五號星期一

到寶璋處取介紹信。到所,看來信。雇車到四聖祠醫院,晤黃克維醫士,檢查身體,又由劉君導往照 X 光。十二時,雇車歸。琪華來。

到牙科治牙。永慶來。李金聲來。寫致校長信兩通(一,領款不經庶務,二,與開明訂約)。到所。孟韶來。

與自珍同讀唐詩宋詞。夜眠又不佳。

今日檢驗身體,知予血壓約一百八十度(以予年齡應爲一百四十度)。醫生勸予節勞,但予除非謝去職業,便不能享優閑之福。所謂窮人生了富貴病,忙人生了寫意病也。

二月六號星期二

記日記五天。草《誦詩弟小傳》,未畢。劉啓明來。孫永慶偕蕭祖華來。

進城將剃頭,遇拱宸,與之至金聲處。到西川公寓剃頭。與拱宸金聲飯于大三元。

又到拱宸寓中談。由老南門歸。

歸家見鄧晉康主任送來禮物四件:火腿一脚,綉被單一幅,筵席一桌,酒一罈,估價在百元以上,太多了,擬退還。

拱宸特自甘肅辭職投我,一時未能安插,姑囑其以研究文字易取稿費而已。

二月七號星期三

到朱惠方處,未晤。到拱宸處,與同到建本校,又回西川公寓。待金聲來後,同游王宮,到親親親吃飯。飯畢,拱宸別去。

與金聲同閱肆,遇湯茂如。與金聲別,欲至王孟甫處,而遇之于途。到研究所,寫劉纓九信。孟韶來,與同歸。過節,祀先。

覺玄來。吳順東來，留飯。到呂雲章處，赴宴。與自珍同送順東回宿舍，并晤吳尚懃女士。

今晚同席：陳覺玄　張曼波（以上客）　呂雲章女士及其子洋（主）

孟輈貧甚，欲作雪花膏以自給，約予入股，因交百元。

得四聖祠醫院送來照片，知予心臟爲正常狀態，所感覺心臟不良者，皆神經現象也。

晤孟甫，知昨送禮物絕不讓退，只得收下。

二月八號星期四（元旦）

徐薄冰，趙南溟來。孫次舟來。崔德潤，李樹秀，張心田，趙化程來。孫蕙蘭，江承德，劉福同來。

李金聲偕楊拱宸來，同到研究所，與育伊，履安等同到青羊宮沙利文及二仙庵游覽。薄暮進城，到少城公園門口新雅吃飯。

與育伊同步歸。到傅矩生處談。

今晚同席：拱宸　金聲　育伊（以上客）　予與履安（主）

二月九號星期五

作《邊疆》副刊發刊詞一千餘言。改李關二文入副刊。吉禾來。寫劉福同信。矩生，西山來。與西山寶璋到空軍療養院看屋。

與自珍及劉，孫，管三女士同到東門外農業改進所看勸農展覽會。六時歸。遇洪，雷兩女士及西山等。

進城，到中央日報館送稿。十時歸。飲酒眠。

今日走了三十餘里，應當睡得着了，乃登床後依然越睡越醒，逼得飲了酒方闔眼，予之不能自動入眠，一至于此！

看農業改進所之陳列，認識四川之偉大，真天府也。

二月十號星期六

訪劉縱一，未晤。到方叔軒處并晤冷觀法師。到研究所，翻《函海》，看二郎材料。歸，叔軒寶璋來。

記日記五天。到建本訪浚清不遇。到蘇子涵處，遇之。訪姜蘊剛及顧竹淇，皆不遇。訪孫吉士，并見其夫人。到傅韻笙處。遇胡景襄，王王孫，王孟甫。到拱宸處（輔仁學舍）。

在粵女菜吃飯。歸，看《中國的水神》。

近日頭腦總覺不清楚，不知是沒落之兆否？如永遠如此，將一事不能做，雖生猶死矣。

二月十一號星期日

與履安同到校長夫人處。至研究所，與劉孫兩女士同看廣益房屋。履安先歸，予到所翻看《灌縣志》一冊。

到沈宅吃飯。與章魯泉同步歸，到魯泉處，并見其夫人徐君。歸，定年考分數，草《責善》發刊詞。

到林名均家訪在宥，作長談。

今午同席：陳筑山　李景清　章魯泉　謝霖　張世文（以上客）　沈嗣莊（主）

二月十二號星期一

到牙醫院治牙。待醫甚久，看《道路》一書。歸，修改昨作發刊詞。

到研究所，寫張君勱信。浚清偕蔭庭，北溟，學源來。北大女生孟慶禄，李雲鳳，陳文洪來，同到覺玄處，又同至金女大辦公處。與覺玄同歸。沈壯聲來。

子臧夫婦來。在宥來。飯後，同到研究所。

今晚同席：在宥　子臧夫婦（以上客）　予夫婦（主）

二月十三號星期二

到牙醫院，待一小時許，與張伯紳談。歸，再改發刊詞。曾繁康來。

到注册課。寫北大三女生信。寫沈嗣莊信。到研究所。到在宥處。歸，孟觭夫婦及其子人驥來。馮漢驥來。李金聲來。留孟觭等吃點後，與之同到校内散步。

偕孟觭等同到經濟食堂吃飯。

今晚同席：孟觭夫婦及其子人驥（客）　予夫婦（主）　孟觭以其第三子人驥寄名于我，我乃有一義子！

二月十四號星期三

看章伯寅先生國難詩稿。到牙醫院，由程益貴爲拔牙齦中之骨，費一小時許，甚痛。十一時，到建本訪浚清，并晤蔭庭，北溟，學源等，同到公園静寧吃飯。

二時，席散，予到午姑母處拜年。不久履安亦來。吃點後同到春熙路買物。到鄺平樟處。

到研究所，開請客名單。到覺玄處。到縱一處，并晤閔君。

今午同席：魏建猷夫婦及其子保武　陳學源　李蔭庭　金鵬（北溟）　吕洪年（穰之）　周輔成（以上客）　李浚清（主）

今日拔齦中碎骨，乃痛了一日！

二月十五號星期四

王受真來，談通俗讀物社事。同到牙科醫院，又到研究所。進城，到開明書店，訪雪舟，不遇。訪蘇子涵。到民教館看汪精衛泥像。到親親親吃飯。

與受真再訪雪舟，遇之，參觀開明書店。出，予到韻笙處，又到茂如金聲處。到研究所，與拱宸同歸。寫劉曼卿，方牛二神父信。寫格桑悦希信。受真來，留飯。

到研究所，與西山談范午事。到在宥處談。十時歸。

予久不問通俗讀物社事，諸社員心不安，故受真特自渝來，討論此後辦法。予謂予并不灰心，但體力已不任作社會活動耳。

二月十六號星期五

范午來，與同到研究所。遇高文。到注册課。關斌來。記日記五天。到哥哥傳赴宴。

到覺玄處，與同到百花潭康莊赴宴。飯畢，到草堂寺前散步。乘鷄公車還城。

到哥哥傳赴宴。與叔軒同步回。到研究所。

今午同席：陸上之　浚清,光華教員四人（以上客）　建猷（主）

今日下午同席：張懷九（知本）　叔軒　魯泉　衡如　象峰　子杰　霖甫　茂如　覺玄　石蓀　王王孫　劉伯量　任覺五　易君左　孫俍工　陳裕光　常燕生　宋漣波　陳筑山　朱惠方等（凡五桌）　鄧晋康及其子民　王孟甫（主）

今晚同席：在宥　許季黻　周如松　李肖方　陳□□　鍾止居　林名均（以上客）　方叔軒（主）

二月十七號星期六

覺玄，石蓀來。郭本道來，長談。到哥哥傳宴客。

與西山到西華飯店訪鴻庵夫人。出，到孟輖處，履安已先在，談至五時許辭出，步行回家。遇拱宸。爲趙人麟（公振）題《落葉集》。

到研究所，勸育伊不要再發脾氣。

今午同席：在宥　浚清　漢驤　叔軒　拱宸　繁康　琪華　蓉初　西山　心田（以上客）　予（主）

二月十八號星期日

到漢驥處，晤之。到陸元同處，未晤。到楊鵬升處，晤之，長談，留飯。

到雙無，燕生處，俱晤。到本道，子臧，和生，魏時珍，沈遵晦，朱銘心，劉藜仙處，俱未晤。途遇遵晦夫婦。遇本道，與同飯于華北食堂。

到研究所，與繁康談。

昨夜爆竹聲不絕，疑此間新年俗例。寶璋來叩門，乃知南寧克復，喜甚。然今日看報，悉此訊又虛。然賓陽武鳴之收復，固足慶也。

二月十九號星期一

與履安到牙科門前看餘燼，晤覺玄。到校，遇西山，寫叔軒信，爲鴻庵夫人支娩費。遇在宥，談。到伴仙橋吟龍巷，訪石蓀，晤其夫人及女。歸，途遇曾憲楷及李琬，同歸，旋出，到經濟食堂吃飯。遇范可中。

與曾李二女士到在宥處，又同到研究所，三時許，別去。遇尹端敬。歸後忽覺感冒，因就眠。囑履安寫陳繼承片，辭宴。

看《公羊家哲學》。

昨夜十二時，華大牙科火，人聲鼎沸，予二時醒後遂未得眠，待旦而興，精神已不振，又以昨日甚熱，減穿衣服，而今日忽寒，遂患感冒，熱度雖不高而甚憊，未進食。

鴻庵夫人于前日來，昨夜即產生一男，險哉！鴻庵尚未動身，昨夜敲西山門，乃得伴送入院。今日西山送鴻庵子女來，欲履安代爲管理，而其子女年太小，哭甚，只得送至醫院，當作病人收留。

二月二十號星期二

晨欲起床，猶憊，且耳鳴，因仍臥，終日未起，進食甚少。范可中來。郭本道來，留飯，長談。西山來。

子臧來。育伊，拱宸來。囑履安寫顧竹淇信，辭宴。

今日胃呆甚，想以前數日吃酒食太多，油膩黏滯也。小便亦少，赤而熱，內熱未清也，因多飲茶以利之。

二月廿一號星期三

起床，倚榻看《西游記》約三十回。漢驤偕劉歷瑩來。

次舟來。偉生來。

看適之先生《西游記考證》。

因病得閑，居然有功夫看小説矣。二十年來未看《西游》，今日翻看，頗有新得。

二月廿二號星期四

看《西游記》約三十回。沈壯聲來。孫劉二女士來。關偉生來。

石蓀及其女韶，覺玄來。金聲來。鍾道泉來。左宏禹來。

西山來，談校事。

校中今日開課，自珍到校，爲乞假一星期。

早起舌苔乾甚，履安謂予口有臭，此亦內熱之徵。

二月廿三號星期五

趙南溟來。校姜和生書附錄之《中華民族是一個》文。到牙科做上腭胎子，又拔出下腭一牙。歸後即臥，吃稀飯。

徐秘書來。育伊，向奎來。左宏禹來。沈遵晦來。趙南溟來。

看《西游記》，約十餘回。

　　趙南溟君甚聰敏，今晨來乃聲稱以事赴渝，請辭職，予不解所謂。午間徐薄冰來，乃知由于經濟壓迫，渠固須顧家也。因囑其爲我私人掌書記，月致卅元，蓋予信件甚多，而迄無閑作答，以致誤了不少事，南溟如能做好，不啻使予脱一重擔矣。

二月廿四號星期六

　　趙夢若夫婦來。到牙科塗藥。寶璋來。記日記九天。看《西游記考證》畢。育伊來，爲民族文化書院考試事。

　　從舊筆記中鈔出十條，并作一小序，付《責善半月刊》。寫西山信。南溟來。蔡樂生來。

　　看《西游記》，畢。

　　君勱辦民族文化書院于大理，成都招生事囑予與時珍主之，而予因病，時珍忙于參議會開會，皆不能赴，因托育伊等代辦。

　　拔牙愈多，食物愈難。醫言兩星期後可裝好，不審彼時滋味如何？

　　劉校長到滬，賓四不肯往見，下年事説不定又有變化了。文人易動搖，又有何法！

二月廿五號星期日

　　將昨鈔筆記作一修改，訖。郭本道來。張學思來。

　　鍾道泉來。育伊來。勁修來。

　　看《墨子》，鈔筆記一條。飲酒得眠。

二月廿六號星期一

　　寫西山信。到牙科塗藥。次舟來。永慶來。草《齊大國學季刊》發刊詞千餘言。王映東來。

　　到牙科配上腭牙。遇杜叢林。到研究所。雷守廉來。歸，西山來。關偉生來。王仲鏞來。寫魏時珍信。

寫行政人員訓練團信。寫拱宸信。偉生又來，取信。略翻《管子》。

近日大便甚燙，想見内熱未清。

聞永慶言，臨洮人欲爲我立生祠，這真是那裹説起！

二月廿七號星期二

到牙科敷藥。與履安同到存仁醫院，爲彼治耳鳴。予獨到高星垣處診病。至頤和堂買藥。十二時歸。遇侯又我，孫悢工夫人，商錫永。

到研究所，寫嚴谷聲信。與拱宸同到叢林處，未晤。劉榮耀來。爲南溟改所起答函稿。鈔《二十有二人解》，未畢。歸，服藥。頭痛，早眠，在床翻《曾文正雜著》。

十九日鼻出血，今晨又出血，知内熱甚重，即赴高醫處診治，爲係肝陽，當春而發。多病如此，不由得使人短氣。

近日方知西山實無駕馭人之能力，研究所中人，弄得一個都不願任事，而我又不能常去負責，真無奈何！

二月廿八號星期三

鈔筆記一則。孫次舟來。到研究所。到牙科裝上腭牙。

到研究所，寫杜叢林，元胎信。簽南溟代書各函。到曾繁康處。從筆記中鈔出七則，略加修改，備入《責善》第二期。到又我處談。

昨夜頭痛甚，履安爲塗萬金油，今日太陽穴乃發紅腫。

昨錫永告我，謂渠在渝見衛聚賢，衛謂我與童書業已投降僞組織歸。告履安，履安曰：“然，衛某在滬宣傳汝已得僞組織五萬元！”嗚呼，衛之造謠一至此乎！予決不能返蘇，亦決不能住滬，事極明白，而蘇州親友猶不見諒，以我父死不歸爲非，彼輩安知予此等苦處乎！若予到滬，造謠者必造謠，賄收者必賄買，恐將迫予如王開疆之蹈海以自明耳。

二月廿九號星期四

鈔出筆記兩則。張蓉初來。整理書桌。鈔蒙文通《周秦民族史》目錄。定上課計劃。

到校，上"古代史實習"兩課。寫子民先生及毅侯信（爲仲甫先生事）。叢林來。到在宥處未遇，遇之於途。到不醉無歸赴宴。

到女生宿舍，送履安歸。到在宥處談。

今晚同席：石蓀　覺玄（以上客）　王嘉謨　門啓昌　雷紹堂　廖世雄　杜高厚　彭華秀　周鳳樓（以上主）

今晚又同席：田安女士　希克聖女士　余太太　賈牧師　矩生　西山　履安（以上客）　孫蕙蘭，劉福同兩女士（主）

一九四〇年三月

三月一號星期五

劉福坤女士來。作《春秋書法因史官而異》一條，約一千字。

到校，上課兩小時（《春秋經》記事之分類）。到牙科塗藥。丁廷洧來。

翻看《公羊傳》。到西山室中談。

三月二號星期六

草《公羊傳存疑語》文未畢。劉藜仙來。

到哥哥傳赴宴。回校，張蓉初來。王杰夫來，李金聲來。寫傅矩生信。

到研究所赴宴。與又我同步歸。

今午同席：謝霖甫　王孟甫　常燕生　宋漣波　薛迪靖　周□□（以上客）　劉衡如（主）

今晚同席：龍冠海　湯吉禾　張國安　侯又我　蔡樂生（以上客）　張西山（主）

三月三號星期日

將《公羊傳存疑語》草畢。約二千五百言。南溟來，爲改所草信稿。到哥哥傳赴宴。

到鴻庵夫人處。履安自珍來，與同到新明電觀，未得入。到國貨公司購物。到青年會看《狂歡之夜》。

歸飯，已八時矣。

今午同席：齊魯董事崔憲章　郭農山　張□□　崔德潤　侯又我　張國安　張伯懷　張匯泉　郎警寰(以上客)　湯吉禾(主)

三月四號星期一

到牙醫院，配下腭之胎。歸，次舟來。將第二次《浪口村隨筆》十條編出，修改訖。

孫吉士來。永慶來，爲寫西山信。覺玄來。爲寫賀元胎新婚詩。同出，到所，與西山談。

看《管子》。失眠，飲酒，至十二時後始得睡。

三月五號星期二

劉纓九來。與同到所訪心田。改南溟代草函件。改《隨筆》稿。歸，記日記四天。

到牙科，配下腭牙，歷二小時半方畢。與履安同到祠堂街看黃君璧畫展及郎靜山照片展。到廿四春及吳抄手吃點。

看《管子》。

昨日爲編寫《隨筆》，用心稍多，晚上又不易眠，如此小東西，尚不堪任，況大著作耶！真叫人灰心！

三月六號星期三

草筆記一則，到研究所查《爾雅義疏》。簽南溟所寫信。發驪先電。

西山偕鴻庵來，留飯。飯後與鴻庵同訪方叔軒，未遇。訪在宥，遇之。到所，看招考書記。作《悼孑民先生》文，未畢。覺玄來。張載熙來。南溟來。

到所，與西山等談。到圖書室翻《四部備要》。

今日覽報，孑民先生于昨下午九時逝世于九龍，傷感之甚。先生年七十四，固已高壽，但教育界領導人物實在太少了，還是死不得。

三月七號星期四

將《悼孑民先生》一文作就，即送所鈔寫。次舟來。到牙科配下腭牙托，又拔牙齦骨。

上課兩小時（春秋大事列表）。參加文學院院務會議。藍天鶴夫婦來。

修改悼蔡一文。

予每次拔牙，總須打兩三次針，方覺麻。今日去下腭剩骨，打針四次，依然甚痛。醫言我神經特別，故有此"過敏"之象。予思生理如此，故有不能作者（如政界事），有極能作者（如著作）。如不能利用這一點特別現象，未免有負天賦矣。

今日同會：張伯懷　余劉蘭華　田安　張心田　西山　傅矩生　徐薄冰　崔德潤

三月八號星期五

到牙科，試裝下腭牙托。到研究所，定宴客名單。到謙冲處，未遇。到大川旅館，晤欣安。到合作社，晤戴樂仁先生。歸所，改定宴客名單。周謙冲來。

上課兩小時（雲大講義，齊桓公霸業）。

到孟甫處赴宴。飯畢聽龔德柏講日本情狀。與顧竹淇談。與柯象峰，朱惠方同歸。到覺玄處談。

今日同席：李幼椿　稅西恒　顧葆常　龔德柏　顧竹淇　柯象峰　朱惠方　常燕生　周謙冲　宋漣波　王王孫　孫俍工　易君左等（客）　鄧晋康（主）

三月九號星期六

到所，口試書記。看謙冲所集《史學》稿。到劉縱一處。張載熙，閤子緘來，爲載熙寫麗石帚信。

與西山同到哥哥傳宴客。與可中同訪劉衡如，不遇。訪陳家芷，亦不遇。到思明處。到所，蓉初來，爲寫注册課，鴻庵兩信。

金聲來，予與履安自珍與之同出，飯于業餘食堂。

今午同席：戴樂仁　周謙冲　方欣安　楊人梗　馮漢驥　劉歷瑩　范可中　林占鰲　張伯懷　韓鴻庵(以上客)　予與西山(主)

三月十號星期日

萬分疲困，休息。孫劉兩女士來。寫《鄧隆》，《密宗四上師傳》，《爨文》，《桂家》四條，入《責善》中《隨筆》。

翻看《雲南通志》等書，集"星回節"材料。

三月十一號星期一

到牙科裝下腭牙托。到所，改南滇所草信。歸，修改《誦詩弟傳》，未畢。寫《白教活佛》《祝詛》兩條。

到所。孟軺來。與拱宸，育伊同到嚴谷聲家，并晤嚴敬齋。五時許出，飯于北平雪園。

到春熙路剃頭。遇蔡樂生。訪鴻庵。到所，與西山，繁康談。

三月十二號星期二

到所，與西山，心田商賓四，起潛，伯祥等來信答覆辦法。歸，欣安，人梗，蓉初來，同到孫㑗工處。王仲鏞來。遇王嘉謨。看《蕡園詩鈔》。

寫《夫爲妻三年》條入《隨筆》。高石齋，星垣兄弟來，爲予診脉。與自珍到孟軺處，遇桐軒之弟。出，到中央看《防空死光》一影片。

到清平食堂吃飯。到南門買藥。九時半歸。

近日天氣驟熱，面又絢紅，肝陽又升矣。星垣爲予處方後，不知能好些否？

三月十三號星期三

到牙科修下腭牙床。寫《高宗諒闇》《披髮左衽》兩條入《隨筆》，編成第三次發表《隨筆》稿十條。到所。到覺玄處，改其挽孑民先生詩。

次舟來。南溟來，爲改所寫信稿。翻看《穀梁傳》一過，記筆記三則。

與履安到釁門街買物。到在宥處還書。

三月十四號星期四

寫丁廷洧，育伊信。記日記六天。豫備功課。次舟來。

到校，上課二小時（晋文霸業）。到所，辦事。六時歸，病卧。

看《封神傳》一回。

近日咳嗽甚劇，是喉頭炎。精神之壞，已有三月。今日下午，大不舒服，歸後一量，有兩度熱，即眠。欲看小説，以眼澀而止。顯見大病將來。

三月十五號星期五

臥床。又我來視疾，即服西藥。

南溟來。

今晨101度。夜服阿斯匹靈，出汗甚多。終日頭痛胸悶，僵臥而已。

三月十六號星期六

臥床。繁康來。琪華來。將《詩經》中起興語劃出，未畢。

南溟來。又我來。繁康來，校《責善》第一期予《隨筆》稿。失眠。服藥後至上午二時許始合眼。

以昨夜大汗，今晨無熱，且不足半度。然下午熱又至101度。以與履安生氣，晚渴甚，飲開水四碗，仍未解渴。

三月十七號星期日

臥床。西山來。心田來。自珍往延高星垣大夫來診。

南溟來伴半天。西山爲延余文藻，張冠英兩西醫來。

今晨熱即至102度，嗣又升至103度6分，唇上乾燥，大便多日未下，人更困頓。中醫謂是春溫，西醫謂是氣管炎。

今日在報上見曹恢先所登袥苪訃告，知她於十五日亥時逝世矣！傷哉！明知有此一天，却不料一月二日竟是長別之期！予不能往吊，由履安自珍往，知其妹尚未至，明日入殮，後日送往東門外寺中暫厝。

三月十八號星期一

卧床。熱 101 度，後降至 100 度。鴻庵來。次舟來。

高大夫來診疾。育伊拱宸來。西山來。南溟來。偉生來。

　嘱自明以祚苴死耗函告健常，嘱自珍告周如松。

三月十九號星期二

醒來無熱，後漸升至一度，午後又降至無。西山來。藜先來。次舟來。

羅永培來。偉生來。南溟來。傅述堯來。高大夫來診疾。

繁康送稿來，由自明校之。拱宸來。

三月二十號星期三

晨仍有微熱，中午後無。西山來。胡景襄來。劉纓九來。育伊來。

高大夫來診疾。南溟來，籤寄發信。覺玄來。吉禾來。偉生來。

三月廿一號星期四

無熱。次舟來談半天。

南溟來。高大夫來診疾。劉福同，孫蕙蘭及閏妹來。偉生來。

　服大黃後便始下，色黑。

三月廿二號星期五

無熱。育伊，拱宸來。

偉生來。

　今日大便三次，由黑轉黃。

　今日終日大雨，司徒雷登先生到蓉，寓華西大學，予不能往晤也。

在床上想，下年如得到山中，當將下列各篇文字取次成之：《禹貢》著作時代考　《月令》溯原　二郎神故事考　《詩》起興考　戰國郡縣考　《皋陶謨》與《論語》之關係　先秦東夷語音試探　三傳對於《春秋經》之態度。又專書數種：周秦漢魏文編　皮氏《五經通論》校注　經學史材料集　古史材料集。尚有可作之題，隨時想起，記在下面：蜀之加入中國，《公羊傳》中之民族思想，公亶父非太王考。

三月廿三號星期六

早起坐藤榻上，剃面。次舟來。周謙冲，馮漢驥來。羅忠恕，叢林，思明來。西山來。

中午又有熱一度，只得仍睡。高大夫來診疾。南溟來，爲改信稿十餘通。覺玄來。孟輻來。偉生來。

繁康來。

三月廿四號星期日

次舟來。西山來。在宥來。子涵來。文通兄弟來。黃和繩來。守謨來。

中午有八分熱。李爲衡來。劉熹亭等三人來。金聲來。偉生來。繁康來。

三月廿五號星期一

怒潮來。琪華來。和繩來。南溟來。看齊大研究所去年出版各書。

書銘，一樵來。陳翰伯來。書銘，西山來。爲衡來。

失眠。

得大便。夜失眠，至上午二時後方得睡。

司徒先生今日離蓉，竟不得一晤，豈非命耶！

三月廿六號星期二

次舟來。上海寄《知識與趣味》雜志十餘冊來，即翻看。南溟來。和繩來。蔣慰堂來。

高大夫來診疾。林冠一，拱宸，育伊來。琪華來。鴻庵偕其子女來。偉生來。

熱度高八分。

三月廿七號星期三

續看《知識與趣味》雜志。李爲衡來。文通來。順東來。

高大夫來診疾。沈壯聲來。南溟來。和繩來。

熱度高八分，飯量較好。

三月廿八號星期四

看《知識與趣味》雜志，畢。劉啓明來。南溟來。

福同，蕙蘭來。和繩來。張載熙來。西山來。

熱度高一度二分。夜失眠。以服卡斯卡拉，起大便。

三月廿九號星期五

次舟來，長談。看馬宗薌《釋宮室》。南溟來。

高大夫來診疾。高石齋，唐圭璋來。

繁康來。

下午有八分熱。

三月三十號星期六

子涵來。看《封神演義》二十回。水世芳，張東英來。南溟來。

章伯寅師偕其弟亞俊來。寶泉來。偉生來。

熱仍八分，惟胃口漸好，思食甚。以不下便，又服卡斯卡拉。

三月卅一號星期日

寶泉夫婦來。姚積光來。在宥，林名均來。段青來。曾憲楷，憲樸，嚴恩紋來。

濟之，慰堂來。高大夫來診病。爲衡來。看《封神傳》十七回。

晨下便。午熱仍八分。　今日上午一時，遺精極多，褲襠盡濕。此病已廿餘年不發，今日又犯，未識何故，總是身體太虛耳。以此未得安眠，頗爲悲感。

一九四〇年四月

四月一號星期一

臥床，看《封神傳》十七回。鴻庵來。張蓉初來。心田來。
西山來。和繩來。南溟來。
拱辰來。

四月二號星期二

臥床，看不全之《封神傳》畢，又看《禮記》。次舟來。廖孔視來。周謙冲，吳天墀來。
南溟來。金聲來。

四月三號星期三

起床，翻看《淮南子》及《荀子》，《列女傳》。建猷來。育伊來。可中來。
在宥來。修改《浪口村隨筆》。高大夫來診疾。伯寅師偕孟輯來。南溟來。繁康來。

今日起床。共計臥了十九天，亦久未有之事矣。

四月四號星期四

看《荀子》畢。西山來。拱辰來。記日記四天。開研究所上海用款賬單。覺玄來。偉生來。

點《半月刊》文三篇。看立厂《昆侖所在考》。南溟來。寶泉夫婦來。書銘來。看《吕氏春秋》。

失眠，竟夜不睡。

晨稍有熱，下午無。

四月五號星期五

寫書銘，西山，子涵信。看《吕氏春秋》畢。校《半月刊》贈户名單。

南溟來。作《箕子》一條入《隨筆》。壯聲來，寫伯寅師介紹片。思明來。孟輶夫婦及人驤來。繁康來。張伯懷來。鴻庵夫人偕韓瞻來。

西山來。先服藥而眠，得眠。

昨晚不知何故，終夜不能合眼，服藥飲酒都不靈，直至今晨五時方得朦朧，僅一小時而醒，今日精神大是疲憊。

發誓：自今日起，晚上絶對不看書，晚飯後只静息！

四月六號星期六

翻看新購之宋評《封神傳》。校二期《隨筆》樣。寶泉來。記日記。繁康來。寫西山信。

和繩來。翻看《楚辭》，鈔材料數條。高大夫來診。

休息，與自珍温舊歌。

四月七號星期日

在門口與侯又我談。西山，鴻庵來。獨健夫婦來。翻看《山海經》。

南溟來，爲改信稿。曾嚴兩女士來。恢先來。寫《彭咸》一條入《隨筆》。爲衡來。

休息。又失眠。

恢先來，贈予以祚莅所買《懷素帖》三種，見物如見人也。祚莅下月將暫葬于成都北門外。

四月八號星期一

寫西山信。寶泉夫婦來。又將《山海經》翻一過。記《惡來革》入《隨筆》。看《封神傳》五回。

過清明節，祀先。可中來。南溟來。拱宸來。郭廳長偕慰堂來。繁康來。

西山來。服張冠英藥，得眠。

昨夜又失眠，惟服藥飲酒後尚可睡。其以客致較多耶？抑用心較甚耶？身體如此，真有"不知命在何時"之感。

今日唐嫂自己辭去，此等愚婦，倒會擺架子，可見蜀人之難馭。

四月九號星期二

次舟來。劉緱九來。寫《吹牛拍馬》筆記一則入《隨筆》。又改定《高宗諒闇》一則。

補記病中日記七天。寫《芻狗》入《隨筆》。翻看《封神傳》，《天馬山房雜著》。偉生來。

西山爲人，心胸狹，膽又小，又喜多批評，弄得研究所中離心離德。我本可將此所辦好，無如上有書銘，下有西山，弄得我亦有法無使處。

近日大便漸暢，不需用藥，亦一佳事。舌苔猶未全化。

四月十號星期三

將第四期《隨筆》統看一過。寶泉來。從《浪口隨筆》中鈔出八條，略加潤色。翻《論語》一過。

寫西山信。南溟來。寫導報招牌。傅雙無，韻笙來，爲寫李景清信。高星垣來診疾。在宥來。繁康來。寫《氐羌火葬》一則。寫在宥信。

《責善半月刊》上，每期登我《隨筆》十條，如能繼續不斷，則五年之後可得千餘條，亦算此生一著作矣。（檢《日知錄》，此書共一千條左右。）

四月十一號星期四

鈔《呂氏春秋》材料上條子，訖。翻看《史記》列傳，搜材料。南溟來。壯聲來。寶泉夫婦來。西山偕羅倫士來。

服藥，得眠。

羅倫士（Martin R. Norins），美國人，來此作博士論文，以中國邊疆外交問題相詢。

近日德軍占丹麥，挪威之京城，歐戰又將擴大。　我軍日來在綏遠，江西，廣西等處打得甚好，日軍力盡矣。有人豫測，謂半年內可畢。

四月十二號星期五

寫吳先憂信。補記病中日記畢。寶泉夫婦來兩次。水世芳來。張載熙來。子植，小緣，錫永來，同到次舟處。

看汪馥泉所編《學術》，作一聲明付《半月刊》登載。到次舟處還書。寶泉夫人來。育伊來，談校事。南溟來。叔軒，在宥來。到寶泉處。

與履安在室內散步。

今晨三時醒後即未眠。

汪馥泉受汪精衛收買，而其所編《學術》中有署名顧頡剛之文，無怪衛聚賢誣我爲漢奸，只得作一啓事發表。

育伊來談西山事，彼氣量如此小，何能成事。我在此現不能獨負責任，直似汪精衛在僞府中，而西山則影佐也，我何必如此白效勞！

四月十三號星期六

王嘉謨來。拱宸來。寫聖陶信。作《乘龍》一則入《隨筆》。南溟來。

金聲來。寶泉來。張雲波來。鈔《史記》中材料，記筆記數則。鴻庵來。

西山來。失眠，服藥。

金聲爲予在新繁找得一屋，履安以爲要靜養，則到新繁不如到青城，寧買菜之不便也。

四月十四號星期日

覺玄，離明來。趙夢若夫婦來。拱宸來。金聲來。寫《獸骨作字》及《猛獸作戰》兩條。

鈔《史記》材料，記筆記數則。

覺玄告予，病失眠者，臨睡前可以開水洗足，而以冷水沃首，予從之，今夜竟得美睡。

四月十五號星期一

寫《爨人祭祀》,《誦讀譜牒》,《晉文年壽》,《晉文侵曹伐衛之故》筆記四條。鍾道泉及寶泉夫婦來。寶泉來。

翻看《列女傳》。趙夢若夫人來。鴻庵來。

與二女及履安到屋外散步。

今日大約以寫筆記較多,下午血又上升。舌苔依然膩厚,知腸胃中仍藏疾。

夢若夫人來贈藥,因謂予,肥人血壓高,以脂肪質多故,若予不肥而血壓高者,則以操勞太甚之故。此語頗是,予二十年來實未休息也。

四月十六號星期二

作《燕國》筆記,未畢,以血上升而止。看《封神演義》。拱宸來。

翻看《河南程氏遺書》。南溟來。傅韻笙來。丁廷洧來。姚積光來。寶泉夫婦來。

與履安到高中操場散步。

昨夜初出門,今晨初上廁,足甚軟。　履安謂予近來瘦甚,兩乳本突出者,今亦平矣,兩臂僅存皮骨。

聽趙太太言,今日起吃素,以減低血壓,且清腸胃。

拱宸告我,渠得張苑峰信,知向英庚款會請求補助事不成矣。蓋歷史部分,立武本交孟真看,而孟真將拱宸之卷分與濟之,濟之以其不在考古範圍內而去之。孟真借刀殺人,其術如此。而究其根,只因拱宸和我合作《三皇考》耳。爲淵驅魚,爲叢驅雀,我雖不欲自成一派亦何可得!

四月十七號星期三

西山來討論研究所事。陳覺玄來。續作《燕國曾遷汾水流域考》，畢。

　　南溟來。在宥來。與履安同到屋南平水園散步，遇浪明，思明。

　　與自明到校內散步望月，約一小時。歸，鴻庵來。失眠，服藥。

　　今日連續作文，足費八小時以上，做工亦云勤矣。

四月十八號星期四

　　修改《燕國》一文，訖，共約四千字。劉校長偕臧啓芳來。次舟來。翻《潛夫論》。

　　南溟來。和繩來。與履安到春熙路買物，剃頭。

　　到次舟處。西山來談所事。與自珍到校中散步。

　　病後居然作文，且居然寫出一篇像樣的考證文字，不能不高興。可見予倘能入山，必有極好成績。

四月十九號星期五

　　七時許到劉校長處談所事，歷兩小時。遇傅葆琮。校自明所鈔《燕國》一文。拱辰來。

　　南溟來。修改前作《隨筆》十一條，交自明鈔入《責善》。繁康來，校《責善》第三期稿。獨健來。

　　欲與自明到校散步，以雨而止，在室內走路。

　　晨大風，晚又雨，天氣驟涼，可禦重棉，與前數日之可穿兩單者相隔數月天氣，成都之春如是其多變也。

　　右頰前數日作癢，起小粒，塗以花露水不愈，今日更紅腫，以硼酸水洗之。　今日恢復病前兩碗半飯量。

四月二十號星期六

　　寫西山信。開寄胡厚宣款單（三六六〇元）。寫在宥信。爲覺玄作孑民中學募捐啓約六百字，即鈔正。覺玄來。王良士來。

補翻《史記》世家畢。南溟來。水世芳來。寫湯錫予，丕繩，伯祥，厚宣信。繁康來。夢若來。

西山來談所事一小時。

右頰大腫，左頰亦漸作癢，當係成都潮濕，微生物多，余又生皮膚病耳。

校長擬聘湯錫予，呂誠之，侯仁之三位來，如能成事，則加上賓四，研究所中真人才濟濟矣，而中國通史之完成亦可期矣。

四月廿一號星期日

心田來。覺玄來。校自明所鈔《隨筆》十一則，略加修改。作《隨筆》目録。

順東來。看《現代西藏》。寫呂誠之，立厂信，又加入伯祥，錫予函中兩片。繁康來。

與又我談。與履安到校散步。

昨夜西山來談久，恐失眠矣，乃尚得睡六小時，爲之一慰。

起床已十八日，居然寫得一萬五千字光景，翻看書籍亦不少，可見如無人事之牽擾，不但身體支持得下，且成績亦必可觀也。

四月廿二號星期一

寫賓四，仁之兩長信，約三千言。擬下年研究所及文史兩系計劃。

校《責善》四期稿。南溟來。到所。到在宥，鴻庵處。遇薛迪靖。到小緣處。歸，寫文通，八爱信。

有警報，未出。覺倦，而上床後漸醒，服兩次藥，至十二時後始寐。

今日到校，與諸人一周旋，歸後又覺疲困，知體尚未完全復原。本約西山後日赴青城山，今不去矣。

四月廿三號星期二

以昨失眠，七時半始起。看《史記》，《紀年》，鈔越國世系。記筆記三則。張蓉初來。南溟來。又我來。

寫《番人自稱曰完》及《西藏之縣》兩條入《隨筆》。曾繁康來。姚戟楣，張子豐，閏妹來。寫答繁康書，未畢。

與履安同到鴻庵家，又到老南門買物。九時半歸，又我來。

四月廿四號星期三

寫彭椿仙信。曾繁康來。鈔《史記》材料。記筆記數則。次舟來。看其新作《禹》文。到次舟處送還。

南溟來。重寫《武士轉爲文士》一條入《隨筆》，凡二千五百言。

與自珍同到校，聽翁獨健講"東方學與帝國主義"。晤羅忠恕。九時歸。

今日天奇熱，可穿單衣。

見報，我軍克開封，中條山又大勝，南昌外圍亦有劇戰。

四月廿五號星期四

作《驪戎不在驪山》條入《隨筆》。丁廷洧來。履安買禮物歸，即乘車到高星垣處送謝儀。遇賀次君。南溟來。

張學思來。鈔《河南程氏遺書》中材料。翻看《經義考》。

與履安到老南門買菜。遇陳家驥。

昨夜以聽演講，又不入眠，服又我所贈藥，眠甚酣，連半夜中警報聲也未聽得。聞同院人盡起。

四月廿六號星期五

姚積光來。覺玄來。次舟來。偉生來。寫《郫》條，未畢。

作《四書》《程頤辨僞》兩條入《隨筆》。與履安到校看金大柑橘展覽會，又到事務樓參加歡迎三夫人會，與季陶先生談。遇德坤夫人，黃和繩，叢林，忠恕等。

因下雨，未出步行。

四月廿七號星期六

管女士來，爲作獻三夫人旗字。草《程頤辨僞》條畢，將前作數條修飾一過。

南溟來。蕭一山來。與履安及二女到參議會看張大千畫展。遇道泉等。出，吃點。訪子植于清華同學會。到方叔軒及羅忠恕處。

飯後與自明到校散步。

子植見告，渠去年到浙大，彼校罵胡適之，罵顧頡剛，成爲風氣。嫌彼與我接近，曾爲《古史辨》第五册作序，强其改變態度，彼不肯，遂受排擠。排擠之術，爲鼓動學生向彼借錢，又繼之以教員借錢，使彼不勝麻煩而去。張其昀等手段卑劣，一至於此！

四月廿八號星期日

寫《臺》《地室》兩則入《隨筆》。鍾道泉來。扈錫豐來。金聲偕王嶽來。范午來。關斌來。建猷夫婦偕其子保武來。與履安偕之到思明處，同出，到 Tip Top 吃飯。

遇顧葆常夫婦。歸，管□二女士來，爲作致三夫人獻旗詞。倦甚，小眠。到研究所，與西山談所事。到孟鞀處，爲宴伯寅先生事。曾繁康來。看上海報。

與自珍到校內散步。

今午同席：徐樂全　思明　建猷夫婦及其子（以上客）　予夫婦（主）

西山告我，獨健對他説："你們不必和燕大競爭。"蓋燕大研究工作，幾乎無人，不禁打也。然我輩豈欲與燕大競哉！

我在此間做事，眼中出火者有三方面，一傅孟真方面，二洪煨蓮方面，三張其昀方面。道高一尺，魔高一丈，固宜有此，終望身體不太壞，以真實之成績破彼輩之魔法耳。

四月廿九號星期一

寫張子豐信。蘇子涵來。覺玄來。拱辰來。繁康來。寫聖陶長信。寫伯寅先生信。

南溟來。李爲衡來。黃和繩來。到校，告爲衡研究《宋史·藝文志》方法。與徐薄冰等看屋。歸，看《史記》。獨健與衡如來。

與履安到老南門買物。

今晨二時醒後久不成眠，頻頻放屁。蓋昨午宴客，又吃壞也。予之不能過都會生活如此。

四月三十號星期二

五時半起。七時，與履安到南虹訪鍾道泉，并晤陳家芷。七時五十分，乘人力車到高板橋三瓦窰，一小時到，至道泉家小憩。并游周壙。

十一時半在道泉家飯後，由其夫婦導至三瓦窰看屋。即與履安乘小車到望江樓。在望江樓品茗一小時半，雇人力車回校。孟鞱來長談兩小時。

拱辰來。與自明同到校中散步。失眠，服藥。

孟鞱真有坐性，到我家來，本無事，亦無多話説，竟坐了兩小時，不但使我發急，連一家三人都討厭了。此人是好人，但爲何不識起倒至此！爲此一怒，又睡不好了。我不能不遷出城市是之故。

　　鄉下屋子太黑，又有豬圈，毛坑，太髒。到此等地方去，易于致病，因不擬租。履安坐車，歸來身上帶得一白虱，尤不高興。且俟下星期到青城山一看。

泉澄來書云：

　　考血壓之原因，中醫言之最近理。血壓高即血缺少之故，故動脉跳動甚力，以腦部各機關需血甚殷也。倘一旦血不能接濟腦之用，或一時中斷，即成中風之病，故亟須治之。治之之道，首重飲食，多吃補血液之品；其次多用體力，爬山攀嶺，掘地種菜，運磚射箭，放棄書本一二月；其次斷絕房事。亦可服中醫補血之藥，如六味地黃丸，法製黑豆等，如此最多二三月即愈。若乃静坐安居，終日無事，則非治病之道。

一九四〇年五月

五月一號星期三

　　修改《武士至文士》一文及《隨筆》五續訖，付自明鈔。偉生來。記《委質爲臣》一則入《隨筆》。

　　到牙科檢驗牙托。訪在宥，未遇。到研究所辦事。到校長處談，并晤矩生，吉禾。回所，與西山同出，到大上海宴客。

　　席散，與西山同到江漢清室洗澡。與西山同步歸。又服藥而眠。

　　今晚同席：Mr. White　　Mr. Norins　　獨健　　子植　　忠恕　　衡如　　小緣　　錫永（以上客）　　予與西山（主）

五月二號星期四

　　改定《武士與文士》一篇。王嶽來。劉樊來。閏妹來。寫伯寅師，守己，星垣信。點徐文靖《竹書紀年雜述》。發請客片。到宋宅赴宴。

到校，上課兩小時（《竹書紀年》）。到所，辦事。與育伊談。

與又我談。覺玄偕余竹平來。與履安到高中散步。

今晨二時，三大學聯合女醫院被焚，損失極巨。一年來蓉市學校屢次失火，非有人蓄意破壞後方治安，不致如此。

今午同席：趙紫宸　予　楊介眉夫婦　貝爾（以上客）　宋道明夫婦（Geo. W. Sharling）（主）

五月三號星期五

校自明所鈔之《隨筆》六續稿。育伊來談所事。次舟來。

到校，上課一小時（作筆記法）。嚴恩紋來。郭普來。看次舟《釋辭》。

到次舟處還文稿。與自明到校散步。

近數日悶熱極矣。昨夜一雨，今日頓凉，精神爲爽。

五月四號星期六

寫本道信。拱宸來。次舟來。喻亮（益明）來。爲王嶽重草請求購買外匯呈文，千餘言，訖。

寫西山信，爲庶務混賬。到所。乘車到東門外農業改進所，訪姚歸耕。歸，又到所。與履安二女到茅屋內吃點。訪思明，王嶽，錫永俱未晤。

思明來。

今日爲五四，各報都登關于青年之論文，有某君引德人威納根之警句曰：“誰有青年，誰有前途。”讀此一語，始知傅孟真，張其昀，洪煨蓮輩所以欲致我于死地之故。

五月五號星期日

　　劉校長來。寫西山信。茹古堂書估黃□□來，長談。雇人力車到榮樂園宴客。

　　飯畢長談。四時出，到省府招待所，晤元善，郭子杰，白寶瑾，陳筑山，章魯泉，龔某，韓竹坪等。

　　伯寅先生邀至狀元樓吃飯。八時許出，配電筒。到獨健處。又與獨健到衡如處。歸，不成眠，服藥。

　　今午同席：伯寅先生及其弟雨生　孟輅　李期軒　俞守己　姚歸耕　汪鎮　張廣仲姑丈　高石齋（以上客）　予（主）

　　今晚同席：章魯泉　元善　龔□□　孟輅（以上客）　伯寅先生兄弟（主）

　　今日榮樂園一席，席價四十六元，茶飯酒烟十二元，小賬二元，可謂貴矣。

五月六號星期一

　　五時半起，六時半出門，七時半到西門車站，晤獨健，知買不到票，即雇人力車赴郫縣。在犀浦吃飯。十一時許到郫，落宿十字街義莊旅館。

　　遇張抱芝夫人。與履安獨健同至東門，又出南門，至望叢祠，劉公墓，何武墓等處游覽。進東門，到陶園吃點當飯。履安返館。予與獨健出西門，到子雲故里。進城，至縣政府看打官司。回館，抱芝來，同出，到縣黨部看郫筒井，至其梅家巷寓所談。

　　回旅館，抱芝又來，爲予診脉，贈酒及醬菜。以旅館甚鬧，又不成眠，服藥得睡。

五月七號星期二

　　四時半起，六時一刻雇人力車，七時半至安德鋪（崇寧屬）吃飯。八時半行，九時一刻至竹瓦場，十時至崇義場，十二時十分至灌縣。落宿四川旅行社招待所。

與履安獨健步出西門，到二王廟，索橋。回城，出南門，至伏龍觀。進城，在縣府前吃點當飯。回旅行社。

與履安至林祖華家。到楊柳河邊散步。回社，九時眠。

五月八號星期三

六時起，寫西山信。與獨健同上街雇滑竿，以貴不諧。到祖華處，吃早餐。祖華代雇人力車，九時半上車，渡岷江兩次。十一時半，到中興場雙永橋邊吃飯。又行五公里而至青城山下。

步行上山，三時至天師洞，徐知客招待入室。與履安，獨健游降魔石，天師洞。訪易心瑩，與同上藏經樓談話。心瑩導至祖師殿，即玄武宮。彭當家來。招待吃夜飯。

下雨甚大，未出游。九時眠。

今晚及明晨同席：予夫婦　獨健（以上客）　彭椿仙　易心瑩（以上主）

郭本道君決住祖師殿，其地僻靜，屋又新建，予亦願住，惟其地在天師洞上二里許，履安爲之搖頭。苟郭家用一廚役者，予固可包飯于其家也。

五月九號星期四

六時起，易心瑩來談。至其住室，看其稿本。七時半，在觀吃早飯。八時出，由心瑩導至朝陽洞及上清宮。下山，與心瑩別。

一時許，至蔭唐中學，吃飯。二時半，爲該校五九紀念講話。本欲行，以大雨，只得留住，與王氏夫婦談話。

八時就寢張誦三室。以蚊多不成眠，服藥得睡。

今日午晚同席：予夫婦　獨健　甯澈澄　王仲暉　元暉夫婦

五月十號星期五

五時半起，六時許到元暉處道別。六時半出發。在中興場吃飯。到岷江渡口，待甚久，拾石子。以水大衝壞橋，乘竹排子兩次抵岸。十一時半，至灌縣，到中央銀行訪祖華。到汽車站候車。

一時車開，四時半到成都。在車站吃飯。與獨健別，雇車歸家。次舟來。洗浴。

到校，見張心田，曾繁康。九時歸。

與履安往青城之結果，予甚願往，而履安以購物不便，上下山不便，決不往。予其一人往乎？抑與自明同往乎？

五月十一號星期六

西山來。南溟來。作史地教育會提案兩通，寫教育部，黎東方信。

到所，蔡延燊來。遇王嶽，金聲。記日記七天。到萬德門看呂鳳子畫展。爲魏君改契丹文學一篇。

與自明到校園散步。

德軍昨侵入荷蘭，比利時，盧森堡三國，歐戰又擴大。

五月十二號星期日

到校，訪覺玄，未晤。到忠恕處談。到在宥處談。訪可中，思明，俱未晤。訪子杰未遇，寫一信送去。歸家。到魯泉家，晤元善，韓竹坪，與竹坪同到顧維搏家。與顧葆常到魯泉家，乘葆常車赴宴。

宴畢，與元善到覺玄處，聽唱昆曲，翻看賓四《近三百年學術史》。到所，與爲衡談。歸，遇偉生西山。繁康來，送校樣。

校《燕遷汾水流域考》。到繁康處送稿。簽南溟所寫信。

今午同席：伯寅先生　章雨生　元善　胡昌熾　楊仲虎（中央銀行）　顧銘新　汪鎮（均交行）　顧葆常　金瑾甫（郵局）（以

上客）　俞守己（主）　在"大上海"。

五月十三號星期一

整理書桌書架。到校辦理各事。遇獨健。補記日記。寫聖陶信。

宴客。與伯寅先生同游桓侯廟。乘鷄公車到青羊宮，晤章雨生先生，同游二仙庵。買書。伯寅先生別去。雨生先生伴予游草堂寺。

到實業街沈宅赴宴。十時歸，服藥得眠。

平樟于十日晚十時生一女，距我等還成都只四小時耳。彼日我想再住一日游靈岩，而獨健必欲歸，殆精神感召乎？

今午同席：伯寅先生　元善　魯泉　郭鳳鳴（以上客）　予（主）

今晚同席：覺玄　鴻庵　李鴻音　孔德（肖雲）　陳友生　熊銘青　鮑必榮（以上客）　沈遵晦及其夫人（張百熙之女）（主）

五月十四號星期二

斟玄偕趙守義，余竹平（介石）來。湯吉禾偕杜毅伯來。以昨夜服藥疲倦，看《老子化胡經》及《八十一化》。

小眠。與西山談本所計劃。赴教職員同樂會。到校長處談話。

洗浴。

五月十五號星期三

寫本道，文通信。草下學年預算，未畢。看《昌黎集》，記筆記一則。

伯寅先生來。到研究所辦事。到偉生處。與覺玄同到努力餐宴客。

九時三刻，冒大雨歸，十一時眠。不得睡，服藥。

今晚同席：曾省之　趙守義　金孔章　洪應樸　單壽父　徐書簡（以上客）　陳覺玄　余竹平　徐益棠　予（以上主）

時局如此，物價日高，群畏所積之錢化爲烏有，因有購地種植之議，覺玄與竹平主之，予亦附股。省之，興農農場之創辦人，守義，七七農場之經理也。

五月十六號星期四

以服藥疲倦，看《責善》五期。草研究所工作計劃，未畢。

到校，上課兩小時（《尚書》篇目）。孟軺偕惲和卿來。到所辦事。在宥來。關偉生來。到校長處談。

與履安自珍談話，因雨未出。九時即眠。

近日身上甚癢，搔之起小粒，蓋又發濕氣矣。加以蚊虱，更不可堪。

五月十七號星期五

草研究所工作計劃，仍未畢。到次舟處，談彼下年工作。校《責善》五期中予所作文字。

到校，上課一小時（《尚書》次第）。到研究所辦事，寫伯祥信。與伯懷談。諸研究生來。思明來。到覺玄處。

到張凌高校長家，赴宴。九時，與魯泉等步歸。

今晚同席：華西壩五院校長　劉衡如　李小緣　倪清遠　侯又我　羅忠恕　章之汶　翁獨健　聞在宥　方叔軒等（凡兩桌）

五月十八號星期六

草研究所工作計劃，略畢。到研究所辦事。歸，理書。

到孟軺處，與之同到北門外章雨生家，與雨生同出，訪伯寅師于森園茶館。又同出，至城隍廟看塑像，到北海樽吃茶點。五時半出，七時到家。鴻庵來。

七時，空襲，敵機來炸成都西與南兩方，至上午一時始解除。

伯寅先生已就中央軍校上校教官職，辦陳教育長秘書事，月薪實得百五十元，又爲本所標點《明史》，事務不忙，可娛老也。

今夜初見照明彈，奇麗如星月，惜不數分鐘即有炸彈隨之耳。今夜所炸，聞是温江及太平寺兩處飛機場。温江尚遠，其聲隱約，太平寺即在予居直南五里，故此間屋宇皆震。

五月十九號星期日

與二女到鴻庵家。出，到望江樓，上高閣，在園外品茗，翻《左傳》半冊。步至南門，二女歸，予到哥哥傳赴宴。

飯畢與侯薛二君同步歸。到教育院，參加邊疆服務部會，見賀秘書長及胡郭二廳長，看松潘電影。夢若夫婦來。

又來空襲，不得眠。至上午一時就床。

今午同席：張國安夫婦及其女　侯又我夫婦　鄭建國夫婦

薛慕回　予夫婦（以上客）　劉校長夫婦（主）

今晚又炸太平寺飛機場。

五月二十號星期一

記筆記三頁。覺頭暈，量之果有熱一度，即就寢，在床翻《左傳》二冊。

劉孫二女士來。南溟來。次舟來。西山來。

早眠。

上星期三冒大雨歸，前昨二夜避空襲，又致病矣。予體乃如是軟弱，豈不氣死！

五月廿一號星期二

記筆記兩頁，早眠。臥床翻《左傳》三冊。

黃和繩來。曾繁康來。趙南溟來。

早眠。

今日熱只半度。惟自珍則熱高一度許，蓋如此天氣實易生病也。　履安捫予背，曰，"瘦甚矣！"

五月廿二號星期三

記日記三天。翻《左傳》四册。

記筆記五頁。南溟來。

與履安在室內走路，覺疲而睡。

昨夜十二時醒，直至今晨五時始得朦朧，不識何故。起後甚疲倦。

五月廿三號星期四

看《逸周書》。到研究所辦事。到校長處。爲自珍請假。到春熙路剃頭。到哥哥傅赴宴。

到校，上課二小時（《尚書》，《左傳》）。到教育學院，爲華大教育系生講"通俗讀物"。到覺玄處，并晤竹平。

到次舟處談。失眠，服藥。

今午同席：羅志希　威廉　陳□□　陳裕光　吳貽芳　方叔軒　戚壽南　張伯懷　張匯泉　侯寶璋（以上客）　劉校長（主）

志希以視察三民主義青年團來蓉。

五月廿四號星期五

以昨失眠，疲倦，隨便翻書。繁康送稿來，即校。到校，交竹平款，并晤守義。

小眠。到校，上課一小時（《左傳》）。在宥來。到所，爲人寫聯扇約十件。到校長處談所事。與又我談。西山來。

翻新購華西出版各書。

五月廿五號星期六

到所，晤劉纓九等。與西山談所事。歸，記日記。寫呂誠之，湯錫予信。

齊思賢來。爲志拯事，寫鴻庵信。到鴻庵處，劉校長處，研究所，新新新聞報館訪劉啓明不晤，遇姚歸耕。到傅雙無處。

到戚壽南家，晤志希。七時，同到大三元吃飯。九時，出。十時，到家。失眠，服藥。

自珍大便仍不下，熱仍不退，已四日矣。今晨往校醫處診。

今晚同席：志希　予　戚壽南夫婦（以上客）　董秉琦及其夫人艾氏（主）

五月廿六號星期日

晤于光源。與履安乘人力車到千祥街，訪纓九，與同出，到北門外梁家巷，換乘小車到崇義橋時才私塾。見校長蕭心如等。在塾午飯。

離鄧家祠，到萃杰善堂，看五層樓建築。到崇義橋上場，入三合館喝茶。由鄧述先，劉建勛二人導看房屋三所，游芙蓉渚。以天晚雇不到車，作借宿計。蕭緝光招往飯館吃飯。

到劉祠彭家，與彭純祖家人及纓九談。九時眠。

今午同席：予夫婦　纓九　德陽同鄉四人（以上客）　蕭心如，緝光父子（主）

今晚同席：予夫婦　纓九（以上客）　蕭緝光（主）

崇義橋離北門十八里，爲至新繁之腰站，其地買物甚便，流水亦佳，在近來所看房屋中，爲最合于家庭條件之地。劉家祠在芙蓉渚上，四面環水，更爲風景區，祠中有屋五間可租，惟須修理。擬下月遷去，蓋青城雖好，而履安不欲，且成都往還亦不便，爲兼顧數方面計，自以此地爲佳。惟其地以水多，太潮濕耳。

五月廿七號星期一

五時起，在彭家吃點後，到三合館喝茶。八時，到彭宅吃飯。復至三合。九時許坐小車到洞子口，訪傅欽知，與同到鄉間看屋。十一時復回洞子口。

乘人力車到西門北巷子，適逢警報，到石莊內波秋飯店吃飯，到頓園喝茶。與履安別纓九，進城，到祠堂街買物。五時，歸家。遇拱宸。

翻看《學術》第三輯。育伊來。到校，晤南溟。歸，洗浴。九時，眠。

今晨同席：予夫婦　纓九　蕭心如，緝光父子（以上客）彭純祖（主）

今午同席：纓九（客）　余夫婦（主）

自珍體仍不好，熱高一度許，已一星期矣。

五月廿八號星期二

余竹平來，同到又我處，晤桑君，看其畫。記日記。拱辰來。張蓉初來。寫賓四長信。封凱來。

到校，出致賓四函交西山覽。訪校長，不遇。到注冊課，為自珍請假。修改《隨筆》及《文士與武士》一文。獨健來。覺玄來。

與自明到順東處。又到老南門內買自珍食物。

出門兩日，步行不過二十餘里，然已甚疲倦，知吾體力寖就衰也。

聞昨日敵機襲渝，南開復旦俱死傷不少。不知安貞如何，因到順東處告之。健常家在北碚，與復旦相近，不知如何，亦當去函詢之。

五月廿九號星期三

　　緱九偕緝光來，知崇義橋賴家有屋，即同出，到 Tip Top 吃飯。
乘車到崇義橋，晤葉席儒。以有空襲警報，店鋪關門，到萃杰善
堂，副主席傅君留飯。

　　再到場上，訪席儒，與同到泰華寺賴家，賴益興不在家，見其
夫人，導觀房屋，即定下。五時半，還至場，晤賴益澄。即雇車回
城。七時半到北門。

　　與緱九在綫香街吃飯。九時歸，看信件。與家人談屋事，較興
奮，又失眠。十二時服藥睡。

　　　賴家有大屋一所，民廿二年以三萬元修築，是時工價一工僅
二吊四百（八分）耳。今漲至八角，此屋即不啻卅萬元。其中有
魚池、亭榭、竹林、花木，房屋約卅間。以不欲租與公共機關，
免欠租及壞屋，故以廉價租與予，押租二百元，租金月卅元，便
宜之至，若在城中或近郊，月當三百元矣。惟居此太寂寞，買物
至少走五里，雨後交通不便耳。

五月三十號星期四

　　與又我談。次舟來。在宥來。理書桌。豫備功課。

　　到校，上課兩小時（《左傳》，《國語》）。寫伯懷信。到覺玄
處。訪校長，未遇。

　　次舟來。早眠。得睡。

　　　自珍至今日尚未退涼，已上課。履安昨日亦不舒服，終日未
食，今日已起床。予以城鄉上下，亦復疲倦萬分。予家可謂病
夫國！

五月卅一號星期五

　　記日記三天。小緣來。豫備功課。到校長室，待教部視察員，
至華大校長室晤之，同到枕江樓吃飯。

上課一小時（《國語》與《左傳》之比較）。到在宥處，與之同到華大校長住宅，招待教部視察員。到所。晤薛迪靖。

與羅忠恕談。赴史社系歡送畢業同學會，作短講。與西山談所事。九時半歸，又失眠，服藥。

昨夜起風，今日又甚寒矣。

今午同席：徐誦明　陳泮藻（教部視察員）　羅忠恕　劉書銘　張伯懷　唐波澂　方叔軒　張匯泉（以上客）　張凌高（主）

下鄉後應作事：

一，爲《齊大學報》撰文及發刊詞
二，爲《齊大季刊》撰文及發刊詞
三，爲《史學季刊》撰文及發刊詞
四，爲《滇邊散憶》作序
五，爲滇南碑傳集作序
六，爲劉曼卿游記作序
七，爲誦詩弟作傳
八，爲謝祚茝作墓碑
九，爲育伊《清代筆記索引》作序
十，爲伯祥作壽序
十一，爲孟軺作壽序
十二，點《史記》，作索引
十三，校賁園書目及《疑年録續編》
十四，爲馬叔平紀念册作文
十五，爲槃厂書作序
十六，將君樸書改作
十七，與聖陶同草中國通史計劃
十八，將丁廷洧《尚書》篇目文重作

十九，爲《中等教育》月刊作文

二十，評繆澐澄所作《宣威縣志》

廿一，爲孫蕙蘭改文

廿二，爲齊大作校歌

廿三，作駁曾繁康文

廿四，爲泉澄《清代地理沿革表》作序

廿五，爲江應樑《路南的撒尼人》作序

一九四〇年六月

六月一號星期六

到八寶街西安旅館訪姚佑生，魯宗寶諸君。請育伊拱辰到我家理書入筐備遷。回校，待教部視察員，與崔德潤，張伯懷等談話。十一時半，視察員方到。談話後即到哥哥傳吃飯。

與在宥，忠恕同到獨健處談話，并看其新舉之女孩。與獨健同赴金大研究所茶會。到研究所待青海學生，與伯懷談。

青海學生四十餘人至，開一簡單之歡迎會，到校中飯堂吃飯。伴其至校中聽音樂會不即，送之至萬里橋而別。歸，又失眠，服藥。

今午同席：徐誦明　陳泮藻　王孟甫　謝霖甫　張伯懷　張匯泉　方叔軒　聞在宥　羅忠恕　唐波澂（以上客）　張凌高　劉書銘（以上主）

今日下午茶點會：貝德士　劉衡如　商錫永　陳恭祿　韓亦琦　王繩祖　張西山　翁獨健　李小緣

今晚同席：姚啓明　王少夫夫婦　李得賢　魯宗寶　韓華　劉志純等四十餘人（以上客）　張伯懷，予（以上主）

六月二號星期日

　　寫厚宣信。可中率運貨車來。南溟來，請其押運書籍。七時，鴻庵來，與同至其家，進飯。乘車至北門，同步行至萃杰善堂，小憩，即至賴家新院，緝光已先在，曾嚴二女士來，同游泰華寺。

　　南溟，育伊，拱辰來。同飯。將筐中書籍取出。趙韓曾嚴諸君去。蕭心如，葉席儒，賴益澄來，同立契約。

　　宴諸客。九時睡，失眠，服藥。

六月三號星期一

　　將書籍整理一過，置廊下大桌上。讀《離騷》。

　　孫次舟來，同飯，送之至一里外。以多日失眠，服藥，倦甚，休息。服張抱芝所開中藥方。

　　　累日服西藥，雖成眠而大疲。今日改服中藥。夜眠雖仍不好，終不服西藥。

六月四號星期二

　　將書籍移入洋房。看《古史辨》四、六冊。整理送人物件。

　　與育伊同到彭，賴，葉各家送物。到善堂，送黃，鄧，劉諸君物。與緝光到時才私塾，晤蕭心如及巫子恩。贈蕭氏父子物。六時半，還寓。

　　八時許方飯。與育伊拱辰談。

　　　今夜居然得眠，似中藥確比西藥爲善。

六月五號星期三

　　六時出門，到崇義橋，得一新道，乃愈行愈遠。步行三小時而抵三河場。雇人力車（一元）而至北門，換車歸家，已十二時矣。

　　到校，與西山談所事。李小緣來。看各處來信。伯懷來。

　　與西山到沙利文訪成覺，不遇。又到商業街劉宅訪之，得晤。

同到不醉無歸吃飯。出，到張天群家。九時許歸。

六月六號星期四

記日記六天。纓九來。德坤夫人來。爲衡來。到所，簽字于致立武書，伯懷來。傅述堯來，同到城內。

到哥哥傅宴客，以有警報，各散。一時，予與西山同到後壩茅屋內吃飯。同歸予家。到次舟處。二時半，警報解除，與自珍同到校，予赴課堂試古代史，至六時半始訖。看方國瑜么些文譯例等。

遇又我，談。到哥哥傅赴宴。與貝士忠恕同步歸。失眠。一時起飲酒，得眠。

今午同席：李安宅　傅述堯　張煦　張西山（以上客）　伯懷與予（主）

今晚同席：貝德士（Bates）　方叔軒　劉子植　李小緣　陳恭禄　王繩祖　翁獨健　張西山　聞在宥　羅忠恕（以上客）劉衡如（主）

六月七號星期五

到忠恕家訪安宅，談一小時許。到校，與劉校長談。與矩生談。過節，祀先。

道泉來。到校，爲周敏謙考試。看川大寄來《史學季刊》稿。又到校長處談。在宥來，與同到教員休息室談，遇許季黻。到德坤夫人處訪成坤，不遇。遇周女士。到叢林處。

到羅家赴宴。八時，托詞出。歸，遇關斌。

今晚同席：李安宅　倪青原　蒙思明　沈嗣莊　胡自翔　杜叢林　聞在宥　張西山　張伯懷　張世文（以上客）　羅忠恕（主）

以昨失眠，極倦，然欲休息而不得也！

校中本欲爲研究所蓋屋，以與華西議不諧而止。今擬轉租予所租屋，校長定後日往觀。

六月八號星期六

寫王孟甫信。到所，寫方叔軒杜叢林二信，爲借羅氏好一齋書籍事。緱九來。改南溟代草書函稿。寫賓四信。十時半，貝士，小緣，子植來參觀，徐雍舜來，同茶點。安宅來，與同到枕江樓吃飯。

到叢林處。到所，又到吉禾家，回所，爲薛伯康寫墓碑。回家，次舟來。遇鄭成坤。與履安同出。遇南溟，至事務所簽名于發出書信。與履安到平樟處送物，遇明教士。出至春熙路一帶購物。

與履安至大三元吃飯。九時歸。繁康來，同到次舟處。又失眠，飲酒無大效。

今午同席：戴樂仁　李安宅　徐雍舜　張伯懷（以上客）西山與予（主）

六月九號星期日

五時起，六時與劉校長及西山同乘車赴賴家新院，在北門遇孫吉士，九時一刻到。劉張二人參觀一過即去。倦甚，臥看《蜀中名勝記》。記日記三天。

南溟偕爲衡押運物車來，同飯。將書箱中物取出，寫西山信。蕭緝光，劉樊，羅著堯，張寶書來。

與拱辰，育伊談話。得眠。

以昨失眠，今日口苦舌乾。

六月十號星期一（端午）

理稿件雜紙，尚未畢。

寫素英信。記筆記三則。翻看《蜀中名勝記》。

九時眠。以蚊多，十二時半醒，天亮後稍矇矓。

昨今兩日均有空襲豫行警報，均以有崇義橋來人知之。上星期四，成都人傾城逃出，育伊在此，直至第二日閱報始知之。可見即有緊急警報，此間人亦不知也。

上次來住時，蚊甚少，這回便多了。猶喜蠅子寥寥，跳蚤及臭蟲亦無，可安居耳。

六月十一號星期二

理抽屜中零件，訖。草研究所遷來計劃。記四川縣之等次，畫專員區域。

小眠。寫金聲，韻笙，丕繩，孟真，志拯信。與育伊散步至李家墳及泰華寺。

意大利宣布向英法作戰，歐戰更擴大了！

"畫靜人閑"，此間可以感到這種趣味。予真不願作都會中人矣。

六月十二號星期三

寫聖陶，守真，朝陽，樹幟，魯弟，和兒，以中，小峙信。寫履安信。

小眠。寫肖甫，樹民，西山，又我信。緝光偕劉葉兩君來，估修理房屋價。與育伊拱宸到田間散步。

談話。九時眠。

近日不知何故，肚子不好，日下三四次，惟不太溏薄。不知是否此間水不好，抑係廚子煮菜不乾净。

需修理各項，今日估價，料約四百餘元，工約一百餘元，共六百元。

六月十三號星期四

寫自明珍信。寫青鏗，健常，勁修，源澄信。記筆記兩則。

小眠。寫槃厂，伯祥，君樸，士升，繆鸞和信。記筆記兩則。

談話。九時半眠。

　數夕安眠，精神頓爽，都會生涯，甚祝其能從此結束也。

六月十四號星期五

寫賴益澄信。計劃屋宇布置事。草研究所下年概算書。草一啓事，擺脫各處牽纏。寫恢先信。

小眠。將概算書謄清。寫南溟，西山，履安，繁康信。重草研究生規程訖，即鈔清。又寫西山信。

談話。九時半眠。

五日來寫信三十通，信債較輕矣。

天天飯後就寢，欲養成打中覺之習慣。蓋予生活太緊張，必以懶調劑之也，叵耐無此習慣，不過休息休息而已，終不能合眼。

六月十五號星期六

早，育伊進城。作研究所向教育部請求立案呈文，訖，即謄清。作研究所應增加預算説明書，訖，即鈔清。金聲來，留飯。

小眠。作研究所組織大綱，未畢。葉席儒，賴炳三，賴益澄及房東來，同商房屋修築事。

與拱辰談話。九時眠。

昨日以工作要事，精神緊張，睡又不佳，大約十二時得眠，四時即醒，僅四小時，與前數日之六小時許者異。故今日又較疲倦。噫，慎無在此可以安眠之環境中再造成不能安眠之事實也！

德軍昨開入巴黎，歐局之緊張可知。

造一厨房，費洋七十餘元。買厨房用具，恐須百元。今日成立一家，殊非易事。

六月十六號星期日

重改啓事。草研究所組織大綱，及組織圖，職員表，下年工作表。拱辰之戚李君來，同飯。

小眠。育伊歸來，帶到許多信札，即拆閱。

與育伊拱辰談話。

今日有空襲警報，先期漢口日軍廣播，謂自十六日起，將遣飛機百數十架轟平成都，故人民惶駭，聞育伊言，一知有豫行警報，即扶老携幼，挑箱背囊，逃奔郊野，而今日天熱，太陽如火傘，真苦事也。

六月十七號星期一

六時半出門，步至崇義橋，雇人力車到城，換車到家，十時到。即洗浴。到次舟處。

到孔視處。到校，與西山等談。到校長處。到覺玄處，見其子惺，爲寫紀念册。到所，草組織大綱畢，即付鈔。到萬德門，看道泉畫展。

空襲警報作，旋大雨，至八時許解除。予家未出，在院與又我慕回談。

昨夜以旁晚多看信札，又致失眠。予之不能稍緊張如此。

劉熹亭于上月底在重慶炸死，渠三月二十四日猶到我家也。

今日逃空襲者多遇大雨，衣裳盡濕，然不怨也。鴻庵夫人墜入田溝，滿身污泥。佞佛者以爲此雨乃觀音菩薩所降。

六月十八號星期二

道泉來。到在宥處。到校，校鈔寫研究所文件。思明來。到伯懷處。到覺玄處。

　　到成坤處吃飯。顧竹淇，謝承燻來。還校，校長來談。出席校務會議，至七時始散。看《責善》七期。次舟來。

　　與又我同歸。次舟來。

　　今午同席：李抱忱　予（以上客）　成坤　德坤夫人（以上主）

　　聞李宗仁戰没，想見宜昌戰事之劇烈。

六月十九號星期三

　　到校，晤西山，即歸。待在宥，不至，看孔玉芳畢業論文。到廷洰處。寫韻笙信。到校，張載熙來。馬素貞來，爲寫西北師範學院介紹信。鄭成坤，李抱忱來。到叢林處，旋同出，遇忠恕，同到枕江樓吃飯。

　　還校，到校長處。與西山及校長談。到在宥處。爲雙無寫扇。遇郭普。丁廷洰來。爲姚石倩題姚元之畫軸。到次舟處。

　　孫蕙蘭，劉福同及閨妹來。韓鴻庵夫婦來。侯又我夫婦來。到校，送物。

　　今午同席：鄭成坤　李抱忱　羅忠恕　杜叢林（以上客）
予與西山（主）

　　昨夜以履安畏遷家，予一怒，又致失眠。

　　法國竟投降德國矣，豈真不能抵抗耶？抑其國民性固不善鬥也？

六月二十號星期四

　　五時起，理物上車，由爲衡押運。又我夫婦來送早點。郭鳳鳴來。七時許，予與履安自明上道，至梁家巷，孫蕙蘭來。同乘鷄公車，到崇義橋，遇湯吉禾。

　　一時始抵新寓。三時許，行李車始來。即支配安排訖。與育伊，拱辰，爲衡到田中散步。蕭緝光來，留飯。

八時許即眠。

今日天熱甚，自後壩至賴家院，走了六小時，前所未有也。雞公車價亦漲至一元四角，常停歇。行李車則以不許穿城，由南門經西門而至北門，行八小時，一車之價亦由八元而漲至十一元矣。無錢人如何能疏散！（本日共用車費四十元。）

六月廿一號星期五

理家中雜物。與妻女及孫女士到房東處送物。耿有仁來。

記日記四天。算賬。爲鄧晉康，關偉生，高星垣，王孟甫書扇。

早眠。

六月廿二號星期六

六時，與蕙蘭，李爲衡同出，步行入城，九時在北門吃飯。乘車到校。遇章雨生。看各處來信。自珍來。

遇和繩，與同到業餘食堂吃飯。到在宥處，并晤徐益棠等。到廣益，草《史學季刊》發刊詞，未畢。到城，訪偉生，遇之。遇鍾道泉。

到四道街十一號，赴陳宅宴。九時許，出，到校，心田等來談。十一時就眠。失眠，服藥。

今晚同席：謝霖甫　李方訓　焦啓榮　張維城　胡昌熾　薛迪靖　王繩祖　劉衡如　顧竹淇　謝承燻　曹茂良等（凡兩桌）陳武民（主）

今日第一天住校中宿舍，與崔德潤君同室。舍中太熱鬧，學生好唱戲，至十一時後方靜。予今日赴宴，喝濃茶，更不能眠矣。

六月廿三號星期日

到廣益，續草發刊詞，未畢。校所鈔燕京金陵兩校研究所章程。遇鴻庵夫人，繁康等。到張載熙處，看其家書籍。與同到新雅吃飯。

到半邊橋街剃頭。步歸。到廣益，續草發刊詞。翻看《宋人小說類編》。

到鴻庵家，與鴻庵同到寶泉處。還鴻庵家吃飯。九時眠。

天熱如焚，進城一走，全身如浸水中矣，而既無家，洗浴不便，亦苦事也。

蜀中除都江堰灌溉區域外已鬧旱灾，米價又漲至八十元一石。　聞寶泉夫婦言，昆明物價更高，一鷄蛋三角，猪肉一斤三元，鷄肉一斤五元，大餐最廉者一客十元，渠夫婦至東月樓吃點心一次費十八元，電影票三元，然市上仍熱鬧，蓋汽車夫已爲花花公子矣。

六月廿四號星期一

傅成鏞來。在校早餐，到事務樓，晤賀國光，賀次君，楊全宇等，陪之。八時，排隊進大禮堂，行畢業典禮，十一時半畢。遇思明，談。到辦公室。遇劉藜仙等。

到男生食堂，公宴畢業同學。席上作一短講。作邊疆服務團團歌。到女生宿舍，晤孫劉兩女士及馬素貞等及余太太。避空襲警報，與郎大夫，閨妹，自珍同到張劍濤家，并晤其夫人。到覺玄處。

與西山同到業餘食堂吃飯。出，遇范希純，張純碧，陳翰伯，又到業餘吃飯。關偉生來。李寶泉來，長談。

今午同席：劉書銘　張伯懷　張劍濤　侯又我　郎健寰　時子建　水世芳　魯春琛　湯吉禾　傅矩生　張西山　崔德潤　張天群等（凡十桌）

今日爲華西，金陵，金女大及齊魯四校聯合畢業典禮，到者千餘人，甚盛大。

六月廿五號星期二

在校中吃早點。與天群談。自珍來。到廣益，草《史學》發刊詞畢，凡一千六百言，即交閨妹鈔寫。與西山到校長處，商研究所立案事及其他。到侯宅，點遺存物件。到次舟處。到在宥處，并晤鴻庵，蓉初。孫琪華來。遇高石齋。到辦公處，與矩生，薄冰談。與吉禾同到業餘食堂吃飯。

到所，辦事。修改發刊詞。到覺玄處兩次。寫載熙信。到廣益，晤可中。修改服務團歌。爲學生寫字兩條。

與繁康同到新南門外江村茶社品茗，遇易鐵夫夫婦及其子。同進城，送扇面與王孟甫，到大上海吃西餐，遇章元羲，沈嗣莊等。出，到東大街夜市買物。九時許越城步歸。寫范希純信。十時，繁康別去。

聞中日兩方皆憊極，都欲休戰，有議和説。或謂英美法將與中國聯結一軍以抵抗侵略。不知何説可信。安南事件，聞馮玉祥將帶兵往敵。

爲邊疆服務團作團歌：天何蒼蒼，野何茫茫，宇宙寬大容徜徉。以幕爲屋，以酪爲漿，到處都好作家鄉。莫分中原與邊疆，整個中華本一邦。施醫爲復健康，立學爲造賢良，爲民服務總該當。"天下一家，中國一人"，孔墨遺訓非虛誑。千山不隔，萬里一堂，團結起來强更强。

六月廿六號星期三

五時起，寫南溟，西山，閨妹信。五時三刻，與葉彬如君同上車。崔德潤送行。到三皇廟吃糍粑。九時，到賴家院。休息。算賬。記日記四天。

眠一小時。洗浴。休息。理信札。

與自明，珍同到田中散步。八時半眠。

　數日來未午眠，無沐浴，形神支離，今日一爲，頓覺一爽。然戰場將士其熱逾我若干倍，將如何作戰乎？思之生憫。

六月廿七號星期四

　六時，與履安，自珍同到崇義橋買物，遇益澄，席儒及孫劉二女士，與孫劉同歸。寫郭普，西山，伯懷，又我信，托彬如帶去。

　寫姜亮夫，姚啓民，郭子杰信，范可中等運物來，即托其帶去。先嗣祖母忌辰設奠。

　與同人到泰華寺散步。九時眠。

　　先來賴家院者：育伊　拱辰

　　繼至者：履安　自明　自珍

　　今日至者：爲衡　南溟　花匠蕭師　蕙蘭　福同

　　不久至者：可中　彬如　孔視　琪華　和卿　金聲

六月廿八號星期五

　蕭緝光來。到竹園，讀《離騷》。寫方叔軒，傅矩生信，托張君帶城。

　午眠，至三時始起。寫聖陶，金聲，子文，孟軺，丕繩，筱蘇信。

　與同人到宅後買豆腐乾。八時半眠。

　　昨夜在半醒狀態中，蓋以夜中責廚司，精神稍緊張也。

六月廿九號星期六

　四時起，寫香林，之屏信。與同人共理研究所書籍，打包付晒。寫徐調甫信。

午眠，二時半起。下午，予獨理《四部備要》一部。

與自珍等談話。

夜得一聯曰：去時三年，正爲前進；有衆一旅，可以中興。

六月三十號星期日

與同人共理所中書籍，予理史地部分。寫天木，金靜安，劉曼卿，元胎信。任君送憲楷行李來，即寫覆書。

爲孫女士寫扇，劉女士寫橫披。

到門口散步。八時眠。

七月二日賓四來書云：

弟與兄治學途徑頗有相涉，而吾兩人才性所異，則所得亦各有不同。妄以古人相擬，兄如房玄齡，弟則如杜如晦。昔唐太宗謂房君善謀，杜君善斷。兄之所長在于多開途轍，發人神智。弟有千慮之一得者，則在斬盡葛藤，破人迷妄。故兄能推倒，能開拓，弟則稍有所得，多在于折衷，在于判斷。來者難誣，若遇英才能兼我兩人之所長，則可以獨步矣。

老友之言當有其積久之觀察，錄之于此，以待他日之論。

一九四〇年七月

七月一號星期一

理信札。寫呂誠之，賓四長信。

寫西山，黎東方信。與彬如同到崇義橋寄信，買菜，遇葉席儒等。

劉纓九，蕭緝光來，賴益澄，賴炳三，葉席儒，賴劉氏來，重寫佃房約，七時半去，予八時乃飯。九時寢。

所租屋非賴聚豐一人所有，故上次立約寫聚豐名後，另二家不允，今日重立約，寫天元堂名，起三摺，分賴老太太，么先生娘，及賴劉氏，每月各取十元。大家庭總是鬧意見！

厨師戴遂民心太狠，買物常開二倍三倍之價，以前履安等未來，此間離市又遠，聽伊所爲，今日滿月，只得辭之，飯食由孫劉兩女士及履安等爲之。　上月王楊兩位在此，一天便須買三元菜，一月飯錢恐將與昆明埒，現在有十一人吃飯，菜價只一元上下耳，有管理與無管理，相差如此！

七月二號星期二

理信札。寫志希，留堂，起潛叔，貽澤，驤先，雙無信。魏明經來，留飯。

寫西山信二通，矩生，思明信。將雜紙分類置入夾中。重寫《浪口筆記》二則（西藏之縣，嘉那黑）。

到門前散步。九時眠。

昨晚因重立契約，夜眠又不佳，半夜醒後越兩小時乃得眠，可見予睡眠美惡完全繫于人事之繁簡。予之只得爲一散人，已命定矣！

七月三號星期三

與履安自珍到鄰居張家問車。將筆記二則修改訖，付寄。寫西山信二通，西堂，謹載，元珍，品逸，次舟，寶泉，希純，國瑜，矐仙，伯祥，三林，鴻音信。善會劉葉二君來，看修理房屋。

寫八爰信。雷挺生，伍焯林來，爲寫手册。與育伊等散步至磨房。

八時眠。

得西山書，知齊大辦研究院，得哈佛來信大為批駁，劉校長正擬力爭。想此又是洪煨蓮玩的把戲，即翁獨健勸西山語，謂齊大不必與燕大爭勝耳。按燕大研究所為洪氏把持，不想向好處走，保守，敷衍，孤立于學術界之外，而欲保持其一尊之地位，不讓別機關辦好，此非所謂"已不能修，又畏人修"耶？洪氏如有本領，看能把我打倒否？并能打倒賓四與誠之否？

七月四號星期四

寫孟韜，人驥，陳繩甫，樂夫，漱圃，建猷，英庚會，厚宣，壽彝，圖南，夏嗣堯，伯祥信。

看筱蘇《儈父與漢子》文。再寫厚宣，次舟信。寫何章欽信。拱辰，可中來，看帶到各信。天熱如焚，小眠兩次，看《新疆視察記》。

大雨，看各處漏。九時半眠，入眠已較難。

近日寫信太多，胸膈又作痛，奈何！

七月五號星期五

寫臧哲先，叢林，叔軒，尹仁甫，應樑，侃如夫婦，劉樊（兩通），曾養明，姚名達，傅述堯，魏明經信。校述堯所作解決寧屬夷務方案。

寫王姨丈信。與自珍到張家雇鷄公車。

與家人談話。八時眠。

履安近日左部小腹作酸痛甚，時時慮死，捫其體，瘦削甚矣。予遷家初定，期于安居，履安如病，又須常進城矣。進城則不方便為何如也。

昨晚大雨傾盆，今晨尚綿綿不絕，屋多漏，井水混如泥湯。

厨子走了四天，均由孫劉二女士任烹飪，男同事則分批上街買菜。今日以劉女士病，即由葉趙諸君做飯。

七月六號星期六

與自明伴履安至崇義橋買物，至三合場喝茶，郵局取信，元興紙莊取報。歸已十二時矣。

曾憲楷，憲樸姊弟來。孔玉芳女士來。伴其看屋及搭床。將自己什物遷入小八間。修改史念海，陳繩甫，王樹民三君《責善》文字，寫曾繁康信。廖孔視來。

飯後與曾孔劉孫四女士到屋周散步。八時許眠。得眠。

昨夜十二時半即醒，直至今晨近四時始得闔眼，五時即起。精神又不好。予之不能努力工作如此，可傷也。

江蘇之黃梅天以五月，此間則以六月，近日物易生霉，又潮又熱，蚊子又多，真不耐也。

七月七號星期日

五時，送曾孔二女士行。審查《革命文字學芻言》，寫齊思賢（紹伯）信。出門赴宴，遇南溟自城來之車，即乘之至鄧家粉房。

在時才私塾吃飯。三時許出。到崇義橋，買油。歸寓，道遇金聲。洗浴。看各處來信。

關偉生來，伴談，留宿。九時許眠。

今午同席：昌杰臣　徐映蘭　鄧心茲　葉秦波　劉受之　王榮昌　劉茂松　巫子恩　葉惠龍　鄧述先等（凡二桌）　蕭心如，緝光父子（主）

本月一日，予與彬如到崇義橋買物，其時米八十六元一石，越六日耳，已漲至一百十五元一石，油每斤一元四角，亦漲至一元六角矣。民不聊生，奈何！

七月八號星期一

看《責善》八期。寫丁山信。重草文科研究所歷史學部組織規程，畢。留關偉生飯。

孫琪華來，伴談。翻看《郡齋讀書志》等。

與家人談話。九時眠。

房東以空屋有省政府人要租，慮有兵來，將空屋五間無租見借，爲會客等用，正合需要。

履安日來腹痛較好，而失眠又作。渠亦犯此，其貧血可知也。予今年出汗特多，一動即一身汗，不知是何徵兆？今天熱得頭暈。

七月九號星期二

編研究生學則，課程等，未畢。整理筆記，備《責善》第十期用。

小眠。

與二女到田間散步，在大門口乘凉。

米今日至一百二十元一石，崇義橋且無貨，可畏！如此上漲，我輩住鄉能安全否，亦一問題也。聞我家買米後一刻，又漲至百卅元矣。

日來天氣悶熱甚，空氣濃濕，不便呼吸。今日上午下雨，較凉快，下午則又在火盆中矣。成都天氣不好受！

七月十號星期三

寫西山信。草胡厚宣研究報告及代錢胡二君報賬。寫繁康信。寓中挂字畫。將洋房內大桌移至研究室。寫姚佑生信。

小眠。熱甚，不能工作。看應樑《路南的撒尼人》。劉纓九自城來。與同出散步。

今日上午十一時許，敵機襲蓉，此間聞機關槍聲，亦隱約聞炸聲，未識係炸成都何處，警報聲則聽不見，猜想解除警報當在下午一時後矣。

城中人在大熱中，在大雨中，避空襲，其苦可知。重慶市區，被毀三分之二，不知此若干無家可歸者安所得宿？皆可憫嘆也。

七月十一號星期四

寫史委會信。草《十三經注疏整理計劃》千六百言。點姚名達論平陽與韓原信。

小眠。洗浴。琪華來。點太炎先生《大雅韓奕義》。翻看《三輔黃圖》。

魏明經自城來。留飯。

今日下午四時，傾盆大雨。琪華正在途中，未識其淋得如何。聞琪華言，近日主戰者主聯俄，欲藉其兵力以擊東四省之日軍，主和者主將東四省放棄而與日講和，并承認汪精衛之地位。國事總是一問題也。

鄉下蚊蟲太多，撲面擊臬。聞琪華言，渠家住洞子口，蚊蠅俱多，曾有一次用竹扇一撲，數蠅得五十四頭。則此間固不至是也。

七月十二號星期五

寫教部國語推行委員會信，擬創辦歌謠故事徵輯處辦法，約一千二百言，即付自明鈔。

魏建猷來。耿文彩偕一張女士來，爲寫余太太信。寫賓四，立武信。西山來，談校事。

與拱辰談。與西山到田間散步。歸又談話。九時半眠。

西山來，育伊等對之太無禮貌，使我亦感不安。育伊等氣量之小如此！

此間水田，前數年每畝只六十元耳，今已漲至九百元。城中米已漲至百五十元一石。

七月十三號星期六

送西山行。看《陽明全書》。寫立武信，爲丁山，夏瑋瑛事。寫趙泉澄信。

看緱九作五代貨幣一文，未畢。小眠。黎勁修來，長談。

與孫劉二女士及履安自明到陳家洞子菜户買菜。與魏明經談。

昨夜以與西山談話過多，又半夜爲雷響震醒，遂不成眠，自十二時至四時，天明時始一合眼。予之不能夜中談話如此。

七月十四號星期日

看《元遺山集》。寫筱蘇，白子瑜等信。理明日帶城物。與拱辰談育伊事。與孔劉二女士談每日所中開銷，列賬。

天氣太熱，不能工作，翻看所内所藏四川各縣志。

整理明日携城物件。到張家雇車。

　挽劉熹亭聯

萬里行方罷壯游，何意血濺涪渝，到死猶呼三户誓。

一夕話頓成永訣，遥想魂歸渭洛，此靈應化伍公濤。

（由緱九作，我修改之。）

七月十五號星期一

四時許起身。六時，與自珍及南溟進城。在北門外吃飯。到校，布置卧室。李得賢來。訪校長不遇。與得賢等同到江村吃茶飯。遇叢林，覺玄，鴻庵等。

到得賢公寓中。還校，訪校長，又不遇。到又我處談。到寶泉處談。遇范希純。

　　在又我處進晚餐。與魏洪楨談。失眠，服藥。

　　　　今早同席：南溟（客）　　予與自珍（主）

　　　　今午同席：李得賢　南溟（客）　　予與自珍（主）

　　　　今晚同席：予（客）　　又我夫婦，五子二女，方太太（主）

七月十六號星期二

　　到校長家談一小時許。九時出，到五芳齋吃點。到聚興誠銀行換存單。以有警報，即出城還校。

　　到思明處付補助款。金聲來。孔玉芳來。寫伯祥，賓四信。劉書琴來。到廣益，與繁康談下年職務。遇章魯泉夫婦。

　　到寶泉家吃飯。

　　　　今晚同席：予（客）　　寶泉夫婦（主）

七月十七號星期三

　　與自珍同出吃點。到校長處續談所務。到聚興誠取存單，到交通銀行換存單。與汪鎮談。遇谷杏春。劉衡如來。張蓉初女士來。蒙文通兄弟來。孔劉二女士來。獨健，次舟來。到竟成飯莊宴客。

　　到在宥處談，遇張載熙，朱炳先，文通，漢驥等。到世界書局，訪朱伯玉，遇孫永慶。到銘賢辦事處訪杏春，與之同訪獨健，不遇。到良友吃西餐。

　　到太平洋剃頭。

　　　　今午同席：文通　獨健　思明　次舟(以上客)　予與西山(主)

　　　　今晚同席：杏春（客）　　予（主）

七月十八號星期四

　　西山邀至小天竺吃點，魏洪楨偕。到校長室，并晤劉蓉。到叢林處。漢驥來。謙冲來。到交行取存單。遇黃岳。到清華同學會，訪子植不遇。與孫永慶同到靜寧吃飯。

到在宥處談。漢驥來。杏春來。玉芳來。載熙，炳先來。謙冲來。自珍來。爲人寫屏聯等五件。到竟成宴客。

與南溟談。和繩來談。失眠，服藥。

今早同席：予　洪楨（以上客）　西山（主）

今午同席：永慶（客）　予（主）

今晚同席：漢驥　謙冲　炳先　載熙（以上客）　予與西山（主）

七月十九號星期五

訪郭子杰，即在其寓中吃點。寫育伊，拱辰，履安信。劉述烈來。段青來。孟頫偕人驥及惲和卿來。鴻庵來。訪覺玄未晤。訪文通未晤。趙夢若來。到校長處。

與西山，校長同到大上海吃飯。與西山到朱炳先家，予獨至嚴谷聲家。又訪唐圭璋未遇。回朱宅吃飯。

到北門外悅來茶園，則已散戲。九時歸。陳覺玄來。

得重慶電，段繩武先生于十三日逝世，惜哉！去年一見，遂爲永訣，傷哉！

今午同席：戚壽南　俞守己　王畹香　西山與予（以上客）劉書銘（主）

今晚同席：文通　謙冲　漢驥　思明　西山　予（以上客）朱良甫，炳先父子　載熙（以上主）

七月二十號星期六

與自珍同出吃點。次舟來。段青來。自珍來。到校長室，并晤維城。到在宥及鴻庵處。與心田，西山，鴻庵同至 Tip Top 吃飯。

小眠。自珍來，與同出。到張維城處談。到國貨公司購肉鬆。

到交通銀行，晤汪鎮，郭仲宜，并遇章魯泉。到回回來吃飯。

繁康偕李聲揚君來談。西山來談。蚊多，幾不成眠。

今午同席：心田　鴻庵　西山（以上客）　予（主）

與自珍同至校醫室過磅，予得百卅磅，較前數年已輕十餘磅，自珍則僅八十餘磅耳。

聞戰事已延及巴東，四川人心恐慌。英國受日本壓力而屈伏，停運滇緬路軍火，我政府有聯俄説。現在亦惟有此一路可走也。

七月廿一號星期日

與西山洪楨同到小天竺街吃點。與洪楨雇車出城，七時啓行，十一時半到。途遇惲小姐及蕭緝光。

飯後到竹園，與女青年會夏令營諸人談話，并作游戲，伴至泰華寺。歸，算賬，記日記，理信札。

曾嚴兩女士來談。與纘九，爲衡談。

進城不覺一星期，日日忙于交際，手頭許多事竟欲作不得，予之鄉居豈得已哉！　履安前夜發燒，昨日好。

進城數日，天氣頗凉，大是佳事。若如上星期之熱，再加以見客奔跑，將暈倒矣。

七月廿二號星期一

寫蕭心如信。爲纘九寫扇。支配洪楨和卿工作。出布告四通。曾嚴二女士來談標點《史記》事。補記日記。

寫西山信二通，養明信一通。改李鑑銘康游隨筆。出布告二通。定本所十一院次第。送葉席儒，賴益澄，賴炳三禮物。

與孫劉二女士談。與曾嚴二女士談。

進城數天，將肚子吃壞，三日來常腹瀉。

履安夜不安眠，肚子又不好過，自顧瘦骨，泣然泪下，顧予曰："余殆將死乎?"聞之良不忍。然此係積弱，非藥石所可乞靈也。

七月廿三號星期二

寫陳仲甫，孫媛貞，李孟雄，王守真，羅耀武，孔玉芳，劉述烈，英款會信。與曾嚴二女士商定工作辦法。

寫葉發森信。小眠。寫伯寅師，丕繩，壽彝，建猷，子臧，楊浪明信。開會討論飯食事。

與曾嚴二女士散步至小瀑布，歸又談么些文。

七月廿四號星期三

寫天迴鎮聯保主任，中國銀行蘇州支行，鄧述先，黎東方，陸欽墀，伯祥，文通，驌先，賀次君，士升，丁山信。蕭緝光來。仲良來，留飯。朱炳先來，留飯。

理本所賬目。宴客。

與自明及惲孫劉三女士到田間散步。

今日敵機襲蓉，凡三十六架，在新南門内至春熙南段投燒夷彈甚多，予等初不知之，及其炸北門外之王家巷則彈聲甚響，蓋炸汽油庫也。機由北去，數之得三十三，蓋爲我方擊落者三架矣。此下午三時事。同人到崇義橋探信息者絡繹，得此鱗爪。聞死者卅餘人，傷者八十餘人，較之重慶微矣。（後又知死傷者實不止此數，當局不發表耳。）

七月廿五號星期四

送嚴曾二女士行。到劉仲子處商工作。作本所工作計劃書，寫在宥函，準備譯英文。蕭緝光偕其同鄉四人來。孫永慶來。爲勞動服務，出布告一通。寫韻笙信。

爲永慶寫戰時工作幹部訓練團保證書。草研究所學則，訖。與劉仲子談。

與履安自明及劉孫惲三女士在門口談話。與孫永慶談話。

昨晚同席：曾憲楷　嚴恩紋　孫蕙蘭　劉福同　惲和卿（以上客）　予夫婦及自明（主）

七月廿六號星期五

洗會客室桌椅炕床。草宿舍規則，值日章程，值日日記樣本。修改昨作學則。寫子植信，托永慶携去。聖陶來，留飯。

琪華來。與聖陶同游泰華寺。歸，談編史事。寫書銘，西山信。草研究所功課説明，未畢。

晚飯後與聖陶到田間散步，天垂黑而歸，復與講話。失眠。履安嘔吐三次。予服藥至十二時後始睡。

今日與聖陶講話太多，本已興奮難眠，而履安復發燒，夜十時後連起嘔吐，予益不能成眠，又服藥矣。履安于十九日已發燒一次，今日又作，體弱如此，真可憐也。

履安要生活安定，而此三年中播越萬里。履安要吃得鮮些，而此間葷菜僅肉與蛋，且亦購買不便。履安要安居静養，而其生性偏又勤理家務，燒飯洗衣，不肯暇逸。環境與身體相左，奈何奈何！

七月廿七號星期六

與聖陶談話。洗會客室窗壁，未畢。補録廿七年十月——十一月日記入《日程》，未畢。

與聖陶到萃杰善堂，晤鄧劉葉諸人。到崇義橋買物。到三合樓喝茶，晤余焕棟，沈文龍。五時歸。

以履安故，又不成眠。服藥。

今晨履安熱至百〇二度半。　履安之病，諒與前日請客有關，蓋女僕年輕，不能多助，一切事均履安自己動手故也。

七月廿八號星期日

孫劉二女士爲履安延孫蕙珍女士來診。送上車。拱宸來談。小眠。

女僕程嫂辭去，勸諭不聽，斥責之。小眠。陶元甘來。寫西山，薄冰信。與聖陶作長談。并看照片。

眠雖屢醒，尚能闔眼。

兩夜不得安眠，今日疲倦已極。夜中由劉福同女士伴履安，自明睡入劉女士床上，而予睡自明床上。

履安今日熱度，依然 103 度 8。孫女士來診，斷爲惡性瘧疾。別人犯此病不要緊，履安則一架瘦骨，如何支得住也。

七月廿九號星期一

所中開會歡迎聖陶，談文學事。補録廿七年十一月日記入《日程》，未畢。草研究所職員録及擬開功課表。自珍由城歸，帶一女傭來，一慰。

飯後聖陶進城。南溟來，送薪金。整理自己書籍。高平階醫生來，伴其診脉。與洪楨同理研究所書。

與自珍談。與孫劉二女士談。睡入來賓室。

履安今日依然 103 度 8，精神懨懨，怕説話，見之滴泪。下午高醫生來，打一針，并服退熱藥，晚間降至 102 度，出了一身大汗。高醫生謂履安之病爲流行性感冒。

今夜履安由自珍陪伴。予以遷就蚊帳，睡入來賓室中。

七月三十號星期二

校研究所章程等四件。寫劉校長，高醫生信。早飯後以疲倦小眠，然不得合眼。記日記三天。高醫生來。小眠。鈔廿七年日記入《日程》，畢。

福同主張到城請醫，與自珍同去，因寫又我信，囑其介紹一醫。寫西山信。看《紅樓夢》。寫高平階信。

睡入自珍室。服高醫藥，得眠。

昨夜十二時醒後再不得眠。四時，至履安室，則昨宵一夜作噁，，亦未得眠，量其熱度爲101，低矣。然至七時許再量，則又升爲102，知昨日用藥發汗實非根本辦法。履安已病五日矣，以彼身體，慮不能更支持五天，思之急煞。　予雖小眠，頭仍暈，履安固病，予亦病矣。日來我一喘氣就淌泪，怕非佳兆。

七月卅一號星期三

寫高平階信，彼旋來，醫履安。看《紅樓夢》。十時許，福同自珍偕林廉卿女醫師來，醫履安，伴談，并留飯。服抱芝方。

送林廉卿至崇義橋，遇空襲警報，步至竹林中茶園品茗。予到場晤郵局傅君及高平階。到高醫室小坐。于三合樓遇西山薄冰，邀至竹林中，詳談南溟事。四時半，警報解除，渠等三人同進城，予還寓。

洗浴。看《紅樓夢》。與自珍談。失眠，至十一時許起服藥。

今日上午，履安僅一百度左右，下午則退凉矣，大是可慰。惟彼周身疼痛，心中煩躁，流汗又冷，則病尚未盡也。林大夫來，謂是流行性感冒之重者，與高醫生診斷同。履安雖退凉而不能進食，仍可慮。

予今日服中藥，乃不驗。晚間又倦不能合眼，只得仍服西藥。

南溟于廿九日下午四時不辭而別，蓋以西山舊恨，不欲留所也。少年倔強亦是可取，惟以彼之貧，終必向社會覓一唼飯地，有此脾氣如何行得通耶！聞彼係改入政界，政界中處處講階級，渠看不慣西山之臉色，乃能承長官之頤指氣使耶！且彼已遷鄉，與西山又有何關係，殊嫌多事！

本月廿四日致驪先先生信：（下略，見《顧頡剛書信集》）

　　在浪口村中，苦于蒼蠅之多，滿屋滿桌，撲打不完，以致不能作事。到賴家院後，又苦于蚊蟲，一所屋内總在十萬翼以上，其狀彌大，其形則花，其嘴則鋭，時時處處受其襲擊，亦使人不能作事。仲良第一次來，曰："你們的屋子是仙境。"及第二次來，携行裝作久居計矣，而僅住兩天，爲蚊嚇跑，其凶焰可知也。日間猶可，晚上則絶不容動彈，故天乍黑即相率作就寢之準備矣。居鄉之難，有如此者。　　　　　　　　八月七日記。

一九四〇年八月

八月一號星期四

　　到會客室，作第一屆值日生。寫高平階信。理書五架。琪華來。天熱甚，小眠。看《紅樓夢》。

　　夜眠尚佳。

　　予自己書，遷來後迄未理，今日乃得爲之，自後取書拿得着矣。初遷一地，生活之上軌道若斯之難也。

　　履安雖退涼，而常出冷汗，腹中悶痕而不下便，神智既清，愁悶愈甚。

八月二號星期五

　　高醫生來診履安疾。檢查南溟賬目。齊紹伯來，借書。

　　小眠。看《紅樓夢》。吃西瓜，即肚痛，連瀉兩次。未進晚餐。

與拱辰談。

　　與孫劉二女士談。夜眠屢醒，然尚好。

　　履安服高醫之藥後，雖想大便，無如不下，亦無力迸。

　　中藥至今日服三帖，不知失眠疾果能痊可否也。

　　媛貞十日前送予一西瓜，以履安病未切。今日天熱，兩女及予剖而食之，乃予旋即腹痛，且胸膈欲嘔，不知瓜中有何微菌也。

八月三號星期六

　　上午水瀉五六次。疲甚，眠。下午瀉一次。孫劉二女士來視疾。拱辰來。在床看《紅樓夢》，《史記》新校注序例。杜叢林來，留飯，商借羅氏書事，及張石親稿。

　　文通，仲良來，留宿。

　　天未黑即眠，得睡（睡自明室）。

　　今日所瀉者盡爲黃水，體甚憊。終日只吃了兩次半碗稀飯。

　　履安大便仍不暢，如能暢下，病即可愈矣。

八月四號星期日

　　高醫生來。與文通仲良談話。寫葉發霖，劉建勛，鄧述先，蕭緝光信。記日記三天。與洪楨理本所書。

　　寫又我，覺玄信。開會歡迎文通。趙夢若夫婦來。孔玉芳來。送文通行。

　　爲履安病，繞室徬徨，心緒甚惡。失眠，服藥。

　　履安疾已十日，除略進粥湯外絶未進食，骨瘦如柴，活似一骨骼模型。予亦以心緒不寧，體力疲憊，自己覺得背心更彎了。老境便尋，奈何奈何！

　　履安今日脉象，據高醫言，不如上次之勻，進食亦較昨爲少，口中時時道死，真使我急煞。近日予小便深赤，知內熱亦甚，幸泄瀉已愈。

八月五號星期一

仲良回崇慶。起草向華大借羅氏書合同，又草出版張森楷遺著契約，畢，即付鈔。寫宓賢璋信。

看適之先生考證《紅樓夢》各文。與魏明經談。

與二女談。八時即眠。

今日履安差愈，進食較多，昨夜下便兩次，今日一次，雖所泄極少，總是可慰。　女僕饒嫂今日又去矣，四川人真難對付，且女工之迷戀都市有勝于我儕者。

爲伴履安，不能作事，日來大看《紅樓夢》，因及適之先生之考證，回思舊夢，已近二十年矣。

八月六號星期二

看適之先生考《紅樓夢》各文。寫西山，叢林，壽彝信，朱伯玉片，交洪楨進城應辦事。

劉校長偕護士李德淑來，爲履安灌腸。與校長談所事。新任庶務李芳霖來。看《胡適文存》第三集。

孫劉二女士來。八時即眠，半夜仍醒。

今晨大雨，天氣驟涼，而履安又有熱六分，豈受涼耶？渠病間日一重，終不是事。　昨夜十二時半，予爲物聲驚醒，直至上午三時許始又朦朧，夢與履安出游一大寺，彼此走散，予正尋覓間，有一人詢予曰：“找顧太太嗎？”予應之，彼云：“我能爲你找來。”及至找來，則是一群女子而非履安。醒來覺非佳兆，爲之於邑。　履安今日灌腸，瀉出之糞便實不多。渠今日胃口較好，進火腿湯挂麵覺得好吃。

八月七號星期三

掃地倒水。終日看《胡適文存》三集小説之部。葉席儒來，與同到戴保長處，未晤，歸，逢大雨，留席儒飯。

大雨，雷電。

履安今日稍好，進食五次，雖所食不多，究竟有些起色。惟一起坐便覺頭眩耳。

八月八號星期四

看魏明經所作文字。伴履安，看《紅樓夢》。工頭郭銀山來，與彬如同其商量建築，家具各項費用。與拱辰談。

又大雨。

昨夜大雨後，今晨陡涼，履安又有六分熱，作噁，食欲不如昨，病情時好時壞，真急煞。

連夜半夜必醒，醒必歷三小時後始得眠，如成慣習則廢時多矣。

八月九號星期五

伴履安，看《紅樓夢》。黃作平來，伴其參觀圖書。

交賬與李芳霖。趙夢若來，帶羅嫂同來。

家中無女僕，二女煮水煮飯亦厭倦矣。今日夢若送一人來，一慰。然以路途稀爛，二人來，一人還，車資已九元矣。

史學名著選讀分類：1. 記叙（如《史記》）　2. 批評（如《讀通鑑論》）　3. 考證（如《尚書古文疏證》）　4. 史裁（如《史通》）

八月十號星期六

伴履安，看《紅樓夢》。寫孫永慶，聞在宥信。

洪楨自城歸，送代購物來，談。

履安睡在床上，似已無病，但一起床十分鐘，就噁心作吐，可見其胃疾尚未愈。

欲爲《紅樓夢》作下列圖表，使頭緒清楚：1. 人物關係表 2. 回目提要　3. 人物起訖表　4. 大觀園平面圖　5. 年月日表并寫《讀紅樓夢雜記》若干則。

八月十一號星期日

伴履安，看《紅樓夢》。寫發霖信。

陶元甘來，商《半月刊》事。洗浴。與洪楨，明經談。

開購物單與拱宸。回自己室寢。

上午一時許醒後，即再不能闔眼。近日予背脊酸痛，大約係空氣太潮濕之故。只要背心不再彎下去，忍過了這雨節想會好的。

天氣潮濕，身上黏膩，百物皆易霉壞。四川夏天真不好受！

八月十二號星期一

記日記。孫劉二女士來，孔憚二女士來，視履安疾。傅韻笙來，長談，留飯，并邀孔女士同飯。

思明來，留飯。看《紅樓夢》。寫聖陶信。

忽腹痛，又瀉。

履安近日大好，食欲甚旺，惜此間可食之物不多。

八月十三號星期二

作筆記三則（象山疑老子等），二千餘言，備登《半月刊》。

洪楨自今日起爲予理信札。爲所買拱宸書。寫西山，王玉哲信。郭銀山來。翻看《甘青寧大事記》。

夜甚寒，降至六十八度。

今日熱甚，日間至九十五度，而夜中一落幾三十度，真可謂

"生病天"也。

拱辰決于本月底赴城固，去年強要來，今年又強要走。

玉哲以作《齊物論作者是誰》一文，爲孟真所不喜，故于其請入北大研究所施以留難。孟真氣量如此狹，如何成得大事！因函玉哲來此，同編春秋史。

八月十四號星期三

修改昨作。寫媛貞，李鴻音信。寫叢林信。

寫西山，次舟，元甘，鐵夫，應樑，林廉卿信。張亮采來。熊嘉麟女士來。校念海《永嘉流人及其塢壁》一文，作一短跋。校自明所鈔《隨筆》。范午回所，來送物。

劉、孫、孔、惲四女士來視自珍疾。

自珍以夜中受寒，今日發燒，熱高一度六分，下午又高至二度六分。

熊嘉麟女士畢業于湖南大學，此次走了四十天，花了五百元，到此請入本所研究，可謂虔誠。

八月十五號星期四

寫在宥，又我信。斥責自明。寫劉書銘，吳大年，郭子杰，徐舟生，謝承燻，邵潭秋，賀次君信。

寫李鴻音，元胎，高平階，羅耀武，紹虞，肖甫，姚漁湘信。與拱辰，明經，孔視談。

半夜有竊賊來，以犬驚，未得手。

自明心高氣傲，囑其鈔我信稿，竟做出種種不順樣子，怒而責之。下午囑其寫出我的不好之處，乃與父親責我之話一律，知其頗受祖父影響，不欲我多作事也。

今日下午，我四人用寒熱表量，乃皆有熱，予與履安皆高出六分，自珍一度，自明一度四分。這幾天天氣太壞，宜有此也。

八月十六號星期五

高平階來診履安疾。以我的事業計劃書告自明，約千言。孫琪華來。整理文件。匠人來工作，與彬如談。

李得賢來，爲寫傅矩生信。寫西山，金聲信。熊嘉麟來。寫馬曼青信。孫永慶來，爲標點《陳書》。與明經談買米事。

晚飯後忽患胃痛，飲開水數杯略愈。天未黑即眠。

履安昨晚始吃飯半碗，亦稍起坐。　永慶來，謂我面色大不似上月所見。蓋在此氣候中，在妻病中，憔悴甚矣。

蚊子之多若楊花之濛濛撲面，又似敵機隊之蔽天而來，其聲若殷殷之雷，又似作簫鼓道場。

八月十七號星期六

寫戴保長信。校商務出版權授與契約。指分嘉麟等工作。寫韓叔信，張亮采，朱君文，谷杏春，范希純，曾憲楷，黃仲良信。

寫張仁民，曾繁康，李蔭亭，陳繩甫，孫惠珍，劉樊，方師鐸信。洗浴。開單囑葉彬如辦事。開報名研究生名單。

與二女到田間散步。

接西山信，校長有事和我商量，決于明日進城。近日天晴，空襲必多，也真有些怕進城，奈何！

報載德機一千三百架襲英，爲英機打下一百四十餘架。此大規模之空戰爲以前所未有。

八月十八號星期日（中元）

二時半醒後即未眠，四時半起。六時，與爲衡步行進城。在北門外進茶點。步至春熙路始雇得車，到校已十時矣。即到校，晤劉校長及傅矩生。遇胡曉升，參觀金大農具工場。到鴻庵處飯，談邊疆學會事。

爲一醫生寫匾。整理卧室。西山來談。到徐秘書室。爲衡來。縱一來談，同至新新餐廳吃飯。

與縱一同至在宥處，并晤吕叔湘。出，到縱一處坐。

今日道路泥濘，不便行走，而予履亦壞，竟拖了鞋皮走進北門，到北門後，車價尚索一元五角，因直走至春熙路，還是四角始成交，爲之駭然。

予久不步行，今日走了四十里路，左腿竟作痛矣。

八月十九號星期一

訪寶泉夫婦及次舟。遇楊浪明。八時半，到校，與校長及西山商研究生事。訪叢林。訪斠玄。張亮采來。寫亮采信。再訪寶泉及次舟，談移屋事。到元甘處。

到駱家吃飯。遇警報，俟解除而出。爲交行寫扇兩柄。到大川飯店，訪金静庵，并晤其夫人。張亮采來。出，到羊市街剃頭。趙夢若來。

到吳抄手家吃麵，當飯，遇静安夫婦，因作東。在大雨中歸，衣履盡濕。

今午同席：予　南開大學同學四人（以上客）　駱啓榮夫婦（主）

今晚同席：金静庵夫婦（客）　予（主）

八月二十號星期二

寫育伊，范午，履安信。范希純來。訪子杰，吃點，商量民衆讀物事。到又我處，還藥價，與同到圖書館，訪在宥。伴静庵參觀華大研究所。到斠玄處兩次，寫劉衡如信，介紹邵潭秋入金大任課。爲又我檢查注疏，寫又我信。

叢林來，同到新新餐廳吃飯，商羅氏書事。飯畢，遇警報，與徐秘書至磨子橋躱避，談所事校事。遇孔玉芳，雷守廉。藍爲霖來。到金玉街訪李振遠。

到明湖春宴客。關斌來。

今午同席：杜叢林　徐薄冰（以上客）　　西山　予（主）

今晚同席：金靜庵　楊少荃　葉青（任卓宣）　呂叔湘　在宥　叢林　斠玄　李旭升　趙子藝（以上客）　　書銘　予（主）

八月廿一號星期三

到忠恕處，未晤。到叔軒處。到金大研究所，未見人。訪廷洧，與之同到御林壩，道遇周蔭棠。同到錫永處，又到小緣處。參觀金大研究所書籍。到蔭棠處。寫自珍信。

回校，遇明經，與西山同到新新餐廳吃飯。遇警報，同到又我處談。到鴻庵處，避雨。忠恕來。在宥來。叔湘來。藍爲霖來。

與鴻庵同到靜寧飯店宴客。食畢談邊疆學會事。

今午同席：明經　西山（客）　　予（主）

今晚同席：沈遵晦　李鴻音　韓鴻庵（以上客）　　予（主）

聞遵晦言，黃蘗禪師詩"繼統偏安三十六"，謂滿洲國也。三十六者，溥儀之年也。又云"剛到金蛇運已終"，明年爲辛巳，一入明年清之殘局終矣。記此待驗。

八月廿二號星期四

到元甘處，并晤林昇平。寫拱辰信。到宋公橋報恩寺，訪佩弦，留飯。飯後獨步至化城寺北。

到鴻庵處，同擬邊疆學會章程。喬端平來。林昇平來。李聲揚，藍爲霖來。

與又我，鴻庵同到不醉無歸赴宴。配電池。與小緣等同步歸。

今午同席：金君　予（客）　　佩弦夫婦及其二子（主）

今晚同席：劉衡如　李小緣　商錫永　聞在宥　呂叔湘　韓鴻庵　侯又我　張西山　予（以上客）　　方叔軒（主）

八月廿三號星期五

曾憲楷女士來。進城，至回回來吃點。遇信豐公司陳翼文。到金城銀行取款。到聚興誠銀行轉期，到交通銀行送扇。回至所中，與次舟談。李琬來，周蔭棠來，馮漢驥挈其子來。到國貨公司買物。李振遠來。

到新新餐廳吃飯。回所，小眠。范午偕郭銀山來。甄尚靈女士來，詢方言地域事。點叢林《墨子小記》稿。與工人論價。與劉校長章魯泉同到打金街赴宴。

到華美，訪范希純。回所，朱伯玉來。到元甘處。

今午同席：漢驥及其子　沈洪康　予(以上客)　西山(主)

今晚同席：褚輔成　李璜　李伯申　郭子杰　潘大逵　周太玄　常燕生　周謙冲　朱佩弦　劉衡如　劉書銘　章魯泉　富伯平　陳斠玄　羅洪謨　盧作孚　顧葆常　方叔軒等（以上客）鄧晉康　王孟甫（主）

八月廿四號星期六

六時，工人即來，到叢林處，同到事務所樓上搬書。與叢林同出吃點。到斠玄處買書。到宿舍取物。與張蓉初女士同出。遇余介石。在事務所前遇藜仙，陳家驥，許季黻，鴻庵等人。十時半，汽車開，西山同行。

一時許，車將到崇義橋，陷入溝中。予與西山同到萃杰善堂，由葉發霖招呼工人約三十人，前往曳出。予歸家吃飯。招所中同人前往運取。予再至善堂送工人錢。至六時始運畢。經元興紙莊，入内小坐。

　　與家人談話。失眠，服藥。

　　汽車爲人之工具，而道路又爲車之工具。北門至新繁之公路，歲久不修，一雨即泥濘不可行。今日汽車經其上，迴旋跳蕩，卒陷泥中。以二十世紀之車，行十八世紀以前之路，幾何而不僨事也。幸已近崇義橋，故得托善堂代爲設法。使在半道，則進退維谷矣。

　　城中人見我者都謂從前一副病容，現在正氣了，看來予已無病。

八月廿五號星期日

　　寫堯樂博士，西山信，交爲衡帶去。記日記七天。看各處來信。算賬。修改馮沅君《南戲拾遺補》。與思明等談。

　　七時即眠。

八月廿六號星期一

　　爲拱辰寫李雲亭信。修改周廷元《敦煌寫經守殘留影》序目。

　　修改傅雙無《四川的治亂問題與歷史數字》。修改范可中《隋書文苑傳序注》。劉仲子回所，談。

　　孫元徵女士來，留飯。與拱辰同伴談，且導觀各室。

　　昨今皆終日雨，今日天氣大凉，僅六十八九度，蚊蟲斂迹，得安心工作矣。

八月廿七號星期二

　　與元徵長談。與劉仲子，范午，李爲衡，熊嘉麟談華美校課事。寫金聲信。

　　小眠。寫《抛彩球》，《麗江禹迹》二則入筆記。寫西山，鴻庵信。

　　與媛貞及二女到田間散步。歸，聽嘉麟講故事。

　　今午放晴。

八月廿八號星期三

　　寫西山信。送元徵行。理積年雜志。黃作平來。寫《崔陳遺物》一條入《隨筆》。

　　小眠。看《兒女英雄傳》。寫鏡池，緝光，青銌，元胎，志拯，文實，雨亭，杜光簡，丁山信。李芳霖自城歸。

　　與自明在門口散步。與育伊，仲子，可中等談。

八月廿九號星期四

　　寫南溟，振遠，西山信。爲李爲衡寫袁藹耕信。與芳霖清賬。補過七月半節，祀先。寫吳天墀信。爲陳繩甫寫字一幅。

　　寫林冠一，賢璋，劉炳藜，羅耀武，陳繩甫，應樑，傅矩生，呂誠之，孫次舟，錫永，侃如夫婦信。

　　與兩女到泰華寺散步，歸與劉樊等談。

八月三十號星期五

　　規劃木匠工作。王冰洋來，伴其到泰華寺看屋。歸，寫郭子杰，西山，劉書琴信。寫李得賢信。校改自明所鈔筆記送刊。

　　留冰洋飯。孫琪華來，談。寫西山，劉書銘，魏守謨信。

　　與履安至門口，與爲衡，育伊，思明談。

八月卅一號星期六

　　寫邵潭秋，劉衡如，西山，矩生信，出布告三則。寫劉蓉，劉毓金信。寫周謙冲信。與李芳霖談賬目事。

寫杏春，次舟信。翻羅家叢書櫃，看《藝海珠塵》。

與明經長談。

次舟寄示衛聚賢書，知童丕繩在滬與其徒金祖同遇，因門口角，遂將種種刺耳之言函告衛氏，衛又轉孫。丕繩總是爲我樹敵，可恨，因函次舟，謂我對于私人打架不感興趣，故童氏雖屢以衛氏師徒攻擊之言見告，總責其寧謐，而未嘗遺衛氏以一矢，此爲共見共聞之事，且我輩在此時，可作之事何限，更有何閑功夫鬧此閑氣，願以小孩子胡鬧視之可耳。

擬在研究所開"編輯實習"一課，内容大略如下：

1. 編書目（b）
2. 作書籍提要（b）
3. 尋材料設計（f）
4. 作索引（c）
5. 作辭典（c）
6. 作地圖（d）
7. 作統計表（d）
8. 作年譜及傳（d）
9. 作調查報告（e）
10. 作年表，世系表（d）
11. 輯佚書（a）
12. 標點分段古籍（a）
13. 校勘古籍，作比較表（a）
14. 校對排樣（g）
15. 鈔録序跋目録（b）
16. 作注疏（a）
17. 翻譯（a）

18. 選輯（a）

19. 作筆記（f）

20. 作論文（f）

21. 攝影（e）

22. 繪地圖（e）

今日應有的文化運動

整理舊的

1. 打通經史界限

一、回復經書本來面目——寫定群經，作經學史

二、推倒前代偶像——《古史辨》之編輯

2. 編纂通史

一、整理廿四史等——索引，辭典，標點校勘，圖表

二、編纂史書——分期史，分區史，分類史，史料叢書，史學論文集

創造新的

1. 供給民衆以精神食糧

一、編通俗的中國通史，世界史，中國地理，世界地理 ｝激起民族意識

二、編文選，詩選，格言選，故事選

三、編國民讀本，灌輸自然科學、社會科學常識

2. 打通邊疆與內地之隔閡

一、搜集材料，寫成系統的書籍，激起內地人對于邊疆之注意。

二、聯絡邊疆人才，激起其內向之心。

三、以策畫貢獻政府，并造成興論，以督促政府之實行。

一九四〇年九月

九月一號星期日

翻《春暉》，《小萬卷》，《拜經》，《唐代》，《守山》諸叢書。

朱炳先，黃季高來。爲爲衡寫條幅二。

九月二號星期一

翻叢書一櫃畢。與劉范魏諸君商華美女中史地課。王冰洋來。

步至崇義橋，雇雞公車，以路泥濘，由洞子轉北門。五時，到大三元，主人尚未至。即至華美女中訪范希純，談課事。

再至大三元赴宴。九時，回校，與西山談。

近日夜眠又不佳，半夜醒後，總要張眼三四小時方可朦朧，而天已破曉矣。醒後背痛腰酸，日間亦有些心蕩，蓋太少運動故也。

今晚同席：蕭一山　汪少倫　蒙思明　李女士　戴女士　廖女士（以上客）　孫琪華　馬德琳（以上主）

九月三號星期二

到校長處談所事。關偉生來。

與西山到和廬訪一山，未遇。道遇仲良及張抱芝。到大三元宴客，遇警報，客無至者，與西山到回回來吃羊肉泡饃。歸稍憩，又至和廬，晤一山，談史學會事。遇顧葆常及汪少倫。旋出，再至大三元宴客。

芳霖來談。

今晚同席：蕭一山　黃仲良　林昇平　陶元甘　蒙思明　孫次舟　劉書銘（以上客）　予與西山（主）

九月四號星期三

與芳霖同到校長處，談所事。遇忠恕。心田，孫劉二女士俱自灌縣歸，來談。寫可中，育伊，希純，金聲信。關偉生來。衛聚賢來。仲良來。漢驥來，邀其同到回回來吃飯。郭普來。喬端平來。

與張冠英談西昌邊務。到叔湘處，與其夫人同到又我處，與路連墀夫人同到漿洗街看屋，又到駱園間壁看屋。回又我處，開列租屋人單。遇西山，與之同到張蓉初處視疾。回校，與閏妹及劉書琴商定工作。

到覺玄處，并晤閔俠卿。翻看羅家書。

九月五號星期四

翻看羅家書之存研究所者。鴻庵來。到校長室，看中研院信，即起答書稿。開史學會分組人名單。郭銀山來。到元甘處送稿。西山邀至小天竺街吃飯。

吉禾來。參加魏培修歡迎會，遇崔德潤等。與書銘西山同到任家巷和廬吃飯。

與一山談史學會事。冒雨歸。

今晚同席：鄧晉康　吳貽芳　郭子杰　胡次威　章魯泉　張西山　任覺五　李伯申等（凡兩桌）（以上客）　蕭一山　汪少倫（以上主）

本意今日還鄉，乃以雨阻。成都交通不便如是。運書事又不知擱到何時了！

九月六號星期五

看起答中研院信稿。看芝生《原儒、墨》等篇。點叢林《墨子小記》一文，畢。和繩來。金聲來。到小天竺街吃飯。

點改又我《中國解剖史》一文，未畢。張奎來。孟輖來，長談，同到新新餐廳吃飯。又同到世界書局，與朱伯玉夫婦談。

中央研究院歷史語言研究所寄齊魯大學信，謂我們給厚宣一年薪水，其任務爲（1）在滇買書，（2）鈔録中研院所藏甲骨文材料。如此誣賴，實是羞人。

九月七號星期六

欲到聚賢處，車在南門翻倒，予傷在掌，興盡而歸。和繩來。仲良來。到叢林處。點改侯又我文訖。與西山同到後壙，道不通。在北方食堂吃飯。

次舟來。鴻庵來。爲校及山東同鄉會作張自忠挽聯兩副。

到大三元赴宴。遇沈壯聲夫婦，談。歸，與矩生，薄冰等談。失眠，服藥。

爲齊魯大學挽張將軍：

新國家自劫火中產生，并力求民族復興，幸得此嶽嶽丈夫，能擔當必勝必成任務。

真教育由力行上建立，一死與泰山爭重，喚起我莘莘學子，咸景從不撓不屈精神。

爲山東同鄉會挽張將軍：

頂踵爲國家而糜，他年趵突泉邊，會看一像巍峨，共道故鄉生色永。

功迹與日星俱炳，今日芙蓉城裏，試聽萬家歌哭，便知大節感人深。

九月八號星期日

自珍來。到西山室，遇崔德潤及張冠英。孫女士及其侄振興來。爲劉女士定畢業論文題。十時三刻，與心田，芳霖，惠蘭同下鄉，車出西門，十二時許到洞子口吃飯。道遇育伊及拱辰。

四時許到所。葉席儒來。伴心田參觀。看信件。開會討論膳食事。

與嘉麟，玉芳，爲衡等談話。

多日下雨，道路泥濘不堪。車絕難行。車價遂提高，今日自西門至崇義橋二元二角，自橋至所七角。聞米已漲至十四元一斗，而天猶不晴，秋收將壞，大可畏也。

今日育伊離校矣！自今年一月中渠與西山鬧翻後，迄今八個月，渠胸中永未舒服過，深恐其成神經病，故介紹與東北大學。今日渠先回重慶省親。

九月九號星期一

開會，請心田略講音韻學。處理所中事務。補記日記一星期。

寫金聲，文實信。送心田至崇義橋，爲雇車。到葉席儒處小坐。到華美女中訪范希純。歸，黃季高到所。處置所務。爲失書事，寫西山信。

與自明到田間散步。

聞育伊此行，實就中研院史研所圖書館職，孟真在渝，故往晤之也。以他個性，看在中研院能住幾時？

九月十號星期二

爲廖孔視，魏明經等調停爭端，并勸孔視離校。在消夏亭開研究生選課討論會。拱辰自城歸，來談。

趙迪，李得賢來。饒和美，吳新丹來參觀。朱炳先到所。翻看《嶺南遺書》。爲孔視寫證明書，及賀次君，湯吉禾信。

與履安，拱辰到田間散步。

接西山信，知教部批已下，設研究所事緩議，其理由爲房屋圖書皆假自華大。此實不成理由。別有顧一樵函，則謂學術審議會議決，抗戰期内充實内部，不圖擴張。然此特就國立機關言之耳，教會大學取美金者固不當亦受此限也。此事難免有人破壞，予決不灰心。要做好事，未有不盤根錯節者也。

九月十一號星期三

改李鑑銘等文。定第五屆值日名單。寫西山三函，偉生，孟輯（借與 200 元），覺玄，潭秋，元甘信。鈔科目單付印。王冰洋來。

寫希純函。爲樹民寫證明書。爲洪楨改試卷。可中彬如進城搬書，作平自城歸，談。

與自明到田間散步。眠後看《左文襄公家書》，遂遲睡。

近日物價騰漲，米至十四元一新斗，菜蔬比上月加倍，市上又見百元及五十元鈔票，真不得了！

九月十二號星期四

爲齊大作校歌。草《中學生與中國史》一文入《中等教育季刊》，竟日寫三千餘言，未畢。

寫西山，希純信。翻看孔平仲《續世説》。

到門口，與諸同人談。

《中等教育季刊》，教廳即出，郭子杰向我不知催了多少次，今日不得不作。予不作文久矣，筆下幸未荒疏，且喜拱辰曾作一簡稿，可援據也。

九月十三號星期五

惲和卿進城，寫孟輯及書琴信，托其帶去。琪華來。擬所任各科目之子目。閏妹自城來，談。伴至田間散步。

續草《中學生與中國史》一文訖，凡五千餘言。寫吴新丹，楊美貞信，爲運書事。

與閏妹談。

閏妹改就農民銀行之節約儲蓄部職，今日來辭職。上年職員之辭去者已有五人之多，爲孫永慶，王育伊，趙南溟，曾繁康，張學閏，亦一不幸事也。

芳霖與彬如押羅家書三車來，直走了一天，車到崇義橋，天已晚，不能雇車運所，只得暫寄婦女節制會，令老蕭看守。成都交通不便有如是者，幸今日未下雨耳。尚有書五車，不知何日可以運到，悶悶。

九月十四號星期六

爲孫，熊，孔三女士改試卷，交與重謄。看拱宸《二郎神考》序。閏妹飯後進城。

修改昨作訖，履安鈔後又校改一次。寫子杰，西山，閏妹，沈壯聲信。

今日作平到場運書，而鷄公車夫强索高價，上午要每件一元五角，未雇，下午再雇，則每車一元五角，較平時高出四倍，可恨可恨！

九月十五號星期日

看波士頓大學所印早期印度與支那藝術圖片二盒。與孫熊孔三女士講作文事。看拱宸所作《李冰故事考》。記日記四天。

王冰洋來。看《世界畫報》等。爲李安宅《拉卜塄寺概況》作一小引。記筆記二則。與孔熊二女士談。

與履安到門前。看去年筆記，準備材料。

九月十六號星期一 （中秋）

鈔《浪口村筆記》十餘則，選定四則登十五期《半月刊》。

與拱辰談育伊事。爲拱辰寫西山，覺玄信。

失眠，服藥。

今日中午宴所中人：拱辰（爲餞行）　可中　仲子　彬如　季高　洪楨　明經　爲衡　玉芳　蕙蘭　嘉麟　思明（以上客）予夫婦（主）

自七七事變後，四個中秋，第一個在漢口過，第二個在重慶過，三四個均在成都過。

九月十七號星期二

寫關偉生信。送拱辰行。與彬如及郭師到泰華寺，估計修理房屋及製家具價目。歸，蕭心如，巫子恩，高平階，李□□來，留飯。

飯後與蕭校長等又至泰華寺。歸，寫筆記《岷江》一條，并修改《桓水》條。

與自明到橋頭散步，與孔熊孫諸女士談。又失眠，起看《五藏山經試探》。服藥。

近來失眠甚痙，而昨與拱辰談育伊等，甚生氣，自覺精神緊張，就眠遂無睡意，今日又失眠，則承昨夕而來者。想不到育伊會給我一個大打擊。他人亦非壞，只是太任性了，太別扭了。好人可以把事情做壞，育伊就是一個很顯明的例。

拱辰今日去矣，渠去年必欲來，既來則必欲去，亦是不好服事之人。予之所以不思用舊人者，即爲舊人恃恩，做事敢隨便也。

九月十八號星期三

排定各生本周工作。定本所房屋名稱表。爲爲衡改文。

召集研究生，談話一小時半，分配本周功課。欲到三河場，錯走了路。欲到天迴鎮，時間又來不及。

今日步行兩小時許，夜得眠。

九月十九號星期四

與所中員生共同布置所借羅氏書籍，粗就緒。

翻看《嶺南遺書》。點改自明所鈔予本次筆記稿。

與孔熊二女士及洪楨談。失眠，服藥。

今夜又失眠，太奇了。今日勞動一天，決不應如此。

九月二十號星期五

將十五期所登筆記作最後之修正，寫元甘信。孫琪華到所。寫叢林信。

西山自城來談。藍爲霖來。

到磨房散步。

今夜得眠，以服中藥也。

九月廿一號星期六

寫本所各種名單及工作大綱貼墻上。整理零碎文件。擬研究生課業表及名譽職員通信表兩種付印。寫西山，蓉初，和繩信。寫憲楷信。

看新寄到各種金石書及《雲南叢書》等。

劉福同女士自城來。

予主研究所一年矣，至今日方得漸上軌道，甚哉作成一件事之難！孔子所謂"朞月而已，可也"，覺其説得太輕易矣。

今日再服中藥，仍得眠。

九月廿二號星期日

與劉福同女士談。出下星期課題。王冰洋來，與同到泰華寺看屋。華大客四人來。王世鑑來，參觀。寫西山信。

寫張子聖信。記日記四天。定各研究生本業課題。與履安自明同到場上買物，并晤賴品三，劉建勛等。六時歸。

九月廿三號星期一

理公私雜紙入卷宗。

殷恭毅送蓉初來。留飯。羅耀武來。整理信件。編《西康通訊》六則，寫李鑑銘信。

與自明到泰華寺散步。黃季高來請假。

近來辦公稍息，便覺心宕，我總必想一妥善辦法以處置我身體才好。

九月廿四號星期二

寫伯祥，元甘，關偉生，西山，李芳霖信。整理信件訖。孫琪華來，爲改文卷。

斥責孫琪華。寫安宅，媛貞信。張伯齊來。看賓四歷次來信。

與履安到泰華寺散步。

今日未服藥，夜便不得眠。憶十餘年前，工作過劇，彼時介泉即謂"你今日借債，將來必有還債之日"。此刻重思其言，蓋我已到還債時矣！"無平不陂，無往不復"，盛衰消息，抑何可畏！

九月廿五號星期三

草工人工作分配單。與羅耀武談。寫誠之，佩弦信。鈔出本所重要事項黏壁上。整理課題。

開會，分配本周功課。到西北方田中散步。歸，寫張心田信。

與朱炳先等談。與熊張二女士散步田間。以服中藥得眠。

以昨夜失眠甚劇,今日精神疲憊之甚,任何事均無力做。

九月廿六號星期四

爲諸生修改所點鈔《左傳》。斥責周元通。爲蓉初改文卷。自崇義橋運書來。

記筆記數則。記日記三天。寫孟輶信。寫又曾信。羅家書完全運到,與范李諸君談。

看《責善》十二期。

當家真不容易,我雖從事教育廿年,但從未獨當一面。今則上須對付校中當局及有力同事,中須管理研究所職員,次須管理研究生,下須管理僕人,外須對付當地士紳,實覺不易措置。管理研究生及僕人,有時非斥責不可,而予一怒神經立見緊張。今日爲了僕人懶惰,責令工作,遂致頭痛矣。

九月廿七號星期五

搬運羅家書籍,上架。送琪華離所。爲羅耀武寫傅矩生,趙化成,李金聲信。

劉校長來。張伯齊到校,商定研究計劃。

獨步至東南田間,由大道繞歸。

今日搬運書籍大約太勞了,下午心宕又作,雖步行十餘里,而八時就寢,十時竟遺精而醒,又無夢,不覺身子冷了半截。予體乃不濟如此!

羅家書兩萬四千冊,從八月廿四日運起,直至昨天始運畢,經歷一個月,費錢五百元。成都交通之不便如此!

九月廿八號星期六

　　填寫研究生功課表。整理趙南溟一年來所繪圖。看明經所草答劍橋大學教授信。寫伯寅先生及羅忠恕函。爲朱炳先改標點《禮記》目録。

　　劉蓉來。嚴谷聲偕嚴筱桐來，爲筱桐寫劉校長信。與谷聲可中同到羅希成家，看所藏古物。歸，記日記二天。爲嘉麟寫余太太信。

　　自珍自城歸，談校中事。

　　昨晚聞崇義橋之米，新斗且二百元一石，一星期間高漲至七十元，然而此正新穀將登之時也。

九月廿九號星期日

　　五時起，六時十分出發，八時半步至三河場，雇人力車到新都，九時三刻至桂湖公園，轉一圈子，遇焦啓榮等。出，在街吃麵當飯。飯後在街買物。

　　十二時許，游寶光寺，遇王繩祖。由性妙法師導游諸處。二時出，嘉麟自珍雇車去成都，予等在茶館吃茶。三時雇人力車還三河場，在場吃麵。四時半，步歸。六時十分到。

　　與劉仲子談。看各處來信。倦甚，眠甚酣。

　　今日同游：爲衡　伯齊　蕙蘭　嘉麟　玉芳　和卿　履安　自明　自珍　自賴家院至三河場十七里，自三河場至新都十五里。

　　晚接健常信，知其奉内政部派，將至四川各縣視察，先至成都與省府接洽。不久便可見面，蓋別已兩載矣。

九月三十號星期一

　　理羅家書兩箱。草借唐家書合同。寫健常，調孚，憲楷，周策縱信。

　　理羅家書兩箱。寫叢林，壽彝，金静庵，孟翶信。寫黎東方信。藍爲霖到所。

今日係值日，予竟日未走動，遂致心又宕了。

一九四〇年十月

十月一號星期二

開國民月會，予講本所歷史及今後計劃。寫伯祥信。李蔭庭來，爲填英庚保證書。湯定宇來。

西山偕厚宣來，留飯。崔德潤亦來。同到泰華寺看屋。還，參觀本所。羅希成來，又參觀。希成出，予與德潤散步至陳家碾。歸，留德潤飯。

七時半，開會歡迎德潤，講理番茂縣情形，九時三刻散。

昨夜僅睡兩小時即醒，服西藥，亦不過再睡兩小時。今日精神疲倦萬狀，因仍服中藥。身體如此，如何是好！

厚宣挈眷自昆明到蓉，走了整整一個月。此日交通，其難如此！

十月二號星期三

與德潤作長談，討論邊疆工作事。張伯齊亦來談。

開會，討論研究生工作。送德潤到崇義橋，代爲雇車。到紙莊取報。藥鋪買藥。步歸已六時。

燈下看《清史稿》。

羅嫂因家事，今日去職。予家自明日起吃包飯矣。

履安爲吃包飯，身體更劣，以至于死！卅三，九，廿五記。

前日昆明爲敵機所炸，炸區爲金碧路一帶，死傷二百人，滇中人受驚不知如何？搬既不可，住又不得，奈何！

十月三號星期四

寫西山信。記日記三天。寫自珍，偉生信。

思明來，携物去。吳天墀來。到崇義橋欲剃頭，而四肆俱滿，只得退歸。到郵局取款。

近日寒燠不常，予喉頭炎又大作，頭暈，咳嗽，甚不舒服。加以失眠，更不好過，竟不能工作矣。

近日一作事即感精神緊張，精神一緊張即感血液上升，幾成廢人矣，奈何！

十月四號星期五

爲諸生改課作。傅雙無，韻笙來，留飯。

厚宣一家遷來。請二傅及厚宣對本所同人講話。送二傅到崇義橋，晤葉席儒。剃頭。與爲衡同歸。

今日午刻，敵機來炸。聞東較場及沙河鋪皆中彈，死者數百人。

十月五號星期六

爲諸生改所點《左傳》文。看明經所草答牛津大學教授函。爲厚宣布置工作室。洪楨爲我寫關偉生，伯寅先生信。

冰洋偕范振興，王欣若，金靜來，同到泰華寺看屋，復與同到崇義橋。予至華美女中看游藝會。

在華美吃飯。遇何月華。與爲衡，伯齊，自明同步歸。

今日午刻，敵機又來，聞中央軍校及文殊院一帶均中彈，死者又數百人。

今晚同飯：予　爲衡　伯齊　自明（以上客）　梅鶴立　蕭衍慶（以上主）

十月六號星期日

五時起，六時廿分出門，步至泰華寺避雨。旋冒雨步至斑竹園。吃飯。九時半動身，十時三刻至新繁，訪吳又陵先生于北街。到東湖公園品茗，吃點。

上街買物。到龍藏寺，由照心法師招待。三時半離寺，四時半到新繁西門，即雇車回崇義橋，到家已七時餘矣。

八時吃夜飯。

今日除新繁回崇義橋一段坐車外，餘均步行。一天共走五六十里，覺疲乏矣。

由崇義橋至新繁公路，橋梁壞至不但不能行車，且艱于步行，履安由予扶掖而過。車夫謂彼等自願繳錢，而公路局猶置不過問，一路須下車，幫車夫推車，凡十四次。此可謂全世界最壞之公路矣。

同游者：范可中　李爲衡　熊嘉麟　孫蕙蘭　張伯齊　予夫婦

十月七號星期一

鈔筆記一則（《國語》複沓記載）。改拱辰《李冰考》序文、羅希成題蜀石經文付刊。

與洪楨談。與厚宣步至陳家碾，由泰華寺歸。吃生西瓜子。

熊女士告我，其父亦病血壓高，食生瓜子一年而愈，因仿之。

十月八號星期二

作《跋羅希成蜀石經題文》一篇，約五百言。爲玉芳改所點《左傳》。

改黃和繩游記付刊。金静來，守真來，均伴參觀。羅耀武又回。與厚宣到泰華寺，與守真夫婦等談。

翻看《國語》。

昨夜眠甚佳，九時眠後直至今晨五時始醒，倘爲吃生西瓜子之效乎？

十月九號星期三

寫西山，元甘信。改蓉初文。記日記四天。寫心田信。出諸生課題。守真夫婦來。

寫自珍條。自明與蓉初進城。與諸生開會，分配題目。請厚宣講甲骨文字研究狀況。伯寅先生到所就職。

與厚宣長談。

十月十號星期四

放假一天。與芳霖長談。與伯寅先生長談。

改諸生所作文字。洪楨爲寫信四通，修正。

疑有空襲，息燈。

十月十一號星期五

移書桌。伯寅先生爲寫信十通，洪楨爲寫五通，皆修改鈔發。爲諸生改所作文字。

出布告三通。看厚宣賬目。寫西山，莊學本，元甘信。

郭銀山來算賬。

日來服生瓜子，夜眠頗好，惟因此又致腹瀉耳。自明今日歸，謂侯大夫言，吃西瓜子不如吃南瓜子。

十月十二號星期六

開上月工作報告付彬如。看次舟《周人對殷民之控制》一文，凡二冊，畢。伯寅先生爲寫信六通，洪楨爲寫四通，即修改。改文。

可中進城，托帶西山信，賓四電。高平階來辭別。

與履安到泰華寺，晤冰洋夫婦，守真夫婦等。

今日下午二時半，敵機又來空襲，聞仍廿七架，而彈聲較多，未知所炸者何處。在這時候，實在只能住在鄉間。

此日係炸皇城壩及東城根等處，死傷數百人。孟韜家多子巷，前後左右皆被炸，彼幸無恙，惟損失一熱水瓶耳。劉湘家被炸，一快，以成都囤米，實作俑于劉湘之妻，至于今日遂成不可遏止之勢也。　　十七日記。

十月十三號星期日

與李孫孔熊四生及伯寅先生惲女士同游寶嚴寺及彭氏字灰塔。出，至一茶棚休息。十二時歸。

李方仁來。齊紹伯來。心田，伯懷，雪岩來。范希純偕其姊，巴遜士女士（范瓊英），王訓育主任，華美學生十餘人來。

到泰華寺，邀冰洋等來，宴客。張伯齊來，予加斥責，又致失眠，服藥。

今晚同席：伯寅先生　心田　冰洋及其夫人金靜　王欣若范振興　胡厚宣及其夫人朱俊英（以上客）　　予夫婦（主）守真以患瘧未至。

十月十四號星期一

請心田講音韻學，并請伯寅先生演講。寫西山，次舟，元甘信。

爲諸生改卷三分。伯寅先生爲寫信四通，洪楨又寫二通。寫每周報告二分。

與厚宣及洪楨到田間散步。

十月十五號星期二

定簽到表式樣付印。伯寅先生爲寫信八通，洪楨爲寫二通，即改。改諸生課作三件。

鈔《春秋》筆記三則，待改。

與履安到泰華寺吃飯。厚宣來。洪楨來。失眠，服藥。

今晚同席：予夫婦（客）　守真及其夫人朱梅　王欣若　金靜　范振興（以上主）

十月十六號星期三

斥責周元通（遲起）。與杜光簡談。爲光簡寫西山信。出諸生課題。伯寅先生爲寫信八通，即修改。

改研究生課作三件。開座談會一小時。到田間散步。遇羅希成。

翻看劉鑑泉遺書。

今日又服中藥。　近日身上甚癢，又起小粒，蓋久不洗浴之故。鄉間一切不便，無可奈何。

十月十七號星期四

值日。鈔《春秋》筆記三條，待改。鈔《升庵詩話》三條。王守真來。張泳平來。

鈔《春秋》筆記一條。翻讀《春秋經》一過，搜集婦女材料，以證經中削去史文之多。

翻看劉鑑泉遺書。

十月十八號星期五

鈔《春秋》筆記三條。翻《國語》，找“君子曰”。寫羅希成信。

與履安同到崇義橋，欲製棉衣，以做工索價過高而罷。在場買物歸。與履安到賴益澄處診脉。

理書入架。失眠，服藥。

今日走路半天，本可安眠，不幸一理書，精神又興奮矣。予夜飯之後如此不自由，奈何奈何！

十月十九號星期六

校《潛夫論中的五德説》畢。校點《戰國秦漢人的造偽與辨偽》二十頁。

陳洪進來，請其演講車黑考察。葉席儒送卡片來。爲諸生改卷。

謹載夫婦來，留飯及宿。飯後談約一小時。

十月二十號星期日

早餐後，與謹載夫婦同到華美女中參觀。又到婦女工廠參觀，遇楊美貞女士等。出，在三合樓吃飯。午後歸。

接賓四信，知不日到蓉，即理裝進城。五時許到四聖祠邊疆服務部，留宿，由冠一招待吃飯。

與冠一，熊自明，張雪岩，劉齡九等談。失眠，服藥。

今晚同席：劉齡九　張雪岩　許綸初　熊自明　邊疆服務部及《田家半月刊》同人　林冠一

十月廿一號星期一

在服務部早餐。到醫院挂號，遇劉榮耀。到春熙路剃頭。到醫院，仍由黃克維檢查體格。到服務部取物，到女生宿舍，晤福同自珍。飯于回回來。

到校長家談話。到華西文學院，遇忠恕，燕生，藴剛等。到齊大注册課。與矩生等談話。到金女大，與曾嚴兩女士談。

飯於陝西街金絲麵館。回服務部，與冠一談。

黃醫檢予血壓，謂現高 165 度，較春間低 15 度，而尚高 25 度。勸予晚飯後想出一種消遣方法來。彼謂最好打牌，可惜不能爲也。

十月廿二號星期二

　　與伯懷談。到中航公司接賓四，同飯于南台小餐。到西華飯店，爲賓四定臥室。

　　與賓四同到校長家談話。與賓四同游華西校園及圖書館，訪叔湘在宥等。到駱園，晤寶泉，慕回。在校，與黃憲章談。

　　與賓四等同到哥哥傳赴宴。

　　今午同席：賓四　冠一（客）　　予與西山（主）

　　今晚同席：賓四　伯懷　叔軒　次舟　昇平　心田　西山（以上客）　書銘（主）

十月廿三號星期三

　　在服務部早餐。到賓四旅館，與之同出，到省立圖書館，由曹祖彬引導參觀。到少城公園，游民教館及佛學會，飯于新雅，茗于茶樓。又游書肆數處。

　　到次舟處談。曾嚴兩女士來談。訪志拯于鄭家花園，遇之。羅倬漢，覺玄來。心田邀看劉存厚題武則天祠字。

　　到不醉無歸宴客。飯後談編輯四川叢書計劃。失眠，服藥。

　　今晚同席：叔軒　在宥　叔湘　鴻庵　小緣　衡如　斠玄　忠恕　叢林　賓四　寶璋（以上客）　予與西山（主）　多日不進城，請一次客須八十元矣。

十月廿四號星期四

　　到三道街訪李鴻音，遇之。到孟鞱家，見其夫人。到四川省訓練團，晤關偉生，張谿然，趙廉等。到偉生寓所取書到校。訪蘇子涵，不遇。

　　到校長室。寫朱炳先信。與喬端平談。看《半月刊》稿。寶璋來。厚宣來。

與賓四，厚宣，次舟等到狀元樓赴宴。旋同至校，出席史社系迎新會。與伯懷雪岩同步歸。

今晚同席：忠恕　賓四　雪岩　王心正（鈞衡）　韓及宇　周信銘（銘謙）　李樹華　胡厚宣　劉書銘（以上客）　伯懷（主）

十月廿五號星期五

到東御街配藥，到工協會訪謹載，與同至其家。到校。有警報，與西山賓四同出，遇學本，徐益棠，到其家談，并看學本照片。

到志拯處，與同出訪鴻庵。出，到望江樓吃飯，品茗，看挖金處。到西南印書局。到宋公橋訪佩弦，不遇。與賓四志拯同歸校。

到王孟甫家赴宴。訪健常于四川旅行社，不遇。在街上盤桓一小時，八時許再往，乃晤之。談半小時許即出。受真來。失眠，服藥。

今晚同席：叔軒　斠玄　賴彥于　臧哲先　宋漣波　張維城　謝無量　潘大逵　富伯平　張頤　周謙冲　顧竹淇等（凡三桌）（以上客）　鄧晉康　王孟甫（以上主）

健常以雙十節來，為多空襲，恐我到城，遲未告我。今日于席間遇漣波，乃始知其已至，二年餘不見，復得把晤，快何如也！

十月廿六號星期六

六時半出，到校晤受真，與同到子杰處。并晤王運明。思明叢林來。寫吳大年信。與自珍到新新餐廳定菜。遇警報，與西山賓四同到華西壩東南避之，食土瓜。

一時許警報解除，到新新餐廳宴客。回校，次舟來。與賓四西山游武侯祠及劉湘墓。予獨返校取藥。

到哥哥傳赴宴。健常來訪，談至九時許出，送至惜字宮街而別。失眠，服藥。

　　今午同席：戴樂仁　劉健（鼎文）　賓四　西山（以上客）　予（主）

　　今晚同席：賓四　叔軒　在宥　叔湘　徐益棠　忠恕　寶璋
鴻庵　西山（以上客）　　小緣　衡如（主）

十月廿七號星期日

　　遇章元義。伯懷雪岩邀至廣東食品公司吃點。予邀其到大陸浴
堂洗浴。出，遇警報。與伯懷乘車至農業改進所，在趙所長家
吃飯。

　　緊急警報後，避入防空洞。一時許解除，即乘車回城，到大三
元宴客。回服務部，開會，請周，莊，譚三位演說邊疆狀況，由學
生表演跳鍋莊。

　　在服務部晚餐，談至九時許始散。

　　今午同席：莊學本　周志拯　譚健常　張雪岩　林冠一　張
劍濤（以上客）　伯懷與予（主）

　　今日敵機轟炸行營及祠堂街一帶，傷人不多。

　　今晚同席：志拯　健常　劉慧中　林冰如　周佩琳　沈元津
蕭慶叙　常保貞　張劍濤　尹學熙　祁孝貼　胡文澂（以上客）
伯懷（主）

　　今夜幸得眠，大約夜飯吃得甚遲，飯後不久客散，未興奮
之故。

十月廿八號星期一

　　在服務部出席紀念周。到校。到金聲處，未晤。到校長處商所
務。遇韓立民于校。化程邀至其家吃飯。

　　又到校長處談所務。到朱良甫處談租地事。回服務部。到忠恕
處談。遇勁修。爲健常寫林名均，李景清信。麗春第，李金聲來。

　　與冠一同到哥哥傳赴宴，道遇謹載。宴畢，與伯懷同到健常

處，談至十時許始別。又失眠，服藥。

今午同席：韓立民　伯懷　予（以上客）　趙化程（主）

今晚同席：鍾可托及其秘書某　殷某　韓立民　趙化程　許繩初　劉書銘　林冠一（以上客）　張伯懷（主）

十月廿九號星期二

六時半出，到金女大，與守義，斠玄，余介石談買田事。出，與守義到 Tip Top 吃點。到鴻庵處，到在宥處未遇。到志拯處，遇之。又到在宥處，遇之。遇自珍。寫驪先信。在爨門街吃飯。

到鴻庵處，與同到志拯處。遇湯吉禾。到學本處看照片。黎勁修來。佩弦來。取書包赴服務部。

到不醉無歸赴宴。八時半出，到健常處，小坐即行。歸與伯懷長談，至十一時眠。失眠，服藥。

今晚同席：洪謹載夫婦　李金聲　麗春第　陳文仙女士　沈經保　李女士　胡曉昇　予（以上客）　戴樂仁（主）

趙守義，字念畊，江西人，辦七七農場，總場設華陽，分場設成都，灌縣，墊江，綿陽，理番。

十月三十號星期三

在服務部吃早餐，到齡九雪岩處談。賓四來。謹載來。金聲偕麗君來。八時半，與賓四春第同上路。十二時，抵所。

理物。看信。羅希成來。與春第談。與所中同人談話。

所中開歡迎賓四會。自七時半至十時。失眠。十一時許服藥。

我軍收復南寧。

十月卅一號星期四

看信，整理文件，處置事務。爲熊張兩女士看文。寫校長信。

補記日記四天。西山來。關偉生偕其弟履安（祥）來。范振興來。續點《造僞與辨僞》文二十餘頁付鈔。

翻看寅恪所贈《秦婦吟校箋》。得眠。

自今日起又服鹿茸精，深願失眠疾可不發也。　黃醫囑我夜中不可太閑，太閑便有豫期之恐怖，故此後每晚均隨便翻書，期于目看而心不看，所以轉移注意力也。

一九四〇年十一月

十一月一號星期五

開月會，請西山講演。講畢即去。補記日記八天。

學本來，留飯，飯後請其演講川邊青康，三時畢，即返城。續記日記，略畢。

與自明到通俗社。看《良友·西康專號》。

接劉樊信，聲稱辭職，謝天謝地，我領教數月，竟有此一日，真人生大快事矣。（此人甚聰聰明，而其懶惰疏脫亦超絕，本所正在創辦之中，有此人便使全所空氣爲之不緊張。此間非渾飯之機關，而此人只能作渾飯之人，雖欲救之而不可得，爲之一嘆。）

十一月二號星期六

遷移桌椅，派春第工作。看《責善》13 期。范振興來。寫史筱蘇，金聲信。寫西山信。過節，祀先。

看李鑑銘《我入西康》。理信札。點周達夫文及青銍鑑銘信入《責善》。吳新丹蔣翼振等率協合神學院學生三十人來所參觀。

與自明步至陳家洞子候自珍，不至。看教育部通俗讀物。聽麗中杰拉胡琴。

十一月三號星期日

五時起，六時半與同人出，經崇義橋，兩路口，而至犀浦（十時），吃飯。又步行至郫縣，游望叢祠（十二時）。

游何武墓，郫筒井，溫公誕生處，子雲故里。三時，賓四雇車赴成都，予等亦乘車到犀浦，喝茶。雇車不得，步行回崇義橋，喝茶吃點。

八時回家。吃飯。洗浴。失眠，服藥三次，至上午三時始得眠。

今日同游：伯寅先生　賓四　爲衡　嘉麟

今日行程：自所至崇義橋——六里　自崇義橋至犀浦——二十里　自犀浦至郫縣——二十四里　郫縣游覽——十里　自郫縣至犀浦——二十四里　自犀浦還所——二十六里　總共一百十里。　除自郫至犀二十四里坐車外，餘皆步行，凡八十六里，予憊甚矣。因憊甚而致失眠，正與廿七年五月自漳至岷情形同。

十一月四號星期一

以昨夜失眠，遲起，精神不快。理信札。理抽屜，書架。取書交耀武帶城。寫三星期之工作報告交彬如。

點自珍所鈔《鄭樵傳》，未畢。

翻看劉健泉《史學述林》。

十一月五號星期二

答羅希成信。定第八屆值日員名單。點《鄭樵傳》，畢。點《鄭樵著述考》，未畢。

華美女中師生三十人來，陪之參觀，并作短講，麗春第拉胡琴，至五時辭去。

翻看教部所印通俗讀物。

昨夜八時睡，今晨五時許醒，睡至九時之多，此前日遠行之效也。

今日來所者：華美女中教師陶淑明，趙育吾，李權，蕭衍慶，安仁慈，朱惠章，及該校高十三班全體同學。

十一月六號星期三

值日。整理諸生課業及所繳諸稿。整理簽到表。擬整理羅氏書目表。製研究生選課表。

開第六次座談會，分配諸生工作。芳霖自城歸。守真來。

看國際通訊。十時許有地震，我已入夢矣。

今日賓四不歸，其在城病乎？

得健常書，渠不日將赴劍閣，回頭視察綿陽，德陽，廣漢，新都諸縣，到崇義橋將在兩星期後矣。 醫囑我勿動喜怒哀樂之情，然感情未可以理智約束。今日得健常書，急欲拆閱，血又上升，其明驗矣。

十一月七號星期四

代賓四值日。翻全部《國語》，搜集"君子曰"材料，訖。厚宣來談孟真信。

三時，與所中同人到通俗社參觀，并吃茶點，五時歸。

看《史學述林》及《我入西康》。

我軍克復鎮南關。

羅斯福當選第三任美總統。

十一月八號星期五

寫謹載信。寫《國語中之君子曰》一條。王守真偕郭麟霄來。

翻《穀梁傳》一過。

翻《白香詞韻》，作詩三首。

　　兩日來甚寒，華氏表上不過五十度左右。今日陰雨，更悶。

　　自章伯寅師來所，時吟詩以遣，諸同學亦多唱酬，遂使予亦作得十餘首。

十一月九號星期六

　　翻《穀梁傳》畢。算賬。修改洪楨代作劉曼卿《西藏紀行》序。修改《楚吳越王名號》《號從中國名從主人》二篇，付履安鈔，登入《半月刊》。寫自珍信。寫西山，賓四，元甘信。

　　看《我入西康》。劉福同與自珍來。

十一月十號星期日

　　爲人寫屏聯扇面約三十件。劉樊取鋪蓋去。寫又曾，受祉信。扈錫豐，王欣若來。

　　謹載來，留飯。福同自珍還城。自明爲殺雞生氣，責之。

　　與履安自明到通俗社吃烙餅。翻唐詩。

　　今晚同席：予與履安，自明　郭麟霄（客）　守真夫婦　金靜　王欣若　范振興（主）

十一月十一號星期一

　　定本周諸生工作。點《鄭樵著述考》下半畢。改洪楨代作《滇邊散憶》序。

　　寫李權信。寫范希純信。點《戰國秦漢間的辨僞與造僞》五章。寫曹祖彬，莊學本信。

　　修改數日來所作詩，共得十六首。

十一月十二號星期二

　　將《賴園雜詠》十六首寫出。到華美女中，作總理誕辰紀念演講。與李權同步歸，即布置招待。

華美女中師生全體三百五十人來所野餐，參觀，并表演歌舞。三時許，到泰華寺，參觀通俗社，由守真演講大意。行經陳家碾而別。與賓四及心田談。

看《我入西康》一冊。

十一月十三號星期三

鈔各生工作條。點收《皇清經解》。理信件。聽張心田講"聲音與訓詁之關係"。

開座談會，分配諸生工作。改伯寅先生代書函六件。改熊女士聽講筆記。點慕少堂《甘肅黃河橋梁考》。寫元甘，子涵，雁浦夫婦信。

《我入西康》看一冊半。失眠，服藥。

得眠九日矣，今日又失眠，得非下午工作太多，精神又興奮耶？若然，則下午以少工作爲宜。

十一月十四號星期四

寫西山信。整理信札。黃季高來。重改《滇邊散憶》序。改伯寅先生代書函九通。

寫厚宣，元甘信。寫西山，次舟信。點傅雙無《四川人口七千萬說之分析》。與蓉初談。

惲女士來談。續看《我入西康》。

十一月十五號星期五

寫元甘，鴻庵信。寫孟鞱，希成，范希純，廖孔視，劉英士，拱辰，樹民信。爲惲和卿寫證明書。改伯寅先生代書函八通。

寫建功，佩弦，季谷信。與爲衡，光簡，蓉初談華美課事。點

《辨僞與造僞》鈔本，未畢。

看束天民《上古史講義》及《我入西康》。

十一月十六號星期六

與賓四商上海方面編印事件。寫誠之，伯祥，劉書銘信。守真來。

寫肖甫，偉生，西山信。改伯寅先生代書函八通。厚宣携北平所寄書籍歸，助之整理，并看肖甫代鈔我所作文字。

十一月十七號星期日

與所中同人游崇義橋，萃杰善堂，中心小學。在崇義橋吃點當飯。到元興寫婦女工廠賀聯。到工廠看開會。與漢驥同到希成處，看書畫古物，吃飯。

與次威，子杰，漢驥，顏君，希成同到陳家碾及本所。聖陶在所相待。與聖陶同送次威等到崇義橋。即與聖陶在場吃飯。摸黑而歸。

與聖陶談話。次舟來，又談。肛門奇痛，服藥仍不安眠。

今晨同游：伯寅先生　履安　自明　蓉初　殷恭毅　孫蕙蘭　玉芳　嘉麟　李爲衡　范可中

今午同席：胡次威　郭子杰　顏□□　馮漢驥　謝無量（以上客）　羅希成（主）

今晨大便時，肛門奇痛，不能下，忍一日，晚更痛。疑是痔瘡，然我向無是病，我先人亦無是病也。因定明日進城就醫。

十一月十八號星期一

開會，請次舟講“銅器研究之基本事件”，歷二小時方畢。寫希成信，介紹次舟。與聖陶同到華美女中吃飯。并視察國文教學。

二時半，與聖陶由崇義橋雇車到西門。在崇義橋遇西山及羅倫士。即到開明書店，旋赴不醉無歸小酒家吃飯。

到陝西巷開明書店，與雪舟，月樵，佩弦，聖陶談。予即住開明，失眠，服藥。

今午同席：聖陶　昌杰臣　予（以上客）　　范希純　夏海珊　梅鶴立　蕭衍慶（以上主）

今晚同席：聖陶　佩弦　子杰　戴運軌　程祥榮　夏承法　吳涵真　袁白堅等（以上客）　　馮月樵　章雪舟（以上主）

昨服 Cascara 三粒，今晨下便，今晚又下便，皆甚燙，蓋內熱所致也。便後肚子即不痕，肛門亦不痛，知非痔矣。

十一月十九號星期二

天明即起，到賓四處，與之同到子杰處。吃點。出，遇自珍。與西山同訪羅倫士。出，予到中美藥房訪張冠英，并晤經理陳翼文，楊琳（藍田），孫升堂，張居演，邱宗豪等。到青蓮巷訪謹載，已遷。剃頭。

到齊齋，晤韓及宇，王鈞衡，周信銘等，談。與賓四，次舟談。開導師會議，四時起，五時半散。漢驥來。宴羅倫士于新新餐廳。

西山來。矩生來。住校，與賓四同室，服藥，得眠。

今晚同席：羅倫士（客）　　賓四　西山　予（以上主）

今日剃頭，貴至一元八角，可怕。

近日米價劇貴，斗米至廿七元餘。聞此係四川軍閥倒中央之一個計劃，石米有漲至五百元之可能。中央已派胡宗南軍隊入川，不惜一戰。大家覺得非痛快作一徹底解決不可，真所謂救民于倒懸中也。　劉校長將到重慶，爲教職員請求米貼，蓋大家已到維持不下之地步矣。

十一月二十號星期三

校長來，與予及賓四西山同商所務。羅倬漢來。到校長室，與劉校長同訪朱良甫，未遇。同到于光元處談。又到服務部，與伯懷，雪岩談。到華吳印字館打電話。再訪良甫，遇之。出，與書銘到稷雪吃飯。

訪衡如，不遇。訪思明，遇之。回校，與仲良談。謝承燻來。成覺來。道遇吉禾，慕回，談次舟事。遇自珍，福同，程澹如，與同到後壩國貨公司。

與鴻庵同在小天竺街吃飯。同到李幼甫處，談邊疆學會事。九時許歸。

十一月廿一號星期四

寫冠一信。寫和生信。馮漢驥來。寫履安信。志拯來。到羅忠恕處。九時，到校長室，待朱良甫久不至，與吉禾等談。吳貽芳來。十時，良甫至，與同看田地。與趙化成同招待良甫于齊齋。

到仲良處，遇之。道遇魏學智，楊公敏。遇明經，知履安又病。寫劉衡如信。寫謹載，偉生信。寫自明信。寫伯懷信。與次舟談水事。到斠玄處晤守義，省之，余介石，徐書簡。到抱冲處。在宥，叔湘來。

覺玄，王抱冲來長談。書銘，西山來。明經來。

十一月廿二號星期五

黃作平來，爲寫李樹秀信。自珍來。到在宥處。到陝西街訪謹載不遇。到小南街訪之又不遇。到戴樂仁處。歸，訪覺玄及王抱冲。還室，鈔買田賬。晤喬端平。

又我邀宴于新新餐廳。謹載來。與又我及謹載同到小天竺街看屋。責陶元甘。看國恥史講話。思明來。冠一來。

與自珍到祠堂街吃飯，買書及食物。遇廖孔視。歸校。關偉生兄弟來。矩生來。郭子杰來。看《我們的六月》。

今午同席：我與西山（客）　　又我（主）

十一月廿三號星期六

自珍還家，來取物。與思明同到川康學院訪周謙冲，不遇。到小福建營 16 訪之，遇。仍步歸。遇陳文仙。爲程明之父寫壽聯。到辦公室，陪王鳳喈到黃金臺吃飯。

與劍濤同到邊疆服務部，開中國邊疆學會第一次籌備委員會。到教廳，開古物會及歌曲審查會。

與漢驥同出，飯于新南門。到覺玄處。郭本道來。覺玄來。矩生來。李芳霖來。

今午同席：王鳳喈(客)　吉禾　伯懷　培修　劍濤　予(主)

下午同會：伯懷　劍濤　鴻音　鴻庵　偉生　和生　志拯
謹載　漢驥　冠一　張品三

又：漢驥　希成　子杰等

十一月廿四號星期日

周志拯來。與矩生，鈞衡，及宇，張鴻基，周信銘同出北門，換乘雞公車，十一時，抵所，即導觀各室，留飯。

一時許，賓四偕矩生等進城。看數日内來信。洗足，休息。

洪楨來。點讀《詩經》五頁。八時即眠。

近日米價漸跌，今日至斗米十八元。蓋川閥自揣力不足以敵中央，故漸俯首就範也。新主席張群聞比賀國光有辦法。

十一月廿五號星期一

與耀武談。補記日記八天。作工作報告兩通。整理案牘。

修改研究生課作。整理書桌抽屜及書架。爲鈔西漢皇室封建表，與春第，光簡談。

點《詩經》傳箋，尋興詩。

十一月廿六號星期二

定第九屆值日人名單。寫侯又我，薛慕回信。草《春秋刪削之迹》，未畢。

芳霖西山偕王鳳喈來參觀，留飯，飯後作一講演，二時許去。羅耀武辭歸浙江。寫希純信。

到通俗社，與受真談，留飯。飯後老蕭老周來接。出席本所飯團會議。

十一月廿七號星期三

定本周諸生工作題目，整理研究生成績。寫元甘，次舟信。看張劍濤報告。黃作平辭赴銘賢。

寫林少川，心田信。開座談會，分配工作。修改伯寅先生代書信件六通。翻看《清儒學案》。

點《詩經》傳箋，尋興詩。

十一月廿八號星期四

值日。寫張雪岩，覺玄，子杰信。作《黃帝四至》《六詩》《造舟爲梁》等筆記三千言。

修改伯寅先生代書信件四通。爲伯寅先生寫其侄一陽喜聯，并爲己寫賀聯。

翻《我入西康》。檢《毛詩》興詩畢。

十一月廿九號星期五

寫范希純信。爲蕙蘭看其所鈔四庫未收書目片，爲改編。修改昨作筆記。翻看《清一統志索引》兩册。

林鵬俠來，留飯。守真，振興來。重寫《女士》一則入筆記。寫英款會信，爲次舟事。鈔思明報告入筆記。寫馮月樵章雪舟信。

翻《左傳》三册。

今日米價跌至十六元一斗，人心一定。聞鵬俠言，重慶斗米至三十四元。故一切物價較成都貴至一倍。

十一月三十號星期六

修改前昨所作。續鈔《雅琴頌琴》一則，將《詩經》翻一遍。翻看《清一統志索引》兩册。

到守真處，并遇冰洋。覺玄抱冲來，留飯。

飯後開會，覺玄講"唐代文學"。十時眠。

一九四〇年十二月

十二月一號星期日

寫西山信。伴覺玄抱冲散步田間。歸早餐。又與賓四伴客至泰華寺，陳家碾。歸至竹林中談。

飯後與爲衡同送覺玄抱冲到場，到三合樓喝茶。遇蕭校長等。與爲衡同歸。寫靜安，一山信未畢。寫在宥信。雪岩來，伴談。

與洪楨談。失眠，服藥。

十二月二號星期一

開第三次月會，聽張雪岩講社會的變遷。雪岩講畢即去。寫范希純，西山，金蕭二君信。送洪楨行。記日記三天。

定本星期課題，未畢。看研究生課藝三件。與厚宣商《半月刊》事。翻《一統志索引》第五冊。

陶元甘遷來。翻《左傳》二冊。

十二月三號星期二

出布告兩通。寫自珍，謹載函。作《公主》一篇訖，凡千言，即付鈔。

編《責善》第二十期。整理研究生成績。

開會討論飯團事。翻《左傳》二冊。

十二月四號星期三

出專題研究諸題，分配研究生工作。頭痛。

開講論會一小時。蓉初來談。賓四歸，來談。

與厚宣賓四長談。翻《左傳》一冊半。

上午爲看《責善》贈戶簿，種種錯誤，一生氣就頭痛了，元甘爲人何其無才至是！

十二月五號星期四

寫在宥叔湘，西山信。改蕙蘭文。寫在宥，丕繩，建猷，舟生，杏春信。

寫盧季忱，鴻庵，幼孚，吳大年，張鑄萬信。改伯寅先生代書信六封。與厚宣同到通俗社。

吃烙餅。看《左傳》一冊許。

十二月六號星期五

寫潤章，伯棠，宗頤，之屏，資深信。校《史學季刊》第二期排樣。

改伯寅先生代書信六通。王守真來。修改《公主》條，改定

《自號武王》，《叔伯》兩條付鈔。

　　與伯寅先生同行田間，談。看《左傳》二册。第一次畢。失眠，服藥。

　　伯寅先生得黃任之之招，將往重慶工作，此後予寫信事又成問題矣。予平均一天總有五六封信須寫，而個人時間實不許可，奈何！

十二月七號星期六

　　修改《造舟爲梁》條。寫劍濤，心田，西山，覺玄信。寫紹虞信。芳霖，元甘進城，交辦事件。

　　出諸生課題，未畢。分配所中諸人工作。改伯寅先生代書信六件。翻看《一統志索引》第六册。

　　翻看《左傳》一册（昭公初）。

十二月八號星期日

　　送伯寅先生行。冰洋來。范振興來。與明經談。整理書桌，分配諸人工作。洪禛來。

　　與洪禛同到崇義橋。予雇膠皮車，五時到城，即至幼孚家，并晤印維廉，作長談。即在幼孚家吃涮羊肉。買酒及下酒菜。

　　九時到校。晤洪禛，西山。

　　今日進城，忘帶藥物，只得購大麯一瓶以備不時之需。

　　今晚同席：印維廉　蘇鴻甫（以上客）　李幼孚夫婦（主）

十二月九號星期一

　　到子杰處。到校，與書銘談。到志拯處。到兩開明書店，遇月樵，雪舟。到鴻庵叔湘處。到在宥處。

　　與賓四芳霖同吃飯。自珍，福同來。思明來。本道來談。到校長室，與張昌培談。爲霖偕李聲揚來。到高星垣處，并晤偉生兄弟。寫西南印書局信。

到實業街沈宅赴宴。到陝西街，晤聖陶。心田來。

今晚同席：王撫五　徐子明　林鵬俠　周如松　戚壽南　郭本道（以上客）　沈遵晦夫婦　幼孚（以上主）

十二月十號星期二

寫張雲波信。到子杰處，遇陳行可及羅希成。劉校長來，邀賓四西山同開會，討論所務。周志拯來。到校，遇羅倫士。

與自珍及程澹如同到春熙路。到遵晦家，開邊疆學會籌備會，通過會章。六時畢。

到矩生，薄冰處。到明湖春赴宴。與寶璋心田同步歸。抱冲來。偉生來。馬連捷來。賓四談至十二時就睡。

今日下午同會：劉志純　王抱冲　李幼孚　沈遵晦　周志拯林冠一　關偉生　韓鴻庵

今晚同席：寶璋　吳光榮　西山　張冠英　孫升堂　邱宗豪（以上客）　陳翼文　張心田（以上主）

十二月十一號星期三

爲澹如事訪矩生，西山。張雲波來。印維廉來。齊大導生紀長壽，安驥，王大空，何肇發，殷玉慶來。本道來。進城吃飯，適值警報，又出城，飯于萬里橋畔。遇蘇子涵。

到在宥處。到覺玄及抱冲處。寫魯弟信。周信銘來。林鵬俠來，同到華大博物館參觀，由名鈞導。

與賓四同到哥哥傅赴宴。到青年會訪馬連捷印維廉，不遇。歸，到郭子杰處。王抱冲來，談至十一時去，賓四又與予談至上午一時，遂不成眠。起飲酒，至二時許始矇矓。

今晚同席：朱良甫　朱君長　王撫五　張昌培　郭本道　陳覺玄　趙化程　張西山（以上客）　劉書銘（主）

十二月十二號星期四

寫劉校長，陸侃如信。八時半，與賓四及馬連捷同出北門，乘人力車回所，十一時到。時適有警報。

飯後與馬連捷同到華美，晤希純等。又同至華美男教員宿舍，晤夏侯諸君。與連捷到場吃茶，商課事。送至場口雇車。回至場吃點。爲惲女士寫字一幅。

八時即眠。

歸鄉接健常信，知其于九日返蓉，十一日即至川南視察，十日則仍住四川旅行社也。在城交臂相失，爲之悵絕。

十二月十三號星期五

送惲女士行。改通俗本國史計劃。寫子杰，薄冰信。將《商王國的始末》篇投寄《文史雜志》，作引言三百字。補記日記五天。

校《商王國》一文，寫盧季忱，吳文藻信。爲人寫字二幅。因將出門，提前過冬至節，祀先。

與賓四，厚宣踏月至陳家碾。

惲女士以祖母開吊赴渝，以往來盤費太巨，聞不擬回所。

昨夜八時眠，今日六時醒，足睡十小時，精神又恢復矣。

十二月十四號星期六

與厚宣同檢《責善》贈户册。寫范希純信。寫吳天墀，伯寅先生信。寫子植信。在宥，叔湘來，導觀各室。

開會，叔湘講"中國文法研究"，在宥講"印度緬甸系語言"，至六時止。鴻庵來。

與所中同人及三客游陳家碾及泰華寺。在讀物社進茶點。

十二月十五號星期日

叔湘先去。八時，鴻庵講"元史研究之過去與現在"，在宥講"三十六字母之原值與演變"，至十二時止。受真來。

飯後送在宥鴻庵到崇義橋，代雇車。予步歸，看各處來信。出布告二通。謹載來取衣。

受真偕振興來，告以赴洛陽。

十二月十六號星期一

寫校長信兩通。算上次進城賬。寫伯祥，誠之先生，金靜安，陳繩甫，紀延壽信。整理辦公桌。

本所同人招待公宴，飯畢已三時。視履安疾。三時許進城，五時半到，即至齊齋，晤賓四等。到本道處。到在宥處。

訪冠英未遇。遇張雲波。到水餃館，遇朱君長。買物。到思明處。歸，到子杰處，并晤陳立夫，顧一樵，許心武等。十二時歸。服藥眠。

履安又病，發寒戰，熱一度許，真使我躊躇！　下午履安熱至百〇二度，本定明日動身，今不能矣。決進城請醫。

十二月十七號星期二

與賓四同飯。自珍福同來。寫張冠英片。羅倬漢來。到校長處未遇。訪志拯遇之。出，遇雷轟，爲寫吳院長介紹片。許心武來，談編輯史地教科事。到校長處，商所務。訪在宥，未晤。到洪禎處。與薄冰賓四同飯。寫天墀信。

飯後雇車歸，道遇張冠英及自珍。知履安已愈。歸，趙孟輞夫婦及人驥來，同游本院，留飯及宿。

看各處來信。校《責善》十七期稿。

昨夜履安出大汗而愈，今日無疾，疑是瘧。冠英爲打針。

十二月十八號星期三

校《責善》十七期。寫爲衡證明書，黃君禹函。草聘張冠英爲本所醫師約。與孟軺父子游泰華寺，晤冰洋夫婦。

飯後送孟軺夫婦行，上課一小時。三時許，偕爲衡離所。到崇義橋後乘黃包車進城。天已暝矣。

在小天竺街吃飯。洪禎來。到校，無匙不能進門，與爲衡同訪自珍，覺玄，在宥等。與韓及宇談。西山歸，乃開門，矩生等來談。

十二月十九號星期四

寫志拯信。自珍西山等來談。八時半，進點後即乘黃包車赴雙流。路過武侯祠，遇王守真夫人。車過簇橋鎮，吃茶。十一時半到雙流城，卸裝月盛店，上街吃牛肉麵。游民衆教育館。

步出南門，至薰風塔。折歸，至縣政府，則已疏散。至李家碾，晤縣長葉又斐，科長劉成國。與劉科長同出至縣政府，將鋪蓋取來。訪文獻委員會張湘泉。與爲衡到東門外吃飯。

看《雙流縣志》。

十二月二十號星期五

葉縣長劉科長來，同飯。飯後出南門，乘鷄公車到商賢墓。又度山至曾家店（維新鄉）中心小學，吃午飯，已下午一時矣。在小學作短講。

由小學教導主任林夢美導至蠶叢祠及涌泉寺。夢美別去。成國導游應天寺及文昌宮（劉止唐讀書處）。歸縣府，吃飯。

看縣志。十二時，爲妓女歌聲所驚醒，遂達旦不成眠。

十二月廿一號星期六

在縣府飯後出門，葉劉二君送至南門外向陽橋。乘黄包車赴新津。九時上車，十二時到花橋場，十二時半到江邊，雇女工背行李渡江，一時二十分落宿城内良裕旅館。

出游市街及民衆教育館，吃飯。飯後剃頭，買物。回旅館後又與爲衡出至東門外看江山風景。

眠仍不佳，服藥。

十二月廿二號星期日

寫所中同人公信，未畢。早至縣府，晤苟登堯科長。出，吃飯。十時又到縣府，與縣府同人及趙縣長夫人等同在小南門上船。十二時五分到窗隆場，步行登山，約行四里，到觀音寺。

在寺吃飯。鈔明人題壁文字。三時許出，五時到城。與爲衡同上街吃飯。

翻看《崇慶縣志》。仍服藥眠。

今午同席：予與爲衡　　苟登堯（鳴高）　　葉厚淮　　何雨純
林七賢　　郭邦新（以上客）　　緝私隊李隊長（主）

十二月廿三號星期一

寫所中同人公信及劉啓明父喪吊信，厚宣信。買書，寄信。苟科長林七賢來，十一時半，同出，渡河，游修覺寺，玉皇觀，上木魚山，進漢墓兩處。

林苟二君別去，由公役一人導至龍岩寺及天社山，朝陽洞。渡河回城，吃飯，已下午四時矣。赴縣府辭行，晤何雨純。

林七賢來。苟登堯挈其子來。翻看《池北偶談》等書。夜雨。仍服藥眠。

十二月廿四號星期二

七時四十分上車，八時一刻至太平場，九時三刻至羊場吃飯。過河。十二時四十分至彭巷子。一時十分，至灌溪堰，以車胎泄氣，停一小時。

二時半至邛崍城。落宿東街中山館。出吃飯。游公園。至縣立中學，晤黃季高，曾蓉徽。季高送至旅館。與為衡遍歷四門，吃點當飯。

季高偕李懋昭來。同出吃消夜。夜得眠。

今晚同席：予與為衡　季高（以上客）　李懋昭（主）

十二月廿五號星期三

季高蓉徽來，携行裝至縣中。看縣志。懋昭來，同出，到天慶寺，楊伸花園遺址，文君井。出東門，看東華府前朱氏墓及城隍廟等處。

回校吃飯。下午到懋昭家。出，越南河至大盂村十方堂看邛窰遺址。游川南第一橋。進南門，至榮慶長裱畫鋪，看余紀功所藏桃花樽。

看《邛州志》。服中藥。季高蓉徽來談。

今日同游者：季高　鄭仕元　葉玉荃　朱稽詁　李懋昭

十二月廿六號星期四

寫所中同人公信第二通，凡十二紙。周子瑜來。先在校吃午飯。

一時到大眾食堂赴宴，直至三時始飯。回校，石張兩校長，李懋昭等來談，并出其所藏古錢見示，直至八時始去。看州志。

今日午後同席：予與為衡　張鶴林　楊聽階　趙盛廷　李鏡瑩（月如）　石守愚　張開陽　陳子明　曾蓉徽　李建勛（以上客）　黃季高（主）

十二月廿七號星期五

爲凌之鳴寫長條。出門，遇張開陽，同往敬亭小學參觀。進城，到蜀才小學訪石守愚，參觀全校并其造紙廠。出，至校門外鐵屎壋。回校，爲守愚寫字六件。

到民衆教育館參觀，晤毛館長。到大衆食堂赴宴。回校，又出西門，遇雨，到懋昭家看樊敏碑。又到張開陽家小坐。

回校，看縣志。蓉徽等來談。袁秉書（慶新）來。

　　今日午後同席：予與爲衡　楊聽階　趙盛廷　李月如　陳子明李建勛　曾蓉徽（以上客）　石守愚（名恒智）　張開陽（以上主）

十二月廿八號星期六

到袁秉書處小坐。鈔州志十頁。十時出，至李宅，與懋昭等同出西門。十一時半到鶴林寺，吃茶。出游了翁讀書臺，點易洞，漏米洞，彌勒洞等處。

二時歸寺，懋恒備飯。飯後下山，四時到城。到縣府訪鄭明經科長，未遇。在縣府晤彭世樞。到雲吟女中訪周子瑜校長，亦未遇。到公園，遇曾蓉徽，品茗。

鈔縣志。季高，蓉徽，之鳴來。

　　今午同席：予與爲衡　劉默容　李壽文（以上客）　李懋昭夫婦及懋昭之弟（主）

　　近日每至上午二時即醒，便不成眠，日常如此，聽殺猪聲，可恨也。

十二月廿九號星期日

蓉徽邀至東街吃不續湯。回校，吃粥。爲人寫字十餘件。鈔縣志及州志。守愚來，同到余紀功處，爲寫字三件。與李月如李建勛等同到敬亭小學參加十二屆畢業典禮，作短講。

在敬亭小學進飯後，出，到縣府赴宴。爲人寫字五件。出，到大衆食堂赴邛中同人宴。

歸，鈔縣志。石張兩校長來。

今日午後同席：李建勛　李月如　毛館長　蘇耀宗　石守愚等（以上客）　張開陽（主）

又同席：楊某　張漢威　夏叔平　趙映江　予與爲衡（以上客）　鄭明經（至虛）　汪玉烟　謝咸熙（以上主）

今晚同席：予與爲衡　劉默容　李懋昭（以上客）　李興鼎　凌之鳴　鄭仕元　葉玉荃　朱稽詁　蘇量成　蔡建民　周子瑜　曾蓉徽　黄季高（以上主）

十二月三十號星期一

汪玉烟，謝咸熙來。爲人寫字十餘件。出席紀念周演講。孫（潄臣）王陳諸君來。照相兩次。再寫字十餘件。

十二時，與守愚同到蘇耀宗家，游其二果園。回城，至其家吃飯，寫字五件。回校，又寫字十餘件。開陽來。

陳子明，蔡建民，李興鼎，蓉徽，季高來談。鈔縣志。

今午同席：予與爲衡　守愚　開陽（以上客）　蘇耀宗（主）

十二月卅一號星期二

早起，挑燈作《贈中學序》。爲人寫字四件。吃飯。又寫數件。王德輔，開陽，守愚來。十時，坐滑竿離邛。經桑園鎮飛機場。十二時至王泗鎮。入北苑茶社喝茶，此鎮爲大邑縣第一區區公所所在地。

一時行，二時半到大邑縣城，入男中學，遇楊靄春，陳直真，廖子明等。途遇杜高厚（道生）。由子明伴至東門外順平侯墓及静惠山下之晋康中學。歸，在中學吃飯。陳梓模來談。子明導游圖書館。

訪杜高厚，不遇。張駿基，李壽文等來談。翻看《大邑縣志》。

贈邛崍縣立中學序

邛崍居平原之終而岡巒之始，有鹽鐵竹木桑麻之饒。昔在秦漢，即以富聞于世。邇者國家開發邊陲，康雅樂西則築公路，滇緬叙昆則築鐵路，嘉叙瀘渝之間航道又暢通，譬諸人身脉絡之貫注而此當其咽喉，海內外貨物輪摩輻凑，十年之中必有一工商業都會崛起其間，合新津邛崍爲一區，極前古未有之盛者。季高長校以來，殫精竭慮，夙夜不休，規模具矣。願更以孟子“苦其心志勞其筋骨”之言勖厲諸生，俾其習生產之技術，荷建國之大任，則創造之者固即享受之者。苟其不然，外資紛入，失所據依，其不流爲卓氏之僮者幾希。語云："時難得而易失。"又曰："識時務者爲俊杰。"爲主爲客，其成其敗，悉繫于青年立志之時。嗚乎，可不念哉！

此文係臨行時所書，書于丈餘之大紙上，季高豫備刻一長匾，挂于禮堂。此爲我所作之豫言，看十年後驗不驗也。

邊疆工作可用人才：

佘貽澤　劉克讓　江應樑　方師鐸　孫媛貞(元徵)　趙國儁
王樹民　傅成鏞　白壽彝　費孝通　馬曼青(毅)　紀清漪　譚惕吾
魏建猷(守謨)　韓儒林　張維華　馮家昇　吳玉年　黎勁修(光明)　王元暉　李得賢(文實)　李安宅　于式玉　周志拯　顧青海
(謙吉)　林鵬俠　劉曼卿　陳碧笙(雨泉)　辛樹幟　納忠　蘇少卿　楊生華　黃俊三　宋克家　黃文弼　李蔭亭　金鵬　李鑑銘
傅述堯　成覺　宓賢璋

一九四一年

（民國三十年）

一九四一年一月

一月一號星期三

陳梓模來，出其《漢隸集》一稿貽覽。與廖子明同出北門，經鳳凰鄉，龍門，至灌口（悅來場），吃茶及飯。飯後至鶴鳴山麓汪巷子。訪傅紹淵先生。

由傅先生伴游普陀庵，迎仙橋，小洞天，文昌宮，老君殿。予等與子明同至迎仙閣，又回老君殿。回傅宅。

在傅宅吃飯，談話。九時許就寢，失眠，服藥無效。至天明始少朦朧。

今晚同席：予與爲衡　子明（以上客）　傅紹淵及其二子（主）

鶴鳴山之中峰曰天柱，上老君殿甚陡，聞張道陵即在此間仙去。其後迎仙閣，則永樂帝所遣道士在此迎張三豐者也。

一月二號星期四

在傅宅早飯後出，同訪傅善周。出，回大邑城，途中未息。進城至廖宅，看報，吃飯。

飯後與梓模同行，參觀城隍廟，到梓模家，看其詩集。出，與爲衡同訪李夢九，參觀女中。在街吃飯。

還校，劉校長默容及周樹森等來談。到樹森室小坐。

今午同席：予與爲衡　陳梓模（以上客）　廖子明（主）

昨夜失眠，其以太勞動故乎？

一月三號星期五

默容偕戴民船來。子明來。同到陳梓模家，爲題《漢隸集》。就宴。飯畢，赴師資訓練班開班禮。作短講。吃飯。

周國瑞同赴女中，參加畢業典禮，予作短講，看游藝會。散會吃飯。國瑞伴至其家，小坐，并與藍郵局長談。訪劉禹九，不遇。

到張駿基室，并晤薛新民。翻看《大邑縣志》。陳梓模，張駿基，周樹森等來談。

今早同席：予與爲衡　民船　子明　李茂久（以上客）　梓模及其子（主）

今午同席：許致存　張鐘　戴民船　陳梓模　劉默容等（客）張駿基等（主）

今晚同席：楊君　藍郵局長　周國瑞等（以上客）　李益州（夢九）（主）

一月四號星期六

與劉校長訪戴民船先生。回校，旋至西濠溝將軍第陳宅，爲人寫字約二十件。劉校長設宴餞行。

飯後即乘滑竿離大邑，中途小息，戴民船遣人送茶栗來。四時到崇慶，落宿衙門口四美旅社，即與爲衡出，行四門街巷。訪仲良，不遇，晤其夫人。

吃麵及羊肉。回旅舍，翻看《崇慶縣志》一過。

今午同席：陳梓模　戴民船　楊靄春　陳直夫　李壽文　陳

備三　廖子明　予與爲衡（以上客）　　劉默容（主）

一到崇慶，時間又與大邑不同。蓋岷江東岸之鐘較西岸快一小時也，未知其故。

一月五號星期日

八時，由崇慶動身。有小雨。九時半至羊馬鎮稍息。十時行。十時廿分過溫江縣三聖場，十時三刻渡河，上船，費時二十餘分。十二時抵溫江，未停，在東門外買包子食之。

一時四十分至文家場，吃飯。二時又行。四時，車到青羊宮，換車到崇義橋，再換鷄公車回所，在月下行。

七時到家，會諸同人。吃飯。看各處來信。九時眠。

離家十九日，履安每次小便輒作痛，面上斑駁愈甚，自係有病也。

一月六號星期一

晨，喚老周搖鈴。在所值日。整理文件。寫子杰信。振興，冰洋來。寫陳梓模信。熊女士來談。

點彬如所鈔答費孝通書第二通。翻《一統志索引》一册。胡文毅女士來。

翻看新到雜志。與厚宣談所事。

今日初回工作室，此心按捺不定，只得做些機械工作，徐徐收斂。可見心一放便難靜，一班游民之不能安心工作，有由然也。

予出門不及二旬，而所中紀律已歸鬆懈，所中時間較城中已遲一小時，而猶七時不搖起身鈴，則早飯開時必近九時矣。聞開早飯時尚有不起身者，可見人情向下甚易，向上絕難。賓四在此乃一切不問，我真不能作長期旅行矣。

一月七號星期二

補記日記十九天。寫范希純信。

與樹民談。寫志拯，恩紋，魯泉，平山，倬漢，西山，金聲信。整理龍威秘書。

蓉初來談。樹民來談。看《西北論衡》。

一月八號星期三

晨，喚老周搖鈴。寫校長，叢林，雪林，京軒，姚漁湘，唐理，楊家駱，元胎，鏡池，成覺，李蔭亭，應樑信。

上課一小時。寫肖甫，玉哲，幼舟，萬稼軒，趙國儁，國瑜，丁山，舒連景信。

翻《左傳》三冊。

一月九號星期四

晨，喚老周搖鈴。出五種試題十七條，即謄清。

寫吳連城，志拯，大學用書委員會信。西山，賓四來，談話。飯後同出散步。

看新到雜志報紙。

　　西山來，出哈佛來信，謂我《尚書學》編刻八年，至今未報賬，問我交稿抑退錢。此不言可知洪煨蓮搗鬼。《尚書學》賬目俱在北平，而責我以交賬，將強迫我到北平乎！洪氏引我入於社會工作之途，及以子通與季明之事，遂聯帶攻擊我，今乃出此告狀之手段，明知我不能回北平，偏給我以難題！

一月十號星期五

寫愛立才夫，朱炳先，容媛，植新，起潛叔信。用鋼筆版鈔試題三紙。

与樹民，關祥散步。寫向奎，陸步青，陳民耿，王新民，張昌培，覺玄，黄作平信。寫金聲，仲良信。

宴客。翻看《左傳》一册。

今晚同席：樹民　春第　關履安　西山　賓四　厚宣（以上客）　予（主）

一月十一號星期六

寫馮世五，錫永，洪禎，又我，喬端平，自珍，安書芝，偉生，邵潭秋，趙俊信。

改關祥代書信三通。寫逮曾，崇武，顧敦鍒，陶元珍，劉英士信。校《周人崛起》一章寄逮曾，未畢。洪禎來。

開會商新年吃菜事。與賓四厚宣談。看《左傳》半册。

得驪先信，要我到重慶編《文史》半月刊，每月經費五千元，數非不多，無如我精力不繼，且抓不到工作人員何！

一月十二號星期日

寫性妙法師，新都縣政府信。校《周人崛起》章畢。寫雲波，鵬升信。爲炳先，爲霖，玉芳等寫字九件。

寫荆三林，劉炳藜，壽彝，永慶，谷苞，健常信。與自明到崇義橋買物。

賓四，西山，樹民由新都歸，談話。看《左傳》一册。

履安一勞動即腹膈間作痛，恐係腸疾，未易治療，奈何！

今日予又升肝陽，當係一星期中寫信七十一通，精神亢進所致。予真不能努力矣，奈何！

爲聲揚作賀某君聯：

爲家奚必匈奴滅，治國良同素手烹。

爲玉芳作賀某女士聯：

暖日未須吟白雪，新妝恰好對紅梅。

一月十三號星期一

考試"編輯方法實習"，在堂翻《道藏輯要》中張三豐集等書。心田來。寫洪禎，張冠英，徐薄冰三函托帶去。

改關君代書信一通。評諸生課卷。寫標點榜樣兩紙貼布告版上。爲厚宣與元甘失和，爲之調停，且對元甘加以指摘。渠請辭，允之。

與自明到泰華寺。歸，與樹民談。翻《左傳》一册半。失眠，服藥。

予今日對元甘談話較多，夜眠又不佳，蓋予既不能性急，又不能生氣也。履安謂我若作老太爺必好，因飯量好，能走路，按時間讀書著作，無不宜也。

一月十四號星期二

元甘來辭行。考試"目録學"及"春秋史"。在堂翻《輿地廣記》，《元和郡縣志》等書。出關於《半月刊》布告一。改關君代書信二通。補記日記。

與賓四，西山，厚宣同到寶嚴寺，彭氏字塔，張家碾。在桑園茶社中談鬼神事，五時始歸。

翻《左傳》一册半。

元甘爲人過於疏散，全所以彼起身爲最遲，對於職務又不努力，所中實不需此類人，彼既自願辭職，吾亦不留矣。

此半年中，凡去劉樊，王育伊，黃作平，章伯寅，趙南溟，曾繁康，張學閏，劉書琴，廖孔視，黃季高，羅耀武，張伯齊，孫琪華，陶元甘十四人，人事之變化不爲不甚矣。

一月十五號星期三

考試"古物古迹調查實習"及"經學"。看卷，批分。

飯後正欲進城，張冠英來。回所診病，并爲予查血壓。同到場，參觀婦女工廠，在場吃飯。雇車進城，四時半行，六時許到。

到城，與洪禎談。樹民來。自珍來。仲良來。心田來。

予血壓仍一百六十五度左右。

今日下午同席：張冠英　賓四　西山　厚宣(客)　予(主)

一月十六號星期四

與樹民洪禎同吃點。樹民即回鄉。到校長住宅談所事。同到華大校長室，與叔軒談。到齊大辦公室，晤矩生，伯懷，劍濤等。到鴻庵，叔湘處。

到謹載處，再吃飯。到孟韜處，晤其夫人。訪孫永慶，未遇。到康莊街，知張姑丈家已遷。到四聖祠，晤冠一，崔德潤。到春熙路，配錶面，剃頭。

遇本道，忠恕，謹載，同到新新餐廳吃飯。關偉生來。仲良來。

今晚同席：忠恕　本道　謹載（以上客）　予（主）

一月十七號星期五

羅倬漢來。孫永慶來。關斌來。文通，思明來。金聲來。到華大校長室開會，商三研究所合作事。修改致愛立才夫信。到覺玄處。到羅倫士處。到銀行取錢。

小緣來，同到仲良處，并晤錫永。定仲良書價。到在宥處，開會商草合作章程。到齊大會議室，開文學院會。到王嶽處。爲人寫扇。余太太談程澹如事。

斠玄偕刁汝鈞來。導生六人來。到本道處，赴其消寒會。十時歸。本道同來，談至十二時始去，予遂失眠，服藥，僅睡四小時。

今早同會：張校長　劉校長　陳校長裕光　小緣　在宥

今日下午同會：在宥　叔湘　小緣　錫永

又同會：伯懷　雪岩　余太太　王心正　周信銘　矩生　薄冰　張天群　羅天樂　薩爾真　心田　李樹華

今晚同會：蒙思明　謝□□　陳□□　張□□　李□□（以上主）　本道與予（客）

一月十八號星期六

到子杰處，未晤，遇李有行。爲吴璉作挽聯。與導生及自珍等到武侯祠，簇橋鎮。在鎮吃飯。到紅牌樓品茗，到劉湘墓，五時還校。道遇謹載，水世芳，孫永慶等。

到子杰處談。

次舟來。洪禎來。到覺玄處。十時眠，得眠。

今午同席：向少華　紀延壽　何肇發　王大空　殷玉慶　安驥（以上客）　予與自珍（主）

覺玄得重慶來信，謂美國助中國飛機五百架，内有空中堡壘，機械化部隊之機械二十師，蘇聯助中國飛機二百五十架，美國及蘇聯之高等軍官已到重慶。

一月十九號星期日

與洪禎同吃早點。遇金聲，薄冰。趙夢若來。自珍偕澹如來。將前日開會筆記整理重寫。到李幼孚處。到謹載處，晤其夫人。到孟韜處。在長順街吃飯。訪平山，江毓麟，均未找得。訪自珍，不遇。晤張伯懷。

到中美藥房，晤張冠英等。取藥。王心正來。寫騮先信。本道來，爲草中國文化學院組織大綱。

趙夢若來贈物。到華大張校長處吃飯。飯後談三校合作事。歸，洪禎來。寶璋來。斠玄來。心田來。

今晚同席：書銘　在宥　小緣　叔湘　予(以上客)　凌高(主)

華西，金陵，齊魯三研究所，遵哈佛意，出一聯合刊物，一年兩期，大體偏於西陲。第一期由齊魯主編。

一月二十號星期一

五時起，整理什物。寫吳弼臣信。爲羅倫士寫濟之，碧笙，香林信。洪禎邀至小天竺街吃點。九時，與自珍同雇車返所。十二時許到。

送文通等離所。看各處來信。樹民邀至田間談話。鈔丕繩來信。蓉初來談。

與芳霖，厚宣等商所事（爲工人）。履安胃病大發，自下午六時起至上午一時止，嘔吐十餘次，且泄瀉。失眠，服藥。

歸接金鵬信，知李蔭亭君已於十二月卅日逝世矣。樹民得病與蔭亭同時，聞此消息，精神上更不安定，恐樹民前途不光明，奈何！

履安胃疾大發，痛得不堪，將積食完全吐出還不好，凡吐十三四次。近日予傷風甚劇，今夜以履安吐不止，由自珍陪伴，予睡自珍床上。

一月廿一號星期二

寫鴻庵，洪禎，孟鞱信。工人周元通去職。責藍爲霖。補記日記六天。可中來談。

寫楊美真信，孫於三信。出布告一通。寫上周報告。算旅行賬目，開一清單。算此次進城賬目。

與厚宣，樹民同到泰華寺。厚宣來談。

履安今日胃已平復，未進食，臥床未起。

一月廿二號星期三

爲人寫扇面，立幅，橫披等十餘件。平亭胡藍之爭。整理西北所得材料，交樹民整理。又理若干可作筆記者置手頭。

與履安同曬太陽。

與樹民到田間散步，到陳家碾。翻《左傳》半册。

履安起床後尚可支持，惟每一小便，陰門酸痛至不能起，大便又閉結，發痔瘡，前後均病，苦楚殊甚。

一月廿三號星期四

送張女士還城。寫筆記一則入《半月刊》（馬麒墓表）。金北溟來，留飯，并導參觀。

吳新丹，王戟平來，談崇義橋改進事。爲戟平寫立幅一。孫吉惠來。賓四西山歸自城，談。

翻看前數年筆記，找文材。

近日放假，分當作文，而精神一緊張，瑣事又阻之，心中一急，遂使血又上升，心中空怯。我真不能上勁作工矣。使我謝絕人事，隨興作工，則予尚能爲，所惜無此環境耳。

一月廿四號星期五

寫郭子杰，洪禎信，校長信。寫筆記五則入《半月刊》（李達，西北移民，邊境孔裔，邊境語言，羌與西藏），約二千字。修改自明代作《中緬二國之關係》。

應樑自渝來，談，并導觀。

與應樑到泰華寺，陳家碾散步。歸到賓四西山處談。翻《左傳》半册。

一月廿五號星期六

值日。翻看《左傳》畢（第二度）。寫洪禎，金聲，謹載，鴻庵，覺玄信。將自明代作文改訖。爲彬如寫立幅。

記日記四天。翻《清一統志索引》半冊。

與應樑到田間散步。看新到雜志。

今冬與去冬絕異，無大霧。近日天冷，亦有火爐之思。予傷風迄不愈。

一月廿六號星期日

與賓四西山等商所務。翻《一統志索引》第八冊畢。過節，祀先。

理書桌。洪禎來，送到仲良所賣書籍，翻看《唐語林》等。孟韜介紹女僕來，旋去。

過年夜，同桌吃飯。飯後開會，講笑話，唱戲。

今晚同席：江應樑　王樹民　胡文毅　錢賓四　張西山　胡厚宣夫婦　胡正綏　予夫婦　自明　自珍　麗春第　關祥　魏明經　杜光簡　李爲衡　孔玉芳　熊嘉麟

一月廿七號星期一（元旦）

賀年。同桌吃飯。王冰洋夫婦，范振興來。集衆包餃，予司排餃。

與樹民等到泰華寺看廟會，到通俗社小談。歸，與春第等計劃造屋事。開茶話會，請應樑樹民講。

夜飯後續開會，猜燈虎，擲升官圖。

今日三次同飯如上。人多容易熱鬧，視前數年之新年爲有興矣。

今朝頗冷，面盆中結薄冰，屋上霜濃如雪，今冬第一次作寒也。

一月廿八號星期二

整理辦公桌抽屜。

到通俗社赴宴。辭歸。看黃炎培《蜀道》等。爲矩生作其母冷太夫人壽序。

在所開會，猜燈謎，唱戲，至九時訖。

今午同席：予　自明　自珍（以上客）　王冰洋夫婦　范振興（以上主）

一月廿九號星期三

爲矩生作文訖，即寫入橫幅中。爲應樑事與賓四商。爲下午進城，整理諸事。

十二時許出，雇車入城，三時至華西壩。訪矩生不遇。晤張雪岩等。錢霖來。訪又我，次舟談。訪校長未晤。訪鴻庵夫婦，留飯。遇郭普，章之汶。

到覺玄處，并晤抱冲，談至九時歸。

今晚同席：予（客）　鴻庵夫婦（主）

米貴至三百元以上一石矣，肉貴至三元以上一斤矣。大家覺得生活煎迫無法解決，一見面即談吃飯問題。今年如不反攻勝利，許多人將乾死！

一月三十號星期四

葉彬如來。寫履安信。訪校長談所事。在其家吃早飯，并晤王畹薇等。在小天竺街晤馮漢驥，與同到天國園吃茶，談應樑事，并晤陳德甫等。

德甫邀至其家吃飯。二時許歸，寫應樑信。王心正來。出，訪金聲，不晤。訪文通，子豐，亦不晤。還校，寫漢驥信。訪順東，未遇。到叢林處。

郭普，雷轟，魯玲，金元濟來。周銘謙來。叢林來。八時始吃夜飯。遇次舟，同到宿舍，談至十時半始去。

今午同席：漢驤　名均　在宥等凡八人（以上客）　陳家驤（主）

驤先必欲予到渝辦《文史》半月刊，今日與書銘言之，渠必不任行。當由校代爲辭謝。

應樑來此數日，不見禮於西山，因之其考察費遂無着落。進城求之劉校長，亦遭拒。幸漢驤主川博物館，正需要邊區調查人才，慨允二千元，乃得成大凉山之行。噫！

一月卅一號星期五

思明來。金聲來。萬雋（燮調）來。張維城來。到注册課，晤又我矩生等。乘車到沙河堡，換乘鷄公車到秀水河，訪張姑丈家於四行疏散區，留飯。并晤林祖華夫婦等。

二時許出，步至汽車站問應樑行李。雇車到宋公橋訪佩弦夫婦。出，步至春熙路，訪陳祐誠，冷亮，并晤程齊智，在祐誠處寫克讓，安宅，邊政會，顧謙吉信。同出，飯於大三元。

歸，西山來。次舟來。心田來。洪禎來。矩生來。

今午同席：予（客）　張姑丈夫婦　子豐夫人　珍妹　子豐二女（主）

今晚同席：陳祐誠　冷鏡清　予（以上客）　程齊智（玉英）（主）

前夜以多談話失眠，昨夜以次舟去時太晏失眠。今日過東門，買天王補心丹四兩（價三元二角）歸，服之，眠亦稍早，乃得安寢，可見中藥亦自有其效力也。

予至今日，一作事即心蕩血升，幾於不能工作矣。推原其故，蓋由性情好大，好多，好快，好完備，好精密，一己之志願已做不了矣，而又不肯却人之求，又欲使百物皆得其所，外界之糾纏又紛集矣。如此生活，縱鐵打身體亦將弄壞，何況本質原不強耶！自今以往，總須少事才好。如其不能做到，不但心中永遠亂，而且年壽必促，等於自殺矣。思哉思哉！　　　卅年一月廿八日記。

17　Boylston Hall,

Cambridge, Mass,

December 10, 1940.

Dear Professor Ku:

In April, 1932 (before I was appointed Director of this Institute), the Trustees of the Harvard-Yenching Institute voted that US $ 2, 000 be paid you during a period of three years for the publication of a historical study by you on the Shang Shu Hsueh. My attention has been called to the fact that the Institute has never received this work, and we do not even know how far it has progressed. At their meeting on November 18, 1940, the Trustees voted that I should write you to find out why the Institute has never received your publication; that you be asked either to send the manuscript to Yenching University or to return the grant to the Institute, and that a copy of my letter be sent to President Liu.

The consensus of opinion among the Trustees was that they have been very lenient during eight years in not insisting that they receive the publication for which they spent such a considerable sum, and that they would be lax in their duties if they allowed more time to elapse without obtaining either the manuscript or a return of the funds.

Will you please let me hear from you in regard to this matter as soon as possible.

Sincerely yours,

Serge Elisseeff

Director

Professor Ku Chieh-kang,

　　Shantung Christian University,

　　　　Chengtu, West China.

　　　　　　　　　　　　　　　　Shantung Christian University

　　　　　　　　　　　　　　　　(Cheeloo University)

　　　　　　　　　　　　　　　　Chengtu, Szechwan,

　　　　　　　　　　　　　　　　West China.

　　　　　　　　　　　　　　　　31st January, 1941

Professor Serge Elisseeff,

Harvard Yenching Institute,

17, Boylston Hall,

Cambridge, Mass.

Dear Professor Elisseeff,

　　Yours of December 10th 1940 has come to hand. Regarding the questions in connection with the study of the Shang Shu Hsueh, I wish to reply as follows:

　　In 1931 when I was at Yenching, Professor William Hung consulted me about plans for research work, and the compilation and editing of materials. I said I would like to make a study of the Shang Shu, the first step being the collection of source materials, compiling some books for reference, and a set of lectures for students. Accordingly Professor Hung applied for a grant of $ 2, 000 from the Harvard-Yenching Institute for this work. This was duly received in 1932.

　　My work during several years proceeded along the following lines:

　　1. The compilation of the Shang Shu Tung Chien (A Complete Concordance to the Shang Shu). This is an index for each and every word of

the book. This work was published by the Harvard Yenching Institute, Peiping, in December 1936.

2. The compilation of the Shang Shu Wen Tze Chi (A Collection on the orthography of the Shang Shu). The collection of classical manuscript copies from the Han, Wei, Tang and Sung Dynasties as well as from Japan, classified and re-arranged, and to be printed from wood cuts. As many of the original Chinese copies at Tun Hwang had been taken away by Sir Auvel Stein and Professor Pelliot it took considerable time to have them photographed through friends in London and Paris, and afterwards mailed to Peiping. Moreover as many places in these Tun Hwang copies and in the Japanese classical manuscript copies were far from being clear, it was found desirable to have the whole material re-copied by photographic process by Mr. Ku Ting-Lung. Thus the completion of this work was delayed until 1936. I still recall that when you came to Peiping in the summer of 1937 I showed you a portion of the red sample copies already printed from the wood blocks. Unfortunately the Sino-Japanese hostilities broke out the month immediately following your departure from Peiping. Ever since the emergence of the Manchurian Question I had been prompted by love for my country to make repeated efforts in Anti-Japanese undertakings (being then a member of the Yenching Faculty Anti-Japanese Association). It was then that the Japanese military headquarters attempted my arrest: hence I was obliged to leave Yenching in a hurry. That was why the engraving of the book was not completed. At the present moment the draft copy is still being preserved in the Wen Kai Press, Peiping. I might write to have it completed quickly, but under war conditions and disorder with Peiping and chengtu under the control of two different governments, freedom of correspondence is greatly restrict-

ed. It is probable that some delay would occur.

3. The compilation of the Shang Shu Hsueh Lun Wen Chi (A Symposium of Essays on the Shang Shu). This volume contains about one thousand articles from collections of works from various competent authors, selected and copied during 1932—1937. The whole work is not yet completed. The manuscripts are today being kept in the President' s house at Yenching. As soon as the war comes to a conclusion I will go back to Peiping to spend one more year in making arrangements for its publication.

4. The compilation of the Shang Shu Yen Chiu Chiang Yi. (Lectures on the study of the Shang Shu). Five volumes of these lectures were published in 1932—1935. There are other portions already printed but not yet bound. These portions are also kept in the President' s house at Yenching.

Of the foregoing works 1 and 4 must already be in the Harvard University Library; Please check this. For 2 I am going to write to Peiping to urge its completion. The compilation and completion of 3 must wait until after the war. I feel really very upset about the delay in the whole undertaking, but I earnestly hope that you and the Trustees will forgive me. The first five years were the period in the course of which I did my work. During the last three years the work had to be suspended because of the war. This was an unfortunate but unavoidable happening.

As regards the accounts and receipts for the whole of the copying and printing involved, circumstances did not permit me to bring them out of Peiping, because of my hurried departure. Friends later put them away among my books which they packed up for me in boxes and trunks. The books are too numerous and too closely packed to permit any particular documents to be singled out. I venture however to give you a tentative atatement from memory:

I . The grant received totalled ＄ 2, 000. This according to the exchange rate in 1932 was equivalent to Ch. ＄8, 500.

II . The expenses involved are as follows: (expressed in Chinese currency).

　　a. Salaries of two assistants, Messrs H. J. Chao and T. M. Chang, for copying work under 1, 3 and 4, each ＄ 360 per annum: both worked for 5. 5 years.

　　　　Approximate total ···································· ＄ 2, 000

　　b. Photographs and reproductions of original copies of the Shang Shu ·· 600

　　c. Payment for photo-copying by Mr. T. L. Ku ············· 500

　　d. Cards, draft paper & other stationery ····················· 400

　　e. Printing charges for the Shang Shu Tung Chien (Complete Concordande of S. S.) ···································· ＄ 1, 000

　　f. Seven volumes of the Lectures on the study of the Shang Shu printed, averaging ＄ 250 a vol ································ 1, 750

　　g. Typing of the Shang Shu Wen Tze Chi (Collection of the Orthography of the S. S.) already paid ＄ 2, 000; the portion left including printed will require another ＄ 2, 000 ···················· 4, 000

　　　　　　　　　　　　　　　　　　　　　　　　　＄ 10, 250

The above seven items amount to a total of a little over ten thousand two hundred dollars Chinese currency, which is in excess of the original grant by nearly ＄ 2, 000, and this excludes the publication expenses of the Shang Shu Lun Wen Chi (A Symposium of Essays on the Shang Shu). During the next few days I will write to the various printing presses and agents and ask them to send me receipted invoices. As soon as these all come to hand they will be sent to you by post as formal vouchers.

    With kind regards.

        Sincerely yours.

　　校長於二月一日見招，謂西山自崇義橋歸，謂錢，胡二先生對於研究所極熱心，極有意見，擬此後照文學院例，開所務會議云云。

　　所務會議自當開，惟錢，胡二位有意見何以不對我説而向西山説，西山何以亦不對我説而對校長説，必由校長以傳達於我乎？此中之謎，不猜亦曉。予太負責，致使西山無插足地，故渠必欲破壞之。渠對賓四，忠順萬狀，其目的則聯甲倒乙而已。予體力如此，本愁無息肩之方，此殆其機會乎？

一九四一年二月

二月一號星期六

　　到又我處。到校長處，進點，談所事。劉述烈來。薩爾真來。芳霖來。薄冰來，爲修改校長致驪先信。謹載來，與同出，到祠堂街吃飯。到開明書店訪雪村，并晤聖陶全家。在陝西街晤戴樂仁先生。

　　到謹載處，見其女，爲題名。到沈遵晦處，開邊疆學會第三次籌備會，五時半散。

　　到漢驤家吃飯。與應樑同出。到聖陶處談話，至九時歸。

　　今午同席：予（客）　謹載（主）

　　今晚同席：文通　應樑　予（以上客）　馮漢驤（主）

　　今日下午同會：莊學本　聞在宥　王抱冲　沈遵晦　洪謹載

林冠一　韓儒林　馮漢驥　江應樑　李鴻音（紀錄）　予（主席）

二月二號星期日

　　與聖陶同到子杰處，吃點，寫封面二。希成來，與聖陶同到予寢室。范可中來，西山來。女生六人來。到聖陶處，與其全家到靜寧飯店吃飯。

　　飯後伴葉伯母及至誠等游公園民衆教育館。回陝西街，又與至誠等五人同到華西壩，游覽一過。費三小時，尚未遍。送之翻城墻至文廟後街而歸。

　　到子杰處赴宴。洪楨來，與談西山事。

　　　今早同席：聖陶及予（客）　　子杰（主）

　　　今午同席：葉伯母　聖陶夫婦　至美　至誠　至善夫人　章雪村（以上客）　予（主）

　　　今晚同席：聖陶　佩弦　張雲波　予（以上客）　子杰（主）

　　　今午點了八樣菜，價五十一元，真上不起館子矣。

二月三號星期一

　　七時與洪禎同出吃點。八時上車，十時半到崇義橋。至福音堂，晤吳新丹，吳連城，郭定成。與連城定成同歸，參觀，留飯。

　　三時客去。與樹民談所事。程澹如女士來，與之同游泰華寺等處。與西山厚宣談澹如事。

　　看各處來信。與厚宣談所事。

　　　崇義橋各機關謀改進鄉政，招予參加，予事繁而體弱，實不當加入，惟看楊美真女士辦理婦女工廠之熱心，又不忍不助之。

二月四號星期二

　　到婦女工廠，出席各界頌神聯歡會。爲工廠寫意見册。十一時開會。至二時許散會。

到葉席儒處小坐。歸，齊大諸同學已來，與同飯。導游後園，泰華寺，通俗社，陳家碾等處。歸，爲諸同學張羅被褥。

晚飯後開同樂會，九時許散。

今日上午同會：楊美真　王延齡　吳新丹　孫又生　昌杰臣（主席）　葉席儒　沈澗南　王伯和等約四十人

本日來所之齊大同學：曾洛生　白雪嬌　滕慶瑗　王淑蘭　龔希信　王彥亭　沈元津　王選駿

二月五號星期三

與齊大諸同學同出，到華美女中參觀，到婦女工廠買物，聽楊女士講該廠經過。到福音堂，中心小學。諸同學邀午餐於南門外。

到萃杰善堂參觀。諸同學返城。予與自珍，嘉麟，澹如歸。點自明所鈔《隨筆》。爲萃杰善堂寫屏條。草開會通知書兩件。點定邊疆學會章程。

與樹民談所事。與自明，爲衡到泰華寺看龍燈。看《正氣歌注》。

今午同席：予與自珍　嘉麟　程澹如（以上客）　洛生　雪嬌　慶瑗　淑蘭　希信　彥亭　元津　選駿（以上主）

今晨霧中看竹林流水，大有瀟湘烟雨滋味。

二月六號星期四

寫劉福同，余太太，湯吉禾信（均爲程澹如事）。寫任叔永信（爲方柏容）。寫謹載信。吳新丹信。補記日記八天。

送江應樑及西山行。整理信札文件。與熊女士談。與孔，胡兩女士談。算賬。

與自珍談。

二月七號星期五

搜集所中文件，擬一"所務會議討論問題綱要"。送澹如及自珍行。

一時，與賓四，厚宣到張家碾茶社談所務，準備所務會議之提案。五時歸。丁廷湑來，未晤。

看《左傳》一卷。斑竹園有龍燈來，因到時已九時許，將就睡，未觀。

二月八號星期六

鈔《雙流游記》五千言，粗畢。

平亭胡太太與芳霖争茶水事。責關祥。新書記陳希三來。

與蓉初談。看《左傳》半卷。

子杰爲《文史教學》催文甚急，不能不作。初意將雙流新津合爲一篇，不意一寫，雙流便覺太長，只能先送一縣矣。未寫時覺問題簡單，寫成後又覺應推敲處不少，急切未能改好。作文之難如此。今天一日寫五千字，年餘所未有，或予之血壓能略低乎！

二月九號星期日

翻嘉慶《四川通志》及《路史》，《繹史》。爲人寫横披一紙。范振興來。與胡文毅，玉芳，彬如等談。

與賓四，厚宣同進城，四時半到，將行李放入省立圖書館。與文通談。

赴朱家宴於華興街中國食堂。赴雪舟宴於陝西街開明書店。與孟軺同出。訪應櫟不遇。與文通賓四談至上午二時。

今晚同席：龔向農　劉豫波　蒙文通　文登　思明　周謙冲　何魯之　馮漢驥　賓四　厚宣　書銘　西山等（凡兩桌）（以上客）　朱良輔，炳先父子（主）

今晚又同席：嚴谷聲　朱孟實　朱佩弦　聖陶　至善　孟軺

俞守紀　夏承法　程祥榮　馮月樵等(凡兩桌)(以上客)　章雪舟(主)

二月十號星期一

與文通，賓四同到走馬街如意館早餐。遇守紀。回館，參觀書庫。蒙文登來。鈔《新津縣志》材料。

到新明戲院，看英德大戰電影。到梓橦橋觀振興吃飯。到校訪自珍不晤。訪洪禎，值其病，與仲良談。訪廷洧，不晤。訪鴻庵，亦不晤。訪叔湘，遇之。再訪自珍，遇之。晤富伯平。到校長處談。

寫光簡，新丹信。到新新餐廳吃飯。與賓四回館。再與文通談至十二時。

今早同席：文通　賓四

今午同席：文通　賓四　（均我作主）

今晚同席：賓四　次舟　厚宣（主）

觀振興堂倌確係蘇州人，惟物價甚貴而口味不好，一碗鱔絲飯至一元三角，遠不及蘇州鮮，惟豬油糖包較好耳。

二月十一號星期二

安克諧來，商印書事。又到如意早餐。高公翰來，長談。朱炳先來。劉述烈來。宴公翰於大三元。

二時，開三校研究所聯合出版委員會會議。四時，開第一次所務會議，六時散。文藻，伯懷來。

寫劉述烈信。劉校長邀宴於新新餐廳。到斛玄處。到子杰處。待賓四課畢，與之同歸館。公翰，人梗，佩弦，孟實來。

今早，文通作主。

今午同席：高公翰　文通　賓四（客）　　予（主）

今晚同席：賓四　厚宣　西山　又我　吉禾　心田　次舟（以上客）　書銘（主）

今日下午同會：張凌高（主席）　在宥（紀錄）　呂叔湘
陳裕光　李小緣　錫永　賓四　書銘

今日下午又同會：予（主席）　書銘　賓四　厚宣　吉禾
又我　次舟　心田　西山（紀錄）

二月十二號星期三

早與文通賓四到走馬街吃羊肉麵。與賓四到商業街，請黃子箴
相面。出，到君平街一帶買書，遇張昌培。到校，遇高公翰，同到
郭家吃飯。

飯後回舍，晤羅倬漢。遇仲良。二時，續開所務會議，至四時
半，會散。又開史社系歷史組會議，六時散。即到明湖春赴宴。

回館，張怡蓀來，談至十時許。

今早，文通作主。

今午同席：程天放　高公翰　孫心磐父女　文通　潘大逵
（以上客）　郭子杰夫婦（主）

今晚同席：文藻　吳貽芳　趙望雲　張凌高　陳裕光　賓四
雪岩　西山　天群（以上客）　書銘　伯懷（主）

今日下午同會：所務會議如昨。

又同會：羅天樂　王心正　李樹華　賓四　厚宣　西山（主席）

二月十三號星期四（正月十八日）

早起，文通邀至古城香吃湯圓。八時半，自圖書館出發。十一
時到所。看各處來信。

金静來。寫廷洧，洪禎，文通，張冠英，元甘，嚴谷聲信。看
新寄到之北平圖書館出版書。

燈節會餐，餐畢開同樂會，打燈謎，游戲，唱曲，講笑話。十
時散。

北平圖書館於去年二月廿七日所寄書，自昆明至成都，直至上星期始到，已歷十二個月，總算未滿一年。郵件之遲，一至於此。此類書在北平看得平常，如今竟成瑰寶。

昨與賓四到黃子箴處相面，渠有絕技，言人父母在否，兄弟幾人，兒子幾人，無不合者。予往，彼書"父母亡，兄弟無，子無"，惟謂予不久將得子，且予年壽高，得見其成立。又謂予當納妾，今日夜宴，賓四爲履安道之。子箴又謂予將從學界改入政界，有許多人給我管。

二月十四號星期五

寫鴻庵信。記日記四天半。將圖書工作分配各人。重草《雙流游記》三千言。

與樹民出外散步到萬年橋，與賓四遇。歸，告賓四以母喪消息。

與樹民，厚宣伴賓四出外散步。翻看《蜀中名勝記》。

賓四母喪之航空已到三日，予昨日歸，即欲告之，眾人勸暫緩。然看賓四精神不寧之狀，覺得不如使其解決此問題爲善，故徑告之，任其一哭。

二月十五號星期六

重草《雙流游記》畢，本文凡六千言。沈嗣莊來。商文化研究院事。

宴客，并導參觀。

看《左傳》半册，龔向農《經學通論》數頁。

今午同席：楊美真女士　范希純女士　Miss Parsons（巴）　佩弦　張冠英　吳新丹　王延齡　熊嘉麟（以上客）　予夫婦（主）

嗣莊來，囑爲中華民族文化研究院發起人，該院設置，醞釀已久，近始具體化，由僑商胡文虎出資，每年經費可一二百萬元，果能成功，使我能放手做去，亦一快事也。

二月十六號星期日

看樹民新草之《洮州日記》。寫矩生信。與履安同到場，至中途，遇文藻，伯懷，賢璋，希純，退歸，陪同參觀。仲良來。葉席儒，賴品三來。

與仲良文藻等同到場，與文藻等同到華美女中赴宴。并參觀。出，到婦女工廠參觀，并進晚餐。薄暮，與履安同歸。

翻看《左傳》半冊。失眠。十二時，起服藥。

今午同席：文藻　伯懷　賢璋　杜順德　施牧師　楊美真　盧太太　予夫婦（以上客）　范希純　李師母（主）

今晚同席：昌杰臣　范希純　喻煦如　巴教士　盧□□夫婦　予夫婦等（以上客）　楊美真　王延齡（主）

二月十七號星期一

值日。鈔《新津縣志》材料。范振興來。寫《蜀中名勝記》書端書根。

修改爲衡所鈔予《雙流游記》，訖。葉席儒，賴益澄來，商加房金。

翻看《新津縣志》。

房東欲將房價漲至一百八十元，謂去年租屋卅元可買五斗多米，而現在則斗米三十元也。

二月十八號星期二

寫張雲波，胡雲翼信。續鈔《新津縣志》材料。

與樹民到田間散步。

翻《清代邊政通考》及《蜀中名勝記》。

履安每次小便，輒有些血，又酸痛不能起立，越半小時方好。定於本星期五進城，陪之赴四聖祠治療。她的病痛太多了！

二月十九號星期三

鈔《新津縣志》材料，訖。

劉縱一來，留飯。

與樹民到李家墳散步。看《左傳》半冊。

二月二十號星期四

寫希純信。整理第一次所務會議記錄。賓四來談。算賬。宓賢璋來，長談，留飯。

寫蕭心如信。寫工作報告三星期。檢點携城物品。整理書桌。分配各人工作。

與樹民散步。看《左傳》一卷。

二月廿一號星期五

整理行裝，八時半離家，到崇義橋，尚無膠皮車，與履安同乘雞公車到北門。途遇書銘。十二時半，到服務部，稍憩，與雪岩談。由冠一伴至廣厦飯店落宿。

與履安到觀振興吃飯。予到服務部取行李到客棧。到美美髮廳剃頭。到圖書館訪文通，還《新津志》。爲陸秀女士寫幼稚園招牌。看《新津鄉土志》。與履安到稷雪吃飯。

文通，蘊剛來。西山冠英來。伯懷來。查夜者來。失眠，服藥。

二月廿二號星期六

張冠英來，同到觀振興吃點。送履安到醫院，晤燕慨歌（趙），樂小姐，林廉卿等，即住入四〇三號病房。予回寓，檢點送院物件。寫自明信。

自珍偕程澹如來，同送物到院。予先出，到遵晦處開第四次籌備會。五時半會畢。訪胡雲翼，未遇。到醫院。

到服務部，與伯懷談，并晤王君，大雨，借傘靴而歸。失眠，服藥。

履安入三大學聯合醫院（仁濟）二等病房，每天五元，先作普通檢查，再作特別檢查。

二月廿三號星期日

校《責善》十九期，未畢。傅矩生來。一山偕洪禎來。與洪禎同到醫院。與履安自珍同到松鶴樓吃飯。又至一北方館吃麵。予獨至四川旅行社訪一山，并晤藜仙。

與履安自珍到青年會看《萬花園》片。回寓，思明來。小眠。賢璋來。與賢璋及履安自珍到觀振興吃飯。遇劉衡如，吳伯濤。與自珍送履安回醫院。

到藜仙家吃飯，飯後打牌四圈，九時許歸。失眠，服藥。

今晚同席：賢璋（客）　　予夫婦及自珍（主）

今晚又同席：一山等（客）　　藜仙父女及媳（主）

今晚同打牌：一山　藜仙第三女　藜仙之媳　（予輸十五元）

二月廿四號星期一

續校《責善》十九期。到醫院。到春熙路遇仲良，同到五芳齋吃點。到圖書館訪守廉。十時許到校，晤芳霖洪禎等。到校長室，并晤 Green，吳克明等。與書銘一山同到新村潘宅吃飯。寫陳志潛片。

到技藝專科學校，晤校長李有行及趙夢若。由夢若伴至九眼橋金大教職員宿舍，晤羅倬漢。出，到謹載處，并晤張官廉，品三，文藻。草邊疆學會開會通知書稿。

與謹載同到蓉新印刷公司。謹載邀至吳抄手吃飯。訪一山，未晤，遇仲良，與之同到廣厦。洪禎來。再訪一山，晤之，談史學會事。到醫院。服補心丹，得眠。

今午同席：文藻　一山　書銘　袁君夫婦　藜仙　藜仙第三女等（客）　潘大迴（壯逢）夫婦　潘大逵（主）

二月廿五號星期二

七時，到圖書館，與周守廉同到建本小學看屋，晤施彬如。出，到東大街吃飯。到中航公司送文藻及一山行。十時，車發。到醫院，到華西壩，晤賓四，次舟，曹女士。到小天竺，晤本道，同到茶館，晤高鞏白，談至十二時半，到新新餐廳吃飯，爲書銘所邀，同桌。

到蘊剛處，同到克剛處，晤其夫人，又同到文化研究所，晤叔湘及鴻庵。到廣益，晤在宥及名均。出席齊大教職員同樂會，五時散，即出，到謹載處，未晤。訪李長之，晤之。寫驪先，廷洧信。

到醫院，到松鶴樓吃飯。到文通處談。服補心丹，得眠。

今午同席：吳克明　李旭升　伯懷　劍濤　高鞏白　郭本道等（客）　劉書銘（主）

今晨在飛機站所見人：文藻　一山　陳裕光　吳貽芳　常燕生　宋漣波　田雲青　徐盈　伯懷

二月廿六號星期三

校《責善》十九期畢。至服務部，晤冠一。到榮華寺訪田雲青。到醫院。出，吃飯兩次始飽。回寓，韓笑鵬來。

草邊疆學會宣言數百字，未畢。寫又我，李得賢信。賢璋來，同出，予到春熙路買物，到醫院。趙夢若夫婦來。洪禎來。張克剛夫人偕其次子來。回寓，冠一來。

　　到大三元赴宴。歸，到服務部還傘，晤冠一。歸，得眠。

　　　　今晚同席：賓四　西山（以上客）　　伯懷（主）

二月廿七號星期四

　　大雨，未出，作邊疆學會宣言訖，凡千五百言。寫子杰信。十二時，文通偕其弟季甫及李自靖來。

　　一時半，改文訖，出吃飯。到服務部，晤伯懷，冠一，以宣言稿付印。到醫院陪履安，看《聊齋》一卷。五時半離院，到幼孚處談會事。出吃飯。道遇子杰。

　　到謹載處，并晤品三。冒雨歸，看諸家畫說。九時半眠，失眠，十一時半服藥。

二月廿八號星期五

　　到服務部，校宣言鈔樣。到醫院。出，到芥厘黃吃點。歸寓，爲子杰草四川文物小叢書條例。記日記七天。記賬。寫子杰信。到署襪街寄信。到明湖春赴宴。

　　三時半，回寓。到醫院，看《聊齋》。五時半出，飯於署襪街徐來小酒間。七時，到謹載處。

　　在謹載處開邊疆學會籌備會。九時歸，至十二時後始得眠。

　　　　今午同席：賓四　文通　李賢巽（客）　　李自靖（主）

　　　　今晚同會：李幼孚　沈俊亞　王抱冲　謹載

一九四一年三月

三月一號星期六

　　到服務部取宣言印本。與伯懷談。到醫院。到田雲青處，進牛乳，與同出，到華大博物館參觀。晤名均及葛維翰。到書銘處。遇自珍等。到洪禎處。到小天竺街吃飯，晤羅倬漢。

到金大神學院，遇胡昌熾。到蔣翼振處。到華西大禮堂。到在宥處，赴邊疆學會成立會，與任映蒼等談。三時開會，六時散會。與抱沖等到新新餐廳吃飯。

談至九時出飯館。與金聲到王嶽處，并晤馬君，與金聲同進城。失眠，服藥。

今日同會：柯象峰　任映蒼　黎光明　孫元良　洪謹載　王抱沖　雷轟夫婦　李自靖　趙廉　王樹民　李金聲　黃和繩　蒙思明　姜蘊剛　傅葆琛　林名均　羅忠恕　張伯懷　李幼孚　沈遵晦　郭普　李得賢　陳家芷　韓儒林　張維華　魏洪禎　林少鶴　郭有守　張劍濤　劉篤　胡曉昇　蔣翼振　韓伯城　張雲波　孫次舟　侯寶璋　劉叔遂　宓賢璋　李通甫　韓笑鵬　朱惠方　黃轅孫　馮漢驥（共到八十五人）

今晚同席：抱冲　樹民　金聲　洪禎（以上客）　予（主）

三月二號星期日

樹民，洪禎來。與樹民同到觀振興吃點。回寓，西山來。與他們三人同到醫院，簽手術單。回寓，履安來，藜仙來，與同出，到卓雨農處診脉。出，到松鶴樓吃飯。

與藜仙別後，與履安同到商業場品香吃茶。四時歸寓，樹民偕李在淑女士來。陳翼文來，偕到明湖春吃飯。與書銘同出。予到醫院視履安。到服務部，晤冠一。

歸寓，雷轟郭普來，爲雷君寫紀念册。十時，伯懷送信來。服天王補心丹，得眠。

今午同席：劉藜仙（客）　予夫婦（主）

今晚同席：劉錫恭　張冠英　畢金釗　于文源　劉書銘　張

西山　孫升堂　邱宗豪（以上客）　　陳翼文　張居溪（以上主）

　　昨日邊疆學會選舉：理事：顧頡剛　張伯懷　柯象峰　張雲波　李鴻音　陳碧笙　艾沙　姜蘊剛　任映蒼　候補理事：聞宥　韓百城　金毓黻　監事：沈遵晦　馮漢驥　孫元良　郭有守　陳芳芝　候補監事：田炯錦　蔣翼振

三月三號星期一

　　李通甫來。任映蒼來。出，遇賢璋，與同到醫院，適履安往檢查，未晤。出，訪李自靖，未遇。到戴樂仁處吃飯。

　　到校，丁廷洧來。李得賢趙迪來。看《燕京學報》廿八期。與賓四西山同到薩爾真處開文學院院務會議。六時許出，晤吳金鼎夫婦。

　　趕至汪家拐，參加學會理事會。八時畢，到不醉無歸吃飯。九時半，到青蓮巷看屋，遇崔鼎及沈君。十時歸。服補心丹。

　　今午同席：予與謹載（客）　　戴樂仁夫婦（主）

　　今日下午同會：張伯懷（主席）　　薩爾真夫婦　余劉蘭華　石蘊山　韓及宇　賓四　西山　林昇平　羅天樂　張國安　張雪岩

　　下午又同會：李幼孚　沈遵晦　柯象峰　韓伯誠　蔣翼振　李金聲　王樹民　洪謹載　王栻　韓儒林　予（主席）

三月四號星期二

　　寫自明，彬如，中英庚款會信。修改宣言。樹民來，與同到醫院。出，吃點。到任映蒼處。出西門，到茶店子，晤冰洋，元甘。

　　到教育科學館，晤雲波。在茶店子吃飯。還城，道遇子杰。到醫院，并晤自珍。五時還寓，戴家齊來，同到廣東食品公司吃飯。

　　李通甫來。孟輯來。伯懷來。看《聊齋》全集。

三月五號星期三

到醫院，與王政，梁，黃，劉諸醫師談。黃和繩來。到燕慨歌處付款。與履安同出，到松鶴樓吃飯。

回寓，洪禎來，藜仙來，王心正來。看《聊齋‧幸雲曲》。五時，與履安同到長美軒吃飯。送之到院。到謹載處，未晤，留條。

寫自珍信。到賢璋，洪禎，心田，覺玄，抱冲處。十時歸。十一時起服藥。

履安之病，經醫檢驗，知其肺有結核，膀胱潰爛者有三處，小便帶血，即由此來。明日將查腎臟，而打一針即須一百五六十元，照相又須一百元，此次單一檢驗即已不了。

三月六號星期四

洪禎來，取物帶校。劉述烈來。子杰來。賀覺非來。九時動身，十二時到所，即進飯。道遇賴品三。

與自明筆談履安事。視察土木工及所中各事。看各處來信。與樹民厚宣出外散步。

疲倦，早眠。

予近日眼澀，今日取藥塗之，較愈。

三月七號星期五

算賬。開會，與諸生談工作。補記日記十四天。

校點次舟論魯學一文。與芳霖同到華美，訪希純。又到元興紙莊，與葉席儒，賴品三，賴益澄談加房租事。五時出，在場吃飯。

看龔向農《經學通論》。

今日關祥辭職，明日范午亦將改就省立圖書館職，人事紛更，良不易措置。

三月八號星期六

寫兩星期工作報告。重草研究所組織大綱付印，又草本所集體工作之現狀及將來計劃，個人研究計劃。開目錄學研究程序單與胡文毅女士。

彙合研究生論文題目。草應聘職員單，已付未印書名單。與賓四厚宣議所務。送范可中行。冰洋，振興來。

看新到雜志。

三月九號星期日

六時半，與自明及胡文毅女士同出，予乘鷄公車，她們步行，九時到北門。在小店吃點。與自明到醫院，遇王政，則履安已出外，尋至科甲巷，遇之。則與自珍同出看電影，即同至芥厘黃吃飯。

送履安回院。文毅來。送自明到省圖書館，晤廖又平，吳金鼎。與自明文毅同至棉花街。再到醫院，晤洪禎。

與諸人同出吃飯（老鄉親）。挾行李回校。遇孫吉士，周信銘等。到校晤鴻庵夫婦。自珍，澹如來。忠恕，叢林來。

今晚同席：胡文毅　魏洪禎　自明　自珍　予（主）

王政告我，經日前檢驗，履安右腎甚好，惟左腎則模糊一片，不知其病之究竟。　今日履安一走動，酸痛之甚，幾不能舉步。昨日履安旁榻一婦人以心臟病去世。

三月十號星期一

矩生來。與心田到東北小食堂吃點。到校長家，商所務。到院，伴履安，看《聊齋》。到回回來吃飯。

訪趙夢若夫婦，未遇。到青蓮巷，開邊疆學會第一次理監事聯席會議。與勁修同到省府招待所訪賀衷寒，談邊疆事。

在鼓樓榮樂園吃飯。爲孫升堂題《聖教序》。

今日同會：柯象峰　李鴻音　沈遵晦　張伯懷　蔣翼振　洪謹載　黎光明　任映聲　李金聲　韓鴻庵　張雲波　孫元良

三月十一號星期二

與賓四到東北小食堂吃點。到醫院，晤勁修，渠將送其夫人來此治心臟疾。到燕愾歌處，同到劉榮耀處，商履安病治法。黃克維，董秉純來視疾。到忠恕處。

到華西研究所，開第二次聯合出版委員會。王雲五偕其子學哲來訪。到齊大會議室，開第二次所務會議。六時畢。與賓四到東北小食堂吃飯。寫冰洋信。

到次舟處，并晤叔遂。到又我處。到象峰處。到望雲處。

聽醫生言，履安病爲膀胱炎，洗之可愈，俟此病愈後再檢查腎臟。蓋上次雖經查過，而症象尚不清楚，不知是先天左腎壞，抑係由結核所致。若係先天壞，則不割亦可。如係結核所致，則不割恐益蔓延耳。如膀胱炎好，則小便即不致出血，可以減少無量痛苦。

今日同會：書銘　在宥　叔湘　小緣

今日又同會：書銘　賓四　次舟　吉禾　寶璋　心田

三月十二號星期三

寫邊疆學會招牌。與賓四到松鶴樓吃點，遇守己，又同到醫院，視履安疾。冰洋夫婦來。吳公良來。自珍來。在院視伍敏如疾。與賓四同出，到文通處，并晤文登，述烈。予重至醫院，與自珍同出，飯於稷雪。

赴江蘇旅蓉同鄉會成立大會，爲主席。途遇趙守義。五時許畢，出，遇次舟及叔遂，宴之於老北風。步歸校。

到金大農院宿舍訪郭普，并晤魯玲等。爲劉尚一來，急回廣益，則已去。

今晚同席：劉叔遂，孫次舟（客）　予（主）

同鄉會到者六百人，聞登記者已三千餘人，實際當有二萬人。成都一地已如此，可見江蘇流亡者之多。

在宥昨給我一信，退出邊疆學會，措辭真豈有此理，渠爲人如此，我不必再與交往矣。

三月十三號星期四

到思明處。與心田同到小天竺吃點。遇鴻庵。到林名均處。到叔湘處，并晤在宥。到張克剛處，并晤蘊剛。到金大，晤衡如，小緣等。到叔軒，葆琛處。再到克剛處午餐。

到醫院，夢若夫人已在。看《聊齋》。訪陳家芷，未晤。道遇張奎。到謹載處，并晤曉昇。五時，到青年食堂，爲印刷所事聚餐。

到哥哥傳，赴子杰宴。

今午同席：予（客）　克剛夫婦及其二子（主）

今日下午同席：王嶽　李金聲　洪謹載(以上客)　冰洋與予(主)

今晚同席：王雲五　蒙文通　張屏翰　陳行可　張雲波　余介石　劉百川　俞守己等(凡兩桌客)　郭子杰　胡次威(以上主)

覽報，予被選爲江蘇同鄉會監事。

三月十四號星期五

謹載來，與同到蓉新論價。到青蓮巷會中校《責善》第二十期稿。洪禎來。金聲來。蒙文登來。十時許，發警報，趕至醫院，及布後街而發緊急警報。在院中伴履安於地下室，看《聊齋》。

履安下麵見餉。二時許出，遇劉校長等。同到東魯飯莊吃飯。再到青蓮巷，將《責善》校畢。到招待所訪雲五，并遇賴經理。出，到金沙寺街張奎家，吃夜飯。

買襪及書。到王抱冲處。訪益棠未晤。

今午同席：劉書銘　崔錫章　陳家芷　陳文仙等（以上客）張伯懷（主）

今晚同席：予（客）　張奎夫婦及其二女（主）

與王雲五先生談及本所工作，渠深以標點二十四史一事爲善，謂渠亦有志於此而未爲者，囑我輩趕速將此事作成，由商務以一年之力印出。

三月十五號星期六

到徐益棠處。到南虹藝校。晤史岩，陳家芷。到子杰處吃點。到金大研究所，晤湯定宇，劉叔遂，小緣。到許季黻處。訪季谷，未遇。晤鴻庵夫人。到謹載處，取章程。在美而廉吃飯。

到醫院視履安。自珍亦來。在院看《聯齋》。還校，寫聞宥信。

與芳霖冒雨到新又新，看齊大國劇公演。十時歸。十一時眠。

今晚所看戲：張潔泉，黃中敬，陳瑞英——鴻鸞喜；孫蘭豐，周佩琳，萬先蔭——六月雪；余鑑明，張福聯，焦瑩琛——汾河灣；龍江客（張啓良），張潔泉，黃中敬，萬先蔭——全本連環套履安近狀較好，兩頰黑色頗退，惟鼻部則仍舊。

三月十六號星期日

到子杰處，雲五來，同吃點。劉百川來，同乘汽車到新津，看新修飛機場及工作情形。縣府同人來。十二時還城，一時到明湖春吃飯。

與賓四同訪文通，不晤。步還校，疲倦，休息。看《幸雲曲》畢。賢璋來談。出，遇文通兄弟及次舟等。到姑姑筵赴宴，與聖陶同出。

回校，休息。

聞洪禎言，履安今日下午又發熱，當是感寒。

予近日患劇烈之傷風，殊不好過，説不定亦熱，所以疲倦如此。

游新津飛機場，工作者凡七萬數千人，每日吃米一千擔（三十萬元），場大四千三百畝。跑道用石子建築，凡三層，長四里。工人係附近十一縣壯丁，遠望如蟻，各有旗幟，上繪物象以作識別，恍若古之圖騰。此工作就，美國飛機即可來，故日軍急於破壞，日來警報。一次警報便停半天工，損失殊可觀也。

今午同席：王雲五　蕭一山　李季谷　許季黻　周師長　郭子杰　胡次威等（以上客）　劉書銘　賓四　予（主）

今晚同席：王雲五　葉聖陶　郭子杰　李伯申　張凌高（以上客）　俞守己　張屏翰　王畹香　趙子藝　章雪舟　馮月樵　穆伯廷（北新）　蔣孟樸（正中）　陳裕祥（新亞）　徐子霖（錦章）　陳韶春（廣益）　項信和（兒童書局）　今天第一次吃姑姑筵，菜確好。菜底二百元，連酒飯及小賬恐須三百元一席，在姑姑筵中還是起碼價也。貴族生活，良非我輩所宜。

三月十七號星期一

到自珍處，與之同出吃點。到望雲處，與之同到青龍街福音堂，訪馮煥章。到醫院視履安。遇警報，與望雲跨城墻至北門，雇車赴新都。在天迴鎮吃飯。

一時半到新都，入桂湖賓館，游公園一周。出，遇警備團部杜詩符及閻團長。到寶光寺，遇施德興，導游僧人學校及楠木林等處。與望雲在十字街品茗。

與望雲到小館吃飯。回寓，杜詩符來談，在公園散步。失眠，服藥。

三月十八號星期二

與望雲出新南門，訪杜詩符，未遇。回園，到省立圖書館分館。詩符來，同乘車到彌牟鎮，吃飯。游八陣圖及武侯祠。回城，遇警報。在公園吃茶。

警報解除，到黃龍酒家吃飯。二時半，雇車到三河場。換小車到賴家園，四時半到。即伴望雲各處參觀。留望雲宿。

看各處來信及雜志。得眠。

今日中午兩餐：望雲與予（客）　　杜詩符（主）　　唐家寺來往車費亦係杜君作東。

八陣圖極齊整而多堙廢塌平。原有百餘，今僅剩四十餘矣。

三月十九號星期三

與望雲金聲到通俗社，晤金范二君。歸，送望雲等行。擬廿四史整理會名單。補記日記十天。謹載夫婦來，留飯。飯後即去。

審核二月份賬目。與諸生開會，商標點二十四史事。寫清《驪戎不在驪山》條。

疲倦，八時即眠。

美國國會通過以七十億元援助民主國家。美艦將護送軍火來華，我國抗戰前途大現光明矣。

勁修夫人伍敏如於十七日丑時竟以心臟病没於醫院，此事當給履安不小刺戟。

三月二十號星期四

寫清《公羊傳存疑語》條。寫履安，勁修信。寫清《春秋删削之迹》條。

寫履安，洪禎，聖陶，叔湘信。爲人寫招牌屏條五件。王震海來。蕭心如劉建勛偕二弟子來。與樹民出外散步。

翻看《華陽縣志・古迹門》。

三月廿一號星期五

寫自珍，謹載信。重寫《公羊傳中之君子》一條。

重寫《六詩》《風雅頌之別》兩條，約四千言，入筆記。

翻《詩集傳》迄《小雅》。

《浪口村隨筆》一口氣寫了六條，足供三期之用。近來每條可兩千言，可作小論文看，比了正式作論文反謹嚴而有精彩，如能如此寫上一千條，就是一部《日知錄》了。

三月廿二號星期六

范振興來。寫孟韋，馬連捷，覺玄，履安信。將昨日所寫筆記改訖付鈔。校《周室的封建及其屬邦》付寄，寫季忱信。

寫丁山，筱蘇，伯寅先生信。看樹民所作《洮州日記》續稿。與樹民到泰華寺散步。

翻看《石遺室詩話》。

三月廿三號星期日

馬連捷來。寫姜亮夫信。鈔清本所組織大綱改本。蔣定一，王震海來，留飯。寫任映蒼信。

冰洋，振興來。寫金聲信。寫聖陶，王延齡信。鈔清第二次所務會議記錄。

與樹民到冰洋振興處。續看《石遺室詩話》。

定一云，"吃海帶菜可以減低血壓"，將來回至海濱當多吃也。又云，打"潑朗托齊爾"藥針，可以殺菌，即結核菌亦有被殺可能，可爲履安試之。

三月廿四號星期一

改作研究生研究題目及計劃。校自明所鈔《隨筆》。作郭邱夫人壽詩，并寫訖。整理書物，費整半天功夫。

寫陸步青信。爲王孟甫，胡次威寫橫披，爲賴益澄寫屛四幅。

分配本周職員工作。與自明正綏寧及熊女士散步。與樹民算飯賬。

壽郭子杰嫂邱竹青夫人五十

漢有東方唐有韓，嫂任慈母備艱難。不因浮譽且施德，要使翁姑泉下安。小郎功業溥全川，興國教民賴大賢。木本水源何所在，萬人齊拜女彭籛。

三月廿五號星期二

老葉偕物送至場上，予雇車進城。至醫院視履安。十二時出，飯於稷雪，買包子回院。與王政談。

到校，訪校長。途中遇劉子衡。郭本道來，談。金素蘭來。

五時，到子衡處談。同到松鶴樓吃飯。談至九時出。訪王孟甫不遇。到學會，晤謹載夫婦。回校住宿。

今晚同席：子衡（客）　予（主）

三月廿六號星期三

到子杰處，吃點。取行李，送至青蓮巷學會。到醫院視履安，訪劉榮耀，并訪燕慨歌。劉子衡來。杜毅伯，林冠一來。雇車至茶店子省政府，晤子杰，次威，李申伯等，留飯。

一時，由省政府乘汽車出發。二時到崇義橋，參觀鄉公所，婦女工廠，華美女中。三時一刻換乘雞公車。四時二十分到龍竹鄉。六時到新繁，入縣署。

八時，在縣署飯。十時，宿於東湖公園之懷李堂，得眠。

履安今日出院，住指揮街 66 號趙夢若夫人處。

今午同席：予（客）　胡次威　郭子杰　李申伯　陳筑山等（主）

今晚同席：次威　子杰　郭秀敏　予（以上客）　薛承志（新繁縣政府民政科長）　陳子强（建科長）　金小訪（秘書）劉吉三（財科長）　陳化初（黨部書記長）（以上主）

三月廿七號星期四

戴士烜來。參觀繁江鄉公所，中心小學，女子小學，石室中學初中部，縣立中學。到縣署吃飯。九時一刻出，到清涼寺石室中學高中部，龍藏寺協進中學。

回新繁西門，另雇鷄公車，二時，至新彭橋。三時五十分至致和鄉公所。四時十分到彭縣南門。到西街吃飯。出北門，到龍興寺省立女中參觀。七時到縣公署，以無人退出。

宿於東街湔江賓館。施經伯來。胡淑光來。以隔室鬧，至上午一時始眠。

今日上午同席：同昨夜。又陳伯良

今日下午同席：子杰　秀敏　予（以上客）　次威（主）

彭縣城極整齊，民生殷實，惜距海窩子及白鶴頂太遠，未能往游。

三月廿八號星期五

七時，離旅館，到省立女中演講。九時，吃飯。到梁啓煜處看照片。十時，予又向將畢業之學生講史學。十一時半講畢。與孫俊英吳懷等談。吳懷送至南門。十二時廿分乘鷄公車離彭縣。晤吳在東（文藻之侄）。

一時四十分至新繁境之連封橋。二時十分至通溆橋，吃茶。二時五十分至郫縣境之古馬鎮，三時半至三導堰（即永定橋），三時

四十分至平定橋，四時三刻至郫縣城，上汽車。六時到走馬街，與
子杰同訪杜毅伯。

訪劉子衡，與之同到南臺小餐吃飯。再至毅伯處，并晤曾省
之。到履安處。十時返會。與謹載，瑋光談。

今日上午同席：次威　子杰　秀敏　予（以上客）　胡淑光
周蓮溪　梁啓煜　施經伯（以上主）

今晚同席：予（客）　劉子衡（主）

三日來凡坐雞公車一百五十里，前所未有也。由汽車至雞公
車，相差二千年，而此生活乃一日備之，可謂奇事。由崇義橋至
新繁三十六里，龍藏寺來回十六里，由新繁至彭縣三十里，由彭
縣到郫縣六十里。

三月廿九號星期六

到商業場剃頭。到四聖祠買藥，并訪燕慨歌，遇畢金釗，伍正
誼。到林冠一處談。到履安處。在桂花街吃飯。

到抱沖，覺玄處。訪李幼孚談會事。到勁修家，先與其內姑母
楊伍儀容談。到校，與王鈞衡談。訪自珍未遇。晤余太太及劉福
同。訪王元暉，未晤。到東魯飯莊，赴杜毅伯宴。

開印刷所會議。敬之，勁修，蘇仁瑞來。

今晚同席：予　冠一　陝西陳君　姜春華（旭實）（以上
客）　杜毅伯（主）

今晚同會：馬植仁　王冰洋　王嶽　李金聲　洪謹載

三月三十號星期日

自珍來。到履安處。回會，校《責善》第廿一期稿。勁修來。
冠一來。王元暉來。蘇仁瑞來。點改《周代的教育與刑法》一文。
在謹載處飯。

二時，到楊敬之處，并晤游智靈君等。出訪劉篤（志純），未晤。又訪賀覺非，亦未晤，見其夫人。再至敬之處，寫屏條二。到校，未見人。到吉禾處談，到望雲處，并晤又我，利查遜夫婦，薩爾真。看畫馬。

與望雲到成都大戲院觀劇。飯於都一處。十時，返會，洪禎來。

今晚同席：望雲　予（客）　蔣益明　陳伯良（主）

今晚所觀劇：天籟——汾河灣，王小蘭——金山寺，王小蘭——□傘

三月卅一號星期一

范可中來。賢璋來，與同到履安處。歸會，分配熊瑋光工作。寫勁修，劉篤信。理物。爲覺非題《西康紀事詩》。十一時，再到履安處，夢若夫人留飯。

一時許，雇車返鄉，三時半到崇義橋，遇范希純，返所途中遇樹民等。歸，胡太太，蓉初來談。看各處來信。厚宣來談。

到樹民處談。看《星期評論》。

一還鄉間，便聽諸同人互相訴冤之詞，到鄉下來，原爲清靜，反而口舌更多，蓋活動範圍既小，則眼光便日益窄隘，一件平凡事往往成爲吹毛求疵之工具矣，可嘆！

崇義橋領袖人物：

中醫公會：沈澗南

烟草公會：喻煦如

飯食公會：傅需人

國藥公會：陳開運

泥工公會：白春雲

舊貨公會：龔永卿

茗工代表：吳開文

旅店公會：宋炳孝

茶商公會：黄再村

青山公會：杜汝封

木工公會：劉四才

屠商公會：方錫生

婦女工廠：楊美真，王延齡

華美女中：范希純

紳士：葉席儒，葉秦坡，劉澤溥，何心培，岳子章，陳恕仁，陳
　　　安平，雷兆文，余禎祥，曾灼華，賃南兮，劉海如，范淵
　　　如，王裕生，范至光

女士：孫蕙卿，孫蕙榮，孫蘭先，裴玉芳

中心小學校長：王伯和

防空：孫又生

鄉長：昌杰臣

福音堂牧師：吳新丹

成都區主教：幹小峰

崇義鄉鄉政促進委員會：

顧頡剛（衛）　　楊美真（生）　　吳新丹（衛）

孫又生（社）　　喻煦如（生）　　鄧蟠村（生）

王伯和（社）　　沈澗南（衛）　　陳安平（生）

范希純（社）　　昌杰臣（主席，衛）

常務委員：

昌杰臣　鄧蟠村　楊美真

社教股長：范希純

衛生股長：顧頡剛

生產股長：喻煦如
總務股長：

史記——顧頡剛，廖孔視，錢穆
漢書——陶元甘
後漢書
三國志——曾憲楷
晉書——孫琪華，蒙思明
宋書
齊書
梁書——李琬
陳書—孫永慶
魏書
北齊書
周書
南史——嚴恩純
北史——嚴恩紋
隋書——杜光簡
舊唐書——何章欽，杜光簡
新唐書——何章欽，杜光簡
舊五代史——劉樊
新五代史——劉樊
宋史——王育伊，李爲衡，吳天墀，朱炳先，童書業
遼史——魏洪禎，馮家昇
金史——金毓黻
元史——韓儒林，張蓉初，蒙思明
明史——章慰高，童書業，王崇武，黎光明

四裔傳——顧自明

文苑傳——徐芳，熊嘉麟

西北史——慕少堂，王樹民，孫媛貞，史念海，李安宅

西南史——夏光南，方國瑜，方樹梅，聞宥，江應樑，方師鐸，吳
玉年

東北史——金毓黻，馮家昇，張維華，劉選民，紀清漪

東南史（南洋）——李長傳，黃素封

成都隆盛街 22 號久大鹽業公司　陳調甫

昆明巡津街內盤龍路中華書局西南辦事處：

　　主任郭農山，副主任王伯誠。

Mr. E. R. Hughes

Lectures in Chinese

Oxford University

Oxford, England

重慶彩壁街 106 號王祖壽

成都北門外李家花園章雨生

成都東門外沙河鋪航空委員會經理處　李期軒

成都康莊街 66　張子豐

崇慶西門外金帶街十六號　黃仲良

內江新生路水巷子十四號　曾繁康

成都東馬棚街 25　堯樂博士

岷縣鐘樓巷 3　周志拯

成都復興門外臨江街 10　李文實

香港薄扶林道聖士提反堂　李鏡池

三臺靈興場教育部第五服務團研究部　丁山

桂林中北路三星巷 12　張仁民

重慶柏溪蔡家灣李家大院　　魏青鏳
德陽西街 54　　蕭緝光
涪陵南沱場郵局轉百匯場　　吳天墀
香港南北行街正大總行　　黃仲琴
昆明小東城脚十六號　　馮芝生
北平西單大門巷三號　　劉盼遂
昆明華國巷十四號　　周玉麟女士
昆明黃公東街十號北平研究院　　鍾盛森先生轉宓賢璋
屏山縣蠻夷司石角營四川省雷馬屏峨墾務管理局　　任映蒼
昆明 158 號信箱　　盛丞楠轉吳大年
廣東曲江轉平遠東石華寶村　　吳辛旨
重慶中三路一三八號樓下轉　　魏青鏳
康定集義里寶號楊益義先生轉　　李鑑銘

　　　　對於學術和事功有深切的內在冲動和持久努力的人，必然會忽
略物質的享受。

一九四一年四月

四月一號星期二

　　開國民月會，予主講一小時。看樹民自明爲我搜集之古蜀國材
料，略事整理。寫范可中信。寫介紹史岩至子杰處片。寫謹載信。
陳家芷來。

　　補記日記七天。金静來。

　　看岑家梧圖騰一文。

　　　　予今日所講"希望造成的新學風"，一爲由博返約，多吸收
常識，勿早作專家，二爲明體達用，睜眼正視社會，勿逃避現

實。如得暇，此義可發揮爲一文。

自上月進城，天氣驟寒，衣服不足，受凍發喉頭炎，至今將一月矣，雖痰吐稍稀，而喉頭終不痛快。四川天氣，確足傷人。聞四川五人中有一患肺病者，蓋寒煖既不時，而又日光太少，空氣潮濕也。

四月二號星期三

值日。寫劉書銘，履安信。補記日記迄。續看樹民自明所集材料。責葉彬如。

范振興來，同到泰華寺吃飯。與樹民同出散步，討論所事。草"古蜀國之傳説"一千言。到泰華寺吃飯。

翻看《史通》。

在泰華寺見徐旭生信，辭通俗社副社長職，函謂"非有他故，實以與顧君已到不能合作之地步，君子交絶，不出惡聲，只有學魯迅先生你來我去的一法"。噫，爲我介紹鴻庵至華西，竟使其一氣至此乎！誰教你們不能顧鴻庵的生活呢？我自己也有不好的地方，就是同情心太多，"禹思天下有溺者，猶己溺之；稷思天下有饑者，猶己饑之"，要使幾個有希望的人們能够發展他們的才力而已。

我離所日多，遂使所中分門別户，水火寖甚。現在男同人，女同人，胡家，我家，分開四處伙食。而厨子爲男同人所雇用，遂不許其爲女同人買菜，使我憤甚。十餘人之團體，乃不易管理如此乎！

四月三號星期四

蓉初玉芳來説買菜事，至彬如室斥責之。與樹民散步談所事。續草論文約五千言。彬如去，稍慰之。

與正綏到泰華寺辭飯。

翻看《史通》。

自明必欲予在家吃飯，而范金二位則欲予至通俗社吃，相持不決，予覺得還是在家吃好，因應自明，然彼亦太忙矣！

四月四號星期五

續寫論文約五千言。厚宣來談。

吳禹銘，王介忱，曾昭燏來參觀，談一小時許。點《西周的王朝》一篇，備寄《文史雜志》。

翻《隋書經籍志考證》。

今日上午極熱，下午則大風起，驟寒，如不在家，可以隨時更換衣服者，又將重傷風矣，四川天氣真不好。

四月五號星期六

從羅家書籍中搜集材料，續寫論文約三千言。點自明，希三所鈔材料。

寫敏如挽聯。寫季忱信。

翻《論衡》兩冊。

予半夜仍咳，進城當就醫。

四月六號星期日

記日記三天。與自明同出。予訪范希純，未遇。留條出。到崇義橋，與自明同雇車進城，十一時許到履安處。即在趙宅吃飯。

到學會，與謹載談。到婦女職業學校，參加伍敏如追悼會，遇覺五，元輝，子杰，覺玄等。與孫怒潮同到學會。陳家芷來。莊學本來。

到履安處，并晤自珍。看孫次舟古蜀國一文。

今午同席：予與履安　自明（以上客）　趙夢若夫人（主）

四月七號星期一

早至履安處。在趙宅吃早飯，送自明到梁家巷。予步至四聖祠，將履安尿液交劉榮耀大夫檢驗。出至林冠一處，并晤張宗南。到省立圖書館。訪范可中，吳禹銘，劉蓉，趙文杰。與禹銘夫婦同出吃飯（大三元）。到金聲處付印刷所股款。遇楊鵬升。

到履安處送藥。回會，擬開會討論題目。開邊疆學會第三次理監事會議。爲覺五，元輝，李仲達（天民）寫字三幅。題學本照片展覽。

與學本謹載飯於老北風。到孟鞀處，并晤李君。爲公振侄寫字。

今午同席：吳禹銘及其夫人　王介忱（客）　　予（主）

今晚同席：予與謹載（客）　莊學本（主）

今日同會：李幼孚　莊學本　劉篤　馮漢驥　洪謹載　李金聲

四月八號星期二

在會校《責善》第廿一期及二卷一二合期。到履安處。張雲波來。

到校，開第三次三大學出版聯合委員會及所務會議，自二時迄六時。與在宥談。

與賢璋及謹載同訪曾天宇，未晤。即到黃金臺吃飯。又訪曾，不遇。王冰洋來。王震海，蔣定一來。洪禎來。

今日同會：（一）三大學出版會：聞宥　呂叔湘　李小緣　劉書銘　（二）所務會議：劉書銘　張西山　侯寶璋　孫次舟　張心田

今晚同席：謹載　賢璋（以上客）　予（主）

四月九號星期三

到履安處，作莊學本西康攝影展覽會序，千餘言，訖。返學會，應謹載宴。

自珍，澹如，向少華來。賢璋來。偕學本夫婦，洪太太，賢璋同游少城公園，民眾教育館，品茗。與賢璋同往訪曾天宇，晤之。

伯懷來。與西山同到小天竺街一品香吃飯。與西山同到校長宅討論所事。到徐薄冰處。歸已十時半。十一時許就眠。失眠，服藥。

今午同席：莊學本夫婦（其夫人爲番女，已易漢裝）　張克剛夫婦　陳文仙女士　予（以上客）　洪謹載夫婦（主）

今晚同席：西山（客）　予（主）

得劉醫師信，知履安膀胱炎尚未愈，故近日便后仍作痛也。

今日履安贊成我到邊疆作商業，將齊大教職辭去，蓋以米價高至四百元一新石，如仍故步自封便將不了也。

四月十號星期四

抱洪家小女頤徵至履安處。歸，爲賢璋寫其壽岳丈黃君詩。王震海來。寫健常，胡雲翼，鵬俠，張雲波，大公報館張季鸞王芸生，劉克讓信。金聲來。

責熊瑋光。到履安處。到覺五處，未晤。赴郵局寄信。到校，爲校長寫字兩幅，到洪禎及心田處。到賢璋處。到西山處。曾天宇來談，同到長美軒晚餐。遇自珍，澹如，向少華。

與賢璋步至履安處。

今晚同席：予與賢璋（客）　曾天宇（主）

四月十一號星期五

寫賓四，可中，覺五，學本信。整理物件。可中來。九時上車，十二時到所。在途遇范振興，熊嘉麟。

洗浴。看各處來信。處理所中雜務。看《責善》二卷三期稿。補記日記五天。馬連捷來。

開本月講談會。予講一小時許，九時半散會。樹民來談。

久欲洗浴，忙得沒有辦法，進城見浴室，凝睇而已。今日歸家，適天熱，工作尚未開頭，乃得一洗，積垢盈盆，見之自愧。

予日來頗興退志，其故有五：（一）校長不開誠布公，西山又多挑撥，欲使我爲告朔之犧羊，（二）齊魯大學部學生程度淺，研究生又多意見，對此烏合之衆亦感前途不光明，（三）生活程度日高，每月賠數百元實非了局，（四）邊疆工作大有可爲，不但以之救國，亦可解決生計問題，不如徑向此方面進展，（五）成都爲後方大埠，來往客人太多，人事日繁，應接不暇，當別尋一安靜之地。九日之夜，與校長及西山談之，校長堅以爲不可。十一日夜與研究所諸同人談之，竟使孔玉芳女士掩面而哭。如學校必留我者，當提出二條件，（一）西山去職，（二）經費公開。否則無商量餘地。

四月十二號星期六

寫西山信，開應辦事條，交芳霖。研究生開會挽留。鈔校蜀國史事材料。

與樹民到泰華寺，晤冰洋。

翻《論衡》一冊。

四月十三號星期日

寫介紹樹民赴新繁片。鈔校蜀史材料。賢璋來訴邊疆服務部不給薪金事，爲寫伯懷信，留飯。

洪禎來，爲西山作挽留。記筆記四條。冰洋來。續鈔校蜀史料。與爲衡到田間散步，遇爲霖。

翻《論衡》一册。

　　米價已漲至四十五元一斗，聞農民言，簡州已漲至七十元一斗，重慶已漲至百餘元一斗。又聞政府已準備從緬甸運米來，壓平米價。近日由滇緬路運來之布，確比以前便宜得多。

四月十四號星期一

　　重作《古蜀國史事之分析》，三千餘言，第一章尚未畢。熊女士來談。

　　馬連捷來就職。與樹民散步至趙家寺。

　　翻《論衡》一册。

四月十五號星期二

　　寫黃季高，李金聲信。寫三星期工作報告。續寫第一章三千言，仍未畢。賢璋來，留飯。

　　張冠英，西山，洪禎來。與樹民散步至川主宮。寫吳先憂信。

　　翻《論衡》一册。

　　西山來，達校長意，謂無論何種條件均可答應，予因告以賬目公開事，未知其如何。

　　冠英來診治，謂予傷風尚未好。囑每夜服阿四匹靈一顆。渠堅囑我休息。唉，我真給社會壓死了！

　　昨蘇聯與日本訂中立條約，蘇聯承認滿洲國，日本承認外蒙共和國，帝國主義之面目大露。中國欲興，捨自強無他道也。

四月十六號星期三

　　續作本篇第一章，猶未畢。本日值日。

　　與樹民散步至崇義橋，換一道歸。抵家已八時。

　　翻《論衡》一册。

匠人"摸摸就是一工"，作文亦猶然。本文第一章寫了三天尚未畢。牽涉問題亦愈來愈多。

成都鄉間之路均隨渠道轉移，方向極難捉摸。樹民來此三月，四方十里內路俱熟，在田岸上轉來轉去，不致弄錯。予在家鄉鄉間走路，自謂頗能不誤。今到川中，大有不能自由行動之勢。較之樹民之識路，愧不如矣。

四月十七號星期四

將第一章作畢。寫謹載，幼孚信。

天熱，疲倦，小眠。將第一章重鈔，且改正，約寫三千字。自珍歸。與樹民，自明，自珍到西北田中散步。

翻《論衡》一冊，本書翻畢。與自珍談。

《蜀國史事之分析》一文，原擬分七章，惟今日估計，則本月內無論如何來不及，因擬將第一章索性放大成爲一文，因重鈔重作。作文真不容易，日來以全副精神爲之，猶虞不濟也。

自珍來，謂履安近日飯量頗好，每頓可一碗半，小便後痛亦較好。

王冰洋欲辦石印，印通俗讀物，予爲一介紹，集得資本五千元，乃尚未成事，即以鬧意見而不辦，青年看事之易可嘆！

四月十八號星期五

連鈔帶改，共寫五千字。劉福同女士來。

小眠。范希純偕巴教士，安教士，楊蘊端女士來。看蓉初兩文。

整理書籍信件。與自珍談。記日記四天。

日來天氣驟熱，至八十六度，宛然夏天。

近日德軍與英，希臘，南斯拉夫軍大戰，戰況猛烈，德軍如敗，即一敗塗地。德軍如勝，蘇聯亦將出兵，總無好結果也。

大石作時代，是我作文的黃金時代，又多，又快，又好。蔣家胡同時代，是我作文的守成時代，雖不多且快，但尚平穩。到現在，真到了衰老時代了，胸悶，背痛，大有做不下去之勢。如能讓我從容做去，一天寫一二千字，大概還支持得下。

四月十九號星期六

八時出發，步行至犀浦，十時半到。游兩處中心小學及市街，在場吃飯。飯後熊金兩女士別去。予等乘人力車到土橋。

在無名商店憩息，由芳霖伴游市街及中心小學，西北公學女生部，回商店吃飯。乘雞公車到茶店子，訪金聲未遇。晤章柳泉及祝超然，步行到西門，雇人力車到學會。

到履安處，并晤趙夢若。樹民春第來，樹民留宿。

近日雖作文而夜猶得眠者，以與樹民日步行十里以上，夜又翻書，不用心，具催眠之力也。昨晚未出行，夜又以將進城，略作事，便又失眠。予此病固無痊可之可能，惟有日日慎之耳。

今日同游：樹民　芳霖　春第　嘉麟　金静

今日下午同席：樹民　春第（以上客）　芳霖（主）

履安近日頗好，小便但作酸而不痛，飯量亦增至一碗許。

四月二十號星期日

在洪宅早餐。春第來，偕予與樹民同到金玉街訪金聲，遇之。同出，赴莊學本西康攝影展覽會，遇黃和繩，劉剛甫等。出，到江漢浴室剃頭。訪王畹香，未遇。途遇劉樊。

在長順街天津館吃飯。訪李幼孚，談。訪沈俊亞及劉志純，俱未遇。回學會，小眠，看邊疆問題講話。與樹民龐春第同出，到雪舟處，《申報》經售處。游公園，到廿四春吃飯。

到鴻庵處談。歸，劉志純來。洪禎來。樹民春第來。樹民留宿。

今晚同席：樹民　春第（客）　予（主）

社會部以"中國邊疆學會"已有趙守鈺之組織，令改名。又謂總會應設重慶，此大給我輩打擊。

今午予一人吃飯，四個包子，卅餃子，計費三元八角半，真是什倍之價。

南斯拉夫投降德國，希臘以有英軍之助，仍在抗戰。

四月廿一號星期一

在洪宅早餐。蔣定一偕楊鶴霄，孫浮生來，同到鳳凰山轟炸大隊，予作一小時之演講，晤孫桐蘭。參觀滑翔機。仍乘汽車回城，到航空委員會政治部。到四聖祠醫院算賬買藥。晤燕劉諸君。到石馬巷訪傅雙無，同到成城出版社，晤姜經理信等。

到稷雪午餐。到履安處，回學會。到校，晤洪禎，西山，泰堦，矩生，承宗，叢林等。爲賢璋事與伯懷談，往返兩次談妥。到中美藥房就冠英診，并晤裘仲侶，孫升堂等。訪王畹薌，未晤。在西御街筱雅吃飯。

賈維茵來。劉雁浦夫婦來。與之同到履安處。歸，李吉行，龐薰琴來。洪禎來。莊學本來。王畹薌來。

今晚同席：維茵　予（客）　謹載夫婦（主）

聞楊鶴霄言，俟美國空中堡壘至，將往日本轟炸，來回約二十小時。也使他們嘗嘗轟炸滋味。

前數月聽説重慶一個包子買三角，爲之駭然。今日到稷雪吃飯，一個包子即四毛錢，可怕！

今日冠英爲予驗血壓，僅百二十五度，何以低降如此，良不可解。其夜夜吃生西瓜子之效力耶？

四月廿二號星期二

學本來，與同至楊叔明處，并晤劉樊，到静寧飯店吃飯。回寓，整理什物，雇車還所。下午一時到。

洗浴。補記日記三天。算賬。

翻《吕氏春秋》半部。

今早同席：莊學本　張怡蓀（以上客）　楊叔明夫婦（主）

日來天熱至九十餘度，久不下雨，今日車行隴畝間，溝渠中已干涸，恐有旱灾可能。

一進城即忙，夜中多説話，服藥者兩夜矣。

四月廿三號星期三

續作《古代蜀與中原的關係説及其批判》，修改上星期所寫，未畢。

翻《吕氏春秋》半部，畢。

四月廿四號星期四

續作文，修改上星期所寫，畢。寫履安，謹載，吉禾信。開進城應辦事條交芳霖。

小眠。劉雁浦夫婦來，予以工作室讓居。冰洋夫婦來。

翻《山海經》，畢。失眠，服藥。

四月廿五號星期五

續作文，約寫五千字。

與雁浦夫婦及樹民步至張家巷及萬年橋。與自明筆談。

日來工作過急，胸悶背痛，因乘雁浦夫婦初來，每日下午與之游行，藉以調劑生活。今晚眠甚酣。

四月廿六號星期六

續作文，約寫五千字。

與雁浦夫婦及樹民步至寶嚴寺。歸，看中山大學王慶菽畢業論文。失眠，服藥兩次，至上午一時許始得眠。

四月廿七號星期日

續作文，約寫三千字。陶秋英來，留飯。

爲秋英寫聖陶信。宴客。

與樹民，雁浦夫婦，爲衡，光簡，陳希三游趙家寺。歸，翻療妬咒。

今晚同席：雁浦夫婦　樹民　芳霖　春第　光簡（以上客）予（主）　菜係春第所煮。

今日予又服中藥。

四月廿八號星期一

作文畢，共約三萬言。

記日記五天。

與樹民，胡正綏，雁浦夫婦，光簡，希三同游賴家祠堂。翻療妬咒（《聊齋》作）。

昨夜半狂風暴雨，予爲驚醒，在榻又展轉二三小時方得眠。今日天氣只華氏表六十度上下。

如此作考證長文，尚係六七年前事。今日年力就衰，心緒又極不寧定，乃猶作此，感力竭矣。

四月廿九號星期二

八時，與樹民同出，步行至天迴鎮，乘人力車進城，十一時半到。到履安處。到會。又返趙宅吃飯。

一時許與自珍同到校。晤洪禎，西山。到叔湘處。出，遇沈壯聲。到次舟處，取稿。訪薩爾真，未晤。到廣益大樓，開三大學研究所聯合出版會。四時許，到洪禎處。耿有仁來。到華大研究所訪鴻庵，與之同出，到履安處，到會。

宴客，到九時半散。

今晚同席：李幼孚　莊學本　任覺五（因事未吃飯）　沈遵晦　韓鴻庵　洪謹載　王樹民（以上客）　予（主）

學本勸予至南洋爲邊疆學會募款，因彼亦擬到彼處開西康攝影展覽會也。惟近日正在日本圖南進時耳。

四月三十號星期三

在洪宅早飯后，到履安處，提其二十四小時内之小便，步至四聖祠交驗，途遇賢璋。在院遇林廉卿。與劉榮耀談。到醫學會訪魯進修，買魚肝油精。返趙宅，車覆，臂略傷。在履安處看郁達夫《沉淪》。耿有仁，楊俊民來。黃和繩來。

在趙宅飯后，到會，到校，遇程澹如。與西山談雁浦事。到洪禎處未遇，留條。到吉禾處，并晤又我。與吉禾同出，雇車到所，二時出發，五時到。即導其參觀。同到厚宣處。

與吉禾談，同飯。看各處來信。

劉榮耀醫師謂履安之左腎確有病，如不予徹底解決（割去），則膀胱炎不能好。履安臉上黑氣固大退，但小便仍有血，仍作痛，知劉君非誑。然動手術又豈彼身體所可任乎！此事真躊躇！劉醫現令履安服鈣，期望壞腎變爲石灰質。

近日予傷風頗劇，蓋天氣忽冷忽熱之故，日夜咳嗽爲苦。近又牙痛，牙齦腫脹，想以作文太急之故。

開與雁浦之條件

一、與朱先生直接發生關係，不假手他人。

二、不在都會工作，免被人造謠破壞。

三、我對邊疆極感興趣，且深知此問題之解決與將來建國有大關係，
　　正可利用今日邊民對於抗戰之注意，加強其與中央政府之聯繫。

四、此間邊疆學會甚望改爲四川分會，而將總會設在重慶，由朱先
　　生派人組織，將來邊疆工作即以會中名義行之。

五、依我經驗，邊疆工作之最重要者爲設立職業訓練班，授以公民
　　教育，邊疆史地，醫藥衛生，畜牧商業，邊地語言各種學科，
　　造就一班終身爲邊疆工作之人才，且隨時將邊地情形報告，造
　　成一通信網。而由會中常川巡邏督察，予工作良好者以鼓勵。
　　此事爲我力之所及，可以負責做去。

六、朱先生如以此事爲可行，當詳擬計劃，惟請勿公布。在五年
　　內，不論旁人如何破壞，均請朱先生勿聽。屆期如無成績，甘
　　受嚴厲之責罰。

一九四一年五月

五月一號星期四

　　七時，與吉禾出席國民月會，由吉禾講國際現狀。八時半，送
吉禾行。值日。翻看《彭縣志》，鈔出需要之材料。

　　與馬連捷及雁浦夫婦談工作事。芳霖來談。金靜來，與同至雁
浦處。與雁浦夫婦，樹民，光簡同到泰華寺晤金靜。上碉堡，雨中
歸。看《星期評論》。

　　昨與吉禾談，渠亦有走意，蓋校長大權獨攬，而又營私舞
弊，賬目不公開，既不值得爲彼負責任，而又不願受其壓制也。
吉禾云，獨裁制亦可行，但必須好人，如是壞人則便是一個最壞
的制度。誠然。

五月二號星期五

寫驪先信。開與雁浦條件。送雁浦行。記日記四天。作《蜀與中原之關係》一文之注，未畢。

蓉初來談。獨步東北方田中。

到厚宣處問疾。翻看禳妒咒。

五月三號星期六

寫鴻庵信。作注文，略畢。開應辦事條交芳霖。房東家工人來報告，男房東欲燒房，與芳霖商，寫葉席儒片。爲房東放火事，到東北角踏看，并寫致天迴鄉鄉長信。

感熱，打盹。吳新丹偕余牧人來。葉席儒來，談房東事，留飯。

與樹民同到東方田中散步。歸，與楊俊民談。看禳妒咒畢。失眠，上午一時服藥，三時始得眠。

房東賴聚豐少年紈袴，不務正業，每次回家，必取幾千元。日昨渠歸，又向妻索菜子五擔，妻不與，乃以放火殺人相恫嚇，於今日空襲時間將東北角茅柵點燃。雖即經救息，而園中人心惶惶矣。及泰華寺壯丁至，渠乃逃。

今晚同席：葉席儒（客）　　予與樹民，中杰，芳霖（主）

今夜失眠，或以中午打盹之故，予一日不可兩眠。而天熱頗困，真無奈何矣。

五月四號星期日

房東夫人之弟陳海平招談昨日放火事。將三月來積存信件交楊俊民整理。理臥室書桌。補注文畢。

到門前看房東尸棺。

翻看《淮南子》三冊。

昨夜賴聚豐在崇義橋西巷子烟館，爲保衛團所捕，渠開槍拒

捕，遂爲團丁槍殺。今日午間，始知其事。旁晚移尸到門口殯
殮，其夫人爲洗血。觀者皆無憐恤之心，真自作孽也。

五月五號星期一

寫三星期來工作報告。再集材料補入前文。

郭銀山來。郭錦蕙來。與樹民，自明到崇義橋買物，吃飯，到
婦女工廠訪楊美真，又到孫又生處，八時始歸。

房東太太招往談善後。翻《淮南》一册。

房東太太招談埋葬事，幾使我又不成眠。即起燃燈，翻書一
册，有了倦意再就枕，乃得眠。因知在睡前必須醞釀倦意，如此
便可不服藥。

聽許多人講，殺賴聚豐者非團丁，乃其冤仇，即其妻亦不詳
爲誰。賴氏兩姊主張不埋，俟緝得仇人後再埋，其妻則以空襲時
期，速埋爲是。囑本所去一公文與縣府，着賴家速埋。

五月六號星期二

爲賴枢事，寫成都縣政府函。賴氏婆媳二人來。再集材料，補
入前文。

翻《蜀中名勝記》四册。寫賴太太信。與樹民步至泰華寺，周
家碾，白廟子。

翻《淮南》一册。

五月七號星期三

翻《蜀中名勝記》六册，補入前文。出布告二通。看《責善》
二卷五期稿。

由老肖擔物至崇義橋，雇車進城。大雨之後，道路濘極，歷四
小時方到。至青蓮巷卸裝，即至履安處。到圖書館，晤文通賓四。

寫賓四信，交熊瑋光送校。洪禎到履安處晤面。

到衛生實驗處食堂赴宴。九時散，與賓四同至青蓮巷，談至十一時去，予遂失眠。服藥。

今晚同席：張瀾（表方）　沈履（理齋）　李小緣　賓四　馮漢驥　常燕生　張煦　羅忠恕　姜蘊剛（以上客）　蒙文通　思明（主）

五月八號星期四

七時到校，與西山，賓四同到北方食堂吃點。到賓四室談。看各處來信。訪忠恕不遇。訪陳中凡，王栻，俱遇之。并晤衛聚賢。

到賢璋處，責以速行，并晤周朋三。到劉校長家談所事一小時許。遇又我。至峨嵋釀造廠訪秋英，知已歸三台。到走馬街如意餐館吃飯。

早眠，本可睡，以鄰居打架吵醒，遂又失眠，服藥。

劉校長必不讓我辭職，但行心既動，已按捺不住。誰教他和西山在此兩年之内處處束縛我乎！我即緩行，當使此一機關漸變爲賓四所有，予則漸漸退出也。

五月九號星期五

七時到校，與賓四同出吃點。八時開會討論研究所，國文系，歷史系事。十時散，與賓四訪忠恕，不遇，游華大博物館。十一時出，與賓四同到東北小食堂吃飯。思明來。洪禎來。寫傅雙無片。

有警報，與履安及趙太太同出，遇自珍，同到新南門外江村茶園吃茶。遇孫升堂，張冠英，劉錫恭，陳翼文等。回會，李芳霖來。與謹載同訪鄭成坤。

洪禎邀在校内吃飯。買天王補心丹。到王畹香處，與李旭昇同到信義商行。張立人來，談至十時半去，予又失眠，服藥。

今早同會：劉書銘　張西山　錢賓四

張立人，號堅白，河北人，西北步兵分校教官，眼光甚銳利，史地智識甚豐富。今日訪予三次乃見，雖爲失眠，亦無恨也。

五月十號星期六

到履安處。與夢若夫婦同到大華醫院。由張香池醫師檢查予肺部，謂肺尖有病，即配藥。在趙宅吃飯。與夢若同到華瀛舞臺買票。

和繩來長談，談至南洋事。寫紹虞，陶秋英信。看羅孟韋所著《史記年表考》。

在洪家吃飯，復到趙家吃一饅頭。到華瀛舞臺觀劇，九時許散，送履安歸。以服藥得眠。

今晚同觀劇：夢若夫婦　謹載夫婦（以上客）　予夫婦（主）

所觀劇：白芷芬——滑油山；李蘭英——戲迷傳；蔣寶印，麗淑君——打鑾駕；醉麗君，郜晋卿，王桂亭——雷峰塔

連續三夜失眠，今日疲極矣。予真不能住城。

五月十一號星期日

杜光簡偕舒連景來。羅忠恕來。李金聲來。傅韻笙來，與同到履安處，與夢若談。張雲波來。楊敬之來。在謹載處吃飯。

許世璪來。趙夢若來，與韻笙談經商事。王震海來。倦甚，客散小眠。到新生花園赴宴。與盧霽威同出，訪賓四不遇。到吕叔湘處談。

到履安處。易鐵夫來。陳家芷來。雷轟夫婦來。得眠，甚酣。

今午同席：楊敬之　張雲波　傅韻笙（以上客）　謹載（主）

今日下午同席：顧希平　王□□　予（以上客）　新江蘇學會同人沈遵晦　顧竹淇　謝承燻　盧霽威　王震海等（以上主）

前昨二日，均炸重慶，共投五百彈。城內米價漲至八十餘元一斗，太不成話。聞省立圖書館買《皇清經解續編》一部，價至

一千八百元，物價之高可知。

五月十二號星期一

寫傅韻笙信。到成都招待所，與顧希平等同出，到春熙路揚州館吃點。十時散。到中央銀行，訪張子豐及王震海。到星星實業社，晤姚戟楣之妹及陳仲英。歸，到劉縱弍處，與之同出，到竟成餐館吃飯。

到校，與羅倫士談。道遇李聲揚，至其家，并晤藍爲霖。賢璋來。爲雷轟寫車站證明書。到青年旅行社訪楊敬之，談一小時。到如意餐館，宴客。

與洪氏夫婦到春熙路散步，游世界商場。到履安處。失眠，至上午一時許。

今早同席：顧希平　顧竹淇　徐仲衡（客）　　杜少言（主）
今午同席：劉縱弍　孫毓華（以上客）　　予（主）
今晚同席：雷轟　張玉書　謹載夫婦（以上客）　　予（主）
顧希平轉達其兄墨三意，欲與予通譜。予因勸其彙刻亭林遺書，以爲顧氏光寵。

爲霖告我，我進城之次日，官廳派人來鄉，開棺驗屍。賴家兩姊想大做。

五月十三號星期二

范可中來。傅雙無來。到履安處，到四聖祠送劉燕兩君物，買藥。在醫院晤金素蘭。到邊疆服務部，與舒連景，劉齡九談。到衛生實驗處訪陳志潛，談崇義橋衛生工作事。到一條龍吃飯。蒙思明來。送藥至履安處。自珍來。

到校，開三大學聯合出版委員會及本所第四次所務會議。六時畢。丁濟人及田嘉穀來。與賓四同到一品香吃飯。遇許世瑛等。

到履安處。到三橋南街剃頭。

今日同會：呂叔湘　李小緣

今日又同會：劉書銘　湯吉禾　侯又我　孫次舟　張西山　張心田

五月十四號星期三

劉淑珍來。伯懷來。到履安處。爲又我書扇。和繩來。到張香池處取藥。到校。到又我處送物。歸，看羅香林《越族考》稿。

到新新餐廳赴宴，途遇史茗，劉衡如。與伯懷談校務。訪矩生。到長江照相館攝影。寫魯弟信。到徐薄冰處。到履安處。到新南門外買榨菜。回履安處，孟輶夫婦及人驥來。

到明湖春赴宴。九時半，冒雨歸。得眠。

今午同席：予（客）　伯懷（主）

今晚同席：蒙文通　馮漢驥　梁仲華　楊敬之　江晴恩　吳星階　朱佩弦（以上客）　劉書銘　錢賓四　張西山　予（主）

教育部邊疆教育委員會於下月十二日開會，我決參加，因囑校中備函至中航公司登記。如南洋之行可成，當由渝出發也。

五月十五號星期四

六時，洪禎來，同送行李至指揮街，回青蓮巷吃早飯。再至指揮街，雇車出發。九時，抵梁家巷，在茶館稍停，雇滑竿及雞公車行，十二時半到賴家園子。

理物。看各處來信。處理所務。孔胡二女士偕張蘊華女士來談。到泰華寺，爲履安贈金郭兩女士物。房東工人來接洽。

與樹民向北方散步，至泰華寺與金郭談。歸，翻《淮南子》一卷。

今日自指揮街出發，膠皮車四輛，五元六角。自梁家巷出發，滑竿兩乘，坐履安及趙太太，廿一元。又鷄公車兩乘，坐予及置行李，九元五角，共三十六元一角。交通之難如是。

賴聚豐兩姊告賴太太有殺夫嫌疑，賴太太避至城中，陳海平被捕，戴保長亦隱去。我一歸來，房東工人即轉達賴太太意，要我爲他們設法。又謂兩姊要住入賴家，和他們打官司，實即霸占產業之意。

五月十六號星期五

值日。看楊俊民代寫信稿，責之。補記日記九天。陳海平之姊及妻來乞援。因派陳希平到天迴鎮鄉長處調查。

賓四回所。長談。看《淮南子》，記筆記八則。與賓四樹民步至賴聚豐葬處。

七時半，開講談會，賓四報告嘉定情形，至十時散。予失眠，服藥，僅眠二三小時。

米價跌至五十四元一斗。

五月十七號星期六

修改楊俊民君代寫信件二十通。厚宣起床，來談。

寫覺玄信，爲熊女士事。赴胡家宴。

與樹民，趙太太步至泰華寺。早睡，得眠。

今晚同席：賓四　予夫婦　趙太太　樹民（以上客）　厚宣夫婦及其子正綏（主）

數月來，積存信件太多，予多寫信便氣促胸悶，不能不覓一人而其人急切難得。楊俊民願來，姑試之，良不佳，西北大學國文系畢業生乃不及小學時代之我。既已來，無法，只得交之，但改寫太費力，直是批改小學生文卷。爲之三嘆！

五月十八號星期日

張，孫，孔三女士來，同到賓四處，談熊女士事。修改楊俊民第一次代寫信稿畢。

寫次舟信。寫兩星期報告。寫洪禎，自珍，薄冰信。

與賓四，趙太太步至陳家礦及泰華寺。失眠，輾轉終夜，服藥無效。

近日時晴時雨，忽冷忽熱，十人九傷風，我喉頭又作噚矣。長年傷風，害肺不少，甚思離蓉矣。近日大便色黝黑，不知何故。

熊嘉麟妒忌張蓉初，此大可笑。熊與藍爲霖甚相似，皆無現代頭腦而高自位置者。

五月十九號星期一

寫惕吾，志拯，遇夫，丁山信。寫呂誠之，伯祥，陸雲伯，叔湘信。

洗浴。小眠。

與樹民，趙太太步至李家墳及泰華寺。遇芳霖，中杰，同歸。服中藥，夜得眠。

昨夜不知何故，一宵未得合眼。予自本月七日入城，因客多與遲眠而引起失眠症，日來愈發愈劇，精神大不振，在暈眩中勉強作事，真苦痛也。

五月二十號星期二

整理信札。寫雪村信。寫張又曾信。整理第四次所務會議議決案付印。

眠二小時。寫伯祥信。厚宣來談。爲徐薄冰等寫字八件。

與樹民，趙太太步至泰華寺，金，郭二女士同行至寺北，與鄉老胡君談。翻范寧《穀梁集解》。夜眠尚可。

今日極熱，中午有緊急警報，敵機來驅逐機若干架。此今年第一次也。

自明鈔《史記》民族史材料訖，加以排比，頗有條理。此兒真可惜是女子，更可惜病聾，否則當有大成就，現在至少打一對折。

五月廿一號星期三

寫泉澄夫婦，趙岡，孫元徵信。改信稿五通。熊女士質正論文，教導之。

趙夢若來，留飯。到泰華寺訪金静，爲雇啞女僕事。王畹香，單耀堂來。金静偕韓笑鵬夫人來，導之參觀，至房東家。寫郭篤士信。記日記三天。

與夢若樹民游陳家碾及泰華寺。

熊女士資質太差，看其論文稿，真使我生氣。予向不忍以疾言厲色對待女生，今不得不然矣。爲此等未望見學問門徑之人費大氣力，真有些不值得。我寧可抱胡振寧，覺得有意思也。

今日傷風增劇，鼻涕多，喉嚨啞，實在前幾天太熱了。予如長如此，必成肺病。

五月廿二號星期四

寫呂誠之，丕繩，徐調孚，黃仲良，崔德潤，魏洪禎，白壽彝，陳洪進，自珍信。改俊民代寫信件五通。

改自明代鈔《西北訪古小記》稿，投《時事類編》。

伴履安及趙太太，游新闢楠木園。再到園，與厚宣，芳霖，中杰等談。

五月廿三號星期五

寫書銘，賓四，謹載信，交芳霖帶城。又寫書銘，賓四信付郵。寫楊成志，劉雁浦，開明書店，謹載，劉英士，方國瑜，馬曼青，趙肖甫信。賓四歸，談。

小眠。洗浴。改俊民代寫信五通。

與賓四到楠木園談話，樹民，光簡，爲衡同來。失眠，服中藥丸，無效。

五月廿四號星期六

寫黃次書，奮生，莊學本，元胎，徐素真，傅安華，張公量信。改信稿四通。

小眠。到場，至婦女工廠，開鄉政促進會，自四時至六時。趕歸吃飯。

以疲勞得眠。

今日同會：昌杰臣（主席）　　鄧蟠村　喻煦如　王伯和　杜繼美　孫又生　楊美真　吳□□　葉席儒

五月廿五號星期日

寫拱辰，冠一信。以精神疲乏，不能工作，休息一天。臥床。到泰華寺赴宴。失眠。

今晚同席：賓四　夢若夫人　予夫婦　金靜夫婦（以上客）郭錦蕙　樹民（以上主）

五月廿六號星期一

與賓四，樹民，爲衡，嘉麟同步至白塔寺，天迴鎮，看瀑布。賓四進城，予等同至鄉公所，見鄉長陽吉儒。仍步歸。

小眠。翻看《警世通言》。洗浴。

開會，討論飯團事。服西藥，得眠。

自本月七日起失眠，至今二十日矣，精神奄奄，恨起直欲打破腦袋。壯志雄心，都成灰燼矣！樹民謂我所以如此，仍由作文來，疑是。

所中同人，飯本一起吃，自米糧涌貴，女嫌男子飯量大，胡文毅遂倡分食之説，而衆人和之。迄今兩月，又生意見，欲再分。愈分析愈零碎，不但費時，亦且惡感更深。今日開會，只得由我負責，自下月起仍合爲一個飯團。

五月廿七號星期二

到場，向郵局取錢，賴益澄診病，北口藥鋪買藥。與自明及熊女士同步歸。

小眠。翻看《警世通言》。

與樹民散步田間。九時即眠。得眠。

昨雖得眠，而今日精神更倦。傷風仍不愈，益澄爲我開一清理藥。

今日我家買了一石米，價六百元。尚因近端午節，鄉民肯抛出也。予薪金只够買半石多米，真是“爲五斗米折腰”。

五月廿八號星期三

改俊民代寫信五通。寫洪禎，覺玄，金静庵，衡如，在宥，文通，驪先，陳武民，小緣信。寫又我信。爲飯食事出布告兩通。

小眠。到場寄信。與葉席儒談。

與樹民步至杜家礳。飲酒眠。尚好。

昨夜安眠一宿，今日精神較好，即將應辦之公辦訖。今日又服中藥。近日履安亦常失眠，同聲稱苦。

五月廿九號星期四

補記日記五天。算賬。寫工作報告。寫徐秘書，謝承燻信。改俊民代書信件五通。理書，還所借書。

小眠。看《警世通言》。

與樹民步至崔家牌坊。看《通言》。

五月三十號星期五（端午）

整理論文及注文，未畢。過節，祀先。改俊民代書信件五通。

小眠。

與樹民步至何家廟，由新水碾歸。看樹民《隴岷日記》。

論文本來豫備增加材料重做，但時間已不許可，只得將自明所鈔者大致修改一過而已，作文之難如此。

近日雖得眠，而舌苔甚厚，腸胃中當有熱。

五月卅一號星期六

整理論文注文訖。作論文行格標記。到厚宣處查書。改俊民代書信件七通。

小眠。作論文提要及附記。玉芳來。嘉麟來。胡太太來。爲趙守鈺（友琴）寫壽文。

與樹民，爲衡，光簡，俊民同散步至俞家巷，雙土地，往返約二十里。經泰華寺，看守真信。看《警世通言》。

兩月前，胡文毅女士主張脫離飯團，諸女生群起應之，男女遂各自作飯。及胡與熊不合，又向自明言，要加入男飯團而苦於難措詞。自明爲予言之，適陳希三以麗李兩人準備脫離飯團，苦無善法維持，乃有星期一之會，由予主動，由分而合。乃胡女士不但自不加入，反攛掇他女生亦不參加。出爾反爾，太不應該。予因責自明，自明亦憤。聞因自明勸胡包飯，胡已數日不理自明矣。天下竟有此等人，予當向文通言之。省立圖書館人既在此間，即應聽我指揮，若恃其另一系統而向本所搗亂，令我何以辦事。

五月廿四日致徐素真書：（下略，見《顧頡剛書信集》）

一九四一年六月

六月一號星期日

值日。舉行國民月會，略講團結義。記日記三天。侯又我來，講"中西醫學之分野"一小時，又座談一小時，伴飯。

賢璋來。寫洪禎信。伴又我參觀。陳碧笙來。作《論魯學》跋五百言。

獨出散步。遇嘉麟，冰洋夫婦，同至陳家磽。看《醒世恒言》。失眠，服藥。

昨夜未服藥，居然亦能酣眠，可見運動之不可少。

六月二號星期一

校自明所鈔論文注文，訖。付曬藍。理書，理雜紙。

玉芳來談胡文毅事。改俊民代寫信兩件。光簡，明經，為衡來商遷屋事兩次。王冰洋來。

與樹民散步至泰華寺，又至胡家磽。看《醒世恒言》。

六月三號星期二

寫本年工作報告。整理導生報告。修改《論魯學》跋。將住室物件移入內室。整理辦公室物件。

二時離家，步至崇義橋，路泥濘甚。到元興紙莊，寫履安，樹民信，交老蕭帶回。雇人力車進城，亦以泥濘行甚緩。

七時到校，晤薄冰等。上館吃飯。遇西山。到在宥，叔湘處。

賓四來談。

前昨兩日，熱至九十餘度。今日大雨，又跌矣。

六月四號星期三

爲人寫一墓碑。薄冰偕三青年來。賓四偕羅孟韋來談。蓉初來。劉校長來。到城。訪文通未晤。遇范可中。剃頭。在一條龍吃飯。

到謹載處。到劉校長家談所事。到在宥處開三大學聯合刊物會議。寫蓉初信。

到謹載處，與謹載，和繩，瑋光談。

六月五號星期四

七時到中航公司，車已開，由公司另雇一小車送去。和繩樹民伴行。到鳳凰山飛機場，遇王嶽等。八時半起飛，九時四十分到渝。雁浦中一在站迎接。到社會服務處落宿。由雁浦導至組織部，謁朱騮先先生。

雁浦邀至社會食堂吃飯。與雁浦同到盧季忱處。又到求精中學訪金大理院長魏學仁，訪戴湘波未遇。出，到大華公寓雁浦中一住處小坐。回寓休息。道遇孫元徵。

有警報，即吃夜飯，信步到川東師範後調查統計局防空洞。至十時出，敵機又來，避入南區公園防空洞，至十二時始解除。王嶽來。失眠，服藥。

今夜敵機炸宣傳部等處，分三批，中間所隔時間太久，以致警報時間延續至六小時之久，遂有城中大隧道窒息之事。

今晨送行者：傅矩生　張西山　魏洪禎　范可中　洪謹載　黃和繩　王樹民

六月六號星期五

寫履安信。與雁浦同到川東師範教育部接洽。晤范振興，參觀防空洞。到朱先生處，由朱先生導至戴季陶先生處，并晤虞洽卿，李平（孤帆）等。飯於上清寺。

到英庚會訪蘇福應。道遇馬曼青。王嶽，李金聲來。雁浦，中一來。李魯人來。馬松亭來。盧季忱來。戴湘波來。

范振興，邵恒秋來，邀至聚豐園吃飯。蘇福應（公雋）來。汪一鶴來。

今晚同席：予與雁浦（客）　　振興　恒秋（主）

昨夜之炸，係疲勞轟炸，一批飛機方去，一批飛機又至。予所至之隧道，機去時即開門通空氣，以是人皆未傷。有一大隧道，則守者不開門，避彈者悶甚，群欲啓門，而以人太擠，門不能開，乃至悶死人近二萬。此一大慘案，報紙不敢登出，謊報八百人，草菅人命，可恨！

六月七號星期六

到戴先生處，并晤陳伯誠，李培基，景南等。遷至組織部招待所。有警報，到英庚會防空洞，晤蘇福應等。

到張家花園訪馬松亭，并晤馬淳夷，馬天英，馬達五等。到戰時公債會，晤伯寅先生，黃重憲丈，黃炎培，周邲成等。

松亭在回教救國會中留飯。步歸，買葡萄酒。

今晚同席：予　馬天英　馬淳夷（客）　　松亭（主）

六月八號星期日

馬天英，趙明遠等來。松亭邀宴於東來順。與雁浦同到農本局訪孫元徵，未遇。出，予在牛角沱渡江，赴江北新村衍慶里馬曼青夫婦處。留飯。下午二時許回。

納子宜，林君，白珍來。沙儒誠邀宴。

到季忱家。并晤李婉容。馬驪强來。

　今早同席：予　孫繩武　雁浦　馬天英　馬達五　馬淳夷　趙明遠　馬子强（以上客）　馬松亭（主）

　今午同席：予　顧博瀛（客）　曼青夫婦　小龍　紀清漣（主）

　今晚同席：納子宜　林子□　白珍（以上客）　沙儒誠（主）

六月九號星期一

到保安路訪李金聲，未遇。留條而出。歸，金聲來。予寫王姨丈，嚴良才兩信交其帶去。宴之於聚豐園。到益世報館。到紙鋪買物。

與雁浦再至元徵處，遇之。黃次書，奮生，劉家駒來。廣播電臺來約演講，辭之。到中研院訪王毅侯。

謝友蘭來。趙敏求來。

　今午同席：金聲　雁浦（以上客）　予（主）

六月十號星期二

寫履安信。寫壽彝，聖陶，羅雨亭，自珍，洪禎信。訪馬宏道，不值，出遇馬汝鄰，與之同到東來順。飯畢到生生花園吃茶。與宏道等同到孫振武處。

張伯懷來。唐柯三，馬松亭來。與雁浦同訪黃仲良於新昌賓館。艾沙偕楊兆鈞來。高希裴來。

　今午同席：馬汝鄰　穆樂天　予（以上客）　馬宏道（主）

六月十一號星期三

中一為開文史雜志社預算書。送至朱先生處，加以損益。主任秘書王啓江導至吳鐵城秘書長處一談。朱先生招季忱來談，季忱極負氣。又同至予舍，大發牢騷。

有警報，入英庚會防空洞。遇孫毓華，先吃飯而後入洞。在洞遇傅孟博等。與仲良同訪艾沙，宴之於一清真館中。訪納子宜，未值。

與雁浦到榮譽軍人協會，晤張子文等。

今午同席：予與雁浦（客）　孫毓華（主）

今晚同席：艾沙及其侄　仲良（以上客）　予（主）

六月十二號星期四

張子文來。到教部開邊疆教育委員會，上午行開幕禮。訪范振興。在部午飯。

下午分組審查，予主第二組議案，即各種邊疆學術機關之設置。王文萱及宗君助予。

在部應陳立夫部長宴。乘立武車回。

今日同會及今午同席：張沖　杭立武　張維翰　劉伯量　馬毅　吳培均　黃錫恭　吳文藻　嚴鏡清　吳雲鵬　黃文弼　周邦道　張伯懷　時子周　李永新　孫繩武　唐柯三等及部內各關係主管人員，共五十餘人。陳立夫（主席）　張廷休（書記）

今晚同席：除上列諸人外有伊克昭盟之圖王及其隨員。（郡王旗札薩克圖布陞吉爾格勒。）

六月十三號星期五

到教部，開邊疆教育全體會議，半日而畢。在部應次長司長宴。王啓江來。朱先生來。許楚僧夫人來。寫次舟信。

曾特生來。

今午同席：同上　余井塘　張廷休（主）

六月十四號星期六

到牛角沱尋朱先生屋。段淑賢，周桂金來。到侍從室訪賀貴巖。寫履安信。到汪一鶴處。又到李永新處。

有警報，與王啓江同乘汽車到新橋，入其寓所，空襲過後，同到山洞訪葉楚傖，談文史社事。

到柏齡飯店赴柯三宴，到交通部小食堂赴周彥龍宴，到牛角沱赴朱驪先宴。十一時歸。失眠，服藥。

今晚同席：時子周　馬松亭　巴文俊　楚明善　馬子翔　馬汝鄰　趙明遠（以上客）　唐柯三（主）

今晚又同席：王化成　浦薛鳳（遜生）　奚倫　李惟果（以上客）　周彥龍　李宇龕（以上主）

今晚又同席：陸寒波　陸翰芹　盧逮曾　劉英士　高良佐　張駿祥　盧荻初　何兆麟　李泰華（以上客）　朱驪先（主）

六月十五號星期日

張子文來。黎東方來，同到陸盧春吃點。王星舟來。鄭杰民來。有警報，同到英庚會防空洞。解除後，予邀至陸盧春吃飯，遇顧獻樑。

到顯樑處。到柯三處談。到松亭處，并晤明遠。到曾家，晤特生素英夫婦。出，到君武處，晤其夫人。同出，送至七星岡，晤狄畫三。徐舟生偕其戚孫曉樓來。到一心飯店赴宴。

赴賀貴巖宴。顧獻樑來。

今午同席：星舟　鄭杰民（以上客）　予（主）

今晚同席：伯懷　雁浦　予（以上客）　黃次書　奮生　劉家駒　石明珠　閔賢村（以上主）

今晚同席：曾養甫　羅總司令　唐□□　李特派員鐵錚（以上客，共八人）　賀耀祖（主）

本日有空襲，美使館被炸。

六月十六號星期一

仲良來，與同到沙儒誠處，并晤楊兆鈞（滌新）。到高希裴處。李長之來。寫馬曼青信。寫雨亭，青鉽信。

寫履安，侯仁之，容媛信。寫謹載信。到周彥龍處，并晤李宇龕，談邊疆學會事。

羅雨亭來。因雨留宿。

六月十七號星期二

早大雨。到朝天門美國廟訪伯懷，未晤。即至碼頭，雇船渡江，乘滑竿到玄壇廟南園邊疆學會。晤次書，奮生，家駒。開會討論分會章程。在奮生家吃飯。

參觀某電影公司，班禪駐京辦事處，江蘇徐屬旅渝小學，到桃花園品茗。四時，次書送之渡江。到農民銀行訪徐芳。

乘公共汽車還部。訪姬子平，未遇。

今午同席：予（客）　黃次書　奮生　劉家駒（主）

六月十八號星期三

樹幟來，同到朱先生處。談文史社事。寫吳文藻信。樹幟邀至松鶴樓吃飯。

與樹幟到俞大維，王芃生處。談半天。看芃生所藏日本秘籍《衝口發》等。

到季忟家談文史社事。甚不歡。

今午同席：張小柳　龔道廣　予（以上客）　樹幟（主）

六月十九號星期四

到樹幟處。樹幟與黃如今來訪。同到朱先生處，談新亞細亞及《文史雜志》事。與樹幟同訪伍家宥，并晤郭登敖。宴樹幟等於松鶴樓。遇王德齋（宣）。

寫自珍，樹民，研究所全體同人信。寫健常信。文珊來。作文史社計畫。

到東來順，赴宴。沙儒誠來談。

今午同席：樹幟　張小柳　龔道廣（以上客）　予（主）

今晚同席：馬天英……　予（以上客）　李永新（主）

六月二十號星期五

李永新來談邊疆協會事。寫金靜庵信。有警報，入英庚會防空洞。

鄭杰民來談。贈印泥。門天佑來談。到杰民天宥處。到文珊處。甘家馨來。

與雁浦到李子壩時事新報館訪謝友蘭，到掃蕩報館訪周桂金。

六月廿一號星期六

寫伯祥信。寫劉朝陽信。寫謹載，幼孚信。寫連伯棠信。寫聖陶信。寫劬西信。

寫履安信。算賬。郭登敖來。修改樹幟代朱先生所作科學一文。

到組織部，與甘家馨同乘汽車，赴冠生園宴會。乘鄭瑞夫車歸。

今晚同席：樹幟　予（以上客）　中山大學同學鄭瑞夫　甘家馨　吳正桂等十八人（主）　甘家馨　鍾貢勛　陳紹賢　伍士焜　劉應元　鄭豐　陳協中　吳正桂　王文新　王紹章　譚連達　譚龍沾　呂一民　馮用　陳典　王家齊　彭承愷　李在興

六月廿二號星期日

孫元徵來。訪甘君，未遇。有警報，到英庚會。晤沙孟海等，并晤蔣慰堂，程遠帆。迄午解除。

到松鶴樓吃飯。遇許德珩夫婦，同飯。慰堂導至中央圖書館參觀。儒誠偕穆維新來。

到東來順，赴艾沙招。中一來。

今日飛機炸松潘，雅安，創舉也。今日下午得息，德對蘇聯已宣戰進攻，人心大震，街談巷議，無非此事。

今午同席：樹幟　可忠　慰堂　予（以上客）　許楚僧夫婦（主）

今晚同席：馬天英　馬達五　林子敏　沙儒誠　楊兆鈞　穆維新（麥斯武德之子）（以上客）　艾沙（主）

六月廿三號星期一

到樹幟處，汪少倫來，同出，到組織部，晤黃如今。樹幟可忠到立武處。予與少倫同搭重慶大學校車至沙坪壩，靜庵贊虞見接，到歷史系研究室小坐。有緊急警報後入中大防空洞。遇仰之，肖堂，陳大燮，范瓊英等。靜庵邀至附近小館吃飯。

到史學系演講，不及一小時。由李長之導至劉英士處。唐圭璋來。到靜庵長子家吃飯。

到元善處。冒雨摸黑至靜庵室留宿。丁驌來談。

今午同席：仰之與予（客）　靜庵（主）

今晚同席：仰之　長之　予（以上客）　金靜庵　著青（弟）長佑（子）（以上主）

中央大學書籍儀器全未損失，志希早遷之功也。顧近日中大醖釀風潮，教部實爲其後盾。志希乃有不得不走之勢。

六月廿四號星期二

大雨，與靜庵，仰之，長之，吳錫澤談。靜庵三子送點心來。

仰之邀至小館吃飯。

仰之洪範五導觀中大圖書館。出，到仰之室，并晤常任俠。到唐圭璋室。到校長辦公室晤志希，到教務長室晤童冠賢。乘志希汽車返城。

到中蘇文化協會赴宴。

今午同席：金靜庵　李長之　洪範五（以上客）　程仰之（主）

今晚同席：章伯寅先生等六七人（客）　黃任之　劉改芸（主）

六月廿五號星期三

草一提案。寫黎東方信。張子文來。寫陳碧笙信。李婉容女士來。馬汝鄰來。

寫履安信。吳正桂，門天佑來談。樹幟可忠來，同出。到良友吃飯。晤李慶麐，萬國鼎。

與樹幟可忠到朱先生家談。呂雲章女士來。

今晚同席：可忠　樹幟（以上客）　　予（主）

六月廿六號星期四

上午二時起，三時到大門外，待可忠樹幟車至，同到太平門碼頭。五時上輪。在輪看江中風物。可忠招待吃飯。

下午五時到白沙。乘可忠轎，至其家。翟毅夫來。西堂來。盧冀野來。

到西堂處。以無蚊帳，夜眠不安。

今晚同席：樹幟與予（客）　可忠夫婦，一侄，三子，一女（主）

六月廿七號星期五

與樹幟到編譯館，由可忠導引，參觀各部門，晤趙吉雲，建功，靜農，程希孟等。可忠設宴。到孫國華處。

在館開會，討論十三經新疏事。樊漱圃來。與樹幟到中央圖書館參觀。

與陳孫兩家小孩玩耍。

今日同席：樹幟　趙吉雲　傅築夫　建功　翟毅夫　盧冀野等（以上客）　可忠（主）

今日同會：樹幟　可忠　建功　静農　冀野

六月廿八號星期六

到白沙鎮，赴希孟冀野約，在金陵食堂吃點。到三民主義叢書編纂委員會參觀。到巴黎理髮店剃頭。

到編譯館，續開會商新疏事。

與可忠樹幟到女子師範學院，赴謝循初宴。十一時歸，失眠，服藥。

今早同席：曹漱逸（嬈）　周光午　陳鏡　黃心培　徐芝徵　吳子我　江學珠　曹擇之　樹幟　可忠等（以上客）　希孟　冀野（以上主）

今晚同席：樹幟　可忠　程其保　楊仲子　冀野（以上客）謝循初夫婦（主）

六月廿九號星期日

程其保來。與可忠樹幟同到黑石山聚奎中學，游山，吊吳芳吉墓。至滴水而歸。在聚奎中看芳吉書札及詩稿。建功邀宴。

到静農家小坐。回聚奎，復看芳吉手稿。四時，熱少殺，回陳家。

看冀野所作瞿庵先生年譜。早眠，仍服藥得眠。

今午同席：樹幟　周光午　何□生（之瑜）　臺静農（以上客）　建功夫婦（主）

　　吳芳吉天才橫溢，若假以年，當可在文壇樹一巨幟。渠有志作史詩，早歿，竟不成一字，可惜之至。周光午君搜其遺墨，裝爲百數十冊，風義可佩。

　　今日本可安眠，以連日失眠，乃亦不易就睡，蓋予病固有連續性也。

六月三十號星期一

　　出席編譯館紀念周，講齊大研究所之工作。寫履安信。到劉家赴宴。

　　在館開會，討論周秦漢晉文選編及文史要籍叢刊事。

　　與樹幟，可忠到紅豆樹赴宴。十二時歸。失眠，服藥。

　　今午同席：樹幟　可忠　毅夫　王德齋　西堂（以上客）劉及辰夫婦（主）

　　今晚同席：程其保　樹幟　予（以上客）　吳子我　胡道真程希孟　盧冀野　陳可忠　翟毅夫　魏建功　臺靜農　周光午張西堂　曹漱逸　謝循初　李儒勉（以上主）

　　　　工作報告（自廿九年七月至卅年六月）

　　本人在校擔任工作，除主持研究所全部事務及指導研究生工作外，所有個人研究可分爲下列二項：

　　一、春秋史材料集——前年本擬作古代史材料集，嗣以範圍過大，先從春秋史下手。此一年中，讀《春秋經》，《左傳》，《國語》，《公羊傳》，《穀梁傳》等書，寫筆記約四萬言。又令書記鈔寫《春秋經》，編輯《春秋經通檢》。

　　二、研究古蜀史——四川古代史，去年已與楊向奎君合力從事於李冰治水之故事。本年又研究古蜀國之傳說，寫成《古代巴蜀與中原之關係說及其批判》一文，約三萬五千言，刊入《三大學研究所中國文化研究彙刊》。并游歷雙流，新津，邛崍，大邑等縣，實地搜集材料。

七月六日晚，敵機炸組織部。是日予在青木關。七日晚，敵機又來，并炸組織部之招待所，予所帶紙張書冊并付一炬。是晚予乘滑竿，由歌樂山赴山洞，被迫停輿，坐一人家，目睹彈下而火起之狀，不知此火光中正有予物之焰也。九日晨，由小龍坎歸，徘徊廢墟之上，爲之悵絶。予大本日記置於蓉寓，客中記入小本，置招待所桌上，此三十餘日之生活捨腦筋中之記憶更無可憑信者矣。然而記憶易誤，又不審所記將如何倒亂也。噫，予記日記至今廿一年，至今日而有“闕文”，敵焰之殘酷爲何如！記之於此，以作抗戰之紀念。

卅，七，廿二日，頡剛記於賴家園子，時距六月三日進城之日已四十九天。

一九四一年七月

七月一號星期二

與樹幟到編譯館，草《十三經新疏編刊緣起》，約一千字，訖，修改畢。潘硌基來。在編譯館吃飯。

開會，商量編輯事。陳萬祥來。與樹幟到中央圖書館，晤屈翼鵬，樊漱圃，彭道真，紹英等。回編譯館，接見全受仲，孫毓秀，隋樹森，臺靜農，張韻白等，討論編輯工作。

在陳家吃飯後，飲酒早眠，得睡。

今午同席：樹幟　潘硌基　臺靜農　建功　傅築夫（以上客）　可忠（主）

七月二號星期三

五時到輪埠，漱圃見送。陳萬祥來談。因霧，九時始開船。看吳芳吉詩集。

二時到重慶，在菜園壩上岸，到茶館休息。坐肩輿到兩路口，吃飯。與樹幟可忠分手。回寓，整理物件，看各處來信。與中一談。陸寒波來。樹幟邀至良友吃飯。

與樹幟，可忠，何維凝訪朱先生，談黨務。十一時，與維凝同行。失眠，服藥。

今午同席：樹幟　可忠（客）　予（主）

今晚同席：可忠　予（客）　樹幟（主）

七月三號星期四

寫履安信。到可忠處。與樹幟談三十年來學術。寫劉淑珍信。到組織部，訪汪一鶴，李永新。爲見總裁事，到沙孟海處。與樹幟可忠到松鶴樓吃飯。

到萱舍，晤陳綏生，看屋。到陳立夫處。寫李一非信。還招待所。紀清漪來。鄭瑞夫來。

遇熊嘉麟，同到陸盧春吃飯。

今午同席：樹幟　可忠（客）　予（主）

今晚同席：蔣德崇女士　熊嘉麟（以上客）　予（主）

七月四號星期五

五時到立夫家，乘其汽車赴青木關，至金剛坡下車游覽一刻。到青木關即入防空洞，與蔣志澄等談。警報解除，赴部，旋至吉花春吃飯。遇黃向岐夫婦及沈君。

到中央飯店定住所。二時，到幼稚園開史地教育委員會，聽賓四，旭生，贊虞，肖堂諸君演說。照相。到游泳池參觀開幕禮。

晤錢卓升。回幼稚園，赴宴。飯後聽奏樂及歌唱。十時散歸。

今午同席及下午同會：徐旭生　　賓四　　胡肖堂　　黃國璋　　孟壽椿　　王星舟　　陳東原　　吳士選　　黃仲良　　鄭穎蓀　　金静庵　　繆贊虞　　張西堂　　許心武　　陳可忠　　滕仰支　　張廷休　　王獻唐　　郭蓮峰　　鄒樹椿　　朱康廷　　陳立夫　　余井塘

今晚同席：除以上諸人外，又：錢卓升及昆曲社員　　沈鵬（之萬，吳江人，四川第三區專員）　　陳立夫，余井塘（主）

今晚音樂會：鄭慧——古琴　　陳振鐸——二胡　　曹安和等——昆曲　　楊大鈞——琵琶

七月五號星期六

到部，開分組審查會。予爲第二組召集人。九時許畢，到音樂教育委員會，見穎蓀，應洲，抱忱，曹女士等。出，到長途電話局打健常電話。回寓，寫履安，健常信。

到桃園赴宴。到幼稚園開大會，四時許，警報來，即赴防空洞。與旭生，西堂等談。警報解除，回至幼稚園，與賓四，贊虞談。

抱忱邀至京蘇菜館吃飯。九時散歸。

今午同席：客名如上　　吳俊升　　黎東方　　張西堂　　陳東原（以上主）

今晚同席：陳振鐸　　楊大鈞（以上客）　　李抱忱（主）

今日上午同會：黃仲良　　李之鷗　　徐伯璞　　汪元臣　　鄭穎蓀錢卓升

七月六號星期日

在部續開大會，至十二時竣事。即在部吃飯。建功來。到視察室晤王鳳喈。發起史學會，簽名。

小眠。金静庵邀至温泉浴室洗澡。出，遇常任俠，同吃茶。朱康廷來。

到桃園赴宴。有警報，與賓四，星舟等同入防空洞。十時歸。

今晚同席：客如上　王星舟（主）

七月七號星期一

許自誠，西堂來。六時，赴教部中等學校史地教員暑期講習班，講一小時。回寓，取行李。值有警報，在寓待至三小時。十一時，滑竿來，乘之至陳家橋。十二時半，到內政部，訪健常，談一小時半，由健常煮鷄子五枚當飯。晤鄒序儒，譚家嶧。

二時離部，在陳家橋，金剛坡等處休息。五時到歌樂山，入中央醫院訪孟真，并晤金甫。有警報，即乘滑竿赴山洞。

抵河上村，軍警禁不許前，在一人家候兩小時許。十一時到山洞，落宿雲龍旅館。

七月八號星期二

上街吃飯。步行至林主席宅。訪葉楚傖，晤之。訪顧孟餘，并見其夫人。適有警報，同入防空洞，談近來史學界。回寓，遇邵恒秋。向雲龍算賬訖，即赴站，飯於頤和園。又遇恒秋及鄭炳（及庵）。鄭君還鈔。

原欲乘公共汽車歸，以未打防疫針，改乘滑竿到新橋，又到小龍坎。道遇樹幟及英士，同到馬洗繁處，并晤江陰吳君，翻看《故宮月刊》。

到英士家，吃夜飯，留宿。與英士樹幟談。

今午同席：予與恒秋（客）　鄭炳（主）

今晚同席：予與樹幟（客）　英士夫婦及其女（主）

七月九號星期三

雁浦來。與樹幟同乘黃包車還城，上清寺一帶炸得不認識。到組織部，已一片焦土。遂寓樹幟，可忠處。與樹幟，可忠同訪朱先生，留飯。途遇熊迪之。

到中央圖書館，晤賓四。四時，東方來，開七七學術演講。予講游歷甘青的印象。賓四講民族爭存與文化爭存。至八時始畢。晤文珊，逢原，吳錫澤，徐盈，卜乃夫，景慧靈等。

與東方賓四同訪熊迪之，未遇。東方邀至一心飯店吃飯。

前日聞健常言，巴縣中學爲敵機所炸，心謂該校占地甚廣，組織部當不致全部被毀。今天一到，自大門直至最後大樓，一切都完。我所住室落一燒夷彈，自己帶去的零碎東西全没有了，惟衣服籃子爲工友張某取藏防空洞，尚得保全。我的日記，賬目，信件，以及別人稿件托我看的，一切成爲灰燼了！傷心，傷心！轉念一想，既爲現時代之中國人，應當嘗一嘗這個滋味，總算我在國難之中也曾有過直接的犧牲了。

七月十號星期四

寫履安信。雁浦來。寫陸翰芹信。到四維小學訪王啓江，陸翰芹。與樹幟，可忠繼續討論國學要籍叢刊事。吳錫澤來。素英來。有警報，與樹幟，聲漢早吃午飯，進萱舍防空洞，晤式湘夫婦，徐盈，彭女士等。

三時半，警報解除，回寓，東方來，同到中央圖書館，晤西堂，聽西堂講經學與史學，予講通俗讀物。到朱伯濤家。

東方邀至一心飯店吃飯。任泰還鈔。東方留予住中央飯店。

今晚同席：予與西堂，東方　孔雪雄（以上客）　　任泰（東伯）（主）

七月十一號星期五

六時回寓，羅倫士來。到生生花園，吃點，討論邊疆協會，中伊文化協會兩章程。草中國邊疆文化協會緣起，約兩千言，即修正謄清。

修改上總裁呈文，中伊文化協會緣起，畢。寫履安信。

到臨江門戴家巷美美令羅倫士寓所吃飯。十時歸。

今午同席：予　樹幟　可忠　淦克超（以上客）　李永新趙石溪（以上主）

今晚同席：予（客）　羅倫士　司徒夫婦（主）

七月十二號星期六

到飛來寺訪陳位心等，并晤曾養甫。出，在兩路口吃點。歸，見陳叔諒信，知總裁定明日接見。寫益世報館信，辭作星期論文。與可忠樹幟到松鶴樓吃飯。

與樹幟，可忠商國學要籍事，將三百種書分爲十四類。熊迪之來。到中央圖書館，聽陳立夫講演，商明日謁見事，乘其車歸。與可忠樹幟到聚豐園吃飯。

與樹幟，可忠同到朱先生處，晤慰堂。病作。失眠。

今日連瀉三次，晚間發熱。適對面人家死一老太，夜中入殮，家人哭聲及和尚誦經聲聒耳，適致一夜無眠。而明日總裁召見，真令人急殺。

七月十三號星期日

病，起而復睡。十時，陳部長汽車來，同到陳布雷家。叔諒借衣與我。乘汽車渡江，到黃山謁見蔣總裁。

與總裁談整理中國古籍事。留飯。乘布雷車回寓，即睡。可忠爲開一中藥方。陳式湘，金公亮，蔣慰堂來。中一來，代買藥。

慰堂之兄公穀來診，開方。

今日帶病進見，樹幟謂予頗能侃侃而談。歸後就榻，如玉山之頹矣。熱仍約一度許。

今日蔣與予談經學，而只知山東神童江希張，使我心冷。

今午同席：予　樹幟　立夫　布雷（客）　蔣總裁（主）

七月十四號星期一

臥床。轉錄樹幟日記。

與樹幟，可忠，慰堂等談。金靜庵，陳遵嫣來。吳正桂來辭行。志希來。公穀來視疾。

叔諒偕沙孟海來。陳綏生來。

熱仍未退盡，不思食。

七月十五號星期二

馬賦良來。叔諒送書物來，作謝函。臥床，看蔣總裁在中央訓練團所講諸小冊及抗戰以來之文告。

公穀來視疾。

今日朱先生與樹幟，陸翰芹，馬賦良飛蘭州，再轉寧夏，河西，西寧等地，約一月餘歸。

熱退盡，勉强進粥。

七月十六號星期三

臥床，看《明太祖革命武功記》。寫素英及中研院信。紀清漪來。關斌來。黃次書來。王公維來，寫慰勞總會信。

公穀來視疾。趙石溪來。

七月十七號星期四

臥床，看《明太祖武功記》略畢。君武來。中一來。和繩來。

寫陸寒波信。校《十三經新疏緣起》。

和繩來。中一來，留宿。

今日始覺餓，買麵食之。

七月十八號星期五

與中一談社務，開兩布告。寫履安自明信。爲中蘇協會寫字一張。有警報，十一時，與中一同至社會食堂吃飯。遇素英。到陳叔諒處還書，并入防空洞，遇布雷等。寫林冠一信。寫仲良，童冠賢信。

還寓，晤翟毅夫。組織部朱傳鈞來，告飛機票已買得。李貫英來。到汪一鶴處。出，乘立武汽車歸。

到季忱處，晤李婉容。寫吳鐵城信。寫中一雁浦信。整理物件。

七月十九號星期六

工友姜兆元送行。三時一刻起身，四時到南紀門，乘轎到碼頭，坐小輪到珊瑚壩。遇熊迪之，賀貴薪，蔣廷黻等。六時半，起飛，七時五十分到成都，適大雨，乘汽車到中航公司。即換乘人力車到梁家巷。九時，坐滑竿下鄉。

在崇義橋吃飯，遇喻煦之。二時到所。與諸同人及家中人談話。換衣，剃面。看各處來信。冰洋夫婦來。玉芳偕文毅來。

看各處來信，未畢。九時眠。

從重慶到成都只一小時許，而從成都北門至賴家新園子卻須五小時，交通工具之效率之不同有如是者。今日重慶朗日照空，及至成都盆地而白雲片片，又西則黔雲遍布。成都連日大雨，故北郊公路泥濘沒足，幾於道絶行人。遇兩黃包車，皆一人拉而兩人推。予乘滑竿，轎夫亦數步一滑，益見蜀道之難。

七月二十號星期日

與樹民談其近狀。寫書銘，洪禎信。看各處來信，畢。

眠兩小時。與履安談職業問題。補記日記十一天。厚宣來。賢璋來。明經來。

與履安談。樹民來，出示寄雁浦書。

樹民與郭錦蕙交往太密，絕不顧慮，以致成爲滿所話柄，只得令其走路。樹民爲人太隨便，而性又固執，所謂"既不能令，又不受命"者也。

履安身體精神兩有進步，顧以此間食物缺乏，浩然有歸志。履安見我，曰黑且瘦，肩骨肋骨俱外露矣。

七月廿一號星期一

自明送一年工作來。明經，光簡，玉芳，爲衡來談在所工作。樹民偕錦蕙來。補記日記十天。

眠一小時。賢璋辭歸城。西山自城來，留宿。賴品三，鄧少坤來。爲自明所集《史記》民族史料十七冊題簽。玉芳來問《漢書》。胡厚宣邀宴。

與西山談。樹民來談，且出示其日記。

今晚同席：西山　予夫婦(以上客)　厚宣夫婦及其子(主)

郭女士今日辭職入城。

七月廿二號星期二

值日。西山辭歸。補記兩月來日記，差畢。爲衡等四人來談改入中央大學研究所事。

小眠一小時。翻六月份報紙，尋渝市空襲次數。到樹民處談，看其日記。

出席本所同人歡迎會，談重慶情形。

今晚同會：樹民　厚宣　芳霖　中杰　光簡　明經　爲衡
玉芳　陳希三　朱錫洲

七月廿三號星期三

與樹民談。寫謹載，洪禎，中一，季忱，劉校長，在宥信。

思明來，留飯及宿。王冰洋來。點希三所鈔《春秋經》。葉彬
如來。看思明所作《魏晉南北朝社會史》論文，作一評語。

與思明，厚宣到門外閑談。

七月廿四號星期四

思明回城。續點《春秋經》。寫聖陶，佩弦，次舟信。爲人寫
字四幅。

小眠。王維能來。爲中杰題贈葉席儒畫。續點《春秋》。

樹民來談。

七月廿五號星期五

厚宣來談。續點《春秋經》。寫和繩，張伯訓，青年團部信。
寫張凌高信。寫謹載信。爲人寫字三幅。

小眠。馬連捷來。光簡來談。寫李永新，邵恒秋，馬宥道，陳
可忠信。

與履安談話。

七月廿六號星期六

兩女進城，予伴履安。續點《春秋經》畢。整理信札，寫魯弟
及起潛叔信。看孔女士標點《白虎通》。

小眠。

洪禎偕潘仲元君來。

七月廿七號星期日

與潘君到圖書室，以編目事交之。寫方叔軒信。洪禎辭歸城。整理入城物件。寫催還書籍信。寫陳繩夫信。

敵機襲蓉。一時許，與樹民同到天迴鎮。予上車，四時到城。運箱送錦蕙處，并晤尹氏一家人及田女士。到謹載處。到三橋剃鬚。

與謹載同赴宴於鹽道街。到夢若處。到錦蕙處送錢，遇周朋三。住青蓮巷，失眠，服藥。

潘仲元君今日接圖書館事。本所圖書館，先後已易王育伊，范午，黃作平，王樹民，關祥，馬連捷，郭錦蕙七人，及茲而八，不知其能弄出一個結果否也。

今晚同席：夏□□　洪謹載夫婦　沈經保　張夏廉夫人　楊憲益夫婦（以上客）　戴樂仁夫婦（主）

成都久無警報，日久疲生，今日多不走，遂發生大慘劇。

七月廿八號星期一

五時半，到夢若家。與自明同出，送之到九思巷佟家。出，在騾馬市吃點。過西北聯運車公司，送劉雁浦夫人登車。送自明到梁家巷，爲雇車回鄉。乘車到華西壩，晤西山洪禎等。訪莊學本不遇。訪叔湘，并晤凌純聲等。警報發，與同避至御營壩。自十時至下午三時。遇西山薄冰，到中央銀行無綫電臺，牟君出饃相餉。看《鶴林玉露》。

宴凌純聲等於竟成園，已四時矣。遇次舟，叔遂。回校，訪學本，未晤。到張蓉初女士處。再到學本處晤之，并晤芮逸夫等。與學本同到蓉新印刷所，晤周經理文欽。

回學本處，同到黃金臺吃飯。遇趙守義，許世瑮等。歸，賓四已由渝歸，與矩生等同談。失眠，服藥。

今午後同席：凌純聲　呂叔湘　徐薄冰（以上客）　予與

西山（主）

今晚同席：凌純聲　芮逸夫　馬長壽　予（以上客）　林名均　莊學本（以上主）

昨日之炸，聞受禍者有六十條街，死者千人以上，傷者倍之，是爲抗戰以來成都最大之損失。上街所見，處處傷心怵目。猶幸非燃燒彈，否則半城皆爲灰燼矣。

七月廿九號星期二

夢若來。孫蕙蘭來。到郭子杰處。遇陳志潛，進點。與賓四，西山，心田同到新南門，坐船，到望江樓，只喝一碗茶，警報聲又作，避至薛濤墳，遇蕭緝光，馬哲民，黃憲章，周蔭棠等。由九時起，坐寧家門口雜談。

下午三時解除警報，到紅瓦寺，晤郭健霞，燕慨歌，張子聖，金素蘭等。回校，到小天竺街吃飯。到廣益大樓，參加茶話會。謹載夫婦來，爲寫芳霖及履安信。陳家芷來。王抱冲來，爲寫王畹薌信。心田偕張秋華來。

六時，宴客於黃金臺。遇王維能。陳覺玄來。與文通談。飲酒，得眠。

今日下午同會：純聲　逸夫　謝冶英　馬長壽　羅莘田　鄭毅生　李玠　方叔軒　鴻庵　李小緣　劉衡如　孫次舟　聞在宥　呂叔湘　徐益棠　馮漢驥

今晚同席：凌純聲　芮逸夫　馬長壽　謝冶英　徐益棠　蒙文通　馮漢驥　李小緣　莊學本　林名均　吳禹銘(以上客)　予(主)

七月三十號星期三

鴻庵來。丁廷洧來。鴻庵邀至其家吃飯。警報發，予到李小緣家，莘田等繼至。避入西南美術學校，與諸同人談。遇李得賢。

下午三時解除警報，到新新餐廳吃飯。回校，開茶話會。佩弦來。王祖壽來。羅孟韋來。

八時獨出吃飯。到覺玄及抱冲處。失眠，飲酒無效。

今日下午同席：鄭毅生　羅莘田　凌純聲　沈復齋（以上客）　覺玄　賓四　抱冲　在宥　予（以上主）

今日下午同會：楊憲益夫婦　戴樂仁夫人　李樹華　郭本道（以上客）　予與西山（主）

七月卅一號星期四

李得賢來。蓉初來。到賓四室，遇次舟。遇吉禾。本道來。鍾道泉來，爲寫扇。馬連捷來。校《責善》二卷九期。寫在宥信。到叔湘處，并晤在宥。遇又我，與同到新新餐廳吃飯。

小眠。醒後疲甚，翻看張蔭麟通史講義。又我來，與同到賓四處，與溫君同出吃飯。

賢璋來。在新新餐廳談至八時。歸，早眠。得眠。

今晚同席：賓四　又我　予（以上客）　溫福立（主）

昨夜幾未合眼，不識何故竟如斯劇烈。想來總以客多，談話太費精神耳。

自有廿七日之變，每有警報，城中人不敢不出，而成都無防空處所，必須走得遠，在烈日中奔跑，且一去輒須大半天，甚以爲苦。予本要到城所作事，此次全不能作，白走一趟，白捱數日之飢渴。本意於今日回，而今日大雨，只得再留一天。聞日人廣播，將連炸十天，成都未必炸，而重慶必炸，自流井被炸亦多，重慶斷井頹垣，已無可炸。日本人只白送些鐵片耳。

一九四一年八月

八月一號星期五

六時許與賓四等約同行。到佟志祥家,與同出,到天迴鎮,賓四等續來。十時半,到清河園吃飯。雇鷄公車載行李,步行隨之。

過張家碾吃茶休息。一時許到所。導紹華等游覽所中各處及房東家。指揮工人布置臥室。與履安等談話。與所中同人談。出下午停工布告。

與履安談話。早眠。

今午同席:賓四　心田　西山　張紹華　佟志祥

八月二號星期六

到圖書室,與佟君對坐辦公,指導之。補記日記六天。計畫下年所中臥室及辦公室。

小眠。困乏,休息,與履安談話。理肖甫自明等爲我所鈔舊文,未畢。

兩月奔跑,真乏矣。進城時,趙太太及孫女士見我,皆詫我之瘦,謂未嘗見我如此瘦者。自歸鄉間,可以休息矣。夜中蚊多,八時即眠矣。

八月三號星期日

理所鈔舊文成九類。與張紹華談。疲乏,就眠。

在消夏亭開談話會,討論所中下半年計畫。小眠。蒙蕭兩小姐偕胡孔兩女士來。到門口散步。

早眠。

今日下午同會:賓四　厚宣　西山　心田

討論事：（一）工作人員　（二）經費分配　（三）工作事件

八月四號星期一

寫洪禎，聖陶，劉榮耀信。送西山，紹華，心田行。審查《責善》二卷第十一期稿。作答心田，慕少堂論《詩經》兩函，約一千言，改訖。

小眠。洗浴。爲孔女士尋《白虎通》材料。理抽屉及書架。冰洋夫婦來。

與自珍談詩詞。

胸前生濕瘡，連及肩膀，癢甚，以開水燙之使痛，略好。往往中夜起燙。

八月五號星期二

理書。將前作《春秋經删削之迹》及《春秋與君子》兩條改訖。

李一萍來。小眠。寫健常，學本，在宥，次舟，衡如信。寫筱蘇信。爲李爲衡改文。看王研石《囚禁日監記》。

早眠。

報載許地山於昨日在港逝世，真想不到。

八月六號星期三

寫西山，中一，丁山，壽彝，孟雄，朱采芷，聖陶，伯棠，伯祥，士選，拱辰，地山夫人信。

小眠。

與二女到泰華寺。與賓四，厚宣看月。

近日身體至疲倦，一做工作背脊即酸痛，是老態耶？抑病耶？家人均要我到醫院檢查。

八月七號星期四

校《責善》二卷八期排樣。藍爲霖來。

小眠。作下年豫算。嚴耕望來。翻看《遲疑不決》。

與自珍及洪太太到小瀑布散步。

手上又生黃水泡，足見成都之潮濕，重慶雖熱，而山地自較乾燥。

八月八號星期五

作下年研究所工作計劃書。整理信札。

小眠。趙夢若夫婦來。寫中一，關偉生信，將《九通》等書托其帶渝。看張蔭麟《中國史綱》。

與樹民出外散步，談文史社事。

八月九號星期六

與賓四步至崇義橋。雇雞公車至西門北巷子，乘黃包車進城。十一時到校。同飯於北方食堂。

與賓四西山到校長住宅，談所事。回寓室，翻看《清史稿·藝文志》。看《文史雜志》第九期稿。孫劉二女士來。謹載來，邀餐於 Tip Top。與謹載同訪莊學本。

步至孟韜家，談，爲其子公振題東望憶語。九時半步歸。失眠，服藥。

八月十號星期日

到劉校長處，與之同到四聖祠醫院，晤劉榮耀，談履安病。到邊疆服務部，晤張雪岩，張國安等。到在宥處，并晤叔湘。文通來。

小眠。到次舟處。到侯又我處。到江村茶園，與文通，賓四，韓文畦，次舟談。有警報，與賓四文通飯於新南門。游春及花園。

與賓四到覺玄處，并晤閔俠卿及王抱冲。

八月十一號星期一

上午四時發空襲警報，與洪禎同到後壩躲避。八時，到協合高中訪周之藩，進點，在其床上小臥。看《資治通鑑》一卷。十二時還校。遍覓飯館不得食，與洪禎尋至萬里橋，始得一小食店。

到校長住宅。與賓四西山到校長辦公室討論所務。三時，開所務會議。到夢若處。訪衡如，未遇。到省圖書館，孫劉二女士邀吃飯。

到回回來吃飯。與文通等談。與賓四同歸。

今日同會：劉書銘　侯又我　錢賓四　薩爾真　張心田　張西山

今晚同席：文通　賓四　可中　爲霖　李子信（客）　劉福同　孫蕙蘭（主）

今日元徵與趙介文在渝結婚。

八月十二號星期二

上午一時發空襲警報，與洪禎同到中央銀行無綫電臺，遇賓四，薄冰，看《浮生六記》英譯本。四時許解除，回室再眠。六時，夢若來，謹載來。與謹載同到東北小食堂吃點。上午，再睡。

校長來談。到華大研究所，開三大學聯合出版委員會第五次會。遇張冠英。到明湖春赴宴。寫中一信。

與覺玄同步歸。賢璋來。李方仁來。

今日同會：方叔軒　叔湘　在宥　李小緣

今晚同席：李伯申　張凌高　宋漣波　陳月亭？　覺玄　章柳泉（以上客）　張屏翰　趙子藝　俞守己等（主）

八月十三號星期三

到北方食堂進點，遇徐薄冰。到校長室，與矩生及王學哲談。寫張蓉初，景慧靈，伯祥，佩弦信。作挽陸費伯鴻詩。即寫一小立幅。贈冠英物，寫片。

小眠。到中凡處，遇羅孟韋，葉石蓀。到邊疆學會，晤謹載，學本，抱冲，因警報到者不多，即游公園，飯於邱佛子。又到公園喝茶，至天黑乃出。

到謹載處，與周文卿談。歸，夢若夫婦來，寫中一信托帶。與西山談。賢璋來，爲寫劉衡如信。失眠，服藥。

挽陸費伯鴻

藝苑重桐鄉，文瀾書篋芳。公今述祖德，萬卷照滄浪。

鉛槧風流遠，童蒙遺澤長。那堪南首望，重島斂霞光。

八月十四號期四

五時起身，六時離校，由北巷子行。遇陸欽墀。九時到崇義橋。九時半至家。洗浴。看各處來信。疲倦甚，就床臥竟日。

孫劉二女士辭歸。樹民來談。

厚宣來談。

八月十五號星期五

補記日記六天。發所內各員聘書。到葉彬如處。倦臥。

臥三小時。點改付鈔之《隨筆》及《學術通信》。

早眠。

八月十六號星期六

與魏明經談。寫羅忠恕，孫蕙蘭，熊嘉麟，楊志玖信。疲倦，睡。

量寒熱表，乃有熱度，即睡。看沈愛憶語。

自城歸來之日，即疲倦甚，非睡不可。日來雖勉強工作，而每歷一小時即背痛腰酸，不可支持，必就床臥若干刻。初以爲老態如此。今日量表，乃知有熱一度。又小腹右邊作痛，疑是盲腸炎。

三個月來，予疲勞甚矣，在大熱天中趕來趕去，在夜半跑警報，吃飯則餓時太餓，飽時又太飽，宜其病也。

八月十七號星期日

臥床。看《萍踪寄語》三集。謹載來所小住。鴻庵來。

樹民來。厚宣夫歸來。

八月十八號星期一

臥床。孔玉芳來。爲衡來。

續看《萍踪寄語》及《大衆知識》上侃鸞文。洪禎來。厚宣來。

兩日不下便，服 Cascara 無效，今晨服瀉鹽，乃下。小便紅赤，知內熱甚高。病臥後即未進食，今日大便後吃了些挂麵。

八月十九號星期二

臥床。看羅幹青《十二諸侯年表考證》，未畢。樹民來。朱錫洲來。

光簡來。趙夢若夫人來住。厚宣來談。

今日熱僅二分，惟仍不餓不渴。腹痛幸痊。今晚咳嗽多痰，吃梨兩隻。

八月二十號星期三

臥床。續看羅幹青書，未畢。芳霖來。厚宣來。爲衡來。洪禎來。

謹載來。

朱采芷到所。光簡偕閏君來。

今日已無熱，惟仍不渴，便少，知有濕熱。因囑爲衡到場，請賴益澄君爲懸擬一方。

八月廿一號星期四

今日起身。點覺玄文。翻蒙季弗《商君書校讀》，記筆記數則。閏君來。樹民來。劉蓉來，留飯。

寫張西山信。采芷來。看羅幹青書畢。

早眠。

連日吃梨，咳痰較稀。

八月廿二號星期五

補記日記七天。開上次進城賬。整理信札。

蕭緝光來。點次舟所作黃梨洲一文。看芳霖所作交代報告。開本月薪津單。寫筆記一則。寫張紹華信。

早眠。

八月廿三號星期六

看《三國演義》十餘回。明經爲代草致芝生，白華書，及研究所證明書，即爲改正重鈔。

整夜未合眼。

《三國演義》尚是予八九歲時所看，四十年來竟未再閱。此次病中無聊，適履安借有此書，因加翻看，恍舊友之重逢也。

八月廿四號星期日

看《三國演義》十餘回。將謹載所擬邊疆學會分會章程付印。采芷病，來。

預服天王補心丹，得眠。

昨夜已倦矣，將闔眼矣，而履安就予床上取物，又與予問答數語，遂將睡魔驅除。予初不願服藥，而久久不眠。及上午一時後，雖服藥亦無效矣。耿耿終宵，苦甚。予得此絕症，真不知前世作了什麼孽。

八月廿五號星期一

看《三國演義》十餘回。寫藍為霖信。點中凡文，未畢。

謹載辭歸。寫中一，方子樵信。芳霖來。

寫洪禎，西山信。交為衡明早帶城。服藥而眠。

芳霖就重慶太平保險公司事，辭庶務職，因急函洪禎來此。

八月廿六號星期二

看《三國演義》十餘回。樹民來。芳霖來交賬。

小眠。點《齊桓公的霸業》一文畢。

抱洪家小孩到門口溪畔。失眠，服藥。

八月廿七號星期三

補記日記四天。寫中一信。送芳霖行。到事務室辦公。整理什物。算賬。點中凡文畢。

洪禎來。小眠。寫顧孟餘，劉書銘，張西山，羅倬漢，葉谷馨，佩弦，覺玄信。

翻《三國志》。失眠，服藥。

一病兩星期，至今日才覺得餓。口渴，亦昨日方覺到。

八月廿八號星期四

寫丁山，聖陶，浚清，冠一，矩生，趙岡，拱辰，黃次書，賀覺非信。

小眠。看《三國志》，記筆記數則。寫黎劭西，陳家芷，孫元徵，方杰人信。

看《三國志》。

房東太太歸來，與城中姻戚偕，整日打牌，必至半夜始停。此種精神真可羨慕。使移以與我，我真可做成大事。

八月廿九號星期五

寫中一長函，李得賢，吳連城函。賓四自青城歸，來談。

繼母忌辰，設祭。小眠。編《文史》第九期稿，算字數，定稿費。

與趙太太及二女到泰華寺散步。與樹民同歸。開會，討論膳食及庶務。

以近來常失眠，昨又服張抱芝所開藥方，居然得佳眠。惟醒較早耳。今日連服。中藥功效洵不可誣。

文史社以我不在，聞鬧意見甚深，一人一條心，辦一機關實不易。

今晚同會：賓四　中杰　爲衡　希三　志祥　耕望　光簡玉芳　采芷　仲元

八月三十號星期六

寄《文史》稿。寫雁浦長函，彬如，孟軺，南揚函。

小眠。看《三國志》。沐浴。黎勁修偕陳新伯來。導之參觀。在門口與厚宣談。

與趙太太談。

　　重慶有人爲我造謠言，説我前至西北數年，化了五十萬元，毫無成績。今朱先生又欲起用，必無好結果云云。按予至西北止一年，用費與戴陶王諸君共一萬元，我只爲設計委員，并不負辦事責任，而謠言如此，聞之失笑。可見我到重慶，確有人怕也。

八月卅一號星期日

　　寫元胎，冠英，季忱，覺玄，佩弦，又我，次舟，蕙蘭，蓉初，朱錫洲，薄冰信。洪禎來所。付房金。

　　小眠。送洪太太行。寫熊嘉麟，江應樑信。自珍進城。翻《責善》二卷九、十期。敵機三批來炸成都。

　　與趙太太談。

一九四一年九月

九月一號星期一

　　值日。算一星期代管賬目，交洪禎。寫文通，書銘，在宥，凌高信。到胡文毅處。

　　小眠。寫壽彝，亮夫，曉孚，仲良，陳石珍信。

　　看《三國志》。

九月二號星期二

　　校《春秋》經文，斟酌分條，未畢。

　　勁修來，同步行至三河場，乘車至新都王銘章墓園，則朱先生等已到成都。

　　與勁修訪冉縣長，由其介紹，住桂湖飯店。月下轉桂湖一周。在一回教館吃飯。

朱驪先，辛樹幟，陸翰青，馬賦良四位於一個半月中游歷甘青寧陝豫諸省，於昨晚到川，今日住新都。勁修來招予，及往則已行。

桂湖近日荷花未謝，桂花已開，桂湖飯店中客滿，非得縣長介紹，騰出其櫃房，今夕將無住處。

九月三號星期三

與勁修乘車回成都，在天迴鎮吃點。進城，到戴宅，知朱先生住處，即至勵志社，晤朱辛諸先生。

飯於公園桃花源。飯畢聽省黨部職員報告，伴朱先生游公園民教館。出，與樹幟到華西壩，訪孫彤笙，楊浪明，李方訓等。到齊大，放物件。

飯於黃金臺。到吳襄處。同到勵志社。十時半出，宿沙利文。

今午同席：驪先　樹幟　予（以上客）　何培榮　張人佑（以上主）

今晚同席：樹幟　予（以上客）　吳襄　楊浪明（主）

驪先囑我早行，樹幟又留此待我同行，我不能待開學再走矣。此行擬由水道，先至嘉定。

九月四號星期四

到勵志社，早餐。晤任覺五，郭子杰等。送朱先生等行。與樹幟到佩弦處。回沙利文，算賬。移寓成都招待所。與樹幟出，到邱佛子吃飯。

與樹幟到華西壩。告誡朱錫洲。到劉書銘處。到駱園，訪又我，吉禾，象峰。到鴻庵處，未遇。到覺玄，孟葦處談。晤高公翰。

到勁修處。到回回來吃飯。到春熙路剃頭。到省圖書館訪蘊剛，文通，并晤孫劉二女士。住魯齋，爲臭蟲所咬。失眠。

今早同席：驪先　賦良　翰青　樹幟　子杰　覺五

九月五號星期五

鴻庵來。覺玄來。到招待所，與樹幟同訪戴季陶先生，談兩小時。還招待所吃飯。

到矩生處，寫條子二。易鐵夫來。遇楊美真。到在宥，叔湘，蘊剛處。羅孟韋來。次舟來。與樹幟同到百花潭，赴鄧晉康宴。

與樹幟，曾昭掄同到成都招待所。談至九時。與曾昭掄同步歸。

今晚同席：樹幟　曾昭掄　辜慶鼎（定村）　酈堃原　佩弦　周太玄　顧葆常　潘大逵　郭子杰　劉書銘　薛慕回　章之汶等（共三桌）（以上客）　鄧晉康（主）

九月六號星期六

寫又我信。羅忠恕來。杜叢林來。到樹幟處吃點。浪明來。九時，與樹幟同出，乘車至崇義橋，在三合公吃飯。

與樹幟同步行回所。與賓四談。視厚宣疾。樹民告張紹華來談西山事。伴樹幟參觀。看各處來信。

與賓四，樹幟談。失眠，服藥。

張紹華君前日來所訪予，不值，樹民見之，乃知西山又在彼前造我許多謠言，最離奇者謂我公私不分，以所中用自明爲據。按自明之來乃西山與校長之意，當時以未送我旅費，作此補助。自明既來，勤奮逾人，我欲囑其鈔私人文件且不肯。而西山乃以此造謠，小人反覆，又爲一嘆。

九月七號星期日

開茶話會，請樹幟，曾昭燏，思明講話。十一時散。

寫史筱蘇信。校《春秋》經文，訖。

與樹幟，爲衡到賴家祠堂散步。

九月八號星期一

寫小緣，謹載，士升，子文，得賢，孟雄，實先，佩弦信。看玉芳王莽文。宴客。

爲霖來。嘉麟來。

與樹幟，樹民到陳家碾泰華寺散步。失眠，服藥。

今午同席：樹幟　曾昭燏　思明　樹民（以上客）　予（主）

九月九號星期二

補記日記七天。爲明經楊天堂等寫字七件。送辛，曾，蒙諸位行。與賓四談所事。與所中人同飯。

寫蒙文通，勁修，張伯訓，伯祥，矩生，王新民，吳新丹，王維能信。金靜偕其妹亞文來。

與履安及趙太太談話。

贈魏明經君聯

樂後憂先，要立范公志氣；民胞物與，當存張子精神。

九月十號星期三

寫矩生信。改爲衡代作《新津游記》。草薩爾眞英譯本《漢書·王莽傳》序三百餘言，即寫清。羅孟韋來。

小眠。寫《田家半月刊自傳》序，未畢。孟韋翻看余所作文字。

晚飯後與賓四，孟韋，熊，曾，孔，朱諸女士同到陳家碾及泰華寺散步。

今日、晚同席：羅孟韋　曾昭燏　賓四　熊嘉麟　玉芳　朱采芷（以上客）　予（主）

九月十一號星期四

重改《新津游記》。作孟韋父母雙壽頌詞。送熊女士行。規定所中房屋號數及住人。到厚宣處。王冰洋來。寫黎勁修信。孟韋來談，留飯。

與爲衡談所事。杜先舉來，送其伯叢林墨子稿。思明來。改魯實先來信，付印。到冰洋處吃飯。

失眠，服藥無效，蓋以西山事生氣故。

近日賴中西藥得眠。行將赴渝，人事苦多，未遑休息，病又發作，時流虛汗，胸若空虛，又頗悶脹，真苦痛也。

今晚同席：予　樹民　自珍　金亞文　金萬林（以上客）冰洋夫婦（主）

今晨洪禎告我，西山來信，爲避空襲，欲來所長住。予聞而大怒。兩月來空襲多矣，何不來，乃覷我赴渝即來？他一來，到處挑撥，全所爲之沸騰矣。必不可！如彼必來，我連此名義亦不擔任矣。夜中果以此事致失眠，幾一夜未合眼。

九月十二號星期五

修改魏明經代作之張質君《民族國家與人類社會》一文畢。作所中員工組織系統表。重草下半年本所預算表。

孟韋來談。與賓四談所事。

與自明，珍到門口散步。視思明疾。與賓四，孟韋談。

九月十三號星期六

整理書物。爲人寫字五件。與賓四，厚宣，洪禎等談所事。出布告三通。

二時半，開茶話會，向所中同人作臨別贈言，五時半畢。送羅孟韋行。翻騾先電。冰洋來。鄧子琴來，留宿。

與自珍到陳家碾散步。洪禎等來。失眠，服藥。

連日將經費，組織系統，房屋，都作一分配。如下年可照此做，本所工作定上軌道。如西山猶破壞，校長又聽西山之言者，則我固不來，錢胡諸君亦必行矣。且看此國學研究所命運如何？

九月十四號星期日

理書物訖。改《新津游記》畢，共四千餘言。冰洋來。將所中事交代與厚宣，光簡，洪禎等。

十二時飯後，即啟程。爲衡等送至場。乘雞公車到北巷子，換車到青蓮巷，天已將黑。謹載留飯。

到勁修處。與之同到樹幟處。九時歸，得眠。

今午同席：佟志祥　華英書局陳君（以上客）　予一家（主）

今晚同席：予與潘仲元（客）　謹載夫婦（主）

九月十五號星期一

記日記三天。整理本日應工作事。到校訪校長。與吉禾談。與諸同事握別。到鄭德坤處。到秘書處。到叢林處，中凡處。寫易鐵夫信。寫子杰信。到文通處。到樹幟處。并晤浪明。

與樹幟同到東魯飯莊赴宴。到沈嗣莊處接洽車輛。李有義來。陳玉環來。李桐來。次舟來。叔湘，鴻庵，楊人楩來。

到長美軒赴宴。西山來。賢璋來。子杰來。藍爲霖，李聲揚來。樹民與予同室宿，談。

今午同席：樹幟　文通　李盛昌　陳經理　西山（以上客）劉書銘（主）

今晚同席：樹幟　李季谷　閔俠卿　文通　王抱冲（以上客）　陳中凡　羅倬漢（以上主）

九月十六號星期二

七時到校長處，吃點。與談西山挑撥事一小時許。到校，與勁修，李有義同到沈嗣莊處接洽，到德坤處談。爲勁修夫人寫墓碑。寫履安，驪先，聖陶信。

到竟成飯莊赴宴。寫張雪岩信。到孟輖處送錢，并告以編輯《春秋通檢》法。

到文通處，并晤王淑瑛女士，同步至太慈寺（正名大聖慈寺）赴宴。飯畢，又到文通處。與樹幟同歸學會住。賢璋來。藍爲霖來。

今午同席：寶璋　吉禾（以上客）　西山（主）

今晚同席：樹幟　韓文希夫婦　楊叔明夫婦　勁修　王淑瑛　劉藜仙　常恩法師　思明（以上客）　蒙文通（主）

九月十七號星期三

四時半起，理行裝，到華西壩大門口，卸裝以待，而沈嗣莊不肯裝上車，繼又勒索重價，寫中一信，令工友陳玉椿押運書物去。予與樹幟仍由嘉定行。到小緣，象峰處。到羅忠恕處，并晤蘊剛。與蓉初談。趙岡來，爲寫賓四信。到子杰處赴宴。

發中一電。與樹幟及王立夫同到紅廟子訪葉隱者算命，不遇。訪龔向農，亦不值，見其子。訪金素蘭，遇之。并晤燕慨歌。伴樹幟到鴻庵處。訪次舟不遇。遇莊學本。送樹幟至漿洗街。

到胡名賦處。到湯宅赴宴。步歸，勁修來送票，明晨準行矣。

今晨送行者：謹載夫婦　樹民　勁修　李得賢　宓賢璋　藍爲霖　潘仲元

今午同席：李景伯　胡次威　韓文希　王立夫（香孫）　樹幟　邊振方（理庭）　王文萱（以上客）　郭子杰（主）

今晚同席：予　羅忠恕　西山　寶璋（以上客）　吉禾（主）

九月十八號星期四

五時起，在謹載處吃飯。六時半上南門車站，八時車開，九時過雙流，十時許到新津舊縣。吃飯。十一時舟渡。十一時半到鄧市，車胎壞，息一飯店中。

一時半車開，三時過彭山，四時過眉山，七時半到夾江，宿東門外大安旅館，吃飯。

與樹幟散步。

公路車有固定座位，不用木炭開車，容易拋錨。商車載貨，乘客巍巍踞其上，而用酒精開車，較為快捷。川諺有"走盡天下路，難過新津渡"語。

鄧市至成都　四〇·一八九公里

鄧市至樂山　一二一·〇二一公里

夾江至嘉定　二九·六公里

夾江至峨眉　二五·四公里

今晨送行者：勁修　樹民　謹載

九月十九號星期五

與武大學生彭惠生，刁開仁談。進夾江城。為川軍強占車輛，與交涉，直至九時半始啓行。十一時一刻到嘉定，落宿嘉定飯店（鐵牛門）。到北平食堂吃飯。

到武大訪王撫五校長。與同至朱孟實處。由孟實導至通伯處，遇朱東潤。再至劉弘度（永濟）處。進城訪吳子馨，不遇。訪李季谷，亦不遇。訪蘇雪林，遇之。訪曾昭安（珹益），并晤子馨，何春喬。

到全家福赴宴，并晤陳其可。與其可，子馨同返寓。昭安，春喬，聲漢來。夜大雨。

今晨川軍劉樹成（新編陸軍第十七師師長）部下一團長欲截留我等之車，載其姨太太赴眉州，同車人幾經交涉，始允我等到

嘉定後即開車回夾江，故今午到嘉停車北郊（恐到站後便不能刼
去），由兵士押回。嗣與通伯言之，彼謂乃是令姨太太押運雷馬
峨屏之鴉片赴眉州耳。

今晚同席：樹幟　聲漢(以上客)　昭安　春喬　子馨(以上主)

九月二十號星期六

李季谷來。其可來，同到全家福吃點。其子國治偕。昭安春喬
來。同過江游烏尤寺，凌雲寺，蘇子樓，漢墓數處。

到中西餐館赴宴。歸寓，高公翰，吉祥來。到濟之處。補記日
記，未畢。遇羅潤滋。陳錫祺來。

到通伯家赴宴。與子馨同步歸。沈大荒來。作詩贈之。

今午同席：樹幟　濟之　通伯　孟實　劉秉麟　陸鳳書（以
上客）　王撫五（主）

今晚同席：樹幟　孟實　石蓀　朱東潤　李濟之　劉弘度
（以上客）　陳通伯（主）

九月廿一號星期日

寫履安信。欣安夫婦來。到沈大荒處，爲題其印册，到全家福
吃點。由公翰遠猷等導游龍泓寺，東山小學，看日蝕，爲王翰飛劉
守宜寫字三幅。到蘇家赴宴。

到武大，講邊疆問題一小時，聽樹幟講西北旅行一小時許。晤
吳維亞，章韞胎等。與子馨樹幟同游公園。到永言昌言兩書肆。

尹培真，楊先譽來。到全家福赴宴。歸，公翰遠猷來談。武大
史學系學生六人來。

今早同席：樹幟　欣安　濟之（以上客）　孟實（主）

今午同席：通伯　石蓀夫婦　戴鎦齡　樹幟　孟實（以上
客）　蘇雪林（主）

今晚同席：樹幟　孟實　雪林　通伯　子馨（以上客）　石
蓀　公翰　欣安　遠猷（以上主）

九月廿二號星期一

李至剛羅潤滋來，同到青年團，爲寫字一幅。晤克誠。至剛饗
早點。還寓，吉祥馬同勛來，同到武大，向史系學生談話兩小時。
晤韋潤珊及子馨。與子馨同出。慶善騄來。湯璪真，蕭絜，曾克昭
等來。

到全家福吃飯。與陳克誠等到凌雲山揖峨廬，赴中華自然科學
社歡迎會，由唐耀導觀木材試驗室。冒雨歸。到民生公司買票。孫
祥鍾來。記日記兩天。

冒雨赴吳維亞家吃飯。歸，劉守宜來。沈大荒來。

今午同席：樹幟　蕭絜（以上客）　曾克昭　湯璪真（以上主）

今晚同席：予（客）　　陳仁烈夫婦（主）

今日上午同會：吳振潮（皖）　張成智（湘）　錢有芳（鄂）
馬同勛（豫）　王博文（甘）　丁琦（甘）　陳方華（鄂）　黃銳（鄂）
王道隆（豫）　王鴻業（豫）　陳文林（蘇）　陳邦幸（蘇）　石鍾
（冀）　舒登菜（鄂）　阮本漪（鄂）　黃俊杰（湘）　姚定國（皖）
錢樹棠（蘇）　吉祥（湘）　陳靖海（鄂）　韋潤珊　吳其昌（浙）

今日下午同會：陳克誠　曾昭安　何定杰　湯璪真　唐耀
蕭絜　梁百先　孫祥鍾　胡乾善

九月廿三號星期二

蕭絜來（蕭絜與蘇孝德代管行李），與同到輪埠，吃點。自七
時待至十時，始登小舟。又待一時，始登輪。十一時半開船。同行
者曾憲昌，蕭而蘭。在船吃飯。

下午五時半到宜賓，由蕭女士找得中華招待所落宿。與曾蕭兩

君到北街新生食堂吃飯。

　　到宜賓城內散步。蕭女士偕李兆封來。曾蕭兩君上船。

　　今日本定八時開船，乃以駐軍上船附載，又虛待三小時許。

　　今晨送行者：欣安　通伯　春喬　昭安　克誠　慶善騤　蕭
右縫　楊先譽

九月廿四號星期三

　　上街吃飯。八時登木船。待至十時開行。舟中看許地山編《達
衷集》。十一時四十分到李莊。到老場街訪吳印禪。

　　寫履安信。到同濟大學參觀。到李莊飯店吃飯。由印禪導至中
研院史語所。道遇岑仲勉夫婦。到所與彥堂，貞一，槃庵，苑峰，
樂煥，恭三，之屏，育伊等談。

　　飯後到第三院參觀。聽彥堂談曆法。

　　今午同席：予與樹幟（客）　　吳印禪　蔭圃（主）

　　今晚同席：予與樹幟（客）　　彥堂（主）

　　史言所凡三院，皆張姓屋，儀制甚偉，戲臺規模直擬宮禁。
鄉間有此建築，想見川中之富。今日行六十里，木船只一時四十
分，下流之速如此。

九月廿五號星期四

　　參觀史研所各組工作。晤徐義生。晤梁思永，楊時逢等。彥堂
伴至石崖灣社會科學研究所。訪梁方仲夫婦，留飯。已下午二時矣。

　　飯後同到門官田社會所第一工作站。訪陶孟和先生，羅爾綱
等。回板栗坳，赴宴。

　　飯後聽樹幟談命理。

　　今午同席：樹幟　彥堂　吳印禪(以上客)　方仲夫婦(主)

　　今晚同席：樹幟　彥堂　岑仲勉　王振鐸（以上客）　　槃庵

之屏　樂煥　苑峰　貞一　恭三　育伊（以上主）

　　史言所與社會所雖同在李莊，相去不過五六里，而道路絕難行，須走兩小時左右，不啻十餘里也。予兩鞋盡染泥，非有彥堂，樹幟推挽，幾不克行。

九月廿六號星期五

　　到貞一處。槃庵，之屏等來談。到蕭大夫處量血壓。與彥堂，振鐸同下山，育伊送至半山而別。到上壩營造學社訪思成夫婦，并晤金岳霖，劉敦楨。到中央博物院，與郭子衡等談。赴宴。

　　譚旦冏來談。飯後與孟和先生談。同出，到孟和先生家，并見其夫人。到巽甫先生處。并見啓生。羅伯希李清泉來，同到伯希家。并晤王象賢，爲寫字四幅。象賢爲余診脉。

　　到印禪處，同出吃飯。羅伯希來。到王葆仁處。看《本草》。

　　今午同席：樹幟　吳印禪　方仲　爾綱　思成（以上客）陶孟和　郭子衡　董彥堂（以上主）

　　今晨蕭醫師爲量血壓，以予年齡，高應爲一一四，而得一六二，低應爲七九・九，而得一二一・九，可見予血壓雖不太高，亦甚不低矣。

九月廿七號星期六

　　印禪伴至李莊飯店吃點。七時半，上囤船，旋至輪江茶社，與送別諸人談話。十時半，長風船到，上船。在船吃飯。

　　二時半，到瀘縣，落宿綠洲飯店。到聚星飯店吃飯。乘車到南門，步行上山，至三官祠。訪第七區專員張清源，談。同下山。

　　到峨岷體育會吃茶，晤童亦星。到中央酒家赴宴。失眠，服藥。

　　今晨送別者：李巽甫　陶孟和　羅伯希　王象賢　王葆仁吳印禪　吳蔭圃　陳有漱　王振鐸　文宗岳

今晚同席：樹幟　李育靈　李耀功　康國楨（以上客）　　張
清源（主）

瀘州南爲大江，東爲沱江，西與北則外城峙於高山，故有
"鐵打"之稱。歷來爲各省商賈所集。今仍爲水陸交通總匯，中
央機關在此者一百六十餘處。

九月廿八號星期日

寫所中同人公信及洪禎信。寫履安信。記日記三天。到小館吃
點。張清源來，到李耀功處。萬啓宇來。與清源等同到寶元瀘百貨
商店看李育靈畫，出，與樹幟同上報恩塔（白塔）絕頂。回寓，補
記日記訖。

上街，到華北食堂吃飯。以有警報，即過沱江到小市，訪李育
靈，并見其父春潭，弟嵐村，與其夫人等。看其所作中西畫數十
幅。爲寫字二幀。張清源來，同渡江。

到中央酒家吃飯。歸，即眠。

本定今日赴白沙，乃無船，只得留住一天。今晚同席：樹幟
與予（客）　　清源（主）

瀘州岷江之南爲南田壩，沱江之東爲小市，與瀘城爲三，宛
然武漢三鎮也。李育靈君畫人物，用功十餘年，得其神髓，獨創
一格局，必傳之作也。

九月廿九號星期一

到大街吃點，寄信。朱副官炯克來，通知無船下水。在旅館中
看陳啓天《商鞅評傳》等書。到峨岷體育會剃頭。

與樹幟到中城公園散步。在合作食堂吃麵，又在他肆吃。

游書鋪數家。

九月三十號星期二

朱副官來。看朱師轍《商君書解詁》。

十二時許，長虹輪到，在人叢中攀船欄而上，由朱副官之介到經理客坐。與戴士雅，顧象震，劉勵軍等談。五時許，抵合江。在船吃飯後，與樹幟到合江城散步。遇王又民等。

到王又民，李耀功處談話。到羅經理翰垣室，爲寫字一幀。臥於船欄。

[剪報]　　卅，十一，二十《重慶新民晚報》
山城夜曲：顧頡剛轟炸白沙

此次參政會開會時，參政諸公首先表示儘量減少酒食酬酢，蓋因今日物價過高，參政人衆，食前未必方丈，所費動逾萬錢也。吾人於此，應表欽揚。節省物力，以矯浮風，此正人民代表之所以代表人民者，初不可以善小而忽之也。僕居城中，一身在客，就飯於小餐館，食非珍羞，却總在一席"筵席"之上。（市府規定五元以上爲筵席，故謹以爲例證。）偶或三五人相邀小飲，則非百元莫辦。交游之中，多爲措大，誰作東道，每生問題。或聞慨然長嘆，即有"聞其聲不忍食其肉"之感。因之乃事先釀資，畫成撖蘭；務使哀而不傷，各得醉飽。此種饞形醜象，直入餓鬼道中，然而不足以爲修身之眚也。聞顧頡剛君，游敦煌南來，到白沙訪友，故舊張筵洗塵，輪流東道。原擬小住匝月，以盡游興，至此，三宿即便興辭，人詢其故，答云："如此厚擾，何異轟炸？今已任務完成，固當安然飛返。若再勾留，則親朋必且全成焦土矣。"其言風趣，而比擬甚恰。以招待友人者爲被轟炸，指損失慘重而言，則一飯之恩，恩亦不小矣。顧君亦一書生，迨不免於寒酸

氣，此語弗宜爲豪富所聞也。（悠）

一九四一年十月

十月一號星期三

六時船開，九時到白沙。十時到南京飯店，晤介泉，圭璋等。繆廷梁邀吃點。可忠　毅夫來，與同到編譯館。在館午飯，築夫陪。

與築夫同到人文組談話，晤李俊等。丁實存來。周駿章來。翻看唐圭璋編《全宋詞》。

到南京飯店赴宴。步歸。西堂來。德齋來。

得賓四電，悉史筱蘇已到蓉，因與可忠商，聘入編譯館任沿革地圖之編製。此不朽之業而成，亦西山媒孽之所玉成也。

今晚同席：范存忠　介泉　樹幟　毅夫　冀野（以上客）
可忠（主）

十月二號星期四

寫賓四，樹民信。到編譯館。開冀野寄存書箱，看瞿安先生遺稿，并冀野所編《民族詩壇》及所著《八股小史》等。建功來，同飯。

可忠來談。到南京飯店赴宴。遇吳子我，彭子岡等。遇曹漱逸。

今晚同席：樹幟　王毓瑚　傅築夫　沈汝直　可忠　毅夫
劉及辰夫婦　冀野（以上客）　　王德齋（宣）（主）

十月三號星期五

寫筱蘇，履安，自明信。到館，批楊遇夫《春秋大義述》，施畸《莊子疑檢》，陳百年先生《因明大疏述》等。在館飯。

與樹幟到自然組，晤趙吉雲，夏敬農，黃守中等。翻看黃河志文獻編稿。又到人文組，晤潘硌基等。到中央圖書館看書。晤漱圃，道真，良木，公亮。

到南京飯店赴宴。歸，到德齋處，并晤蘇民彝（景由）。到毅夫處。失眠，服藥。

湖北大捷，敵軍死傷七萬九千人，爲抗戰以來最大勝利，薛伯陵之功偉哉！

今晚同席：樹幟　楊國鎮　冀野　可忠　毅夫　周光午　程希孟夫婦（以上客）　吳子我　曹羽　金公亮（以上主）

十月四號星期六

到南京飯店吃點。遇胡小石。到民衆圖書館參觀。晤李鼎芳，張月超。到三民主義叢書編纂會，晤次珊，德齋等。批某君《北朝胡姓考》稿。與樹幟冀野談國學要籍叢刊事。

漱圃來，送月餅。與編輯邊疆論叢諸人談編輯方法。安貞偕沈志德女士來。到冀野家，與之同到農民銀行，出席座談會，并赴宴。

踏月而歸。

今晨同席：樹幟　冀野　王德齋（以上客）　毅夫　西堂（以上主）

今午同席：樹幟　冀野（客）　可忠　毅夫（主）

今晚同席：樹幟　胡次珊　程希孟　徐芝徵　曹羽　張月超　金公亮　可忠　毅夫（以上客）　盧冀野　許斌禮（以上主）

十月五號星期日

到南京飯店吃點。又遇胡小石。談至十時散。步行還寓。到西堂處，見其父秉三。

草爲編十三經新疏，致專家函，千餘言，即謄清。乘轎到程仰之家。談一小時。歸，記日記七天。張秉三父子來。

築夫，德齋來。西堂來，爲書教育部信。門前步月。失眠，服藥兩次。

今晨同席：樹幟　冀野　毅夫　可忠　圭璋（以上客）　張月超（主）

今午同席：樹幟　李俊（以上客）　可忠一家（主）

十月六號星期一

五時起，上利農輪，漱圃來送行。七時船開，與許斌禮及丁君談話。九時半到江津，落宿江津招待所。到商務分館買書。到內學院訪歐陽竟無，呂秋逸兩先生。到黃石公處看相算命。

與樹幟吃毛肚子。到一茶館，談近代學術源流。看《校史隨筆》。在江津城內散步。

到新華舞臺觀劇，九時歸。

今夜所觀劇：波羅花　南天門　拜壽聞警　包公審啞　沙陀搬兵　牧童放牛

履安久欲予爲算命，今日乃得暇爲之。渠八字爲庚子，己丑，乙未，壬午。術者謂渠立命戌宮，所以無子。近值小耗太歲，所以多病。如能度過今年，則有六十三歲之壽。予八字爲癸巳，丁巳，乙巳，壬午。

十月七號星期二

七時到碼頭，上華勝輪，看傅勤家《道教史》。以有霧，九時半始開。十二時半到重慶，太平門上岸，乘車至南區公園，步行至兩路口，吃茶及飯。

到中央圖書館，晤慰堂，森玉。即下榻。與樹幟到組織部，晤馬賦良，李永新，陸翰芹，王啓江，甘家馨等。出，晤驪先，又到部談。晤沙孟海。到季陶先生處，吊家齊之喪，并視其疾。

到驪先處吃飯。談至十時歸。

今晚同席：葉元龍　楊公達　伍叔儻　樹幟（以上客）　驪先（主）

十月八號星期三

慰堂來談。劉漢來。徐蒙樞，朱通九來。草朱先生演稿《西北問題與科學化運動》初稿千餘言。寫履安，雁浦信。

重作《西北問題》一稿，約二千言。到圖書館找書。孟餘先生，谷錫五來。張子文來。劉子泉來，同到黃如今處，并晤黃夫人唐卓群。路遇馬曼青。

到衛戍司令部子泉處，并晤華林，劉經武（峙）。到一心飯店吃飯。到中央飯店訪王季雄。訪艾沙，未遇。中一來談社事，留宿。

今晚同席：樹幟與予（客）　劉子泉（主）

聞各處鞭炮聲，謂宜昌克復矣。

十月九號星期四

王季雄來。張子文來。中一續談社事。修改昨作講稿訖。與慰堂同到組織部，與啟江，昂若等談。驪先來，即將講稿交之。到商務書館，晤黃秉桓，朱慕周。到中華書局，訪劉書銘，并晤趙子藝，王嘯崖。在局吃飯。

出，遇志希，復回局談。關沈諸君來。遇黃俊保。到素英處，步行返圖書館。洗身。張小柳來。寫健常信。到無錫粥店吃飯。

到實驗劇院參加文化界慶祝國慶會。聽廣播電臺音樂組奏國樂。與潘公展談。遇黃少竑，陶滌亞。遇余夢燕，顧毓琭。

今午同席：予與王嘯崖（客）　趙子藝（主）

今晚同席：樹幟　張小柳（以上客）　蔣慰堂（主）

今日所聽國樂，均已西化。因念西化山水畫者，蘇曼殊也。西化人物畫者，李育靈也。西化國樂者，劉天華也。

重慶大熱，今日自素英處歸，步行五六里，衣褲盡濕矣。十月猶有此炎威耶！

十月十號星期五

慰堂來。孫維岳（東生）來。李婉容來。陳受生來。寫素英，自珍信。馬曼青來，段書貽來。兩到圖書館看科學化展覽會。顧毓珍囑將禹生日寫一小文，因書一紙。到訓練委員會書貽處。視顧耕野疾。出，到小館吃飯。

小眠。寫孫元徵信。潘公展偕沈科長來。與樹幟到陳叔諒處。冒大雨歸。叔儻來。驪先來，長談。

在館吃飯。失眠，未服藥。

今午同席：曼青　樹幟（客）　予（主）

今晚同席：驪先　叔儻（以上客）　慰堂（主）

到叔諒處，適有磅秤，予得一百二十五磅，樹幟得百七十磅。近來見余者多謂予氣色好，而李莊王象賢醫師謂予心，肝，腎俱衰，不可解也。

十月十一號星期六

孫東生來。陳叔諒偕其侄曼來。同到館中看科學國防展覽，郭頌平導引。艾沙來。到立武處。

與慰堂，樹幟同出，歷游各書肆，吃茶。慰堂別去，予與樹幟同到中華書局晤朱復初（經理），李君達（營業主任）。到大樑子實驗劇院，晤王泊生夫人及林剛白。出，吃飯。與樹幟到商務書館，無人而退，乘公共汽車回館。

趙夢若來，談社事。看帶來信件至十時許。

市上有一部《四部叢刊》，索價萬餘元，一部中華本《廿四史》，索價三千餘元，爲一長嘆。苟書價真如此高者，予在平蘇之書籍當值百萬矣。

十月十二號星期日

與夢若同到好公道吃點。到汪一鶴處問報賬方式，并晤俞叔平。覆看各處來信。

看張君勱《胡適思想路綫批評》及林同濟《中國學術界之第三階段》。于野聲主教偕曾永泰，張選三來。可忠自白沙來。

應慰堂宴於本館。

　　今晚同席：竺可楨　段書貽　伍叔儻　葉企孫　樹幟　可忠（以上客）　蔣慰堂（主）

十月十三號星期一

到韓君處付飯賬。九時，雇車赴小龍坎，十時半到。步至英士處，晤其夫人，導至文史社，與中一，錫澤，夢若，錦蕙，婉容等談。

整理物件。寫履安，和繩，嘉麟，徐劍廬信。

與中一，夢若談話。早眠。

十月十四號星期二

周桂金來。寫勁修，自明，洪禎信。熊嘉麟來。留飯。史念海來，留飯。

寫樹幟，可忠信。送念海上車站，并遇嘉麟，同入一茶館待車。四時許歸。與錫澤到五號看屋。改錦蕙代草信六通。

與錫澤談。看味蘗齋稿。失眠，服藥。

十月十五號星期三

整理信札，寫王雲五函兩通，吳辰伯信。英士來。改湘客代草信十通。

看稿。眠甚酣。

十月十六號星期四

黃和繩來。看第十一期《文史》稿，未畢。

到英士處談。昌群來。改湘客代草信四通。周桂金就職來住。

視夢若疾。看稿。睡不酣。

予久欲爲周秦漢魏文類編，和同經子文史，卒卒未暇。上次到編譯館，與可忠言之，可忠允爲予用一人相助，予因介周桂金女士。渠今日來此，此後可日作數千字矣。

得肖甫書，知北平傳説予以與西山不合，憤而走渝。學界中人已皆知之，何消息之靈也？十手所指，十目所視，可畏可畏！

十月十七號星期五

黃和繩來。史筱蘇來。汪少倫，黃如今來。改湘客代書信件四通。看稿。教桂金工作。王玉璋來。

寫爲霖信。寫士升，伯祥信。改湘客代草信六通。

視夢若疾。看《星期評論》。

中一以予不逐李婉容，憤而辭職，渠氣度真狹，如何能任大事！

夢若得惡性瘧，大吐。聞住此之人皆曾病瘧，且均不止一次。明夏當打預防針也。

十月十八號星期六

寫劉書銘，在宥，孟鞱，人驥，光簡，洪禎，爲衡，聖陶，矩生，自珍信。編輯《文史》十一期稿。

改湘客代草信。

視夢若疾。與錫澤談。

十月十九號星期日

寫立庵，驪先，印維廉，翟毅夫，樹民，謹載，楊志玖，吳大年，黃奮生信。《文史》十一期稿編竣。

改湘客代草信。

看《韓詩外傳》兩卷。視夢若疾。

十月二十號星期一

寫次書，履安，佟志祥，誠安，冬侄與和兒，又曾，振甲，蕭緝光，臧哲先，蕭一山信。編《文史》十二期稿。

與錫澤到汪辟疆處，未至，道遇之，與同到中大，并晤樓石庵。訪李長之。訪童冠賢，不遇，留一條。出，到英士處，并晤樹幟，劉子泉。與辟疆，子泉同歸，飯。

看《馬相伯年譜》，未畢。失眠，服藥。

今晚同席：汪辟疆　劉子泉（以上客）　予（主）

十月廿一號星期二

英士，樹幟來，同到石門村，訪孫時哲，郭廷以。到中大，訪孟餘，冠賢。并晤許恪士，歐陽翥，馬洗凡等。到沙坪壩，訪楊亦周。同到金剛飯店吃飯。

飯後同到冠賢家。并晤周枚蓀夫婦，長談。還，到英士家吃飯。

中一來談。看《馬相伯年譜》，仍未畢。

今午同席：樹幟　劉英士　楊亦周　劉季弢（以上客）　歐陽翥（主）

今晚同席：樹幟與予（客）　英士夫婦（主）

十月廿二號星期三

改錫澤《中國古代的國家觀》，元胎《許地山傳》。樹幟來。英士來。楊亦周，黃其林來。

宴客。樹幟英士留談，直至暮。

看《馬相伯先生年譜》畢。看《古籀彙編》。到夢若處談。

今午同席：樹幟　英士　亦周（以上客）　予（主）

十月廿三號星期四

到中一處談。補記日記五天。寫和繩，小緣，高公翰，健常，爲衡信。樹幟來，同到亦周處，到金剛飯店吃飯。

與亦周談開發西北事。與樹幟到沙坪壩購書五百元。到以周處小坐，即出，步歸。看新購各書。

到中一處談。看《韓詩外傳》兩卷。

今午同席：徐輔德　樹幟　劉季弢（以上客）　楊亦周（主）

十月廿四號星期五

和繩來，爲寫吳士選信。分配諸同人工作。與錫澤討論刊物。寫自珍，厚宣，可忠信。筱蘇來，留飯。

看昨日新購各書。樹幟來，又同讀。到劉英士處吃飯。

看《韓詩外傳》兩卷。

十月廿五號星期六

到樹幟處，與同到小龍坎。吃茶待車，覺無望，雇人力車到兩路口，赴三編會，遇喻世海夫婦。在好公道吃飯。劉季弢來。

到組織部，晤一鶴，李在興等。到戴先生處，并晤林業農。在三六九吃飯。

與樹幟到朱先生處。并晤李永新，李濟之。歸，與筱蘇談。

十月廿六號星期日

編定國學要籍叢刊目録，交筱蘇鈔寫。

吳辰伯來。到辰伯處，并晤其夫人及萬仲英女士。

宴辰伯於好公道。飯後吃茶。明經來，寄宿。

今晚同席：辰伯　樹幟　筱蘇（以上客）　予（主）

十月廿七號星期一

魏明經來，爲寫余次長信。草國學要籍叢刊條例。黃奮生來。

與樹幟同到考試院，晤陳伯誠。請林業農爲予診脉。中一來，宿。

曹進行來。

林醫生爲予按脉，謂余用心太過，內臟衰弱。但謂服藥能愈。

十月廿八號星期二

與樹幟同到戴先生處，領捐款兩千元。并與林業農大夫談。

與樹幟同到商務中華兩家購書，到新生商場吃茶。可忠自白沙到。胡顔立來。

何維凝來。

文史社經費每月八千四百元，居今之世，甚感窘迫，因是向戴先生請求。先生允自本年十一月起，渠獨捐每月千元，予請作文史圖書館之用，又由三民主義叢書編纂委員會月撥千元，予請爲文史叢書稿費之用。得此數，一時較寬裕，設備亦可日就充實，像個機關矣。

十月廿九號星期三

與樹幟到濟之處，并晤企孫。夢燕夫婦來談願赴肅州辦報事。

與樹幟飯後訪黃雅琴，遇之。更訪王芃生，不遇。到中央黨部，訪吳鐵城，不遇，往訪盧季忱。到宣傳部訪潘公展，不遇。濟之來，同飯。

到喻世海處，晤張修身，談羌人事。

十月三十號星期四

筱蘇赴白沙。魏明經來。夢若來。到吳鐵城處。白珍，林子敏來。

到卡爾登赴宴。黃國璋，艾去病，李承三來。到組織部，晤朱先生，陸翰芹。寫自明，筱蘇，吉禾信。

與夢若中一同出吃飯。張修身，喻世海來。

今午同席：葉企孫　樹幟　張駿祥(以上客)　汪一鶴(主)

十月卅一號星期五

王季蓉來，張小柳來，同出吃點。段書貽來。黃國璋，李承三來。

與樹幟等到朱先生家吃飯。飯後與國璋，王家楫等同吃茶。馬曼青來。看張承道《羌民與中國古代文化》。

與樹幟可忠到抗建堂看《北京人》話劇。十二時半歸。遇一樵，文藻。

今午同席：黃國璋　張道藩　曲萬森　王家楫（濟衆）　李承三　葉企孫　樹幟（以上客）　朱先生（主）

一九四一年十一月

十一月一號星期六

寫張修身信。楊天堂來。雁浦自悅來場到。黃霈，余夢燕來。

與樹幟同飯，品茗。許孝炎來。陳紹賢來。審查楊大鈞《禹貢地理今釋》。作評語，并擬一合作《禹貢今注》之人名單。

與樹幟可忠到濟之處，并晤毅侯，周季梅，孫洪芬，張鈺哲，任叔永，葉企孫等。

十一月二號星期日

到社會服務處吃點。出遇李承三，候車不得上，同退乘至曾家岩，再入城，到過街樓民眾教育館，開邊疆學會常務理事會。十二時畢，同到老鄉親吃飯。

與奮生同訪張天澤，并晤譚勤餘。談至四時，予出訪素英夫婦。曾特生君偕予訪李金髮。五時，到上海社赴宴。

訪李承三。張棟林來。失眠，服藥。

今日同會及午間同席：陳文鑑　黃次書　黃奮生　劉家駒
閔賢村（以上客）　　予（主）

今晚同席：奮生與予（客）　　張天澤　譚勤餘（主）

久不失眠矣，今日以談話較多，又發舊疾，可見予之不能為社會活動也。

十一月三號星期一

寫履安，健常，嘉麟，樹民，孟韋，肖甫，次舟信。為喻世海寫聯。君武來。

與樹幟到魁順吃飯，吃茶。小柳來。蕭忠貞來。邵衡秋來。雁浦偕超君來。

與樹幟可忠到程西園處起課算命，同到李承三處。

履安近日仍有熱，且悲觀，予羈旅在外，心亦不寧，因與樹幟等同訪一占卦最靈之人，據云，過立冬節後可愈，惟終生不能脫根而已。予與樹幟可忠各算一命，有甚奇之一點，則我三人明年以後有極順利之四年，至丙戌年而均不佳，竟為同命鳥矣。卜者指予命爲最有名，且將來之名更大，又謂可忠明年克妻，均記此以待驗。

十一月四號星期二

何維凝來。一非來。看十二期稿，未畢。少倫來。

寫安華，筱蘇，洪禎，漱圃信。改中一代書五函。陳紹賢來。寫佟志祥，周春元信。劉漢來。

張修身來。雁浦來。

十一月五號星期三

陳遵嬀來。寫履安，自明，玉芳信。到聖經會訪鵬俠，未晤。遇周女士。到汪浩然處就醫。到冷柏宗處買書。遇劉家駒，陳文鑑。到服務處剃頭。

歸，看十二期稿。遵嬀來。孫東生來。

雁浦來。

今日在書肆中掉一鋼筆，歸後始覺，十載舊物，一旦失之，可惜可惜。予衣袋已穿，無人縫補，遂至下墜，此與家人分栖之所致也。

十一月六號星期四

記日記。亦周來。林鵬俠姊妹來。寫戴先生信。君武來。

與樹幟到上清寺飲茶。歸後擬《名人傳》目。慰堂自白沙到。看十二期稿。

雁浦偕孔祥哲來。安宅偕魯心貞來。

十一月七號星期五

趙紀彬來。黃奮生來。與樹幟擬《名人傳》目。

宴客。王新令來。楊天堂來。濟之來。寫自珍信。

雁浦偕楊敬之來。

今午同席：林鵬俠　林蔭民　楊亦周　李安宅　汪少倫　葛女士　黃如今夫人(唐卓群)　可忠　慰堂(以上客)　樹幟與予(主)

紀彬來，謂劉百閔主中國文化服務社，將刊青年文庫百種，豫定稿費三十萬元，印費三百萬元。向予徵稿。予本不願應，惟日來物價陡增，成都一家月須七百元，予獨身在此亦須此數。薪入七百餘元，須賠同樣數目，不得已允將《春秋史講義》與之，爲其可以取三千元也。又允將《漢代學術史略》修改後與之。如此則加以賣書，此一年中生活或可不愁。然而竭澤而漁，此數用畢後又將如何？

十一月八號星期六

與樹幟吃點飲茶。歸，同擬《名人傳》節略。訪亦周，車已發矣。與慰堂樹幟同飯。在上清寺飲茶。

歸後樹幟病瘧，臥。與可忠慰堂商樹幟事。安宅來。朱偰（伯商）來。

到卡爾登吃飯。訪敬之不遇。黃需夫婦來。

今晚同席：安宅　慰堂（以上客）　可忠（主）

十一月九號星期日

楊質夫來。與樹幟續擬名人節略。熊自明來。熊德元夫婦來。

到南岸中國文化服務社赴宴。與馬叔平先生同到故宮博物院辦事處。天暮，上渡輪。

步歸。雁浦來。看各處來信。黃需夫婦來。

今午同席：馬叔平　駱啓榮　厲乃驥（德人）　程仰秋　趙紀彬（以上客）　劉百閔（主）

十一月十號星期一

陳文鑑來。黃霈夫婦來。吳錫澤來,留飯。編《文史》十二期,訖。看賓四《中國文化與中國青年》一文。

與樹幟同擬《名人傳》節略單,畢。寫履安,蓉初信。與慰堂可忠同吃飯。

明經來,宿。雁浦來。到慰堂處談。

張其昀有政治野心,依倚總裁及陳布雷之力,得三十萬金辦《思想與時代》刊物於貴陽,又壟斷《大公報》社論。賓四,賀麟,蔭麟等均為其羽翼。賓四屢在《大公報》發表議論文字,由此而來。其文甚美,其氣甚壯,而內容經不起分析。樹幟讀之,甚為賓四惜,謂其如此發表文字,實自落其聲價也。

十一月十一號星期二

寫勁修,樹民信。記日記。夢若來。宋漢濯來。安宅來,與同到戴先生處,因病未晤。晤許公武。出,到三六九吃飯。

遇一非。與樹幟,安宅,可忠吃茶。與安宅同到朱先生處,就其榻前談。晤楊公達。與安宅同到曾家岩益世報館,晤楊慕時社長。遇黃和繩。與安宅同到東北救濟會,晤于野聲。

出,至成都味吃飯。與安宅分手歸。與曾省齋談。

予每夜臨寢服葡萄酒半杯,因是得眠。今日酒盡,又不得睡,起服藥兩次。予之不自由若此!

十一月十二號星期三

與夢若同吃點,到曾家岩乘車。到英美會訪雷仁福,談一小時許。歸,孫東生來。劉雁浦夫婦來,安宅來。晤書貽。

到卡爾登宴客。與樹幟,可忠,省齋吃茶。衛挺生來,長談中國歷史問題。朱伯商來。汪嶽雲來。明仲祺來。楊大鈞來。劉紹曾來。張小柳偕顧高地，蔣子英來。

到胡次珊先生處。侯紹文來。

今午同席：孫東生　曾省齋　李安宅　可忠　樹幟　雁浦夫婦　夢若　中一（以上客）　予（主）

雷仁福承愛立資夫之意，欲取銷華西，金陵，齊魯三研究所之自辦刊物而代以聯合學報，今日與予談，予允取銷《齊魯學報》，《國學季刊》二種而留《責善半月刊》，得其同意。

十一月十三號星期四

胡次珊先生來。高挺秀來。到圖書館看教育部所開展覽會，晤黎東方，吳士選，劉英士，屈翼鵬等。安宅來。孟和濟之來。與士選談名著叢刊事。寫史筱蘇信。君武偕郎醒石，魯覺吾來。

到宴瓊園吃飯。與樹幟，英士吃茶。陳逸民來。到組織部，晤楊公達。與英士同到朱先生處談印刷事。五時，與英士同乘車回小龍坎，在英士家吃飯。

與夢若，錫澤等談話。看各處來信，平劇提要。

今午同席：曾省齋　劉英士　陳可忠（客）　樹幟（主）

一霎眼，進城已二十天。熱鬧場中，容易混日，可嘆可嘆！日來日美關係逐漸緊張，有戰爭可能。倘能爆發，中國或可喘一口氣。

十一月十四號星期五

開談話會，分配社中各人工作。少倫來。補鈔日記二十天。

寫洪禎信。到英士處談合作事。

與錫澤談。看朱東潤《詩經四論》。

予來此一月，不輕坐車，不吃好飯，而所耗已及千元，如此生活如何得了！

十一月十五號星期六

爲伍蠡甫題圖，并作函。爲陳文鑑《雪沙行草》作序（吳錫澤稿）。靳毓貴來，爲寫孟餘信。與夢若談。

二時上場，雇車到城。至三編會，則中一卧病。晤張寧宇。

雁浦來，與同至飛來寺之東來順吃飯，遇楊敬之。同到組織部，晤高挺秀。到雁浦卧室，晤崔凡亭及孔祥哲。

今晚同席：予與雁浦（客）　　楊敬之（主）

十一月十六號星期日

高廷梓來。慰堂來。寫谷正綱（季常）信，爲邊疆學會請款。寫奮生，文鑑信。鈔《雪沙行草》序文。

張天澤來。看楊敬之《日本人之回教工作》一文。健常來。寫樹民信。

雁浦來。一鶴來。與明經同到南區公園散步。

履安於今日自崇義橋遷青蓮巷，近已無熱，卜者之言似可信也。

十一月十七號星期一

到組織部演講“中國之史學”一小時。到龐鏡塘處小坐。歸看僞組織職員表。王淡久來。屈翼鵬來。鵬俠新令來，同訪健常，不遇。到五福樓吃飯。遇黃和繩。

賀師俊來。健常來。貽寶來。與健常同到中蘇文化協會，晤聞鈞天，葉兆南等。健常邀宴於小樑子小洞天，遇子杰，次威。

失眠。

予凡見健常，必致失眠，渠何以使我精神興奮如此，豈非前生冤孽！昨夜中宵而醒，耿耿達曉，今晚則自始即睡不着矣。

今午同席：新令夫婦及予（客）　　鵬俠姊妹（主）

今晚同席：朱艾江　曹孟君　侯外廬夫人　覃振夫人　譚得先　黃鏡吾（健常之嫂）（以上客）　健常（主）

十一月十八號星期二

到寬仁分院就醫。奮生來，簽發各信。張松涵來。夢若來，同到飯館，晤辛孝寬。

孫東生李況松來。看各處來信。

雁浦偕孔祥哲來，祥哲爲予看相。到朱宅赴宴。

今午同席：予與夢若（客）　辛孝寬（主）

今晚同席：子春　慰堂（以上客）　驪先（主）

醫謂予喉嚨甚壞，故易傷風，多痰。又謂予肺無病。蓋重慶天氣變化太劇，一雨即寒，一晴即熱，往往兩日間差至三四十度，最易傷風，而予近日晚間時有嗽也。

十一月十九號星期三

到慰堂，翼鵬處。與慰堂同訪子杰，不遇。到冰心處，亦不遇。到吳鐵城處，亦不遇，晤李保謙。到孟真處，并晤子春。到賀師俊處，并晤馮用，譚連達，彭承愷。

子春來。與子春，慰堂同到行營，旁聽參政會，晤曼青，通伯，星舟，夢燕，徐盈等。七時會畢，坐汽車到上清寺。

到孟真處小坐。到魁順飯館宴客。毅夫，公亮來。

今晚同席：張子春　高廷梓　蔣慰堂　傅孟真（以上客）　予（主）

十一月二十號星期四

以明經到組織部借錢，斥之。杭炎甫來。到秘書處，晤李保謙。并遇徐旭生。到英庚會，晤杭立武，胡秉正，陳定評。

到一心飯店，出席北大同學宴會。與穆樂天，慰堂同步歸。到君勘處談一小時許。再到秘書處，仍未見吳鐵城。

　　爲籌備西北銀行到薛家開會。十一時歸。冒大雨。

　　今午同席：狄君武（主席）　孫□□　段書貽　何基鴻　張忠綏　陳通伯　白寶瑾　鄭逢源　蕭一山　孫伏園　劉振東　王德禄　穆樂天　蔣慰堂　王淡久　皮宗石　陳豹隱　李芝庭等（凡七桌）

　　今晚同會：楚湘匯　周景原　緱克敬　薛岫東　祝世康　翟克恭　席振鐸　王新令（主席）　林鵬俠　林蔭民　余夢燕

十一月廿一號星期五

　　黃海平來。徐盈來。湘客來。白寶瑾來。寫履安信，夢若信。湘客來，雁浦來，同到東來順吃飯，晤買睦德。

　　訪段淑賢，未遇。遇孔德成，屈翼鵬。到秘書處，晤吳鐵城。到組織部，晤驪先，商定宴客事。遇胡肖堂。到服務處訪李況松，到新昌訪黃海平，并遇之。

　　看佟君爲我鈔寫之《春秋戰國史稿》。

　　今午同席：雁浦夫婦　中一（以上客）　予（主）

　　爲訪吳鐵城，去了三次始得見，而態度甚冷，對於增加經費事恐不易相助。予爲驪先拉來，而系統則屬於秘書處，所謂“妾身不分明”，辦事安望能如意乎！

十一月廿二號星期六

　　告誡明經。少倫來。寫英士信。到秘書處接洽宴客事，遇馬強，徐升平。到組織部與雁浦談，并晤趙科長。遇陳志潛。寫夢若信。寫吉禾信。湘客來。君左來。

　　寫叔儻信。寫自珍，向奎，金紹華信。慰堂來。到服務處吃飯。欲到巴蜀小學，路遇伯寅先生，到茶館喝茶，并晤廖實中。

續看《春秋戰國史稿》。失眠。

十一月廿三號星期日

周樹楷來。以昨失眠，無精神作事，修改《春秋史》兩章半。看蔣逸雪《宣廟中興志》一文。高伯玉來。汪嶽雲來，同到好公道吃飯。

寫紀彬信。李永新來。聿霈夫婦來。孟和，曼青，通伯，金甫，一山來。出吃飯，遇雁浦，挺秀。

到張子春處談中大校務，同到柬來順談。寫驥先信。

昨晚頗有倦意，想不飲酒可乎，孰知愈睡愈醒，改服酒亦無效，不得不服藥矣。余不得自由，一至於此！

十一月廿四號星期一

寫吳鐵城信，即謄清。寫張蓉初信。鵬俠姊妹來。到組織部晤雁浦，陳前，石紹先。到秘書處，爲宴客。到子春處。訪文藻夫婦，王新令，均未晤。遇張伯懷，同到社會服務處吃飯。

訪王淡久，未晤。到巴蜀小學，晤周昺成，黃重憲。英士來。黃鳳岡（兆桐）來。金定祥來。到次珊先生處。遇戴志昂，沈士遠，陳東原，王新令等。與慰堂英士同出，到考試院，晤許公武，陳伯誠。

到中央黨部秘書處宴客。十時歸。雁浦來。

今晚同席：陳通伯　楊金甫　徐旭生　陶百川　劉百閔　章淵若（力生）　王化成　浦薛鳳　蕭一山　王雲五　孫芹池　錢端升　張子春　陳之邁（以上客）　慰堂　英士　予（準主）吳鐵城　驥先（主）

《文史雜志》本欲自商務收回自印，惟吳鐵城態度既如此，而王雲五又表示可在重慶分館排，只得取銷原意。奔波多日，等於白費，益見作事之難。

十一月廿五號星期二

寫黃海平信。與英士到樂露春吃點。寫次舟，賢璋兩文評語，即送英董會，晤章鑄黃。寫陳松年信，送至雁浦處。到考試院，訪沈尹默先生，并晤李培基部長。高良佐夫人（蕭劼）來。金少英來。鍾素吾來。寫聿需夫婦信。

與英士到宴瓊園吃飯。到書貽處辭宴。與英士乘人力車歸。中大楊白華，周一凱，胡遲來。

與夢若，明經，錫澤等談。失眠，服藥。

進城又十一天矣。

十一月廿六號星期三

送明經行。寫叔儻信。補記日記十一天。寫馬明道，伍蠡甫信。預備功課。看朱東潤，鄭士鋐文。英士來。

與錫澤談。翻看《尚書》。

昨未帶酒歸，亦未煎中藥，又不成眠。只得服西藥。苦哉苦哉！此後予當使酒與中藥一日不離。

十一月廿七號星期四

七時，與錫澤同到中大，訪仰之，昌群，并見孫世揚。到師範學院上“古代文學”課兩小時。到叔儻處。到郭廷以處，丁驌處，仰之處。再到叔儻處。

叔儻邀宴於校內合作社。到沙坪壩，遇關偉生，吃茶，到南開中學偉生室。買帽。陶建基來。寫履安信。

與夢若談。翻看《楚辭》。

今午同席：徐英（澄宇）　孫世揚（鷹若）（以上客）　伍叔儻（主）

十一月廿八號星期五

到小龍坎雇滑竿，到山洞，經和尚坡，十一時到葉楚傖處，商洽社務。步至山洞，遇黃席群夫婦。在山洞吃飯。

乘滑竿到新橋，換洋車回小龍坎。回社，看報及信。

范任來。與錫澤談。翻看《史通》。

重慶交通之難，匪夷所思。小龍坎至山洞，有汽車，然而不得上。有小路可乘滑竿，然而貴至廿餘元一趟。

今日在寒雨中望山色，極烟雲之妙，惜地太泥濘，足爲戰慄耳。

昨以上課，精神集中，夜眠又不酣，今晨三時即醒。

十一月廿九號星期六

理物，支配同人工作。九時，冒雨到小龍坎，雇人力車到兩路口。晤可忠，樹幟，慰堂等。即同至宴瓊園吃飯。

寫挽詞。李超英來。劉漢來。周邦道來。參加太戈爾追悼會。寫履安信。戴先生來。黃霈夫婦來。高長山來。

到廣東大酒家赴宴。到通伯，金甫，皮皓白，曾省齋處。十一時眠，至二時半即醒。不成眠。

昨以往返勞頓，夜眠竟達十小時。噫，以余之體，若欲擇業，其爲郵差哉！

今午同席：次珊　樹幟　公亮　可忠（以上客）　慰堂（主）

今晚同席：張溥泉　劉維熾　馬超俊　樹幟（以上客）　綏克敬　王新令　薛岫東　林鵬俠（以上主）

十一月三十號星期日

寫自珍信。馬明道來。戴志昂來。孫元徵來。同至其家吃飯。

又同其夫婦到伍蠡甫畫展。歸，寫自明信。晤沙鳳梧。孟雲橋，李季燕來。邵蘅秋來。高挺秀來，開書單。

　　與樹幟談。李魯人來。

　　昨接兩女函，知履安病重，昨夜既失眠，今日想想即哭。孫女士來，問及履安，予爲之泣不可仰。噫，予本可不來，而驪先以善意拉我，西山以惡意擠我。既來此矣，工作已開展矣，如何撒手即走。回至成都後，其病如不變，則行乎留乎？噫，此一問題無論如何想不出解決之方法來也。予極不善哭，而今日幾哭了一天，可見其無辦法矣。

　　到了重慶，方知事業之無望，驪先之不足與謀，予決心隨孟餘先生進中央大學矣。自驪先助予，通俗讀物得二萬元，禹貢學會得萬五千元，予方認彼爲知己。本年拉予赴渝，謂邊疆語文編譯委員會，將來可擴大爲亞洲史地研究所，隸中央研究院，予方欣然接受副主任委員職務。然彼會實際負責者，李永新也，予又何必爲此傀儡乎！

一九四一年十二月

十二月一號星期一

　　寫履安信。與樹幟可忠到樂露春吃點。到寬仁醫院取藥。歸寫《戴家齊傳》，未成。李況松來，同飯於宴瓊園。

　　訪張曉峰。曉峰來。晤李旭旦。爲魯實先事，與可忠，樹幟，慰堂談。

　　雁浦來，同到三六九吃飯，到求精茶室品茗。剃頭。

　　得履安信。渠尚能寫信，可知身體猶不太壞，心爲寧定。

十二月二號星期二

早三時半，起寫《戴家齊傳》千餘言，即謄正。與樹幟出吃點，訪李況松於社會服務處。歸，寫魯弟信。何維凝來。到戴先生處，未多談。到組織部，晤一鶴，與樂光彥同歸。修改中國名著叢刊目付鈔。

到宴瓊園赴宴。歸，到社會服務處，同訪程頌雲，未遇。與樹幟同到伍蠡甫圖畫展覽會，晤其夫婦及周亨艮。歸，腹痛，瀉。

雁浦偕祥哲來看相。出吃飯歸，與雁浦談。

今午同席：馮天柱　曾克崈　郭之奇　匡克定　鄒建中　樂光彥　可忠　樹幟　楊崎蓀（以上客）　李況松（主）

十二月三號星期三

寫黃奮生，履安信。吃點。遇楊敬之。校鈔件，送至考試院，交伯稼。鵬俠來。張子春來。整理信稿。

健常來。陶元珍來。馮天柱，郭之奇，李況松，匡克定，楊崎蓀來。參觀圖書館。任覺五，羅雪帆來。與樹幟到組織部，晤張國燾，敬之，呂雲章。

與樹幟到求精茶室，三六九吃飯。黃霈夫婦來。

十二月四號星期四

七時到惠中旅館訪健常，同到洪福館吃點。送之到軍委會。到商務訪張天澤，定請客名單，并晤譚勤餘，涂子英等。出，訪李潤章，不遇。到百齡飯店定菜。到實驗劇院訪林剛白，并晤吳瑞燕。歸寓，道遇黃海平，同到四川飯店。回，遇蔣子英，同到宴瓊園吃飯。

歸，寫剛白，天澤，同玆，昆侖，健常，銘德信，并填發請客單。金甫來。

到圖書館赴宴。海平來。黃霈夫婦來。雁浦來。

今午同席：歐陽鐵橋　黃海平　蔣子英　可忠（客）　樹幟（主）

今晚同席：黃强　劉師舜　陳叔諒　金甫　葉企孫　驪先
高廷梓　王毅侯　李潤章　徐道鄰　丁文淵　張北海　顧一樵
陳伯莊　樹幟（以上客）　　張子春　可忠　慰堂（以上主）

十二月五號星期五

作戴家齊挽聯。劉漢來，同出吃點。海平來。到中央秘書處，
晤李保謙。到中國銀行匯自珍款。寫履安信，馬曼青信。

獨至味美齋及三六九吃飯，遇沈尹默。到英庚會訪徐公起及蘇
公雋。晤陳定評。到訓練委員會訪曼青，不遇。到錫襄處。歸，寫
家齊挽聯，題董香光字卷，爲人書屏條。寫齊大研究所公信。遇范
希衡，同還館，開會商太戈爾紀念冊事。與樹幟同到元元社吃飯。
杭炎甫鄭奎麟來。

雁浦來。書貽來，爲開史界人物。翟覺群林繼庸來。

挽戴家齊

懷武侯盡瘁精誠，展也大成，看李惲事業垂於新史。

存終軍請纓豪氣，傷哉短命，將充國功勛付與後賢。

今日下午同會：可忠　慰堂　劉次蕭（記録）　予（主席）

十二月六號星期六

次蕭送昨開會記録稿。題錢舜舉畫薩都刺詩。到慰堂處取支
票。到中央銀行取款。寫艾沙信。訪汪少倫，李况松，俱未遇。遇
馬紹强。道遇孫蓀荃，郭鳳鳴兩女士。孫煦初來。赴朱先生宴。

潤章來。陳紹賢來。淦克超來。李偉光，鍾貢勛來。訪平山夫
婦於中央飯店。步至大樑子。

到百齡餐聽宴客。到米亭子買書。與海平樹幟到程西園處爲履
安算命。歸已十一時。失眠，服藥。

題畫

不羨上林愛水涯，錢君心事薩君知。開圖我起興亡感，此亦東山招隱時。

今午同席：李潤章　高廷梓　陳紹賢　丁驌　錢法廉　徐公起　戴克光　張有齡　張曉峰　邵象華　彭家麟（以上客，凡三桌）　驌先（主）

今晚同席：王雲五　張天澤　譚勤餘　史久芸　涂子英　黃秉桓　朱慕周（以上商務）　陳銘德　蕭同茲　李況松　王學武　黃海平　蔣慰堂　可忠　樹幟　陳仲瑜（以上客）　予（主）

來而未入席者：孫煦初父子　曹孟君　譚健常

十二月七號星期日

與樹幟，可忠，海平同吃點。與海平乘汽車到大樑子，訪王雲五，孫煦初於新都招待所，并晤王平陵。與海平同到商務書館，晤史久芸，王誠章，黃秉桓，譚勤餘等。與海平分手，至中央公園，到自生書店購書。

到百齡餐廳，賀少倫婚禮，同照相。入席。未終席，即與朱先生暨樹幟，可忠至嘉陵賓館參加中山大學四同學追悼會，并中大同學會。在同學會作短講。晤戴家齊夫人，李偉光，鍾貢勛。晤沈昌煥。又乘朱先生車歸。與樹幟可忠談話。

赴慰堂宴。九時半散。

今午同席：商啓予　朱驌先　朱文浦　梁樹芳　書貽　張貽惠　譚平山夫婦　錫澤　黃如今夫婦　可忠　樹幟　范希衡　歐陽鐵橋等（客）凡八桌　少倫　葛琴心（主）

今晚同席：田伯蒼　楊公達　胡頌平　李超英　汪一鶴　可忠　樹幟　廷梓（以上客）　慰堂（主）

十二月八號星期一

伍蠡甫來，同到慰堂處。羅偉之來。與樹幟及於振瀛同出吃點。到考試院，晤陳百稼，許公武，周邦道。回寓，張韻白，黎立容兩女士來。買碑帖。到中央通訊社訪蕭同茲。晤中央日報社記者陳伯奇。君武來，同到鴻賓園吃飯，望江樓喝茶。

與樹幟乘人力車回鄉。經李子壩，訪黃霈，并晤張萬里，顧子載，蔣子英，張小柳等。到寓，看各處來信。

到少倫處。到英士處，視疾。與樹幟，錫澤，夢若談。黃如今，汪少倫來。

今早一時，廣播電臺得息，暴日與英美宣戰，炸珍珠港，夏威夷，菲律賓等地。酷望數年之戰事竟爾實現，萬衆歡騰。昨晚筵席中，尚有人謂美不肯打，日不敢打者。何期爆發如此之速！暴日自趨絕滅，可喜可賀。予等至今日八時始知之，街頭張貼新聞，朋友口中盡道此事矣。聞香港被攻，泰國屈服，一時間或對我不利，然而最後勝利之光已燭照於前矣。此真是一紀念日也。

十二月九號星期二

修改《中國新石器時代遺物之發現與夏代歷史》，《黃河流域與中國古代文明》兩篇。補記日記五天。黃海平來，留飯。

樹幟偕黃其林來。看報。補記日記訖。寫履安，張天澤，蓉初，鴻庵信。

與樹幟同到小龍坎買報。看傅振倫文。

履安之八字爲：庚子　己丑　乙未　壬午　余之八字爲：癸巳　丁巳　乙巳　壬午

鴻庵以生活高，無力用女僕，自挑水劈柴，而又不廢研究，遂至咯血，遵醫囑靜臥。今日寄稿費二百元去，酬佐醫藥，托蓉初轉致。噫，斯人也而至此，是予之責也。

十二月十號星期三

寫黃奮生信。預備功課。

到英士處，會可忠。中大師院學生徐福鍾，錢國榮，譚雪雄來。與可忠到少倫家。程仰之來。

設宴。與仰之，可忠談。留可忠宿。至十一時始就睡，遂終夜失眠。

今晚同席：可忠　仰之　樹幟　錫澤　婉容　湘客　桂金（以上客）　予　少倫夫婦（以上主）

予從前失眠，仍得一二小時睡。邇來失眠，常至終宵，此亦進步耶！

可忠此來，允將湘客列入編譯館，與桂金同等待遇，同鈔周秦文材料。予之肩負乃爲一輕。

十二月十一號星期四

到中大，上課二小時，講《楚辭》。到昌群處，并晤鷹若。到史學系，與郭廷以談。晤羅雨亭。晤辜慶鼎。金啓華來。十一時，步歸。可忠樹幟今日返城。

以昨夜未得眠，憊甚。與夢若同到豫豐紗廠訪戴家齊夫人，不出，晤其母束太太及其三妹。出，到化龍橋農民銀行訪朱仲謀，不遇。還，在小龍坎吃飯。

以步行廿餘里，今晚得眠甚酣，自八時至明晨六時。

社中房屋，房東已賣與紗廠，勒迫遷讓，故今日與夢若同出辦此事，亦以失眠之後不能讀書也。

得履安信，近已無熱，由醫院診察歸，車至總府街吃飯後，步至走馬街始上車。并謂連得予信，精神愉快。病人須安慰，予更不能不多寫信矣。

十二月十二號星期五

寫羅雨亭信。寫魯實先信。爲朱先生作《告河西，湟川，黔江三中學校學生須注重史地書》，得四千餘言。即囑桂金鈔寫。渠自下午四時鈔至明晨一時始畢。蘇誠鑑來。

伴桂金鈔，寫履安，朱先生，徐公起信。以十一時眠，又失眠終夜。

前夜失眠，未服藥。今夜失眠，兩起服張冠英所給藥丸，仍無效。張目達旦。此丸，常人只能用半粒，今予三倍之而無效，予之病深矣。雖然，使不作文，當不至是。此文，朱先生只囑我做一千餘字，予一寫便至四千餘字，蓋欲以情感激動邊區學生，使自盡其對於國家之天職，語重心長，不得不爾。只希望此三校中有數十學生讀此興起，即不負予失眠之苦矣。

十二月十三號星期六

翻看《尚書》，準備功課。高長山來。

雁浦來。翻看《考信錄》。

與雁浦談。早眠。

十二月十四號星期日

寫汪辟疆，劉英士信。翻看《古史辨》第四册自序等書，準備功課。蘇誠鑑偕劉蘅芳來。

熊嘉麟來，留飯，飯後與雁浦夫婦同去。王玉璋來。

早眠。

十二月十五號星期一

到中大，途遇昌群。到叔儻處。晤王克宥。上課二小時，講《尚書》。下課遇戈定邦，同到合作社吃飯。陳仲瑜來，同桌。

到定邦家，晤其夫人及其女威。到李長之處。到秘書處晤仲瑜。晤張貴永。到史學系上課一小時（予治古史經過）。步歸，遇李子魁，同到小龍坎三六九吃飯。

與子魁同返社。蘇誠鑑來。早眠。

在中大師範學院國文系上課，學生約八十人，在文學院史學系上課，學生約六十人。十餘年來，予從未有開班得學生如此之多者。倘有好學生，即犧牲些時間亦值得也。

昨晚雖早眠而不能合眠，足冷如冰，乃以手用力擦足心，約至二千，足遂暖，不久予遂眠去。此足開一新紀錄。昨夜夢中見張石公先生，而較前腴，問之不答，不見五年，不知尚健好否，不勝屋梁落月之感。

十二月十六號星期二

寫朱仲謀信。爲夢若，錫澤調解。定書價。補記日記六天。昌群來。姜兆元來。整理信札。李子魁來。

樹幟偕王次甫來，同到少倫處。代朱先生作元旦頌辭，未成。

樹幟，可忠來宿，談。翻看《歷代經濟文統》。

報載日寇已接收燕京大學，予存校書籍，稿件，什物，恐將不可問。如竟失去，萬分可惜，然而管不得矣。

十二月十七號星期三

爲朱先生作《元旦致詞》千餘言，即修正。寫郭子杰信，爲《文史教學》事。

與夢若同到磁器口，定木器，即在場吃飯。來往均步行。與樹幟，可忠談。

今日集中精神，作千餘言之文，已覺血上升，胸作悶，故即出游磁器口以解之。予之不能伏案，有如是者，傷哉！

十二月十八號星期四

寫履安，素英信。與可忠樹幟談。可忠進城。翻看《東壁遺書》。

仲良自峨嵋來，留宿。

到英士家吃飯。與其女筱珊習課。

今日甚欲寫覆信，而才寫二封，胸即起悶，只得隨便翻書。

今晚同席：仲良　樹幟（以上客）　英士夫婦（主）

十二月十九號星期五

寫張梓銘，陳逸民信。與仲良談。豫備下星期課。

飯後到英士處，到小龍坎茶社，與樹幟，仲良，英士同乘汽車到牛角沱，步至三編會。到組織部訪雁浦，并晤湯吉禾，即與吉禾同回館，談。

慰堂邀至宴瓊園吃飯。歸，雁浦偕祥哲來。朱先生來。留仲良宿。

今晚同席：吉禾　英士　樹幟（以上客）　慰堂（主）

十二月二十號星期六

與吉禾到兩路口吃點，送之上飛機場。看《堯典孔傳》。樹幟來談。與可忠談。慰堂來談。夢若來。

到宴瓊園吃飯，遇馮天柱，李況松，熊觀民等。與可忠，英士，樹幟同商此後進止方略。

與樹幟，英士，可忠同出，到東來順吃飯，遇穆樂天，馬强。到君勱處，未遇。到朱先生處，談甚久，歸已十時餘。遇余森又，趙曾玨。

我輩無組織，最易給人各個擊破。樹幟西北農學院，往事可鑑。可忠得陳立夫信，謂自明年元旦起，國立編譯館長由立夫兼代，可忠降爲副館長，又是一場風波。他們結黨營私，我們亦必結黨營公，方克抵制。然我輩出路多，個人可以獨立生存，故結黨亦必結不緊也。

十二月廿一號星期日

黎東方來。與樹幟等同出吃點。與英士同到顧墨三處。出，吃豆漿。遇王啓江，甘家馨。遇陳文鑑，黃次書，劉家駒，同訪趙友琴。回圖書館，看教部邊疆文化展覽會。晤王文萱。

與英士慰堂同到元元社吃飯。回館，李况松偕潘薰南，姚凌九，馮天柱來。戴湘波來。衛聚賢來。寫履安，陳逸民信。到七星岡書鋪看書。晤鄭穎孫。

到文藻處，談燕大復校事。飯於江蘇聚豐園。又回討論。十時半歸。

今晚同席，同會：張鴻鈞　梅貽寶　予（以上客）　吳文藻（主）

十二月廿二號星期一

未明即起。六時半與樹幟同到上清寺吃點候車。久而不得，雇人力車至沙坪壩，在師院上課二小時（《堯典》）。遇陳佑誠。

王政之來。戈定邦邀至其家吃飯，與其女威嬉。返校，準備功課。在文學院上課一小時（古史材料）。步歸，遇文廣益。

看《古史辨》第三冊。汪少倫來。劉雁浦來。到雁浦家談。陳盛清來宿。與夢若談。

今午同席：樹幟　予　定邦之姨妹（客）　定邦夫婦及其女（主）

十二月廿三號星期二

李子魁來。改錫澤，誠鑑代作文字。記日記六天。周溯女士來。到少倫家吃飯。

曾祥和女士來。雇車進城。到三編會，晤英士，可忠等。晤邊理庭。

與雁浦夫婦同到卡爾登赴宴。席散，到康莊訪馬子香，陳顯榮。

今午同席：閻鴻聲　葛世炎　陳盛清夫婦　葛老太太（以上客）　汪少倫夫婦（主）

今晚同席：趙友琴　曹沛滋　予(以上客)　黃奮生　陳文鑑　楊幹三　劉雁浦　郭錦蕙　閔賢村　劉家駒　石明珠(以上主)

十二月廿四號星期三

未明起，送慰堂行。與英士談。魯覺吾來。寫履安，周春元信。

與英士，仲良同飯於好公道。英士還鄉，予遷至樹幟室宿。魯儒林，張錫璞來。張抱芝來。衛聚賢來。

張抱芝邀至宴瓊園吃飯。遇黃海平。到抱芝住屋。

今日本擬回鄉，而大雨作，遂留阻。城鄉交通，如是不易。

十二月廿五號星期四

寫劉百閔信。草燕大研究所復辦意見書畢。張承道來。海平遷來。魯儒林來。錫澤來。楊中一遷入大川實業公司。到曲園吃飯。

與海平同到曾家岩乘車，到白象街訪譚勤餘，王雲五，并晤李仙根，王學武。談至五時出，冒雨步至中一路，在瘦西湖吃飯。與海平同訪楊立奎。

與海平同訪朱先生，并晤李超英及嚴君。

今午同席：張抱芝　黃仲良　黃海平　劉雁浦(以上客)　予(主)

李仙根先生爲予看手相，云："二十三歲有大病。"予聞之駭甚，犯七候傷寒正是時也。又云："六十三歲有一關口，過此可活七十餘。"

十二月廿六號星期五

到川東師範內教育部開邊疆教育委員會，上午開幕，各邊省代表報告。下午開分組審查會，予為第三組召集人。中午在部午餐。審查會散，予與文藻同出，至其家。黃卓，張鴻鈞來，同出，到江蘇聚豐園吃飯。

回文藻家，開會，討論燕京復校事。歸，失眠，一夜未闔眼。

今午同席：王衍康　黎東方　吳文藻　黃仲良　張伯懷　顧蔭亭　滕仰支　吳修勤　王文萱　郭蓮峰　卞宗孟　周邦道　楚明善　章鑄黃　許公武　教育部（主）

今晚同席：黃卓（公度）　梅貽寶　吳文藻（以上客）　張鴻鈞（主）

十二月廿七號星期六

伍蠡甫來，贈畫。同出，吃點。九時，到教部，續開會，予報告三組審查案。至十二時，大會畢。

到中和軒吃飯。回三編會，看各處來信。寫履安信。

雇車到百齡餐廳，赴宴。王芃生以汽車送予及郭沫若歸。晤李子華，王蕙生女士。

今早同席：蠡甫　海平（客）　予（主）

今午同席：吳修勤　予（客）　卞宗孟（主）

今晚同席：馬子香　陳顯榮　郭沫若　王芃生　時子周　唐柯三　孫燕翼　楊敬之　馬宗融　艾沙　艾口軒　回教救國協會（主）

十二月廿八號星期日

張抱芝來。與仲良海平同出吃點。姚佑生（啓民）來。寫郭篤士，劉次簫信。陳綏生來。錫澤來。整理什物。與仲良訪朱先生。遇徐浩，高廷梓。晤王淑英女士。到程家赴宴。

二時出，遇張延哲。雇人力車還小龍坎，遇陳博生，許斌禮。歸，與樹幟談。雁浦來。

汪少倫邀至其家吃飯。

今午同席：方策（定中）　齊真如（性一）　郭仲隗（燕生）馮天柱　李況松　虞翼之　方叔章　王錫鈞（克廉）　温其亮（漢卿）　黄家濂　潘薰南（以上客）　程潛（頌雲）（主）

今晚同席：葛老太太　陳盛清夫婦　樹幟（以上客）　少倫夫婦（主）

十二月廿九號星期一

未明即起，開學生涉覽書條。到中大，上課兩小時（《堯典》畢）。到孟餘先生處，并晤沈宗瀚。

樹幟邀至中渡口吃飯。遇沈剛伯。上課一小時（古史材料）。晤楊家瑜。與郝景盛談。

乘滑竿歸。飯後與樹幟談。翻看《古史辨》。失眠，幾終夜。

多日大雨之後，從小龍坎小道赴沙坪壩，真有臨深履薄之懼，蜀道難行，爲之駭嘆。

十二月三十號星期二

看《文史》二卷一期稿二篇。翻《東壁遺書》。補記日記八天。周一凱來。黄同岐來。

看《東壁遺書》。赴中大，送講義稿。遇涂子英。遇叔儻。到剛伯，鐵橋處。郭廷以招至其家吃飯。

出席史學系歡迎會。九時歸。

以昨夜失眠，疲甚。近來一失眠即是終宵，可畏之甚。得張西山信，渠對我表明心迹。事到如今，尚惺惺作態，可鄙也。然即此可見彼在齊魯亦不穩固。

今晚同席：剛伯　方東美　樓克來（以上客）　郭廷以（主）

十二月卅一號星期三

看《文史》二卷一期稿三篇。與樹幟到英士處。寫叔儻信。英士來。整理寢室什物。戴家房東母子來。

寫履安信。續看《文史》稿。

宴客，談至八時許。

今晚同席：沈剛伯　洪範五　汪少倫　劉英士　歐陽鐵橋　陳伯中（以上客）　樹幟　予（以上主）

剛伯看予八字，謂木火通明，格局與朱文公合。惟朱甲而我乙，朱午而我巳，朱爲陽火陽木，我爲陰火陰木耳。

一九四二年

（民國卅一年）

一九四二年一月

一月一號星期四

到英士處。到戴家房東處看屋。與少倫，樹幟同搭交通大學車進城。到朱先生處，戴先生處，均未晤。遇陳綏生，到其家。到程頌雲處。出，到味美軒吃飯。遇賀師俊，楊質夫。遇盧郁文，陳式湘，許楚僧夫婦，沈嗣莊夫婦。晤梁棟（直輪），廖維藩（華蓀）。

到三編會，晤胡次珊。孫元徵來，長談。與樹幟由嘉陵賓館行，到國際研究所，訪張小柳，蔣子英，遇之。遇賴璉。

孔祥哲，崔凡亭來。梁棟來。到湖南曲園吃飯。同到徐劍如處。穆樂天來。

一月二號星期五

魯儒林來。到圖書館看陪都建設展覽會。夢若來。讀皮錫瑞《書經通論》，豫備功課。

李壽雍，薛農山來。黃如今來。李況松來。

遇岳良木。到曲園赴宴。周天賢，袁其炯，劉書傳來。

今晚同席：樹幟　王次甫　張□□　梁直輪　王□□

劉□□（以上客）　　顧子載　　張小柳　　蔣子英（以上主）

一月三號星期六

與樹幟同出吃點，晤方一志。與樹幟同訪汪一鶴，未遇。訪鸝先，遇之。歸，與魯儒林談。夢若來。遇章元善。

到經濟會議秘書處訪延哲，同到其家吃飯。晤許靜芝。與希衡同出。少倫來。讀《皋陶謨》。王次甫來。樹幟邀至宴春園吃飯。

王介庵，龍翼雲及丁君來談。

今午同席：范希衡　　張鏡予　　張純碧（以上客）　　張延哲夫婦（主）

今晚同席：王次甫　　辛仙椿　　周天賢（以上客）　　樹幟（主）

一月四號星期日

夢若來。與樹幟同到宴春園吃點。郭篤士來。錫澤來。到文藻處，商談燕大復校事。晤蔡紉芳，王觀芬二君。

到江蘇聚豐園吃飯。仍到文藻處開會。四時出。雇車到化龍橋。由化龍橋步歸。在社吃飯，看信。

與雁浦等談話。

今午同席：黃公度　　瞿菊農　　文藻　　張鴻鈞（以上客）　　梅貽寶（主）

一月五號星期一

未明即起，豫備功課。八時半，樹幟來，同到中大，到冠賢處。上課二小時（《尚書》篇目及今古文）。到孟餘先生處談出版事。

樹幟邀至中渡口吃飯。回校，與沈剛伯，伍叔儻，邵潭秋談。上課一小時（近五十年之古代史學）。到章元善處談。

看《齊魯學報》。樹幟來談。

一月六號星期二

未明即起，六時吃飯。六時半與錫澤夢若同出，雇車至磁器口，步行至柏溪。道遇少倫。九時三刻到，即訪黃如今，羅雨亭，唐佩經，史達三，阮肖達等，覓屋。

到雨亭家吃飯。與雨亭，錫澤，夢若同出，看李家屋，到魏青鏜處，繆贊虞處。到碼頭，上紅苕船，五時半到磁器口。步至沙坪壩吃飯。

到時與潮社購書。到茶館喝茶。九時許，回社。寫樹民信。

柏溪頗有山水林泉之勝，而中大藏書尤多，可居也。

唉，哪知爲此害死了履安！　　　卅二，八，二七記。

一月七號星期三

補記日記七天。審查發報户名。補開贈户名單。到中大訪顧校長，未遇，晤谷陳二秘書。訪昌群，仰之，叔儻。遇泰華，岳良木。

叔儻邀至中渡口吃飯。與叔儻談校事。歸，樹幟偕蕭忠貞來。與錫澤同到覃家院訪汪辟疆，并晤楊潛齋。

與錫澤同飯于小龍坎。翻看《古史辨》第三册。

今午同席：李超英　王克宥（君密）（以上客）　叔儻（主）

一月八號星期四

樹幟來，留點。開會，討論遷移事。續開贈户名單。看《古史辨》第三册，出題。寫自明珍信。

飯後乘人力車進城，適逢挂球，路中擠甚。三時許到圖書館。即赴曾家岩乘公共汽車，遇林鵬俠。車壞，分道，予赴道門口，途中遇馬曼青。

到昌華公司吃飯。開會商討燕大復校事，至十時半始散，乘陳叔敬汽車歸。

聞范振興君于上月中旬在渝逝世，良爲傷悼。此次來後，尚于黃昏中見一面也。

今晚同席：梅貽寶　瞿菊農　黃公度　陳堯聖　夏晉熊　陳叔敬　高冲天　張天澤　張鴻鈞（以上客）　吳文藻（主）

一月九號星期五

與魯儒林同到宴春園吃點。到上清寺剃頭。到農本局訪孫元徵。訪張溥泉，并晤李維周。到鵬俠處，同到五芳齋吃飯。

遇余夢燕。訪黃席群，不遇。訪驪先，亦不遇。遇趙俊欣。回館，看《齊魯學報》丁山《九州通考》。清漪來。杭炎甫來。張抱芝來。

與清漪同到卡爾登吃飯。與高廷梓同步歸。

今午同席：李茂祥及予（客）　鵬俠姊妹（主）

今晚同席：高廷梓及予（客）　馬曼青夫婦（主）

今晨剃頭，價五元，今晚西菜，四人耳而百元，這種日子如何可以過下。

一月十號星期六

黃聿需夫婦來。與魯儒林及雁浦同出吃點。歸，寫黃奮生信，發《邊疆月刊》稿。到驪先處，汪一鶴處，并晤田伯蒼，李永新等。到味美軒吃牛肉及餅。遇邵蘅秋。

回館，姚佑生來。到程西園處，以人多退出。歸，讀《詩經》。三時，與雁浦同出，到牛角沱，乘大中公司車回小龍坎，半道車壞，停一小時。五時半到小龍坎，入松鶴樓吃飯。

在泥塗中回社，十分費力。與社中同人談。看《古史辨》第二册。

一月十一號星期日

寫賀師俊，涂子英信。記日記三天。寫朱騮先，陳可忠信。改作西北建設公司緣起六百餘言，付鈔。王盤銘來。

寫姚佑生信。看《山海經》，豫備明日功課。劉樹森來。

與雁浦等談。早眠。

一月十二號星期一

四時半起身，準備功課。八時半，滑竿來接。到中大，上課二小時（《詩經》題目）。到樹幟處。與叔儻談。

到元善處吃飯，看其歷險記事。到沙坪壩買鞋，吃麵。與周軾賢談。到中大，上課一小時（地理）。遇岑學恭，常任俠。歸，倪豪來。文廣益來。

看中大史系學生作品。擦脚久，竟不熱。

今午同席：予　朱小姐（朱南華之妹）（以上客）　元善夫婦（主）

一月十三號星期二

裝束書物。周一凱來。涂子英，喻伯良來。

到汪少倫處，爲留吃飯。熊嘉麟來。到劉英士處，并晤仰之，樹幟。陳伯中來。李子魁來。與樹幟少倫同到志希處，并晤其夫人，觀石林詩及王紱畫。

到小龍坎松鶴樓吃飯。又到英士處談。歸，席地而眠。

今午同席：桂丹華　葛老太太（以上客）　少倫夫婦（主）

今晚同席：樹幟　少倫（以上客）　予（主）

一月十四號星期三

未明即起，與錦蕙同到中渡口新碼頭，誠鑑來，予與錦蕙同到中渡口吃飯。九時半，上船，在磁器口停一小時，看量米。

遇戈定邦及姚君。二時半，到柏溪，即在渡口吃飯。到中大借與之辦公室。黃如今，羅雨亭來，同到所賃宿舍談。與錦蕙，桂金在校散步。

到青年服務社吃飯。回宿舍取電筒，在街吃茶，九時半歸，略感失眠。

今晚同席：錫澤　誠鑑　婉容　錦蕙　桂金（以上客）　予（主）　昨在小龍坎吃飯，三人吃了四十元。今日在柏溪吃飯，六人吃了十八元，可見此間生活之低廉。

此次所遷地爲江北縣，柏溪，旦家溝，寧靜山莊，李氏産也。

一月十五號星期四

與長山等同出吃豆腐漿及麵點。到辦公室，支配布置。回宿舍，房東李崇德太太及其二子正之，際和來。記日記。與夢若克寬同到青年服務社吃飯。

與夢若克寬，湘客桂金同到山上飲茶。晤繆贊虞。整理書籍。寫履安信。與錫澤同到青鉽處，未遇，晤其母。旋由山道下，直至江邊，與錫澤誠鑑同飯。遇如今，陳世杰。

與錫澤，誠鑑同到黃如今室談。歸，早眠。

一月十六號星期五

開會，分配諸人工作。青鉽偕其母來，饋物。偕至宿舍談。整理行裝及信札。獨到青年服務社吃飯。

二時，夢若送至船埠，吃茶。三時，船開。李泰華，周德偉同舟。五時到中渡口。送行李入樹幟室。獨至中渡口吃飯。到國文系，晤陳仲和。

沈剛伯來。黃淬伯來。陳世杰偕孔祥嘉來。雨亭歸，同室眠。

一月十七號星期六

樹幟來。雨亭邀至中渡口吃點。整理信札。記日記。寫王書林信。到孟餘校長處。取出行李，到沙坪壩雇人力車到三編會，到好公道吃飯。

疲甚，休息，看張駿祥所譯《好望輪》。張駿祥來。與樹幟同到天官府訪郭沫若。出，在中一路吃飯。到程西園處爲二女算命。

歸，續看《好望輪》，畢。與魯儒林談。

自明八字：　癸丑　甲寅　甲戌　丙寅　四歲起運

自珍八字：　丁巳　壬寅　己丑　庚午　六歲起運

程西園謂自明個性極強，能成事業，此後三十五年皆爲佳運。自珍有福有權，使爲男子，殆與蔣馮相同。又謂自明夫星不透，但此後五年中，二人俱有得婿之望。

一月十八號星期日

到曾家岩乘公共汽車至過街樓。吃點。到朝天門渡江，到玄壇廟，乘滑竿到邊疆學會。十時，開常務理事會。十二時散。吃飯。

夢若來。周術仁來。二時，渡江回三編會。四時，與樹幟同赴戴朱兩先生之中山大學同學茶話會。到會者一百二十餘人。六時會散。予與樹幟仍留，與驪先談。

在朱家吃飯。八時半歸。

今日上午同會：予（主席）　黃次書　奮生　閔賢村　陳文鑑

今午同席：除上列諸人外　陳雪塵　劉弘濟

今日下午同會：程兆熊　甘家馨　陳紹賢　鍾吾勛　黃文山　高廷梓　鍾素吾　李再興等（以上客）　戴季陶　朱驪先（主）

今晚同席：樹幟與予（客）　朱驪先（主）

一月十九號星期一

到商務書館，訪王雲五先生，商訂《文史雜志》契約，并晤其子學武，及張仲仁先生。十一時歸，即擬雜志廣告。錫澤來。夢若來。顧獻樑來。寫徐劍如信。

同到宴瓊園吃飯。可忠來。谷錫五來。到生生花園訪劉次簫，并晤葉企孫。到農本局訪孫元徵。到三江村訪嚴恩紋，并晤其兩姊。

恩紋留飯。步歸。看《學思》創刊號。

今午同席：樹幟　顧獻樑　魯儒林　夢若（以上客）　予（主）

今晚同席：予（客）　　恩紋大姊　二姊（謝南英夫人）恩紋（以上主）

仲仁先生今年七十五矣，耳目聰明，步履彌健，述其十六歲時，與我祖廉軍公同應壬午鄉試，尚在予出生前十一年也。

一月二十號星期二

七時，與樹幟夢若乘人力車至小龍坎，到松鶴樓吃點。到英士處，到中大。九時，開出版委員會。至十一時散。剛伯邀至中渡口吃飯。遇宗白華，方東美。

飯後同到沙坪壩一品香喝茶，討論出版委員會章程。與剛伯論二女命。到商務書館買書，參觀排字廠。回校，將所擬章程鈔出。到剛伯處。

同到江南美吃飯。到商務取書。住樹幟室。

今日同會：顧孟餘（主席）　童冠賢　辛樹幟　伍叔儻　歐陽鐵橋　程仰之　沈剛伯　范存忠

今午同席：樹幟　叔儻　仰之（以上客）　沈剛伯（主）

今日下午同會：沈剛伯　歐陽鐵橋　伍叔儻　樹幟　程仰之

今晚同席：剛伯　叔儻（以上客）　樹幟（主）

一月廿一號星期三

乘七時半校車進城，遇李泰華。到三編會，與儒林同出吃點。晤可忠及謝循初，談一上午。同到曲園吃飯。

到考試院，遇周邦道，陳伯誠。與可忠訪段書貽，未遇。到牛角沱視驪先疾，談一小時。到國際宣傳處，訪吉禾，未遇。歸。寫驪先，錫澤，林剛白信。遇季澤晋。與儒林同出吃飯。

到糧食部訪郭篤士，并晤陳式湘。歸，顧獻樑來。吉禾來。張抱芝來。孔祥哲來。

今午同席：謝循初　可忠（以上客）　予（主）

一月廿二號星期四

與可忠同到宴瓊園吃點，到新民路郭四海處摸骨算命。到戴先生處談，并晤王捷三，十二時半出。到四五六吃飯。

歸，汪一鶴顧獻樑來。楊敬之來。黃和繩來。王元暉，湯如炎來。翟毅夫來。孫元徵來。周仁術來，同出吃飯。歸，段書貽來。

晤祝白鳥。到顧獻樑處。歸，理物，看信，十一時眠。

郭四海係一瞽者，以摸骨相馳名，予友人多稱道之。今日往相，謂予聰明果敢，聲名赫奕，自五十一歲以後二十五年間，只能進，不能退，退則有禍。年壽甚高，七十八有病，過得此關則可至九十四。五十後可得子，子之成就比我爲大。

今晚同席：予　魯儒林（以上客）　周仁術（主）

一月廿三號星期五

五時起，寫驪先，炎甫信。到可忠處道別。七時，儒林，雁浦送至飛機場，遇韓肅檢，沈宗瀚，紀清漪，王德芳，楊宜春等。九時半上機，十時四十分到成都，十二時到春熙路，樹民來接，同歸青蓮巷。

與履安，趙太太，樹民，謹載夫婦，二女談。陳家芷來。宓賢璋來。魏洪禎來。

赴宴。與樹民到祠堂街一帶散步。

歸見履安，身體較胖，精神亦健，惟熱尚未盡，殊以爲慰。履安因我歸家，精神興奮，至一夜未眠。

今晚同席：予　趙太太(以上客)　謹載夫婦　樹民(以上主)

聞賓四已應陳立夫之招，可見張西山又把他趕走了。今日洪禎來，猶爲西山説話，因斥之。

一月廿四號星期六

記日記五天。孫次舟來。與履安談話。李安宅來。翻看《讀詩四論》。

洪禎來。到侯寶璋處，長談。到湯吉禾夫人處。到韓儒林處視疾。遇林名均。歸，爲自珍述蘇州婚禮。

王冰洋夫婦來。

一月廿五號星期日

與樹民同到存仁醫院，視勁修疾。歸，與樹民作長談。遇徐薄冰。洪禎來。佟志祥來。

到劉校長處，詳談研究所事。晤王畹薌。到思明處，未晤。到叔湘，在宥，蕴剛，克剛處。六時半歸。

飯後以避西山，到趙孟軺處，觀人驥所建小屋。

前日告洪禎，囑其向西山轉述，渠不必前來看我。今晚得西山來書，約於夜八時來，慮夜間生氣致失眠，因至孟軺處避之，渠在我寓待兩小時餘始去。

一月廿六號星期一

張西山來，責之。與履安同到慶雲東新街董秉奇醫生處檢查。

步至華西商場購物，遇劉書琴。到中美藥房，請張冠英爲予治咳疾。步歸。

與樹民談。到存仁醫院訪勁修，談樹民兼課事。到開明書店訪雪舟，未遇。到莊學本處，杜叢林處，李安宅處，陳斛玄處，并晤沈鏡如，王抱冲夫婦，羅孟韋。與自珍同歸。

與二女同到齊大女生宿舍。由新南門歸。范可中來。

今日西山絶早來，遂不得避，因直數其罪。渠問有何挽救方法，予謂只有彼辭研究所職務之一途，方可使後來者安心工作也。

一月廿七號星期二

思明來。蓉初來。王畹薇來。到董秉奇處，四聖祠醫院，葉至善處，張伯懷，雪岩，劉齡九，金北溟處。到劉榮耀處，晤其夫人。到林廉卿處。

到四五六吃飯。歸，看各處來信。與樹民作長談。

孟韶來。莊學本來。偕學本至周文卿處，并晤曹守敬，袁宜蘭。

今午同席：李旭昇　劉齡九（以上客）　張雪岩，伯懷（以上主）

一月廿八號星期三

到文通處。并晤金静庵，葛君柱，刁首尊，斯全。與静庵同出。遇朱惠方。到華大，訪張凌高，付運費，訪羅忠恕。訪象峰，衡如，皆不晤。遇楊美貞，徐益棠。到小緣處，并晤王伊同。與伊同同到黃金臺吃飯。遇張凌高，傅葆琛，倪青原。歸，遇在宥。遇沈家瀚，薛慕回。

林廉卿來，爲履安檢查。與廉卿及自明同到校領美國所贈布。到傅矩生處，談西山事，并晤劉書銘。到叢林家赴宴。

與文通，静安同到斛玄處。與静安同到鴻庵處。九時半歸。

今晚同席：金静安　蒙文通　李安宅　姜蘊剛　蒙思明　何

文俊（以上客）　　羅忠恕　　杜叢林（以上主）

一月廿九號星期四

刁首尊來。李符桐來。史岩來。聖陶來，長談。寫静庵信。到圖書館，訪文通，賓四，不遇。晤馬松舲，金静庵，同到小醉天吃飯。

到校，途遇賓四，同到宿舍談。矩生來，到校長室，與雷仁福談《半月刊》事。回賓四處，與同到新南門河邊吃茶。六時，進城，到福興街新中食堂吃飯。到斠玄處。

飯後到華豐公司静庵住室談話。十時始歸。

今午同席：金静庵　馬松舲（長壽）（以上客）　　予（主）

今晚同席：文通　思明　賓四　斠玄　馬松舲（以上客）
金静庵（主）

一月三十號星期五

雇車到崇義橋，換小車到研究所，與所中同人談話，周歷所中各室。與所中人同桌吃飯。

出席所中歡迎會。翻看《古史辨》第七册。看所中日記及賬目。孔玉芳來。李爲衡來。佟志祥來。杜光簡來。

今午同飯及下午同會：胡厚宣夫婦及子　孔玉芳　　嚴耕望
李爲衡　鄭恒晉　錢樹棠　佟志祥　陳希三　潘仲元　魏洪禎
杜光簡

從重慶極擾攘之環境中出來，到賴家園子，真覺得到了清凉世界。庭中梅花正開，山茶初綻，玉蘭待放，真是美麗極了。使無張西山，我忍捨此而去乎！

一月卅一號星期六

在所主持周末講論會，聽鄭恒晉講中國文字，潘仲元講墨子，魏洪禎講北朝學風，予批評之。到厚宣處談。

飯後回城，所中同人送至崇義橋。四時許回青蓮巷。賓四來。李在淑來。與賓四同到鄭德坤家。遇章魯泉，梁仲犖。

在德坤家吃飯，談話。九時歸。

今午同席：孔玉芳與予（客）　厚宣夫婦及其二子正綏，正寧（主）

今晚同席：賓四　侯又我　謹載夫婦（以上客）　德坤夫婦及其二子中訓，正訓（主）

今日歸來，欣悉履安之疾，經杜醫生斷，謂是先天缺一腎，非腎結核，否則膀胱炎不能好，聞之慰甚，可以不割矣。履安經此診斷，心理影響生理，亦可以無病矣。惶惶恐懼者半年，一天雲霧盡歸消散。回憶卜者之言，謂至立春即無事，豈不信哉！

卅一，二，九，與拱辰書曰：（下略，見《顧頡剛書信集》）

一九四二年二月

二月一號星期日

金鵬偕賈光濤來。到劉校長處，并晤傅矩生，張維華，談研究所事，因斥責張維華。與劉校長同出，遇孫次舟，與次舟同歸，談。

到文通處，晤賓四，孔玉芳，彭雲生，朱良甫。與賓四同出，在新南門吃茶，到劉校長家，談研究所事。到注冊課，同到明湖春吃飯。

飯畢，寫後日請客片。與賓四同到文通處，遇馬桂舲。九時歸。張冠英來視自珍疾。

今晚同席：賓四　矩生　西山（以上客）　書銘及其二女貞

懿，貞範（主）

今早在校長家大罵西山，泄了兩年惡氣，給西山以强烈之打擊。予要求校長二事，一命西山脫離研究所，二取消華西壩研究所辦公處。爲所中長治久安計，不得不爾也。

二月二號星期一

早出，訪王畹薌，遇之。遇孟軺。訪彭雲生，未晤。訪馮漢驥夫婦，遇之。訪李鴻音，未遇。到茶店子訪聖陶，談校事。遇田澤芝，李在淑，陳伯量，周清緝。十二時，歸飯。

到張冠英，林廉卿兩醫生處送履安尿檢驗。三時，開邊疆學會理監事會，五時畢。斠玄來。静庵，賓四，文通來。

到文廟西街馮宅吃飯。九時半歸。

今晚同席：金静庵　馮漢驥　錢賓四　彭雲生　廖次山（宗澤）　廖幼平（以上客）　蒙文通　馮□□　馮璧如（以上主）

今日下午同會：柯象峰　李安宅　張伯懷　陳文仙　王抱冲　李幼孚　沈遵晦　王樹民　姜蘊剛　洪謹載　馮漢驥　任映蒼

二月三號星期二

洪禎，光簡來。補記日記五天。聖陶來。黃仲良來。冀紹儒來。看《雙劍誃諸子新證》。到明湖春宴客。

與聖陶步歸。看《古史辨》第七册。賢璋來。孟軺夫婦來，留飯。爲人寫條扇等四件。

安宅偕王拱璧來。

今午同席：彭雲生　金静庵　王錫藩　葉聖陶　黃仲良　周謙冲　蒙文通　傅矩生　張西山（以上客）　劉書銘　賓四　予（以上主）

二月四號星期三

爲孟輶書屏條。丁正熙來。到柯象峰處。訪侯又我，未遇。到布後街戲園，歸寓，吃飯。仲良來。

朱佩弦夫人偕其子喬生來。與履安，趙太太，二女同到公園，品茗，遇黃季高。出，到開明書店買書，到廿四春吃點。歸，與樹民同到西御街忠安祥訪馬教主。

與樹民到祠堂街老北風定菜，即吃飯。看《古史辨》第七冊。

二月五號星期四

黃季高，張開陽來。吳慶辰來。蒙季甫來。孫次舟，韓及宇來。馬教主偕丁正熙及其子富春來，同乘車到華西壩參觀。十二時，同到老北風吃飯。

飯後與安宅，德坤等談至三時，返家。張克剛來。與謹載，克剛同到馬教主處，吃羊肉。歸飯。

陳家芷來。與自明同送李瑞儀小姐回家。看《古史辨》第七冊。

今午同席：馬普慈　馬富春　丁正熙　任映滄　林名均　鄭德坤　李安宅　洪謹載　王樹民（以上客）　予（主）

二月六號星期五

爲馬教主寫戴，朱兩先生及陳立夫介紹信。張蓉初來。寫高長山信，付郵局。遇次舟，斠玄。到叢林處。

到又我家午餐，爲寫字六幅。三時半出，到百花潭赴宴。飯畢聽談時局。六時出，步歸。王冰洋來。記日記四天。

送自珍回校，由新南門回。

今午同席：溫福立　薩爾真　章魯泉　陳肖松女士　湯吉禾之妹　吉禾內弟婦　董壽平夫婦（以上客）　侯又我夫婦（主）

今下午同席：范軍長　何魯之　羅文謨　常燕生　周太玄

周謙沖　　魏時珍　　方叔軒　　翁之龍　　陳斛玄　　劉書銘　　蕭公權
宋漣波　　劉衡如　　章魯泉　　柯象峰　　任覺五　　薛迪靖　　李伯申
郭子雄　　楊佑之等（凡三桌）　　鄧晋康　　王孟甫（主）

二月七號星期六

看《古史辨》第七册。劉衡如來，長談。審閱邊疆學會四川分
會章程。寫吳錫澤信。

與履安及趙太太同到布後街看川戲。三時出，到悦來商場剃
頭，到南洋浴室洗澡。遇謙沖夫婦及周信銘夫婦。

看《古史辨》第七册。樹民來談，斥之。

今日所看戲：八件衣（瓊蓮芳）　十美圖　希氏錯（筱桐鳳）
逼嫁三巧　逼婚　三孝記　以履安來此尚未看過川戲，因伴之。

日來屢與樹民談，彼謂予能愛人而不能用人，凡不熟習者覺
其爲好人，愈熟習則愈發現其劣點，寖以疏遠。予自思，蓋入予
門甚易，而爲予任事綦難，以愈接近之人責以成功亦愈迫切，世
上有志者不多，故動多拂逆也。如譚其驤，張維華，楊向奎，王
樹民，楊中一皆是。尚有潘家洵，吳世昌，李一非等皆起初極密
切而後來疏遠，此雖不盡爲予之過，而予之不能用人亦可見。樹
民謂予信任人便放任，不信任便干涉，甚中予病。予不思作事，
故以前可以不管這一套。現在則勢必做事，且一天天和社會關係
密切，予實不能不講用人之道。記于此册，俾常思考，總期于放
任與干涉之間尋得一中道也。

二月八號星期日

范可中來。傅矩生來。蕭祖華來。韓鴻庵夫人來。佟志祥來。
王佛崖來。周文卿來長談。聞在宥偕蔣大沂來。

劉蓉來。孔玉芳來。宓賢璋來。馬長壽來。賢璋偕孫復齋來。

與樹民算賬。孫毓華來。

文通偕謙冲來。應謹載宴。九時半客散。

今晚同席：戴樂仁夫人　鄭德坤夫婦　安宅　張克剛　李延青　金素蘭　我全家（以上客）　洪謹載夫婦（主）　其子彌月也。

二月九號星期一

范可中來。到王冰洋處，并晤韓笑鵬夫婦。出北門雇雞公車，到賴家院已一時矣。

賓四，厚宣到予室長談半日。翻看《滿清野史》。

洪禎來。光簡來。仲元來。春元來。

二月十號星期二

寫夢若，錫澤，明經，可忠，樹民，拱辰，樹幟，書銘信。

曾昭燏女士來。到崇義橋寄信，與賓四厚宣到茶館高談星相。到葉席儒處。

歸已夜矣，飯後與賓四談國家問題。

西山經管《史學季刊》，竟不報收支賬。文通欲印第三期，向之收款，則諉爲七百冊查無着落。如此無恥，使我無以對文通謙冲，故今日去函書銘，責以查詢，如無結果則法律解決。

二月十一號星期三

寫丁山，孫次舟，沅君，紀彬，李源澄，蔣逸雪，伍蠡甫，陶元珍，李婉容，李貫英，白壽彝信。

見文通長子蒙仲。與趙振綱，胡正綏玩。

看《東北通史》。洪禎來談。

今晨二時即醒，竟不得眠。大約是昨天寫信談話作祟，予病仍未好，只得以重慶之勞碌醫之耳。

二月十二號星期四

寫吳慶鵬信，討論"商人"名詞，信既寫訖，又思演爲文，遂重作。寫仲良信。

李安宅，鄭德坤來，伴同參觀。續作"商人"一文粗畢，約二千言。

以溫水熱脚兩次，終旋寒，早睡。

今日飄雪，入川以後第一次見也。天氣甚寒。

此次到鄉，是要把積擱之事辦了，故前二日皆寫信。至今日寫信而激發古史問題，創作欲驟盛，不可抑遏，遂又將其他事務擱起矣。甚矣予之適于研究也，惜哉予無研究之福分也！

二月十三號星期五

修改昨文略訖，約共三千言。看光簡《宋史》筆記稿。爲所中同人寫屏聯約二十事。

出席所中討論會，講予之治學方法，賓四申論之，竟半日。

與賓四，厚宣談至九時。

仍雪。氣候更寒，予足如冰。予向不喜近烟火，今乃親之。親之不足，更以手爐置于足下烘之，必足暖乃得舒服。否則兩足冷氣在筋肉内作怪，百不痛快。予其衰老矣！

二月十四號星期六

修改昨文訖，增入約一千言。到厚宣處取材料。到賈光濤室。作燈謎七條。

團坐吃飯，飯後講笑話及猜燈謎。至十時半而散。

今晚同席：賓四　賈光濤　蒙仲　厚宣夫婦　胡正綏，正寧　李爲衡　孔玉芳　魏洪禎　潘仲元　鄭恒晉　錢樹棠　杜光簡　嚴耕望　許毓峰　周春元　趙正綱　陳希三今日下雪極大，屋瓦厚積，老蕭云，已十餘年未見矣。今晨未曉，予夢見一婦人入我室，中年，中等身材，面白皙，目眶微陷，態度安詳，予驚起曰："阿是姆媽？"渠頷之。予喜我生身之母來，遂興奮而醒。噫，予母歿四十年矣，平日未嘗夢見而今日見之，將毋以除夕故耶？履安既病，又在城中，竟不克祭之，其何以慰我孺慕之情耶？

二月十五號星期日（壬午元旦）

仍團坐吃飯。記日記三天。看于式玉文兩篇，加修改。看同人包餃子，爲之排列。

厚宣爲諸同人占卦，予助之。與賓四，厚宣到泰華寺散步。仍聚餐。

吃飯後聽唱戲，講笑話，說鬼。十時許寢，失眠，至上午二時。

今日予占得萃之比，似欲予上進也。爲履安占得損之"損其疾"，可謂奇巧。爲文史社占得"入于其宮，不見其妻"，則凶矣。

二月十六號星期一

理物，早餐後到崇義橋，空軍機械學校汽車來，上車，九時半入城，到校演講邊疆文化，十二時出。晤吳教育長，孫復齋，尹希。與賢璋同歸，留飯。

傅矩生來。李在淑來。看各處來信。與履安長談。

與樹民談。

張西山欲來請罪，而心中甚餒，因請矩生先來以探予意。噫，早知今日，何必當初！因約渠明晨至。

二月十七號星期二

　　寫高長山信。次舟來。傅成鏞來。矩生偕西山來服罪，因加開導。

　　到安宅處。到中凡處。到徐益棠處。到鄭德坤處，并晤張銓夫婦。

　　與自明同送自珍歸宿舍，新南門出，老南門歸。

二月十八號星期三

　　與履安，自珍，趙太太同到總府街智育電影院，看胡蝶，王元龍主演之《孔雀東南飛》，十二時歸飯。到文通處。到華豐公司訪金靜庵。洪禎來。寫劉校長信。

　　與自珍同到華大，看邊疆服務部之展覽會，并看其表現羌民歌舞。到傅矩生處談。歸，與樹民痛談數次。遇冰洋夫婦。孟韜夫婦偕人驟來賀年。

　　到東方書社，留條而出。

二月十九號星期四

　　寫陳仲瑜信。蒙思明來。金靜庵來。乘車到沙河壩，至張姑丈家賀年。談至十一時出。乘車到華西壩訪羅孟韋，并晤仲崇信。遇袁翰青。

　　與孟韋同到春及花園吃茶。談至三時半進城，到中國航空公司問飛機票。到省立圖書館，晤文通，謙冲，王畹薌，西山，黃仲良，談《史學季刊》事。歸。

　　洪禎偕李方仁來。與自珍同出南門，遇徐薄冰。到安宅處訪袁翰青，談。

　　飛機票已定至三月六日後，不能早日起身。

二月二十號星期五

到子杰處，途遇石美玉，安宅，袁翰青等。上子杰車談。至西御街下。到仲良處。并晤洪禎。與仲良同到予寓，孟韜來，王佛崖來。遇向少華。

與履安，自明，趙太太，王樹民同到邱佛子吃飯。到公園散步。與履安等到孟韜家賀年。出，予到馮漢驥處，途遇顧竹淇，侯又我等。歸，寫沈遵晦信，杜文昌信（爲自明婚事）。與樹民談。

補記日記四天。洪禎來。冰洋來。送自珍回校。

樹民謂予對人方式爲：生人——好人——熟人——壞人——仇人——路人。予真然耶？若熟人恃其熟而敢于爲惡，予其可因其熟人而寬容之耶？

二月廿一號星期六

寫趙夢若信。爲自明重寫杜文昌信。傅韻笙來，同到仲良處。又到黎靜修處，并晤帥净民。到向君卿處。十二時歸。

翻看陳碧笙《滇邊散憶》，準備明日講稿。杜光簡來。劉蓉來。鄭象銑來。看鄒韜奮《經歷》一書，略畢。

謹載來。送自珍回校。

履安往取照片，睹其瘦老，與前在滬所照大異，悲而哭泣，至於浹日，予苦未能慰之也。老衰人之常，而履安之所以悲者，爲衰態之過驟也。

二月廿二號星期日

七時半，中央軍校孟體廉駕汽車來接，到校晤陳教育長武民，同出席紀念周，予講邊疆工作，約四十分鐘。畢，與陳武民，蕭化之，李幼孚，沈遵晦，孟體廉談。體廉伴至武擔山游覽，十時，乘汽車歸。與樹民談。郭子杰來。劉叔遂來。

黃仲良來。帥净民偕其女玉珉及李良來。宓賢璋來。到張冠英處。到青年會看吳龍丘畫展。到張雪岩處。

謹載來。看《金瓶梅》。

今晨聽講者至五千人，以有播音機，不須高喊，頗不吃力。

二月廿三號星期一

李符桐來。九時，雇車赴梁家巷，換鷄公車，十二時到研究所。途遇賈光濤，周春元。

寫童丕繩信。整理書紙，入筐。校春元所鈔商人問題一文。

到門口，與小寧散步。洪禎來。

二月廿四號星期二

寫書銘，畹薌，子杰，廷洧，家芷信。寫鍾素吾，錢公來，孟輅，劉克讓信。記筆記二則。

賓四邀至張家碾喝茶，厚宣與正綏偕，店主鄧君及其子佺來談。予在店看各處投稿，未畢。

與賓四，厚宣作長談。九時散。

二月廿五號星期三

與所中同人游犀浦。七時半出發，十一時到四川博物館參觀，十二時至場上世民茶園吃飯。又到博物館參觀。二時許，到玉泉寺，以公路局開會未得進。即歸。登一古塚。四時許到兩路口吃茶，五時許到崇義橋吃點。六時許回所。

飯後與賓四厚宣談。看各方投稿。

今日步行六十里，歸時以諸助理員跑得太快，予亦趕走，致脚氣發痛。然自幸少年豪氣尚未衰也。

今日同游：賓四　厚宣　玉芳　錢樹棠　鄭恒晋　蒙仲　陳希三　杜光簡　胡正綏　潘仲元　嚴耕望　許毓峰　佟志祥　李

爲衡

二月廿六號星期四

整理書籍文稿等入竹筐。將商人問題一文改畢。

爲所中同人寫字約二十件。萃杰善堂葉惠龍，曾克昌，蕭成德來賀年。

飯後與賓四厚宣會商所中事務。王佛崖來。

胡正寧不肯一刻離我，一不見即相覓，見則百般糾纏，不讓我自作一事。予將來年老，當辦一幼稚園以自怡悦，作總家之祖父也。

二月廿七號星期五

八時，與周春元君同離所，洪禎，光簡，爲衡，耕望等送至崇義橋。到葉席儒處談。十一時半到青蓮巷，即吃飯。看各處來信。與趙太太同理竹筐書籍。

到校，晤傅矩生，劉書銘，談校務。歸，到黃仲良處，未晤。到中國旅行社，晤康錦源。

到明湖春應王畹薌宴。出，到仲良處，未晤，晤周春元。歸，寫封條三十六紙。

今晚同席：孫則讓(廉泉)　　趙廷夔(伯龍)　　韓笑鵬　　徐薄冰周師長　　王化南(明湖春經理)　　劉書銘(以上客)　　王畹薌(主)

二月廿八號星期六

寫運書證明書。高長山來。仲良偕劉駿達來。聖陶來。劉作舟來。姚玉棟女士來。黎勁修偕胡淵來。閻焕庭來。理書入竹筐訖。即發運。張廣仲姑丈，姑母，子豐夫人及其子龍龍來。留飯。

到中國旅行社訪康錦源，不遇。記日記五天。李小緣來。樹民來作長談。陳家芷來。

仲良來，談至九時半。

一九四二年三月

三月一號星期日

到劉校長家，與王畹薌，李旭升晤，草《責善半月刊》交東方書社印行合同。歸，與趙太太同到中國旅行社。范可中來。傅雙無來。金鵬，賈光濤來。丁廷淵來，同出城。

出席燕大校友會。二時往，五時歸。爲人寫字五件。視謹載疾。鄭象銑來。周文欽來。胡綉來。孟韜來。

到子杰處吃飯。到傅矩生處。十時歸。

今日下午同會：鄭德坤(主席)　陳文仙(文書)　楊庚祖(會計)　李安宅　陳國華　黃燕儀　宓賢璋　張維華　羅無念　張銓　劉承釗　任子立　高尚仁　胡曉昇　雷守廉等二十餘人

今晚同席：楊亮功　郝更生　蒙文通(以上客)　郭子杰(主)

三月二號星期一

高尚仁來。劉述烈來，爲作何冰如受獎序，予書之。到中美藥房訪張冠英。到中國旅行社付運費。仲良來，爲寫潘硌基信。

寫筱蘇信。到鴻庵處。到校，待賓四。到鄭象銑處。到覺玄處。到德坤處送字，被留晚飯。

歸，孟韜在，與同訪趙敬謀（元成）。

三月三號星期二

與賓四到注册課。到華大博物館訪德坤，看陶器上羌字。到書銘家。與王畹薌談印《責善》事。書銘又拉至校長室談予行止。到仲良處。歸，到小醉天赴仲良宴。

到華大研究所，開三大學聯合彙刊會。到齊大，開所務會議。會議畢，書銘與賓四與予談行止。

與賓四步至哥哥傅赴宴。九時，步歸。

今日同會：陳裕光　劉書銘　李小緣　呂叔湘　聞在宥

今日又同會：劉書銘　錢賓四　孫次舟　沈鏡如　湯吉禾

今晚同席：湯吉禾　賓四　張國安　張西山　侯又我　龍冠海　蔡樂生

三月四號星期三

爲人寫字二件。樹民來談。八時雇車赴崇義橋，由梁家巷換雇鷄公車，十一時半到。至三皇廟遇玉芳，渠將至犀浦博物館作參考也。

寫賓四信二千餘言，寄新都圖書分館，詳述我之行止計畫。

將所書賓四信鈔底。

賓四與書銘竭力拉我回校，我無他條件，只要西山之去與經濟權之獲得而已。雖然，此時不比去年，不能說留即留，我與重慶之關係已深，必須將各方面關係擺脫，然後可答應回校也。

我爲幾篇文字逼得要命，不得不躲到崇義橋去寫文章。人事如此繁，苦哉苦哉！

三月五號星期四

寫《邊疆周刊》發刊詞約九百言，修改訖，即交佟志祥鈔出。

寫安宅，衡如，朱騮先，夢若，錫澤，春元，誠鑑信。寫范希純信。寫朱佩弦信。

看玉芳標點之《漢書》。聽王佛崖講扶乩事，出之悚然，遂失眠半夜。

三月六號星期五

作《秦漢時代的四川》初稿訖。樹民携吳慶辰君來。寫劉炯光信辭空軍學校演講。

賓四自新都歸，談。

看杭炎甫所作之《項羽傳》。

得履安書，飛機票已買定十一日。

今日所作文，爲華西邊疆研究會所作也。此會爲西人所發起，每周請人講一次，予被派爲三月十七日，因予赴渝，請侯又我代講，而由薩爾真翻譯爲英文。

三月七號星期六

作《秦漢時代的四川》第二次稿訖，約六千字。即付陳希三鈔寫。

看嚴耕望所作《漢代郡縣屬吏考》。

三月八號星期日

修改《秦漢時代的四川》訖。即付戴執禮，周敬如分鈔一分。

蕭心如，王運昌，冉玉麒皆時才學生二人來。厚宣來談所務。寫侯又我信。略草《田家讀者自傳》序。

看孔玉芳標點之《漢書》。九時即眠。

三月九號星期一

晨二時即起，爲《田家讀者自傳》作序，至六時天明作訖，約四千言。整理物件。八時，與賓四同出，到崇義橋雇車，戴執禮同行。十一時到城，遇仲良。歸，理物。

修改今晨所作文。賓四來，留晚飯。光簡來。孟輶來。柯象峰來。羅孟韋來。與樹民，謹載談。爲人書橫幅。

矩生來。王冰洋夫婦來。陳家芷來。

今日必歸，然而尚有一文未作，不得不于半夜起來寫。蓋如不于進城前寫畢，則進城後不能寫，返渝後更不能寫也。深宵靜寂，四小時竟抵得到一天工作。

三月十號星期二

理物。陳佑誠來。爲自珍看其所作論文。與自珍同到校，到劉書銘處談研究所事。出，到賓四處，薄冰處。遇次舟。到三元街參觀中央玻璃廠，晤高尚農，尚禮，劉技師。

看德坤華西石器一文。寫張雪岩信。修改《田家讀者自傳》訖。安宅來。王抱冲來。到校，遇賢璋，訪德坤，遇之。訪矩生，不遇。到文牘處爲人寫小幅。到覺玄處。訪徐益棠，劉衡如，均不遇。遇方叔軒。歸，記日記九天。

程澹如，白雪嬌來。徐益棠來。劉衡如來。張雪岩來。孟軺夫婦及人驥來。范可中來。

予此次回蓉，凡四十七日。在城者三十四日，在鄉者十三日。城居四出奔馳，無成績可言。鄉居則成論文二篇，序文二篇。每一論文只費三天功夫，自喜精力尚不衰頹也。

三月十一號星期三

三時半起，整理物件，寫邊疆學會同人公信，郭子杰，聖陶，丁山，覺玄，孟真，平治心信。鄭象銑來。八時半，與履安等同到歐亞航空公司。謹載亦來。遇楊志（有誼），藍思勉，胡慕叔等，同到新世界吃茶。予剃頭。至十二時許始上汽車。

二時，飛行。以客多逾重，飛較遲。三時半抵重慶，與藍思勉同上岸，至兩路口而別。到三編會，與劉雁浦夫婦及刁可成晤面。看各處來信。出吃飯，到驪先處，因病未晤。遇李惠民旅長。遇汪一鶴，楊敬之，田伯蒼。

還三編會，林剛白來。看鞏縣劉寶三《秦郡考》，未畢。雁浦夫婦來談。

飛機載重逾量，大是危險，幸未出事。

三月十二號星期四

出外吃點，歸寫履安信。九時半出，視驪先疾。遇賀師俊，張理覺。出，到味美齋吃飯，遇楊大鈞，丁龍驤。龍驤還賬。

與龍驤到英庚會茗談，陳定評，徐公起來談。歸，遇孔祥哲。歸送自珍，鴻庵信。遇楊北鈞，參觀廣播電臺。寫安宅信。到組織部，晤何兆麟，陸翰芹，汪一鶴。

與雁浦飯于東來順。高昌運來談。到昌運處。孔祥哲來。高挺秀來。

錫澤為中大黨部所告，謂為跨黨分子，在我離渝時間大肆活動。朱先生連來兩信囑澈查，此事太突兀了。

三月十三號星期五

看王新民，許雲樵，姚柟等論文及《南洋學報》。張松涵來。到曲園，為祥哲餞行。飯後談至二點。遇魯覺吾，黃卓，沈嗣莊。

到中研院，開蟻光炎獎金審查會。在院寫蕭一山，王雲五信。

錫澤來，留宿。林超來。

　　今午同席：孔祥哲　劉雁浦（以上客）　　予（主）

　　今日同會：翁文灝　竺可楨　李濟之

三月十四號星期六

與錫澤同出吃點。到郭園訪李超英。歸，取錫澤信訪驪先，并晤張理覺，甘家馨，褚承猷。到季陶先生處，并晤吳禮卿。為戴家祥女士寫手冊。

寫子杰，德坤，洪禎，研究所同人信，即付寄。匯德坤處款。訪汪继武及高挺秀。藍思勉，鄧熙（南屏）來。寫蓉初，家芷，伍蠡甫信。樹幟來。同到宴瓊園吃飯。

與樹幟談。林超來。孔祥哲來。

三月十五號星期日

雁浦邀予及樹幟到國際宣傳處合作社吃飯。同訪林超。與樹幟歷游各書肆，到商務書館，晤史久芸等。到老鄉親吃飯。坐汽車歸。遇王毅侯。與樹幟同看陳萱女士畫展。

看徐旭生"論信古"一文。董彥堂來。宋漢濯來。爲人寫字四幅。高昌運來。與樹幟同出訪驪先，遇褚承猷。到曲園赴宴。

鄧廣銘來。與樹幟談。

今晚同席：樹幟　汪一鶴　雁浦（以上客）　孔祥哲（主）

三月十六號星期一

樹幟邀予與雁浦到青年食堂吃點。出，同訪袁翰青及林超。出，到彥堂處，并晤吳定良。出，予獨至清漪處談邊疆語文會事。乘江北新村船到牛角沱。回三編會，看《秦郡考》。

到湖南曲園宴客。遇錫永。歸，看地質展覽會。徐英，徐梵澄來。翟毅夫自白沙來。寫雲五信。張公輝來。顧高地，張小柳來。整理物件。

到鴻賓樓吃飯。到糧食部訪陳式湘，郭篤士，篤士送歸。林超，李承三來。

今日同席：董彥堂　吳定良　袁翰青　林超　孔祥哲　汪一鶴　張小柳　商錫永（以上客）　予與樹幟（主）

三月十七號星期二

七時，與樹幟同乘人力車，到小龍坎，至松鶴樓吃點。到劉英士處，談編印戰時小叢書事。留飯。見其夫人，女小三，及程仰之之女守京。

與英士，樹幟同到志希處，談小叢書事。志希導賞桃梨海棠諸花，又導至汪少倫家，晤其夫人。回英士家吃點。與樹幟步至中大。到中渡口吃飯。

與樹幟同訪昌群，仰之，剛伯等。以別室人不息燈，失眠。至上午二時許始睡。

《星期評論》本擬停，予與樹幟述戰時文化小叢書之計畫，英士甚贊成，即以星期社名義編輯出版。此事如經營得好，確可發生力量。

三月十八號星期三

樹幟邀至飯堂吃早餐。回宿舍，看《新人生觀》。出，訪叔儻，冠賢，孟餘，仲瑜等。歸，草戰時文化小叢書條例。陳世杰來。與樹幟同到中渡口吃飯，遇梁希。

與樹幟同到英士處，商小叢書事。回校，訪金靜庵，并晤張聖奘。到靜庵家，見其夫人。出，到中渡口吃飯。到歐陽鐵樵，戴克光處，并晤鍾道銘。

張聖奘來。李承三來。早眠。

孟餘先生欲予擔任史學系主任，予不願，以系中問題甚多，而予初至不易處理也。繼欲予擔任出版部主任，允之，則以此機關爲新創，容易著力也。予事已忙甚，所以不得不允此新職者，則以不爲中大專任教授，則生活便不易維持。中大薪津九百，文史社薪及公費六百，尚須他處活動五百，方可使一家人不憂凍餒，只得以此身拼去耳。思之嘆息。

三月十九號星期四

六時一刻，與誠鑑同到中渡口，將行李交與校船，上山吃點。步至磁器口，喝茶。十時半，步至柏溪，與諸同人會晤，看各處來信。

送錫澤至中渡口，與夢若同步歸。青鋩來。楊錫鈞來。與春元談。與桂金談。洗身，易衣。

到服務社吃飯，遇李泰華，談。到夢若處。夢若送至新舍，談。看青鋩所點《明史》。

聞人言，青鋩原有一男友陳君在交通部任職，去年星期日必來，已有結婚之望矣，至今則音訊稀少，人亦不來，故青鋩近甚困悶。青鋩績學工文，不難自立，只是跌壞了腿，行動究有不便耳。

三月二十號星期五

整理衣物。黃如今來。寫履安，自珍，祥哲，騮先，厚宣，賓四，玉芳，洪禎，紹賢，雁浦信。

與夢若到魏宅吃飯。飯後青鋩導游張家花園，看桃李海棠諸花。寫謹載，樹民，張子春，英庚會，三編會，筱蘇，一鶴信。評《秦郡考》。開兩月來經管社中賬目。

訪如今未得。與夢若到誠鑑室談。看學生卷。

今午同席：予與夢若（客）　青鋩及其母（主）

今日樹幟進城，予托其設法措兩千元寄履安作路費，促其來渝，俾不致三心兩意，而得安頓于此。彼若竟來，我便脱離齊大矣。

三月廿一號星期六

寫許雲樵文評語，劉季籥信，付郵局寄。豫備後日功課，看皮錫瑞《詩經通論》半册。遇靳毓貴。青銈來。到分校飯堂吃飯。

　　到雨亭室，如今室，并晤王政。飯後與夢若等散步。

　　雨亭來。夢若送回住所，談。錫澤歸，談。

　　錫澤歸，謂誣告案已弄清楚，乃楊中一與盧季忱勾結，囑孟雲橋聯絡胡煥庸而告發者，胡則中大區分部主席也。可怕可怕！從此可不認中一矣。

　　錫澤述孟雲橋之言，謂"顧某頗有江湖氣，到處辦雜志"。我固好辦雜志，但《文史》却非我創辦，亦非予欲辦者。

三月廿二號星期日

　　整理什物及講義。與夢若談。雨亭來。到羅家吃飯。

　　飯後上遞票船，登缸鬃船到磁器口，乘人力車到沙坪壩，晤叔儻。楊克强偕李月三，田奇璐，俞端甫來。看繆鳳林《中國文化》。到中渡口吃飯。月下漫步。到邵潭秋室。仰之偕可忠來，留宿。

　　今午同席：予　孔祥嘉夫人（方堅志）（以上客）　　羅雨亭夫婦（主）

　　得鴻庵信，渠因病一時不克來任邊疆語文編譯委員會事。予似有非應不可之勢。然會在悦來場，更在柏溪北三十里，如無滑竿，予無法往來也。

三月廿三號星期一

　　爲可忠囑，寫編譯館兩信。寫驪先信，到沙坪壩寄，吃點，買門鎖及茶杯。到秘書室晤陳仲瑜。到史學系，周軌賢唤工人到樹幟處取予行李，送入新宿舍。到師範學院，上課兩小時（《詩經》）。戈定邦來。李子魁來。

　　在舍看劉甲華論文，小眠。康光鑑來。到沙坪壩，遇李子魁，同到南開，入其室小坐。

到定邦家，吃飯。與戈威嬉，九時歸。

今日予遷入中大教職員第六宿舍四十六號。

予飯量太好，而現在物價如此高，真所謂“荒年碰到大肚子”。每餐無論如何節省，總須吃五元。普通都是吃大餅半斤，又葷湯麵一碗。

三月廿四號星期二

看丁山《九州通考》。劉英士，程仰之來。靜庵來。同到文學院。到樹幟處。到沙坪壩吃飯。到稻香村吃茶。晤馬家驥，同到重大。

到文學院上課兩小時（古代地理）。回舍，看學生論文。寫周軼賢信。

到小龍坎吃飯，買鞋。回校，到樹幟處。

一雙布底鞋卅五元，爲之一嚇。今日得中大聘書，予爲出版部主任，從此又多一事。

中大宿舍中飲水極難，而校中又無茶館。今午到沙坪壩喝茶，晚則到樹幟處飲之。要到如此境地，方知渴之難過。

三月廿五號星期三

到叔儻處。七時至中渡口吃點上船，七時半船開，十一時半到。舟中看朱東潤《讀詩四論》。上岸吃飯，還社。遇青鉎。

疲倦，未作事，看林超《蜀道考》。青鉎來。夢若自城携書歸。看各處來信及刊物。訪孔祥嘉夫人，談祥嘉事。

看《齊魯學報》。夢若來談。

在船中蕩了半天，爲之鬆懈無力。

三月廿六號星期四

補記日記四天。孔祥嘉夫人來。理成都運來書，未畢。到青錝處，吃飯。

劉國榮來。贊虞來。贊虞出，復偕柳定生洪盈兩女士來。寫履安，賓四，自明信。寫孫次舟，熊德元信。

看梁任公《中國歷史研究法補編》，未畢。

青錝母多病，己亦多病，家無傭工，因此家事頗忙。今日之菜，即出其手。渠時常四肢發燒，體之屢弱可知。女子多薄命，可嘆！

三月廿七號星期五

到繆贊虞處談。豫備功課，鈔地理材料。訪唐佩經，未晤。錫澤伴至場吃飯。

天熱，疲倦，歸室小眠。旋起，整理書籍，竟半日。到唐君毅處談。

看《歷史研究法補編》及《禹貢半月刊》至十一時，失眠，飲酒。

三月廿八號星期六

繆贊虞來，同商《四川專號》題目與撰人。贈青錝物，探其母病。寫壽彝，黃明信，槃厂，周昆田，賀覺非，曾省之，履安，青錝，洪禎，賓四，趙叔玉，韓叔信，高平叔，傅安華，孟輣信。爲高平叔寫字一幀。到飯堂吃飯。

遇金公亮。羅雨亭來。陳行素（旭輪弟）來。看贊虞《西北問題一夕談》。

在宿舍開茶話會，歡迎楊錫鈞女士，歡送蘇誠鑑到沙坪壩任職。

今晚同席：洪經明　楊錫鈞　蘇誠鑑（以上客）　夢若　張克寬　周春元　予（以上主）

三月廿九號星期日

鈔出與壽彝往來書札，再書一紙寄之。寫漱圃，中一，嘉麟，黃奮生，子植，教育部信。

羅雨亭來。黃如今，汪少倫來。準備後日課，看《易經》，畫六十四卦圖。錫澤歸，看《文史》二卷一期。

翻看《疆域沿革史》等書。

在柏溪與崇義橋無異，客人究竟少，可以安心做事，惟崇義橋花木葱蘢，圖籍豐富，爲更可留戀耳。

三月三十號星期一

整理行裝。看《史記菁華錄》。與夢若到房東處看新屋。遇唐佩經，李太太。

二時與夢若同乘校船到沙坪壩，五時到。與夢若吃晚飯後，同到樹幟處。訪金靜庵。與樹幟同到英士處吃粥。歸，遇曾昭掄及鐵橋。

到樹幟室中談，十時歸。以飲茶失眠。飲酒無效，只睡兩小時。

三月卅一號星期二

到冀野處。到樹幟處。到鐵橋處，晤仲瑜，與樹幟，鐵橋同訪昭掄，則尚未起。到中渡口老胡處定菜。予留吃點。回室，陳則光來。準備下午功課。范瓊英偕希純來。到樹幟處，與冀野，唐圭璋談，同到中渡口吃飯，遇陳世材等。出，遇英士。

上課兩小時（《山海經》）。回室豫備功課。周軾賢來。張孝慈，唐德剛來。

七時到第一教室上課一小時半（《詩經》），以宿舍失火停止。遇方堅志。九時眠，得眠。

今午同席：曾昭掄　俞大絪（昭掄夫人）　俞大縝　歐陽鐵

橋　盧冀野　唐圭璋（以上客）　　予與樹幟（主）

卅一，三，十六，壽彝來書云：（下略，見《顧頡剛書信集》）

卅一，三，廿八，答壽彝書曰：（下略，見《顧頡剛書信集》）

　　　　按此事甚大，而人之屬望彌殷。樹民即屢以爲言。惟樹民雖見得到，却做不出，不如壽彝之能作沈着之戰鬥也。

一九四二年四月

四月一號星期三

　　草叢書編輯通則及叢書章程。劉甲華來。到樹幟處。到校長室開出版委員會。訪孟餘先生。

　　小眠。看歷史系課卷，評定分數。擬《楚辭專號》目録。到沙坪壩吃飯。

　　李松齡來。早眠。

四月二號星期四

　　五時起，整理行裝，上汽車，到城。至三編會，遇謝循初。到組織部，晤雁浦，甘家馨，楊敬之。李鶴齡來。歸三編會，晤郭錦蕙。到中央圖書館，參加書學研究會。吳敬軒來，同到湖南館吃飯。晤韓慶濂。

　　與敬軒同品茗，到重慶村訪譚平山，不遇。到組織部，晤陳紹賢，汪一鶴，高挺秀，袁其炯。訪吉禾，如今，皆不遇。回寓，寫履安，自珍，鴻庵信。李況松來。劉書傳來。

到上清寺吃飯。歸，樹幟來。陳達夫來。袁翰青來。趙夢若留宿。至十一時就睡，失眠，飲酒無效。

今日同會：許世英　顧毓琇　吳俊升　盧冀野　蔣慰堂　李清悚　張九如　胡叔異　沈子善

四月三號星期五

樹幟邀與達夫到湖南館吃點。歸，陳萬祥，張士全來。寫丁山，李得賢信。香林來。小柳來。到中央訓練團訪孔祥嘉，未晤。遇安兆恩，馬騄程，趙俊欣。

一時，出，到小館吃飯。仍步歸。到樹幟室，遇高昌運，胡次珊。寫祥嘉信。陳萬里來。范希純來。與希純同到張郁廉處，并晤葉公超，溫源寧。與希純到張延哲處，留飯。

談燕大復校事。歸，子英，小柳來。

今晚同席：張鴻鈞　韓慶濂　張鏡予（以上客）　張延哲夫婦（主）

四月四號星期六

邀樹幟到湖南館吃點。訪慶濂，不遇。與樹幟到中央圖書館參加兒童節，遇一樵等。王志文來。與樹幟達夫到朱先生家問疾，談邊會事。遇田培林，葉企孫，貞一，璋如諸君。與樹幟同到貞一，璋如處。到曲園定菜。與樹幟到程頌雲處，唁其夫人之喪。

到湖南館赴宴。飯後到茶館喝茶。與樹幟到國際宣傳處訪葉公超不遇。到組織部訪陳紹賢，遇式湘。與樹幟同到李子壩訪小柳，子載，子英，稍飲酒。到朱先生處，續談邊會事。遇啓江，理覺，紹賢，翰芹。

到曲園宴客。到段書貽處。歸，郭篤士來。宋漢濯來。魯儒林來。天雨，留漢濯宿。

今午同席：楊立奎　王文元　樹幟　陳達夫（以上客）　劉書傳（主）

今晚同席：商錫永　陳達夫　勞貞一　石璋如（以上客）樹幟與予（主）

四月五號星期日

冒雨出吃點。訪吉禾，公超，俱不遇。歸，貞一，璋如來。熊嘉麟，譚繁來。劉書傳來。蔣子英來。與子英樹幟同商邊語會組織法。十一時半同到湖南館吃飯。

與子英樹幟到朱先生處，晤屈，閻，趙諸君。出，在上清寺喝茶。與樹幟同赴中山大學同學會，討論驪先堂事。歸，重畫組織系統表，到上清寺吃飯。遇段繩武夫人。

看《新世訓》。小柳，子載，子英來。不知何故，徹夜失眠。

今午同席：子英　樹幟（客）　予（主）

四月六號星期一

到觀音岩買《周易》等書。遇楊大鈞，楊蔭瀏。到服務處吃點，遇王文元叔侄。到曾家岩寬仁醫院看病。到葉公超處，并昭曾虛白。

錫澤偕錢女士來。伴子英到陳紹賢處。到朱先生處，晤吳紹澍，朱懷玉（毓麟），賀師俊，李鶴齡等。

李鶴齡來。湯吉禾，陳世材來。顧獻樑來。爲人題畫。

四月七號星期二

步至李子壩，在化龍橋吃點。雇車至小龍坎。步至中大，晤誠鑑，錫澤，錢女士。范瓊英來。邵潭秋來。十一時吃飯。略準備功課。

校鐘一時（即十二時）上課，上古史二小時（封建）。黃培永來。夢若來。預備功課。

上課兩小時（《易經》）。鄭文，康光鑑來。

四月八號星期三

乘校鐘七時半車進城，車上遇張沅長，李寅恭，談。到三編會，晤夢若。到組織部，與袁其炯談錫澤事。回三編會，看《東塾讀書記》。貽寶來談燕大事。

到好公道吃飯。陳達夫來辭行，到達夫室談，并晤丁君。與夢若同到珊瑚壩兩航空公司問成都飛機，途遇子載，子英。到組織部，晤李鶴齡，討論邊語會事。全漢昇來。

到武庫街五福樓赴子載宴。與子英小柳同步回。到兩路口喝茶。回三編會，與樹幟談。

今晚同席：李泰初　王志文　張小柳　嚴靈峰　蔣子英（以上客）　顧子載（主）

四月九號星期四

與樹幟同出吃點。買書。同到朱先生處，遇鶴齡，如今。出，與樹幟同到訓委會訪段書貽。出，予到鶴齡處商邊語會事。與鶴齡同到一鶴處商房屋。

到如今家吃飯。冒雨歸。草邊語會職員名單及組織系統表。劉儒來。與夢若到味美齋吃飯。遇張師賢，張振淮，李承三。

點《繫辭傳》一卷。

今午同席：樹幟　趙太太（黃右昌之女）（以上客）　黃如今夫婦（主）

四月十號星期五

張小柳來。到慰堂處。到組織部辦公竟日，擬職員名錄，略歷，豫算，實際支出各表。寫朱先生信二通。偕鶴齡到味美齋吃飯。遇蒙古吳君。遇張梓生，張延哲夫婦。

到中研院，晤時逢，漢昇，璋如，貞一，談。

到哈羅食堂吃飯。訪孫元徵，不遇。訪香林，作長談。歸，遇楊大鈞，顧獻樑。宋漢濯來。

今午同席：李永新　吳□□（以上客）　予（主）

四月十一號星期六

夢若早歸。寫錫澤信。寫中華教育基金會（爲范希純請補助），李安宅，鴻庵，自珍信。到基金會及郵局送信。遇張西曼。九時，到組織部，將所擬文件辦好，與李永新同出，途遇蔣夢麟，朱慕周。與永新至朱先生家，則已到南岸。永新邀至北平真味吃飯。

雇車至儲奇門，渡江，雇滑竿到石柱頭周宅訪朱先生，談邊語會事。三時半出，回儲奇門，與永新分道。予步至武庫街，雇車到上清寺，訪漢昇，貞一，方仲。談至六時，同到百齡餐廳吃飯。

八時歸，點《繫辭傳》畢。

今午同席：予（客）　李永新（主）

今晚同席：梁方仲　勞貞一　全漢昇（以上客）　予（主）

石柱頭長松萬株，風景絕佳。道中多梨花，頗足繫戀。

四月十二號星期日

獻樑來。與獻樑，雁浦同到湖南館吃點。與獻樑同步至觀音岩。予到公債勸募會訪黃任之，并晤黃重憲，穆藕初。看重憲所作先父傳。出，回三編會。渡江到清漪處，并晤清漣及小龍小豹，寫自珍及張銓信。在清漪家留飯。

回三編會，寫組織部，自珍，自明信。三時許出，雇車到小龍坎。步至中大。出，吃飯。訪樹幟不遇。訪定邦又不遇，見夫人。

買筆，歸。途遇倪清源。

楊時逢，全漢昇來，偕到重大彼等臥室談。九時歸。

四月十三號星期一

到中渡口吃點。到樹幟處談。回室，點《易經》。戈定邦來。補記日記八天。到沙坪壩剃頭。到甜園吃飯。遇時逢，漢昇。到商務書館晤喻伯量，遇軾賢。

回室小眠。點《說卦》，《序卦》，《雜卦》。略作鈔撮。

赴研究所談話會，予講寫作論文方法。九時散。與黃少荃談。睡後聞有人喚予，驚而醒，幸得續睡。

四月十四號星期二

預備"古代文學"課。到童冠賢，陳仲瑜處。黃和繩來，同到煉鋼廠，晤張有光，李瑞敏，參觀。與和繩同到北平圖書館駐渝辦事處，遇范任。遇邵恒秋，與同到宿舍談。范任來，同到松鶴樓吃飯。

上"古代史"課兩小時（封建）。與金靜庵談。豫備功課。漢昇來。到樹幟處，晤可忠，英士，談。樹幟邀飯于中渡口。

上"古代文學"課兩小時（《易》陰陽義與卦名）。

四月十五號星期三

乘校中公共汽車到兩路口。至三編會。晤夢若。到組織部，晤何肇麟。回三編會，點《易下經》半卷。訪張梓生。

胡毓杰來。李超英來。徐盈來。到飛機場接履安，即至四川飯店落宿。伴履安等到兩路口吃飯，看降落傘，到圖書館。

晤組織部崔君。携物至四川飯店，早眠。

今日履安到渝，一家人得團聚矣。成都方面，予真得擺脫矣。

四月十六號星期四

未明即起，收拾訖。到組織部訪永新，久之，始知其已行。趕至牛角沱，則輪船適至，予不及趕上，改至香國寺，雇滑竿，徑赴趙家灣（60元）。至觀音橋吃點，到人和場吃飯。十二時半到組織部疏散地。

晤楊質夫及祁子玉。與質夫同到永新家，并見其母與妻，晤陳翊周。與永新至紅寨子看屋。至朱家寨，見伍家宥夫人羅友石，王懋勤（勉初），諶忠幹等。回永新家吃飯。質夫子玉來接。

回部，宿秘書室。質夫子玉來談。江國雄來談。

由香國寺至悅來場，經人和場，鴛鴦橋，共約六十里，滑竿須行五小時。今日所經，山頭上多寨子，以石爲城，包一住屋，皆當地富人之家也，儼然有諸侯氣象。與甘肅所見土司家絕相似。憶在康樂所見蘇家集之蘇土司府即在一山頭上，亦甚小。此與章太炎先生所作"神權時代天子居山說"當有關係。

四月十七號星期五

質夫及祁子玉來。質夫伴至高堰看屋，至合作社吃點。永新來。七時半，乘轎至江干，渡江，至悅來場，雇滑竿至鴛鴦橋（16元）。換乘至香國寺（34元），即渡江回四川飯店。覓履安等不見，到三六九吃飯。遇慰堂，可忠，陳逸民。

歸，與履安及夢若夫婦談。到三編會，取《易經》至旅館，點《下經》數卦。出，至湖南館吃飯，步至抗建堂看戲。

看《生財有道》劇，自七時至十一時。步歸。失眠，服藥。

四月十八號星期六

與履安及夢若夫婦同到上清寺三六九吃點，買物。到竹園吃茶。途遇芝生，吳政之，馬約翰，葉企孫，鍾素吾。送履安等渡江，至香國寺雇滑竿。予返三編會。李況松偕劉□□來。

寫朱先生信，爲邊會房屋事。到邊疆黨務處，晤何肇麟。到朱先生處，并晤樹幟，吳印禪，石璋如。出，訪芝生，不遇。遇方仲。到組織部，訪一鶴。到英庚會，訪徐公起。并晤胡頌平。回三編會，樹幟與印禪來。

與樹幟同到曲園宴客。遇蔣子英夫婦。予冒雨訪獻樑。歸，林剛白來。

今晚同席：吳印禪　石璋如　梁方仲（以上客）　予與樹幟（主）

從此以後，履安遂不再到重慶矣！　卅二，九，十六記。

四月十九號星期日

乘車到李子壩，訪小柳，不遇，晤子載。到化龍橋吃點。轉車到小龍坎，步至中大，晤錫澤，看各處來信。到歷史系開史學叢書編輯會議。會散，與剛伯同到中渡口吃飯。到集會所喝茶。

由陳玉椿伴行，自中渡口經磁器口，抵大竹林，徑由西岸行，至柏溪對岸渡江，計行三小時半。抵家，與履安等談。張克寬來。到中大吃飯，晤雨亭，贊虞等。冒雨歸。

到孔家。看各處寄來報紙雜志。九時半眠，甚酣。

今日上午同會：金靜安（主席）　繆贊虞　沈剛伯　蔣百幻
郭量于　蘇誠鑑（記錄）

四月二十號星期一

點《易下經》畢。與履安及趙太太出外吃點，并看屋。晤雨亭。補記日記七天。

到食堂吃飯，飯畢到雨亭家小坐。到文史社，方堅志女士來。魏青鏋，羅太太，周桂金，楊錫鈞，李婉容來。羅雨亭，梁世佶來。戈定邦偕俞新武，俞元開，張沅長夫人來。孔祥嘉夫人來。鈔郡縣材料。

　　婉容等來，同到青年服務社吃飯。歸，早眠。

　　今晚同席：洪經明夫婦　　夢若夫婦　桂金　克寬　楊之驤　予夫婦（以上客）　　李婉容（主）

四月廿一號星期二

　　四時起，鈔上課材料。上王家船，七時開。遇張沅長，俞元開。九時許到磁器口，遇孔祥嘉，同到茶館談一小時。到校。參加出版委員會議。晤谷錫五。與錫澤同到松鶴樓吃飯，晤王書林，王泊生。

　　上課二小時（封建與郡縣）。赴校長宴。晤郭廷以。回室，孫家山來。段畹蘭來。豫備功課，鈔《易下經》各卦大義。叔儻來。與剛伯談。

　　上課二小時（《易下經》）。與金靜安談。

　　今日同會：童冠賢　仰之　剛伯　叔儻　鐵橋　樹幟　范存忠　仲瑜

　　今午同席：蔣夢麟　竺藕舫　胡春藻　羅志希　葉企孫　吳政之　谷錫五　辛樹幟　童冠賢　歐陽鐵橋　吳幹　孫光遠　周鴻經（以上客）　　顧校長（主）

四月廿二號星期三

　　到樹幟處。到集會所吃麵，飲茶。訪童冠賢，吳幹，爲出版部事。訪顧校長，并晤楊家瑜，孫本文，陳仲瑜。看蒙思明所作曹操一文。黃少荃來，爲寫賓四信。寫注冊課信。改段畹蘭文。寫中大歷史學會第三屆年會題詞。爲丁山盤費事與顧校長接洽。到集會所吃飯，晤樹幟，冠賢。訪戴克光。訪唐圭璋。遇方東美。

　　到資渝煉鋼廠訪黃和繩，爲陳芰香事。回校，寫李得賢，范希純，楊克強，卜銳新信。到沙坪壩，至甜園吃飯。到商務購書。舍務課郭紹洵來。看賀昌群《清談》。看詹鍈《洛神賦説》。

回校，翻看所購陳恭禄《中國近代史》。

四月廿三號星期四

乘七時車到城，遇艾沙及三編會張君。到組織部，與李鶴齡同到朱先生處，商邊語會事，并晤褚承猷。到考試院，晤周邦道，宋香舟，史尚寬，張師賢，商借屋。到英庚會訪杭立武，爲丁山轉中大事。邵潭秋來。

回三編會，坐轎到商務書館，晤張天澤。出，到老鄉親吃飯。到中美平準基金會，未遇人。到交通銀行訪張仲仁先生，又不遇。到大樑子喝茶，至二時半，又到基金會，晤鍾素吾，嚴恩純，遇駱啓榮。再至商務，與王雲五訂中大叢書約。回組織部，見朱先生，陳紹賢，閻披華。張抱芝來。

到式湘家，與其夫婦同出，到聚香園吃飯。歸三編會，與夢若，雁浦談。

今晚同席：予（客）　陳式湘　鍾素吾（主）

組織部爲予打轎子一乘，雇轎夫三人，以便往來。轎夫日食便是五十元，此一乘轎總當費千八百元一月，十五倍于前五年在北平所乘之汽車，可駭可嘆！

四月廿四號星期五

與夢若同到社會服務處吃點。還三編會，轎夫來爲予搬家至考試院副院長室。遇沈士遠。與夢若同到竹園喝茶。到三六九吃飯。回院，寫黃奮生，顧獻樑，李素英，孫元徵信，寫賓四信。

陳伯誠來。張抱芝來。到組織部，晤李鶴齡，戴克光，張仁家，黃奮生，何肇麟，田伯蒼，葛延齡，陳紹賢。到英庚會訪張抱芝，并晤黃席群。到社會部，訪范希衡，并晤張鴻鈞，唐盛琳女士。

張范二君邀至老鄉親吃飯。步至過街樓上公共汽車，到中研院訪芝生，未見，晤梁方仲，吳政之。還考試院，早眠。

今晚同席：予（客）　　張鴻鈞　范希衡（主）

白沙三民主義叢書編纂委員會全部遷渝，圖書館內房屋不敷，予只得遷出。商之朱先生，謂考試院內副院長室可居，遂居之。

四月廿五號星期六

四時起。寫健常信，未畢。五時半，乘轎渡江，七時到人和場，吃飯。飯後行，狂風猛雨驟至，到一農家避雨，看張君勱譯臺維斯《雲南夷族及其語言研究》。至十二時雨稍小，續行。

一時許至大石鄉國民學校稍息。三時抵柏溪。至辦公室。與履安等談。看二卷二期排樣。寫劉書銘信辭職。五時到飯堂吃飯，晤潘家駿等。

歸家與錫澤及趙太太等談。

自香國寺至柏溪實不止卅里。轎夫自人和場以下又不認識，到處問詢，未免走岔道。風狂可吹倒人，雨後路滑可跌死人，蜀道之難行到處一例也。

予身兼三職，月入可千五百元以上，而自身需用千餘元，家中又須用千餘元，每月賠累。履安爲此，頗鬱鬱。噫，當此抗戰之大時代，尚能計個人之盈虧乎！

四月廿六號星期日

記日記五天。雨亭夫婦來。劉國榮來。點劉寶三所著《秦郡考》一過。

到房東李君家赴宴。孔祥嘉夫婦來談。

到雨亭家吃飯。

今午同席：予夫婦　夢若夫人　呂天石　徐潤庠　孔祥嘉
劉國章　劉老太太　黎太太（以上客）　李崇德夫婦（主）

今晚同席：予夫婦　夢若夫婦（以上客）　羅雨亭夫婦（主）

四月廿七號星期一

讀皮錫瑞《易經通論》一過。劉國榮來。到服務社赴宴，遇金啓華，唐君毅。

到雨亭處。到辦公室。豫備功課。

房東李太太來談。

今午同席：予夫婦　夢若夫婦　劉國榮之岳母（以上客）
劉國榮夫婦（主）

四月廿八號星期二

乘轎。上王家船。翻看予前二年筆記。九時至磁器口。九時半到校。到樹幟室。樹幟邀至集會所吃茶。商談《中大學生》出版事。剛伯邀至松鶴樓吃飯。

上課兩小時（春秋戰國之郡縣）。豫備功課。黃和繩來。金静安偕全漢昇來。孫家山來。

上課兩小時（《易》之互體卦變等）。宿樹幟處。鄒樹文及一沈君來談。

今日同會：樹幟　冠賢　叔儻　仰之　剛伯　鐵橋　存忠

今午同席：仰之與予（客）　剛伯（主）

四月廿九號星期三

與樹幟同到食堂吃早飯。與樹幟，冠賢商出版部組織。到校長室，晤仲瑜，留致校長條三紙。理物。到仰之及昌群處。九時半，乘轎，沿江行，至土灣上山，到化龍橋麗都食堂吃飯。十一時許到考試院。即換乘公共汽車到新街口，訪錫永，未晤，更訪之于陝西街寓所，晤衛聚賢，莊學本。

錫永偕樹幟，鐵橋至，同看楚墓漆器及古兵器。出，到過街樓吃茶。與樹幟，鐵橋同乘公共汽車到上清寺。到朱先生家，并晤英士等。出，到考試院訪宋香舟，指定工人蔣得標伺候。到組織部，晤趙石溪，與同至邊語會，并晤戴克光，馬映祥。

石溪邀至湖南館吃飯。暢談邊語會事。遇孫東生。出，予訪學本于新都招待所。歸，看朱遏先《屈翁山著述考》。

四月三十號星期四

到邊語會辦公。李鶴齡來，孫東生來。陳芰香來。爲芰香寫樹幟，冠賢信。梁寄凡來。同到朱先生處。汪一鶴，戴克光來，同到曲園吃飯。雁浦偕馬錫珺來。草《中大學生》條例，出版部組織大綱。

與石溪，鶴齡商邊語會工作計畫。訪陳叔諒。訪陶希聖，未晤。莊學本來，同到朱先生處。同出，到陶園，到香林處。同出，飯于聚豐園。

與學本同到中國茶葉公司訪李泰初。到學本寓。出，步至三編會，訪可忠。出，訪鍾素吾。

今午同席：汪一鶴　戴克光　趙石溪（以上客）　予（主）
今晚同席：莊學本　羅元一（以上客）　予（主）
中下午請客兩次，費百四十元，尚是吃些普通菜也。

聞閻掖華言，朱先生每日平均見三十餘客，以予比之，予生活尚不爲忙。然彼有人寫信，此則予尚未能企及者耳。

[剪報]　　《重慶新民報・天方夜譚》

讀《漢代學術史略》　　　　　　璧岩

顧頡剛著　東方書社桂版

這是一本不滿八萬字的小書，一看書名就能知道書裏講的是什麼，但至少有四個最大的優點或特點，是別種學術史書沒有的：

一，真正是事態的歷史——別的學術史書多半只是搬弄觀念名詞，機械的劃分階段，絲密細切的分析學術和思想的觀念構成，對于一學術思想運行在裏面的生活事態，并不陳述，以致讀起來只感到有學術無史迹。這本書不這樣，它特別着重學術運行在裏邊的事態，學術的生出變化純在事態的生出變化中述叙出來，這才真的寫成史了。

二，簡直是有趣的故事——別的學術史書多半都板起學者的冷酷面孔，專是炫耀淵博賣弄學問，若果寫到少許與學術有關的故事，也不過當插話而已。其實學術上每種新的變化，本身都必定是一個具體的新的故事，只有把這些學術故事有系統的連綴起來才是學術的歷史，否則便是"論"不是史了，所以這本書純粹是由學術故事連接成的，全書二十二章，除首章是緒論外，都是故事，舉例説如《封禪説》，《神仙説與方士》……等，并且寫得極有趣，小學生也能懂得。

三，具體的背景的分析——著學術史必須做歷史和社會的分析，這是都知道的。舊派史家的背景分析偏于學術思想本身的遞禪和英雄性格的作用，新派史家偏于機械的陳列社會經濟條件，都有缺點。這本書却是綜合了兩邊的長處，并且針對着兩派的共同缺點，不把背景和本身分成兩橛而使它統一，背景即本身，本身即背景，人物，時間，地點，事態，動機，來源，都確確鑿鑿的説出來，弄得達到了具體的極致，簡直難分背景和本身了。

四，嚴格的通俗的文章——學術史著者每以爲這是專家書，文筆不必通俗，這不對。這書相反得可驚，試抄一小段看吧："却說高帝是平民出身，他的胸中没有什麽貴族的架子，所以他很討厭這般專講架子的儒者。他剛起兵的時候，凡戴了儒冠去見他的，也總要使蠻把他的冠解了下來，撒一泡尿在裏邊，表示他的侮辱，有一個秦博士叔孫通從關中逃了出來，輾轉到他那邊，知道他有這種怪脾氣，便扔去了儒冠，改穿了楚國的短衣。他果然很喜歡他，拜爲博士。"這是隨便鈔來的一段，也就可以看出這書的文字是怎樣通俗了。

這真是一本國民的書，專家可以看了參考，同時凡能認全了字的人，只要他看到第二章，就必定歡喜一口氣把它讀完，留下深刻的印象。可惜我不懂歷史，學術史更不用說，内容上的許多好處都説不出來。

此評係王冰洋所作。看此評，可見專門書籍通俗化之必要。

一九四二年五月

五月一號星期五

鈔楊遇夫《春秋大義述》之"綱"一卷。大雨中，乘轎渡江到玄壇廟，開邊疆學會常務理事會，十二時會畢。在會中午餐。

渡江回城，經糧食部，往訪陳式湘，郭篤士。到組織部，鶴齡來。錫澤來，與同到普通黨務處，晤高挺秀，路蔭樫（秀三），又同到朱先生處。回邊語會，梁寄凡來，顧獻樑來，馬映祥携定中明來。到鶴齡及一鶴處，到陳紹賢及楊敬之處，并晤陶因及楊君。看《東塾讀書記》。

回陶園，錫澤來，同至四五六吃飯。又同到獻樑處談社事。

今日同會及同席：劉家駒　陳文鑑　黃次書　黃奮生

事務過冗，下午六時頃小便後忽覺頭暈，幾于立足不住，見者以爲予飲酒醉矣。因在室內靜坐半小時，看書，幸復無恙。此後當練習靜坐，庶可應付繁劇也。

五月二號星期六

四時半起，五時半上轎。到人和場吃飯。十一時到家，看各處來信。即與社中同人同在寓所吃飯。是爲遷至柏溪後自備伙食之第一次。

記日記五天。與履安及趙太太到青鉎處。到辦公室檢書。到新屋量度用處。看各雜志。

沐浴。八時即眠。

五月三號星期日

上王家船。七時船開，九時到磁器口。遇靳毓貴。到校，至樹幟處談。到宿舍，晤錫澤及錢正帆。赴宴。

與顧校長談。與冠賢，樹幟同到王德齋處問疾。寫壽彝，謹載，洪禎，思明，齊大研究所同人，金鵬，鴻庵信。陳芨香來。

與樹幟到英士處談叢書事，遇潘公展，仰之。與樹幟仰之同歸。失眠，服藥。

今午同席：李惟來夫婦及其子行素　何義均　馬洗凡　樹幟　童冠賢　吳幹（以上客）　顧校長（主）

五月四號星期一

與陳芨香至吳幹處。又至冠賢處。到大學門口寄信。遇金啓華。馬洗凡來，同到法學院作紀念周，予講通俗讀物及邊疆工作。英士來。同出。予到松鶴樓吃飯。

參觀時事影展。遇馮簡及金錫如。寫安宅，自明，玉芳，厚宣，德坤，紀彬，呂蔚光，王玉哲信。顧獻樑來。

全漢昇來，與同到重大，晤張聖奘，至其室談。出，予與漢昇同到甜園吃飯。歸，陳仲瑜來談。

今日予之演講相當成功，蓋予于此題已講五六次，故熟極而流也。聞馬洗凡，張匯文言，學生甚受感動。

五月五號星期二

草《文史》《社會》兩季刊款式。準備功課。將鋪蓋及床遷至樹幟室。到校長室。到冠賢處。

上課兩小時（秦郡，侯王名號）。和繩來，爲寫英士信。又寫呂蔚光信。準備功課。胡世運來。

上課兩小時（《春秋》）。到集會所，與歐陽鐵橋，邵潭秋，劉潤賢談。和繩來。

五月六號星期三

到冠賢處。理存校中物。到會計室取薪。到史學系，晤靜安等。到仲瑜處。寫樓石庵信。寫和繩信。出席出版委員會。會散，同到中渡口吃飯。批改段畹蘭所作《項羽傳》。

飯後同到集會所喝茶。方東美來，與東美，存忠同討論《文史哲季刊》事。乘轎進城。到農本局訪孫元徵。知聖陶來，即到保安路開明書店訪之，未晤。出吃飯，又吃茶。再訪之，仍未晤。看林振鏞《董仲舒與王充》一文。

步歸，訪篤士，并晤式湘。與篤士同到考試院寓所取信件。與錫澤談至十時。

今午同席：范存忠　沈剛伯　程仰之　歐陽鐵橋　辛樹幟（以上客）　予（主）

五月七號星期四

與吳錫澤談。爲人寫橫披一幅。冒雨到組織部，辦公竟日。到陸翰芹處。寫自珍，賓四，光簡，仲元，毓峰，明經，次舟信。到味美齋吃飯，遇陳紹賢。途遇衛聚賢，孔德成，乘其車到部。

聖陶來。與鶴齡，石溪，梁寄凡談。寫和兒信，未畢。乘轎到王雲五處談叢書事，遇劉百閔，王學武。晤朱熊祥。

到老鄉親赴宴。與文鑑，奮生同步至過街樓，予乘車到兩路口，訪郭篤士。批信件。

今晚同席：莊學本　張伯懷（以上客）　陳文鑑　劉家駒　黃奮生　黃次書（以上主）

今日爲陰曆三月廿三日，是予五十生日。韶齡易逝，已五十矣！

五月八號星期五

訪伯懷不遇，到湖南館吃點。到蔣慰堂處談。到組織部辦公竟日。孫東生來。朱先生來。與鶴齡，石溪談下年工作，又與鶴齡同到一鶴處。

到"好吃來"吃飯。途遇湯吉禾，同到考試院談。草下年工作計畫。范希衡來。寫童丕繩信。將和兒，健常信寫畢。

到"四五六"吃飯。訪希聖及伯懷，東生皆不遇。遇陳伯中。同到庚款會，晤沙孟海，胡頌平，陳定評等。出，張星樞追至，同到曾家岩吃茶。歸寓，獻樑來談。

光緒十九年之三月廿三日爲陽曆五月八日，故今日亦可謂爲予之生日。

五月九號星期六

五時上轎，到人和場吃飯。至趙母山，予步行涉山。九時半到家，看各處來信。到辦公室。看楊鍾健"歷史癖"文。

小眠。青鋌來送餃子。記日記七天。周桂金偕段淑賢來，同飯。

寫又曾信，未畢。洗身。早眠。

五月十號星期日

樹幟，如今，雨亭來談，同到所租新屋，唔孔夫人。到辦公室。準備後日功課。

小眠。段女士來，同飯。

晚飯後與履安及趙太太到山上散步。訪樹幟。與樹幟到樊弘處，又到黃如今處，借電筒以歸。

五月十一號星期一

夢若送九，十，十一，十二，一月份賬單來，匆匆一看，渠即赴城。準備明日功課。到辦公室整理稿件，信札。到樹幟，如今處。寫李延增信。

小眠。魏老太太來。又到辦公室。

晚飯後冒雨到分校，赴史學系學生茶話會，十時始散。道路太濘，良久始抵家。

今晚同會：樹幟　贊虞　雨亭　學生劉起釪等三十人　此會由予等四人述治學方法，而學生亦自由發言，聞學生皆極興奮，惜以時晏，未得盡歡而散。較上課殊爲有益也。

五月十二號星期二

大雨中與克寬同步至樹幟處。與樹幟雨亭談。喚轎來。乘轎到江邊上王家船，到磁器口。乘轎至沙坪壩郵局。又到小龍坎英士處。由小徑到中大。到中渡口平津食堂吃飯。

上課二小時（五等爵）。段畹蘭，羅成琨來。陳隽杰來。和繩來，商辦出版部事。樹幟來。同到中渡口吃飯，遇周德偉。到集會所吃茶。全漢昇來。

上課二小時（《春秋》）。與鄭文同到住室，與樹幟談。

五月十三號星期三

寫林振鏞信。與樹幟到松鶴樓吃點。到仲瑜處。批王家祥所作文。爲羅成琨寫紀念册。寫黃奮生信。樹幟來談。晤壽勉成。到冠賢處，并晤時哲。到叔儻處，晤康光鑑。與和繩談。爲靜安點《宋代兵制》一文。到史學系晤靜安。常榮春來。

到松鶴樓吃飯。到集會所開《文史哲季刊》編輯委員會。李瑞敏，張有光來。三時，步至土灣，乘轎到考試院。途遇英士。在院遇陳伯年，沈尹默兩先生。到組織部，晤鶴齡，史秉麟。常榮春來。

歸院，與吳錫澤談。到明宮理髮館剃頭。

今日同會：范存忠　方東美　汪辟疆　柳無忌　金靜安　《文史哲季刊》可同時編出兩期，俾分兩家印，如此則可免愆期也。

五月十四號星期四

到"三六九"吃點。看邊事研究雜志。到部，鶴齡來，同辦公。作朱先生五十壽詞百數十言，改訖。作《紀念五四必須注意的幾件事》，爲《世界學生》作，畢。鈔寫未畢。遇俞新武。史秉麟來。鄧廣銘，趙紀彬來，寫劉子植信。同到味美齋吃飯。馬錫珺來。

將壽詞寫在册上。趙公皎來，因病未久坐。鶴齡，秉麟來。訪張伯懷，與同到湖南館吃飯。

回部鈔文，至九時許歸。魯儒林來。

今午同席：趙紀彬　鄧恭三（以上客）　予（主）

今晚同席：張伯懷（客）　予（主）

五月十五號星期五

寫宋香舟片。寫楊敬之信。到“四五六”吃點。到部，與鶴齡同到朱先生家問疾，并商洽公務。遇朱仲談夫婦，蔣慰堂。鈔寫昨文訖，即修正，凡五千字。

冒景璥，常榮春來，同乘汽車到化龍橋農民銀行，吃飯。演講，一時半出。景璥伴至交通銀行取款，晤祝叔平。還部，吳道坤來談。到英庚會，晤公起，定評，黃濟生。馬錫珺來談。

獻樑來，同到兩路口吃飯。十時，同回上清寺。寫翰芹，翰芩信。

予近日生活，實已無作文之可能，而以立武，濟生之逼迫，竟寫去一篇長文，可謂奇迹。

朱先生上次之病，係胃出血，自覺稍愈，即到部辦公，勞碌三星期，病又作矣。負責心太重，洵非養生之道也。

五月十六號星期六

五時半乘轎赴江，到人和場吃點，九時半到柏溪寓所。看各處來信及《學思》上所登《秦漢時代之四川》一文。

小眠。記日記四天。夢若自沙坪歸，談。楊錫鈞來。理信札。洗浴。早眠。中宵醒。大雷雨，室內漏，久之始睡。

今日歸來，李婉容已應國立女子師範之招至洛磧去矣。去年初開辦文史社時之四人，楊效曾，關斌，李婉容，吳錫澤，都去矣。蛻化之速，思之嘆息。意氣之爭，豈非多事！

五月十七號星期日

終日雨，看邵君樸《周代封建社會的三大問題》。

小眠。

與夢若夫婦談。

五月十八號星期一

六時出，至渡口則王家船已開，摘票趕上。遇孔祥嘉夫婦，船上看《史通》。八時半至沙坪壩。晤樹幟等。到史學系。看陳隽杰《趙充國傳》。到平津食堂吃飯。

開春秋史編輯計畫。看康光鑑姓氏，地名二文。訪林振鏞不遇。旋彼來談。三時，出席史學叢書委員會，至六時始散。遇范瓊美。

到中渡口吃飯。與和繩到集會所喝茶。歸舍，無鑰匙開門，到仰之處談，并見其女守京。與樹幟談。

今日同會：金静安　沈剛伯　蔣百幻　郭廷以　蘇誠鑑

予擬作之春秋史：1. 春秋史材料集　2. 春秋地圖　3. 春秋年表　4.《春秋》經傳索引　5. 春秋論文集　6. 春秋史辭典　7. 春秋史

五月十九號星期二

準備下午功課。和繩來。與同處理出版部事務。鄭文來。到史學系。

與和繩到中渡口吃飯，遇楊家瑜，常任俠。到集會所喝茶。上課二小時（宗法）。準備功課。桑恒康來，約至南開演講。

與和繩到中渡口吃飯。晤静安，到史學系取其文。上課二小時（《春秋》三傳）。與樹幟談。徐千來。

五月二十號星期三

寫鶴齡信，托樹幟帶城。寫鴻庵，洪禎信，范存忠信。到叔儻處。到松鶴樓吃點。到史學系，晤誠鑑。歐陽鐵橋來。王德齋來。陳仲瑜來。陳隽杰來。九時，乘轎到磁器口，上王家船。在船看《史通》。下午二時到。吃飯。

看各處來信。到辦公室，處理事務。寫自明，玉芳，丁壽田夫婦信。

　　早眠。

五月廿一號星期四

　　六時半出，乘轎至禮嘉場，小休，至劉家溪渡江，十一時至趙家灣。到組織部，與質夫，陳翊周，白潔琛，祁子玉等晤。質夫邀至合作社吃飯。

　　寫李泰初，錢賓四信。何肇麟（瑞之）來，談作《告邊民書》。看《西康神秘水道記》。晤曹立人，楊玉崗等。葛延林吳道坤來。到統計室訪道坤，訓練處訪延林。

　　延林邀至服務處吃飯。宿秘書室。與道坤，延林，質夫，王懋勤談。看《巢經巢詩》。

　　今午同席：予（客）　　楊質夫（主）

　　今晚同席：予　吳道坤（以上客）　　葛延林（主）

　　昨夜八時眠，今晨五時起，足眠九小時，成績真好。

五月廿二號星期五

　　延林請吃點。看每日黨派情報等。到辦公室。草《告邊疆同胞書》，未畢。與質夫到悅來場，在青年春吃飯。游場一周。歸途遇江國雄。到王懋勤處。

　　續作文，畢，約三千言。重鈔改，未畢。寫鴻庵信。吳道坤來，同至其家吃飯。晤高占鐸，唐道海，并其夫人。道坤送歸。

　　質夫來談。看黨派情報。就眠遲，服藥。

　　今午同席：楊質夫（客）　　予（主）

　　今晚同席：予　葛延林（以上客）　吳道坤夫婦及其兩子（主）

五月廿三號星期六

六時許離部，渡江到悅來場吃飯。七時半上船摘票，上一豬船。十時半到柏溪。還家。看各處來信。顧獻樑來。

上辦公室。孔祥嘉來。理文件交獻樑。記日記一星期。羅雨亭偕李吉行來。祥嘉樹幟來。看前年古史講義。到孔家赴宴。

與夢若夫婦談。

舟中偶詠

輕搖雙槳下行船，江水隨山百度旋。最愛絲絲細雨裏，峰頭經洗更嫣然。

今晚同席：樹幟　雨亭　劉後禮（以上客）　孔祥嘉夫婦（主）

五月廿四號星期日

桂金偕劉樹森，劉盛欽來。審訂《中國名人傳》目。準備功課。

與夢若到劉國榮家，到羅雨亭家邀宴。

在家宴客。與履安及夢若夫婦談。

今晚同席：劉國榮夫婦及其子　孔祥嘉夫婦及其子　羅雨亭夫婦（以上客）　趙夢若夫婦　予夫婦（以上主）

五月廿五號星期一

顧獻樑來。乘船到磁器口，遇獻樑，呂斯百，黃君璧等。到中大，訪冠賢，仲瑜，吳幹。與和繩談出版部事務。與和繩到中渡口吃飯。到仰之處送稿。

寫自珍，自明，黃奮生，洪禎，鴻庵，厚宣，贊虞信。戈定邦來。漢昇偕岑家梧來。張聖奘偕蔣逸雪來。與張蔣同出，到重大工院，與家梧同出，到甜園吃飯。

到南開經濟研究所講邊疆問題，晤何粹廉等。十時歸。

今晚同席：蔣逸雪　岑家梧　張聖奘　全漢昇（以上客）　予（主）

今日下午本欲多寫信，而客來頗衆，僅寫數通，此心一急，又覺方寸間如懸旌矣。予信件必不能自寫，但又何從弄一筆錢用數秘書乎！

五月廿六號星期二

爲陳芟香寫證明書。王玉璋來。金静庵來。何粹廉來。余又生來。劉英士來。柳無忌來。

上課二小時（宗法）。孫家山來。預備功課。姜國幹來，試寫信件。與和繩到平津食堂吃飯。

上課一小時半（《左傳》與《國語》）。以電燈熄，散歸。與樹幟談。

今午同席：何粹廉　余又生　英士　龔道熙（以上客）　樹幟（主）

五月廿七號星期三

寫汪辟疆信。孫爲霆來，看八字。龔道熙來。批閱詩貞論文卷。九時，離校，以轎夫一人病，到土灣後雇車至化龍橋，吃點。換車至建設新村，遇王志文，顧子載。到國際問題研究所，晤王芃生，張廷錚，蔣子英。

到考試院小息。到組織部，晤岳希文，王聰，何肇麟，袁其炯，錫澤。到秘書處，晤羅元一。遇張志廣。到英庚會，晤徐公起。回部，與李鶴齡，趙石溪談。寫子植信。到三編會訪可忠傅振倫，不遇。

續寫《告邊疆民衆書》，畢，凡三千言。歸，與錫澤談。

中大同事孫爲霆君，樹幟謂其推命之術更在剛伯之上，今日孫君來，謂命有三途，曰富，曰貴，曰秀。余命秀極，但不富貴，故必有學術地位而不能有政治地位。又謂樹幟之命較余複雜，可作多面之發展。

陳獨秀先生於今日逝世，此轟轟烈烈之英雄遂默默而長逝矣。

五月廿八號星期四

六時到組織部，與鶴齡同出吃點。乘轎到南岸石柱頭周宅，訪朱先生，談邊語會事，并晤朱國勛及同濟周校長，甘家馨。十時出，到海棠溪吃飯。

到黃山路口川江旅館訪劉子植，談兩小時。回組織部，與石溪談。孫東生來。黃海平來。馬錫珺來。顧獻樑偕江矣來。

到湖南館吃飯，遇侯芸圻等。遇李雲亭夫婦，齊璧亭，吳俊升。與芸圻同至組織部談。徐治來。馬錫珺偕耿有仁來，爲有仁寫驪先信。

今晚同席：徐治　侯芸圻　顧獻樑（以上客）　熊樂忱（主）

今日驕陽如火，到南岸去時尚可，回來時則轎夫亦吐了，予亦覺泛胃，急買人丹、八卦丹服之，始稍鎮定，重慶之夏真不好過。

五月廿九號星期五

與錫澤同到味美齋吃點。到組織部，鶴齡來。寫黃重憲信。孫東生來，與同到陶希聖處，并晤薛農山。出，到復興公司訪梅貽寶，并晤萬樹榮。與東生同到朱家，賀驪先五十壽。晤宋香舟，賀師俊等。出，邀東生同飯于北平真味。

與東生同到麗境塘家，并晤裴鳴宇。出，道遇張梓生，夏濤聲。與濤聲同到組織部談。李雲麾來長談。戴克光來。可忠，毅夫來。東生來，邀至東來順吃飯，遇李樹華，馬宏道等。遇邵恒秋，段繩武夫人。

與希聖同到考試院談。魯儒林來。

今晚同席：陶希聖　裴鳴宇（以上客）　孫東生（主）

今日爲驪先先生五十壽辰，絕不舉動，客至僅備茶點而已。其自身則在南岸另易一處，俾至石柱頭者猶不得見。

五月三十號星期六

以天雨，未早行。黃海平來。八時，乘轎出發，至石梁橋，以地滑，轎夫跌交，予遂步行歸。十二時到，周身汗濕，洗浴。

疲甚，眠一小時許。到文史社新遷屋。與姜國幹同歸，吩咐工作。看各處來信及文稿。

與夢若夫婦談。李長之及政治系學生孫蕭道來。

文史社借中大分校房屋，于今四月餘矣。中大職員頗有違言，適房東新修一屋，遂遷入，房金三百五十元，顧不得矣。

五月卅一號星期日

記日記七天。整理文件。到辦公室。

小眠。補四月上旬日記迄。羅雨亭來。魏青鎧母女來。校《古代巴蜀與中原的關係說及其批判》一文，訖。

[剪報]　　三十一年三月二日星期一第三五八期《學藝》

我的父親——顧頡剛　　　　顧德輝

我生後一年多的工夫，祖父和祖母就帶我到杭州去，以慰他們的寂寞。那時候，父親帶着母親同二位姊姊在廈門教書，而祖父却在杭州的一個鹽務機關內作事。在每年暑假或寒假，父母親常來杭州探望祖父祖母，有時候也帶二位姊姊同來，在假期將盡的時候，他們便又離去了。那時我年紀小，對于久離的雙親，却并不熟悉，直到祖母故世後，我們一家搬到北平生活，在這兩年之中，我才知道了些關于我父親的事，然而并不多。

我父親是一個胖面微髭身材碩壯的人，但他和母親的身體都不見得怎樣好，頭髮老是蓬鬆着，如沒有母親在一起的話，永遠也不知更換衣服及整潔身體，終年除了求知識和游歷之外，其他的事，他都不管。他每月所進的錢，數目很不小，但他從沒有度過一日舒適的生活，所有的收入，倒有一大半去辦了《禹貢》及"通俗文化"等刊物，還負了一筆不小的債，更不知怎樣到官場中去活動，所以一年一年地過來，朋友們做官或發財的已有好幾位，也有勸我父親去作官的，但到現在，還是故態，所以我的父親是一個不慕虛榮的純粹的學者。

從我祖父，母親和幾位尊長的口中，可以聽出父親是一個性子非常執拗的人，能道人所不敢道，于一切的疑問，都敢大膽地提出，直到徹底了解為止。一向最恨的，是空口說白話，他曾說："世界上無論什麼事，必須實地去幹，不能憑自己的理想和偏見來論斷天下事。例如中國教育太不普及，需要提倡教育，然只靠着寫幾頁文章或喊幾句口號是無用的。這種只說話不做事的人，是我平生所最痛恨的。"從幼時到現在都依着這些話做去，從來沒有變更過。他的著作為《古史辨》及《三皇考》等，也曾經受到許多人的反對和攻擊，說什麼非經背聖，顛倒史實，捏造是非以求名利等等的說話，但我的父親仍不顧一切，大膽地做去，終于打破了千百年來人所欲道而不敢道的史壇上的謎語。

父親的這種考古思想，在私塾中讀書的時候，已有了萌芽。他到任何一個朋友或親戚的家裏，不喜歡多講話，只是在書架上尋書翻，從早至晚，戀戀不忍去，至今猶是如此，他雖喜歡看書，但并不完全信任書，時有疑問，去請教先生。但是那時的教師，大半是絕對信任古書的，因此往往受到責罵，一次又一次，在戒尺的脅迫下，言語常常出口而止，遂養成了口吃的習慣，至今不能當眾演說，這是父親引以爲憾事的。

他每天早晨四時就起身了，至夜深始就寢，在飲食睡夢或病中，都未嘗忘掉讀書。天天事務極忙，要授課，編書，應酬等等，終日東奔西走，與家中人數天不見面是常有的事。因爲太辛勞的緣故，致形成了失眠之症，感到非常痛苦與不便。

在研究學問的餘暇，喜游歷名勝，曾遍游廣東，福建，浙江，察哈爾，綏遠，山西，河北等省，戰事發生後，更由陝西而甘肅而昆明而四川，最喜歡的是西湖之山光水色和長城的萬里黃沙，他每恨不會做詩，不能一發揮自己十餘年來沉鬱的性情，當看到他人做的詩，總是非常羨慕。

我祖父是一個很嚴峻的人物，對于父親幼年管理很嚴（對我却十分慈愛，這也許是年老火氣稍退的緣故吧），因此父親很懼怕祖父，讀書的根基也就在那時打成。進入社會後導師是胡適，最親密的朋友是葉紹鈞，我父親的言行著作之有今日，得到這二位先生幫助的地方也很多。

自從戰事爆發後，父親因環境關係轉輾而至川蜀，祖父年老思鄉，遂闔家南歸，不久，母親因父親有失眠症，帶同二姊自珍西行，家鄉只剩了祖父大姊和我三人，在二十七年的冬季，祖父亦因病去世，至今已四年，母親又生了肺病，父親歷受刺激，語多悲觀，去年有書云："我近因事務繁忙和憂愁，你母親的病體勞累太甚，故白髮盈鬢，額現皺紋，老態陡增矣。"啊！這白髮和皺紋正是二十年中努力工作所表現的成績！

最後要談到我父親的著作，比較著名的，當然要推《古史辨》，其次就是《三皇考》，燕京教授所合辦的《燕京學報》和"通俗文化"等。我以前是一個很不用功讀書的學生，對于父親高深的著作，當然不會去注意，只是"通俗文化"倒引起了我很大的興趣，差不多每期都細細地看過，這種刊物，當時在北平十分流行，街上荷肩挑擔的許多苦力稍能識幾個字的都喜歡讀這種刊物，内容包括名人小史，中國地理科學，民族思想趣聞等等，全用通俗的語句和故事式的體裁，北方的民衆尤其是在北平受到這刊物的影響很大。父親對于"通俗文化"，本來看得很重，認爲"一個國家之要向上，全在人民的風俗良好與否，中國一向的腐敗，固然由于政府，但人民思想之不科學，國家觀念的淺薄，都是極大的原因，如果能提倡通俗文化，使人民的思想上軌道，那時的政府才能得到人民的幫助，人民才能在政府的蔭庇下度安穩的生活。"所以父親對于這種刊物的期望很大，但不幸戰事突起，遂致中輟。近來父親刺激太多，意氣消沉，加以氣血漸衰，即使戰事很快地平復，也不能再繼續工作了。

我寫這篇文章，真是十分的抱歉，因爲關于父親，我知道的太少了，所寫的大多是在北平時的生活情形，至于在廣州，廈門等地方的事，我却寫不出了。我們一家人没有一個喜歡説話的，我也就不能够從他們的口中聽到一些過去家中的情形，我本來想多寫一些，但所知止乎此，將來有機會，我一定要重新寫一篇更多關于我父親的事，以介紹給讀者。　　　　　（二月二十三日在江蘇教育學院）

此係自明之友在上海寄來，所載者漢奸報也。和兒所知之我僅有這一點，可憐哉！予至暮年，必作自傳，蓋"得失寸心知"，原不能期他人之見我臟腑也。

許多人都稱我爲純粹學者，而不知我事業心之強烈更在求知欲之上。我一切所作所爲，他人所毀所譽，必用事業心説明之，乃可以見其真相。　　　　　　　卅一，六，七，記。

一九四二年六月

六月一號星期一

寫伯祥信。理信札。

將辦公室內私物移歸家中。準備功課。

早眠。

六月二號星期二

六時上船，九時到校。處理出版部事。黃海平，潘菽，李學清來。潭秋來。與和繩到中渡口吃飯。到集會所吃茶。

上課兩小時（階級制度）。準備功課。到平津食堂宴客。遇圭璋。

上課兩小時（《左傳》，三禮）。海平留宿。鄭文偕吳良鳳來。潘菽來。與海平談。以遲睡失眠，得睡約兩小時。

　　今晚同席：黃海平　潘菽　李學清　沈剛伯（以上客）　樹幟及予（主）

六月三號星期三

潭秋來。黃海平離校。陳芟香來告假。看學生所作文。到校長室，開出版委員會。與和繩同到沙坪壩甜園吃飯。到商務書館。

與和繩到文化驛站接洽印刷事，晤余國義。爲人寫紀念冊。歸，小眠。邵潭秋邀宴。與鐵橋，樹幟，德偉到重慶大學散步。到集會所喝茶。

與樹幟談。黃淬伯來。

　　今日同會：童冠賢　沈剛伯　辛樹幟　范存忠　伍叔儻　歐陽翥　陳政

今晚同席：歐陽鐵橋　樹幟　何兆清　宗白華　周德偉（以上客）　邵潭秋（主）

六月四號星期四

寫和繩信。樹幟邀至飯堂吃點。旋同乘汽車進城。車中遇張鈺哲夫人。到正中書局。到茶葉公司訪李泰初，不遇。到商務書館訪王雲五，并晤黃秉桓。出，乘汽車到曾家岩，到考試院小息。訪史尚寬，并晤香舟。出，到朱先生家，不遇。到財政部，訪陳綬生，同到部內食堂吃飯。

飯後樹幟返校。遇葉企孫，王毅侯。回考試院小眠。到部，與鶴齡，公皎談。馬偉來。顧獻樑偕江矣來。馬明道來。范希衡來，與同到張延哲處。留飯。并晤吳之淵，張鏡予，林列。

回考試院，張師賢來。與錫澤談。

今午同席：樹幟與予（客）　陳綬生（主）

今晚同席：希衡　林列（承澤）（以上客）　張延哲夫婦（主）

六月五號星期五

到部，黃仲憲來。出席邊語會及邊黨處小組會議，予爲主席。自八時至十一時。與馮雲仙女士談。到朱先生處，并晤李虞述及閻掖華姊弟，張國燾。買《左傳集評》。到味美齋吃飯，與高挺秀等晤，遂同席。

回考試院小眠。到戴克光處，并晤李通甫。看馬明道論土耳其一文。到鶴齡處。郭蓮峰來，作長談。馬宏道來。寫郭篤士信。遇楊敬之。到田培林處，并晤汪一鶴。

晚飯後到三編會，訪毅夫，傅維本，王德齋，高昌運及丁君。至組織部取物歸。王春沐來。

今午同席：駱君與予（以上客）　高挺秀（主）

　　今日同會：李永新　　何兆麟　　楊冰　　馬錫珺　　買睦德　　趙石溪　　馮雲仙　　胡善之

六月六號星期六

　　寫雲五，鴻庵，壽彝，丁山信。修改他人代寫之齊大研究所，象峰，雪岩，爾綱，家芷，中政校，象銑，光濤，漱圃，雁晴，景湖，雲波，德元，文化服務社，黃子耕，建猷信。張師賢來。兩次到郵局寄信。到三六九吃飯，與周邦道等晤，遂同席。

　　小眠。寫自珍，得賢，奮生，公展，溯中，厚慈，王震海，筱蘇，泰初，北溟信。修改增敏，蘇文興信。江矣來。

　　遇程希孟，鍾素吾。到老北風吃飯。到周邦道處。到教部訪郭蓮峰，未遇，遇李雲麾。又遇黃海平，與同出。到巴蜀小學訪黃仲憲。同出吃茶。遇趙俊欣，冷雨秋。

　　今日本當歸柏溪，以大雨未能成行，乃得一理信札。一日之間發出卅二函，殊爲快意。

　　今午同席：郭蓮峰　　謝振民（以上客）　　周邦道（主）

六月七號星期日

　　五時上轎，到人和場吃點。十時到家。看各處來信及刊物。洗浴。

　　小眠，未合眼。翻看《文選》。記日記七天。

　　以蚊多，早眠。眠甚酣。

　　得劉克讓君轉來之趙宗乾君函，知予存在司徒校務長住宅之圖書完全給敵人攫去，予數十年之心血化爲雲烟矣。此固料想得到之事，然而人孰無情，誰能遣此。又予許多稿件亦隨淪沒，更是不可挽回之損失。大約此項圖書約有五萬册，稿件，信札等則自十餘歲至四十餘歲三十年中之積累也。

六月八號星期一

寫壽彝，李浚清，拱辰，光簡，毓峰，在宥，玉芳，少荃，一山，覺玄，次舟信。

爲康辛元家寫大匾一方。寫驪先信。寫德坤及其子中訓，正訓信。清理信札，交國幹整理。雨亭來。

早眠。

得自明信，悉侯碩之到崇義橋訪我，告得其嫂張瑋瑛信，仁之在津被敵人捕去。仁之年來在燕大頗作秘密工作，凡燕大學生南行至自由中國者多出彼介紹，以北平間諜之多，早在日寇欲得而甘心之列。今兹恐無生理。若不幸而永訣，實爲予將來事業之大創傷，猶侃嬚之棄世也。

六月九號星期二

六時上船，八時半到校。與和繩談部事。到童冠賢處，并晤呂斯百。到校長室，以客多未入，與陳仲瑜談。訪邵潭秋不晤。晤伍叔儻。英士來。沈其益來。

上課二小時（世官制與無世官説）。范希衡來。到中渡口吃飯。準備功課。

上課，以學生開會未至，未上課。與金啟華等談一小時。與樹幟談。全漢昇來。

六月十號星期三

到中渡口吃點。金静庵來。雨亭自鄉來。與和繩同到校醫室取藥。到孟餘先生處談校事。遇戚壽南。到沙坪壩剃頭，吃飯，到小龍坎買鞋。

看三民主義應徵文字四篇。寫唐佩經，汪辟疆信。看《文史哲季刊》稿。與和繩同到中渡口吃飯。遇金錫如。

與和繩同到英士處，與樹幟同步歸。仲瑜來。

昨夜十二時醒，即未成眠，耿耿到曉，今日精神大不濟。予之失眠終是好不了矣！

六月十一號星期四

到中渡口吃點。與雨亭同出，到沙坪壩南口照相館，游東湖。返館，與國文系學生同照相。返校，到史學系。九時，步至小龍坎，乘轎到化龍橋吃點。到復興商業公司訪貽寶談燕京事。到考試院。出，到三編會，晤傅維本，爲寫程希孟信。

在兩路口吃點當飯。到組織部，與鶴齡公皎談。孫東生來。汪一鶴來。吳道坤，高占鐸，葛延林來。到朱先生處。到田培林處，并晤道坤等。篤士來。與道坤等同到聚豐園吃飯。遇李滿桂，劉福同。

到三編會訪可忠不遇。歸，與吳錫澤談。

今晚同席：予　葛延林　高占鐸（以上客）　吳道坤（主）

今晨同照：孫世揚　伍叔儻　羅雨亭（以上教員）　鄭文康光鑑　洪慧貞　余書　舒衷正　李養道　余鍾藩　錢國榮　張家祥　蔣時俊　晏光帶

六月十二號星期五

與錫澤同吃點。到寬仁醫院取藥。到部，與鶴齡，公皎談舍事。寫汪一鶴，公皎信。寫宋漢濯，騮先信。到陸翰芹處。劉雁浦來。高希裴來。陳可忠來。同到湖南館吃飯。遇李雲亭。王震海來。寫林鵬俠信。齊璧亭來。

諶厚慈來，爲寫騮先信，表示懺悔。貽寶來，同到英庚會訪東生，不遇。到公起，立武處。歸，黃濟生來。侯芸圻來。王春沐，岳希文來。訪以賢，不遇。遇江毓麟，吳一舟。何蟠飛來。遇趙敏求。

黃仲憲來，同到湖南館吃飯。訪李雲亭不遇。到組織部取物，歸，途遇張師賢，陳藹明。到陶園，晤周一夔，胡□□，周□□。芸圻來。許公武來。遇馬賦良，孫蓀荃，鄧雲鶴，熊子麟，沈劍虹等。

今午同席：可忠　希裴（以上客）　　予（主）

今晚同席：予　米養明　李惠園（以上客）　　黃仲憲（主）

六月十三號星期六

四時起，五時動身。七時在人和場吃點。九時到家。與綏平內侄談。記日記五天。看信件。

小眠，未合眼。看《戰時英國》。青錦母女來送物，長談。整理書籍。

拂曉登程破野寒，漸從腳下起峰巒。藤輿仰臥無他想，只把雲天當海看。

六月十四號星期日

青錦到圖書室，長談。理書，粗略就緒。

到青錦處，送《三國志》。歸，洗浴。雜覽新出刊物。看青錦託售之《湖北通志》。

早眠。

六月十五號星期一

上轎，由大石鄉至大竹林，沿江岸行，以路難行，十時始到。與樹幟，和繩談。何維凝來，同到松鶴樓吃飯。

與樹幟維凝同到集會所吃茶。到邵潭秋處。到范存忠，柳無忌處。晤周鴻經，胡肖堂。樓石庵來。與和繩同到甜園吃飯，到南開訪喻傳鑑，并晤張伯苓。

康光鑑來。陳仲瑜來。

六月十六號星期二

到中渡口吃點。爲人題畫卷。寫邵潭秋信。到冠賢處。誠鑑來。馬洗繁來。準備功課。張洪沅來。與和繩同吃飯。

上課二小時（禪讓説）。開會，招待擔任鈔寫之學生。歷兩小時。與静庵談。辛仙椿來。到中渡口吃飯。到集會所吃茶。

上課二小時（《周禮》）。康光鑑來。陳雋杰，朱光庭來。

今晚同席：剛伯（客）　　予與樹幟（主）

今日同會：黃和繩及中大同學八人

題某君畫

寫出秋容意自遐，披圖聞得草蟲譁。白描欲奪龍眠術，不數徐家没骨花。

六月十七號星期三

看三民主義徵文卷。開應辦事單交和繩。邵潭秋來。段畹蘭來。九時，到小龍坎，乘轎進城，到復興公司訪梅貽寶，談燕京校事一小時。到考試院。到組織部。到兩路口吃飯。

回部，寫宋國樞，宋漢濯信。擬燕大國學研究所辦法。陳增敏來，長談。黃仲憲來。到陳紹賢處兩次。廖從視來，同到"好公道"吃飯。到望江旅館喝茶。

到教部宿舍，訪齊璧亭，侯芸圻。芸圻送予歸。雁浦來。寶君來。

六月十八號星期四（端午）

爲人寫字二幅。早餐後與錫澤同訪希聖不遇。同到組織部。雁

浦來。寫高希裴，郭子杰，喻傳鑑，程希孟，成恩元，自明，自
珍，王泊生，黃奮生，丁山，黃仲良，納子嘉，陶希聖，劉克讓，
李育靈，聞在宥，范希純，杜毅伯，羅孟韋，王賡堯，容元胎，夏
樸山信。

到湖南館吃飯。遇溫源寧。錫澤來。仲憲來，與同到陳紹賢處。

回考試院。遇邵蘅秋。遇司徒德，羅偉，張郁廉等。六時，乘
汽車到七星崗，到中蘇文化協會，晤黃卓。待至七時許，梅，張二
君來，同吃飯。冒雨到文藻家商燕京校務。十時出，待車未得，冒
雨行，嗣雇車到陶園，已十一時許矣。十二時眠。

今晚同席：張鴻鈞　予（以上客）　梅季洪（主）

今日已竟日雨矣，五時天晴朗，以為無雨矣，單衣赴宴，而
乃又雨，求車不得，以背貼肆門以避雨，狼狽不堪。重慶之地不
適于工作如此，達官貴人固不識其苦也。

六月十九號星期五

寫芸圻信。五時半上輿。到人和場吃麵。游民眾教育館。十時
到家。記日記五天。

小眠。到文史社辦公。整理辦公桌抽屜。

與履安趙夢若夫婦及江矣到馬鞍山散步。歸，與夢若夫婦談。

山村躑躅聽溪聲，白石離離水益清。一樹藤花開又謝，兩回
小立兩般情。

六月二十號星期六

六時行，到禮嘉場小息。到劉家溪後上木船。十一時到趙家
灣，即至邊疆黨務處，參加邊語會小組會議。在邊黨處吃飯。

小眠。與葛延林談。續開會議，至六時。與鶴齡同到高堰看
屋。吳貫一邀至悅來場吃飯。

與延林談。早眠，失眠，服藥。

今日同會及同飯：李鶴齡　陳翊周　史秉麟　楊質夫　祁子玉

今晚同席：延林及予（客）　貫一（主）

六月廿一號星期日

以昨夜失眠及今日酷熱，在室內看國民黨諸小冊子竟日。質夫來。貫一來。朱學聖來。到卡片室參觀。

眠二小時。與質夫子玉同到鶴齡家吃飯。

早眠。

今午同席：貫一及予（客）　延林（主）

今晚同席：翊周　質夫　子玉（以上客）　鶴齡夫婦及其母（主）

邊黨處幹事白潔琛之妻，亦蒙人，身體素健，今春有孕，以苦多育，服墮胎藥，身體遂壞，旋病肺潰瘍，于今日逝世于趙家灣，白君經此喪事，須負債五千金。倘使不以生計壓迫而墮胎，則生一子固不須此數，而得活二人矣，可憐！

六月廿二號星期一

與延林談。吳貫一來。史秉麟來。出席紀念周，作主席。報告邊會事。會畢即行，到江邊待木船摘票。

一時到柏溪，遇衛聚賢。歸家。與熊嘉麟談。小眠。看各處來信。夢若來。記日記三天。

早眠。

六月廿三號星期二

夢若送至碼頭，輪船已開，乘王家船到磁器口，雇人力車到沙坪壩。至金城銀行匯自明珍盤費，遇盧新民，謝明培。到校，處理出版部務。與樹幟談。與和繩到平津食堂吃飯。遇程仰之父女，同席。

與和繩守京到集會所小坐。到史學系。沈其益來。楊亦周，馬洗凡來。金静庵來。翻看《六典通考》。樓石庵來。金啓華來。與樹幟冒雨訪亦周，未遇。到松鶴樓吃飯，冒大雨歸。遇曾祥和。

與樹幟談國史要籍。陳隽杰來。全漢昇，岑家梧來。失眠。

國史必讀書：1. 春秋左傳　2. 史記　3. 資治通鑑　4. 通鑑續編（須新編，迄清末）　5. 王船山史論三種（春秋世論，讀通鑑論，宋論）　6. 明儒學案　7. 六典通考　8. 方輿紀要　9. 聖武記　10. 先正事略

六月廿四號星期三

到仲瑜處借傘。邵潭秋來辭行。寫彭道真信。周鴻經，丁驌來，爲寫王泊生信。到校長室，開出版委員會。段畹蘭來。葛春霖來。與和繩同飯。

到集會所，開會決定三民主義徵文分數。洪慧貞來。寫中大刊物立案程序交仲瑜。寫叔儻信。四時，予乘轎進城，訪貽寶，并晤熊德元。遇宋香舟，陳伯稼。到三六九吃飯。遇陸元同。

在考試院翻《晚清文選》。與錫澤談。

今日上午同會：童冠賢　程仰之　歐陽翥　辛樹幟　沈剛伯　陳仲瑜　范存忠

今日下午同會：黃如今　辛樹幟　張匯文　黃正銘　何義均　范存忠　方東美

自昨日下午以至今日，永在傾盆大雨之中，重慶今年雨太多了。

六月廿五號星期四

雁浦來。雁浦偕陳定評來。到味美齋吃點。到部，與李鶴齡，

趙公皎談。寫素英，元一信。寫裘籽原，李安宅信。到朱先生處，商會事。到三編會，訪可忠，尚未到。黃席群偕閔孝吉來。

小眠。到部。黃仲憲來。侯芸圻來。宋漢濯來。梅貽寶來。黃如今來。到人事室。到邊黨處，晤郭蓮峰。遇狄君武。范任來。到婦女指導委員會，晤李曼瑰，李素英，劉福同，孫蕙蘭。到中央黨部，晤羅元一。遇蔣子英夫婦。

與東生同出，晤雁浦，劉書田。到英庚會，又晤傅慶隆。到味美齋吃飯。回院，寫致孟餘先生長函。陸元同來，長談至十一時半，關偉生亦來，眠遂不足。

六月廿六號星期五

到樂露春吃點。到部，關偉生來。出席邊黨處小組會議，歷四小時。黃德祿偕喻亮（益明）來。侯芸圻等來，偕至聚豐園吃飯。談至下午二時散。遇鄧初民，劉清揚。

到部，寫黃離明，叔儻，貽寶信。耿有仁來，爲寫王震海信。到英庚會，晤立武，爲朱佚事。顏悉達來。寫陳紹賢信。劉雁浦來。樹幟，如今來。與樹幟同到三編會，晤毅夫。回部。

到如今家吃飯。陳可忠來，談至九時半歸。

今午同席：侯芸圻　齊璧亭　郭蓮峰（以上客）　　予（主）
今午四人五菜，花去八十九元。

今晚同席：樹幟　廖晶心女士（以上客）　　如今夫婦（主）

今日上午同會：李永新　何兆麟　楊冰（抱一）　　馬錫珺　趙石溪　馮雲仙　胡善之

六月廿七號星期六

以天雨，留城。買餅當點。作馬超俊之母誄詞。作紀念段繩武文千餘字。張師賢來。蔣得標來訴苦。

到三六九吃飯。到組織部，作《我的祖母》約四千字，未畢。開工作單與趙黃二君。胡曉昇來。到中國銀行問訊匯兌。孫東生來兩次，同到味美齋吃飯。到最高國防委員會，晤曹樹銘，靳鶴聲。

遇傅慶隆，戴克光。魯儒林來。與錫澤談。

今晚同席：予（客）　　孫東生（主）

六月廿八號星期日

五時半上轎。渡江後小雨，至人和場大雨。到民教館小息，看《小學生文庫》目錄，旋冒雨行。以轎杠折，予步行至家。滿身是汗，若墜河中，即洗浴。看各處來信。

小眠。翻五年前日記，爲修改紀念繩武文用。記日記六天。繆贊虞來。

看翟宗沛評賓四《國史大綱》文。與夢若夫婦談。八時半眠。

六月廿九號星期一

到文史社辦公終日。算本月轎船票。清理信札。到方堅志處。重作紀念段繩武文，訖，凡二千五百言。

理書一架。方堅志偕女生畢詒芬，柯桂丹，何星影來，爲暑期鈔書事。寫谷錫五，黃奮生，胡厚宣，孫元徵，黃萬民，英庚會，金鵬信。

履安等赴中大看游藝會，予在家看《婦女新運》及《說文解字》。

六月三十號星期二

將昨作作最後之審定。責桂金，春元。雨亭來。寫邵恒秋，賓四，馬曼青，馬小龍，潘仲元，教育部（爲王玉璋），王冰洋，史筱蘇信。

小眠。理書。畢，柯，何三女生來。寫顧獻樑信，責之。避小黑蟲，臥床。看段繩武所作之《武訓畫傳》。

履安等復出觀中大劇。予早眠。

小黑蟲太多，竟不能工作，奈何奈何！人永遠動尚好，一坐定作事則手臂及兩頰皆起塊作奇癢矣。

卅一，六，卅，與潘仲元君書曰：（下略，見《顧頡剛書信集》）

一九四二年七月

七月一號星期三

上囤船時在石上滑跌。乘小輪到中渡口，遇孫蔚廷，史達三，待一小時輪始至。九時到校，與蔚廷同吃點。與樹幟同到大禮堂，出席茶話會，遇馮澤芳等。爲畢業生寫手册十餘。到校長室，與孟餘先生談。并晤吳幹，童冠賢。黃淬伯來。

一時許，到平津食堂吃飯。小眠。段畹蘭來。楊玉蓮來。看《歷代滑稽故事集》。與樹幟同到松鶴樓吃飯，到英士處談，與英士夫婦及其女同出，到中大觀話劇。以天氣太熱，予等退出。

訪叔儻，未晤。仲瑜來，同乘凉。談至十時。

七月二號星期四

爲人寫立幅一。到叔儻處，并晤長之。到松鶴樓吃點。無校車，至沙坪壩，乘車先至磁器口，再由磁器口至牛角沱。到考試院。到組織部。李鶴齡來。湯吉禾來。孫東生來。遇陳文仙女士。

與吉禾等到生活家庭商店吃飯。到考試院小息，寫顧獻樑信。到部，貽寶來。顧獻樑，江矢來。與鶴齡到驪先處，到紹賢處。遇希裴。廖從視偕黃冲來，同至聚豐園吃飯。遇劉福同，孫蕙蘭。

劉雁浦偕湘客來。胡世運來。談辦印刷所事。

今午同席：湯吉禾　孫東生　趙石溪（以上客）　予（主）

今晚同席：黃太冲與予（客）　廖從視（主）

七月三號星期五

到樂露春吃點。到邊語會。仲憲來。樹幟，慰堂來。冷柏宗來，侯芸圻來，同到組織部圖書室參觀。與慰堂等同到三編會訪可忠不遇。訪孫東生不遇，去一函。孫東生來。胡善之來。到驪先處，并晤黃如今。回邊語會，吳志雅女士來，顧獻樑來。

貽寶來，同到聚豐園吃飯。還考試院，與吳志雅談。到邊語會，樹幟可忠來。又到圖書室參觀。鶴齡來。克光來。整理新購書籍。寫壽彝，子嘉信。

到湖南館吃飯。遇周伯敏及周楨，遂同席。到僑聲旅館伯敏處談。歸，芸圻來。

今午同席：梅季洪（客）　予（主）　爲渠將到蓉，餞其行也。

今晚同席：周邦垣與予（客）　周伯敏（主）

爲邊語會買一部石印之《資治通鑑》，一百六十冊，價九百元，駭人！予書若在，真百萬富翁矣。

七月四號星期六

早至三編會，可忠尚未起。出吃點。又到三編會，與樹幟，可忠同到季陶先生處談，遇慰堂，毅夫。出，到生活家庭商店吃飯。回三編會。即赴兩路口汽車站。

在站遇楊亦周。一時，車開。在車遇蘇州醫生邱君。四時，到北碚。冒雨至雅舍可忠寓所，與梁實秋及龔業雅（吳景超夫人）談。

業雅留飯。與樹幟到地理研究所住宿。可忠伴住，海平來談。

今午同席：樹幟　可忠（客）　予（主）

自青木關至北碚，經歷鴛鴦場，狀元碑，獨石橋，天生橋諸處。

今晚同席：樹幟與予　可忠　實秋（客）　業雅（主）

業雅尚係十八年前同游長城者，彼尚識予，而予則已不識彼矣。

七月五號星期日

到海平家吃點。并晤其夫人范女士及其子力民。伯超來，同到氣象研究所，訪呂蔚光。上縉雲山，訪太虛，法尊，融海于漢藏教理院。在院吃飯，參觀，題字。

出，步行至北泉公園，至地理研究所伯超辦公處，看重慶地圖。晤葛邦任。到北泉圖書館，晤光午，唐圭璋，楊家駱，李清悚，盧子英等。看張石親《史記新校注》稿。乘船到馬鞍溪登岸，步歸。周祖豫（立三）來。

到伯超家赴宴。可忠來，同回地理研究所談。

今午同席：伯超　法尊　樹幟

縉雲山高入雲中，樹林蓊翳，伯超謂尚有原始森林在。酷暑得此，真清凉世界也。

今晚同席：樹幟　海平（以上客）　林伯超夫婦（主）

四年不至北碚，從前是鄉鎮，今已成都市矣。研究機關亦集中于是。可羨。

七月六號星期一

到海平家吃點。到誠記商店訪王賡堯，不遇。到地理研究所出席紀念周。予講古代地理學史，樹幟講動植物分布地理。呂蔚光來。與伯超到中山文化教育館，訪黃文山。又到實秋處，晤吳景超。

到滋美樓赴宴。與蠡甫，樹幟，伯超同到復旦大學參觀，晤教務長李炳煥，訓導主任陳望道等。游茶業研究室，晤胡浩川，啜茗，游農場，看擠羊乳。到蠡甫家看畫。

歸，赴王家宴。洗浴。

今午同席：錢雨農（崇澍）　楊克强　楊衞晋　林伯超　王家楫
陳可忠　黃文山　伍蠡甫　盧于道　樹幟（以上客）　黃海平（主）

今晚同席：海平　伯超　樹幟（以上客）　王德基夫婦（主）

段繩武有二夫人，一王廎堯，一齊玉如，恃手工及開小
鋪自活。

七月七號星期二

鄭象銑來。六時出，步至檀香山橋（新橋），訪楊衞晋夫婦于
中國科學社後身。談一小時，出，到北碚場上吃點。訪王廎堯于誠
記商店，并晤劉鈞，李效厂等。到商店買物，送至譚叔雍先生家，
湘凰亦來。食點後出，獨游北碚公園及民衆教育館。十一時，回地
理研究所，與樹幟，海平等同到滋美赴宴。

飯後與海平光午等同到中研院動植物研究所，由王仲濟導觀，
伍獻文來，又到地質調查所，晤周贊衡。又到編譯館，晤可忠。到
海平家吃茶。到滋美赴宴。遇馬宗融。遇呂鍾璧。

到兼善公寓草地上品茗，遇楊克强夫婦，段夫人，伯超。歸，
洗浴。楊衞晋夫婦來。

今午同席：吳景超夫婦　梁實秋　龔業光　黃海平　林伯超
周光午　邵鶴亭　周立三　樹幟（以上客）　陳可忠（主）

今晚同席：謝家聲　伍獻文　饒欽止　陳世襄　錢雨農　黃
海平　樹幟　盧于道（以上主）　王家楫（主）

七月八號星期三

到海平家吃早點，送物。海平，伯超送至船埠，遇楊衞晋夫
婦。七時開船，與湘凰談。九時到瓷器口，與樹幟同到茶館，十時
到民生公司囤船。

小輪在牛角沱機壞，在囤船看太虛所著書及報紙。直至三時始上輪。四時半到柏溪。歸家，則自明自珍已來。洗浴。看各處來信。以天熱，未吃飯，食桃兩枚。贊虞來，未見。

天熱，倦甚，早眠。

予此次出行頗不利。到沙坪壩去，在柏溪碼頭跌了一交，內外衣俱污。進城去，適值沙坪壩無車，乃迂道至瓷器口而後往。到北碚去，樹幟嫌天熱，可忠遲起，又緩了半天。今日北碚開船，一小時許已到柏溪，顧不停頓，只得至瓷器口，而以船壞，在囤船上待至五小時許。可謂處處生阻。然結果皆到達。斯或亦示我以先難而後獲之旨乎！

二女到渝，由李得賢君伴行。

七月九號星期四

到社，看同人工作。到贊虞處談。還社，寫君匋，鶴齡，獻樑，仲憲信。爲桂金事，寫夢若信。遇唐佩經。

到房東家吃飯。到桂金處談。看桂金所鈔《孟子》。以小黑蟲多，匿帳中看之。

贊虞偕翟宗沛女士來，同到青鋌家。歸，與履安，趙太太，二女談。

今午同席：呂天石　徐潤庠　黎山甫　吳□□　周春元　趙夢若　張克寬　周桂金　李延青　履安　自明　自珍（以上客）李崇德夫婦（主）

七月十號星期五

記日記十天。整理信件。看中大試卷。

匿帳中，看蒙思明《考據在史學上之地位》。與履安，自珍，趙太太到場上買物。

與夢若夫婦等門前乘涼談話。

爲介紹丁山，中大中没出息的同事又爲我造謠言，或謂我將作文學院長，或謂將任史系主任，故邀丁山前來。其實中大無教甲金文及商周史之教員，丁山來實與學生有益也。

七月十一號星期六

與獻樑談社事。寫熊嘉麟，紀彬，洪禎，思明信。張沇長來。宴客。

三時，客散。小眠。翻看《蒙古源流箋證》。寫鶴齡信。寫青鋌信。張雲鶴，談運澤來。

方堅志來。

今午同席：繆贊虞　翟宗沛　柳定生　魏青鋌　洪盈　顧獻樑（以上客）　予與自珍（主）

近日天益熱，約近百度，靜坐亦流瀚。暑假中怎能做工作，失望極了。

七月十二號星期日

張雲鶴，談運澤來。寫蔡文星，一山，李得賢，姜亮夫，黃海平，馬鶴天，張承熾，陳萬里，李通甫信。呂斯百來。復旦校長吳南軒來，留飯。

小眠。與獻樑同到呂斯百處，與斯百同到張沇長，唐培經處。乘涼。堅志來談。

今日熱度 98。

復旦校長來，拉予爲文學院長兼史地系主任，此何可能！

七月十三號星期一

寫楊拱辰，范希純，黃仲良，顔悉達，吳慶辰信。伍蠡甫來，同到沅長處，留飯。雨亭來。

小眠。寫劉校長，韓鴻庵，潘仲元，葉長青，李安宅，李得賢信。洗澡。

乘凉。

今日熱至 102 度。午後打雷，雲集矣，而不下雨，即此空頭支票，亦使予多寫六封信也。今春下雪極寒，故今夏有此大熱。

我離齊大後，滿心以爲研究所可交給賓四辦下去矣。而胡厚宣少不更事，向校長處訐錢先生，劉書銘又惟恐賓四坐大，乘間挑撥，遂使賓四生必去之心。看來此研究所就要塌臺了，只可惜了我兩年多的精力。

七月十四號星期二

雨亭偕樊弘來。寫孫次舟，楊銜晋，范午，梅貽寶，黃培永，王伊同，羅孟韋，魏應祺信。遇黎山甫夫婦。

天氣太熱，不得工作，看張蔭麟《中西文化之差異》及余賢勳紀念號等。又看伯祥《左傳讀本》。

早眠。

今日比前數日尚熱，半夜尚流瀚，大有銷金爍石之概。

次舟脾氣太壞，無人不罵，以致齊大不予續聘，來書告急，然予何能爲！予若介紹彼至任何機關服務，則彼罵人之賬將盡登于我之賬矣。肖甫，丁山，英士，同此性格，故遭遇之蹉跎相同也。

七月十五號星期三

寫黃和繩，傅維本，張家駒，李鏡池，韓慶濂，康光鑑，丁實存信。

小眠。續看《左傳讀本》。大雨。寫洪謹載，羅爾綱信。

早眠。

不雨十日矣，今晨下了一場雨，人稍蘇醒。而轉瞬日出，炎態依然。幸下午又大雷雨，不然，人其成乾肉矣。

五日來寫信四十三通，還了三分之一的信債。

七月十六號星期四

五時半登程，由劉家溪上船，十時半到趙家灣，即開邊語會第二次小組會議，予爲主席。十二時半會散。即在部吃飯。

鶴齡來談。小眠。爲延林寫馬超俊母挽詩，并爲修改。寫李得賢信。洗浴。

剃頭。吳道坤來。延林邀飯。飯後與延林談。失眠，服藥。至十二時許始眠。

今日同會同飯：李永新　史秉麟　陳翊周　白潔琛　祁子玉曾建民　霍漢琦

今晚同席：予與吳貫一（客）　葛延林（主）

七月十七號星期五

五時登程，在渡口待船至一小時，始上一鷄船，臭甚。至劉家溪上岸，至禮嘉場吃飯。十時半到家。到方堅志處，并晤吳傳歡女士，同到文史社。

小眠。再到方堅志處，爲吳女士鈔書事。寫樹幟信。洗浴。看《大戴禮記》。

夢若偕李得賢回，談。

痱子滿身，作奇癢。兩足又發濕氣，膿汁淋漓。左腿又疼痛，不知何病。今年夏天，過得苦極矣。明年當覓一避暑之所。

七月十八號星期六

李得賢赴悦來場。寫李鶴齡信，托交。寫孫次舟，衛聚賢，宋漢濯，杜光簡，伍蠡甫，金鵬，李超英，陳家芷，范希衡，程希孟信。發請客片。方堅志來，爲寫張伯苓信。

小眠。看《大學月刊》，《天才夢》，《左傳》等書。自珍自城歸。

早眠。以與履安勃谿，服藥。

七月十九號星期日

青鉒母女來還書。理書架書桌，張挂字畫。獻樑來，寫徐馨之信。

宴客。小眠，時過未能合眼，看《左傳讀本》。

與夢若夫婦及方堅志談。

今午同席：劉老太太　吕天石　李崇德夫婦　黎山甫及其女　徐潤庠夫婦　吕斯百夫婦　唐培經　黄作舟　張沅長及其女瑜林　張曼漪　顧獻樑（以上客）　予夫婦　夢若夫婦（以上主）

今午請而未至者：劉國章　吴蘭亭　劉國恩　唐培經夫人　張沅長夫人　吕天石夫人　李藴涵夫婦

此宴一半係房東及其親黨，一半係中大分校同人，久欲舉行以聯情誼，今日乃得爲之。由履安與夢若夫人自作，亦須五百元。

七月二十號星期一

寫獻樑江矣，姜雅輪，唐培經信。出布告一。寫王冰洋，巴怡南，金北溟信。張沅長來。

看周予同《近五十年之新史學》一文。看《左傳讀本》。遇范存忠，李天右。

乘凉。早眠。

天熱甚，履安，夢若皆病，徐大夫更忙於爲人治病。予腋下有如流泉。

　姚名達君，昨報載其任中正大學戰地服務團長，遂爲敵殺，可惜可惜！因作函與其夫人巴怡南唁之。

七月廿一號星期二

　遇李崧靈。與姜雅輪同乘轎到沙坪壩，遇呂斯百。到校，與樹幟談。沈其益來。到仲瑜，冠賢處，并晤吴幹。胡世運來，同到出版部談。少倫來。

　與和繩同飯。遇泰華。爲世運寫余國益信。雅輪來辭職，爲寫夢若信。雨亭來。張雲鶴偕鄒珍璞來。

　與雨亭同飯於中渡口，遇文恭，輯五。與樹幟，雨亭，和繩乘凉談話。

七月廿二號星期三

　岑文恭偕許輯五來。同到中渡口吃飯。遇黄如今。九時，開出版委員會。李崧齡來。到史學系，晤誠鑑，軾賢。到出版部，寫橫幅一幀。責周春元。王家純來，看其所作自然美。

　一時半，乘校車進城，春元和繩送上車。熱甚，足又痛甚。蹺至考試院，晤錫澤。到組織部，至朱先生處。與黄仲憲，李鶴齡談。與閻掖華談。遇汪一鶴。

　到中研院，晤漢昇，家梧，并晤曾資生。徐紹清，陳伯中來。魯儒林來。

　　今早同席：許輯五　羅雨亭　岑文恭（以上客）　予（主）
　　今日同會：樹幟　剛伯　叔儻　冠賢　存忠　仲瑜　仰之
　　今日進城，上車稍遲，立於車中，到城時足痛幾不能舉步。予左足膝蓋上下作痛，已歷一周。疑係風濕，而徐潤庠謂係受寒，究不知何病也。

七月廿三號星期四

與錫澤同吃點。到部，宋漢濯來。王春沐來。冷柏宗來。戴克光來。寫范文紀，楊玉蓮中英庚款會介紹信。到陸翰芹處，談錫澤離部事。到三編會，晤毅夫，樹幟，可忠，雨亭。寫可忠信，爲中大女生鈔書事。到老北風吃飯。歸，慰堂請吃西瓜。徐□□來談。

到部，徐公起來，吉祥來。羅元一來。諶厚慈來。伍蠡甫來，同到朱先生處。

回院。希聖等來，同到聚豐園吃飯。歸，景柔，姚忠華來談。魯儒林來。

今午同席：樹幟　可忠　雨亭（客）　　予（主）

今晚同席：陶希聖　曾謇　全漢昇　岑家梧　吳錫澤（以上客）　予（主）

近日因熱而傷風，多痰，又生一病。

七月廿四號星期五

到社會服務處，訪伍蠡甫，與同至兩路口吃點，吃茶，談復旦事。到部，韓及宇來，爲書黃公度介紹片。出席邊黨處小組會議，十一時散。廖孔視來。黃和繩來，述印刷所事，即寫孟餘先生信。同到哈羅食堂吃飯。偕到陶園。

張師賢來。小眠。到許公武處，并晤黃次書。到組織部，芸圻偕吳其玉來。鶴齡來，商開特約編譯員名單。孫東生來。廖孔視又來，爲寫張洪元信。蠡甫來，同到聚豐園吃飯。遇孫蕙蘭，劉福同。

歸，次書來。與錫澤談。失眠，服藥。

今日同會：李永新　趙石溪　何兆麟　李章漢　任般丹　何善之　丹巴多杰　郭振方　彭司釗　馬志崇　李世芬

今晚同席：予（客）　蠡甫（主）

今夜在聚豐園喝了幾杯茶，遂又失眠。以後晚上千萬禁茶。

七月廿五號星期六

六時，乘轎出，到社會部訪范希衡，未遇。到商務書館，晤王雲五，并晤徐應昶，同至大三元吃點。到外語訓練班，晤陳增敏。到文化服務社，晤郭孝先，寫程希孟信。到君武處，并見子狄源渤，源滄等。到黃家埡買物。回考試院，倦甚，眠。

眠起，翻考試院檔案一册。到味美齋吃飯。到組織部。范希衡來。到陳紹賢處。與鶴齡談。梁寄凡回部，談。

回考試院，與錫澤談。到孫元徵處，并晤其夫介文。到好吃來吃飯。歸，侯芸圻來。

今早同席：予　徐應昶（以上客）　王雲五（主）

七月廿六號星期日

四時起，整理行裝。五時半啓程。至人和場吃飯。十時到柏溪。洗浴。嚴中立來，同到汪少倫家吃飯。

歸，小眠。看各處來信。晤方堅志，李太太等。

獻樑來。早眠。

天熱而旱，凡未實之穀其將槁矣。

今午同席：予　嚴中立（以上客）　少倫夫婦（主）

七月廿七號星期一

雨亭夫婦來。如今來。文史社開會。補記日記七天。堅志偕女生三人來。

小眠。看青鋅所點《明史》本紀。劉溶池來。張沅長來。

早眠。有警報，到門外坐，九時再眠。

今日同會：顧良　江矢　趙夢若　張曼漪　張克寬

今日起服雲南白藥，看靈應否。

七月廿八號星期二

到社，看新到各文稿。寫杜光簡，陳劍薪，楚圖南信。

臥床，看《左傳讀本》。黃和繩來，同到社。晚飯後又同到羅雨亭處。

與和繩及同社諸君談。失眠，服藥兩次。十一時大雨，十餘分鐘即停。

今晚覽報，悉予當選爲參政員。此出驌先及顧墨三兩公好意。予不嫻政治，無能爲役，而在此救死不遑之際可以解決生活問題，亦一佳事。使值太平之世，則必不就。由此愧奮，夜又失眠。

七月廿九號星期三

五時半出，上王家船，遇李崇德，張沅長。與沅長作長談。至磁器口而別。到校，晤樹幟，與之同到冠賢處，遇汪辟疆。又同到校長處，商排字房事。遇谷錫五，孫本文。出，與樹幟同飯。遇青海郭君。

返室。吳傳歡來。小眠。張雲鶴來。李旭旦，沈其益來。二時，乘轎出，沿江行。熱甚，四時半到大竹林，喝茶。

六時到家，顧獻樑來談。七時吃飯，八時洗浴，九時半眠。

孟餘先生今日付予十萬元，作買鉛經費。

樹幟母年九十矣，病亟，樹幟因定明日行，須十日到家。

轎夫赤足履沙上，燙甚。在大竹林見一老者跌死石階上，亦炎感熏蒸所致也。重慶夏天真不能作事。

七月三十號星期四

寫黃和繩，李季偉，聖陶，樹民，光簡，譚季龍，劉得天信。修改江矣所草致王雲五信。

小眠。寫關斌，李得賢，丁山，陳萬里信。看《左傳讀本》。

訪沅長，未遇，見其夫人。

乘涼談話。

服白藥精後，左腿已不痛，惟仍無力。傷風已有濃痰，想當痊。

七月卅一號星期五

寫邵潭秋，王雲五，黃淬伯，筱蘇，吳大年信。雁浦來，長談，留飯。二時半回磁器口。沅長來。

小眠。寫斟玄，洪禎，慰堂，蘊剛信。寫李源澄信。周桂金來談蔡綺寬鈔書事。

看《左傳》。早眠。夢若來談。

今日飭江矣三覓稿而俱不得，而渠猶跋扈，令我生氣。文史社非整頓不可。

卅一，七，十一，與思明書曰：（下略，見《顧頡剛書信集》）

卅一，七，十三，與拱辰書曰：（下略，見《顧頡剛書信集》）

憂患悲傷至此冊而極矣！！

權不可下移，用人不可放任，擇人不可隨便。

如無健全之幹部，陣綫即不可放長。否則人家即將利用我之忙以成就彼之懶，甚或以之成就彼之壞事，而諸種責任皆由我負之矣。

近年予屢爲手下人所算計，其故如下：

（1）當一人初到時，予因其有某一點之長處，信任之，不加裁制，且以事冗不暇顧問。

（2）此人以我之不顧問，遂得爲所欲爲，寖假而作不利于機關之事，且以我之不加裁制而認我爲易欺。

（3）此人既壞事，我方知之，再予裁制彼即不願聽受，嘖有煩言，甚或對我行使破壞之手段。

既得此嚴重之教訓，以後必當改變態度：

（1）自己絕對不要管很多事，竭力擺脫社會上之牽纏。

（2）對于自己工作部門，絕對不可放鬆。

（3）對初來之人，必加以嚴密之訓練與裁制，經多時之考慮與觀察，方可加以信任。

（4）權力集中于我，不可客氣。

［剪報］卅一年七月底《中央日報》

中大推進出版事業
編輯叢書及三種季刊
教授多利用暑期著述

中大出版部自本年五月一日正式成立以後，現正積極推進編輯季刊和叢書工作。兹探得該部出版之三原則如下：一、講求效率，二、重在創造自動以期日新又新進步無量，三、用本校學生之人力，以達到寓救濟于勞動之目的。本此原則，故該部冒暑致力編輯，同時所有稿件，多由同學抄寫，每千字給以一元至二元之報酬。

該部現正編輯三種季刊：《文史哲季刊》係顧頡剛教授主編，由重慶文化驛站印刷，《自然科學季刊》係孫光遠教授主編，由蓉新印刷合作社印刷。此二種季刊第一期稿件都已收齊審查付印，聞八月底決可出版。至于《社會科學季刊》第一期稿件正在審查中，出版有待。此三種季刊論

文，都係該校教授年來精心之作，內容異常豐富，出版以
後，對全國學術界殊多貢獻。

此外出版委員會近又着手編輯叢書，叢書性質計分：一、
門徑書，二、工具書，三、專門著作，四、譯著。而叢書
之種類則分爲文學、史學、哲學、數學、自然科學、農
學、林學、工學、醫學、社會科學、教育學等十一類。每
類叢書都已聘定主編人二人，編輯委員若干人。又規定該
叢書係由中大教職員分擔撰述，但必要時亦得接收外稿。
中大教授在暑期中多從事于著述工作，現正在着手編著者
固多，而已脫稿者亦復不少。茲探得如下：許恪士著：中
國教育哲學問題，蕭孝嶸著：教育心理、簡易心理測驗，
林本著：中國教育、師範教育、鄉村教育，汪少倫著：訓
育之理論及實施，龔啓昌編著：中國普通教學法，以上數
書于本年底或明年由商務印書館出版。徐仲年編著：關于
法文文法，郝景盛編著：造林學，李洪逕編著：近世梅毒
學，以上三書正由出版委員會審查中，亦于最近由商務出
版。此外羅根澤編著：中國文學批評史，已由國立編譯館
印行。又管子探原修正本亦將在短期內出版。他如林振鏞
所編著之法學通論，已交立信會計所印行，不日即可問世。

（七月廿七日，華）

[剪報] 三十一年二月三日　　《重慶新民報·晚刊》

今日論語：荷蘭之誇　　　　　　沙

南洋戰爭中，荷蘭的戰績，意外地美滿，使我們於 A□□
三國之外，不能不爲荷蘭保留一個主角的地位。

可是，説也奇怪，在美國學界援助荷蘭的呼聲中，并不直
接地提出荷蘭的戰績爲號召，而以“援助房龍的祖國”

"忍令房龍叔叔失去他美麗的田園麼"爲標語，向中小學學生募捐。

房龍是誰呢？他怎能有感動美國青年的魅力？原來他就是那位以文學筆調，趣味的圖畫，爲全世界少年寫下《人類的故事》與《世界地理》兩本書的作家。由于這兩本書的通俗與趣味，已成了美國少年男女的恩物，也由于這兩本書的成功，作者房龍亦成爲少年男女們的恩師。青少年男女中，個個心中都有一個慈祥親切的，好開玩笑的，會講故事的房龍叔叔存在，正如讀過《昆蟲記》的人，不能忘掉那多才多藝的法布爾先生一樣。

房龍是荷蘭人，房龍是荷蘭的誇耀，房龍的作品也可説是荷蘭人對于世界的貢獻。有了房龍，荷蘭顯得更美麗，世界的孩子們，也多得到一份快樂：當孩子們讀到房龍《世界地理》，將荷屬東印度群島比作"搖狗的尾巴"，有那個孩子不笑？有那一位父母不應當感謝房龍呢？

戰爭本是惡事，向少年男女撒播戰爭與仇恨的種子，是法西斯教育的特色，美國的教師們不誇張戰績，而以文化愛護的立場，由房龍而鼓勵兒童對荷蘭的同情心，不能不説是人道主義的特有作風。

可是我們同時要記得住，一個民族不能産生像房龍這樣得獲世界好感的作家，是可悲的。

一九四二年八月

八月一號星期六

寫青鉌信。開工作單與自明。畢詒芬，何星影來。寫容元胎，張仁民，馬叔平，外交部使領人員研究班，伍蠡甫，胡厚宣，李浚清，黎勁修，魏建猷，劉書銘信。

小眠。洗浴。看《左傳讀本》。

堅志挈小平來。

將自明補文史社書記。擬請建猷來，以編輯名義作秘書。

八月二號星期日

馬騄程來。雨亭來。蔡文星來。寫韓叔信，黨史編纂會，吳南軒信。

寫張克寬信。平亭夢若與春元吵架。小眠。寫成恩元，鄧恭三，賈光濤，德坤，貽寶，胡美成，劉子植，柳無忌信。看《左傳》。

乘涼。

前日雁浦來，謂在城中聽得消息，《文史》改組後僅出版四期，工作不力，將停發經費云云，或是盧季忱陰謀，或是二陳伎倆，都未可知。然本社編稿并不遲，只商務由港內遷，一切不上軌道，遂使印刷延遲耳。今日派張克寬君到商務工廠，長期住宿，藉便催印，并作校對。

八月三號星期一

到張沇長處。春元，江矣，桂金來言昨日吵架事。畢詒芬，何星影來。鈔改昨寫南軒信。寫陳靈谷，朱啓賢，傅振倫信。

小眠。看《左傳》。到社，責勸春元。寫孫東生，喻傳鑑信。整理書桌。洗浴。

與趙太太談夢若。八時即眠。

八月四號星期二

二時起。整理行裝。四時半出門，天尚未明，八時到香國寺，到考試院後至三六九吃點。進城，到參政會，訪張沇長，與沇長同至中央公園，到外交部，訪李維果，并晤胡令德。出，到德比瑞同學會喝冷開水，到五福樓吃飯。

乘公共汽車歸考試院。趙夢若來，切勸之。和繩來，以支票交之。小眠。到部，和繩來。獻樑來。慰堂來。梁寄凡來。戴克光來。黃如今來。定中山，四川，復旦三大學三民主義論文競賽分數。

回院，與錫澤同到萬友竹處看足疾。

予左腿之疾本已漸好，今日乘公共汽車，未得坐位，立而顛蕩，又痛甚。到萬醫官處，開西藥二種，需費七百元，何來此閑錢，只得就中醫矣。

八月五號星期三

與陳伯誠談。到顧獻樑處。乘轎進城，欲就汪六皆診治，而彼亦病，遂赴大樑子，訪王泊生夫人，并晤林剛伯，與王太太及剛伯同到戴家巷宦世安處，開一方。回組織部，慰堂來。

張師賢來。到哈囉食堂吃綠豆湯，又到好吃來吃麵。歸，買藥。小眠。三時出，遇吉祥。到部，鶴齡來談邊疆工作人物。劉書銘來。顧獻樑來。修改《古代史述略》，寫汪一鶴信。

到慰堂處赴宴。回院，鄔遠猷，吉祥來。

天氣太熱，飯吃不下，自昨日午後起未進食，今早仍未進，至今午乃餓。熱度當在一百十度左右，真是火中生活。

今晚同席：錢清廉　張□□　岳良木　傅維本（以上客）
蔣慰堂（主）

書銘告我，賓四態度頗模棱，究否留齊魯，如留究否主研究所，均不可知。

八月六號星期四

七時到部，即開小組會議，至十一時散。劉雁浦來。冷柏宗來。張克寬來。

小眠。到部，爲驪先寫《悼滕若渠》文一千五百言，即鈔清。與鶴齡談會事。寫得賢信。寫陳萬里信。靳愛鸞來。

在會買餅當飯。乘轎歸。看高考諸文件。

今晨同會：李永新　何兆麟　趙石溪　馬錫珺　楊冰　丹巴多杰　任敏丹　馬志崇　郭振方　彭司釗　李世芬　胡善之　馮雲仙　李章綏

八月七號星期五

爲柯榮鑫寫字一幅。乘轎進城，到中華書局訪劉書銘，并晤趙爾天，王嘯崖。到文化服務社，晤熊自明，郭孝先，寫程希孟信。到外語訓練班訪陳增敏。道遇曾特生。回組織部，到部長室，候甚久，晤劉宗武，閻掖華，汪一鶴，陳紹賢，楊敬之等。與驪先談，出已下午一時。

回考試院，錫澤邀宴于聚豐園，回院談。晤黃次書。到部，黃聿需，余夢燕來。到紹賢處，到鶴齡處。寫劉次簫信。開襄試委員名單。寫驪先信。遇魯儒林。

回院，趙慶霱來。謝韜，杜鉞，王鑄舜來。謝振民來。與錫澤同到三六九吃飯，歸理物。馬錫珺偕耿文彩來。爲文彩寫燕大信。爲周一凱寫燕大介紹信。寫張師賢信。

今午同席：莫如孝　陳錫周　胡志雅（以上客）　吳錫澤　錢正帆（以上主）　今午之宴，實爲錫澤喜酒，特未宣布耳。渠夫婦後日上輪，即在報宣布結婚。

昨日下午雨，今日上午又雨，氣候一凉，精神一爽，惜下午又晚霞燦爛耳。

八月八號星期六

二時醒後未能眠，四時起，五時半與錫澤別，登程。十時到柏溪。看各處來信。

小眠。洗浴。記日記五天。柯桂丹來。到社，爲楊人梗事，責獻樑。

早眠，七時許即眠着，直至翌日上午四時。

獻樑不告予而退稿，得楊人梗信，以此大罵予。楊氏此稿本社已購下，獻樑之退自不合法，而楊氏如此悍怒，使我大爲蓉初懼矣。

八月九號星期日

開自珍工作項目單。寫鴻庵，徐盈，得賢，厚宣，道坤，卜銳新，光簡信。

小眠。獻樑來談兩次。修改二卷四期社論。

到張沇長處，又到呂斯百處，談至八時許歸，夢若來接。

八月十號星期一

六時，到船埠，遇李崇德，同乘小輪，予到沙坪壩，與賀銀青同下。到仲瑜處，冠賢處，談校事，遇洗繁。到圖書館，看新生國文卷。在校吃飯。

三時，續看國文卷。小眠。章丹楓來。到贊虞室談。仍在集會所吃飯。

到中渡口喝茶。李崧齡來。

今日同看卷同吃飯者：李證剛　沈剛伯　繆贊虞　郭廷以　程仰之　賀昌群　伍叔儻　盛静霞　唐培經　歐陽鐵橋　范存忠　蘇誠鑑　周軼賢　魏煜孫　羅雨亭　李長之　劉潤賢　章丹楓　俞大綱　俞大縝等約八十人

今晚同茶叙：仰之　昌群　剛伯　雨亭

八月十一號星期二

在沙坪壩吃點。與和繩同到沙坪壩天主教堂（育嬰學校）訪梅神父，不遇。同到文化驛站，訪余國益，談開辦印刷所事。出，到南開中學，訪喻傳鑑。再訪梅神父，遇之。訪張洪沅，不遇。與和繩同到中渡口，渴甚，先喝茶，再吃飯。

小眠。與雨亭同訪方東美，李證剛。到沈剛伯處，遇劉奇峰之女。與剛伯，仰之，昌群同至小龍坎松鶴樓吃飯。

飯後同到英士處，談至九時回校。

今晚同席：剛伯　仰之　昌群（以上客）　予（主）

八月十二號星期三

到圖書館看歷史試卷約五十本，國文試卷約六十本。與雨亭到中渡口吃點。趙丹若來談。范文紀來，爲寫立武信。在集會所，商《社會科學季刊》文去取事。

到北平食店吃飯。飯後到茶館談天。至八時許散。遇關偉生。

今午同會：范存忠　沈剛伯　伍叔儻　將孟雲橋，周德偉兩文剔去。

今晚同飯及茶：伍叔儻　盛静霞　程仰之　賀昌群　沈剛伯　羅雨亭

八月十三號星期四

遇郝景盛。欲乘中大車進城，已無坐位。步至小龍坎，遇大雨，到好吃來吃點。乘公共汽車到牛角沱，至味美齋吃點。到中央圖書館，參加中印學會大會。九時三刻開，至午十二時半散。慰堂留飯。

遇孟雲橋。到組織部，道遇芸圻，同到部談。看各處信件。與芸圻同出，到陶園。訪史尚寬，寫考選會信。張克寬來。乘馬車至化龍橋，待半小時，換車到小龍坎。

在小龍坎及沙坪壩各吃一碗麵。回校，與和繩談。

今日同會：戴季陶　陳百年　陳立夫　王世杰　王寵惠　史尚寬　陳天錫　王芃生　蔣慰堂　沈士遠　傅維本　高昌運　杭立武　張師賢　劉世善　劉次簫　李維果　徐悲鴻約五十人

八月十四號星期五

與雨亭到中渡口吃點，喝茶，遇李茂祥。胡世運，錢天鵬來談印刷所事。到圖書館看國文試卷，約百五十本。張沅長來。爲燕大招考事，訪仲瑜及高耀琳。

到時哲處，未遇。到丹若處，遇之。丁驌來。寫喻傳鑑信。看孫次舟論文。在校吃飯。遇涂瑩光及賈新。遇樓石庵。

與和繩同到志希處談。九時歸。

八月十五號星期六

與雨亭到中渡口吃點。到丁驌住室，編寫高考史地試題，計正副二十題。到出版部，到重大訪張洪沅，回出版部，并晤賈新。

到北平食店吃飯，遇雨亭，同到茶店品茗。回室，整理什物。陳世杰來。與雨亭上輪埠，遇曹君及劉起釪。三時許上船，五時到。歸，看各處來信。

桂金來談春元裝賊入室事。

春元時時鬧事，不但我用不得，亦不敢介紹其到他處機關矣。

八月十六號星期日

補記日記六天。劉起釪來。到孔祥嘉處。到沅長處，未晤。到出版部，看女學生鈔寫。到雨亭處，未晤。回家，雨亭來，爲寫朱佩弦信。李志明，吳旭奮來，寫吳景超信。

眠二小時。寫楊人梗，趙肖甫信。看思明論文。

看《漢代學術史略》。失眠，服藥。

燈下看自己做的《漢代學術史略》，毫不費力，而仍致失眠，可見予晚飯後實不能看書，與絕不能飲茶同。（或沉悶，晦澀的書反而可看。）

《漢代學術史略》一書，十年前所作，當時上課學生并不感覺它好。及上海亞細亞書局出版，讀者亦無甚反響。但至去年東方書社再版後，却引起一般人之注意，友朋相見，時時道之，何耶？志希謂此書能寫出經學的背景，向來不易明瞭之問題得此而曉達。雖偏于今文說，然而即此是立場，可貽後生以指導也。

八月十七號星期一

續寫肖甫信畢，寫奮生，使領研究班，沈鑑，黃仲良，洪禎，光簡，辛經成，蠡甫，趙榮光信。看《漢代學術史略》十章。

張沅長來。張雲鶴，談運澤來。

與履安自珍同到青鉎處送物。乘涼。

八月十八號星期二

周春元來道別。看《漢代學術史略》畢。雨亭來。寫錫五，剛伯，馬曼青夫婦，孫東生，胡厚宣，范午，郭本道，楊鵬升信。

小眠。賈新來，與談，并指派其工作。到汪少倫處。

孔祥嘉來。呂斯百來。方堅志偕馮光明來。

八月十九號星期三

五時許，上王家船，看《左傳》。六時許船開，到磁器口後，坐轎至沙坪壩。到出版部。到仰之處，并晤其夫人沙應若及子女守京守澄。出，剃頭。又到仰之處，與其全家同到中渡口吃飯。又喝茶。

和繩來談。寫德人中國歷史圖簡評。全漢昇來。到校長室待，看報。孟餘先生及冠賢來，談印刷所事。

赴宴。到仰之處，并晤剛伯，東美。

今晚同席：汪辟疆　歐陽鐵橋　孫光遠　范可忠　俞大綱　俞大縝　繆鳳林　商承祖　孫蔚廷　陳仲瑜　徐仲年　唐誠（心一）　童冠賢（以上客）　顧校長（主）

八月二十號星期四

乘七時校車進城。在車看《左傳》。遇歐陽禕，吳良鳳。遇陳仲和。到中華路下，到松鶴樓吃點。到參政會訪沅長，與之同到珊瑚壩自由西報館，與鄭彰群經理接洽借印刷機事。出，到外交部訪邵毓麟司長續談此事。出，到兩路口湖南館吃飯。遇徐治。

到社會部訪希衡不遇，至其家訪之，遇焉。到桐君閣買藥。到中央銀行，訪黃煥文。到平準基金會，訪陳靈谷，并晤鍾素吾，嚴恩純，冀朝鼎，張鳴韻。到經濟部，訪吳景超。到組織部，晤李永新，黃仲憲。寫白壽彝信。

回考試院。出，到上清寺訪程澹如，并見其母及弟恂如。到三六九吃飯。歸，顧獻樑來。劉雁浦夫婦來。

八月廿一號星期五

四時起，六時到程澹如處，以肩輿讓坐，彼到柏溪。予乘人力車至化龍橋，吃點，乘馬車到小龍坎。步至英士處。到出版部。遇吳尊庵。關偉生來。胡世運來。與張沅長同至校長室，寫顧校長信。

與沅長同到中渡口吃飯。歸，小眠。到剛伯，仰之處，并晤昌群，到仲瑜處。乘三時半輪船歸。在船上與沅長談。歸，洗浴，看各處來信。

與澹如談。孔祥嘉來。

前天鷄蛋每個一元二，今天一元六，教人如何生存！

中大刊物，本送外間排印，然各印刷所皆大忙，或不肯接，或接而不作，因擬自辦一印刷所，本定廿五萬元。今日胡世運君送來一單，謂有一印刷所願盤出，規模頗大，有大小機五架，索價五十六萬元，因托祥嘉往接洽。

八月廿二號星期六

晤陳世杰。記日記四天。楊錫鈞來辭職。寫黃淬伯，陶雲孫，喻傳鑑，壽彝，張伯懷信。

小眠。醒後倦甚，臥看張恨水《八十一夢》。呂斯百夫人偕君武來。與履安到斯百家。

乘凉。

張恨水所作小說，文筆甚流利，易看，但看畢後便忘了，不能給人以深刻的印象，蓋既無中心思想，而寫作時又太隨便也。

八月廿三號星期日

趙宏宇，劉起釪，李德生，凌霜來。劉國恩來辭別，吳蘭亭同來。寫樊漱圃，楊遇夫，謹載，屈萬里，叔信，賓四，書銘，厚宣，小緣，王德亮，子植，一山信。

小眠。看《八十一夢》。

八月廿四號星期一

雨亭來。獻樑來。寫黃奮生，趙紀彬，程希孟，繆贊虞，王志文，張小柳，王春沐，吳景敖，唐京軒，參政會秘書處，姚栩，中研院，丁山，在宥，魏明經，魯實先，陳宗祥，孫功炎，程千帆信。

小眠。看《八十一夢》。

大風雨。

八月廿五號星期二

整理佟志祥所鈔《春秋史講義》，看講義附錄，豫備後日功課。洪經明夫婦來。

小眠，看《八十一夢》訖。孔祥嘉來，報告接洽印刷機件事。

看張蔭麟《孔子》一文。

八月廿六號星期三

乘王家船到磁器口，坐轎至中大，舟中看《漢代學術史略》。訪校長，未晤。訪仲瑜，冠賢，遇之，談印刷所事。胡世運來。訪剛伯，仰之，俱未遇。

乘轎行，到小龍坎吃飯，遇夢若。進城，到考試院。卸行李。到組織部，豫備明日功課。劉雁浦來。遇李通甫，謝承燻。

到上清寺吃飯。回院，與獻樑及江矣談。

八月廿七號星期四

未明即起，五時半轎夫來，六時半到萬壽宮，至外交部使領人員研究班講中國文化史，自七時半至十一時半。晤該班教育長張道行，教育主任江錫麟，及穆文富，馬天英，田寶岱等。唐京軒邀至大三元吃飯，晤傅秉常。

與京軒同至外交部宿舍，晤林子敏，馬善慶。訪張伯懷，錫永，聚賢，沅長，俱不值。到組織部，與李鶴齡談。訪紹賢不值，遇宋漢濯。訪敬之不值，遇楊佛士。寫李得賢信。草辦印刷所辦法。

鶴齡偕楊質夫來，同到味美齋吃飯。飯畢同到考試院談話。

今午同席：予（客）　　唐京軒（主）

今晚同席：質夫　鶴齡（客）　　予（主）

今日連續四小時講演，爲之聲啞。然欲于四小時中講中國文化史，實不可能。因講"孔子"，"十三經"，"北平"三題，以其最有文化史之地位也。研究班本于今日放假（教師節），爲予至而不放。

八月廿八號星期五

四時起，重寫印刷所辦法。五時許出，坐人力車到化龍橋，吃點。步行至小龍坎，又吃點。到中大，訪仰之，尚未起。到仲瑜處。到出版部，與和繩談。到孟餘先生處談。胡世運來，與同至校長室。與世運和繩同至沙坪壩金剛飯店吃飯。

在飯館商草約。與和繩到南開，訪柳無忌。出，予到小龍坎乘汽車進城，返考試院。到中研院，晤王毅侯，劉次簫，談印刷所事。路遇嚴恩紋。回，稍息，到三六九吃飯。將貽澤《土司制度》一稿交公武。

蔣得標來談其身世。獻樑來，談印刷事，約其明日同看。

今午同席：王志豪　張政　錢天鵬　胡世運　黃和繩(以上客)予(主)　王與張爲介紹印刷機者，錢與胡又爲介紹王與張于予者。

爲履安買白松糖漿一瓶價四十元，戰前一元耳。又買鹹魚一條，重兩斤，戰前五角耳，今價四十六元。記之于此，爲他年承平時一笑劇也。

八月廿九號星期六

與江矢同到兩路口吃點，遇辛仙椿。到巴中訪沈君匋，未遇。到邊語會。到專員□訪楊敬之，談壽彝事，并晤楊廷襄及陶因。與江矢回考試院。獻樑來，同至竹園吃茶。待王張二君來，同到馬車行買票，遇趙介文，李潤章。到建設新村，吃茶。寫思明成績評語送英庚會。

和繩等看機件出，同到東來順吃飯。飯畢談購機事。到牛角沱待輪，三時輪到，五時半到柏溪。舟中看次舟《成康之際史迹考察》一文。歸，看各處來信。

方老太太，孔太太來談話，與小平玩。乘凉談話。

今午同席：王志豪　張政　錢天鵬　胡世運　繆淦生　顧獻樑　黃和繩（以上客）　予（主）　據獻樑估價，機件已舊，不過值三十餘萬元。

予自問今日做事，得朱顧兩先生之信任，可以放手做去矣，而今日錢不值錢，購置一物恒較戰前加數十倍，而兩先生手頭又無錢，竟有走不通之苦。我費了十分氣力，竟得不到一分效果，奈何！

八月三十號星期日

記日記六天。魏青鋥來。理信札等。翻孫次舟文訖，寫評語。青鋥又來。

飯後上輪埠，看《左傳》。乘二時半船到中渡口，遇魯覺吾。到校，與和繩談。到教職員飯堂，已過時。到松鶴樓吃飯。回集會所，與錫五談。與和繩同到南開，訪柳無忌及吳安貞，吳振芝。

與和繩到沙坪壩喝茶。出，遇剛伯，昌群，叔儻，同返校。又至錫五處。

接魯弟六月廿四日信，鄂姑母于本年六月十一日丑時逝世，享壽七十，吾父同胞三人，于八年間先後謝世，爲之悵然。一棺之值二千六百元，僅值戰前五十六元耳，上海物價由此可以推知。

八月卅一號星期一

寫金啓華信。啓華來。與和繩同到教職員飯廳吃點。遇孫世揚。到出版部，寫次舟論文考核書。到校長室，與孟餘先生及錫五談購機事。回部，寫張政，王志豪信。遇戈定邦，蘇誠鑑。十時到中渡口囤船待船，看《左傳》，見有船至，即躍上，乃至重慶市者，遂至千斯門上岸，游機房街等處，遇雁浦夫婦。

吃飯，回民樂輪。二時半開。舟至中渡口，唐培經，呂斯百，陳行素夫婦上，與培經談。五時廿分到柏溪。

買麵當飯。與家人談話。

今日在囤船上，看悼公復霸正出神，掉頭忽見輪船已到，且船頭向西，以爲重慶船至矣。既登，俄見船頭撥轉，乃由柏溪來者，只得到千斯門玩了一回。挾策亡羊，殆可媲美。旁人不曉，將以爲予乘舟兜風矣。一心不能兩用，予乃常在歧路之中，奈何！自千斯門至柏溪，輪行兩小時五十分。

一九四二年九月

九月一號星期二

看蔣天樞考《三國志》兩文。改作《告邊胞書》，先將予舊作及朱先生補充意見鈔出，凡七千字。劉溶池來。楊錫鈞來。

小眠。改克寬代寫信件。寫孔玉芳信。與孔祥嘉談。陳行素來。與家人談話。

前數日睡眠極好，而今日復不佳，蓋一作文則精神集中，予腦已損，不克支也。予殆將以辦事終乎？

自今日起，來信交張克寬君登記，其可代覆者即爲草覆，倘此後能案無積牘則大幸矣。

九月二號星期三

改作《告邊胞書》，未畢。

小眠。看《大眾智識》。改克寬代寫信件五通。

孔太太來。早眠。

聞蘇聯將盛世才賣國密謀送給中央，中央已令其引咎辭職，盛之東北軍將出省抗戰，中央軍將有二十師入新疆。蔣委員長日前已到新疆去。偌大土地復得收回，真可喜事也。

九月三號星期四

改作《告邊胞書》畢，凡八千字。獻樑來。

小眠。改克寬代寫信一通。

房東李崇德夫人來談。孔太太來。

　　將已有底稿之文字改作，亦需費整整三天功夫，天下那有容易事。別人每謂予所作文流利，有力量，其實只是一點一滴修改之功，每一個字都頓一頓重量，寫出後又看幾遍，讀幾遍耳。獨惜此種普通法門，現在青年都無此耐性，寫出就算，不但不改，亦不復看，此我輩之偶像所以終不能倒也。悲夫！

九月四號星期五

　　六時出，乘轎到劉家溪。遞票到趙家灣。在船看《左傳》。十一時到組織部。與同人談話。將所作講稿再修改一次。

　　到延林處談，并晤高占鐸。三時，開邊語會小組會議，五時散會。爲人寫字條十餘幅。與季仁，質夫同到陳翊周，何瑞五家，均見其夫人。

　　到史家吃飯。與質夫同歸。再與諸同人談。回家，與延林談。

　　今日同會：史秉麟（季仁）　楊質夫　祁子玉　李得賢　曾建民　霍漢琦　靳毓貴　邊語會同人在質夫領導之下，均極用功，迥異部內其他部分，此極可喜之事也。

　　今晚同席：質夫　陳翊周（以上客）　史季仁（主）

九月五號星期六

　　六時許出，質夫，得賢，延林三人送。吳道坤自其家出，談一刻鐘。遞票上高粱船，十時半到柏溪。在船看《左傳》。返家吃麵。寫周昫成信。看各處來信。

　　小眠。記日記兩天。寫胡厚宣信。朱東潤，陳行素來。靳毓貴偕趙宏宇，李德生來。爲靳君寫唐培經信。改信三通。張沅長來。

　　倦甚，早眠。

九月六號星期日

　　修改爲朱先生所作《告邊胞講詞》，增入千餘字，付桂金鈔。羅雨亭來。劉國恩夫人偕其子來。

　　小眠。改信三通。理書。李崇德來。

　　看《帝國主義侵略中國小史》。失眠，服藥兩次，十二時後始得眠。

九月七號星期一

　　青鉎送鷄來。校桂金所鈔講稿畢。劉起釪，凌霜來，同到十六教室，晤孫蔚廷，予演講邊疆問題一小時半。與青鉎同歸，留飯。

　　眠兩小時。整理書籍。記日記。與自明筆談。改信一通。算七八兩月轎飯渡資賬。黃震華來。

　　飯後訪唐培經，未晤。訪陳行素，并晤其子游。訪朱東潤，遇之。出，遇繆贊虞。在黑暗中摸歸。

九月八號星期二

　　乘王家船到磁器口，在船看《左傳》一卷。登岸，乘轎到歌樂山工業合作協會，晤梁士純，周象賢。出，到冰心處，留飯。

　　飯後出，到高店子，喝茶。續行，到楊公橋車輛庫，訪元徵，看其新生之子。到中大，晤陳康。到出版部，與和繩談。到叔儻處。返室，剃面，到沙坪壩吃飯。到仲瑜處。

早眠，失眠。竟夜不能合眼，服藥兩次無效。

　　今午同席：陳芳芷　予（以上客）　文藻夫婦及其子女（主）

　　今夜失眠，未識何故，太勞頓耶？會客説話太多耶？抑左腿濕氣發作致劇痛耶？因是遂覺有些熱度。苦于不得休息，只得硬着頭皮進城也。

九月九號星期三

　　冒大雨至中渡口吃點。遇安貞。到仲瑜處及出版部，寫元徵信。九時，乘轎出，到化龍橋喝茶。十二時，到考試院，即吃飯。看劉子植《老子考》。

　　到組織部，與李鶴齡談。雇人力車到參政會，晤張沅長。到市立醫院訪梅貽寶，未晤，即買票診病，步至部，又與鶴齡談。與之同訪騮先部長。遇黃如今。

　　雁浦夫婦來，同到聚豐園，爲之餞行。和繩來，爲寫斗方十餘紙。

　　今晚同席：劉雁浦　郭錦蕙　宋繼元（以上客）　予（主）

　　以昨夜失眠，今日極不舒服，小便大便俱燙甚。鼻中出氣亦有高溫。而今晨大雨，天驟寒，恐受涼，在化龍橋喝極熱之茶，居然出汗。

九月十號星期四

　　到部，沅長來。如今來。顧綴英偕金女士來。與沅長同到外交部訪傅秉常次長，又到中央公園——外交部訪李維果司長，均爲借英文排字機事。又訪唐京軒，龔仲皋，與同到大三元吃飯。黃濟生來。遇李遇之，徐淑希，梅貽寶。

　　乘公共汽車至兩路口，遇劉次簫，訪李潤章于中央圖書館，并晤李□□。回部，邱□□來。晤田儒林及余鑑明。寫陳可忠信。到鶴齡處。

　　與梁寄凡同飯于聚豐園。遇高業茂，同到考院談。與獻樑同訪毛子水，全漢昇，羅元一，皆不晤。歸，魯儒林來。

　　　　今午同席：龔仲皋（駿）　唐京軒　張沅長（以上客）　予（主）

　　　　今晚同席：梁寄凡（客）　予（主）　梁寄凡，通泰文，任職邊語會。

九月十一號星期五

　　到三六九吃點，遇江矣，同席。到中英庚款會訪胡頌平，并晤童鴻書。訪季陶院長未見，留條而出。到獻樑處。與之同乘公共汽車到新街口，步至商務書館，訪王雲五，并晤李伯嘉，黃覺民，張天澤，徐應昶，涂子英，丁曉先等。買書。與獻樑同出，到陵西街，又買書，遇侃如夫婦，同到其寓所。談。予獨訪張伯懷，未晤。回侃如處，與之同到中華書局，再到百齡餐廳吃飯。

　　飯後與侃如夫婦同步至過街樓而別。予上公共汽車返部。李超英來。耿文彩來，爲寫復旦大學轉學信。黃仲憲來。宋漢濯來。寫李得賢信。到陳紹賢處。毛子水來，與同到部長室，并晤章淵若，梅貽寶，與貽寶談。與驪先談。與子水同出。遇希聖及楊玉清。

　　與子水同到卡爾登吃飯，遇田伯蒼，周自新，汪一鶴等。與子水同到考試院談。漢昇來。芸圻來。香舟，伯稼來，次書奮生來。留芸圻宿。

　　　　今午同席：金兆梓　丁曉先　陸侃如　馮沅君　顧獻樑（以上客）　予（主）

　　　　今晚同席：毛子水（客）　予（主）

九月十二號星期六

　　五時三刻，別芸圻行。八時在人和場吃點。十時到家，即臥。

看各處來信。與李得賢談。同飯。

請徐潤庠醫生來診病，開方。看邊疆問題講話。

與家人談話。

予左腿之左脛以濕氣作爛，在城四日已膿血淋漓，今日歸來，醫言尚易治，惟何日全痊則未可知耳。又謂多眠則易好，予得借此多息幾日，亦得，好在床上亦盡有事做也。

九月十三號星期日

臥床。看邊疆問題講話。朱東潤來。青鋌來。

看《田家讀者自傳》。

夢若自磁器口買藥歸，延青爲敷藥。

九月十四號星期一

臥床，看《左傳》一卷及《史記》列傳。青鋌母女來。

看李承祥《病坊考略》。

與自珍談蘇州掌故。

九月十五號星期二

臥床，看《史記》列傳。羅雨亭來。丁山偕殷大鈞來，留飯。

看王毓瑚《秦漢帝國之經濟及交通地理》。

丁山來長談。

九月十六號星期三

丁山來，同吃點。看《史記》列傳。補記日記八天。黃和繩來，作長談，留飯，下午二時去。爲和繩寫王雲五，傅矩生信。

看邊疆問題講話。

丁山來談。

九月十七號星期四

丁山來，同食。臥床，看邊疆問題講話及《史記》。桂金來。

看《思想與時代》。雨亭夫婦來。寫田伯蒼信。

丁山來談。

九月十八號星期五

臥床，看《史記菁華錄》一冊許。招雨亭夫人來，告以編目方法。

姨甥蔣孝淑來，留宿。改信一通（葉席儒）。

丁山來時，予家已睡。

九月十九號星期六

臥床，看《史記菁華錄》一冊。呂斯百來。蔣孝淑來談。孔太太偕吳傳歡來。看趙宏宇所記予演講詞。汪少倫來。

歐陽鐵橋來。師院學生晁清源（嘉定人），高培俊（內江人）來。

夢若偕杜竹銘夫婦來。與竹銘談。

得壽彝書，其詞游移首鼠，人固如此其不可信耶？

九月二十號星期日

丁山赴北碚，竹銘夫婦赴趙家灣，送之。臥床，看《史記菁華錄》一冊。李崇德偕其兩女秀松茂柏來，談兩小時。蔣孝淑別去。畢貽芬來。

與履安談。

九月廿一號星期一

起床，記筆記廿則，草春秋戰國年表百餘年。東潤來。雨亭來。青鋌來。和繩來，均留飯。

看各處來信。寫叔儻，時哲，梅貽寶信。柯桂丹，何星影來。翻看《史記》。

臥床九日，胃納日少，本每頓三碗，改兩碗，又改一碗，繼則一碗亦覺勉強。今日起身，即復兩碗。

次舟在華西壩，揚言與予絕交，聞之真以得絕爲快。貽寶得律師高凌信，欲其賠償邵潭秋損失，邵行事無賴至此。予爲介紹人，受累不小。然貽寶氣量小，好弄手段，亦自取之咎。

九月廿二號星期二

記筆記十條。改趙宏宇所記予演講詞畢，寫宏宇信。何星影來。丁山夫人偕其三女來。

二時，丁山至，開飯。看厚宣所作甲骨學兩文及日人所編《北支那文化便覽》。

翻看《史記》。

九月廿三號星期三

翻看蒙委會調查室報告。到文史社，寫李源澄，錢賓四信。丁山來。趙宏宇，劉起釪來。責羅太太及周桂金。

飯後換中山裝，乘轎進城，在人和場小憩。至牛角沱，遇熊瑋光。到陶園，即出，剃頭。吃飯。到組織部，訪伯蒼等，不得。

到沈君匋家談。歸，顧獻樑來。戴念慈來。

清末蘇州中學同學，惟沈君匋在渝，而彼此數訪均未見，今晚乃始見之，已二十餘年不晤矣，鬢髮之蒼白與予同。

九月廿四號星期四　（中秋）

六時到部，晤漢琦等。到兩路口吃點。回，豫備講話。八時，到大禮堂向講習會（助理幹事六十人）講邊疆問題一小時。到王懋勤處。陳守禮來。宋繼元來。到如今處，吊其母喪。吳景敖來，同至部長處談。回，修改《春秋史話》一、二兩章。

到君匋家吃飯。三時散。豫備講詞。四時，又到大禮堂，續講邊疆問題。到部長處，并晤一鶴，翰芹等。王懋勤來。楊敬之來。

回陶園，出吃飯。訪希聖，未遇。到中央圖書館，與慰堂，王德齋談。歸，與戴念慈談。

今午同席：楊佛士（定襄）　陳希平　袁道平　沈氏子侄輩四人（以上客）　沈君匋夫婦（主）

九月廿五號星期五

到部，將《春秋史話》第三章改畢，寫紀彬信。出，到交部訪黃卓，未遇。到希聖處，亦未遇。到考試院，晤周邦道及謝振民。季陶先生則到華岩寺伴靈，亦未見。返室，與江矣談。仍到組織部。寫壽彝，綴英，邵恒秋信。

到好公道吃飯。劉書銘來。同到部長室。與掖華及朱先生談。張勖杰君為嘉麟送布來。訪陳紹賢，未晤。到何兆麟處。與趙公皎談。黃仲憲來。冷柏宗來。

回考試院，到香舟室談。為寫斗方一。謝振民來。伍蠡甫來。到朱先生家赴宴。九時散。歸，與獻樑談。失眠，服藥三次。

今晚同席：陶孟和　賀自昭　毛子水　羅志希　李崇年　田伯蒼　汪一鶴　蔣慰堂（以上客）　朱騮先及其侄媳（仲謀夫人）（主）

今日下午頭痛甚，以事忙故耶？失眠亦即因頭痛。

齊大諸教授反對劉書銘，各簽字，張西山亦在其列，經書銘面質，西山乃謂出于強迫。書銘命其作一出于強迫之聲明，西山遂寫一函，書銘遂傳示衆人，謂簽字反對者之皆出于強迫也。西山無賴，一至于此。書銘謂賓四對我有誤會，我想，我是竭誠要賓四作研究所主任者，若賓四真對我誤會，則賓四為不智矣。

九月廿六號星期六

六時乘轎離院，至化龍橋吃點。八時到沙坪壩，訪叔儻，到出版部，吳傳歡來。到仲瑜及冠賢處，商校事，并晤雪橋等。回出版部，向芰香處理公事。即出，十一時到磁器口，以王家船已開，在南國飯店吃飯。

十二時上井口木船，待至二時始開船。四時到大竹林，上岸，乘轎到柏溪。歸家晚餐。看各處來信。

與家人談。換藥布。洗足。早眠。

連日大雨，成渝公路竟成醬缸，轎行其上，一輛汽車疾馳過，則泥水四射，予雖在轎中，亦復衣褲沾濡，而轎夫則沒頭沒臉矣。秋雨正多，如何行得？

九月廿七號星期日

記日記四天。理書竟日。

小眠。丁山病，遣人來借錢。晤祥嘉夫婦。

翻看《史記》列傳。

年餘未理書，今乃得一清。

丁山夫人一來就罵這個，罵那個，弄得大家對她無好印象，世間乃有如此不聰明人，自己專找絕路走。

九月廿八號星期一

寫陳仲瑜，陳劍薪，魏建猷，中大注冊課，金正喜信。記筆記五則。寫樹幟，錫澤，彭枕霞信。

小眠。寫丁山，梅貽寶，邵潭秋，黃奮生信。改克寬代寫信三通。寫健常信，未畢。柯桂丹來。

翻看《史記》。

九月廿九號星期二

雨亭來。丁山來。寫健常信，畢。寫佟志祥，許毓峰，李得賢信。并爲得賢寫黃海平，楊克强，陳可忠，吳南軒，黃文山，周光午介紹信。

冷柏宗來。寫筆記五則。寫沈鏡如，潘仲元，孔玉芳，李爲衡，胡厚宣信。

到唐培經處。又到張沅長家，晤其夫人。歸，翻看《史記》。

久不見太陽光，今日乍晴，精神一爽。

九月三十號星期三

出本社工作布告。爲朱先生作《新綏公路通車十周年紀念詞》約六百言。訖。殷綏平來，留宿。

畢詒芬，廖祖述來。雨亭來。評定"中國古代史研究"分數。記筆記六條。

畏蚊，早眠。

"中國古代史研究"分數：唐德剛九十二分　孫家山九十分　張雲鶴九十分　邵增八十五分　張孝慈八十二分　劉保三八十分　陳俊杰八十分　余壽松七十八分　魏煜孫七十五分　杜正德七十二分　閻詩貞七十分　李松齡七十分　曾祥和七十分　丑澤蘭六十八分　王禹卿六十分　屈元興六十分　歐陽褘六十分　王家祥五十分

未試者：李毓澍　李紹定　龐曾濂　李毓瑄　王殿杰

補試者：郝明德

一九四二年十月

十月一號星期四

六時半，乘轎進城，十時半到，即至組織部。與鶴齡談。寫王雲五信，送雨亭稿去。偕鶴齡等同到北平真味吃飯。到陶園小坐，到竹園茶社談會事。路遇賀師俊。在陶園見吳季鑫。

改《春秋史話》四、五兩章。參加組織部業務會報，自四時至五時半。六時，即在部晚餐。與趙英談。到永新室，談。

歸，全漢昇偕曾資生來。陳增敏來。

今午同席：李鶴齡　趙公咬（以上客）　予（主）

今日下午同會及同席：朱家驊　王啓江　甘家馨　李永新　汪一鶴　陸翰芹　田培林　王懋勤　伍家宥　劉巨全　何兆麟　辜孝寬　張仁家　陳紹賢等三十餘人

十月二號星期五

五時半出，到兩路口吃點。到部，修改《春秋史話》。寫黃濟生，楊敬之信。冷柏宗來。馬季明來，與同到汪一鶴處。到伍蠡甫家吃飯。看常書鴻畫展。

劉書銘來兩次。修改史話。李濟之，丁山來。克光來。質夫偕金正喜來。到希聖處，并晤曾資生。季明來，與同出，飯于聚豐園，遇涂子英。與季明同到兩路口車站問車。

與獻樑，季鑫等談。

今午同席：蔣慰堂（客）　伍蠡甫夫婦（主）

今晚同席：馬季明（客）　予（主）

十月三號星期六

六時，到部，與楊質夫同出吃點。回部，修改《春秋史話》。林宣來，談泰國事。趙榮光來，同乘汽車至廣東酒家吃飯。爲正喜寫芟香信。寫獻樑信。

回部，開邊語會與邊黨處之小組會議，自二時至五時半。王文萱來。任覺五，高偉世來。

到中華書局訪書銘。并晤曉先。到三六九吃飯。到聚興村訪陶孟和，梁思成，李濟之。歸，與吳季鑫談。

今午同席：馬季明夫婦（客）　趙榮光（主）　一碗肉麵，戰前一角，近日已增至四元四角，今日又增至五元五角。一碟小包子（五個），本三元，今日亦漲至三元八角。

今日下午同會：李永新　何兆麟　楊質夫　梁寄凡　趙石溪　楊冰　馬錫珺　胡善之　李章綬　曾建民　霍漢琦　郭振方　馬志崇　李世芬

十月四號星期日

六時，乘轎歸，在人和場大便及吃點。十一時到家。途中遇雨。朱東潤，葉□□來。看各處來信。

眠兩小時。到社。丁山來。記日記四天。

避蚊，早睡。

予經人和場，常吃炸醬麵，本三元兩碗，今日亦漲至四元矣。我的肚子近來愈吃得下，飯可吃三碗或三碗半，麵則吃兩大碗還不太飽，偏逢此繼長增高之物價，奈何！

前日書銘來，謂我寫與彼信，有“只要錢先生任主任，將來剛幸能擺脫塵世，必仍有爲齊大專任研究員之一日”等語，使賓四對我起誤會。今日丁山來，又謂在三臺時，文通適來，談及錢先生對我有不滿意處，而文通謂是賓四對。丁山又云，楊拱辰得崇義橋信，謂錢先生對我不高興，不欲我回去。三人成市虎，得非賓四對我確有不滿意處乎？予對賓四，盡力提携，彼來蓉後，要什么便給他什么，且我自知將行，盡力造成以他爲主體之國學研究所，我對他如此推心置腹，彼乃以此相報乎？人事難處，至矣盡矣！總之，文人學士，有己無人，賓四號爲能思想，而一經涉世，便與聞在宥相似。雖以孫武吳起之才，終不能將智識分子組織起來，此共產黨之所以斥遠之乎？

十月五號星期一

修改《春秋史話・齊桓公的霸業》章訖。雨亭來。青鉎來。

與履安自珍延青同到丁山家小坐。三時歸。洗浴。將《史話》三章重看一遍，作最後的更定。

避蚊，在床上與履安自珍及夢若夫婦談各處婚喪儀式。

三章史話，盡力的改，實在要費三天功夫，天下真無容易事。

十月六號星期二

寫厚宣，光簡信。將《春秋史話》三章改畢，即寄紀彬，寫紀彬信。筱蘇來，長談，留飯。

丁山來。與筱蘇丁山同到雨亭處。與三君同出，到街，夢若導入成衣鋪量製中山服。到文化服務社，晤龔德柏之父銘三。與丁山，雨亭，筱蘇到飲淥軒品茗。歸，理物。到東潤及陳行素處。

宴客。八時散。失眠。服藥三次，至上午一時方得睡。

今晚同席：朱東潤　丁山　史筱蘇　雨亭　陳行素（以上客）　予（主）　今日以下午飲苦茗，晚間又多講話，遂失眠。

十月七號星期三

六時，與筱蘇同乘汽船到沙坪，與張沅長，喻新武同舟，談。筱蘇到中大後別去，予整理出版部工作，看各處來信。九時，到校長室開出版委員會（第十次）。與仲瑜談。到會計課，取款。訪楊家瑜及陳俊時，皆不遇，留條而出。到國文系，晤叔儻，静霞。到史學系，晤軾賢，誠鑑。

回出版部，楊俊女士來長談。訪汪少倫，未遇。到叔儻處。到元徵處，爲介文寫介紹信。乘轎到英士處，談一小時。到化龍橋吃飯。到陶園已天黑。

筱蘇來，留宿。看《禹貢》第一，二，三册。

今年兩門功課，五小時，比去年又忙些矣。去年十一月廿七日開課，今年又提早一個半月。人事擾攘至此，有何辦法？

今日同會：童冠賢　沈剛伯　歐陽鐵橋　范存忠　陳仲瑜

十月八號星期四

大雨，買餅供筱蘇，吳季鑫及江矣。寫雲五信。在院修改《春秋史話》。雨稍止，到獻樑處，責之。到組織部，寫光簡，道坤，錫永信。遇伯稼。

到好公道吃飯。與楊質夫同量中山裝。寫學本，吉禾，謙冲，胡浩川，王昆侖，宋國樞，金北溟，韓鴻庵信。到朱先生處，并晤鄭杰民，鍾天心，陳恩虞，沙孟海。到中國銀行匯曾省之款。

到"四五六"吃飯。到郵局寄信。看《禹貢》第一册。獻樑來談。戴念慈來，留宿。

昨熱甚，至九十五度，今日一雨陡寒，殆落廿度。衣服不够，予喉頭炎又作矣。重慶氣候壞至于此。

威爾基于上星期五來，今日去。此一星期中，重慶數十萬人無不談威爾基矣。

江矣校對《文史》，錯字滿目，甚至題目也錯，撰人姓名也錯，而顧良乃毫不管，其溺職甚矣，因責之。

十月九號星期五

六時出，乘轎到人和場，吃點。十時半到家。看各處來信。看德坤《秦人開發巴蜀》文。

丁山來。記日記三天。理積年雜紙。未畢。

翻看《在德國女牢中》。

　書籍已于上月理清，雜紙亦須整理，其中有不少好材料也。

十月十號星期六

理五年來雜紙竟日。

靳毓貴來。翻看胡蘭畦《在德國女牢中》。

馬騄程偕蒲萬霖（武都人）來。看《三國演義》。

　雜紙分類置卷宗中，析類如下：

（一）頡剛所作文：1. 古史　2. 地理　3. 民俗　4. 邊疆　5. 通俗讀物　6. 四川　7. 序跋　8. 雜文

（二）頡剛所作筆記：1. 投《責善》稿　2. 筆記零稿

（三）頡剛雜著：1. 史話　2. 講義　3. 上課參考材料　4. 編書計畫　5. 民族問題之討論

（四）頡剛工作各機關雜件：1. 北平研究院　2. 燕京大學　3. 補助西北教育設計委員會　4. 齊魯大學國學研究所　5. 文史雜志社　6. 中央大學出版部　7. 邊疆語文編譯委員會　8. 中英庚款補助科學人員案（附中央研究院獎金案，銓叙部審查案）　9. 高等考試　10. 教育部工作　11. 邊疆學會　12. 通俗讀物編刊社　13. 邊疆教育委員會　14. 史地教育委員會　15.《文史教學》

（五）學生成績：1. 雲南大學學生成績　2. 齊魯，華西，金陵三大學學生成績　3. 中央大學國文系學生成績　4. 中央大學史學系學生成績　5. 齊大研究所研究生成績

（六）其他：1. 歌謠材料　2. 邊疆材料　3. 他人文稿　4. 雜印刷品

十月十一號星期日

朱擇璞來，同餐。理雜紙，訖。翻《禹貢》第一卷備鈔。

馬騄程，蒲萬霖來。劉起釪，公方苓來。核本年二月至六月單據，蓋章。填文史社情狀表，應中央出版委員會。

避蚊，早登床。失眠。飲酒得眠。

十月十二號星期一

六時半，乘轎出，上王家船，遇雨亭，吳錫麟，呂斯百，唐佩經等。八時半，到磁器口。到校，李長之來。叔儻來。到國文系，史學系，晤剛伯，贊虞，廷以等。到校長室，晤仲瑜，孫光遠。寫金啓華，劉英（塵海），柯象峰，伍蠡甫，王畹薌信。到冠賢處。到平津食堂吃飯。飯後訪孟餘先生。

上"春秋史"課一小時。到出版部。沈大荒來。黃少荃來。趙丹若來。丁山來。羅雨亭來。

到沙坪壩，飯于甜園。上街，晤佩經夫婦，喻伯量。歸，看《左傳》，失眠，服藥三次無效。

十月十三號星期二

到中渡口吃點。歸，雨亭來。曹延亭來。到出版部，楊駿來，段畹蘭來。蒲萬霖來，爲寫梅貽寶信。

宴客于豫魯飯莊。遇戈定邦，胡煥庸。到國文系，到鄭俊時處。到校醫室取藥。到史學系，晤誠鑑，到仰之處，并晤丁山。到昌群處。遇宗白華。

昌群來談。周軾賢來。服藥而眠。得眠。

今午同席：金正喜　陳芰香（以上客）　予（主）

近日屢失眠，不詳其故，或與天氣有關係。藥物力量日弱，今日向校醫室取 Veronal 三日劑，先服三分之一無效，全服之乃得眠。病根日深，總非了局。

十月十四號星期三

寫"春秋戰國史"課説明書。上"史記研究"課一小時。到出版部。汪少倫來。到松鶴樓吃點，遇剛伯，管公度，徐仲年。回室，誠鑑來。到出版部，寫吳昇信。十時，乘轎到磁器口，上王家船。

二時半，到柏溪。歸家，吃飯，看信。何星影，馮光明，柯桂丹來。記日記三天。與朱擇璞同餐。

與家人談。與自珍讀唐詩。八時即眠。

本學期所任課，爲史學系之"春秋戰國史"三小時，國文系之"史記研究"二小時。分配于星期一，二，三。

洋磁小面盆，戰前僅值四角耳，前日在沙坪壩買一具，乃一百卅元，錢怎麼會够用！

十月十五號星期四

評洪慧貞筆記。九時，雨霽，即上轎，到禮嘉場，又大雨，值趕場，吃飯。到劉家溪上木船，看《左傳》。

二時半，抵趙家灣，與邊語會同人談。到住屋休息。光簡，季仁來。曹立人來。訪吳貫一，未遇。

與光簡，子玉同到光簡家吃飯，八時，在極爛之田岸上回部，得眠。

今晚同席：子玉與予（客）　　光簡夫婦（主）

十月十六號星期五

光簡來。寫納子嘉，白壽彝，韓鴻庵，楊兆鈞信。開邊語會小組會議。會散，同飯于合作社。十二時離部。

一時上木船（載石墨者），三時抵家。船上看《左傳》。歸，與綏平談。到文史社。徐華堂來，爲催桂金搬家事。寫顧良信，斥責之。

與夢若同到桂金處，并至柳定生處。飲酒而眠，得眠。

今日同會及同席：史秉麟　陳翊周　白潔琛　祁子玉　杜光簡

予與顧良，向無關係。只以爲吳世昌之友，渠在上海辦《書人》時曾承寄閱，故于昆明時有幾度往來。此次錫澤爲孟雲橋等逼走，予一時無人，遂爾邀之，不期彼一意敷衍，就任半年，迄未編出一期。上周到城催其將二卷五期編出，以其所作社論不佳，囑令改作寄柏溪，乃至今日尚未接到，其未作明甚。予所任用之人，以彼爲最疲最懶而又最刁滑者矣。憤甚，寫信罵之。以生氣，血又上升。昔之名士，今之藝術家，同樣的擺架子，不做事，非我之朋侶也。況徒竊其形似者乎！

十月十七號星期六

準備下星期功課，翻覽各書。寫可忠信。

雨亭來。丁山來。

與自珍同讀《項羽本紀》。失眠，飲酒。

十月十八號星期日

續準備功課。將羅太太所編書目改正，并與面談。夢若歸，談顧良事。

近常失眠，服前張抱芝所開方。立兩課雜記簿，搜集材料。張克寬自沙坪壩及大竹林歸，談。

在自珍病榻前同讀唐詩。寫周桂金信。

今日夢若自城歸，謂顧良見告，江矣爲沈君匋之姻戚，與葉楚傖認識，要我不去管他。此真笑話。江矣到文史社，乃係爲國家作事，雖道爲與葉沈有關係乃可拿乾修乎！彼以關係來嚇我，我就爲他嚇到乎！無賴至此，可爲我隨便用人之戒。文史社事既推動不了，我想擺脱矣。

十月十九號星期一

三時半起，吃粥。六時半，乘轎出，上王家船，七時半開。船上與羅雨亭及陳邦杰談。九時半到校，遇蕭忠貞，鄧飛黄。到仲瑜處，冠賢處。到出版部辦公，寫國文，歷史兩系請假信。蘇誠鑑來。黄少荃來。十一時半，乘顧校長汽車，與冠賢，洗繁同到冠賢家吃飯。

十二時半，與冠賢夫婦及洗繁進城，到參政會報到，填表，抽籤，照相，領錢，到國庫局取錢，遇葉宗憲，張廣志，高惜冰等。四時到考試院，遇王白也女士，與蔣得標談。到組織部，晤鶴齡及一鶴。

六時回院，吃飯，剃頭。回院，吳季鑫來，八時得電話，轎夫爲汽車撞傷，即到部視之。歸，與季鑫及得標談。

今日予以冠賢之邀，乘小汽車到參政會報到，因令轎夫携予衣物，抬空轎入城，及予四時至考試院，則轎夫未至，至組織部，又未來，私慮其挾物而遁矣，甚不快。至夜始得組織部電話，悉兩人爲汽車所傷，赴部視之，則賀銀清血流滿面，汪述泉呻吟不已，問蘇海泉始知其于將到化龍橋時迎面來一軍用車，撞之于地，已赴武漢療養院診治矣。駭甚。若我坐其上，必被撞而跌出，所受之傷必更甚于彼輩矣。

十月二十號星期二

到劉廉克處，鶴齡處。廉克偕馬曼青來。張仁家來。金正喜來，開支票與之。與鶴齡到部長處談開會事，并晤慰堂，濟之，黃海平。到聚豐園宴客。遇陳文仙及蠡甫夫人。

到陶園，易衣，與顧良談。與曼青同步至燕喜洞，雇車至軍委會，出席參政會茶話會，與今甫，通伯等談。與許楚生談。散會後乘會車到和精中學，訪象峰未晤。

回院，看史念海，程會昌兩稿。八時，出吃飯。魯儒林來。九時，到象峰處，遇之，并晤冠海。十時歸。

今午同席：馬曼青　劉廉克　李鶴齡　史季仁　趙公皎（以上客）　予（主）

今日下午同席：全體參政員（客）　秘書長王世杰（主）

予與冠賢，洗凡，高惜冰，鄧飛黃在新運會第一宿舍（女參政員宿舍）占一室，惟飛黃住入，予等皆外宿，飯後則休憩片刻耳。

十月廿一號星期三

六時半出，遇蠡甫，同到味雅齋吃點，同到部，商建文書店出版國學書事。寫履安信，魯實先信。理信札。王春沐來，看其所譯《印度佛教史》。與同出，在路中商量其工作。今甫，通伯，端六來。同到部長室及國聯同志會，與戴克光談。陳增敏來。龍冠海來。宋繼元來。

到服務處訪文仙不遇。在"陳新春"吃飯。回部，與白鳳兆談。招待諸邊疆人士。四時半，開會，聽部長致詞，白雲梯，艾沙，李春先，李洽等致詞。七時散。

在部吃飯。與李春先談。有警報，與史季仁同入防空洞，十時許出，歸陶園，看麗薰琴圖案畫集。十一時眠。

今日下午同會及晚間同席：朱騮先　李鶴齡　白鳳兆　楊質夫　白雲梯　迪魯瓦　李春霖　李春先　烏蔚青　蕭紹何　鄧春秀　汪綏英　格桑悦布（康藏貿易公司總經理）　馮雲仙　囊結

哈的爾　艾沙　堯樂博士　堯道昌　沈琬　諸葛善繼　李君舫　康
濟敏　巴文峻　阿旺堅贊　羅桑札喜　田培林　繆培基　張秀蘭

十月廿二號星期四

晤中央日報社記者蕭同信。芰香來，談出版部事。到三六九吃
點。八時，乘參政會車到軍委會，九時，開會。聽張伯苓致開會
詞，林主席致訓詞，蔣委員長致詞。選舉主席團。在會晤孟真，君
武，達浦生，周昆田，何子星，靳鶴聲，魏元光，江問漁，王維
埔，張香冰，程希孟，王曉籟，任之，仲仁，冰心，翁詠霓，冀
野，孫伏園，馬乘風，張道藩，顧一椎等。與張維楨等同乘車至新
運會吃飯，晤次簫，成舍我等。

飲後侯啓明君來談。二時半，上車到會，晤薛明劍，陳霆銳，
吳聞天等。聽何應欽報告軍事，傅秉常報告外交。七時出，到新運
會吃飯。

道遇張師賢，蔣旨昂，與師賢同歸，晤沈善銳。與鶴齡，席振
鐸同訪喜饒嘉措，并晤成覺，回室晤張炯，盧文彬。與鶴齡到中央
飯店，晤艾沙，堯道昌，哈的爾等。

十月廿三號星期五

早進點後乘七時車赴會，聽孔祥熙報告財政，周鍾嶽報告內政。
晤葉楚傖，吳文藻等。晤劉振東。十二時許散。爲組織部將于今日下
午開會，即返巴中，下車時送張難先到馮玉祥家。在四五六吃飯。

到部。到三編會訪可忠，與同出，到組織部。香林來，同至其
家。四時半，開邊疆工作討論會。與嚴鏡清，郭蓮峰等談。七時，
散會。

到訓練委員會赴宴。九時許歸。已眠，增敏來，送提案草稿。

今日下午同會：朱驪先　馬超俊　李鶴齡　郭蓮峰　羅香林

嚴鏡清　閔賢村　曹沛滋　樂光彥

今晚同席：陶孟和　傅孟真　周枚孫　馬宗榮　劉瑤章　張維楨　彭浩徐　葉企孫　錢昌照　李濟之　錢端升　楊端六（以上客）　段書貽（主）

十月廿四號星期六

夢若來。乘車到會，聽翁文灝報告經濟，錢天鶴報告農林。以經濟質問案多，農林未質問而散，已近一時矣。到新運會吃飯。與徐盈談。與隴體要談。

飯後作質問教育案兩條，與丁曉先，金兆梓談。待車，與趙太侔，常燕生談。三時，開會，聽農林質問，陳立夫報告教育，谷振綱報告社會。七時散，到新運會吃飯。與錢公來談。陶玄（孟晉）來。盧冠彬來。

到參政會，視今甫通伯疾，并見今甫之女。到中華書局訪書銘，并晤李旭昇。乘公共汽車歸。

今日予質問陳立夫兩案：（一）現有大學已不充實，何以近年增加不少大學？（二）師範學院學生由教廳保送，使考不取者得由保送入校，將益減低學生程度。措辭頗嚴，使陳氏甚不高興，然此固我良心之言也。

十月廿五號星期日

到七星崗買香腸，到君武處送物，晤其夫人綴英，及其弟畫三，取藥。與綴英同出訪葉楚傖，未遇。八時半，到百齡餐廳，出席西南實業協會等四團體茶點會，晤鄺雲鶴，王震海等。十一時許散。到大成書店，爲文史社及邊語會買書。出，遇魯實先及黃芝崗，同行至兩路口，遇蔣慰堂。在兩路口一北方館吃炸醬麵。

到組織部，改作增敏代作之提案。陳紹賢來。魯實先來，與同出，到中央圖書館參觀，并訪慰堂，遇謝承燻。與實先同到湖南館吃飯。同步至新運會，訪喜饒嘉措，已眠。送實先行後返室。徐文珊來。泊生夫婦來。李實來。帥潤身來。胡庶群，李毓克來。

到燕生余家菊處，請其簽名。月夜，步歸，自新運會至陶園，凡行一小時。

今日上午同席：參政員黃任之　周士觀　奚玉書　孔庚　陳豹隱　陶因　江一平　徐旭生等四五十人（以上客）　中國西南實業協會　遷川工廠聯合會　中國戰時生產促進會　重慶市國貨廠商聯合會（以上主）　主席為章乃器。

十月廿六號星期一

早起，待會車不得，乘公共汽車到新運會，吃點。將提案找人簽名，到喜饒嘉措，阿旺堅贊，張其昀處。晤王寒生，劉風竹等。在新運會大禮堂樓上開第五組審查會。十二時，會散。孔令燦，張志廣來。與張之江，褚輔成談。

在新運會飯後，夏濤聲來。修改劉書銘囑代致孔陳信，與一山商量下筆。書銘來。章友江來。呂雲章來。三時，續開審查會。六時半散，寫履安信，未畢。與王世穎談。

到軍委會，赴蔣委員長宴會，聽宋子文，顧維鈞演說。九時許歸，安宅，馬振鑾來。

今晚同席：全體參政員　宋子文　顧維鈞等（以上客）　蔣總裁（主）

此次分組討論會，以第四組（財政經濟）為最重，提案約百五十件，關于物價之案已五十件。第三組（內政），第五組（教育）次之，各四五十件。第一組（軍事），第二組（外交）最少，僅十餘件耳。

十月廿七號星期二

車上與陳志學談。與李廉方談。到新運會,開第五組審查會。與金曾澄,梅光迪談。十一時半散。與馬曼青,蕭一山同待車,遇李芳霖。寫履安信畢,付寄。十二時,乘車到蔣委員長官邸(曾家岩)吃飯。

與連瀛洲,林慶年,王雪艇談。出,到羅家灣訪朱經農,與同出,到組織,宣傳,訓練諸部會。與永新到國民政府大禮堂,赴林主席茶會。與王吉甫,楊蔭南,李芝亭,雲五,陳樹人談。遇聞亦有。遇袁守和。

五時許,到中央黨部秘書處吃飯。聽討論物價問題及馬乘風,孔祥熙等演講。余鑑明,胡鳴喈來。

今午同席:司徒美堂 連瀛洲 林慶年 陶孟和 錢端升 傅孟真 楊今甫 陳通伯 成舍我 王雪艇 陳布雷 阿旺堅贊 楊端六 陳裕光等(以上客) 蔣總裁(主)

今日下午同席:全體參政員 馮玉祥 于右任 陳樹人等(以上客) 林主席(主)

今日晚間同席:國民黨參政員 陳立夫等(以上客) 吳鐵城(主)

十月廿八號星期三

乘會車到新運會,與馬曼青等同到松鶴樓吃點,遇羅隆基夫婦及王曉籟。到新運會,續開第五組審查會。十二時會散,孟真邀予同到衛聚賢處吃飯。與葉溯中談。

回新運會,李芝亭來。到軍委會,開大會,張伯苓主席,討論議案,并聽顧維鈞講戰時英國。羅北辰來訪。

七時,到望龍門無錫同鄉會赴宴。與通伯維楨同出,予到羅北辰處訪雨亭夫婦,未晤,與北辰談保險。到社會服務處訪汪華,以搖鈴未久談。

　　　今早同席：許孝炎　高廷梓　馬曼青（以上客）　予（主）

　　　今午同席：傅孟真　徐旭生　李濟之　商錫永（以上客）

衛聚賢夫婦（主）

　　　今晚同席：吳稚暉　張仲仁　江問漁　黃任之　陳霆銳　奚

玉書　張維楨　冷禦秋　章桐　陳通伯等（以上客）　薛明劍，

復蘇月刊社（以上主）

十月廿九號星期四

　　晨出，遇張履坤，到組織部送旁聽券。到湖南館吃點，出，遇

許孝炎。到新運會，開第五組審查會畢。與吳貽芳談。散會後在會

吃飯，飯畢忽憶尚有一約，即步至大三元赴宴。

　　與希衡同出，步至軍委會，參加大會，聽宋子文演講戰時美

國，蔣委員長報告中國之軍事外交財政諸問題（秘密會）。由莫德

惠主席，討論提案。七時散會。到新運會吃飯。與志希談。

　　出席第五組會議，修改提案，會未散而行。邵衡秋來。

　　　今午同席：張天澤　汪少倫　范希衡　洪思齊（以上客）

程紹德（主）　天澤等發起“民族復興研究會”，囑予參加，故

有是宴。

　　今晚第五組以審查政府報告之審查報告須修改，由召集人及

起草人續開會，予本不在內，下午開大會時，忽發一通告，謂第

五組續于晚間開會，予遵命前往，則除召集起草六人外，教部次

長及各司長皆在焉，彼輩見我，悻悻見于面，予遂早退。

十月三十號星期五

　　與陳伯稼談。在曾家岩吃點，上車，與薩孟武談。到會，晤陳

叔諒。八時，開大會，吳貽芳主席，討論各提案。十二時半散，本擬

赴濤聲約，以道遠未去，到新運會吃飯。與陳裕光談。與徐盈談。

王畹薇來。李光烈來。鄭通和來。到會，晤羅香林。續開會，討論提案。七時散，乘車到嘉陵賓館，赴孔祥熙宴。陳立夫來談前日質問案事。

與奚玉書同出，乘車至觀音岩。到實驗劇院，看王泊生《六部大審》，十一時半歸。

今晚同席：全體參政員（予與王雲五，林虎聯坐）　顧少川　蔣廷黻　周鍾嶽　陳立夫等（以上客）　孔祥熙（主）　所吃飯，係一木盤，盛飯及菜（一葷一素），外餅兩枚，豆漿一杯，孔氏謂之爲"經濟營養餐"，此亦公孫弘脫粟布被之類也。

十月卅一號星期六

在曾家岩吃點，遇光簡。乘汽車到軍委會。與王宇章談。與哈的爾談。八時開會，李璜主席，通過各議案及審查政府報告案。十二時許到新運會吃飯。李旭昇，何冰如來，商小叢書事。與阿福壽談。

赴會，與張邦珍同車，談。到會，與鄧召蔭談。二時開會，續討論各案及審查報告，畢。四時許，休息，與吳鐵城談。四時半，行休會式，聽蔣委員長致辭。五時出，乘車回院，與何子星同車，談。至四五六吃飯。遇楊俊民。

高冲天來。杜光簡來。沈行（佐堯）來，爲題印存簽條。十時三刻，眠。

參政會開十天，疲乏甚矣。孔祥熙笑謂"諸位坐冷板凳，坐得够了"！此次參政員，年齡最高者爲司徒美堂，已七十七歲（以舊俗言，已七十八）。次則張仲仁，七十六歲，若孔庚，褚輔成，彭允彝，張難先，陳其業，皆七十上下人也。我尚覺累，他們如何？年最輕者爲胡荻原，三十三歲。予等五十左右，頭髮灰白之人爲最多。

　　財政經濟組白天開審查會，不足，繼之以夜，昨日開至夜半一時，始竟其功，洵勞苦矣。關于平定物價，爲此次會中之中心題目，惜予之不解此也。

一九四二年十一月

十一月一號星期日

　　蠡甫來，同到四五六吃點。訪濤聲，未遇，道逢呂斯百夫人。歸院，戴念慈來。謝振民來。到組織部，理信札，雜紙。寫汪叔棣信。補記日記九天。到好吃來吃飯。出，遇奚玉書。

　　竇宗儀來。看《長生殿》。修改第五期《文史》社論。接健常信，知其已來渝，即至中蘇協會訪之，未遇，留條而出。到廣東酒家，參加北大同學會，乃遇健常及昆侖夫婦，會散，同到新生商場百老匯飯店吃飯。

　　到實驗劇院，看王泊生演《單刀會》，遇馮雲仙，田伯蒼，十一時歸。失眠，飲酒及藥。

　　今日下午同會：蔣夢麟　陶孟和　傅孟真　許德珩　曾謇　劉熊祥（中立）　何兹全　陳通伯　陳豹隱　狄君武　楊振聲　王昆侖　曹孟君　譚惕吾　高業茂　宋漢濯　葉楩　鄧恭三　王德芳　康選宜　約五六十人

　　今晚同席：昆侖夫婦　健常（以上客）　予（主）　健常在内政部已十三年，考績均列甲等，現考試院與教育部合定公務員進修辦法，許在國内外大學攻讀兩年，渠因擬入中大，可喜也。

十一月二號星期一

　　到組織部，取新製衣，寫汪叔棣，杭立武信。到邊黨處，取朱先生講稿，晤何兆麟，劉廉克。出，買鹽梅，遇吳亞農，爲作保。回考試院，將物件交蘇海泉挑歸。至郵政儲金局取款。到曾家岩乘公共汽車到新運會，遇羅香林。

訪阿旺堅贊，并遇劉榮熙。到俄國餐廳赴宴。一時半，與迪魯瓦同出，至七星崗，上巴縣車至沙坪壩，到校。到國文系，歷史系。洪慧貞，段畹蘭來。到仲瑜處。到出版部。上"史記研究"一課。到英士處，并晤潘光旦，長談。留飯。

十時，歸，失眠，服藥。

今午同席：曹經沅（驤蘅）　冷融（杰齋）　徐旭生　李鶴齡　迪魯瓦　楊質夫　喜饒嘉措　劉榮熙（緝生）（以上客）阿旺堅贊　羅桑札喜（以上主）

今晚同席：潘光旦　予（以上客）　劉英士夫婦（主）

十一月三號星期二

七時，上"春秋戰國史"一課。到叔儻處。到出版部，處理雜物。汪叔棣來，導游中大。至圖書館，遇趙丹若，至化學系。與叔棣同至松鶴樓吃飯。又同吃茶。

一時，上"春秋戰國史"一課。與沈剛伯，賀昌群談。與少荃談。到出版部，寫健常，聿需夫婦，李旭昇信。吳傳歡來。張雲鶴，譚運澤來。段畹蘭來。李念培來。

李子魁來。鄭文來。倦甚，八時許即眠，得眠。

昨日睡至半夜，腹暴痛，作噁欲吐，今晨瀉了兩次。想係昨天在俄國餐廳吃冷食太多了。俄國化的冷食，在北平常吃，一別五年，不曾嘗到，因此多吃了一點。

十一月四號星期三

七時，上"史記研究"課。到中渡口吃點。到出版部辦公。寫工務處信。到丁驌處，未遇。到童冠賢處，并晤馮澤芳，洗凡等。到石門村丁山家，晤其夫人。到國文系，寫叔儻信。十時半到碼頭，十一時二十分上輪，翻看《左傳》，一時半抵柏溪，與李崇德，劉國章遇，同歸。

二時許吃飯。與家人及夢若夫人談參政會事。看各處來信。

夢若來談。到自珍處，看其日記。

此次離家十六日矣，歸家時，她們説我瘦些了。這些日子實在太緊張了。

十一月五號星期四

分派施仁，周桂金工作。雨亭來，整理暑中學生鈔寫古文籍。開談話會，向社中同人報告參政會情狀。記日記三天。

與履安談。記日記十天。陳劍薪來。以大雨，天黑早，四時半即晚餐。

房東李太太來談。送劉國章喜禮。八時半眠。

房東李崇德之妻弟劉國章與董女士結婚，化十餘萬元，實亦抵戰前數千元耳。予家不得不送禮，然現在錢不值錢，數十元已送不出手，因贈百元。

十一月六號星期五

記日記三天，補訖。將廿四史標點現狀寫告自珍。算九十兩月轎夫渡船資。理信札。

看朱部長在邊疆工作會報中演詞及其他關于邊疆之文字。到定生處訪柳翼謀先生。出，遇獻樑及羅寄梅夫婦及葉楩。

看邊疆黨務處所鈔録之邊疆材料。

齊大來函，已將自珍補助理員，管標點廿四史事。此事如無挫折，兩年内可完成也。

今晨三時，停在柏溪江岸之民生公司輪船被劫，盜十餘人皆有手槍，本村人心咸不安矣。夜夢予返北平，一到即爲警吏所捕。

十一月七號星期六

獻樑偕羅寄梅來，爲予及予家人攝影。廖祖述來。改信三通。將朱先生在邊務會報之演詞重寫，未畢。

青鋌來。柯桂丹來。張沅長來。魯實先來。

與實先同到場上吃飯。回文史社談。

十一月八號星期日

與實先同到場上吃點。又到碼頭問船，在小茶館內茗談。遇青鋌。續寫演詞，初稿畢，凡七千言。

朱東潤來。與履安自珍及施仁女士同到馬鞍山及王家院子，柏溪小學散步。

視夢若疾。理物。

腹中悶痕，胃納減少，不知何故。兩日來欲趕成朱先生演詞，血又上升，只得出外散步。

十一月九號星期一

六時許到輪埠，遇雨亭，佩經，麗薰琴。七時船開，與雨亭談。到校，遇薛培元，齊念衡。與楊駿，吳傳歡談。到蘇誠鑑處。到出版部，處理工作。丁山來。

豫備功課。四時，上“史記研究”課。

七時，上“春秋史”課，至九時（《春秋經》）。

十一月十號星期二

六時出，步至磁器口，吃點，到童家橋，訪元徵，并晤介文。

步回，在沙坪壩吃飯。十時半，回校。豫備功課。

陳國符來。張嘉謀來。批改學生所作筆記。陳劍薪來。金啓華來。啓華偕戈定邦來。寫黎東方信。

七時，上"春秋史"課（《春秋經》畢）。遇商承祖。

十一月十一號星期三

七時，上"史記研究"課。朱東潤來。黃少荃來。陳國符來。到范存忠處。訪徐仲年，方東美，未遇。到冠賢處，龍驤處。爲雨亭取款事寫冠賢信。爲健常事訪張匯文。看陳國符文，至其寢室。到陳仲和處。寫黃和繩信。到孫光遠處。

飯後統計"春秋史"課選舉票。乘校車返城，遇沈其益及張鈺哲夫人。到蒼坪街下車，到中華書局訪李旭昇，未遇。回陶園，旭昇來。到組織部，遇如今夫人及張國燾。與公皎及錢煥清談。

在兩路口老北風吃飯。到回教救國協會訪壽彝，并晤哈德成阿衡。到林森路大新旅館訪建猷，寫致叔儻及夢若信。

十一月十二號星期四

鎮日在組織部修改朱部長對邊疆工作人員講演稿，凡八千字。熊嘉麟來。汪華來，爲寫旭昇信。

在兩路口致美齋吃飯。到伍蠡甫處。陳宗經來。遇喻世海。蠡甫夫婦偕其女來，同到陶園游覽，又同到聚豐園吃飯。遇廖孔視。

到希聖處，并晤資生。

今日爲總理誕辰，各機關放假。余獨不假，在部工作。由胡善之君謄正，相對終日。

今晚同席：蠡甫一家（客）　予（主）

十一月十三號星期五

與江矣到三六九吃點。到組織部，門未啓，到香林處，并晤其夫人。到辦公室，陳芰香來。壽彝偕哈德成來，同至敬之處。看邊黨處爲搜集之外疆資料。旋交還之，與何兆麟談。質夫來，寫得賢信托轉。陳增敏來。冷柏宗來。到部長室，與朱先生及披華，楊公達等談。到一鶴處。朱傳鈞來。

到都郵街匯金局取款存款（齊大）。遇藍思勉，同車。到部，紀彬，恭三，叔棣來，與叔棣同到拉鐵摩爾處，晤迪魯瓦。遇范任。到洪福樓吃飯。到邵衡秋處。遇何兹全。

到商務書館，晤天澤，希衡，蘇繼廎，徐應昶，黃覺民等。與叔棣乘汽車歸。

十一月十四號星期六

與江矣同出吃點，到寬仁醫院診治，看《左傳》。到部，取所鈔部長講稿再看一過，送部長室。何兹全來。黃仲憲來。劉熊祥來。

到敬之處，與同出，步至中央飯店訪艾沙，與同至小樂意宴客。遇劉風竹。到新運會，遇郝更生。到中國銀行訪廷蟾叔，未遇。訪陳霆銳，遇之，并見蔣豪士，袁丕烈等。

到百齡餐廳開邊疆學會理事會，即公宴。九時許歸，遇熊自明。作題蠡甫畫詩。顧獻樑來。十一時眠。

今午同席：哈德成　艾沙　壽彝夫婦及其子承德，女麗麗，滇生　楊敬之（以上客）　予（主）

今晚同席：趙友琴（客）　黃次書　黃奮生　閔賢村　賈永琢　楊幹三（以上主）

題伍蠡甫畫

一、

伍君遷蜀後，寫盡蜀中山。鬱勃恣揮灑，岧嶤愁躋攀。

直將凌鶴望，豈屑擬荊關。我亦探幽者，披圖一啓顏。

二、

故鄉明媚甚，仿佛對斯圖。爲問春來後，有人覽賞無？

雲山千叠遠，蕙草一庭蕪。歸去知何日，巴江且自娱。

十一月十五號星期日

到桃李園吃點，回院，與江矣修改贈閱簿。叔棣來，爲寫夢若信。天澤，希衡來，同討論民族復興研究會信條及其他問題。

十二時半，同到三六九吃飯。到蠡甫處，題其兩畫。到中央圖書館，看社會教育展覽會。出，遇劉熊祥，同到叔棣處，并晤其兄家正。到七星岡汽車站，待一小時許，與陳世杰談。

上車，到沙坪壩，在金陵春吃飯。到中大，訪叔儻，到剛伯處，丁龍驤處，并晤唐心一，仲瑜等。猜詩謎。十時許歸，失眠，服藥。

今午同席：張天澤　范希衡　汪叔棣（以上客）　予（主）

十一月十六號星期一

到中渡口吃點，遇嘉祥夫婦。剃頭。到仰之處。到出版部，改函稿，寫請假信兩通。開季刊封面格式。到啓華處。到史學系，冠賢處，仲瑜處。雨亭來。十時，冒雨出，乘人力車至磁器口，到協大吃飯。乘滑竿到歌樂山。

到考選委員會，晤鄭緒濂。到典試委員會，晤吳鼎（穎吾），商閱卷辦法。看《史記》。

晚飯後回坐談話，吃點心。十時眠。

今午同席：沈剛伯　賀昌群　程仰之　丁龍驤　晚多吳穎吾，李啓榮二人

十一月十七號星期二

開打電話單兩紙。算賬。補記日記八天。到考選會接組織部電

話。訪沈士遠及許季黻先生。吳穎吾來談。增敏來。王繼興來。點
《史記三家注》。

乘十二時一刻車，二時到城。到陶園，遇江矣夫婦。出，遇一
鶴。到部，晤史秉麟，白鳳兆，何肇麟，質夫，克光，寄凡等。看
中央周刊梁實秋駁賓四文。

到朱先生家赴宴。十一時歸。

今晚同席：拉鐵摩爾　白健生　羅志希　謝寶操　蔣慰堂
葉企孫　田伯蒼　吳禮卿（未入席）（以上客）　朱騮先（主）

今日腹瀉三次，未知何故。

十一月十八號星期三

五時半起，六時到七星岡汽車站，乘七時一刻車赴歌樂山，八
時三刻到，吃點。九時到會。閱高等考試外交官卷五十四本。

仰之行。昌群，剛伯來。

閱高等考試經濟行政人員合作組卷三十二本。

此次為予襄試者五人，歷史為剛伯，仰之，昌群，地理為龍
驤，增敏，而仰之龍驤給分寬，剛伯昌群增敏給分嚴，受試者遂
有幸有不幸。予為典試委員，分當覆閱，因一一按之，而卷有兩
千，須歷十餘日，予又安有此空閑耶！然不如此，又非吾心之所
安，奈何！

十一月十九號星期四

閱高等考試警察行政人員卷二十一本，社會行政人員卷三十
本。經濟行政人員糧政組卷五十二本。

午飯後偕龍驤，增敏到街，買皮鞋，遇季黻先生。閱高等考試
土地行政人員卷五十四本。

吳在東來。

高考史地試卷笑話百出，因鈔出之，備從事高等教育者之
注意。

十一月二十號星期五

閱高等考試司法官卷成都西安等處凡壹百三十七本。蔡文星來。
與吳穎吾，陳增敏談。

十一月廿一號星期六

閱高等考試司法官重慶卷六十五本。
閱普通考試普通行政人員卷凡壹百七十三本。增敏行。龍驤行。

十一月廿二號星期日

閱普通考試卷，法院書記官五十七本，監獄官七本，合作行政
人員三十五本，警察行政人員二本。

爲吳穎吾寫字條。二時，乘滑竿下山，到中大。到出版部，門
扃，未得入。出，遇雨亭夫婦。與之同到豫魯春吃飯。到沙坪壩大
中里訪戈定邦夫婦，并晤金啓華。買墨水，毛筆。

與雨亭夫婦聽馬國霖，林聲翕聯合音樂會，十時散。陳劍薪來。

在典試委員會工作一星期，終日伏案，而所吃飯又爲粗糲，
以此不消化，時時泄屁，飯量銳減。故日內常到沙坪壩，借此運
動運動。

十一月廿三號星期一

豫備功課。到出版部看各處來信。陳國符來。到存忠處。到校
長室，晤冠賢，仲瑜。到沙坪壩吃飯。遇李長之。

余國益，秦愉庭來，爲印《文史哲季刊》，與之爭論。方東美
來。豫備功課。四時，上《史記》課一小時。遇丁山，毅伯，泰

華。到沙坪壩吃飯。

七時至九時，上"春秋史"課（《公羊》《穀梁》）。楊駿來。陳芷香來。泰華偕毅伯來，宿樹幟室。

十一月廿四號星期二

與杜毅伯同出，訪李泰華，尚未起。到小龍坎吃點。到英士夫婦處談。十時，同返校，到仲瑜處。訪洗凡，未遇。到出版部，評學生筆記七册。樊友喜來。到沙坪壩吃飯。

評閱學生筆記訖。到出版部，斥陳芰香。雨亭偕夢若來。豫備晚間課。靳毓貴來。三時，到外文系開《文史哲季刊》編輯會。

七時，上"春秋史"課，以電燈驟暗，隨口談話一小時許。劉起鈺來。

今日下午同會：范存忠　方東美　柳無忌

十一月廿五號星期三

七時，上《史記》課一小時（《五帝本紀》）。到中渡口吃點。到出版部，寫校長委員會信。岑學恭來，為題畫。羅學珪來。到校長室，開出版委員會。十二時散。遇佩經，徐仲年。陳仲和來。

整理行裝。遇龍驤。到出版部，斥金正喜。寫徐仲年，方東美，孫元徵，陳俊時信。一時，乘轎進城。遇百年先生。到陶園，遇趙夢若。與同到組織部。遇羅偉。到永新處，遇艾沙。出，遇慰堂。吳貫一來。

與章熙林同出，到湖南館吃飯。遇靳鶴聲馬錫珺等。遇吉祥。與熙林同到慰堂處，未遇。遇貫一，俞叔平。訪守和，未遇。歸，看《文史》二卷六期稿兩篇。十時半眠。失眠，服藥。

今日同會：童冠賢　歐陽翥　范存忠　沈剛伯　程仰之　陳仲瑜

十一月廿六號星期四

到邵恒秋處。到組織部，續看《文史》稿。李永新來，討論會中事。壽彝來。晤張立卿及馮雲仙。熊嘉麟來。王春沐來。十一時許，乘汽車到較場口，步至林森路大三元，討論民族復興會事。三時散。

到過街樓乘車，遇黃奮生，同到陶園。又到希聖處，并晤資生。返組織部，汪叔棣來。張西堂來。馮雲仙來。李永新來。張立卿來，談夷務。魯實先來。遇魯儒林，何子星。遇李超英。

到兩路口湖南館吃飯。與汪華同返陶園，已十時矣。

今午同會及同席：張天澤　范任　沙學俊　洪思齊　汪少倫

今晚同席：張立卿　馮雲仙　任雪樵　汪叔棣（以上客）

李永新（主）　張君爲四川第五區（雷馬峨屏）黨務督導員，深入夷區工作，且甚得夷人信仰。馮雲仙女士亦然。

十一月廿七號星期五

五時起，整理行裝。壽彝來。晤次書。六時半，乘轎出，渡江，遇大雨，到人和場吃點。十一時半抵柏溪。

看各處來信。記日記十天。視夢若疾。與家人談話。

七時即眠，酣甚。

近日天黑早，文史社中在下午五時前就吃晚飯，而早飯却至八時才吃。可謂日出而作，日入而息矣。

十一月廿八號星期六

到文史社。到第五宿舍訪建猷，雨亭來，同看西昌照片。整理文件。寫徐潤庠，壽彝信。

雨亭來。建猷來，與夢若克寬同商社務。續記日記八天，訖。楊建恒來。寫圖書館信。改覆蔣天樞，陳可忠信。遇劉老太太。

施仁來。夢若來談社事。與履安及兩女談，并看手紋。

十一月廿九號星期日

理書。建猷偕唐君毅來。雨亭偕方國憲（奈何）來。

宴客。朱東潤來。到柳翼謀處。出，遇李田意，葉楎，張鏡潭。到場上量製大衣，與履安自明同歸。歸時遇翼謀父女適自我家回。吳蘭亭來。

七時即眠，十時而醒。服藥，稍得朦朧而已。

今午同席：唐君毅　魏建猷夫婦及其子保武　施仁　周桂金　殷綏平　夢若（以上客）　予夫婦（主）

予事務既多，責任心又重，因此常促促不自寧，諺所謂"嘸做一頭處"也。今日爲欲豫備些功課而不可得，心臟又呈異象。

十一月三十號星期一

腹瀉三次。三時即起。理物。寫參政會信。開顧江兩人應辦事單。七時上船，七時三刻船開。在船遇雨亭，斯百，麗薰琴。九時一刻抵磁器口。到童家橋訪元徵，交與《舊五代史》。十一時至校，寫履安信，交賀銀清帶回。

汪叔棣來，同到松鶴樓吃飯。到小龍坎，遇其兄家正。爲叔棣寫朱先生信。臥片刻。劍薪來。遇剛伯。四時，上《史記》課一小時（《五帝紀》）。

七時，上"春秋史"課一小時（《公》《穀》說話無標準）。九時，即眠。得眠。

肚瀉，當以前昨兩天吃地瓜較多之故。在家瀉三次，到校又瀉兩次，兼以昨夜未得安眠，今日胃納稀少，非常疲乏，若大病之將至。

一九四二年十二月

十二月一號星期二

到沙坪壩吃點。改《史記》班學生筆記七冊。羅學珪來。

豫備功課。到東美處，未晤，留條。以肝陽上升，繞松林坡三匝。

上"春秋史"課一小時半（《左傳》之名稱及其著作時代）。

今日中午未吃飯，晚上課後覺饑，已九時矣，食店皆閉，乃至中渡口買餅乾牛肉脯食之。

近日天寒，予血液又易上升。

十二月二號星期三

七時，上《史記》課一堂（《五帝紀》訖）。劉仁成來。到出版部，看石印件。到丁驌處。到金啟華處。方東美來。回家，理物。壽彝，敬之來，同到校長室，與孟餘先生談伊斯蘭學會選講座事。與壽彝同到出版部。

陳國符來。陳仲和來。一時，由蘇海泉送上歌樂山，至高店子吃飯。三時，到典試會。與吳穎吾談。見諸閱卷者。

王孫卿來。看高考普通行政重慶區卷五十一本，至十時就寢。失眠，服藥。

今日同閱卷及同飯：聞亦有　樓邦彥（與予同室）　何襄明
楊兆熊　萬慕周　盧峻

近日胃納不佳，囑會中送麵。

十二月三號星期四

閱重慶區普通行政卷二十本，畢，將其錯誤處鈔出。又閱高級郵務員桂林區卷七十七册。何義均，張慶楨，張匯文來。聽聞亦有談十中全會事。

翻看《春在堂集》。馬洗繁來。

王孫卿來。

十二月四號星期五

將桂林高郵卷誤處摘出。看重慶高郵卷九十二册。

陳念中來。匯文，義均，邦彥，盧峻返校。點《春秋通論》兩篇。

趙汝言來。吃花生，與洗凡，義均，慶楨，慕周談。看洗凡所藏峨嵋圖册（黃君璧作）。

十二月五號星期六

閱高郵卷成都三十一册，貴陽三十一册，昆明四十二册（共104），并鈔出其錯誤。記日記五天。萬慕周行。

洗凡，慶楨，襄明行。點《春秋通論》三篇。吳穎吾夫人來，同飯。

與陳得民談。

十二月六號星期日

閱高郵卷西安二十五册，蘭州四册，魯山二十二册，曲江三十七册，泰和十二册，永安五册（共105）。

點《春秋通論》三篇。孫時哲來。

與時哲談。

此來四日餘，共看四百四十九册，力竭矣。

十二月七號星期一

記出昨所看卷之錯誤。看《史記》。十時，別時哲，得民行。乘滑竿，十一時半到校。方東美來。到中渡口，遇潤章先生及郝景盛，吳南軒。到北平食店吃飯。

飯後與李郝同到出版部。又到漢渝路看新校舍。別兩君，到丁山處，遇黃彰健。邵恒秋來。到出版部，豫備功課。四時，上《史記》課，講高考笑話。

上"春秋史"兩小時（《左傳》原書中不可信之材料）。劉起釪來。九時，到中渡口買餅乾等當晚餐。

今午同席：潤章　予（客）　景盛（主）

今日返校，欲豫備功課而客至，遂無翻書時間。不得已不吃晚飯，即在晚飯時間略看些書，忙至如此，可憐也。

十二月八號星期二

六時半，至小龍坎吃點。至石門村訪丁山，借書。到出版部，鈔《左傳事緯》目錄。到校長室，晤仲瑜。到贊虞處，遇存忠。雨亭來。陳仲和偕潘慶壽來。

金啓華來。豫備功課。批學生筆記兩件。

上"春秋史"課一小時（《左傳》中各國史之分量）。唐德剛，王殿杰來。

十二月九號星期三

上《史記》課一小時（《夏本紀》）。張滌華來。到兩松鶴樓吃點。吳毓靈來。到出版部，寫孟餘先生兩函。陳國符來。到仲瑜處。到悲鴻處，并晤岑學恭，王惠英，郭世清，參觀藝術系。與賀銀清同出，步至小龍坎，買汽車票上車，十二時半，到陶園。

出，到四五六吃飯。到明宮剃頭。到組織部，看各處信。叔棣來。壽彝來。看《中研院集刊》。到邊黨處。到大禮堂開業務會議，在部晚餐。

　　與劉文雅及質夫談。到蠱甫家談。歸，顧樑來。看其所作六期社論及後記，談至十一時始去。

　　　　今日同會及同飯：朱部長　王啓江　汪一鶴　李永新　繆培基　田伯蒼　麗鏡塘　甘家馨　陳紹賢　劉巨全　王懋勤　陸翰芹　袁其炯等

十二月十號星期四

　　在味美齋吃點。八時到部。到訓練處，晤王勉初，也愚。修改九月中爲講習會所講稿，未畢。熙林來。馮雲仙來。寫育伊，之屏，履安信。到社會服務處訪曼青，未遇。到致遠齋吃拉麵。到質夫室，并晤漢濯，錫珺。到香林家，見其夫人及潘吉圻。

　　汪叔棣來，與同到部長室，并晤趙老太太（游擊隊之母）及呂雲章。魏經邦來。西堂來。買家中食物。到四五六吃麵。

　　歸陶園，叔棣來，爲寫夢若信。雲圻來。范希衡與天澤來，開復興會幹事會，十時散。

十二月十一號星期五

　　寫劍薪信。賀銀清來，令其提包裹回家。七時，吃點，到部。續修改講稿。訖，送稿至王勉初處，未遇，晤甘友蘭，留條。壽彝來，同到鶴齡處。九時，開邊黨處與邊語會小組會議。十一時半散。熙林邀至湖南館吃飯。遇高伯玉，馬曼青，馬振鑾，黃奮生，楊敬之。

　　回部，記日記五天。遇張志廣。寫吳穎吾，光簡，得賢信。爲討論閱卷事開會，在部吃飯。

　　回陶園，汪叔棣來。看講習會卷。

　　　　今日同會：李鶴齡　何兆麟　劉廉克　章熙林　楊質夫　馬

錫珺　趙石溪　丹巴多杰　李世芬　霍漢琦　李章綍　曾建民
梁寄凡　林宣　郭振方　楊冰　任般丹　馬志崇　彭司釗

今日下午同會及同飯：楊定襄　狄脣　王兆麟（紀玉）　王懋勤　王也愚　陳德榮

十二月十二號星期六

到馬曼青處，同至湖南館吃點。到楊佛士處。看組織部黨務講習會結業卷二十一本，加批定分。在部吃飯。

到邊黨處，討論邊疆服務人員優待辦法及守則。周賢欽來。艾沙來。到王也愚處。芸圻來。同到上清寺吃飯。談燕大事。

回陶園，看雜志。寫張扶萬先生信。失眠，服藥。

今午同席：朱部長　馬副部長　各黨務處主管人員　劉英士　李泰華　戴克光　王紀玉　全體講習會同人

今日下午同會：李鶴齡　何兆麟　劉廉克　楊質夫　趙石溪　馬錫珺　楊冰

十二月十三號星期日

汪述泉來。寫轎夫信。將鋼筆版命蘇海泉送柏溪。七時出吃點。到組織部，寫邊疆服務人員守則，約五百言。回陶園，寫王也愚信。到希聖處，并晤其長女及曾資生。到卡爾登食堂赴宴。

飯畢，與賀師俊同到沈尹默先生處，并晤尹默之幼子，師俊之子，傅維本，周光達。到馬車站，到化龍橋換車，遇袁業裕夫婦。在小龍坎吃飯。抵校天已黑。

看張滌華"類書"稿。到出版部。點《春秋通論》三篇。

今午同席：龐鏡塘夫婦　李中襄夫婦　甘友蘭　汪一鶴　賀師俊　李鶴齡（以上客）　馬曼青（主）

十二月十四號星期一

到中渡口吃點。遇叔儻。豫備功課。劉鈞（伯衡）來。寫曉先信。到仲瑜處。到沙坪壩吃飯。遇余國益，秦愉庭，李長之。

豫備功課。四時，上《史記》課一小時（《禹貢》）。梅應運抱病來。

與魏煜孫談。七時，上"春秋史"課兩小時（《左傳》之出現）。與黃少荃談。失眠，服藥。

十二月十五號星期二

到中渡口吃點。寫志希信，送鄭文稿。校《世本》鈔稿。複看《浪口村隨筆》，付潘君鈔。余國益來，爲《文史哲季刊》，同到童冠賢處理論曲直。邵恒秋到校，與同至北平食店吃飯。

康光鑑來。準備今明兩日課。雨亭來。丁驌來。黃少荃來質戰國史。到陳仲和處送稿。訪呂斯百，未晤。鄒擇璜，劉鴻惠來。田子貞來。到小龍坎吃飯。

七時，上"春秋史"課（左氏書原名問題）一小時。

十二月十六號星期三

七時，上《史記》課一小時（五服，啓與太康）。到沙坪壩吃點。張滌華來。遇鄒樹椿，郝景盛等。到出版部。到仲瑜處。寫寧總務長信。分付出版部工作。十時，與賀銀清由中渡口步行至磁器口，上王家船，十二時，船開，遇夢若，談。

三時許到柏溪。到成衣鋪取大衣。歸家，看各處來信。吃雜食當飯。（午飯未進，餓甚。）到文史社。看劍薪所編予文目。

與家人談話。八時眠。

又離家十七日矣，事日以冗，奈何！

十二月十七號星期四

建猷來。到文史社，整理信件書籍。記日記十天。

雨亭來。記日記七天，補記訖。將《書序》標出付自珍鈔。陳行素來。整理文稿。

與家人談話。八時眠。

十二月十八號星期五

修改組織部九月中講稿，訖，付楊建恒鈔。

吳貫一來，與同訪培經，斯百，皆不值，訪雨亭，遇之。送貫一至江干。遇柳定生。與履安到成衣鋪改中山裝。校自珍所鈔《書序》。

看《古史辨》第七册，至十時。

兩日來皆早眠，而十二時後便醒，至天將明方得再睡。今日因遲眠，居然甚好。

十二月十九號星期六

改學生筆記四分，整理學生工作計畫。

青鋌來。理書，理稿。與建猷整理積信。遇黎生甫夫婦。

夢若來理賬目。與履安自珍同看高考笑話。與自明筆談。看《史記·晉世家》。

十二月二十號星期日

陳行素來。鈔自明代輯之《左傳》“君子曰”目次。衛瑜章（仲播）來。姜國幹來，爲寫王雲五信，介紹張質君國家社會稿。爲黃少荃題《學海珠船》册子。

青鋌偕其弟東升來。豫備明日功課。與履安，兩女，施仁到場，遇東潤，史筱蘇，同茗談。途遇剛伯。與履安同到陳行素家吃飯。

張沅長來。歸，與筱蘇談至九時。理物。寫曉先信。

今晚同席：予夫婦（客）　行素夫婦及其子小素，小瑜，女意寧（主）

十二月廿一號星期一

六時，與筱蘇同出，上船，遇雨亭，許恪士，剛伯，蔚廷。十時，到磁器口，與剛伯等步至校。到出版部。寫王也愚信。到校長室，晤仲瑜。寫顧校長信。到冠賢處。批徐仲年信。到仲年處，未遇，留條。

豫備功課。上《史記》課一小時（后羿）。

七時，上“春秋史”課，以無燈，在暗中雜講一小時許。

十二月廿二號星期二

到沙坪壩吃點，到金城銀行提款。豫備功課。到趙丹若處。

丁山來。戈定邦來。辜遠來。趙宏宇偕李德生，王繼興，嚴伯休，張光圯來談邊疆問題。汪少倫來。金成達來。

上“春秋史”課二小時（《左傳》非魯人作）。周繼楨，曾大瑩來。

十二月廿三號星期三

上《史記》課一小時（少康）。到陳仲和處送稿。蘇海泉來，同到小龍坎乘汽車進城。在小龍坎及上清寺吃飯。芸圻來，與同出。

到生生花園訪槃庵。到組織部，看信件，與同人談話。吳道坤來。到如今處。遇余鑑明。槃庵來，與同訪香林。天木來，同到豐聚園吃飯。

回陶園，魯儒林來，同到希聖處，并晤資生，叔諒。又同到宣傳部，晤李蔭梗。蔣得標來。待江矣歸，至十一時許，失眠，服藥。

今晚同席：陳槃　王振鐸　羅香林（以上客）　予（主）

十二月廿四號星期四

寫鴻庵信。朱延豐來。顧樑來。到楊敬之處，并晤温厚嫻。孫秉瑩來，爲寫李鶴齡信。王洽民來。壽彞來。李育藩來。汪華來，與同到大三元，吃飯，開會。

到中央日報社訪吉禾，未遇。到中國皮鞋公司訪之，亦未遇，留條。到交通銀行，遇陳萬里。到勵志社看吳休庵藏書畫展覽會。出，遇柳定生。步回組織部。延豐來，與同到英庚會，又到陶園，到卡爾登吃飯。飯後又到陶園。

芸圻來。商編輯經學書事。顧樑來。

今午同席：張禮千　沙學浚　洪絨　汪少倫　汪華　張天澤
范任

十二月廿五號星期五

與章熙林，梁寄凡商到印度事。賀銀清來，寫履安信令帶去。到四五六吃點。到部。到部長室。到邊黨處。到總務處。寫許恪士信。黃仲憲來，爲寫狄君武信。寫賀馬志崇結婚信。湯吉禾來，同到卡爾登吃飯。晤繆培基及槃庵。

一時，乘汽車至七星崗，汪樹泉爲買票。二時一刻上車，四時到歌樂山。到典試會，晤陳得民及吳穎吾。覆看朱先生《邊務工作會報演講》稿三次，加以改定。

與穎吾談。

十二月廿六號星期六

看普通行政卷，西安廿七册，魯山十六册，蘭州十册，重慶十五册，貴陽四十册，共一〇八册。

寫驪先，履安，筱蘇信。與穎吾談。夢若來。

與穎吾談。

十二月廿七號星期日

未明即醒，吟詩一首。閱普通行政卷，重慶八十二冊。并鈔出其誤點。到考選會接電話，未通，遇許季黻先生。蔣孝淑偕趙同芳來。

與穎吾談。

一坐定作事，失眠之疾又來。我的身體和我的志願太相違了。

跌宕藝文記昔年，無端事網忽相牽。崎嶇江岸高還下，重叠山頭去又旋。一日分呼三店食，七宵投向四床眠。詩書與我神山遠，慚説沙坪執教鞭。

此牢騷詩也。

十二月廿八號星期一

閱普通行政卷，成都八十一冊，昆明二十冊。袁進縶來，爲寫賓四信。

看《春秋三傳異文覈》。

以失眠，服張抱芝所開方。

十二月廿九號星期二

鈔出昨看卷之紕繆。閱普通行政卷，桂林五十九冊，泰和十冊，永安二十五冊。到考選會吃飯。

孝淑來，寫履安信托帶。

看《春秋大事表》。由李振榮導至中央醫院，訪趙太太。歸，晤隋君。

今午同席：鄧春膏及予（以上客）　陳百年先生（主）

十二月三十號星期三

閱普通行政卷，曲江二十七冊。財金卷，永安六冊，泰和七冊，曲江廿六冊，昆明十五冊，桂林十二冊。共九十三冊。夢若來。有警報。

看《春秋大事表》。

今日未服藥，夜眠又支離破碎。今日晴和，即有警報，敵人不肯放過機會如此！

十二月卅一號星期四

閱財金卷，桂林四十一冊，貴陽二十冊，魯山五冊，蘭州四冊。共七十冊。鈔出其紕繆。

到中央醫院視趙太太疾，并贈物。回，經自助商店，晤黃鏡吾，談。光仁洪，蕭國俊來。

到自助商店吃飯。八時半歸。

今晚同席：歌樂山車站田站長　歌樂山警察局秦錫熊等八人（以上客）　黃鏡吾女士（主）

聞鏡吾言，惕吾之父病勢沉重，鏡吾之夫已自貴陽來侍疾。不知惕吾近日急得如何，又忙得如何。黃女士以不合于其夫，出而經商，署店名曰自助，經營兩年，頗具規模，擬贈以聯曰：

才應嘉賓，晋稱絡秀；業張戰國，巴曰懷清。

內江聖水寺　王化中轉王春沐（臨華街 18 王寧華轉）
太平門白象街 32 號二樓　張鄂聯夫人呂鐘璧
湖南安化縣曾福坪向家墩　同興福轉曾資生（謇）
重慶上南區馬路 194 號附五號太平保險公司　張鳴鑾轉李芳霖